図解

令和6年版

国際税務

望月文夫 著

一般財団法人 大蔵財務協会

は　し　が　き

国際税務に関する法令は、所得税法、法人税法、相続税法、租税特別措置法といった国内法のほか、二国間・多数国間の租税条約などがあります。このほか、租税条約を実施するための租税条約実施特例法や国際資料情報制度を整備する国外送金等調書・国外財産調書について規定する内国税の適正な課税の確保を図るための国外送金等に係る調書の提出等に関する法律などがあります。

このような複雑な構造を持つ国際税務について、より多くの読者の皆さまに少しでも容易にご理解いただくため、本書は平成20年に刊行されました。その後も国内法、租税条約など国際的な進展を踏まえて改訂を行い版を重ねてまいりました。本書ではできるだけ多くの図や表を用いることで、とかく難解と言われる国際税務をご理解いただくことに努めております。

令和６年版においては、令和６年度税制改正の法令を取り入れるとともに前年までの改正事項に対応した基本的な事項を織り込むとともに、読者の皆さまからいただいた貴重なご意見などに基づいて加除修正をいたしました。内容については、十分に意を尽くせない部分もあり、まだまだ不十分なところも多いと存じます。今後とも読者の皆さまからのご意見を反映し、さらに親しみやすいものにして参りたいと考えております。

終わりに、本書刊行の機会を与えてくださいました一般財団法人大蔵財務協会の木村理事長をはじめ、刊行に当たって終始ご協力をいただきました編集局の諸氏に心から謝意を表します。

令和６年７月

望　月　文　夫

[凡　例]

本書中に引用する法令等については、次の略称を使用しています。

(1) 法　　令

所法……………………………所得税法
所令……………………………所得税法施行令
法法……………………………法人税法
法令……………………………法人税法施行令
法規……………………………法人税法施行規則
地方法…………………………地方法人税法
相法……………………………相続税法
相令……………………………相続税法施行令
消法……………………………消費税法
消令……………………………消費税法施行令
通則法…………………………国税通則法
徴収法…………………………国税徴収法
措法……………………………租税特別措置法
措令……………………………租税特別措置法施行令
措規……………………………租税特別措置法施行規則
地令……………………………地方税法施行令
実施特例法……………………租税条約等の実施に伴う所得税法、法人税法及び地方税法の特例等に関する法律
実施特例省令…………………租税条約等の実施に伴う所得税法、法人税法及び地方税法の特例等に関する法律の施行に関する省令
送法……………………………内国税の適正な課税の確保を図るための国外送金等に係る調書の提出等に関する法律
送令……………………………内国税の適正な課税の確保を図るための国外送金等に係る調書の提出等に関する法律施行令
送規……………………………内国税の適正な課税の確保を図るための国外送金等に係る調書の提出等に関する法律施行規則
相互免除法……………………外国居住者等の所得に対する相互主義による所得税等の非課税等に関する法律

復興法……………………………東日本大震災からの復興のための施策を実施するために必要な財源の確保に関する特別措置法

平30改正法………………………平成30年度　所得税法等の一部を改正する法律

⑵　通　　　達

所基通……………………………所得税基本通達

法基通……………………………法人税基本通達

相基通……………………………相続税法基本通達

評基通……………………………財産評価基本通達

消基通……………………………消費税法基本通達

措　通……………………………租税特別措置法関係通達

国外通……………………………内国税の適正な課税の確保を図るための国外送金等に係る調書の提出等に関する法律（国外財産調書関係）の取扱いについて（法令解釈通達）

移転価格事務運営指針……移転価格事務運営要領の制定について（事務運営指針平成13年６月１日）

相互協議事務運営指針……相互協議の手続について（事務運営指針平成13年６月25日）

情報交換事務運営指針……租税条約等に基づく相手国等との情報交換及び送達共助手続について（事務運営指針平成15年４月７日）

⑶　例　　　示

法法37④二イ…………………法人税法第37条第４項第２号イ

⑷　本書は、令和６年４月１日現在の法令・通達によっています。

㈴　令和６年４月１日現在、令和５年度税制改正に伴う改正部分については、一部、未施行の法令の規定に基づくものが含まれております。

〔目　　　次〕

第１章　国際税務の基礎

第2章　非居住者への課税の概要

第3章　外国法人への課税の概要

第4章　租税条約

第5章　外国税額控除

第6章　外国子会社合算税制

第７章　移転価格税制

第10章　国際相続税

第11章　国外転出時課税制度

第12章　国外資料情報制度

第13章　デジタル課税の導入

第14章　新しい国際課税問題

《参考資料》

第１章　国際税務の基礎

第１　国際税務とは何か

1　本書が取り扱う国際税務

本書が取り扱う国際税務に関する規定には、

①　国内法である所得税法、法人税法、相続税法、消費税法、租税特別措置法等の中の一部分、

②　日本が諸外国等と締結する租税条約等、

③　租税条約等を国内法に橋渡しする役割を有する租税条約等実施特例法、

④　国際間の資金フロー、海外のストックに関する国際資料情報制度

があります。

㈲　平成20年代より、わが国は香港、ケイマン諸島、バミューダといった「地域」との間で租税条約、租税情報交換協定及び税務行政執行共助条約を締結することになりました。そこで、本書でも「外国等」又は「租税条約等」という場合があります。

＊本書で扱う「国際税務」は、以下の点線の枠の中になります。

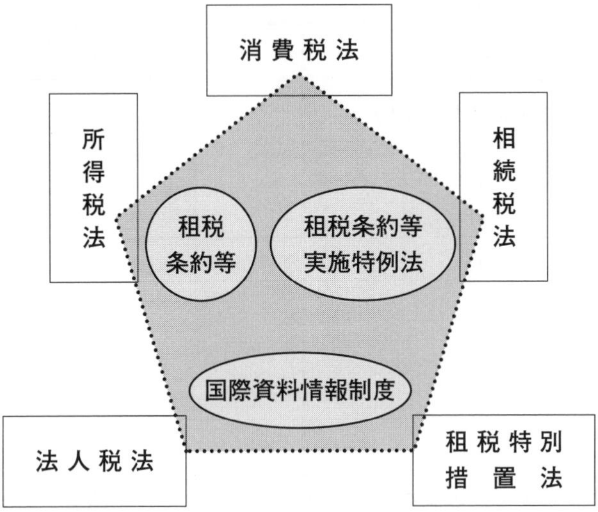

前頁の図にある所得税法、法人税法、相続税法、租税特別措置法の一部、すなわち点線の枠の中には、非居住者及び外国法人への課税、国内源泉所得、外国税額控除、外国子会社合算税制（タックス・ヘイブン対策税制）、移転価格税制、過少資本税制、過大支払利子税制などが含まれます。

また、東日本大震災からの復興増税が成立したために、復興特別所得税が平成25年から令和19年までの25年間増税され、所得税にプラスされています。

このように、本書で取り扱う「国際税務」とは、所得税法や法人税などの国内税法と租税条約に基づいた税務上の取扱い、ということになります。

2　国際税務とは何か

⑴　国際的二重課税の排除

近年、経済のグローバル化の進展により、個人や企業の活動が国際的に行われています。その結果として、経済活動から生じる所得に関する各国による課税権の衝突が生じています。たとえば、国境を越えてグローバルに活動を行う多国籍企業により行われる取引については、複数の国が重複して二重に課税する可能性があります。

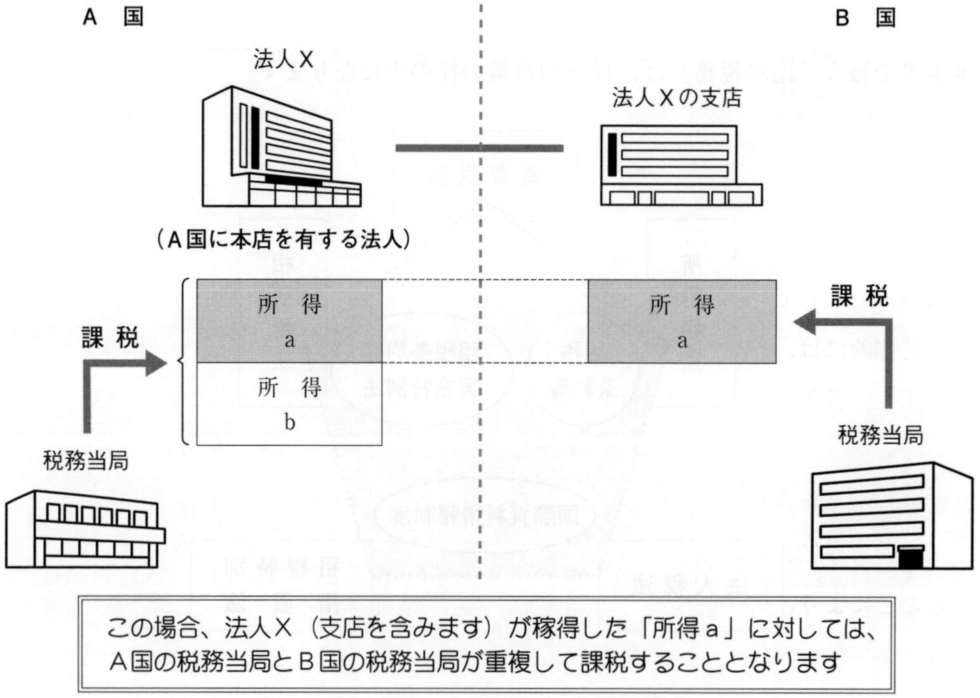

⑵　国際的二重非課税の排除

経済活動のグローバル化は、課税の空白をも生み出すことがあります。いわゆるタックス・ヘイブン（情報の透明性や自国の税を低くすることにより外国資本等を誘致する国や地域）のように所得税や法人税の負担がない国等に設立した子会社に所得を留保する場合、その親会社の所在地国における課税が行われないとすると、その所得には課税がされない、いわゆる課税の空白が生じることになります。

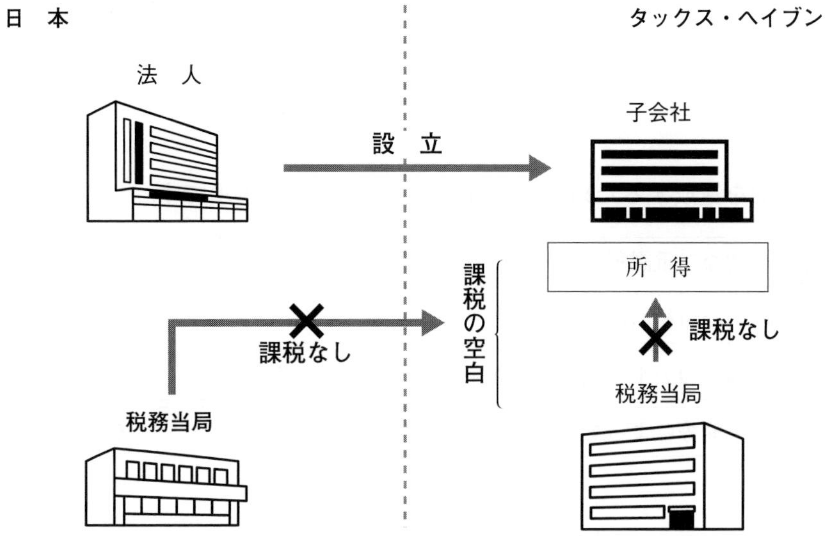

> この場合、何らの措置を講じない場合には、タックス・ヘイブンでの所得に対し課税されないこととなり、課税の空白が生じることとなります

⑶　経済活動の活性化

最近のわが国の租税政策を見ると、国際税務に対して経済活性化のための経済政策の一つとしての位置付けが加えられていると考えられます。

具体的には、平成21年度改正で導入された外国子会社配当益金不算入制度がありますし、近年日本の金融・資本市場により多額の資金を誘引するため、外国法人が受け取る一定の金融商品（国債や地方債、社債など）に係る利子や償還差益に対して、日本で非課税にする、という規定が整備されています。

このように、近年、税制改正により国境を越えた取引を租税政策面から後押しすることにより、対国内投資を促進するための施策が採用されています。これにより、日本における事業活動の活性化、国内企業の国際競争力の強化、さらに雇用の創出を図ることによって、経済活動全体の活性化を図っているのです。

国際税務とは、国際課税ともいわれますが、国境を越える経済活動に対する課税をいいます。わが国において、国際課税の役割は下記のとおりです。

国 際 課 税 の 役 割

- **国家間わが国の適切な課税権の確保**
- **わが国経済の活性化**

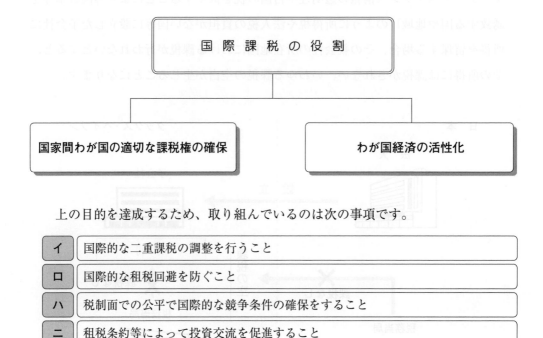

上の目的を達成するため、取り組んでいるのは次の事項です。

イ	国際的な二重課税の調整を行うこと
ロ	国際的な租税回避を防ぐこと
ハ	税制面での公平で国際的な競争条件の確保をすること
ニ	租税条約等によって投資交流を促進すること

3　国際税務に係る制度の概要

個人の所得については所得税法、法人の所得については法人税法、また、相続や贈与に関しては相続税法というように、納税者や課税属性により税法は定められていますが、国際税務に関する包括的な税法はありません。国際税務については、国内税法（所得税法や法人税法など）の中に関係する規定がある一方で、国際的な課税権の配分を目的として、二国間・多国間で租税条約等が締結されています。

国際税務の根拠となる主な税法等

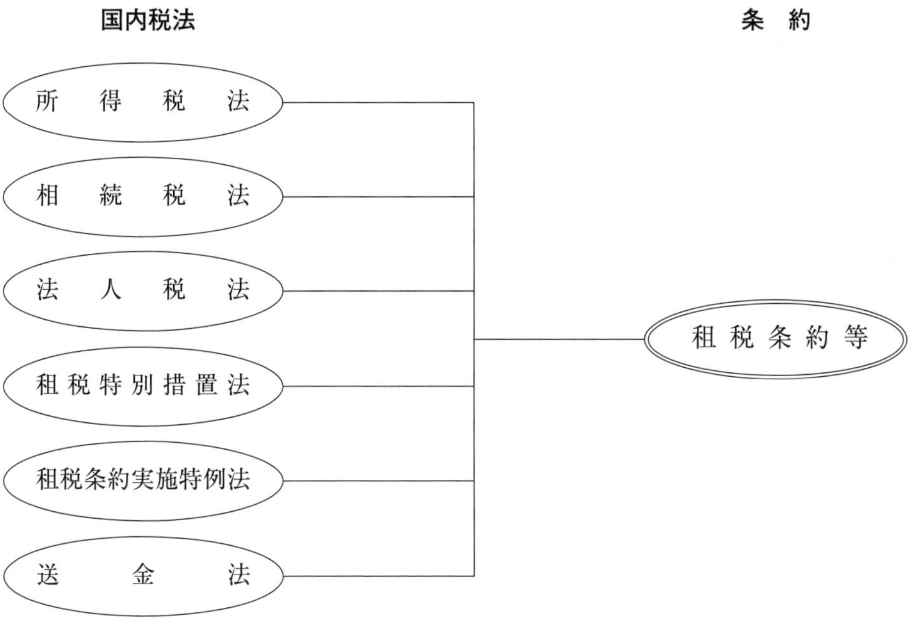

日本においては、これまで経済活動の発展を踏まえて、色々な制度が導入されてきました。このうち、国家間の課税権の配分を定めるものとして、次の制度があります。

制　度	関係法令
①　**外国法人・非居住者に対する課税**	法法138～145、所法161～173
②　**外国子会社合算税制**（タックス・ヘイブン対策税制）	措法66の６～９
③　**移転価格税制**	措法66の４～４の５
④　**過少資本税制**	措法66の５
⑤　**過大支払利子税制**	措法66の５の２
⑥　**国外転出時課税制度**	所法60の２～４
⑦　**国境を越えた役務提供に対する消費税の課税の見直し**	消法４③
⑧　**各対象会計年度の国際最低課税額に対する法人税（特定多国籍企業グループ等報告事項等の提供）**	法法６の２、82、82の２～10（法法150の３）

また、国際的二重課税の排除を定めたものとして、

⑨　**外国税額控除制度**	所法95、法法69
⑩　**外国子会社配当益金不算入制度**	法法23の２

このほか国際的な租税情報の提出のため

⑪　**国外送金等調書制度**	送法１
⑫　**国外証券移管等調書制度**	送法４の２
⑬　**国外財産調書制度**	送法５
⑭　**財産債務調書制度**	送法６の２

があります。

このほか、1955年の日米租税条約以降、二国間で租税条約等を締結しており、締結国間の課税権の配分について規定されています。令和６年６月５日現在、86の租税条約等が締結され、155か国・地域との間で適用されています。

4　国際間の協調

(1)　情報交換の実施

近年の国際取引の進歩により国際的租税回避が多く生じております。そのため、税務当局間の国際協力を推進するため、色々な国際会議が開催されており、日本も積極的に参加しています。

平成20年９月のリーマン・ショックに端を発した金融危機を受けて、いわゆるタックス・ヘイブンと租税情報の交換を行うことの重要性がG20等で確認されました。国際的な脱税及び租税回避行為の防止のために、当局間で実効性のある情報交換を行うことになりました。

これを受けて、平成23年11月にわが国を含む多くの国が税務行政執行共助条約に署名したことにより、多国間において情報交換、執行共助、送達共助が可能になるなど、新しい局面を迎えることになります。

そして、各国の金融口座情報のうち、非居住者の所有する口座情報を自動的情報交換とするための国際標準を決定しました。現在までに100近い国が参加し、日本は平成30年にスタートしました。具体的には、第12章第３「非居住者に係る金融口座情報の自動的情報交換のための報告制度（CRS）」をご参照ください。

(2)　BEPS プロジェクト

国際課税制度を整備することで、国際的二重非課税の排除を行うことができればよいのですが、近年、外国の多国籍企業が行っている国際的租税回避スキームをみると、もはや一国では対応できません。すなわち、日本をはじめとして多くの国の税源が侵食され、本来これらの国に帰属すべき利益がタックス・ヘイブンに移転してしまっています。

そこで、2013年以降、G20と経済協力開発機構（OECD）により、「税源侵食と利益移転（BEPS）プロジェクト」が議論され、2015年10月5日に最終報告書が公表されました。これにより、多国籍企業が行う国際的租税回避に対応すべく国際課税制度の再構築を行うことになりました。

わが国は、平成27年度税制改正で「国外転出時課税」及び「国境を越えた役務の提供に対する消費税の課税の見直し」を導入しました。また、平成28年度税制改正では、移転価格税制に係る「同時文書化」や「国別報告書」などが導入されました。そして、平成29年度税制改正では、外国子会社合算税制が抜本的に改正されました。これらはBEPSプロジェクトにおける議論を受けた結果、導入されたものです。

その後、平成30年度には「BEPS防止措置実施条約」に係る国内法の整備、令和元年度（平成31年度）には過大支払利子税制の見直し及び移転価格税制に関してDCF法の追加等と着実に対応してきました。

特に、国別報告書については、BEPSプロジェクトに参加した国に子会社等がある場合、日本からこれらの国に情報が提供されることになっています。逆に、外国に親会社があり、日本に子会社等がある場合には、親会社の所在地国から日本の国税当局に情報が提供されることになります。具体的には、第7章第8の「3　国別報告事項」をご参照ください。

現在、BEPS2.0としてデジタル課税の議論が佳境を迎えています。現状については第13章の「デジタル課税の導入」をご参照ください。

BEPSプロジェクト最終報告書の概要と進展

A. グローバル企業は払うべき（価値が創造される）ところで税金を支払うべきとの観点から、国際課税原則を再構築〔実質性〕

（1）　電子経済の発展への対応

電子経済に伴う問題への対応について、海外からのB2C取引に対する消費課税のあり方等に関するガイドラインを策定した。

※　電子経済を利用したBEPSについては、他の勧告を実施することで対応可能。更に、消費課税やBEPS対抗措置で対応できない問題について、物理的概念の存在を根拠として課税する現行の税制とは異なる課税方法の可能性等について、検討を継続。

行動１　電子経済の課税上の課題への対応　→　消費税は27年度税制改正で対応済み、所得課税は2023年に一部、残りは2024年以降か？

（2）　各国制度の国際的一貫性の確立

各国間の税制の隙間を利用した多国籍企業による租税回避を防止するため、各国が協調して国内税制の国際的調和を図った。

行動２　ハイブリッド・ミスマッチ取極めの効果の無効化　→　27年度税制改正で対応済み
行動３　外国子会社合算税制の強化　→　29年度税制改正で対応済み（その後も毎年のように改正あり）
行動４　利子控除制限　→　31年度改正で対応済み
行動５　有害税制への対抗　→　既存の枠組みで対応

（3）　国際基準の効果の回復

伝統的な国際基準（モデル租税条約・移転価格ガイドライン）が近年の多国籍企業のビジネスモデルに対応できていないことから、「価値創造の場」において適切に課税がなされるよう、国際基準の見直しを図った。

行動６　条約濫用の防止　→　国外転出時課税を27年度に導入＋租税条約の拡充（含行動⑮）の中で対応
行動７　人為的なPE認定回避　→　30年度税制改正で対応済み＋租税条約の拡充（含行動⑮）の中で対応
行動８－10　移転価格税制と価値創造の一致　→　31年度改正で対応済み

B. 各国政府・グローバル企業の活動に関する透明性向上〔透明性〕

（4）　透明性の向上

多国籍企業による租税回避を防止するため、国際的な協調のもと、税務当局が多国籍企業の活動やタックス・プランニングの実態を把握できるようにする制度の構築を図った。

行動５　ルーリング（企業と当局間の事前合意）に係る自発的情報交換
行動11　BEPS関連のデータ収集・分析方法の確立
行動12　タックス・プランニングの義務的開示　→　今後立法化を含め検討とあるが、議論はされていない
行動13　多国籍企業情報の報告制度
（移転価格税制に係る文書化）　→　28年度税制改正で対応済み

C. 企業の不確実性の排除〔予見可能性〕

（5）　法的安定性の向上

BEPS対抗措置によって予期せぬ二重課税が生じる等の不確実性を排除し、予見可能性を確保するため、租税条約に関連する紛争を解決するための相互協議手続きをより実効的なものとすることを図った。

行動14　より効果的な紛争解決メカニズムの構築　→　対応済み

（6）　BEPSへの迅速な対応

BEPS行動計画を通じて策定される各種勧告の実施のためには、各国の二国間租税条約の改正が必要なものがあるが、世界で無数にある二国間租税条約の改定には膨大な時間を要することから、BEPS対抗措置を効率的に実現するための多数国間協定を策定し、2018年７月１日に発効。

行動15　BEPS防止措置実施条約の策定　→　日本では2019年１月に発効

（出典：財務省資料を一部改訂）

第２　居住者と非居住者

1　個人納税者の区分と課税所得の範囲

個人納税者は、所得税法上、居住者と非居住者とに区分されます。居住者は、さらに、永住者と非永住者に分けられます。個人の課税所得の範囲は、この居住形態によって分けられることになります。

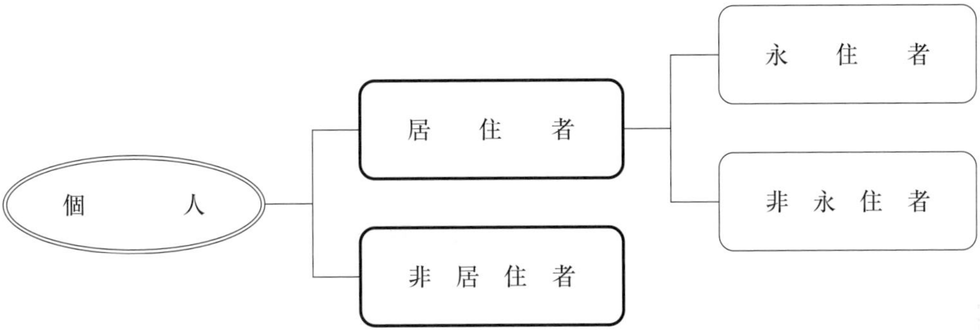

居住者とは、国内に住所を有し、又は現在まで引き続いて１年以上居所を有する個人をいいます（所法２①三）。

非居住者とは、居住者以外の個人をいいます（所法２①五）。

非永住者とは、居住者のうち、日本国籍を有しておらず、かつ、過去10年以内において国内に住所又は居所を有していた期間が５年以下である個人をいいます（所法２①四）。

住所とは、個人の生活の本拠をいい、生活の本拠であるかどうかは客観的事実によって判定することとされています（所基通２－１）。一方、居所とは、生活の本拠ではないが、多少の期間継続して現実に居住する場所をいいます。

居住者及び非居住者の区分に関し、個人が国内に住所を有するかどうかの判定について必要な事項は政令で定めることとされています（所法３②）。この規定を受けて、次のような規定が政令で定められています。

まず、国内に居住することとなった個人が次のいずれかに該当する場合には、その者は、国内に住所を有する者と推定するとされます（所令14①）。

区　分	判　定　要　件
国内に住所を有する者と推定する場合	①　その者が国内において、継続して1年以上居住することを通常必要とする職業を有すること
	②　その者が日本の国籍を有し、かつ、その者が国内において生計を一にする配偶者その他の親族を有することその他国内におけるその者の職業及び資産の有無等の状況に照らし、その者が国内において継続して1年以上居住するものと推測するに足りる事実があること

この場合、国内に住所を有する者と推定される個人と生計を一にする配偶者その他その者の扶養する親族が国内に居住する場合には、これらの者も国内に住所を有する者と推定することとされています（所令14②）。

また、国外に居住することとなった個人が、次のいずれかに該当する場合には、その者は、国内に住所を有しない者と推定することとされます（所令15①）。

区　分	判　定　要　件
国内に住所を有しない者と推定する場合	①　その者が国外において、継続して1年以上居住することを通常必要とする職業を有すること
	②　その者が外国の国籍を有し又は外国の法令によりその外国に永住する許可を受けており、かつ、その者が国内において生計を一にする配偶者その他の親族を有しないことその他国内におけるその者の職業及び資産の有無等の状況に照らし、その者が再び国内に帰り、主として国内に居住するものと推測するに足りる事実がないこと

この場合、国内に住所を有しない者と推定される個人と生計を一にする配偶者その他その者の扶養する親族が国外に居住する場合には、これらの者も国内に住所を有しない者と推定することとされます（所令15②）。

実務上、以下に記載する所基通2－3を使用する場合が多いと思われます。

所得税基本通達2－3（国内に居住する者の非永住者等の区分）

国内に居住する者については、次により非居住者、非永住者等の区分を行うことに留意する。（平18課個2－7、課資3－2、課審4－89改正）

(1)　入国後1年を経過する日まで住所を有しない場合　入国後1年を経過する日までの間は非居住者、1年を経過する日の翌日以後は居住者

(2)　入国直後には国内に住所がなく、入国後1年を経過する日までの間に住所を有することとなった場合　住所を有することとなった日の前日までの間は非居住者、住所を有することとなった日以後は居住者

(3)　日本の国籍を有していない居住者で、過去10年以内において国内に住所又は居所を有していた期間の合計が5年を超える場合　5年以内の日までの間は非永住者、その翌日以後は非永住者以外の居住者

居住者と非居住者の区分については、これまで多くの裁判例があります。それによると、以下の５つの要素を含め総合的に勘案して判断することとされていますが、滞在日数が重視される傾向にあります。

①	関係国（地域）の滞在日数はどれくらいか
②	住居がどこに所在するか
③	どこで職業に就いているか
④	生計を一にする配偶者等の親族の居所がどこか
⑤	資産がどこに所在するか

２　課税所得の範囲

課税所得の範囲は、次のようになります。

区　分			取　扱　い　等
課税所得の範囲	居住者	①　永住者 ・国内に住所を有する個人 ・現在まで引き続き１年以上居所を有する個人	すべての所得（これを全世界所得といいます）に対して課税されます
		②　非永住者 ・日本国籍を有しておらず、かつ過去10年以内において国内に住所又は居所を有していた期間の合計が５年以下である個人	所得税法95条１項（外国税額控除）に規定する国外源泉所得（国外にある有価証券の譲渡により生じる一定の所得（注１）を含みます）以外の所得及び国外源泉所得で国内において支払われ、又は国外から送金されたもの
	③　非居住者 ・居住者以外の個人		所得税法164条１項各号（非居住者に対する課税の方法）に掲げる非居住者の区分に応じそれぞれ同項各号及び同条２項各号に定める国内源泉所得

㈾１　上でいう「一定の所得」とは次に掲げるものをいいます。
①　外国金融商品取引所において譲渡されるもの
②　国外において金融商品取引業等を営む者への売委託により国外において譲渡されるもの
③　国外において金融商品取引業等を営む者の国外事業所等に開設された有価証券の保管等に係る口座に受け入れられているもの

２　上記の改正は、平成29年４月１日以後に行う有価証券の譲渡について適用することとされました。

非永住者に関する誤りやすい事例

問

非永住者Ｅは、ニューヨーク証券取引所において譲渡された有価証券の譲渡益を得て、それを東京にある銀行口座に送金させました。この譲渡益は、上記（注１）の①に該当するので、日本では課税されないものと処理してよろしいでしょうか。

（回　答）

お尋ねのように、Ｅが得た有価証券の譲渡益は国外源泉所得に該当します。しかし、この所得は国外源泉所得ではあるものの、同時に国外から送金されたものに該当することから、その譲渡益は日本で課税されることになります。

住所の判定に関する誤りやすい事例

問

日本国籍を有するＡは、米国と日本にそれぞれ住宅を有しています。Ａの住所はロサンゼルス市内の自宅にありますが、しばしば来日し取引先である日本企業Ｂ社で打ち合わせをするとともに、Ｂ社が有する工場にも訪れています。昨年一年間における日本滞在日数は321日であり、米国の35日を大幅に上回っています。この場合、Ａは日本居住者として日本に確定申告書を提出しなければなりませんか。

（回　答）

問題文では、Ａの住所がロサンゼルス市内にある、と書かれていますが、昨年一年間の日本滞在日数は321日とのことです。最近の裁判例では、滞在日数と従事する業務内容を重視する傾向があります。問題文だけでは日本滞在時にどのような業務を行っていたのかは不明ですが、仮に取引先とのトラブルなどにより日本に長期間滞在しなければならない場合については、住所が日本にあると判定されることもあります。

住所の判定基準には、明確な基準はありません。問題文のような場合、日本居住者になる可能性があることをご承知おきいただければ幸いです。

3　内国法人と外国法人

内国法人と外国法人は、次のように区分されます。

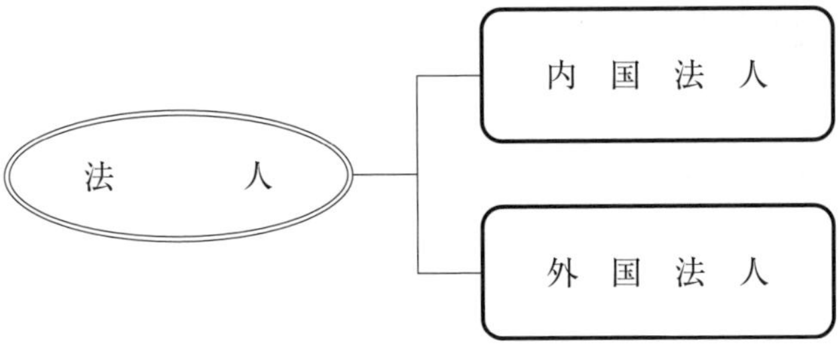

内国法人とは、国内に本店又は主たる事務所を有する法人をいいます（法法２三)。また、外国法人とは、内国法人以外の法人をいいます（法法２四)。したがって、外国法人の子会社等で日本に設立された外資系法人は、内国法人ということになります。

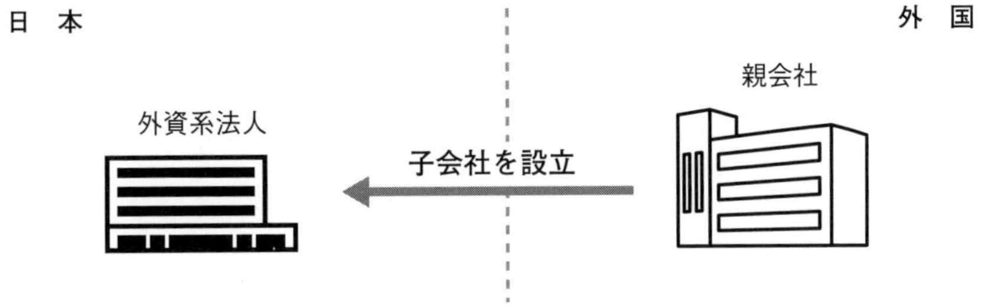

この場合、外資系法人は日本に本店を有するので内国法人となります

法人については、外国法人が個人の非居住者に対応する概念ということになるわけです。

外国法人は、法人である必要がありますが、外国の事業体が日本の法令に存在しない形態であるものの場合、その事業体が外国において法人格を有するか否かにより、判断されることになります。

これまで米国LLC（リミテッド・ライアビリティ・カンパニー）は法人として取扱われてきましたが、平成27年７月の最高裁判決により米国デラウェア州LPS（リミテッド・パートナーシップ）も法人として取扱われることとされました。ただし、その後国税庁はLPSについて必ずしも法人とは取り扱わないという情報を英文で発出しました。

4　内国法人と外国法人の課税所得の範囲

個人と同様、課税所得の範囲は、内国法人は、そのすべての所得（全世界所得）に対して課税されます（無制限納税義務者）。一方、外国法人は、国内源泉所得のみに課税されます（制限納税義務者）。

	課税所得の範囲	納　税　義　務
内国法人 （国内に本店又は主たる事務所を有する法人）	すべての所得（全世界所得） ※　ただし、外国子会社配当益金不算入制度の適用を受ける配当については、その95％相当額は益金不算入となります。	無制限納税義務者
外国法人 （内国法人以外の法人）	国内源泉所得のみ	制限納税義務者

第 3　居住地国と源泉地国

1　居住地国と源泉地国

日本に本店を有する法人は、日本では内国法人ですが、外国から見ると外国法人となります。このような場合、その法人にとっては日本に本店を有するのですから日本が居住地国となります。ここで、その法人が支店形態等で外国において経済活動を行い、所得を獲得することになれば、その外国が源泉地国となります。

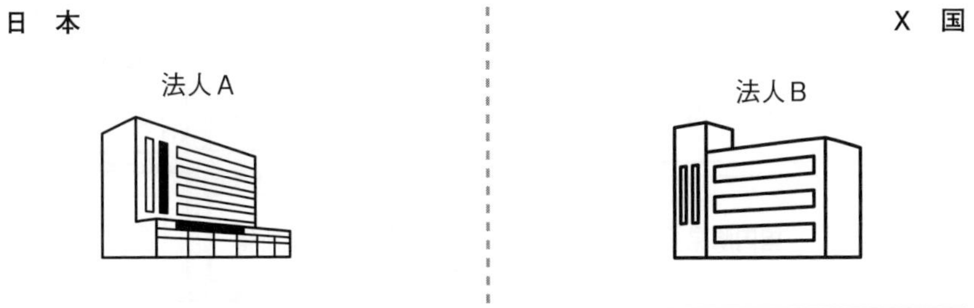

日本に本店を有する法人AとX国で設立された法人Bは、ともに、日本とX国の両方で事業を行い、所得を得ています。この場合、どこに本店が所在するかにより、居住地国と源泉地国がわかれます

	設立国	居住地国	源泉地国
法人A	日　本	日　本	X　国
法人B	X　国	X　国	日　本

逆に、外国で設立された法人は、日本では外国法人となりますが、本店を有する国では内国法人となります。

これを本店所在地主義といいます。このほか、設立準拠法主義や管理支配地主義という考え方もあります。これらは、日本を含む各国の会社法の規定に従っています。

2　課税権の確保と居住者・非居住者

納税者（個人や法人）が国際的に活動を行う場合、国境を越える経済活動に対する課税権の行使については、居住地国課税と源泉地国課税という二つの考え方があります。居住地国課税は、納税者が居住している国（居住地国）がその納税者の全世界所得に対して（すなわち国外所得も含めて）課税するという考え方（全世界所得課税）

であり、他方、源泉地国課税は、所得の源泉のある国（源泉地国）が、その国の居住者はもとより、それ以外の者に対しても源泉地国で生じた所得に対して課税するという考え方です。

これについて、課税権の確保と調整という点からいうと、日本では次の図のような制度を構築しています。

我が国の課税権：
⇨ **居住者・内国法人は全世界所得、非居住者・外国法人は国内源泉所得。**

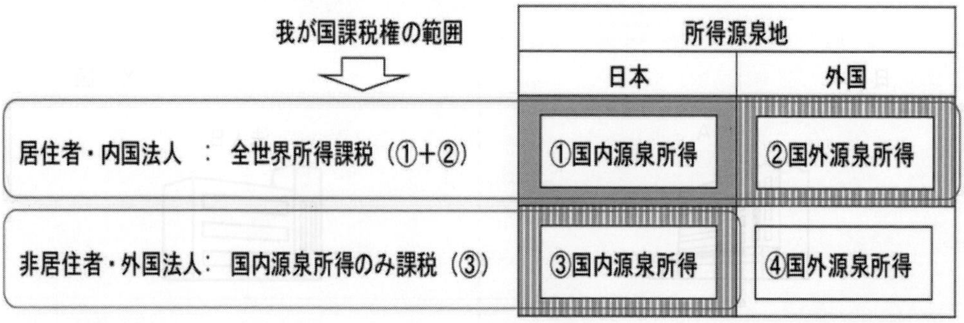

（出典：財務省資料）

上の図では、②と③の部分は日本と外国で課税権が競合するので、納税者に国際的二重課税が生じることになります。この課税権の調整は、原則として居住地国が行うこととされます。

これを具体的にいえば、②の部分については、日本では外国税額控除制度で対応しますが、その国外源泉所得を配当という形で日本に戻した場合には、（法人税のみですが）外国子会社配当益金不算入制度で対応しています。

一方、③の部分について、外国において日本と同じように外国税額控除制度または国外所得免除制度で調整しています。また、日本と（正確な制度は異なりますが）同じように自国に利益を戻したときに免税したり、軽減税率を適用したりするなどの制度を有しています。

国内法のほか、二国間租税条約において、国際的二重課税の調整義務やその具体的方法が規定されています。

第４　国内税法と租税条約

1　総説

第１で述べたように、国際税務をめぐる規定には国内税法（所得税法や法人税法など）と租税条約があります。租税条約は、国と国との租税に関する協定です。

租 税 条 約 の 目 的 ・ 機 能

↓

条約締結国間における課税権の調整

具体的には ↓

① 所得の種類毎に源泉地国の課税権の範囲を規定すること

② 租税の内外無差別（条約相手国の居住者・内国法人に対して不利な扱いをしないという取扱い）を担保することにより、国際間の資本移動、企業活動、人的交流等を円滑化すること

③ 適正な課税を行うために、相互協議、情報交換、徴収共助などの税務当局間の協力を規定すること

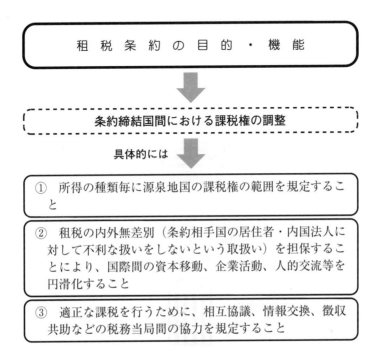

2　OECD モデル租税条約と国際連合モデル租税条約

租税条約は二国間で締結されるのですが、各国がそれぞれ勝手に規定を設けると、国によって条約が異なることになり、企業や個人にとっては煩雑となります。そこで、国際機関による租税条約のモデルが有効になってきます。現在、次の２つのモデル租税条約があります。

項　　目	OECD モデル租税条約	国際連合モデル租税条約
想定される締約国	先進国間	先進国と開発途上国
特　　徴	国際的な資本等の交流の促進	途上国に手厚いため、国際的な資本等の交流を阻害するとの批判がある
日本の基本スタンス	○	× （ただし、相手国の状況に配意）

3　国内税法と租税条約の適用

日本においては、国内税法よりも租税条約を優先して適用することが憲法により規定されています。したがって、日本の所得税法の規定によって、源泉所得税を20％徴収しなければならないとしても、租税条約に10％などの別の規定がある場合は、それに従わなければなりません。例えば、中国の法人（日本では外国法人）が利子を受領する場合、所得税法（213①三）上は、源泉所得税を15％徴収しなければなりません（現在は、復興税を含めて15.315％）が、日中租税条約11条２項により、10％と変更されます。

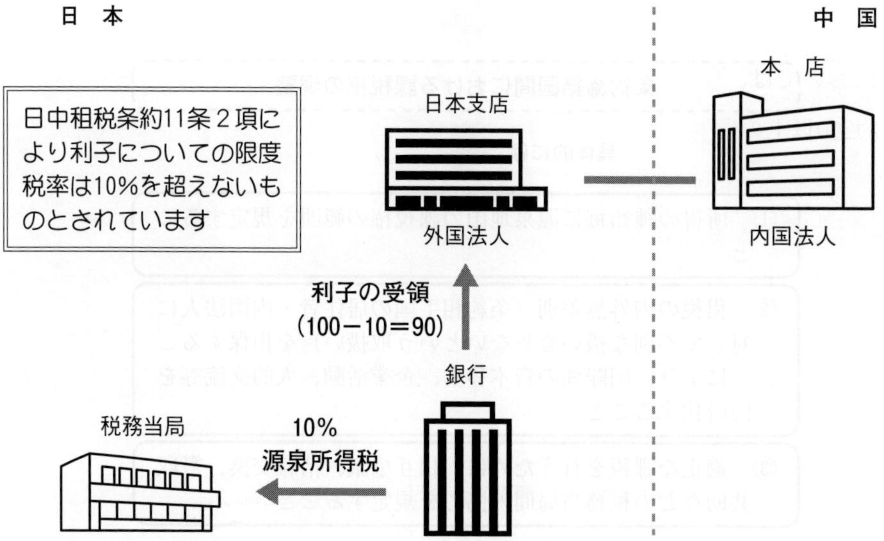

租税条約は、条約締結国との二国間条約です。したがって、租税条約を締結していない国の居住者や内国法人に関しては、国内税法が適用されることになります。

国内税法と租税条約の適用関係は以下のとおりです。

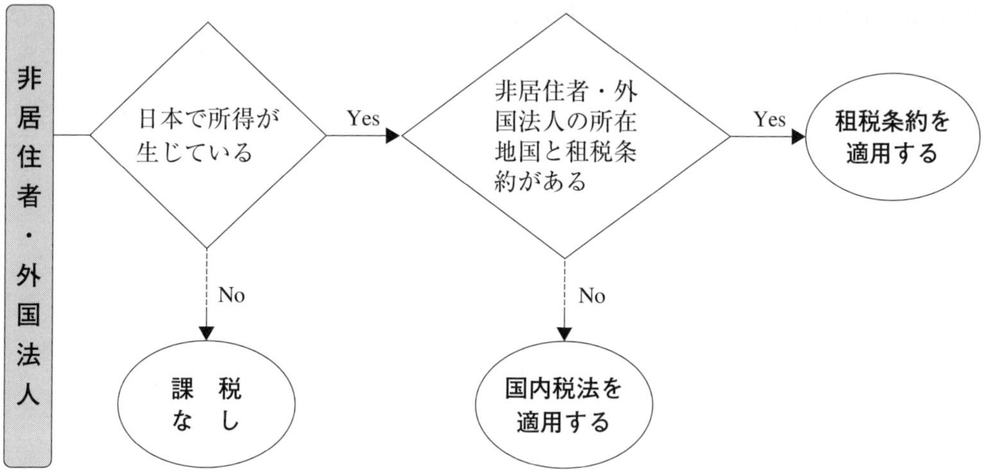

日本においては、現在155か国（地域）との間で租税条約等を締結しています。世界には約200以上の国や地域があることから、155というのは全世界の7割強にすぎません。しかし、155か国によって日本の対外直接投資金額(注)の90%以上を占めているといわれており、企業の経済活動の促進に寄与しています。

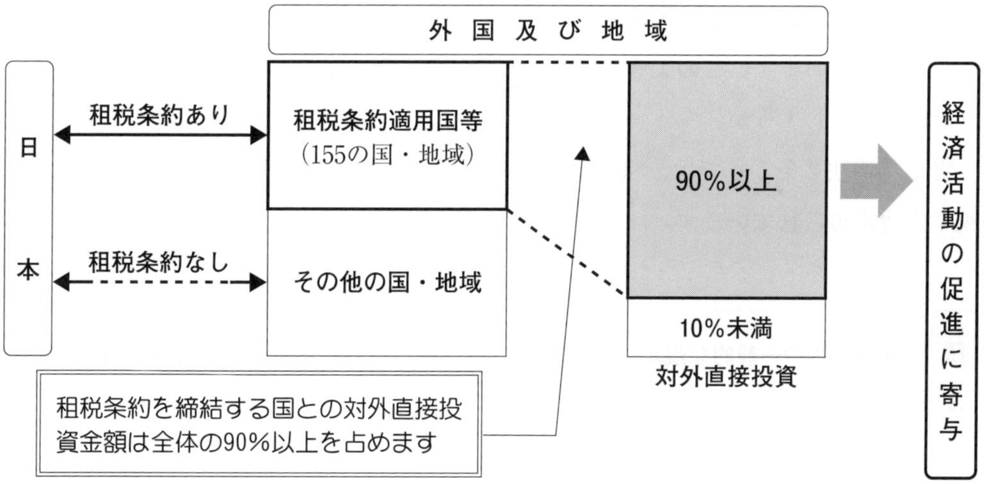

(注)　対外直接投資金額とは、企業が長期間にわたり外国企業（子会社、関連会社等）に対する経営権の掌握や経営の参加のために投資する金額をいいます。

4　租税条約等実施特例法

国内税法の規定と租税条約の規定とが競合している場合には、租税条約の規定が適用されることは前述したとおりです。租税条約の規定を適用する場合、その規定の仕方が一般的・抽象的で、具体的な適用方法が不明な場合があることから、日本では租税条約等実施特例法（正確には、「租税条約等の実施に伴う所得税法、法人税法及び地方税法の特例等に関する法律」といいます）を定めています。

租税条約等実施特例法の役割は、以下のように租税条約の規定を具体化して適用することといえるでしょう。

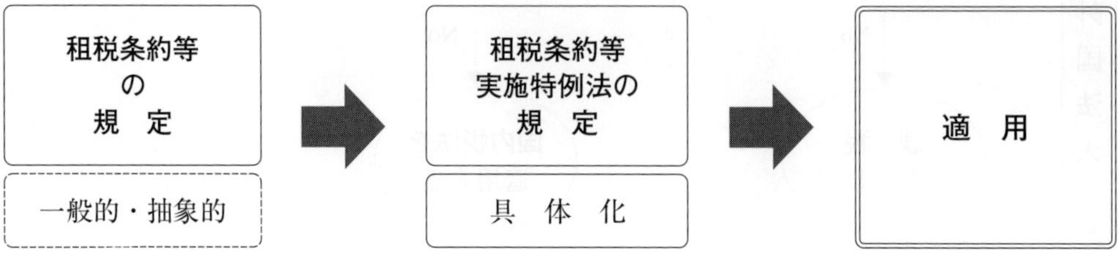

例えば、日中租税条約11条２項は次のように定められています。

「１の利子に対しては、当該利子が生じた締約国においても、当該締約国の法令に従って租税を課すことができる。その租税の額は、当該利子の受益者が他方の締約国の居住者である場合には、当該利子の額の10パーセントを超えないものとする。」

この場合、非居住者や外国法人に課すことができる税率は「10パーセントを超えない」とされています。このような率を「限度税率」といいますが、現実には何％であればいいのでしょうか。

実施特例法２条３号では、租税条約上の限度税率が10％の場合には、「10％」で課税する旨定められています。

なお、第４章第10で説明するように、日台民間租税取決めを受けて改正された外国居住者等所得相互免除法も同じ役割を果たしています。

第5　恒久的施設

1　はじめに

国際税務においては、恒久的施設の有無によって課税関係が異なる場合が多くなっています。具体的には、「PE なければ、課税なし」です。これを図で示すと、次のとおりです。

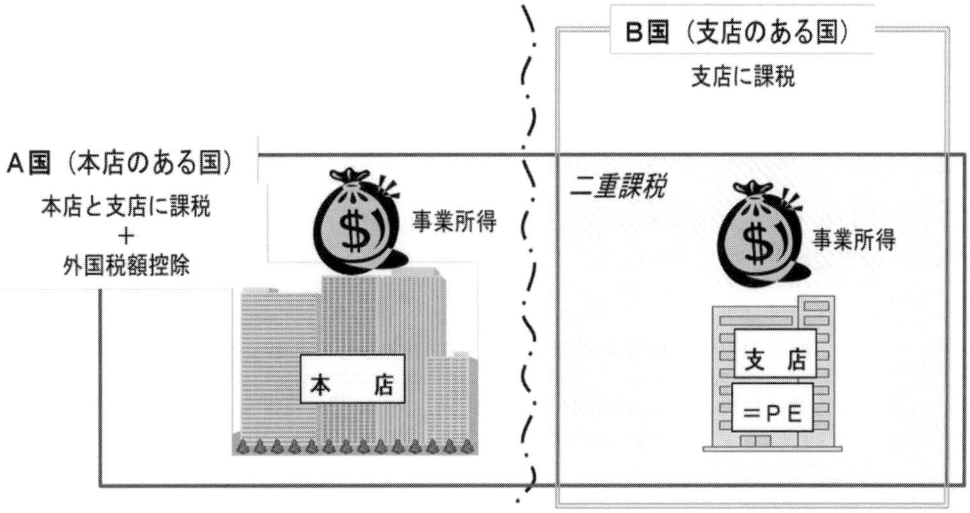

（出典：財務省資料）

恒久的施設とは、初めて国際課税問題が生じた頃の国際的な議論の中で生まれた概念です。したがって、日本独自の考え方ではなく、国際間における共通のコンセンサスのあるものです。具体的には、1928年の国際連盟モデル租税条約の中には、早くも盛り込まれました。その後の国際的議論の進展においても、恒久的施設については一貫して認められています。

最近では BEPS プロジェクト7において、「恒久的施設（PE）認定の人為的回避の防止措置」が導入されたことを受けて、2017年版 OECD モデル租税条約第5条が改定されました。そして、第4章第8に記載する BEPS 防止措置実施条約にも採用されています。

日本においては、平成26年度税制改正において、恒久的施設の定義を改正しましたが、上の流れを受けて平成30年度税制改正で再び改正されました。

具体的には、恒久的施設の原則、その例外、そして例外の例外という順に規定があります。これは、「PE なければ課税なし」という国際課税原則を逆手に取った租税回避を防止することを目的にしたものです。

なお、国内法の恒久的施設と租税条約に規定する恒久的施設の意義が異なる場合には、後者を適用することを法令上明確化しています。

令和５年度税制改正において、「国際最低課税額に対する法人税」が創設されましたが、「恒久的施設等」という用語が定義付けされました（法法82六）。これについては、第13章第２をご参照ください。

2　国内法における恒久的施設の範囲

(1)　基本規定

所得税法及び法人税法によると、恒久的施設は次の①から③の３つに掲げるものをいいます（所法２八の四、法法２十二の十九）。

①	非居住者又は外国法人の国内にある支店、工場その他事業を行う一定の場所で政令で定めるもの
②	非居住者又は外国法人の国内にある建設若しくは据付けの工事又はこれらの指揮監督の役務の提供を行う場所その他これに準ずるものとして政令で定めるもの
③	非居住者又は外国法人が国内に置く自己のために契約を締結する権限のある者その他これに準ずる者で政令で定めるもの

(2)　事業を行う一定の場所

事業を行う一定の場所について、所得税法施行令と法人税法施行令により、次のように規定が置かれています（所令１の２①、法令４の４①）。

イ	事業の管理を行う場所、支店、事務所、工場又は作業場
ロ	鉱山、石油又は天然ガスの坑井、採石場その他の天然資源を採取する場所
ハ	その他事業を行う一定の場所

このうち、「その他事業を行う一定の場所」について、所基通161－１では、次のように定められています。

所得税基本通達161－１（その他事業を行う一定の場所）

令第１条の２第１項第３号《恒久的施設の範囲》に掲げる「その他事業を行う一定の場所」には、倉庫、サーバー、農園、養殖場、植林地、貸ビル等のほか、非居住者又は外国法人が国内においてその事業活動の拠点としているホテルの一室、展示即売場その他これらに類する場所が含まれる（平28課２－４、課法11－８、課審５

－５追加、平30課個２－29、課法12－104、課審５－８改正)。

(3)　建設工事等

建設工事等に該当するものとして、所得税法施行令と法人税法施行令により、次のように規定が置かれています（所令１の２②、法令４の４②)。

所得税法施行令１の２②、法人税法施行令４の４②（恒久的施設の範囲)

> 非居住者又は外国法人の国内にある長期建設工事現場等（非居住者又は外国法人が国内において長期建設工事等（建設若しくは据付けの工事又はこれらの指揮監督の役務の提供で１年を超えて行われるものをいう。以下この項及び第６項において同じ。）を行う場所をいい、非居住者又は外国法人の国内における長期建設工事等を含む。第６項において同じ。）とする。

これに対して、「１年超」の要件を満たさないような租税回避への対応策として、次のような規定があります（所令１の２③、法令４の４③)。

所得税法施行令１の２③、法人税法施行令４の４③（恒久的施設の範囲)

> 二以上に分割をして建設若しくは据付けの工事又はこれらの指揮監督の役務の提供（以下この項及び第５項において「建設工事等」という。）に係る契約が締結されたことにより前項の非居住者又は外国法人の国内における当該分割後の契約に係る建設工事等（以下この項において「契約分割後建設工事等」という。）が１年を超えて行われないこととなったとき（当該契約分割後建設工事等を行う場所（当該契約分割後建設工事等を含む。）を前項に規定する長期建設工事現場等に該当しないこととすることが当該分割の主たる目的の一つであったと認められるときに限る。）における当該契約分割後建設工事等が１年を超えて行われるものであるかどうかの判定は、当該契約分割後建設工事等の期間に国内における当該分割後の他の契約に係る建設工事等の期間（当該契約分割後建設工事等の期間と重複する期間を除く。）を加算した期間により行うものとする。ただし、正当な理由に基づいて契約を分割したときは、この限りでない。

これらを簡単に図表にすると、次のようになります。

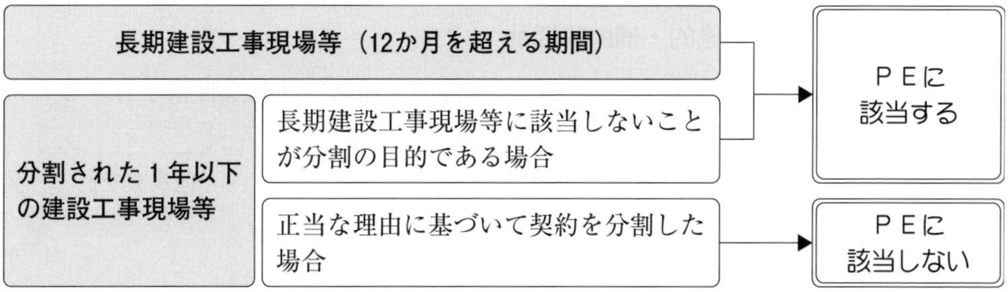

⑷　代理人

代理人PEについては、本法に定める自己のために契約を締結する権限のある者の他、政令で次のように規定されています（所令１の２⑦、法令４の４⑦）。

所得税法施行令１の２⑦、法人税法施行令４の４⑦（恒久的施設の範囲）

> 国内において非居住者又は外国法人に代わって、その事業に関し、反復して次に掲げる契約を締結し、又は当該非居住者若しくは外国法人によって重要な修正が行われることなく日常的に締結される次に掲げる契約の締結のために反復して主要な役割を果たす者（「契約締結代理人等」）
> 一　当該非居住者又は外国法人の名において締結される契約
> 二　当該非居住者又は外国法人が所有し、又は使用の権利を有する財産について、所有権を移転し、又は使用の権利を与えるための契約
> 三　当該非居住者又は外国法人による役務の提供のための契約

これに対して、いわゆる独立代理人はPEに該当しないこととされます（所令１の２⑧、法令４の４⑧）。

そして、独立代理人について、所基通161－６で次のように定められています。

所得税基本通達161－６（独立代理人）

> 令第１条の２第８項に規定する「国内において非居住者又は外国法人に代わって行動する者が、その事業に係る業務を、当該非居住者又は外国法人に対し独立して行い、かつ、通常の方法により行う場合」における当該者は、次に掲げる要件のいずれも満たす必要があることに留意する（平30課個２－29、課法12－104、課審５－８追加）。
> ⑴　代理人として当該業務を行う上で、詳細な指示や包括的な支配を受けず、十分な裁量権を有するなど本人である非居住者又は外国法人から法的に独立していること。
> ⑵　当該業務に係る技能と知識の利用を通じてリスクを負担し、報酬を受領するなど本人である非居住者又は外国法人から経済的に独立していること。
> ⑶　代理人として当該業務を行う際に、代理人自らが通常行う業務の方法又は過程において行うこと。

⑸　PEとはされない準備的・補助的活動

以下に定める場所・活動については、準備的・補助的活動な性格を有するものとされ、PEとされません（所令１の２④、法令４の４④）。

準備的・補助的活動	イ	商品の保管、展示、又は引渡しのための施設
	ロ	商品の在庫を保管、展示、又は引渡しのために保有する場所
	ハ	加工のために保有すること
	ニ	情報収集するための場所
	ホ	その他の活動のための場所
	ヘ	イからニの活動及びそれらの活動以外の活動の組み合わせのための場所

これについて、所基通161－1の2及び同161－1の3において、次のように定めています。

準備的な性格のもの	本質的かつ重要な部分を構成する活動の遂行を予定し当該活動に先行して行われる活動をいう
補助的な性格のもの	本質的かつ重要な部分を構成しない活動で、その本質的かつ重要な部分を支援するために行われるものをいう

そして、上の規定を受けて「恒久的施設（PE）認定の人為的回避の防止」のため、「準備的・補助的活動」に該当しないものとして、大要次のように定められています（所令1の2⑤、法令4の4⑤）。

イ	PEに該当する場所以外の場所で事業活動を行う場合、その場所がPEに該当すること
ロ	他の場所で行う活動を合わせたものが非居住者又は外国法人にとって準備的・補助的活動に該当しないこと
ハ	非居住者又は外国法人の関連者が活動を行う場所がPEに該当する場合、その場所は非居住者又は外国法人のPEとなること
ニ	非居住者又は外国法人とこれらの関連者が行う活動が準備的・補助的活動に該当しないこと

(6)　恒久的施設の国内法上のイメージ図

現行法上、恒久的施設は例示列挙とされていますが、以下の図のようになっています。

【例示列挙】

支店PE	事業の管理の場所 支店、事務所、工場、作業場
	鉱山、石油・天然ガスの坑井、 採石場、その他天然資源採取場所
	他の事業を行う一定の場所 ※　倉庫も含まれます。
建設PE	12か月超（契約分割への対応）の上記の作業の指揮監督 ※　上記の作業の指揮監督も含まれます。
代理人PE	契約締結代理人 ・　契約者名基準 ・　契約類型基準 ※　契約の締結に繋がる重要な役割を果たす場合にもPEに該当 独立代理人 専ら又は主として関連企業に代わって行動する者を除外

【PEの例外】

以下は、PEに含まれません。ただし、事業を行う一定の場所の活動の全体が準備的・補助的な性格のものである場合に限ります。

・保管・展示・引渡しのみを行う場所
・保管・展示・引渡し用の在庫
・加工用の在庫
・購入のみを行う場所
・情報収集のみを行う場所
・他の活動のみを行う場所
・上記を組み合わせた活動のみを行う場所
※　各場所で行う事業上の活動が一体的な業務の一部として補完的な機能を果たす等の場合等には、上記の取扱いは適用しません。

※１　下線部分は、改正前との主な相違点（PE認定の人為的回避防止措置を除きます）
※２　斜体の下線部分は、PE認定の人為的回避防止措置

（出典：財務省資料をもとに作成）

3　租税条約における恒久的施設

恒久的施設の範囲について、租税条約には国内法と異なる定めが置かれる場合があります。平成30年度税制改正は、BEPSプロジェクトとその後の2017年版OECDモデル租税条約を反映したものですが、過去に締結された租税条約はこれらを反映していません。そこで、所得税法２条８号の４及び法人税法２条12号の19は、「租税条約において恒久的施設と定められたもの（国内にあるものに限る。）とする。」という規定を置いて租税条約優先の立場を明確にしました。

第６　国際課税原則

１　総説

国際税務を検討する場合には、これまでに国際的な話し合いの場で決定された事項について認識しておく必要があります。国際税務の歴史は、すでに19世紀から始まっており、これまでに100年以上の歴史があります。ここでは、現在国際課税原則と呼ばれているものについて、簡単に説明していきます。

２　恒久的施設（PE）なければ課税なし

この原則は、事業所得における国際課税の大原則です。

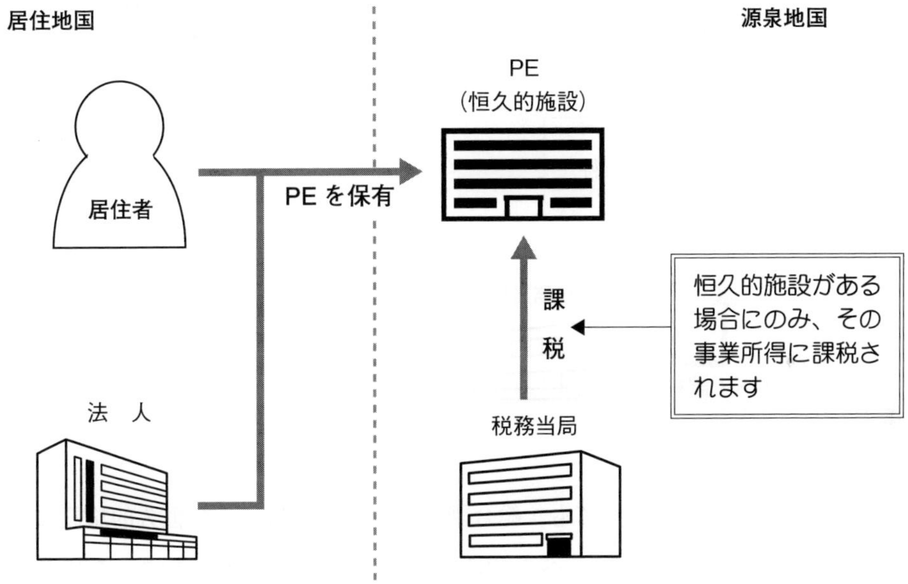

この原則は、事業の準備的活動等を課税の対象から除外することも意味します。これによって、国際的経済活動を円滑に進めることを意図しているといわれてきました。

ただし、昨今この原則を逆手に取った租税回避が目立っていることを踏まえ国際的な議論が行われています。

３　総合主義から帰属主義への変更

平成26年度税制改正において、事業所得に関して、非居住者又は外国法人が恒久的施設を有する場合には、当該恒久的施設に帰属する所得のみについて課税を行うこととしました。それ以前は、総合主義（又は吸引力主義：恒久的施設がある場合はすべての国内源泉所得に課税）を採用していました。

なお、同改正は、所得税については平成29年分から、源泉所得税は平成28年４月１日以降、法人税については平成28年４月１日以後に開始する事業年分から、それぞれ適用されています。

《総合主義又は吸引力主義の概要》

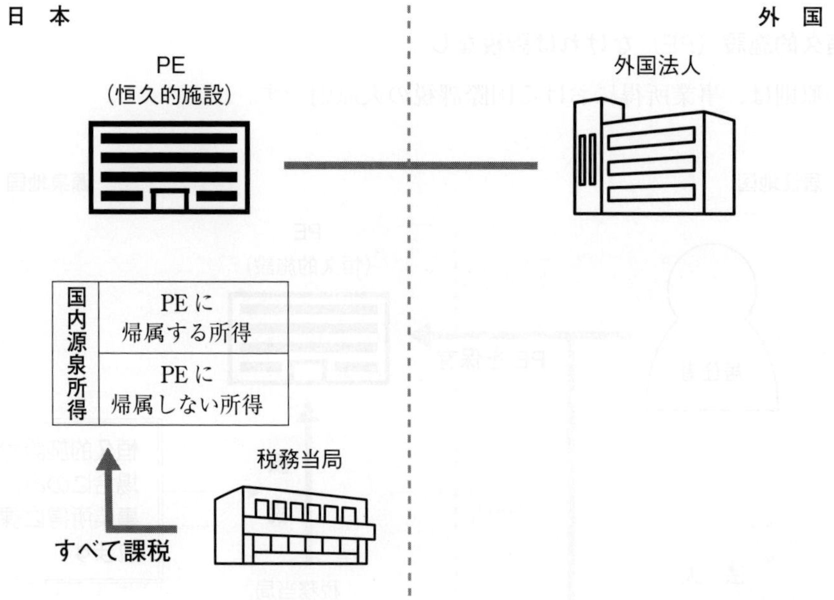

一方、恒久的施設があっても、総合課税される対象は、その恒久的施設に帰属する国内源泉所得だけに限られるべきであるという考え方があります。これが帰属主義（attributable income principle）です。帰属主義は、OECDモデル租税条約をはじめとして、多くの租税条約に取り入れられているものです。

《帰属主義の概要》

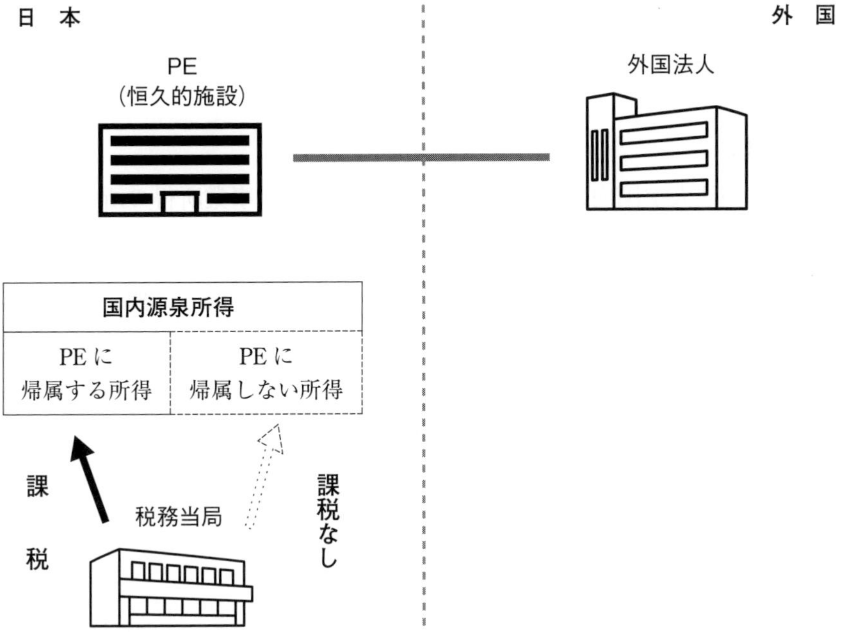

これら2つの考え方の具体的な差異は、次のような場合です。

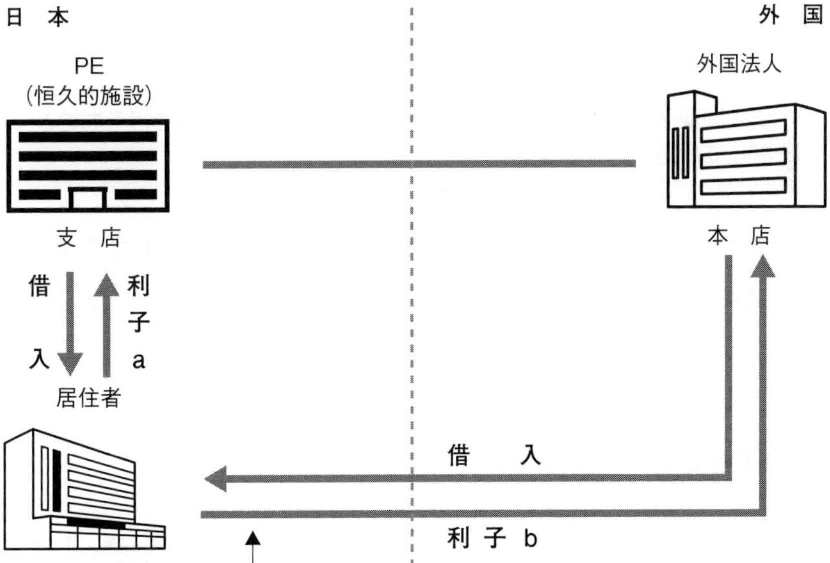

総合主義の下では、ＰＥからの借入に係る利子ａだけでなく、外国法人からの借入に係る利子ｂも総合課税となるのに対して、帰属主義の下では、ＰＥからの借入に係る利子ａは総合課税ですが、外国法人からの借入に係る利子ｂは源泉課税のみとなります

日本が締結する租税条約は、すべて帰属主義を採用しています。そこで、租税条約締結国との関係では帰属主義が採用されますが、租税条約未締結国との関係では総合主義が適用されています。

4　独立企業原則

非居住者・外国法人が国内に恒久的施設を有する場合、事業所得の所得金額を算定する必要が出てきますが、その場合、どのような基準を採用するか、ということが問題となります。独立企業原則とは、支店等の恒久的施設を本店とは独立した一つの事業体としてみなし、その事業活動から得られた所得をその恒久的施設に帰属するものとして考えます。具体的には、本店と支店等との取引は、独立した第三者間の価格又は条件で行われるとみなして、所得金額の計算を行います。

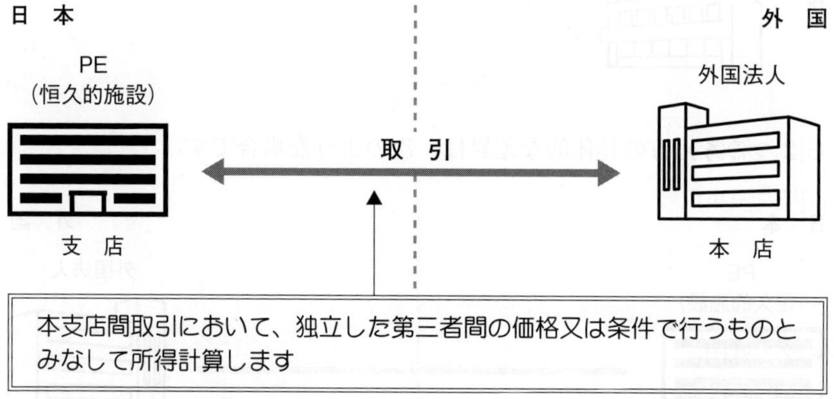

独立企業原則は、第７章で説明する移転価格税制で長く用いられてきましたが、第４章第４に記載したように、OECD モデル租税条約７条の大改正に伴い、事業所得条項で存在感を増しています。平成26年度税制改正により、わが国でもその重要性は益々高まることになります。

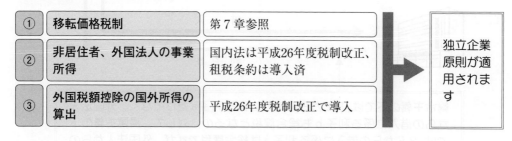

①	移転価格税制	第７章参照	独立企業原則が適用されます
②	非居住者、外国法人の事業所得	国内法は平成26年度税制改正、租税条約は導入済	
③	外国税額控除の国外所得の算出	平成26年度税制改正で導入	

第２章　非居住者への課税の概要

第１　国際課税原則の総合主義（全所得主義）から帰属主義への見直し

1　はじめに

平成26年度税制改正により国際課税原則の変更が行われました。後述するように、非居住者・外国法人に対する課税原則について総合主義（全所得主義）から帰属主義へと国際課税原則が大転換しました。

法人については平成28年４月１日以後に開始する事業年度分の法人税、また個人については平成29年分以後の所得税、源泉所得税は平成28年４月１日以降適用されています。

本章では、帰属主義の概要、非居住者への課税の概要、源泉徴収のみで課税関係が終了する国内源泉所得などについて説明します。

2　背景

非居住者・外国法人に対する課税原則については、昭和37年度税制改正以降、国内法においていわゆる総合主義（全所得主義）を採用してきました。この改正の根拠として、昭和36年の税制調査会が、「日本に事業所等を有して事業を行う場合には、その外国人（非居住者及び外国法人）の日本に対する属地的応益関係が深く、日本源泉の所得については、居住者及び内国法人と同様その全所得を総合合算」と整理していました。これは、当時の米国が総合主義（全所得主義）を採用していたことに大きな理由があるとされていました。

《昭和37年当時の状況》

米　国	総合主義（全所得主義）を採用していた→翌年（1963年） 実質的関連所得に課税するなど方針転換
OECD	モデル租税条約策定途中

⇩

このような状況の下、日本は米国の制度を採用することにした

ところが、昭和38年に策定されたOECD租税条約は帰属主義を採用した一方、昭和35年に締結された日印租税条約は、外国法人の国内事業所得については恒久的施設（PE）に帰属するものについてのみ課税するという帰属主義が初めて導入されていました。

これ以降、わが国では帰属主義を採用した租税条約ネットワークが徐々に広がり、現在ではすべての条約締結国との間では帰属主義、それ以外の条約非締結国との間では総合主義（全所得主義）という課税原則の二元化が定着していました。

令和６年６月現在、租税条約ネットワークは155か国・地域となり、わが国国際収支の約90％以上が条約締約国・地域との間で行われているという実態を鑑みると、外国法人の課税原則は実質的には帰属主義となっています。

【平成26年度改正前】

租税条約締結国	⇨	帰属主義	取扱いに差異があり、国際的二重課税が生じる可能性があった
租税条約非締結国	⇨	総合主義	

【平成26年度改正後】

租税条約締結国	⇨	帰属主義	取扱いに差異がなくなり、国際的二重課税が生じる可能性はなくなった
租税条約非締結国	⇨		

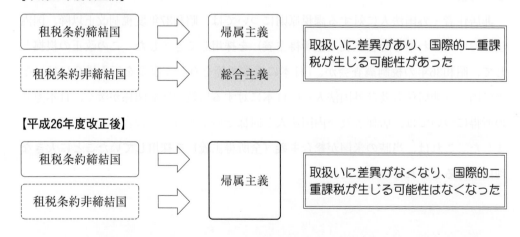

ところで、帰属主義の解釈をめぐるOECD租税委員会の議論が平成22年（2010年）にまとまりました。それによれば、恒久的施設（PE）を１つの独立企業と扱うことにしました。つまり、恒久的施設を本店や他の国の恒久的施設から独立した納税主体として取り扱うことで、恒久的施設をあたかも１つの企業とすることで、本店等との

取引に移転価格税制と同様の税制を適用しようということです。

恒久的施設に帰属すべき利得（以下「恒久的施設帰属所得」といいます）の算定アプローチを定式化したOECDモデル租税条約新7条（以下「新7条」といいます）が2010年に導入されました。具体的には、

① 恒久的施設の果たす機能及び事実関係に基づいて、外部取引、資産、リスク、資本を恒久的施設に帰属させ、

② 恒久的施設と本店等との内部取引を認識し、

③ その内部取引が独立企業間価格で行われたものとして、

恒久的施設帰属所得を算定するアプローチ（OECD承認アプローチ：Authorised OECD Approach、以下「AOA」といいます）が採用されました。

AOAを採用することで、支店形態で進出する場合と子会社形態で進出する場合で異なる課税原則を適用するのではなく、AOAに従ってできる限り同じ取扱いをすることにより、支店形態と子会社形態との間の課税上のミスマッチを解消することができるとされています。

また、別の言い方をすれば、①PEの果たす機能及び事実関係に基づいて、外部取引、資産、リスク、資本をPEに帰属させ、②PEと本店等との内部取引を認識し、③その内部取引が独立企業間価格で行われたものとして、PE帰属所得を算定するアプローチ（AOA）を採用したのです（第4章　租税条約　第4の記述を参照ください）。

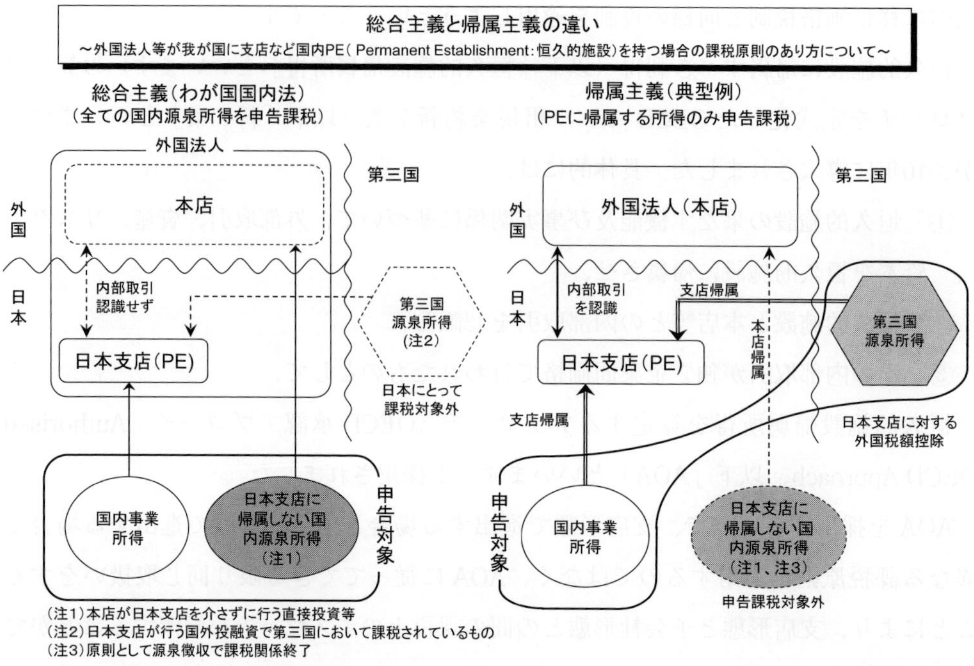

（出典：財務省資料）

なお、日本国内に恒久的施設が複数存在する場合には、これらを別個のものとは認識せず、日本国内の恒久的施設を１つの恒久的施設として認識することとされます（法基通20－５－１）。

第２　非居住者に対する課税の概要

１　概要

個人の納税義務は、その居住形態により異なります。第１章で述べたように、現行法上、居住者のうち、永住者は全世界所得課税となりますので、それについて所得税法上の納税義務があります（所法７①一)。次に、非永住者は、外国税額控除（所法95条）に規定する国外源泉所得以外の所得と国外源泉所得のうち国内で支払われたもの又は国外から送金されたものの合計額です（所法７①二)。

一方、非居住者は、所得税法161条１項に規定する国内源泉所得を有するときは、所得税を納める義務があります（所法５②一)。そして、課税所得の範囲や課税方法は、非居住者が恒久的施設を有するか否か、また恒久的施設の種類によって異なります（所法７①三)。

このようなことから、国際税務においては、国内源泉所得の範囲を明確にすることが重要になってきます。

２　非居住者に課税する国内源泉所得

平成26年度の所得税法161条の改正では、国内源泉所得を、所得の人的帰属に着目して居住者・内国法人並みの課税範囲とされる恒久的施設（PE）帰属所得と、所得の地理的帰属に着目した課税範囲とされるそれ以外の国内源泉所得とに区分しました。

また、非居住者の国内源泉所得については、各所得について１つの項目（号）ごとに規定することとなりました。

結果として、従来の国内事業所得が恒久的施設（PE）帰属所得になった一方、旧１号の２以下の国内源泉所得については、改正後も従来とほぼ同様に規定されています。

非居住者に対する課税関係の概要をまとめると、次のようになります。

所得税基本通達164－１は、非居住者に対する課税関係の概要について表にしています。ただし、後述するように、租税条約にこれと異なる定めがある場合には租税条約の規定が優先適用されます。

【非居住者に対する課税関係の概要の表】

<table>
<tr><th rowspan="3">非居住者の区分
所得の種類</th><th colspan="4">非　居　住　者</th><th>（参考）
外国法人</th></tr>
<tr><th colspan="2">恒久的施設を有する者</th><th rowspan="2">恒久的施設を
有しない者</th><th colspan="2" rowspan="2">所得税の
源泉徴収</th></tr>
<tr><th>恒久的施設
帰属所得</th><th>その他の所得</th></tr>
<tr><td>（事業所得）</td><td rowspan="3">【総合課税】</td><td colspan="2">【課税対象外】</td><td>無</td><td>無</td></tr>
<tr><td>①　資産の運用・保有により生ずる所得（⑦から⑮に該当するものを除く）</td><td colspan="2" rowspan="2">【総合課税（一部）】</td><td>無</td><td>無</td></tr>
<tr><td>②　資産の譲渡により生ずる所得</td><td>無</td><td>無</td></tr>
<tr><td>③　組合契約事業利益の配分</td><td rowspan="13">【源泉徴収の上、総合課税】</td><td colspan="2">【課税対象外】</td><td>20.42%</td><td>20.42%</td></tr>
<tr><td>④　土地等の譲渡による所得</td><td colspan="2" rowspan="3">【源泉徴収の上、総合課税】</td><td>10.21%</td><td>10.21%</td></tr>
<tr><td>⑤　人的役務提供事業の所得</td><td>20.42%</td><td>20.42%</td></tr>
<tr><td>⑥　不動産の賃貸料等</td><td>20.42%</td><td>20.42%</td></tr>
<tr><td>⑦　利　子　等</td><td colspan="2" rowspan="9">【源　泉　分　離　課　税】</td><td>15.315%</td><td>15.315%</td></tr>
<tr><td>⑧　配　当　等</td><td>20.42%</td><td>20.42%</td></tr>
<tr><td>⑨　貸 付 金 利 子</td><td>20.42%</td><td>20.42%</td></tr>
<tr><td>⑩　使　用　料　等</td><td>20.42%</td><td>20.42%</td></tr>
<tr><td>⑪　給与その他人的役務の提供に対する報酬、公的年金等、退職手当等</td><td>20.42%</td><td>―</td></tr>
<tr><td>⑫　事業の広告宣伝のための賞金</td><td>20.42%</td><td>20.42%</td></tr>
<tr><td>⑬　生命保険契約に基づく年金等</td><td>20.42%</td><td>20.42%</td></tr>
<tr><td>⑭　定期積金の給付補塡金等</td><td>15.315%</td><td>15.315%</td></tr>
<tr><td>⑮　匿名組合契約等に基づく利益の分配</td><td>20.42%</td><td>20.42%</td></tr>
<tr><td>⑯　その他の国内源泉所得</td><td>【総合課税】</td><td colspan="2">【総　合　課　税】</td><td>無</td><td>無</td></tr>
</table>

（出典：所基通164－１を一部改訂）

㈱１　恒久的施設帰属所得が、上記の表①から⑯までに掲げる国内源泉所得に重複して該当する場合があることに留意する。
２　上記の表②資産の譲渡により生ずる所得のうち恒久的施設帰属所得に該当する所得以外のものについては、令第281条第１項第１号から第８号までに掲げるもののみ課税される。
３　措置法の規定により、上記の表において総合課税の対象とされる所得のうち一定のものについては、申告分離課税又は源泉分離課税の対象とされる場合があることに留意する。
４　措置法の規定により、上記の表における源泉徴収税率のうち一定の所得に係るものについては、軽減又は免除される場合があることに留意する。

３　非居住者が国内源泉所得を有する場合の課税の方法

非居住者が国内源泉所得を有する場合の課税の方法について、帰属主義の考え方に沿った見直しが行われました。

非居住者の有する国内源泉所得のうち、恒久的施設（PE）帰属所得については、わが国で総合課税により税負担を求めることとし、恒久的施設（PE）帰属所得以外の国内源泉所得については、一部を除いて源泉徴収のみで課税関係が終了する仕組みとしています。

なお、恒久的施設帰属所得以外の国内源泉所得の分類に該当するものであっても、その国内源泉所得が恒久的施設に帰せられる場合には、恒久的施設（PE）帰属所得として総合課税の対象とされます。

また、恒久的施設（PE）帰属所得に該当しない国内源泉所得のうち、国内にある土地等の譲渡による所得など、従前において国内に恒久的施設を有しない非居住者の総合課税の対象とされていたものについても、総合課税の対象とされます。

このような考えの下で、非居住者の有する国内源泉所得に対する所得税の課税の方法として、従前の恒久的施設の態様に応じた課税方法の分類をあらため、恒久的施設の有無及びその国内源泉所得が恒久的施設に帰せられるかどうかの区分によることとされました。

次の区分に応じ、それぞれ次に定める国内源泉所得が総合課税の対象及び分離課税の対象とされました（所法164）。

総合課税の対象となるもの	恒久的施設を有する非居住者	所得税法161条１項１号及び４号に掲げる国内源泉所得
		所得税法161条１項２号、３号、５号から７号まで及び17号に掲げる国内源泉所得（同項１号に掲げる国内源泉所得に該当するものを除きます）
	恒久的施設を有しない非居住者	所得税法161条１項２号、３号、５号から７号まで及び17号に掲げる国内源泉所得
分離課税の対象となるもの	恒久的施設を有する非居住者	所得税法161条１項８号から16号までに掲げる国内源泉所得（同項１号に該当するものを除きます）
	恒久的施設を有しない非居住者	所得税法161条１項８号から16号までに掲げる国内源泉所得

４　総合課税に係る所得税の課税標準、税額等の計算

総合課税の対象となる国内源泉所得について総合課税に係る所得税の計算をする場合には、改正前と同様に、居住者に係る規定に準じて計算することとされていますが、この場合に準じて計算する対象となる規定から、減額された外国所得税額の総収入金額不算入等（所法44の３）、所得税額から控除する外国税額の必要経費不算入（所法46）の規定を除くこととされました（所法165①）。

これは、非居住者に係る外国税額の控除制度（所法165の６）が創設されたことにあわせて、非居住者についても減額された外国所得税額の総収入金額不算入等（所法165の２）、所得税額から控除する外国税額の必要経費不算入（所法165の４）の規定が創設されたことに伴うものです。

居住者の事業所得の金額等を計算する場合に必要経費に算入すべき金額は、売上原価等及び販売費、一般管理費等の費用（販売費等）とされており、販売費等には、償却費以外の費用でその年に債務の確定しないものを除くこととされています（所法37①）。

これに対し、非居住者の事業所得の金額等を居住者に係る規定に準じて計算する場合に必要経費に算入すべき金額は、売上原価等及び販売費、一般管理費等の費用（販売費等）とされ、販売費等には償却費以外の費用でその年に債務の確定しないものを除くとされますが、恒久的施設帰属所得を計算する場合の内部取引に係るものについては、債務の確定しないものを含むものとされました（所法165②一）。

5　納税者の出国と納税管理人

⑴　出国の意義

所得税法２条１項42号によると、出国とは、居住者については、通則法117条２項による納税管理人の届出をしないで国内に住所及び居所を有しないこととなることをいい、非居住者については、同項の規定による納税管理人の届出をしないで国内に居所を有しないこととなることをいうとされています。

具体的には、次の図のように、納税管理人の届出をしないで国内に住所を有しなくなる場合、所得税法上の出国になります。

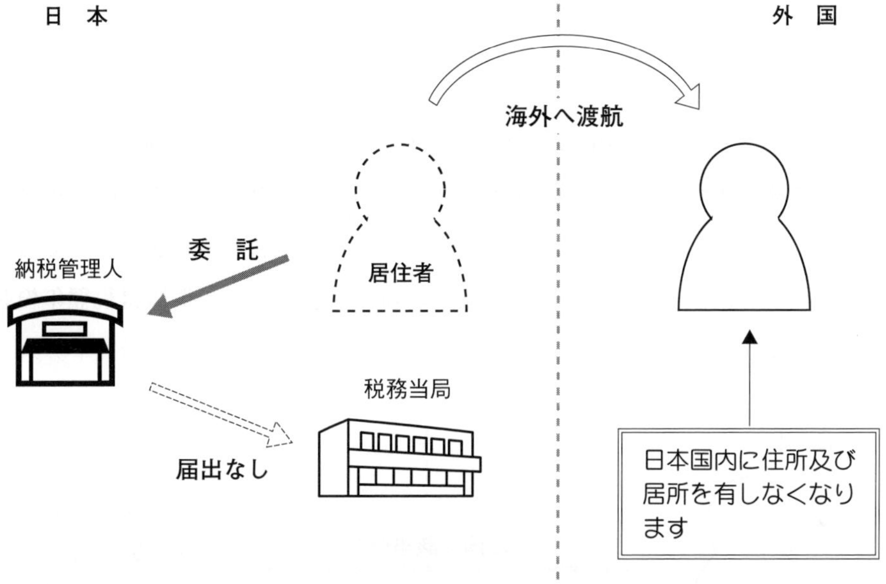

⑵　納税義務者の区分が異動した場合の課税所得の範囲

個人が、その年において、永住者、非永住者又は非居住者の区分のうち２以上のものに該当した場合には、その者がその年において永住者、非永住者又は非居住者であった期間に応じ、それぞれの期間内に生じた所得に対し、所得税を課することとされます（所法８）。

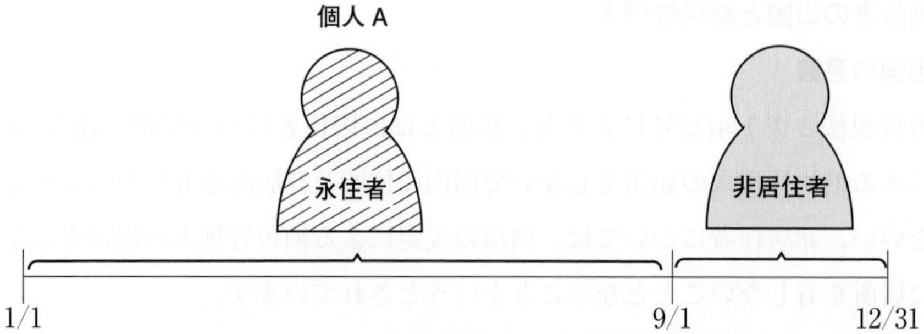

個人Ａは、これまで日本の永住者でしたが、９月１日に非居住者となりました。そこで、８月31日までは永住者、９月１日以降は非居住者としての課税を受けることになります

⑶　出国時の確定申告

所得税法上、居住者が年の途中で出国する場合には、納税管理人の届出をしないことを意味しますので、その年の１月１日から出国のときまでの間の所得について、確定申告書を提出しなければなりません。一方、納税管理人の届出をしておけば、所得税法上の出国に該当しないことから、確定申告書の提出期限は、翌年の３月15日となります。

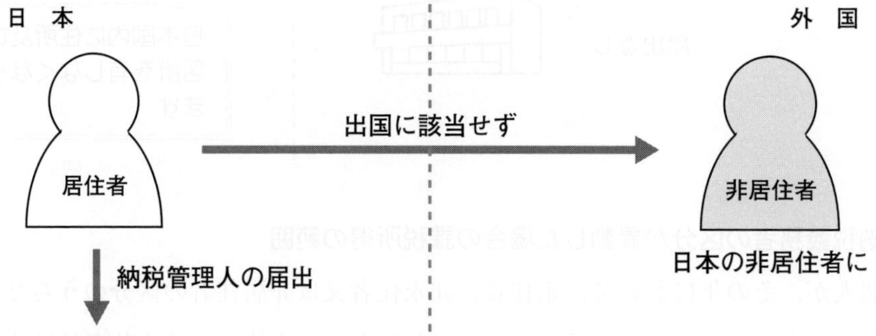

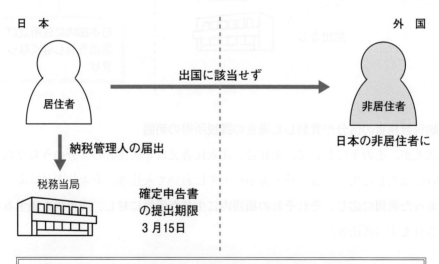

居住者が年の途中で非居住者となる場合、納税管理人の届出をすると、出国とならないので確定申告期限は３月15日となります

⑷　納税管理人

個人が日本国内に住所及び居所を有せず、若しくは有しないこととなる場合にお

いて、納税申告書の提出その他国税に関する事項を処理する必要があるときは、その者は、当該事項を処理させるため、日本国内に住所又は居所を有する者で当該事項の処理につき便宜を有するもののうちから納税管理人を定めなければならないとされています（通則法117）。

納税者は、また、納税管理人を定めたときは、その非居住者の納税地を所轄する税務署長に対し、「納税管理人の届出書」を提出する必要があります。

(5)　納税者に対する納税管理人の届出をすべきことの求め

納税管理人を選任すべき納税者が納税管理人の届出をしなかったときは、所轄税務署長等は、その納税者に対し、国税に関する事項のうち納税管理人に処理させる必要があると認められるもの（特定事項）を明示して、60日を超えない範囲内においてその準備に通常要する日数を勘案して指定する日（指定日）までに、納税管理人の届出をすべきことを書面で求めることができることとされました（通則法117③）。

(6)　国内便宜者に対する納税者の納税管理人となることの求め

納税管理人を選任すべき納税者が納税管理人の届出をしなかったときは、所轄税務署長等は、国内に住所又は居所（事務所及び事業所を含みます）を有する者で特定事項の処理につき便宜を有するもの（国内便宜者）に対し、その納税者の納税管理人となることを書面で求めることができることとされました（通則法117④）。

(7)　税務当局による特定納税管理人の指定

所轄税務署長等は、上記(5)の納税者（特定納税者）が指定日までに納税管理人の届出をしなかったときは、上記(6)により納税管理人となることを求めた国内便宜者のうちその区分に応じそれぞれ次に定める者を、特定事項を処理させる納税管理人（特定納税管理人）として指定することができることとされました（通則法117⑤）。

(8)　税務当局による特定納税管理人の指定の解除

所轄税務署長等は、上記(7)により特定納税管理人を指定した場合において、特定納税管理人に特定事項を処理させる必要がなくなったときは、その特定納税管理人の指定を解除することとされました（通則法117⑥）。

6　復興特別所得税に係る源泉徴収

⑴　概要

平成23年12月２日にいわゆる復興特別措置法（平成23年法律117号）が公布されたことにより、所得税の源泉徴収義務者は、平成25年１月１日から令和19年12月31日までの間に生ずる所得について源泉所得税を徴収する際、復興特別所得税を併せて徴収することになりました（復興法28）。

源泉徴収すべき復興特別所得税の額は、源泉徴収すべき所得税の額の2.1％相当額とされており、復興特別所得税は、所得税の源泉徴収にプラスして源泉徴収することとされました。

要するに、これまでの源泉所得税率に102.1％を乗じた金額を所得税及び復興特別所得税として源泉徴収した上で、法定納期限までに納付することになったのです。

例えば、これまで源泉徴収税率が10％であった場合、平成25年１月１日以降は10.21％となりました。

⑵　復興特別所得税の源泉徴収の対象となる支払

所得税法及び租税特別措置法の規定により源泉徴収することとされている支払については、復興特別所得税の源泉徴収の対象となります。具体的には、次に掲げる規定により所得税を徴収して納付する際に併せて復興特別所得税を源泉徴収することになりました（復興法28①）。

【所得税法】

第４編《源泉徴収》第１章《利子所得及び配当所得に係る源泉徴収》から第６章《源泉徴収に係る所得税の納期の特例》

【租税特別措置法】

３条の３第３項	《国外で発行された公社債等の利子所得の分離課税等》
６条２項	（同条11項において準用する場合を含みます）《民間国外債等の利子の課税の特例》
８条の３第３項	《国外で発行された投資信託等の収益の分配に係る配当所得の分離課税等》
９条の２第２項	《国外で発行された株式の配当所得の源泉徴収等の特例》

９条の３の２第１項	《上場株式等の配当等に係る源泉徴収義務等の特例》
37条の11の４第１項	《特定口座内保管上場株式等の譲渡による所得等に対する源泉徴収等の特例》
41条の９第３項	《懸賞金付預貯金等の懸賞金等の分離課税》
41条の12第３項	《償還差益に係る分離課税等》
41条の22	《免税芸能法人等が支払う芸能人等の役務提供報酬等に係る源泉徴収の特例》

(3)　租税条約に基づく限度税率の適用の際の留意事項

租税条約に限度税率を定める規定がある配当などの支払のうち、租税条約の適用により国内法（所得税法及び租税特別措置法）に規定する税率以下となるものについては、復興特別所得税を併せて源泉徴収する必要はありません（復興法33①）。

したがって、上場株式の配当など、国内法（所得税法及び租税特別措置法）の税率の方が租税条約上の限度税率よりも低いため、国内法（所得税法及び租税特別措置法）の税率を適用するものについては、復興特別所得税を併せて源泉徴収する必要があります。

なお、租税条約の適用を受けて免税となる配当などの支払についても復興特別所得税を併せて源泉徴収する必要はありません（復興法33①）。

(4)　納付書記載要領

非居住者等に対して支払った所得について源泉徴収した税額を納付する際、その納付税額に、復興特別所得税が含まれた税額と租税条約に基づく限度税率を適用したことにより復興特別所得税が含まれない税額とがある場合には、それぞれ別葉の所得税徴収高計算書（納付書）により納付することとされます。

第３　非居住者及び外国法人への源泉分離課税

１　はじめに

平成26年度税制改正において国内源泉所得の改正が行われましたが、配当、利子、使用料などの国内源泉所得については、従来とほぼ同様の制度が維持されています。すなわち、これらの一定の国内源泉所得については、源泉徴収のみで課税関係が終了することになります。そこで、ここでは源泉分離課税という表題の下、源泉徴収で課税関係が終了する国内源泉所得についてご説明します。

平成26年度税制改正までは、国内源泉所得について所得税法と法人税法の規定が同じ号だったために「通称○号所得」といわれてきました。しかし、改正後はそれぞれの条文の号が異なることから、「通称○号所得」ということはできません。

２　債券利子等

所得税法161条１項８号に規定する利子所得とは、所得税法23条第１項に規定する利子等のうち次に掲げるものをいうとされています。

利子所得	①　日本国の国債若しくは地方債又は内国法人の発行する債券の利子
	②　外国法人の発行する債券の利子のうち当該外国法人の恒久的施設を通じて行う事業に係るもの
	③　国内にある営業所に預け入れられた預貯金の利子
	④　国内にある営業所に信託された合同運用信託、公社債投資信託又は公募公社債等運用投資信託の収益の分配

なお、上の規定を修正すべく、措置法において次のような規定があります。

1	振替国債等の利子・償還差益の非課税	措法５の２、41の13①
2	振替社債等の利子等・償還差益の非課税	措法５の３、41の13②
3	民間国外債の利子・償還差益の非課税	措法６、41の13③
4	特別国際金融取引勘定において経理された預金等の利子の非課税	措法７
5	特定振替割引債の償還金に係る差益金額の非課税	措法41の13の３
6	外国金融機関等の店頭デリバティブ取引の証拠金に係る利子の非課税	措法42①、②
7	外国金融機関等の債券現先取引等に係る利子の非課税	措法42の２①、③

３　配当等

所得税法161条１項９号に規定する配当所得とは、内国法人から受ける所得税法24条１項に規定する次に掲げる配当等をいうとされています。

配当所得	
	①　内国法人から受ける剰余金の配当、利益の配当、剰余金の分配又は基金利息
	②　国内にある営業所に信託された投資信託（公社債投資信託及び公募公社債等運用投資信託を除きます）又は特定受益証券発行信託の収益の分配

４　貸付金の利子

国内において業務を行う者に対する貸付金（これに準ずるものを含みます）でその国内業務に係るものの利子は、所得税法161条１項10号に規定する国内源泉所得に該当します。

上でいう「その国内業務に係るものの利子」とは、国内において業務を行う者に対する同号に規定する貸付金のうち、当該国内において行う業務の用に供されている部分の貸付金に対応するものをいうこととされます（所基通161－29）。

これは、貸し付けられた資金がどの国（居住地国か源泉地国か）で使用されたか、ということを基準に所得の源泉地を決定するもので、一般に「使用地主義」と呼ばれる考え方です。例えば、Ｙ国のある外国法人Ａが、日本の内国法人Ｂに対して貸付行為を行い、利子を徴することとします。この場合、Ｂは、その貸付金を日本国内の事業ではなく、もっぱらＸ国に新たに研究所を設けるために使用した場合、貸付金の使用地が日本ではないので、日本の国内源泉所得には該当しません。

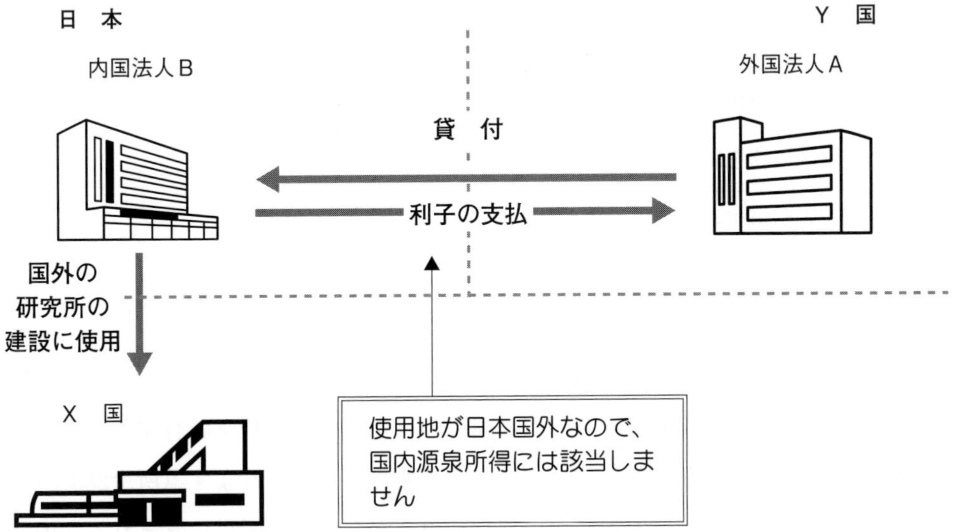

一方、Ｂがその貸付金を日本国内の事業のために使用した場合には、日本の国内源泉所得に該当します。

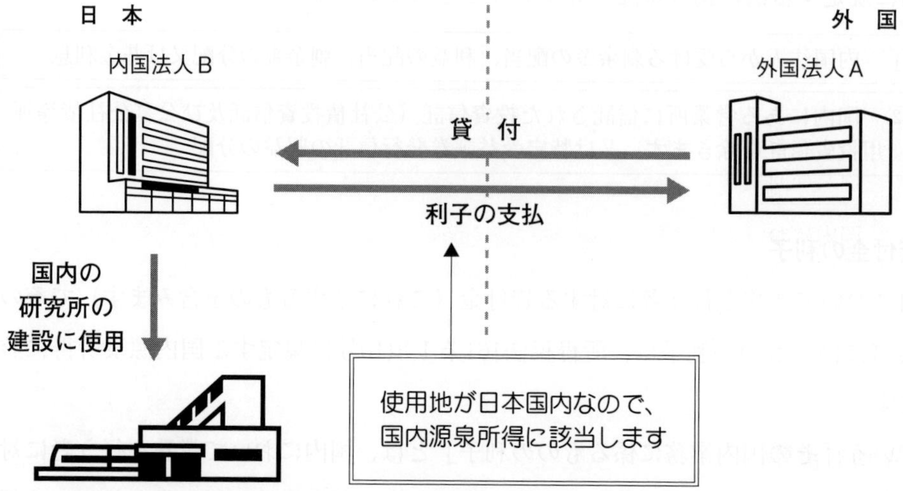

ただし、後述するように、日本が締結した多くの租税条約においては、利子について「債務者主義」を採用していますので、租税条約を締結している国との取引においては、国内法が全面的に債務者主義に置き換えられることになります。

一方、貸付金に準ずるものには、次の債権が該当することとされます（所基通161－30）。

貸付金に準ずるもの	
	①　預け金のうち所得税法161条１項８号ハに掲げる預貯金以外のもの
	②　保証金、敷金その他これらに類する債権
	③　前渡金その他これに類する債権
	④　他人のために立替払をした場合の立替金
	⑤　取引の対価に係る延払債権
	⑥　保証債務を履行したことに伴って取得した求償権
	⑦　損害賠償金に係る延払債権
	⑧　当座貸越に係る債権

ただし、金融機関が国内において業務を行う者に対して有する、資産の譲渡又は役務の提供の対価に係る債権のうち、その発生の日からその債務を履行すべき日までの期間が６月を超えないものの利子は、国内源泉所得から除かれます（所令283①）。そして、そのような利子は、国内において行う事業から生ずる所得に含まれるものとさ

れます（所令283②）。これは、通常の商取引に伴って生じる利子は、通常の事業所得に含まれるということを意味します。

さらに、貸付金の利子には、次の①の債券の買戻又は売戻条件付売買取引（いわゆるレポ取引）から生じる②の差益を含むものとされます（所法161①十、所令283③④）。

① 債券現先取引	債券をあらかじめ約定した期日にあらかじめ約定した価格で買い戻し、又は売り戻すことを約定して譲渡し、又は購入し、かつ、当該約定に基づき当該債券と同種及び同量の債券を買い戻し、又は売り戻す取引
② 差益	国内において業務を行う者との間で行う債券現先取引で当該業務に係るものにおいて、債券を購入する際の当該購入に係る対価の額を当該債券と同種及び同量の債券を売り戻す際の当該売戻しに係る対価の額が上回る場合における当該売戻しに係る対価の額から当該購入に係る対価の額を控除した残額に相当する差益

5　工業所有権等の使用料又はその譲渡の対価

次の表に掲げる使用料又は対価で国内において業務を行う者の業務に係るものでそれらの者から受けるものは国内源泉所得となります（所法161①十一）。

工業所有権等の使用料又はその譲渡の対価	①　工業所有権その他の技術に関する権利、特別の技術による生産方式若しくはこれらに準ずるものの使用料又はその譲渡による対価
	②　著作権（出版権及び著作隣接権その他これに準ずるものを含みます）の使用料又はその譲渡による対価
	③　機械、装置その他政令で定める用具の使用料

なお、上の③にいう用具とは、車両及び運搬具、工具並びに器具及び備品をいいます（所令284①）。

所得税法161条１項11号に掲げる「当該業務に係るもの」とは、国内において業務を行う者に対し提供された上の表の①から③の資産の使用料又は対価で、当該資産のうち国内において行う業務の用に供されている部分に対応するものをいいます。したがって、例えば、居住者又は内国法人が非居住者又は外国法人から提供を受けた工業所有権等を国外において業務を行う他の者（以下「再実施権者」といいます）の当該国外における業務の用に提供することにより当該非居住者又は外国法人に対して支払う使用料のうち、再実施権者の使用に係る部分の使用料（当該居住者又は内国法人が再実施権者から受領する使用料の額を超えて支払う場合には、その受領する使用料の額に達するまでの部分の金額に限ります）は、同号に掲げる使用料に該当しないことに留意することとされます（所基通161－33）。

上の①にいう「工業所有権その他の技術に関する権利、特別の技術による生産方式若しくはこれらに準ずるもの」を「工業所有権等」といい、これらについては、次のようなものであるとされます（所基通161－34）。

所得税基本通達161－34（工業所有権等の意義）

> 工業所有権等とは、特許権、実用新案権、意匠権、商標権の工業所有権及びその実施権等のほか、これらの権利の目的にはなっていないが、生産その他業務に関し繰り返し使用し得るまでに形成された創作、すなわち、特別の原料、処方、機械、器具、工程によるなど独自の考案又は方法を用いた生産についての方式、これに準ずる秘けつ、秘伝その他特別に技術的価値を有する知識及び意匠等をいいます。したがって、ノウハウはもちろん、機械、設備等の設計及び図面等に化体された生産方式、デザインもこれに含まれるが、海外における技術の動向、製品の販路、特定の品目の生産高等の情報又は機械、装置、原材料等の材質等の鑑定若しくは性能の調査、検査等は、これに該当しません。

また、「工業所有権等の使用料」については、次に掲げるものをいうとされます（所基通161－35）。

所得税基本通達161－35（使用料の意義）

> 法第161条第１項第11号イの工業所有権等の使用料とは、工業所有権等の実施、使用、採用、提供若しくは伝授又は工業所有権等に係る実施権若しくは使用権の設定、許諾若しくはその譲渡の承諾につき支払を受ける対価の一切をいい、同号ロの著作権の使用料とは、著作物（著作権法第２条第１項第１号《定義》に規定する著作物をいいます）の複製、上演、演奏、放送、展示、上映、翻訳、編曲、脚色、映画化その他著作物の利用又は出版権の設定につき支払を受ける対価の一切をいうのであるから、これらの使用料には、契約を締結するに当たって支払を受けるいわゆる頭金、権利金等のほか、これらのものを提供し、又は伝授するために要する費用に充てるものとして支払を受けるものも含まれることとされます。

さらに、前ページ下の表の②及び③に規定する資産で居住者又は内国法人の業務の用に供される船舶又は航空機において使用されるものの使用料は、国内源泉所得に係る使用料に該当するものとされる一方、非居住者又は外国法人の業務の用に供される船舶又は航空機において使用されるものの使用料は、国内源泉所得に係る使用料には該当しないものとされます（所令284②）。

6　給与報酬年金所得

⑴　はじめに

所得税法161条１項12号においては、次に掲げる給与、報酬又は年金は国内源泉所得に該当すると規定しています。

給与等の国内源泉所得	
	①　俸給、給料、賃金、歳費、賞与又はこれらの性質を有する給与その他人的役務の提供に対する報酬のうち、国内において行う勤務その他の人的役務の提供（内国法人の役員として国外において行う勤務その他の政令で定める人的役務の提供を含みます）に基因するもの
	②　公的年金等
	③　退職手当等のうちその支払を受ける者が居住者であった期間に行った勤務その他の人的役務の提供（内国法人の役員として非居住者であった期間に行った勤務その他の政令で定める人的役務の提供を含みます）に基因するもの

このうち、上記①に規定する人的役務の提供に基因するものとは、次に掲げるものをいいます（所令285①）。

人的役務の提供に基因するもの	
	①　内国法人の役員としての勤務で国外において行うもの（その役員としての勤務を行う者が同時にその内国法人の使用人として常時勤務を行う場合のその役員としての勤務を除きます）
	②　居住者又は内国法人が運航する船舶又は航空機において行う勤務その他の人的役務の提供（国外における寄航地において行われる一時的な人的役務の提供を除きます）

(2)　給与等の考え方

イ　国内における勤務

上述したように、俸給・給料・賃金等については、これらの基因となった人的役務の提供行為（勤務等）がどこで行われたか、ということにより国内源泉所得であるか否かが決まります。給与等がどこで支払われたか、ということは問題にはなりません。

したがって、非居住者が日本国内で勤務したことにより支払われる給与については、それが日本で支払われるか、また非居住者の本国において支払われるかに関係なく、国内源泉所得に該当することになるのです。

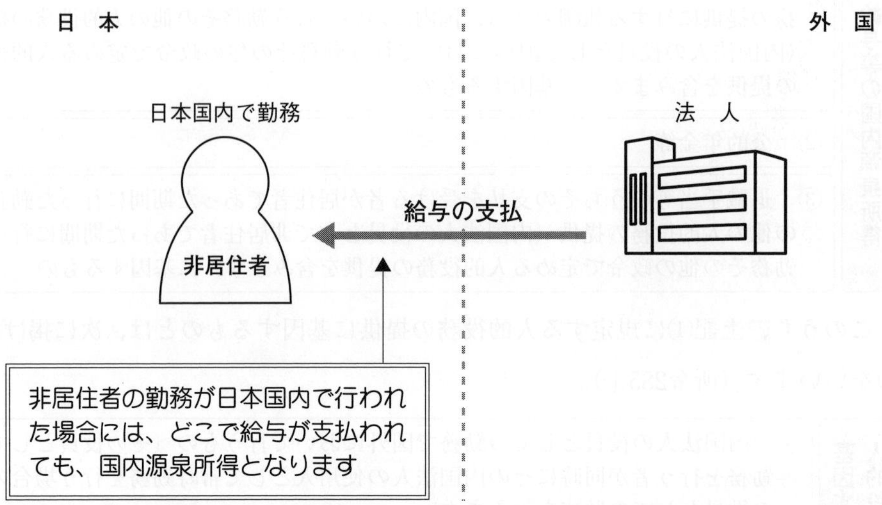
日　本
外　国
日本国内で勤務
法　人
給与の支払
非居住者
非居住者の勤務が日本国内で行われた場合には、どこで給与が支払われても、国内源泉所得となります

なお、非居住者が国内及び国外の双方にわたって行った勤務又は人的役務の提供に基因して給与又は報酬の支払を受ける場合におけるその給与又は報酬の総額のうち、国内において行った勤務又は人的役務の提供に係る部分の金額は、次の算式により計算されます（所基通161－41）。

算　式

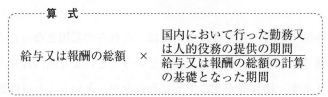

$$\text{給与又は報酬の総額} \times \frac{\text{国内において行った勤務又は人的役務の提供の期間}}{\text{給与又は報酬の総額の計算の基礎となった期間}}$$

ただし、国内における公演等の回数、収入金額等の状況に照らし、その給与又は報酬の総額に対する金額が著しく少額の場合を除きます。

従業員の海外勤務に関する誤りやすい事例

Ａ社に勤務していたＢに、外国子会社Ｃへの転勤が発令された場合、Ｂに対する給与で注意しなければならないことがいくつかあります。

①　Ｂが外国子会社Ｃに勤務するようになると、日本とＣ所在地国との間の物価調整などの観点から、Ｂの配偶者Ｄに留守宅手当が支払われる場合があります。Ｂは日本の非居住者に該当し、この留守宅手当が外国での勤務に基づくものですので日本の所得税が課税されることはありません。しかし、外国子会社Ｃの所在地国では、Ｂが現地で受領する給与に留守宅手当を加算して、その国の所

得税を計算することになるので注意が必要です。

②　Ａ社は、Ｂが海外に転勤する日までにＢの年末調整をしなければならないので注意が必要です。この場合、年末調整の対象となる給与は、海外に転勤する日までに支払の確定した給与になります。また年末調整をする際、社会保険料や生命保険料などの所得控除は、海外に転勤する日までに支払われた金額に限られるので注意が必要です。

一方、配偶者控除や扶養控除などは出国の時に控除の対象となる者の控除額を控除できることになります。控除対象となるかどうかは、①出国の時の現況、及び②出国の時の現況により見積もったその年の１月１日から12月31日までのその配偶者等の合計所得金額により判定することになります。

③　外国子会社Ｃに勤務することになったＢは非居住者に該当するため外国における勤務に基づいて支払われる給与には、日本の所得税や復興特別所得税が課税されないのは上述したとおりです。

しかし、海外に転勤後にＢが受領する賞与などの計算期間内に、日本で勤務した期間が含まれている場合には、日本の所得税・復興特別所得税が課税されます。この場合、Ａ社は、Ｂの日本での勤務期間に対応する金額に対して20.42％の税率で源泉徴収しなければなりません。

なお、給与等の計算期間が１か月以下であれば、給与等の計算期間のうちに日本での勤務期間が含まれていても源泉徴収をしなくてもよいことになっています。

ロ　役員報酬

内国法人の役員としての勤務を国外において行う非居住者であっても、その役員報酬は、国内源泉所得となります（所令285①一）。したがって、外国法人の役員が、その日本子会社の役員を兼ねている場合で、もっぱら外国に滞在しているような場合（すなわち日本での勤務がまったくない場合）であっても、国内法上は国内源泉所得となるのです。

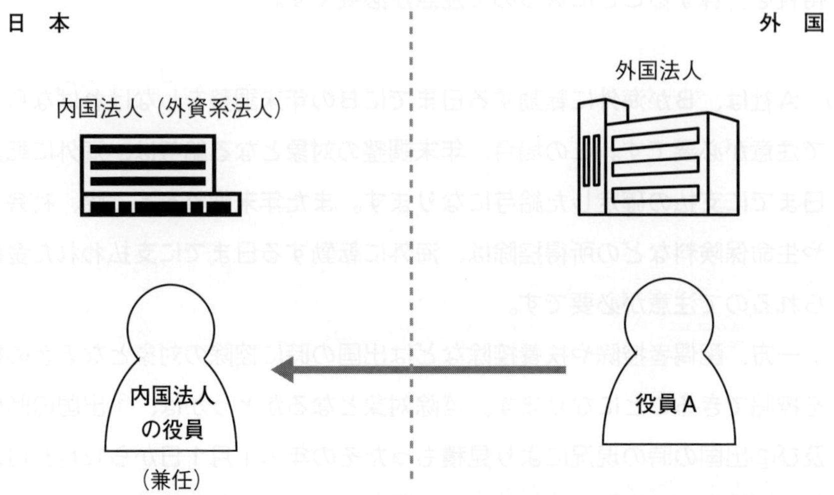

この場合、内国法人から受け取る役員報酬は国内源泉所得となります

ただし、役員報酬の課税の取扱いについて、租税条約によって源泉地国が決まってくる場合が多いことから、その内容を確認する必要があります。

ハ　公的年金等

国内源泉所得となる公的年金等には、国民年金、厚生年金、共済年金などの公的年金等が含まれます。

ニ　退職手当等

退職手当等については、非居住者が居住者であった期間に行った勤務に基因するもののみが国内源泉所得になります。

7　広告宣伝のための賞金

所得税法161条１項13号に規定する広告宣伝のための賞金は、国内において事業を行う者からその事業の広告宣伝のために賞として支払を受ける金品その他の経済的な利益とするとされています（所令286）。

8　生命保険契約その他の年金契約に基づいて受ける年金

所得税法161条１項14号に規定する生命保険契約その他の年金契約に基づいて受ける年金は、国内にある営業所又は国内において契約の締結の代理をする者を通じて締結した生命保険契約、損害保険契約その他の年金に係る契約に基づいて受ける年金（年金の支払の開始の日以後に当該年金に係る契約に基づき分配を受ける剰余金又は割戻しを受ける割戻金及び当該契約に基づき年金に代えて支給される一時金を含みます）とされています。

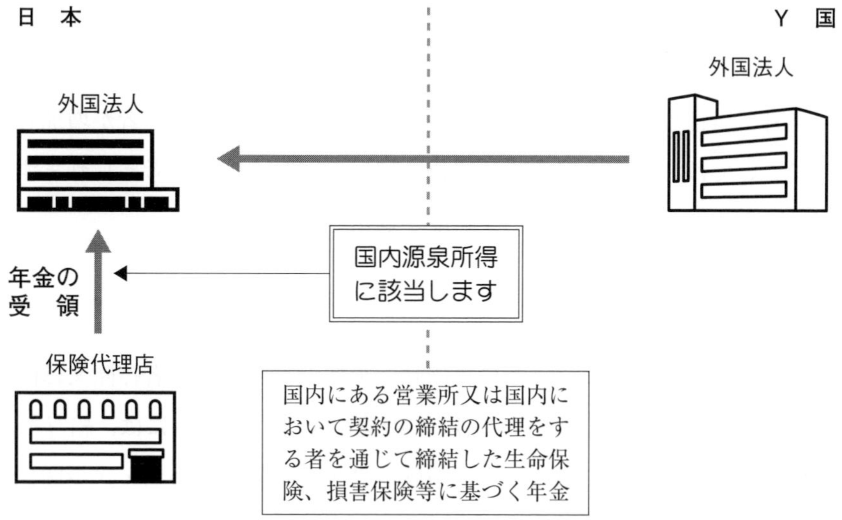

この場合の年金契約とは、生命保険契約、損害保険契約又はこれらに類する共済に係る契約であって、年金を給付する定めのあるものとするとされています（所令287）。

9　給付補塡金、利息、利益又は差益

定期預金又は掛金の給付補塡金、抵当証券の利息、貴金属等の売戻条件付売買に基づく利益、外貨建預金の為替差益及び一時払養老保険等に基づく差益のうち、国内にある営業所を通じて締結された契約に係るものです（所法161①十五）。

10　匿名組合契約等に基づく利益の分配

国内において事業を行う者に対する出資につき、匿名組合契約に基づいて受ける利益の分配が国内源泉所得とされます。この場合の匿名組合契約には、当事者の一方が相手方の事業のために出資をし、相手方がその事業から生ずる利益を分配することを約する契約を含みます（所法161①十六、所令288）。

なお、匿名組合契約とは、商法535条に規定される、当事者の一方が相手方の営業のために出資し、相手方がその営業から生ずる利益を分配することを約する契約をいいます。

第４　国外居住扶養親族に係る扶養控除等の書類の添付義務化

１　はじめに

経済のグローバル化が進展している状況下、外国人労働者の増加や国際結婚の増加により、国外に居住している親族を控除対象扶養親族等とする納税者が増加しています。これについては、その事実確認や実態の把握が困難であると考えられます。

本制度は、令和５年１月より新たな制度が適用されています。

２　制度の概要

居住者が、国外居住親族について扶養控除、配偶者控除、障害者控除又は配偶者特別控除（以下「扶養控除等」といいます。）の適用を受けるためには、給与等又は公的年金等の支払者に下記３に記載の一定の確認書類（親族関係書類・送金関係書類の提出又は提示をする必要があります。

また、令和５年１月からは、扶養控除等の対象となる国外居住親族は、扶養親族（居住者の親族のうち、合計所得金額が48万円以下である者をいいます。以下同じです。）のうち、次の⑴から⑶までのいずれかに該当する者に限られることとされました。

さらに、その国外居住親族について、扶養控除の適用を受けようとする居住者は、給与等又は公的年金等の支払者に下記３に記載の一定の確認書類（親族関係書類・留学ビザ等書類・送金関係書類・38万円送金書類）の提出又は提示をする必要があります。

⑴	年齢16歳以上30歳未満の者
⑵	年齢70歳以上の者
⑶	年齢30歳以上70歳未満の者のうち、次の①から③までのいずれかに該当する者 ①　留学により国内に住所及び居所を有しなくなった者 ②　障害者 ③　その居住者からその年において生活費又は教育費に充てるための支払を38万円以上受けている者

【国外扶養親族の扶養控除等対象者の概念図】

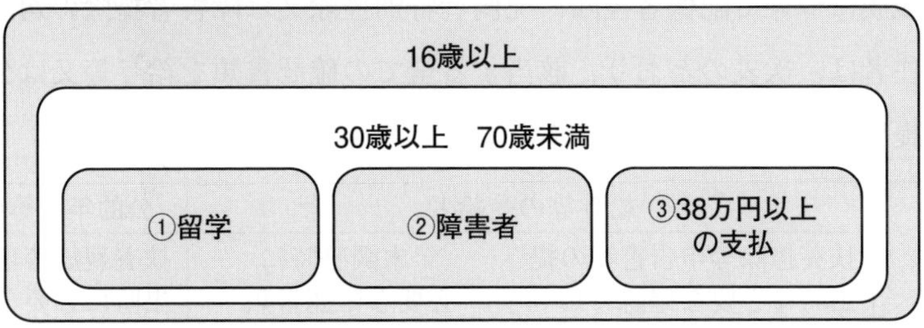

（出典：国税庁資料）

3　国外居住親族に係る扶養控除等の適用を受けるための手続の概要

給与等又は公的年金等について、国外居住親族に係る扶養控除等の適用を受けようとする居住者は、次のとおり、給与等又は公的年金等の支払者に「給与所得者の扶養控除（異動）申告書」などの申告書を提出する際、その国外居住親族に係る「確認書類」の提出又は提示をする必要があります 。

⑴　扶養控除に係る確認書類

国外居住親族について扶養控除の適用を受けようとする居住者は、次表のとおり、その国外居住親族の年齢等の区分に応じて、該当する全ての確認書類を給与等又は公的年金等の支払者に提出又は提示する必要があります。

<table>
<tr><th colspan="4">給与等の受給者</th><th>公的年金等の受給者</th></tr>
<tr><th colspan="2"></th><th>扶養控除等申告書等(注)の提出時に必要な確認書類</th><th>年末調整時に必要な確認書類</th><th>扶養親族等申告書の提出時に必要な確認書類</th></tr>
<tr><td colspan="2">16歳以上30歳未満
又は70歳以上</td><td>「親族関係書類」</td><td>「送金関係書類」</td><td>「親族関係書類」</td></tr>
<tr><td rowspan="4">30歳以上70歳未満</td><td>①　留学により国内に住所および居所を有しなくなった者</td><td>「親族関係書類」及び「留学ビザ等書類」</td><td>「送金関係書類」</td><td>「親族関係書類」及び「留学ビザ等書類」</td></tr>
<tr><td>②　障害者</td><td>「親族関係書類」</td><td>「送金関係書類」</td><td>「親族関係書類」</td></tr>
<tr><td>③　その居住者からその年において生活費又は教育費に充てるための支払を38万円以上受けている者</td><td>「親族関係書類」</td><td>「38万円送金書類」</td><td>「親族関係書類」</td></tr>
<tr><td>（上記①～③以外の者）</td><td colspan="3">（扶養控除の対象外）</td></tr>
</table>

（出典：国税庁資料）

⑵　配偶者控除、配偶者特別控除又は障害者控除に係る確認書類

国外居住親族について配偶者控除、配偶者特別控除又は障害者控除の適用を受けようとする居住者は、次表のとおり、該当する全ての確認書類を給与等又は公的年金等の支払者に提出又は提示する必要があります。

	給与等の受給者		公的年金等の受給者
	扶養控除等申告書等の提出時に必要な確認書類	年末調整時に必要な確認書類	扶養親族等申告書の提出時に必要な確認書類
配偶者控除、配偶者特別控除	「親族関係書類」 ※　源泉控除対象配偶者に該当する場合のみ控除可	「親族関係書類」及び「送金関係書類」㈱	「親族関係書類」
障害者控除	「親族関係書類」	「送金関係書類」	「親族関係書類」

㈱　年末調整の際、配偶者控除等申告書の提出時に、これらの確認書類の提出又は提示をする必要があります。
なお、扶養控除等申告書を提出する際に、非居住者である配偶者について、「親族関係書類」を給与等の支払者に提出又は提示した場合には、配偶者控除等申告書の提示の際に、「親族関係書類」を給与等の支払者に提出又は提示する必要はありません。

（出典：国税庁資料）

４　適用時期等

上記の取扱いは、令和５年１月１日以後に支払われる給与等及び公的年金等並びに令和５年分以後の所得税について適用されます。

第5　非居住者及び外国法人に支払う所得の源泉徴収

1　源泉徴収の対象となる国内源泉所得の範囲

平成26年度税制改正により、非居住者及び外国法人の国内源泉所得について見直しが行われました（36ページの表をご参照ください）。以下に、源泉徴収の対象となる国内源泉所得の範囲を示すことにします。

【源泉徴収の対象となる国内源泉所得の範囲】

所得の区分	内容
組合契約事業利益の配分 （所法161①四）	組合契約に基づいて恒久的施設を通じて行う事業から生ずる利益（その事業から生ずる収入からその収入に係る費用（所法第161条第1項第5号から第16号までに掲げる国内源泉所得について源泉徴収された所得税及び復興特別所得税を含みます。）を控除したもの）について、その組合契約に基づいて配分を受けるもの（所令281の2）。 この場合の「組合契約」とは、次に掲げる契約をいいます。 ①　民法第667条第1項に規定する組合契約 ②　投資事業有限責任組合契約に関する法律第3条第1項に規定する投資事業有限責任組合契約 ③　有限責任事業組合契約に関する法律第3条第1項に規定する有限責任事業組合契約 ④　外国における契約で、①～③に類する契約
土地等の譲渡対価 （所法161①五）	国内にある次に掲げる土地等の譲渡対価のうち、その土地等を自己又はその親族の居住の用に供するために譲り受けた個人から支払われるもの（譲渡対価が1億円を超えるものを除きます。）以外のもの（所令281の3） ①　土地又は土地の上に存する権利 ②　建物及び建物の附属設備 ③　構築物
人的役務の提供事業の対価 （所法161①六）	国内において行う人的役務の提供を主たる内容とする事業で、次に掲げる者の役務提供の対価（所令282） ①　映画又は演劇の俳優、音楽家その他の芸能人、職業運動家 ②　弁護士、公認会計士、建築士その他の自由職業者 ③　科学技術、経営管理その他の分野に関する専門的知識又は特別な技能を有する者
不動産の賃貸料等 （所法161①七）	国内にある不動産、不動産の上に存する権利若しくは採石権の貸付け、租鉱権の設定又は居住者若しくは内国法人に対する船舶・航空機の貸付けによる対価

利子等 （所法161①八）	利子等のうち、次に掲げるもの ①　日本国の国債、地方債又は内国法人の発行する債券の利子 ②　外国法人の発行する債券の利子のうち恒久的施設を通じて行う事業に係るもの ③　国内にある営業所に預け入れられた預貯金の利子 ④　国内にある営業所に信託された合同運用信託、公社債投資信託又は公募公社債等運用投資信託の収益の分配
配当等 （所法161①九）	配当等のうち、次に掲げるもの ①　内国法人から受ける剰余金の配当、利益の配当、剰余金の分配、金銭の分配又は基金利息 ②　国内にある営業所に信託された投資信託（公社債投資信託及び公募公社債等運用投資信託を除きます。）又は特定受益証券発行信託の収益の分配
貸付金の利子 （所法161①十）	国内において業務を行う者に対する貸付金で、その業務に係るものの利子（所令283）
使用料等 （所法161①十一）	国内において業務を行う者から受ける次の使用料又は対価で、その業務に係るもの（所令284） ①　工業所有権等の使用料又はその譲渡による対価 ②　著作権等の使用料又はその譲渡による対価 ③　機械、装置及び車両等の使用料
給与等の人的役務の提供に対する報酬等 （所法161①十二）	①　俸給、給料、賃金、歳費、賞与又はこれらの性質を有する給与その他人的役務の提供に対する報酬のうち、国内において行う勤務その他の人的役務の提供に基因するもの（所令285①） ②　公的年金等（所令285②） ③　退職手当等のうち受給者が居住者であった期間に行った勤務その他の人的役務の提供に基因するもの（所令285③）
事業の広告宣伝のための賞金 （所法161①十三）	国内において事業を行う者からその事業の広告宣伝のために、賞として支払を受ける金品、その他の経済的利益（所令286）
生命保険契約に基づく年金等 （所法161①十四）	国内にある営業所等を通じて保険業法に規定する生命保険会社又は損害保険会社の締結する保険契約等に基づいて受ける年金等（公的年金等を除きます。）（注２）（所令287）
定期積金の給付補塡金等 （所法161①十五）	国内にある営業所等が受け入れたもので次に掲げるもの ①　定期積金の給付補塡金 ②　銀行法第２条第４項の契約に基づく給付補塡金 ③　抵当証券の利息 ④　金投資口座等の差益 ⑤　外貨投資口座等の為替差益 ⑥　一時払養老保険、一時払損害保険等の差益

匿名組合契約等に基づく利益の分配 （所法161①十六）	国内において事業を行う者に対する出資のうち、匿名組合契約等に基づいて行う出資により受ける利益の分配（所令288）

㈡1　所得税法第161条第1項第4号から第16号までに掲げる対価、使用料、給与、報酬等（以下「対価等」といいます。）には、その対価等として支払われるものばかりでなく、その対価等に代わる性質を有する損害賠償金その他これに類するものも含まれます。また、「その他これに類するもの」には、和解金、解決金のほか、対価等の支払が遅延したことに基づき支払われる遅延利息とされる金員で、その対価等に代わる性質を有するものが含まれます（所基通161－46）。

2　平成25年1月1日以後に支払を受けるべき生命保険契約等に基づく年金のうち、年金の支払を受ける者と保険契約者とが異なる契約などの一定の契約に基づく年金を除きます。

（出典：令和6年版　源泉徴収のあらまし）

2　源泉徴収税率と控除額

非居住者及び外国法人に支払う所得に関する源泉徴収税額は、原則として国内源泉所得の支払金額に一定の税率を乗じて求めた金額となります。その一方で、年金や賞金のように、支払金額から所定の控除額を差し引いた上で税率を乗じることとされているものもあります（所法213、所令329）。

また、第4章に記載しているように、支払を受ける非居住者及び外国法人の居住地国とわが国との間に租税条約が締結されている場合には、その租税条約に規定されている税率（限度税率）に軽減することになります（実施特例法3の2）。

租税条約の適用により、限度税率が国内法（所得税法及び租税特別措置法）に規定する税率以下となるものについては、復興特別所得税を併せて源泉徴収する必要はありません（復興法33③一）。

したがって、国内法の税率のほうが租税条約上の限度税率よりも低いため、国内法の税率を適用するものについては、復興特別所得税を併せて源泉徴収する必要があります。

第３章　外国法人への課税の概要

第１　概　　要

１　はじめに

法人の場合も、個人の場合と同様です。内国法人にはすべての所得（全世界所得）に対して課税されるのに対して、外国法人に対しては国内源泉所得について課税されます（法法４③）。この場合、恒久的施設の有無やその種類によって、課税所得の範囲が異なります（法法８）。

本章では、外国法人の課税の概要、法人税法上の国内源泉所得、源泉徴収のみで課税関係が終了しない国内源泉所得、恒久的施設（PE）帰属所得などについて説明します。

２　外国法人の定義、事業年度、確定申告

⑴　外国法人の定義

外国法人は、内国法人以外の法人をいうとされています（法法２四）。この場合、日本の法令に存在しない事業形態（事業体）が、法人となるか否かについて問題となる場合があります。これについては、最終的には裁判所で判断されるべき問題ですが、現在のところ、次の要件を満たす場合には、外国法人となると理解されているようです。

外国で組織される事業体の判断基準	
	①　その事業体がその国（又は州）の法律に基づいて設立されたこと
	②　外国の商事会社であること
	③　その事業体の設立により登記されたこと
	④　その構成員とは別個の法的主体となれること

⑵　外国法人の事業年度

事業年度については、外国法人も内国法人と同様とされます。すなわち、事業年度とは、法人の財産及び損益の計算の単位となる会計期間で、法令で定めるもの又は法人の定款等に定めるものをいい、法令又は定款等に会計期間の定めがない場合

には、納税地の所轄税務署長に届け出た会計期間又は納税地の所轄税務署長が指定した会計期間をいいます。ただし、これらの期間が１年を超える場合は、当該期間をその開始の日以後１年ごとに区分した各期間をいいます（法法13①）。

事業年度については、次のような取扱いがあります（法法13②～④）。

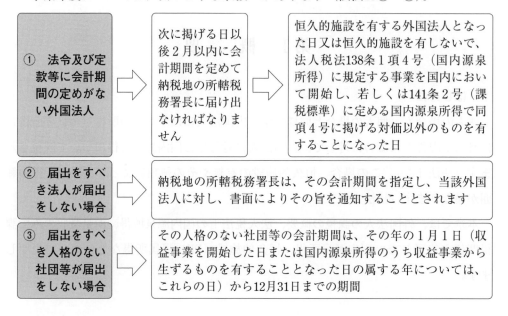

①　法令及び定款等に会計期間の定めがない外国法人	⇒ 次に掲げる日以後２月以内に会計期間を定めて納税地の所轄税務署長に届け出なければなりません	⇒ 恒久的施設を有する外国法人となった日又は恒久的施設を有しないで、法人税法138条１項４号（国内源泉所得）に規定する事業を国内において開始し、若しくは141条２号（課税標準）に定める国内源泉所得で同項４号に掲げる対価以外のものを有することになった日
②　届出をすべき法人が届出をしない場合	⇒ 納税地の所轄税務署長は、その会計期間を指定し、当該外国法人に対し、書面によりその旨を通知することとされます	
③　届出をすべき人格のない社団等が届出をしない場合	⇒ その人格のない社団等の会計期間は、その年の１月１日（収益事業を開始した日または国内源泉所得のうち収益事業から生ずるものを有することとなった日の属する年については、これらの日）から12月31日までの期間	

３　外国法人の納税地

外国法人の法人税の納税地は、次の各号に掲げる外国法人の区分に応じ当該各号に掲げる場所とします（法法17、法令16）。

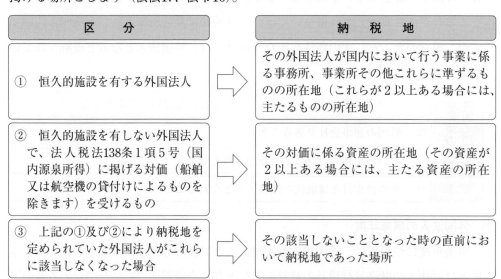

区　　分		納　税　地
①　恒久的施設を有する外国法人	⇒	その外国法人が国内において行う事業に係る事務所、事業所その他これらに準ずるものの所在地（これらが２以上ある場合には、主たるものの所在地）
②　恒久的施設を有しない外国法人で、法人税法138条１項５号（国内源泉所得）に掲げる対価（船舶又は航空機の貸付けによるものを除きます）を受けるもの	⇒	その対価に係る資産の所在地（その資産が２以上ある場合には、主たる資産の所在地）
③　上記の①及び②により納税地を定められていた外国法人がこれらに該当しなくなった場合	⇒	その該当しないこととなった時の直前において納税地であった場所

④　③の場合を除き、外国法人が国に対し法人税に関する法律の規定に基づく申告、請求その他の行為をする場合	その外国法人が選択した場所（これらの行為が２以上ある場合には、最初にその行為をした際選択した場所）
⑤　上記以外の場合	麹町税務署

第２　法人税法上の国内源泉所得

１　恒久的施設（PE）帰属所得と国内源泉所得の関係

平成26年度税制改正において外国法人の国内源泉所得について、帰属主義の考え方に沿った見直しが行われました。外国法人に対する法人税課税については、国内において行う事業から生ずる所得に代えて、外国法人の恒久的施設に帰せられる所得（以下「恒久的施設帰属所得」といいます）が新たに定められました。

そして、恒久的施設を有する外国法人の所得金額ですが、以下のように(A)及び(B)の２つに区分され、それぞれ恒久的施設帰属所得と恒久的施設に帰属しない所得毎に法人税額を算出します（法法141）。

恒久的施設を有する外国法人の国内源泉所得	恒久的施設（PE）帰属所得(A)	所得の人的帰属に着目し、居住者・内国法人並みの課税範囲（①）
	その他の国内源泉所得(B)	所得の地理的帰属に着目した課税範囲（②～⑥）

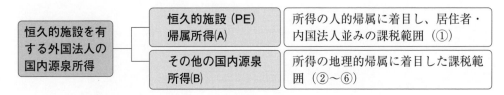

㈱　表中の①から⑥は、次項２の表の①から⑥を指しています。

すなわち、国内源泉所得を所得の人的帰属に着目して内国法人並みの課税範囲とされる恒久的施設（PE）帰属所得と所得の地理的帰属に着目した課税範囲とされるそれ以外の国内源泉所得に区分し、恒久的施設（PE）帰属所得に係る所得とそれ以外の国内源泉所得に係る所得は、別々の課税標準とされました。

なお、(B)については、恒久的施設帰属所得に該当するものを除きます。

恒久的施設を有しない外国法人の国内源泉所得	所得の地理的帰属に着目した課税範囲（②～⑥）

２　国内源泉所得の構成

今回の改正では、いわゆる投資所得（配当、利子、使用料）等については、恒久的施設（PE）に帰属しない場合には源泉所得税を課することで完結させ、法人税の申告義務対象から外すようになりました。

改正後の法人税法138条１項は、次の６つを国内源泉所得と規定しています。

①	恒久的施設（PE）帰属所得（１号）
②	国内にある資産の運用・保有による所得（２号）
③	国内にある資産の譲渡による所得（３号）
④	人的役務提供事業の対価（４号）
⑤	国内不動産等の貸付け対価（５号）
⑥	その他その源泉が国内にある所得（６号）

３　外国法人に対する課税関係の概要

次頁に、改正後の外国法人に対する課税関係の概要を示します。表の中の①から⑥までは、上の表に対応しています。

そして、以下の表中の⑺から⒁については、所得税法のみに規定がありますので、外国法人についても所得税法の規定を参照することになります（法人税法上の規定はなくなりました)。

また、次頁の表は外国法人に対する課税関係の概要を示しています。具体的には、表の網かけの部分については、法人税が課されることになります。これに対して、【源泉徴収のみ】とある部分については、所得税法161条に規定する国内源泉所得がある場合には源泉徴収のみで課税関係が終了するため、法人税の確定申告には含まれません。そして、法人税に関しては、恒久的施設（PE）を有する法人については、恒久的施設（PE）帰属所得と PE に帰属しない国内源泉所得とを区分することになる一方、恒久的施設を有しない外国法人については、②から⑥までの国内源泉所得について法人税の申告義務を負うことになります。

このほか、非居住者が事業所得など①から⑥までの国内源泉所得を有する場合には、その非居住者に対して表にある網かけの部分に対して【法人税】の代わりに【所得税】が課されることになります。

【外国法人に対する課税関係の概要】

<table>
<tr><td rowspan="2" colspan="2">外国法人の区分
（法法141）
所得の種類
（法法138）</td><td colspan="2">恒久的施設を有する法人</td><td rowspan="2">恒久的施設
を有しない
法人
（法法141二）</td><td rowspan="2">源泉
徴収
（所法
212①
213①）</td></tr>
<tr><td>恒久的施設
帰属所得
（法法141一イ）</td><td>その他の
国内源泉所得
（法法141一ロ）</td></tr>
<tr><td colspan="2">（事業所得）</td><td rowspan="20">①恒久的施設に
帰せられるべき所得
（法法138①一）
【法人税】</td><td colspan="2">【課税対象外】</td><td>無
（注１）</td></tr>
<tr><td colspan="2">② 資産の運用・保有
（法法138①二）
※下記(7)～(14)に該当するものを除く。</td><td colspan="2" rowspan="11">【法人税】</td><td>無
（注２）</td></tr>
<tr><td rowspan="7">③ 資産の譲渡
（法法138①三）
※右のものに
限る。</td><td>不動産の譲渡
（法令178一）</td><td rowspan="2">無
（注３）</td></tr>
<tr><td>不動産の上に存する
権利等の譲渡
（　〃　二）</td></tr>
<tr><td>山林の伐採又は譲渡
（　〃　三）</td><td rowspan="5">無</td></tr>
<tr><td>買集めした内国法人株式の譲渡
（　〃　四イ）</td></tr>
<tr><td>事業譲渡類似株式の譲渡
（　〃　四ロ）</td></tr>
<tr><td>不動産関連法人株式の譲渡
（　〃　五）</td></tr>
<tr><td>ゴルフ場の所有・経営に係る
法人の株式の譲渡　等
（　〃　六、七）</td></tr>
<tr><td colspan="2">④　人的役務の提供事業の対価
（法法138①四）</td><td>20.42％</td></tr>
<tr><td colspan="2">⑤　不動産の賃貸料等
（　〃　五）</td><td>20.42％</td></tr>
<tr><td colspan="2">⑥ その他の国内源泉所得
（　〃　六）</td><td>無</td></tr>
<tr><td colspan="2">(7) 債券利子等（所法161①八）（注５）</td><td colspan="2" rowspan="8">【源泉徴収のみ】</td><td>15.315％</td></tr>
<tr><td colspan="2">(8) 配当等　（　〃　九）（注５）</td><td>20.42％
（注４）</td></tr>
<tr><td colspan="2">(9) 貸付金利子（　〃　十）（注５）</td><td>20.42％</td></tr>
<tr><td colspan="2">(10) 使用料等　（　〃　十一）（注５）</td><td>20.42％</td></tr>
<tr><td colspan="2">(11) 事業の広告宣伝のための賞金
（　〃　十三）（注５）</td><td>20.42％</td></tr>
<tr><td colspan="2">(12) 生命保険契約に基づく年金等
（　〃　十四）（注５）</td><td>20.42％</td></tr>
<tr><td colspan="2">(13) 定期積金の給付補填金等
（　〃　十五）（注５）</td><td>15.315％</td></tr>
<tr><td colspan="2">(14) 匿名組合契約等に基づく利益の分配
（　〃　十六）（注５）</td><td>20.42％</td></tr>
</table>

(注) 1　事業所得のうち、組合契約事業から生ずる利益の配分については、20.42％の税率で源泉徴収が行われます。

2　租税特別措置法第41条の12の規定により同条に規定する一定の割引債の償還差益については、18.378％（一部のものは16.336％）の税率で源泉徴収が行われます。

また、租税特別措置法第41条の12の２の規定により同条に規定する一定の割引債の償還金に係る差益金額については、15.315％の税率で源泉徴収が行われます。

3　資産の譲渡による所得のうち、国内にある土地若しくは土地の上に存する権利又は建物及びその附属設備若しくは構築物の譲渡による対価（所得税法施行令第281の３に規定するものを除きます。）については、10.21％の税率で源泉徴収が行われます。

4　上場株式等に係る配当等、公募証券投資信託（公社債投資信託及び特定株式投資信託を除きます。）の収益の分配に係る配当等及び特定投資法人の投資口の配当等については、15.315％の税率が適用されます。

5　⑺から⒁までの国内源泉所得の区分は所得税法上のもので、法人税法にはこれらの国内源泉所得の区分は設けられていません。

4　国内源泉所得への該当性の優先関係

法人税法138条１項では、各種の国内源泉所得への該当性の重複を排除しないこととされ、その上で、課税標準を定める法人税法141条において外国法人の課税標準たる国内源泉所得に係る所得を「恒久的施設（PE）帰属所得」と「その他の国内源泉所得」の２区分にグルーピングし、その他の国内源泉所得の範囲から、恒久的施設（PE）帰属所得に該当するものを除外することにより、外国法人に対する法人税の課税標準の場面においては、恒久的施設（PE）帰属所得への該当性を優先させることとされています。

5　恒久的施設（PE）を有する外国法人の所得金額の計算イメージ

上述したように、恒久的施設（PE）を有する外国法人は、

恒久的施設（PE）帰属所得
（前頁でいう「① PE に帰せられるべき所得」）

⇩

本章第３　恒久的施設帰属所得

と

PE に帰属しない国内源泉所得
（前頁でいう②から⑥の所得のうち、PE に帰属しない国内源泉所得）

⇩

本章第４　恒久的施設帰属所得以外の国内源泉所得

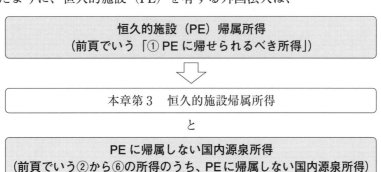

とを区分して課税所得金額の計算をし、法人税額を算出しますが、これをイメージ図で表すと次のようになります。

《恒久的施設（PE）を有する外国法人の所得金額の計算イメージ》

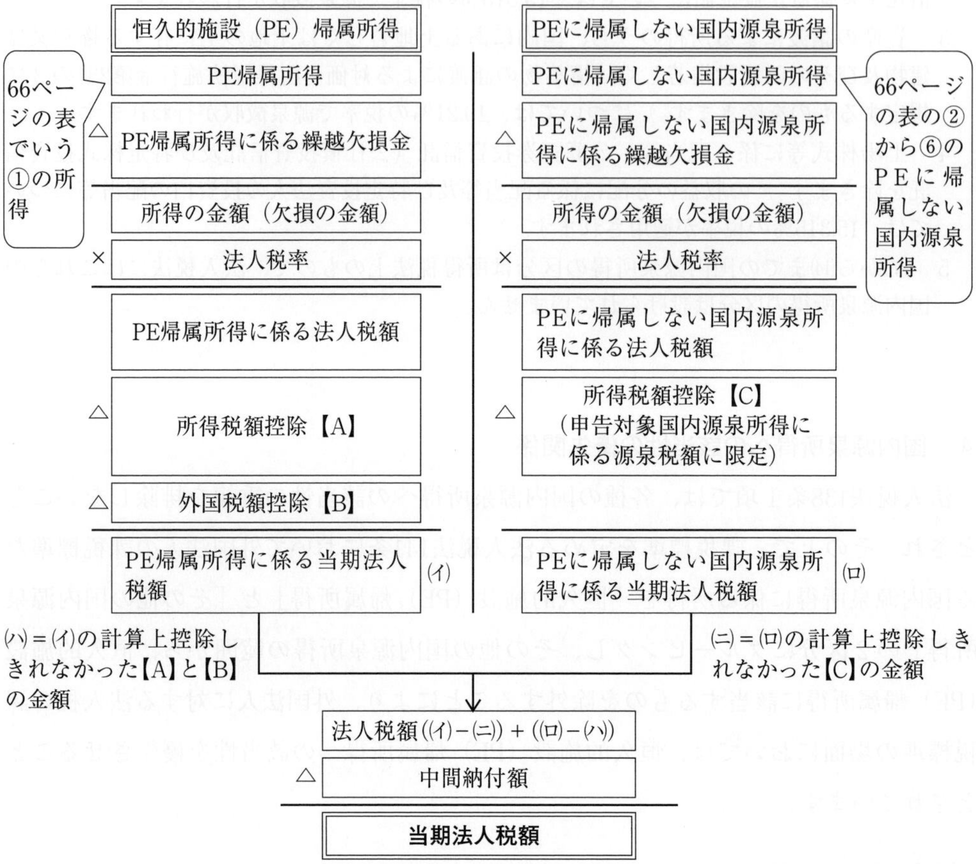

（出典：財務省資料）

第3　恒久的施設帰属所得の概要

1　恒久的施設帰属所得の概要

⑴　はじめに

恒久的施設帰属所得は、外国法人が恒久的施設を通じて事業を行う場合において、その恒久的施設がその外国法人から独立して事業を行う事業者であるとしたならば、その恒久的施設が果たす機能、その恒久的施設において使用する資産、その恒久的施設とその外国法人の本店等との間の内部取引その他の状況を勘案して、その恒久的施設に帰せられるべき所得とされています（法法138①一）。

OECD モデル租税条約新７条では、AOA の考え方に即して、恒久的施設帰属所得について、機能、資産、リスク並びに内部取引を考慮して、恒久的施設が分離独立した企業であるとしたならば、当該恒久的施設が取得したとみられる利得とされており、法人税法138条１項１号は、この新７条の要素を踏まえた規定となっています。

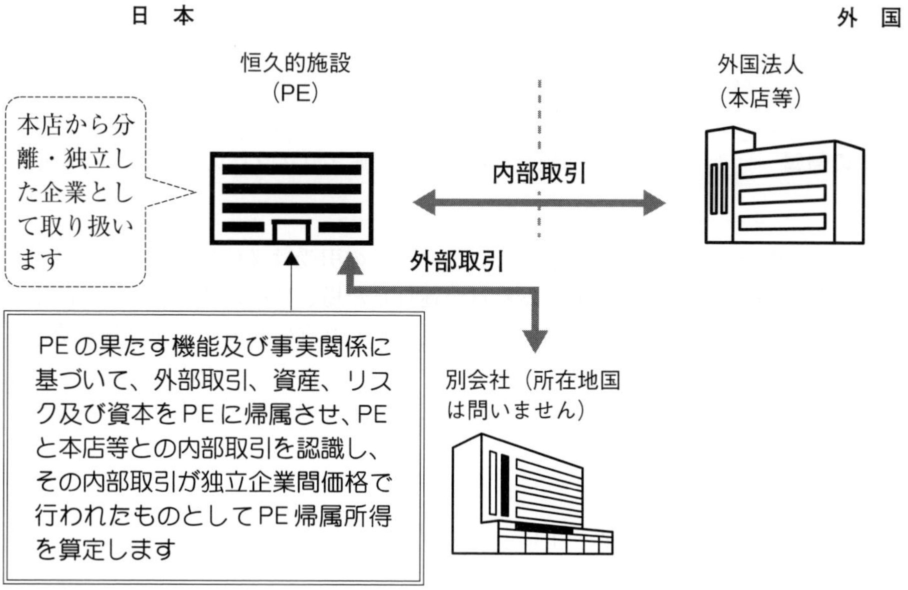

⑵　恒久的施設の譲渡による所得

恒久的施設を譲渡した場合の所得は、その譲渡による所得は恒久的施設帰属所得に該当するものとして、課税関係を整理することとされました（法法138①一）。

(3) 国内に複数の事業拠点がある場合の恒久的施設帰属所得

外国法人の事業活動の拠点がわが国に複数ある場合には、複数の拠点の集合を１つの恒久的施設としてわが国に配分されるべき課税権を認識すれば足りることになります。そこで、国内の拠点の間で行われる内部取引は認識されず、恒久的施設に帰せられるべき資本や恒久的施設帰属所得に係る繰越欠損金の額は複数の国内の拠点を１つの恒久的施設として計算することになります。

2　2ステップによる恒久的施設帰属所得に係る所得の算定

恒久的施設を有する外国法人は、以下の２つのステップによって恒久的施設帰属所得に係る所得の金額を計算することとなります。

【第1ステップ】

機能・事実分析によって以下を特定等（法法138、142の４）

1	外部取引に係る所得の帰属	恒久的施設の果たす機能及び事実関係に基づき、外国法人が外部の者と行った取引から生ずる所得の帰属の特定
2	資産の帰属	恒久的施設が果たす機能及び事実関係に基づく資産の帰属の特定
3	リスクの帰属	恒久的施設の果たす機能及び事実関係に基づくリスクの帰属の特定(注)
4	内部取引の認識・性質決定	恒久的施設と本店等との間で行われた内部取引の認識・性質の決定
5	資本の帰属	恒久的施設に帰属する資産・リスクに応じた資本の帰属

(注) リスク及び資産の帰属に関し、AOAでは、リスクの引受け又は移転後の管理に関する重要な機能を恒久的施設に属する職員が遂行した場合にそのリスクが恒久的施設に帰属するものとし、資産の経済的所有権（資産の所有に基因する使用料の受け取り、減価償却費の計上、資産価値の変動に伴う損益の計上等）の決定に関する重要な機能を恒久的施設に属する職員が遂行した場合にその資産が恒久的施設に帰属するものとしています。

そして、法人税基本通達20－２－１は、リスクなど以下の点について確認しています。

①	リスクとは、為替相場の変動、市場金利の変動、経済事情の変化その他の要因による利益又は損失の増加又は減少の生ずるおそれをいいます
②	リスクの引受け又はリスクの管理に関する人的機能を恒久的施設が果たす場合には、当該リスクは当該恒久的施設に帰せられます

③ 外部取引とは、恒久的施設を有する外国法人が他の者との間で行った取引をいいます

恒久的施設帰属所得の認識に際しては、外国法人の恒久的施設及びその本店等が果たす機能（リスクの引受け又はリスクの管理に関する人的機能、資産の帰属に係る人的機能その他の機能をいいます。）並びに当該恒久的施設及びその本店等に関する事実の分析を行うことにより、当該恒久的施設が果たす機能、当該恒久的施設に帰せられるリスク、当該恒久的施設において使用する資産、当該恒久的施設に帰せられる外部取引、内部取引その他の恒久的施設帰属所得の認識に影響を与える状況を特定し、これらの状況を総合的に勘案して認識することとされます。この場合において、当該機能及び当該事実の分析は、当該外国法人が行った外部取引ごと又は当該恒久的施設とその本店等との間で行われた資産の移転、役務の提供等の事実ごとに、かつ、当該恒久的施設が当該外国法人から独立して事業を行う事業者であるものとして行うことに留意することとされます（法基通20－２－２）。

このほか、恒久的施設が果たす機能及び使用する資産の範囲について、法人税基本通達は次のように確認しています。

法人税基本通達20－２－３（恒久的施設が果たす機能の範囲）

法第138条第１項第１号《恒久的施設帰属所得》に規定する「恒久的施設が果たす機能」には、恒久的施設が果たすリスクの引受け又はリスクの管理に関する人的機能、資産の帰属に係る人的機能、研究開発に係る人的機能、製造に係る人的機能、販売に係る人的機能、役務提供に係る人的機能等が含まれることに留意する。

㈱　本文の「恒久的施設が果たすリスクの引受け又はリスクの管理に関する人的機能」とは、当該恒久的施設を通じて行う事業に従事する者が行うリスクの引受け又はリスクの管理に関する積極的な意思決定が必要とされる活動をいう。

法人税基本通達20－２－４（恒久的施設において使用する資産の範囲）

法第138条第１項第１号《恒久的施設帰属所得》に規定する「恒久的施設において使用する資産」には、20－５－21の判定により恒久的施設に帰せられることとなる資産のほか、例えば、賃借している固定資産（令第13条第８号イからツまで《減価償却資産の範囲》に掲げる無形固定資産を除く。）、使用許諾を受けた無形資産（措置法第66条の４の３第５項第２号《外国法人の内部取引に係る課税の特例》に規定する無形資産のうち重要な価値のあるものをいう。）等で当該恒久的施設において使用するものが含まれることに留意する。（平26年課法２－９「六」により追加、平28年課法２－11「十四」、令元年課法２－10「十一」、令２年課法２－17「十三」により改正）

(注)　本文の「賃借」及び「使用許諾」には、賃借及び使用許諾に相当する内部取引が含まれる。

【第２ステップ】

移転価格税制による取引価格の是正（措法66の４、66の４の３）

1	恒久的施設と国外関連者との間の取引に対する移転価格税制の適用	
2	恒久的施設と本店等との間の内部取引に対する移転価格税制の適用	内部取引と非関連者取引との比較可能性分析（資産の種類、役務の内容、恒久的施設が果たす機能等）
		内部取引に係る独立企業間価格の算定（移転価格税制における独立企業間価格の算定方法と同様の方法）

３　内部取引

(1)　概説

内部取引とは、外国法人のPEと本店等との間で行われた資産の移転、役務の提供その他の事実で、独立の事業者との間で同様の事実があったとしたならば、これらの事業者の間で、資産の販売、資産の購入、役務の提供その他の取引（資産借入に係る債務保証等一定のものを除きます）が行われたと認められるものをいうとされます（法法138②）。

ここでいう本店等とは、その外国法人の本店、支店、工場その他これらに準ずるものであってその恒久的施設以外のものとされており（法法138①一、法令176）、これは、その恒久的施設以外のその外国法人のすべての構成部分を意味するものです。

なお、外国法人の恒久的施設帰属所得に係る所得の金額の計算上、本店等から恒久的施設への資金の供与や恒久的施設から本店等への剰余金の送金の事実は、資本等取引に含まれることとされています（法法142③三）。この場合、恒久的施設帰属所得に係る所得の金額の計算上、恒久的施設において現物出資により資産を取得するといった処理や、恒久的施設において本店等に対して現物分配を行うといった処理を行う場面があり得ると考えられます。ただし、恒久的施設帰属所得に係る所得の金額の計算上、これらは適格現物出資や適格現物分配に該当しない点に留意する必要があります。一方、合併、分割、株式交換及び株式移転といった行為については、本店等との間でこれらに相当する内部取引が認識されることはないものと整理されています。

⑵　内部取引の同時文書化

イ　原則

当該事業年度において、内部取引を行う外国法人は、当該内部取引に係る独立企業間価格を算定するために必要と認められる書類として財務省令で定める書類（電磁的記録を含みます）を、当該事業年度の確定申告書の提出期限までに作成し、又は取得し、財務省令で定めるところにより保存しなければならないこととされました（措法66の４の３④）。これは、「同時文書化」と呼ばれるものであり、先進諸国の多くの国で導入されているものです。そして、同時文書化義務のある国外関連取引のことを「同時文書化対象内部取引」といいます。

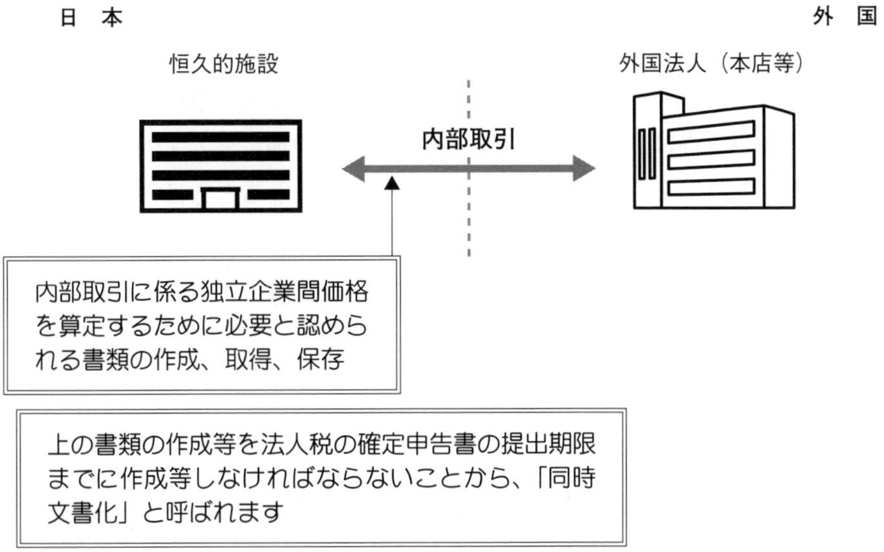

ロ　例外

上の同時文書化は、一定規模以上の取引がある外国法人にのみ適用するため、次に掲げるいずれにも該当する場合には、その内部取引については同時文書化義務がない（これを「同時文書化免除内部取引」といいます）ことになります（措法66の４の３⑤）。

①	前事業年度において、内部取引の対価の額が50億円未満であること
②	前事業年度において、内部取引のうち、特許権・実用新案権等の譲渡又は貸付け等について、その国外関連者から支払を受ける対価の額及び支払う対価の額の合計額が３億円未満であること

なお、この他、法人が前事業年度において１つの国外関連者との間で行った国外関連取引がない場合についても、同時文書化義務はないことになります。

(注)　同時文書化については、原則として、第７章の第７に記載した移転価格税制に係る同時文書化とほぼ同じ制度が内部取引に対して適用されます。上記以外の詳細については、移転価格税制の項をご参照ください。

(3)　内部取引に対する移転価格税制の適用

イ　概要

恒久的施設（PE）を外国法人（本店等）から分離独立した企業として取り扱うことにより、その恒久的施設と外国法人との間の内部取引に対しても、租税特別措置法66条の４に規定する移転価格税制とほぼ同じ規定が適用されることになりました（措法66の４の３）。

具体的には、恒久的施設を有する外国法人の本店等と恒久的施設との間の内部取引の対価の額が独立企業間価格と異なることにより、その外国法人のその事業年度の国内源泉所得に係る所得の金額の計算上益金の額に算入すべき金額が過少となるとき、又は損金の額に算入すべき金額が過大となるときは、移転価格税制でいう取引価格比準法（CUP法）などの算定方法に基づいて、その内部取引は独立企業間価格によるものとされます（措法66の４の３①）。

独立企業間価格の算定方法については、移転価格税制と同じ方法が用いられることになります（措法66の４の３②）。

ロ　外国法人の本店等に対する寄附金の損金不算入

また、外国法人の恒久的施設が本店等との内部取引において支出した額のうち法人税法上の寄附金の額がある場合、その恒久的施設の国内源泉所得に係る所得の金額の計算上、損金の額に算入しないこととされます（措法66の４の３③）。

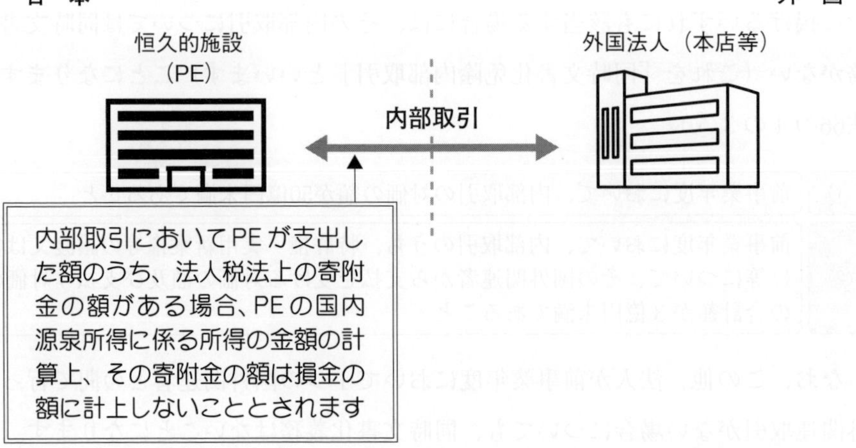

ハ　同時文書化と当該職員の質問検査権

外国法人の恒久的施設が本店等との内部取引を行った場合には、その内部取引に係る独立企業間価格を算定するために必要と認められる書類を申告期限までに作成し、又は取得し、保存しなければなりません（措法66の４の３④）。

国税庁の当該職員は、外国法人が独立企業間価格を算定するために必要と認められる書類又はその写しを遅滞なく提示又は提出しなかった場合、その内部取引に係る独立企業間価格を算定するために必要があるときは、その必要と認められる範囲内において、その外国法人の内部取引に係る事業と同種の事業を営む者に質問し、その事業に関する帳簿書類を検査し、又はその帳簿書類の提示若しくは提出を求めることができることとされます（措法66の４の３⑥）。

ニ　その他

移転価格税制に規定する推定課税など、移転価格税制の規定が準用されることになります。

４　恒久的施設（PE）帰属所得の計算

⑴　PE 帰属所得

PE 帰属所得は、外国法人の PE が本店等から分離・独立した企業であると擬制した場合に当該 PE に帰せられるべき所得とします。つまり、本来は外国法人の一部である PE（日本支店など）を１つの独立した企業（会社）と考えて、その PE に帰属する益金の額から損金の額を控除した金額を PE 帰属所得として計算したものです（法法142①）。

当該事業年度の恒久的施設を通じて行う事業に係る益金の額	－	当該事業年度の恒久的施設を通じて行う事業に係る損金の額	＝	課税所得金額

⑵　PE 帰属所得を構成する項目

PE 帰属所得の計算においては、内国法人の各事業年度の所得の金額の計算に準ずることになります。また、法人税法65条《各事業年度の所得の金額の計算の細目》の規定にも準じます（法法142②）。

ただし、次に掲げる項目については、除くこととされます。

法法23の２	外国子会社から受ける配当等の益金不算入
法法25の２	受贈益の益金不算入
法法26	還付金等の益金不算入
法法27	中間申告における繰戻しによる還付に係る災害損失欠損金額の益金算入
法法33⑤	資産の評価損の損金不算入
法法37②	寄附金の損金不算入
法法39の２	外国子会社から受ける配当等に係る外国源泉税等の損金不算入
法法41	法人税額から控除する外国税額の損金不算入
法法46	非出資組合が賦課金で取得した固定資産等の圧縮額の損金算入
法法57②	青色申告書を提出した事業年度の欠損金の繰越し
法法60の２	協同組合の事業分量配当等の損金算入
法法61の２⑰	有価証券の譲渡益又は譲渡損の益金又は損金算入
法法61の11	完全支配関係がある法人間の取引の損益

(3)　法人税法22条の準用の範囲

外国法人の各事業年度の所得の金額について、法人税法22条の規定に準じて計算する場合には、以下の定めによります（法法142③）。

①	法人税法22条３項２号に規定する販売費・一般管理費その他の費用のうち、内部取引に係るものについては、債務の確定しないものを含むこととされます
②	法人税法22条３項２号に規定する販売費・一般管理費その他の費用には、外国法人の恒久的施設を通じて行う事業及びそれ以外の事業に共通するこれらの費用のうち、恒久的施設を通じて行う事業に係るものについては、収入金額、資産の価額、使用人の数、その他の基準のうち、これらの事業の内容及び当該費用の性質に照らして合理的と認められる基準を適用を用いて当該外国法人の恒久的施設を通じて行う事業に配分した額とします
③	法人税法22条５項に規定する資本等取引には、恒久的施設を開設するための外国法人の本店等から恒久的施設への資金の供与又は恒久的施設から本店等への剰余金の送金その他これらに類する事実を含むものとされます

(4) PE 帰属所得の計算

外国法人の PE 帰属所得の計算に当たっては、原則として、各事業年度の所得の金額の計算について、法人税法22条２項に規定する当該事業年度の収益の額及び同条３項各号に掲げる額は、外国法人の恒久的施設を通じて行う事業に係るものに限るとされます（法令184①一）。

この他、個別には次のような規定を準用することが定められています。

準用する条項	準用の概要	関係法令
① 資産の評価益の益金不算入	法人税法25条２項及び３項に規定する資産は、外国法人の有する資産のうち、恒久的施設を通じて行う事業に係るものに限るものとされます	法令184①二
② 棚卸資産の売上原価等の計算・評価の方法	法人税法29条１項に規定する棚卸資産は、外国法人の棚卸資産のうち、恒久的施設を通じて行う事業に係るものに限るものとされます	法令184①三
③ 減価償却資産の償却費の計算・償却方法	法人税法31条１項に規定する減価償却資産は、外国法人の減価償却資産のうち、恒久的施設を通じて行う事業に係るものに限るものとされます	法令184①四
④ 繰延資産の償却費の計算・償却方法	法人税法32条１項に規定する繰延資産は、外国法人の繰延資産のうち、恒久的施設を通じて行う事業に係るものに限るものとされます	法令184①五
⑤ 資産の評価損	法人税法33条２項から４項に規定する資産は、外国法人の有する資産のうち、恒久的施設を通じて行う事業に係るものに限るものとされます	法令184①六
⑥ 役員給与の損金不算入	法人税法34条１項に規定する使用人は、外国法人の使用人のうち、外国法人が恒久的施設を通じて行う事業のために常時勤務する者に限るものとされます	法令184①七
⑦ 寄附金の損金不算入	法人税法37条１項に規定する資本金等の額は、外国法人の資本金等の額のうち外国法人の貸借対照表に計上されている総資産の帳簿価額のうち、その外国法人の恒久的施設を通じて行う事業に係る資産の帳簿価額の占める割合を乗じて計算した金額とし、同項に規定する所得の金額は恒久的施設帰属所得に係る所得の金額とされます	法令184①八
⑧ 法人税額等の損金不算入	法人税法38条１項に規定する法人税等の額は、外国又はその地方公共団体により課される法人税等に相当するものを含むものとされます	法令184①九

⑨　法人税額から控除される所得税額の損金不算入	法人税法40条に規定する控除又は還付される金額に相当する金額は、法144条において準用する法68条１項の規定又は法144条の11若しくは法147条の３第１項の規定の適用を受けた場合におけるこれらの規定による控除又は還付をされる金額に相当する金額とされます	法令184①十
⑩　保険金等で取得した固定資産等の圧縮額の損金算入	法人税法47条１項及び２項に規定する代替資産は、これらの規定に規定する取得若しくは改良又は交付の時において国内にあるその代替資産等に限るものとされます	法令184①十一
⑪　交換により取得した資産の圧縮額の損金算入	a　法人税法50条１項に規定する取得資産は、同項に規定する交換の時において国内にある固定資産に限るものとし、その取得資産には法138条１項１号に規定する本店等からその交換による取得したものとされる固定産を含むものとされます。 b　法人税法50条１項に規定する譲渡資産は、同項に規定する交換の時において国内にある固定資産に限るものとされます	法令184①十二
⑫　貸倒引当金	a　法人税法52条１項及び２項に規定する金銭債権は、外国法人の恒久的施設を通じて行う事業に係る金銭債権に限るものとし、恒久的施設と本店等との間の内部取引に係る金銭債権に相当するものは含まれないものとされます。 b　法人税法52条１項及び２項に規定する各事業年度には、恒久的施設を有する外国法人が恒久的施設を有しないこととなった場合におけるその有しない日の属する事業年度は、含まれないものとされます	法令184①十三
⑬　不正行為に係る費用等	a　法人税法55条３項に規定する事業年度の確定申告書を提出していた場合に法人税法22条３項１号に掲げる原価の額、同項２号に掲げる費用の額及び同項３号に掲げる損失の額から除かれる金額は、その提出した当該確定申告書に記載した法人税法144条の６第１項１号（確定申告）に掲げる金額又は当該確定申告書に係る法人税法55条３項に規定する修正申告書に記載した国税通則法19条４項１号（修正申告）に掲げる課税標準等の計算の基礎とされていた金額とされます。 b　法人税法55条３項各号に掲げる額は、外国又はその地方公共団体により課される当該各号に掲げる額に相当する額を含むものとされます	法令184①十四
⑭　青色申告書を提出した事	a　法人税法57条１項に規定する各事業年度開始の日前10年以内に開始した事業年度において生じた欠損金額は、外国法人の恒久的施設帰属所得に係	法令184①十五

業年度の欠損金の繰越し及び青色申告書を提出しなかった事業年度の災害による損失金の繰越し	る欠損金額に限るものとし、法144条の13の規定により還付を受けるべき金額の計算の基礎となったものを除くものとされます b　法人税法57条10項に規定する連続して確定申告書を提出している場合は、外国法人の恒久的施設帰属所得に係る欠損金額を生じた事業年度の各事業年度について連続して確定申告書を提出している場合とするものとされます c　法人税法57条11項１号イに掲げる普通法人のうち資本又は出資を有しないものには、保険業法２条10項に規定する外国相互会社は、含まれないものとされます	法令184①十五
⑮　会社更生による債務免除等があった場合の欠損金の損金算入	法人税法59条１項から４項までに規定する各事業年度において生じた欠損金額は、外国法人が恒久的施設帰属所得に係る欠損金額に限るものとされます	法令184①十六
⑯　保険会社の契約者配当の損金算入	法人税法60条１項に規定する保険契約は、外国法人の国内にある営業所又は契約の締結の代理をする者を通じて締結された保険契約に限るものとされます	法令184①十七
⑰　有価証券の譲渡益又は譲渡損の益金又は損金算入	法人税法61条の２第２項、第４項及び第８項及び９項に規定する旧株又は所有株式を発行した法人が内国法人である場合には、これらの規定に規定する政令で定める関係がある法人又は法61条の８に規定する完全子法人の株式には、外国法人の株式は、含まれないものとされます	法令184①十八
⑱　リース譲渡に係る収益及び費用の帰属事業年度	a　法人税法63条１項に規定するリース譲渡は、外国法人が恒久的施設を通じて行う事業に係るリース譲渡に限るものとし、同項及び同条２項に規定するリース譲渡の日の属する事業年度以後の各事業年度には、外国法人の国内事業終了年度は、含まれないものとされます b　外国法人が国内事業終了年度において法人税法142条２項の規定により法人税法63条の規定に準じて計算する場合の同条１項又は２項の規定の適用を受けているときは、その適用を受けている同条１項に規定する資産の販売等又は同条２項に規定するリース譲渡に係る収益の額又は費用の額は、当該国内事業終了年度の恒久的施設帰属所得に係る所得の金額の計算上、益金の額又は損金の額に算入するものとされます	法令184①十九
⑲　リース取引に係る所得の金額の計算	法人税法64条の２第１項に規定するリース取引は、外国法人が恒久的施設を通じて行う事業に係る当該リース取引に限るものとされます	法令184①二十

なお、この他には、次に掲げる事項に留意する必要があります。

イ　益金の額

外国法人における短期保有株式等の判定	外国法人の恒久的施設帰属所得に係る所得の金額の計算上、法人税法23条２項《受取配当等の益金不算入》の規定に準じて計算する場合における同項に規定する「取得」には、恒久的施設を有する外国法人の本店等に帰せられていた同条１項に規定する株式等が当該恒久的施設に帰せられることとなった場合の取得に相当する内部取引が含まれ、同条２項に規定する「譲渡」には、当該恒久的施設に帰せられていた同条１項に規定する株式等が当該本店等に帰せられることとなった場合の譲渡に相当する内部取引が含まれることに留意することとされます	法基通20－５－４

ロ　損金の額

損金の額に算入できない保証料	外国法人の恒久的施設帰属所得に係る所得の金額の計算上、恒久的施設とその本店等との間の資金の借入れに係る債務の保証に相当する事実に基づく保証料（これに準ずるものを含みます）の額は、損金の額に算入することはできないことに留意します	法基通20－５－５
国際海上運輸業における運送原価の計算	法人税基本通達16－３－19の８《国際海上運輸業における運送原価の計算》は、国内及び国外にわたって船舶による運送の事業を営む外国法人の当該事業年度の恒久的施設帰属所得に係る所得の金額の計算上損金の額に算入される運送の原価の額の計算について準用します	法基通20－５－６
損金の額に算入できない償却費等	外国法人の恒久的施設帰属所得に係る所得の金額の計算上、法人税法139条２項《租税条約に異なる定めがある場合の国内源泉所得》に規定する「租税条約の適用があるとき」には、恒久的施設とその本店等との間の法人税法施行令183条３項１号イからハまで《租税条約に異なる定めがある場合の国内源泉所得》に掲げるものの取得に相当する事実に基づく償却費又は評価損等の額は、損金の額に算入することはできないことに留意します	法基通20－５－７
販売費及び一般管理費等の損金算入	外国法人の恒久的施設帰属所得に係る所得の金額の計算上、法人税法22条３項２号《損金の額に算入される販売費等》の規定に準じて計算する場合における同号の販売費、一般管理費その他の費用のうち内部取引に係るものは、別に定めるものを除き、次に掲げる要件の全てに該当することとなった日の属する事業年度の損金の額に算入します ⑴　当該事業年度終了の日までに当該費用に係る注文等が行われていること	法基通20－５－８

	⑵　当該事業年度終了の日までに当該注文等に基づいてその本店等から資産の引渡し又は役務提供等を受けていること ⑶　当該事業年度終了の日までにその金額を合理的に算定することができるものであること	
事業税及び特別法人事業税の取扱い	恒久的施設を有する外国法人の事業税の額及び特別法人事業税の額については、これらの金額のうち恒久的施設帰属所得に係る所得の金額に対応する部分の金額として合理的に計算された金額が、恒久的施設帰属所得に係る所得の金額の計算上損金の額に算入されることに留意します	法基通 20－５－８の２
本店配賦経費の配分の基礎となる費用の意義	法人税法142条３項２号《共通費用の配分》に規定する「外国法人の恒久的施設を通じて行う事業及びそれ以外の事業に共通するこれらの費用」とは、例えば、次に掲げる業務に関する費用のうち、恒久的施設を通じて行う事業とそれ以外の事業に共通する費用で、当該恒久的施設を有する外国法人の本店等において行われる事業活動の重要な部分に関連しないものをいうことに留意します ⑴　外国法人全体に係る情報通信システムの運用、保守又は管理 ⑵　外国法人全体に係る会計業務、税務業務又は法務業務	法基通 20－５－９
本店配賦経費の計算	恒久的施設を有する外国法人の当該事業年度における法人税法142条３項２号《共通費用の配分》に規定する「共通するこれらの費用」の額（引当金勘定への繰入額、準備金の積立額及び負債の利子の額を除きます。以下20－５－10において「共通費用の額」といいます）については、個々の業務ごと、かつ、個々の費目ごとに法人税法施行令184条２項《恒久的施設帰属所得に係る所得の金額の計算》に規定する合理的と認められる基準により当該恒久的施設を通じて行う事業に配分するのであるが、個々の業務ごと、かつ、個々の費目ごとに計算をすることが困難であると認められるときは、全ての共通費用の額を一括して、当該外国法人の当該事業年度の売上総利益の額のうちに当該恒久的施設を通じて行う事業に係る売上総利益の額の占める割合を用いて恒久的施設帰属所得に係る所得の金額の計算上損金の額として配分すべき金額を計算することができます ㈱　共通費用の額には、内部取引に係るものは含まれないことに留意します	法基通 20－５－10
負債の利子の額の配賦	恒久的施設を有する外国法人の当該事業年度における法人税法142条３項２号《共通費用の額の配分》に規定する「共通するこれらの費用」の額に含まれる負債の利子（法人税法施行令136条の２第１項《金銭債務の償還差損益》に規定する満たない部分の金額のうち当該事業年度	法基通 20－５－10の２

負債の利子の額の配賦

の費用の額として金銭債務の償還期間（当該金銭債務に係る債務者となった日から当該金銭債務に係る償還の日までの期間をいいます）に応じて合理的に計算された金額、手形の割引料、貿易商社における輸入決済手形借入金の利息等を含み、法人税法142条の５第１項《外国銀行等の資本に係る負債の利子の損金算入》に規定する負債の利子を除きます）の額（以下20－５－10の２において「共通利子の額」といいます）については、外国法人の営む主たる事業が次のいずれに該当するかに応じ、それぞれ次により恒久的施設帰属所得に係る所得の金額の計算上損金の額として配分すべき金額を計算することができます

⑴　卸売業及び製造業　次の算式による方法

（算式）

$$\text{当該事業年度における共通利子の額の合計額} \times \frac{\text{分母の各事業年度終了の時における恒久的施設に係る資産の帳簿価額の合計額}}{\text{当該事業年度終了の時及び当該事業年度の直前事業年度終了の時における総資産の帳簿価額の合計額}}$$

⑵　銀行業　次の算式による方法

（算式）

$$\text{恒久的施設に係る貸付金、有価証券等の当該事業年度中の平均残高} \times \frac{\text{当該事業年度における共通利子の額の合計額}}{\text{預金、借入金等の当該事業年度中の平均残高} + \left(\text{当該事業年度終了の時及び当該事業年度の直前事業年度終了の時における自己資本の額の合計額} - \text{左の各事業年度の終了の時における固定資産の帳簿価額の合計額}\right) \times \frac{1}{2}}$$

⑶　その他の事業　その事業の性質に応じ、⑴又は⑵の方法に準ずる方法

㈱１　⑴の算式の「総資産の帳簿価額」は、確定した決算に基づく外国法人の貸借対照表に計上されている総資産の帳簿価額につき、改正前の法人税法施行令22条１項１号《株式等に係る負債の利子の計算》の規定の例により計算した金額によります

２　⑵の算式の「自己資本の額」は、当該貸借対照表の純資産の部に計上されている金額によるものとし、また、「固定資産の帳簿価額」は、当該貸借対照表に計上されている法人税法２条22号《固定資産の定義》に規定する固定資産の帳簿価額によります

本店配賦経費に含まれる減価償却費等	法人税法142条３項２号《共通費用の配分》の規定の適用上、恒久的施設を有する外国法人が、当該恒久的施設を通じて行う事業に係るものとして配分した金額のうちに減価償却資産に係る償却費の額が含まれている場合には、当該償却費の額につき当該外国法人の本店又は主たる事務所の所在する国の法人税に相当する税（「外国法人税」）に関する法令（当該外国法人税に関する法令が２以上ある場合には、そのうち主たる外国法人税に関する法令とします）の規定の適用上認められている方法により計算しているときは、これを認めます。ただし、当該償却費の額が当該減価償却資産の取得価額を各事業年度の償却限度額として償却する方法により計算されたものである場合には、当該償却費の額のうち法人税法31条《減価償却資産の償却費の計算及びその償却の方法》の規定の例によるものとした場合に損金の額に算入されることとなる金額を超える部分の金額については、この限りではありません。 恒久的施設を通じて行う事業に係るものとして配分した金額のうちに繰延資産に係る償却費の額が含まれている場合の当該償却費の額の計算についても、同様とします	法基通 20－５－11
外国法人の総資産帳簿価額の円換算	外国法人の恒久的施設帰属所得に係る所得の金額の計算上、法人税法37条《寄附金の損金不算入》の規定に準じて計算する場合における法人税法施行令184条１項８号《恒久的施設帰属所得に係る所得の金額の計算》の規定の適用については、同号に規定する「その外国法人の貸借対照表に計上されている総資産の帳簿価額」は、当該事業年度終了の時における貸借対照表に計上されている外国通貨表示の金額を当該事業年度終了の日の法人税基本通達13の２－１－２《外貨建取引及び発生時換算法の円換算》に定める電信売買相場の仲値（以下この節において「電信売買相場の仲値」といいます）により換算した円換算額によります	法基通 20－５－12
租税条約等により法人税が課されない所得に係る欠損金	外国居住者等の所得に対する相互主義による所得税等の非課税等に関する法律１条《所得税又は法人税の非課税》の規定又は租税条約により法人税が課されないこととされている所得について欠損金額が生じた場合においても、当該欠損金額は恒久的施設帰属所得に係る所得の金額の計算上損金の額に算入されないことに留意します	法基通 20－５－13

⑸　本店配賦経費に関する書類の保存がない場合の本店配賦経費の損金不算入

上述した⑶の②の適用を受ける場合において、本店配賦経費に関する計算の基礎となる書類その他財務省令で定める書類の保存がないときは、その書類の保存がなかった本店配賦経費はその事業年度のPE帰属所得に係る所得の金額の計算上、損金の額に算入しないこととされます（法法142の７①）。

税務署長は書類の保存がなかったことについてやむを得ない事情があると認める時は、その書類の提出があった場合に限り、その書類の保存がなかった本店配賦経費を認めることができます（法法142の７②）。

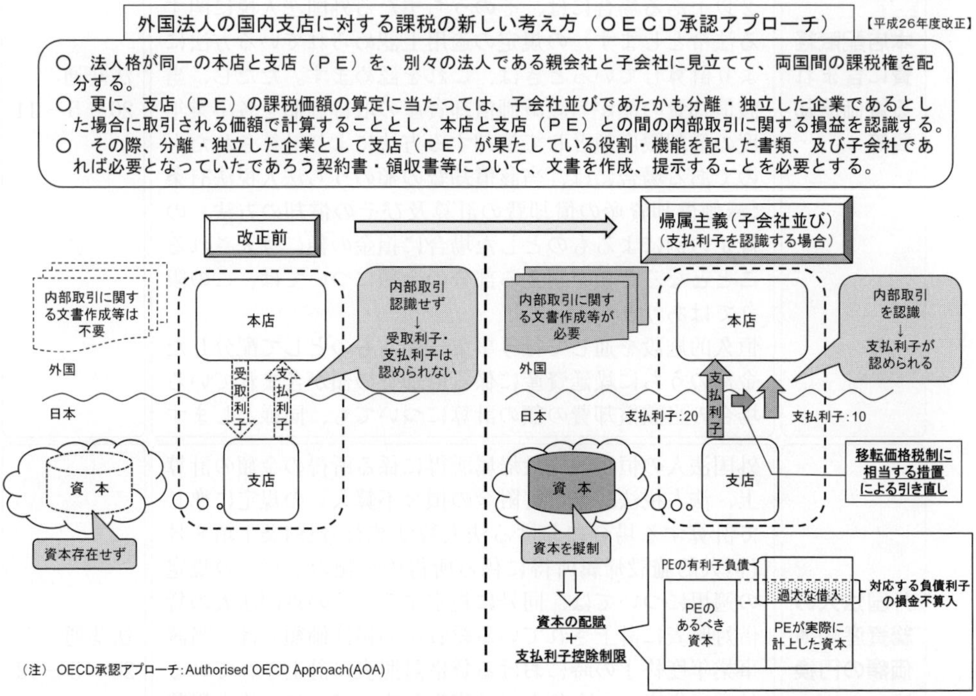

（出典：財務省資料）

5　PE に帰属する資本に対応する負債の利子の損金不算入

(1)　支払利子控除制限

外国法人の PE が本店等から分離・独立した企業であると擬制した場合に帰せられるべき資本（以下「PE 帰属資本」といいます）を PE に配賦することになります。その際、外国法人の PE の自己資本の額が政令で定める PE 帰属資本の額に満たない場合には、外国法人の PE における支払利子総額（外国法人の PE から本店等への内部支払利子及び本店等から外国法人の PE に費用配賦された利子を含みます）のうち、その満たない部分に対応する金額について、PE 帰属所得の計算上、損金の額に算入しないこととされます（法法142の４①）。

なお、PE 帰属資本は PE における支払利子の損金算入限度額の計算においてのみ用いることとし、PE の税務上の資本金等の額の計算には影響させないことにします。

(2)　PE 帰属資本の額

PE 帰属資本の額は、次のいずれかの方法によって計算した金額とします。

ただし、選択した方法は、特段の事情がない限り、継続して適用することとされます。

イ　資本配賦アプローチ

(イ)　資本配賦アプローチは、外国法人の自己資本の額に、外国法人の資産の額に対する PE 帰属資産の額の割合を乗じて、PE 帰属資本の額を計算する方法とします。

(ロ)　外国法人の資産の額及び PE 帰属資産の額は、信用リスク、市場リスク、業務リスク及びその他のリスクを考慮した金額（以下「リスクウェイト資産の額」といいます）とします。

なお、金融機関以外の外国法人については、資産の帳簿価額とすることも認められます。

(ハ)　外国法人の自己資本の額及び外国法人の資産の額は単体ベースの金額を原則としますが、外国法人の自己資本比率が著しく低い場合その他の場合には、連結ベースの自己資本の額及び資産の額とします。

ロ　過少資本アプローチ

(イ)　過少資本アプローチは、わが国において同種の事業を行う法人で事業規模その他の状況が類似するもの（以下「比較対象法人」といいます）の資産の額に対する自己資本の額の割合を PE 帰属資産の額に乗じて、PE 帰属資本の額を計算する方法とします。

(ロ)　比較対象法人の資産の額及び PE 帰属資産の額はリスクウェイト資産の額とします。

なお、金融機関以外の外国法人については、比較対象法人の負債資本比率を用いて PE 帰属資本を計算することも認めることとされます。

(ハ)　比較対象法人の自己資本比率が著しく低い場合には、その値を比較対象として用いることができないこととされます。

6　その他の国内源泉所得に係る所得の金額の計算

法人税法141条１号ロ及び２号に定める国内源泉所得に係る所得の金額は、政令で定めるところにより法人税法142条（PE 帰属所得の計算）及び同法142条の２（還付金等の益金不算入）の規定に準じて計算します（法法142の９）。

7　各事業年度の所得に対する法人税率

外国法人に対して課する各事業年度の所得に対する法人税は、次に掲げる国内源泉所得の区分ごとに、税率（平成30年度は23.2％）を乗じて計算した金額とされます。

1	法人税法141条１号イ（課税標準）に掲げる国内源泉所得（PE 帰属所得）
2	法人税法141条１号ロに掲げる国内源泉所得（PE 非帰属国内源泉所得）
3	法人税法141条２号に定める国内源泉所得（Non-PE 外国法人）

8　外国法人に係る外国税額控除制度の創設

外国法人の PE のための外国税額控除制度を創設することになりました。PE に関する外国税額控除とは、国内に所在する外国法人の PE が外国法人税を支払う場合、通常の外国税額控除と同様、その外国法人税に係る所得を国外所得金額とすることにより、控除限度額計算を行うことで、わが国法人税のうち一定の外国法人税の外国税額控除を認めようとするものです。具体的な計算方法等は、法人税法69条に規定する外国税額控除に準じて行われます（法法144の２）。

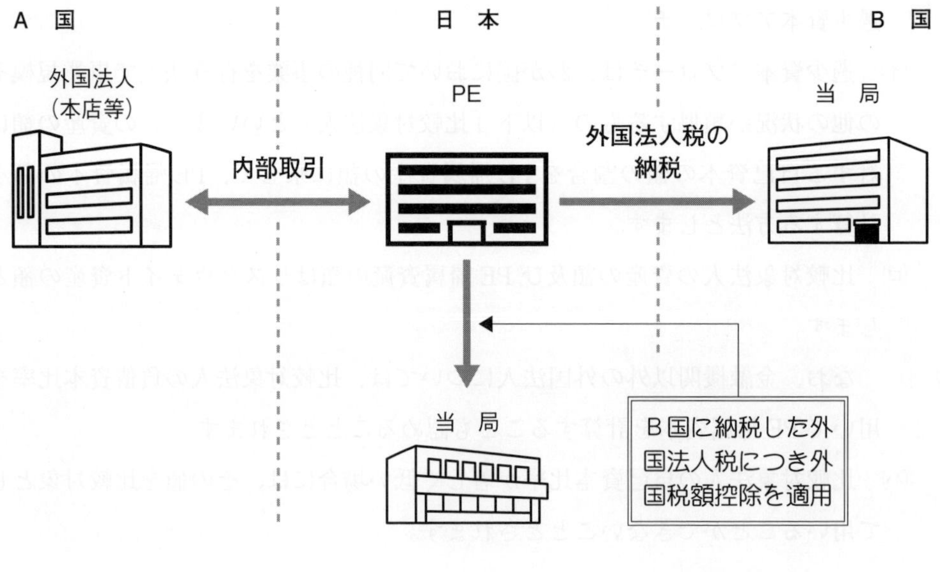

9　PEに係る取引に係る文書化

PEを有する外国法人がPE帰属所得を有する場合、そのPEに帰属する取引に係る明細を記載した書類その他財務省令で定める書類を作成しなければなりません（法法146の２①）。また、そのPEと本店等との間の資産の移転、役務の提供その他の事実が内部取引に該当するときは、財務省令で定めるところによりその事実に係る明細を記載した書類その他の書類を作成しなければなりません（法法146の２②）。

10　恒久的施設帰属所得に係る行為又は計算の否認

外国法人の恒久的施設帰属所得に係る所得に対する課税に関しては、恒久的施設と本店等の同一法人内部で機能、資産、リスクの帰属を人為的に操作して恒久的施設帰属所得やその税額を調整することが比較的容易であることから、同族会社と同様に、潜在的に租税回避リスクが高いものであると考えられるため、同族会社の行為計算否認規定に類似した租税回避防止規定が設けられました（法法147の２）。

この規定においては、税務署長は、その外国法人の行為又は計算で、これを容認した場合には、各事業年度の恒久的施設帰属所得に係る所得の金額から控除する金額の増加、これに対する法人税の額から控除する金額の増加、内部取引に係る利益の額の減少又は損失の額の増加その他の事由により法人税の負担を不当に減少させる結果となると認められるものがあるときは、その行為又は計算にかかわらず、税務署長の認めるところにより、その外国法人の恒久的施設帰属所得に係る所得に対する法人税の課税標準若しくは欠損金額又はこれに対する法人税の額を計算することができることとされています。

11　外国法人の確定申告

(1)　恒久的施設を有する外国法人の確定申告

恒久的施設を有する外国法人は、各事業年度終了の日の翌日から２か月以内に税務署長に対し、確定した決算に基づき次に掲げる事項を記載した確定申告書を提出しなければなりません。ただし、次に掲げる①及び②の国内源泉所得に係る所得の金額の全部につき租税条約の規定その他政令で定める規定により法人税を課さないこととされる場合は、提出することを要しないこととされます（法法144の６①）。

①	法人税法141条１号イに掲げる国内源泉所得に係る所得の金額又は欠損金額
②	法人税法141条１号ロに掲げる国内源泉所得に係る所得の金額又は欠損金額

③	①に係る法人税の額
④	②に係る法人税の額
⑤	所得税額控除の額及び外国税額控除の額
⑥	⑤で控除しきれなかった金額
⑦	③と④の法人税の額の合計額
⑧	⑤に掲げる金額で⑦で控除しきれなかった金額
⑨	⑥に掲げる金額で⑦で控除しきれなかった金額
⑩	中間申告書を提出した場合に、⑦に掲げる合計額から中間納付額を控除した金額
⑪	⑩に規定する中間納付額で控除しきれなかった金額
⑫	①から⑪までに掲げる金額の計算の基礎その他財務省令で定める事項

(2) 恒久的施設を有しない外国法人の確定申告

恒久的施設を有しない外国法人は、各事業年度終了の日の翌日から２か月以内に税務署長に対し、確定した決算に基づき次に掲げる事項を記載した確定申告書を提出しなければなりません。ただし、法人税法141条２号に定める国内源泉所得を有しない場合又は次に掲げる①の国内源泉所得に係る所得の金額の全部につき租税条約の規定により法人税を課さないこととされる場合は、提出することを要しないこととされます（法法144の６②）。

①	法人税法141条２号に定める国内源泉所得に係る所得の金額又は欠損金額
②	①に係る法人税の額
③	所得税額控除の規定により②の金額のうち控除しきれなかった金額
④	②の法人税の額から中間納付額を控除した金額
⑤	④で中間納付額を控除しきれなかった金額
⑥	①から⑤までに掲げる金額の計算の基礎その他財務省令で定める事項

(3) 確定申告書の添付書類

恒久的施設を有する外国法人が提出する法人税の確定申告書には、次に掲げる書類を添付しなければならないとされています（法規61の５①一）。

項　目	添　付　書　類
確定申告書に添付しなければならない書類	①　貸借対照表及び損益計算書
	②　株主資本等変動計算書若しくは社員資本等変動計算書又は損益金の処分表
	③　勘定科目内訳明細書
	④　組織再編成に係る合併契約書、分割契約書、分割計画書その他これらに類するものの写し
	⑤　組織再編成により当該組織再編成に係る合併法人、分割承継法人、被現物出資法人若しくは被現物分配法人その他の株主等に移転した資産若しくは負債の種類その他主要な事項又は当該組織再編成（現物分配を除きます）に係る被合併法人、分割法人、現物出資法人株式交換完全子法人の株主若しくは株式移転完全子法人の株主から移転を受けた資産若しくは負債その他主要な事項に関する明細書
	⑥　外国法人の国内源泉所得に係る事業又は資産に係る当該事業年度の貸借対照表及び損益計算書並びにこれらの書類に係る勘定科目内訳明細書
	⑦　外国法人の事業等の概況に関する書類及び国内源泉所得に係る事業又は資産の概況に関する書類
	⑧　外国法人が国内及び国外にわたって船舶又は航空機による運送の事業を行う場合、事業から生ずる所得のうち国内において行う業務につき生ずべき所得として国際運輸業所得を有するときは、当該業務につき生ずべき所得の額及びその計算の基礎その他参考となるべき事項を記載した明細書

12　外国法人の更正及び決定

内国法人に係る更正及び決定の規定は、外国法人の各事業年度の所得に対する法人税に係る更正又は決定について準用することとされています（法法147）。

13　税率

平成30年４月１日以後開始する事業年度の外国法人に係る各事業年度の所得に対する法人税の税率は、以下のとおりです。

原　則 （法法143①）	23.2%
外国法人の資本金又は出資金額が１億円以下（年800万円以下の部分） （法法143②）	19%
ただし、平成24年４月１日から令和７年３月31日までの間に開始する各事業年度　（措法42の３の２①）	15%

第４　恒久的施設帰属所得以外の国内源泉所得

１　はじめに

本節では、外国法人に課税される国内源泉所得のうち、恒久的施設帰属所得以外の国内源泉所得について説明します。具体的には、国内にある資産の運用又は保有により生ずる所得、国内にある資産の譲渡より生ずる所得、人的役務提供事業の対価、国内不動産等の貸付け対価、そしてその他その源泉が国内にある所得です。

なお、源泉徴収のみで課税関係が終了する項目については、第２章をご覧ください。

２　国内にある資産に関する所得

国内にある資産に関する所得については、次のように区分されます。

法法138①二	国内にある資産の運用又は保有により生ずる所得
法法138①三	国内にある資産の譲渡より生ずる所得

なお、所得税法161条１項２号及び３号に同じ規定があり、「国内にある資産」は次のとおりとされます（法基通20－２－５、所基通161－12）。

法人税基本通達20－２－５（国内にある資産）

法第138条第１項第２号又は第３号《国内にある資産の所得》の規定の適用上、外国法人の有する資産（棚卸資産である動産を除く。以下20－２－５において同じ。）が国内にあるかどうかは、令第177条《国内にある資産の運用又は保有により生ずる所得》又は令第178条《国内にある資産の譲渡により生ずる所得》に定めるところによるもののほか、おおむね次に掲げる資産の区分に応じ、それぞれ次に掲げる場所が国内にあるかどうかにより判定する。
⑴　動産　その所在地。ただし、国外又は国内に向けて輸送中の動産については、その目的地とする。
⑵　不動産又は不動産の上に存する権利　その不動産の所在地
⑶　登録された船舶又は航空機　その登録機関の所在地
⑷　鉱業権、租鉱権又は採石権（これらの権利に類する権利を含む。）　その権利に係る鉱区又は採石場の所在地

３　資産の運用又は保有により生ずる所得

次に掲げる資産の運用又は保有により生ずる所得は、法人税法138条１号に規定する国内にある資産の運用又は保有により生ずる所得とされます（法令177①、法基通

20－２－６、20－２－７、所法161①二、所基通161－24)。

国内にある資産の運用又は保有により生ずる所得	
	①　公社債のうち日本国の国債若しくは地方債若しくは内国法人の発行する債券又は約束手形
	②　居住者に対する貸付金に係る債権で当該居住者の行う業務に係るもの以外のもの
	③　国内にある営業所又は国内において契約の締結の代理をする者を通じて締結した生命保険契約その他これに類する契約に基づく保険金の支払又は剰余金の分配を受ける権利
	④　社債、株式等の振替に関する法律又は廃止前の社債等登録法の規定により振替口座簿に記載若しくは記録又は登録されたため債券の発行されていない公社債
	⑤　公社債を国内において貸し付けた場合の貸付料
	⑥　国債、地方債、債券若しくは資金調達のために発行する約束手形に係る償還差益又は発行差金
	⑦　債権の利子及びその債権又は貸付金に係る債権をその債権金額に満たない価額で取得した場合におけるその満たない部分の金額
	⑧　国内にある供託金について受ける利子
	⑨　個人から受ける動産（その個人が国内において生活の用に供するものに限ります）の使用料

４　国内にある資産の譲渡により生ずる所得

次に掲げる資産の譲渡により生ずる所得は、国内にある資産の譲渡により生ずる所得とされます（法令178)。

国内にある資産の譲渡により生ずる所得	
	①　国内にある不動産の譲渡による所得
	②　国内にある不動産の上に存する権利、鉱業権又は採石権の譲渡による所得
	③　国内にある山林の伐採又は譲渡による所得
	④　内国法人の株式等の譲渡による所得で次に掲げるもの イ　同一銘柄の内国法人の株式等の買集めをし、その所有者である地位を利用して、当該株式等をその内国法人若しくはその特殊関係者に対し、又はこれらの者若しくはその依頼する者のあっせんにより譲渡することによる所得 ロ　内国法人の特殊関係株主等である外国法人が行うその内国法人の株式等の譲渡による所得
	⑤　不動産関連法人の株式の譲渡による所得

⑥　国内にあるゴルフ場の所有又は経営に係る法人の株式又は出資を所有することがそのゴルフ場を一般の利用者に比して有利な条件で継続的に利用する権利を有する者となるための要件とされている場合における当該株式又は出資の譲渡による所得

⑦　国内にあるゴルフ場その他の施設の利用に関する権利の譲渡による所得

土地等の譲渡に関する誤りやすい事例

例えば、内国法人Ａが国内に所在する土地を外国法人（非居住者も同じ）Ｂから購入する場合、その対価の10.21％を源泉徴収しなければなりません（所法161①五、212、213①二、法法138①三）。

この場合、居住者（個人）が、自己又はその親族の居住の用に供するために取得した土地等で、その土地等の対価の額が１億円以下である場合は、その個人が支払うものについては源泉徴収をする必要はありません。しかし、法人が取得して対価を支払う場合には、１億円以下であっても源泉徴収をしなければなりません。

《概要図》

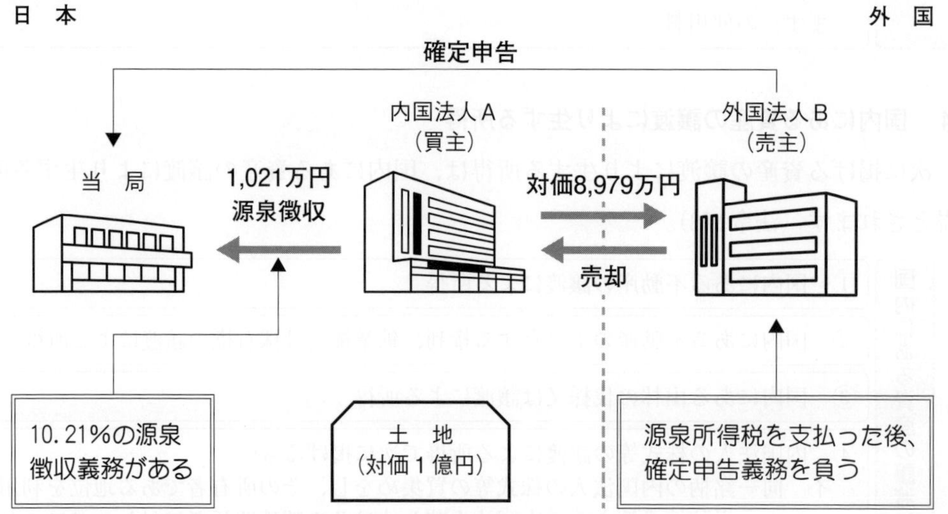

5　人的役務の提供を主たる事業とする事業の所得

国内において人的役務の提供を主たる内容とする事業で、次に掲げるものを行う法人が受けるその人的役務の提供に係る対価が国内源泉所得となります（法法138①四、法令179、所法161⑥、所令282）。

人的役務の提供を主たる内容とする事業の所得
①　映画若しくは演劇の俳優、音楽家その他の芸能人又は職業運動家の役務の提供を主たる内容とする事業
②　弁護士、公認会計士、建築士その他の自由職業者の役務の提供を主たる内容とする事業
③　科学技術、経営管理その他の分野に関する専門的知識又は特別の技能を有する者のその知識又は技能を活用して行う役務の提供を主たる内容とする事業（機械設備の販売その他事業を行う者の主たる業務に附随して行われる場合におけるその事業及び法人税法２条十二の十九ロに規定する建設、据付け、組立てその他の作業の指揮監督の役務の提供を主たる内容とする事業を除きます）

ここでいう人的役務提供に係る対価には、外国法人が法人税法138条１項４号に規定する人的役務の提供をするために要する往復の旅費、国内滞在費等の全部又は一部を当該対価の支払者が負担する場合におけるその負担する金額が含まれることとされます（法基通20－２－10。所基通161－19も同旨）。

また、上の①でいう芸能人又は職業運動家の役務の提供を主たる内容とする事業に係る法人税法138条１項４号（所得税法161条１項６号）に掲げる対価には、国内において当該事業を行う外国法人が当該芸能人又は職業運動家の実演又は実技、当該実演又は実技の録音、録画につき放送、放映その他これらに類するものの対価として支払を受けるもので、当該実演又は実技に係る役務の提供に対する対価とともに支払を受けるものが含まれることとされます（法基通20－２－11。所基通161－22も同旨）。

なお、ここでいう「機械設備の販売その他事業を行う者の主たる業務に付随して行われる場合におけるその事業」とは、次に掲げるような行為に係る事業をいうとされています（法基通20－２－12。所基通161－25も同旨）。

機械設備の販売等に付随する行為
①　機械設備の販売業者が機械設備の販売に伴いその販売先に対しその機械設備の据付け、組立て、試運転等のために技術者等を派遣する行為
②　工業所有権、ノウハウ等の権利者がその権利の提供を主たる内容とする業務を行うことに伴いその提供先に対しその権利の実施のために技術者等を派遣する行為

《人的役務提供事業の事例》

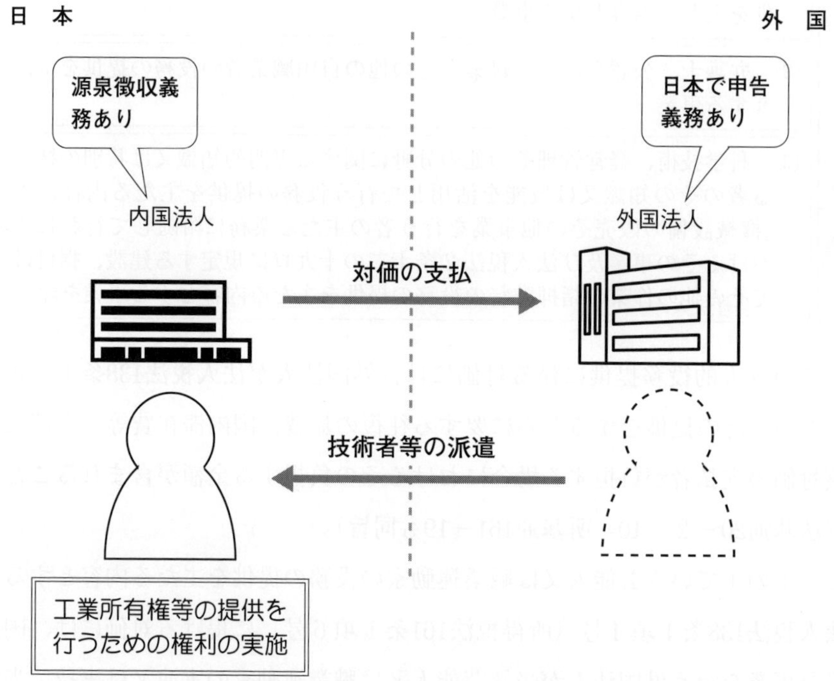

6　国内にある不動産の貸付等の所得

国内にある不動産の貸付等の所得とは、次に掲げる対価をいいます。

国内にある不動産の貸付等の所得	
	①　国内にある不動産の貸付け
	②　国内にある不動産の上に存する権利の貸付け
	③　採石法の規定による採石権の貸付け（地上権又は採石権の設定その他他人に不動産、不動産の上に存する権利又は採石権を使用させる一切の行為を含みます）
	④　鉱業法の規定による租鉱権の設定
	⑤　居住者若しくは内国法人に対する船舶若しくは航空機の貸付け

なお、上の⑤については、次のように取り扱うこととされます（法基通20－２－13。所基通161－26も同旨）。

法人税基本通達20－２－13（船舶又は航空機の貸付け）

法第138条第１項第５号《船舶等の貸付けによる所得》に掲げる船舶又は航空機の貸付けによる対価とは、船体又は機体の賃貸借であるいわゆる裸用船（機）契約に基づいて支払を受ける対価をいい、乗組員とともに船体又は機体を利用させるいわゆる定期用船（機）契約又は航海用船（機）契約に基づいて支払を受ける対価は、これに該当しない。

㈟１　恒久的施設を有する外国法人のいわゆる定期用船（機）契約又は航海用船（機）契約に基づいて支払を受ける対価は、同条第３項の運送の事業に係る所得に該当する。

２　外国法人が居住者又は内国法人に対する船舶又は航空機の貸付け（いわゆる裸用船（機）契約によるものに限る。）に基づいて支払を受ける対価は、たとえ当該居住者又は内国法人が当該貸付けを受けた船舶又は航空機を専ら国外において事業の用に供する場合であっても、同号に掲げる国内源泉所得に該当することに留意する。

また、外国法人が上の⑤の船舶又は航空機の貸付けをしたことに伴い、当該船舶又は航空機の運航又は整備に必要な技術指導をするための役務の提供を行った場合には、当該貸付けに係る契約書等において当該貸付けに係る対価の額と当該役務の提供に係る対価の額とが明確に区分されているときを除き、その対価の額の全部が船舶又は航空機の貸付けによる対価の額に該当するものとされます（法基通20－２－14。所基通161－27も同旨）。

不動産の賃借料に関する誤りやすい事例

例えば、内国法人Ｘが国内に所在する建物を外国法人（非居住者も同じ）Ｙから賃借する場合、その対価の20.42％を源泉徴収しなければなりません（所法161①七、212、213①一、法法138①五）。

非居住者・外国法人から、日本国内にある土地や建物等の不動産を借りる場合、その賃借料を支払う際に、所得税及び復興特別所得税を源泉徴収しなければなりません。

この場合、居住者（個人）が、自己又はその親族の居住の用に供するために土地や家屋を借りる場合に支払うものについては源泉徴収をする必要はありません。しかし、法人が借りて賃借料を支払う場合には、源泉徴収をしなければなりません。

なお、ここでいう船舶又は航空機の貸付けによる対価とは、船体又は機体の賃貸借であるいわゆる裸用船（機）契約に基づいて支払を受ける対価をいい、乗組員とともに船体又は機体を利用させるいわゆる定期用船（機）契約又は航海用船（機）契約に基づいて支払を受ける対価は、これに該当しないこととされています（法基通20－２－13）。

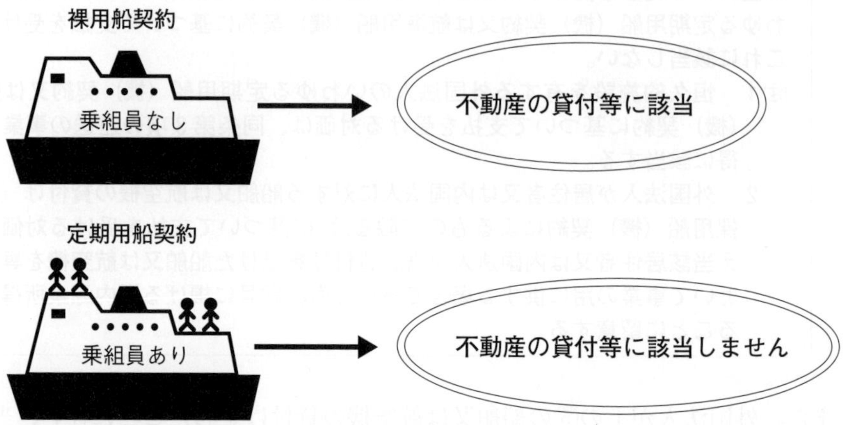

7　その他の国内源泉所得（国内に源泉がある所得）

法人税法138条１項６号に規定する政令で定める所得は、次の所得とされます（法令180）。

①	国内において行う業務又は国内にある資産に関し受ける保険金、補償金又は損害賠償金に係る所得
②	国内にある資産の贈与を受けたことによる所得
③	国内において発見された埋蔵物又は国内において拾得された遺失物に係る所得
④	国内において行う懸賞募集に基づいて懸賞として受ける金品その他の経済的な利益に係る所得
⑤	①から④のほか、国内において行う業務又は国内にある資産に関し供与を受ける経済的な利益に係る所得

なお、上の④及び⑤に掲げる対価には、これらの対価に代わる性質を有する損害賠償金その他これに類するもの（債務の履行遅滞による損害金を含みます）が含まれることに留意することとされます（法基通20－２－15）。

第５　租税条約に異なる定めがある場合の国内源泉所得

１　総説

上述したように、国際税務を考える上での基本的な適用関係としては、まず、国内法上の規定を適用することになりますが、該当する非居住者や外国法人の所在地国との間で租税条約を締結している場合には、租税条約の規定が優先して適用されます。

したがって、日本が、問題となっている非居住者又は外国法人の居住地国との間で租税条約を締結しているか否かを確認する必要があるのです。そのうえで、日本と租税条約を締結している国の居住者に対する課税関係は、国内法上の国内源泉所得の規定だけでなく、租税条約上の規定（源泉税の有無やその限度税率など）を検討する必要があります。

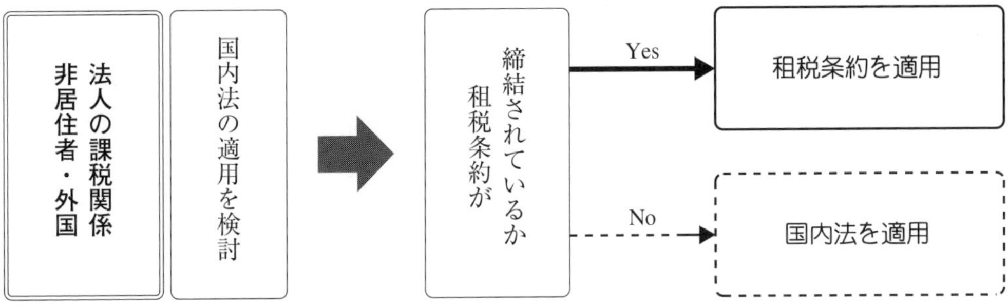

２　租税条約に異なる定めがある場合の国内源泉所得の適用関係

日本が締結した租税条約において、国内源泉所得につき所得税法161条又は法人税法138条の規定と異なる定めがある場合には、その条約の適用を受ける者については、これらの規定にかかわらず、国内源泉所得は、その異なる定めがある限りにおいて、その条約に定めるところによることとされます。この場合において、その条約が所得税法161条２号ないし12号の規定に代わって国内源泉所得を定めているときは、この法律中これらの号に規定する事項に関する部分の適用については、その条約により国内源泉所得とされたものをもって、これに対応するこれらの号に掲げる国内源泉所得とみなすとされます（所法162①、法法139①）。

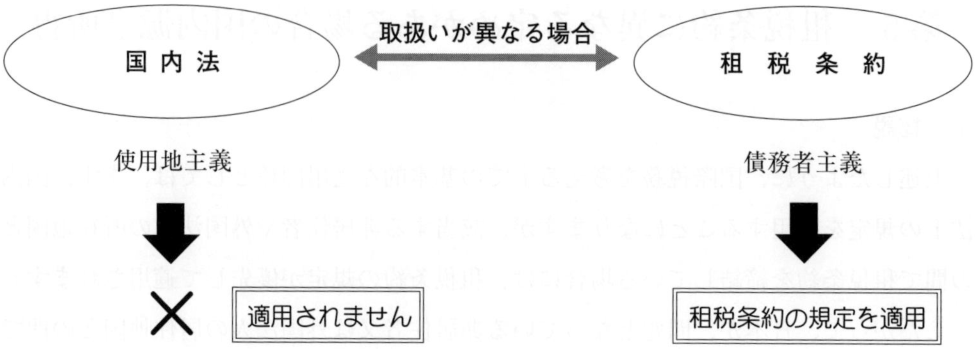

例えば、工業所有権等の使用料については、国内法上、その工業所有権等が業務の用に供された場所（使用地）を基準として所得源泉地を判定することになっています。これを使用地主義といいます。一方、租税条約においては、使用料の支払者（債務者）の居住地国により所得源泉地を判定するものがあります。この考え方を債務者主義といいます。このように、国内法と租税条約で取扱いが異なる場合には、租税条約によるものとします。

そして、いわゆる2号所得以下の所得について、国内法上は国内源泉所得にならなくとも、租税条約の規定により国内源泉所得になる場合には、国内法上も同じように国内源泉所得とみなして課税関係を確定させるというものです。

3　旧タイプの租税条約における内部取引の不認識

日本が締結している租税条約が、OECDモデル租税条約旧7条と類似の条約である場合には、恒久的施設と本店等との間の一定の内部取引を認識しないこととされました（所法162②、法法139②、法令183）。これは、旧7条において無形資産の内部使用料及び金融機関以外の一般事業会社の内部利子を認識しないと解されていることによります。

具体的には、恒久的施設を有する外国法人の恒久的施設帰属所得を算定する場合において、その外国法人の恒久的施設と本店等との間の内部取引から所得が生ずる旨を定める租税条約以外の租税条約の適用があるときには、内部取引には、その外国法人の恒久的施設と本店等との間の利子の支払に相当する事実（一定の金融機関に該当する外国法人の恒久的施設と本店等との間の利子の支払に相当する事実を除きます）その他一定の事実は、含まれないものとされました（法法139②）。

ここで、「外国法人の恒久的施設と本店等との間の内部取引から所得が生ずる旨を定める租税条約」とは、OECDモデル租税条約において事業所得についての課税権を定める第７条の規定で2010年に改正されたもの（新７条）と同様の規定を定める租税条約のことを指しています。

つまり、平成26年度税制改正により、日本の国内法は新しいOECDモデル租税条約７条と同様の規定を有することになったのですが、外国との租税条約が以前の旧７条と同様の規定の場合は、引き続き旧７条タイプの租税条約が適用されることを規定したものです。

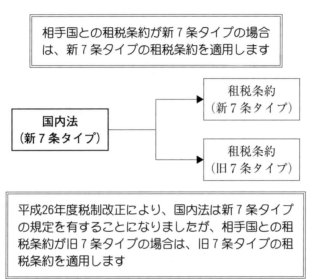

相手国との租税条約が新７条タイプの場合は、新７条タイプの租税条約を適用します

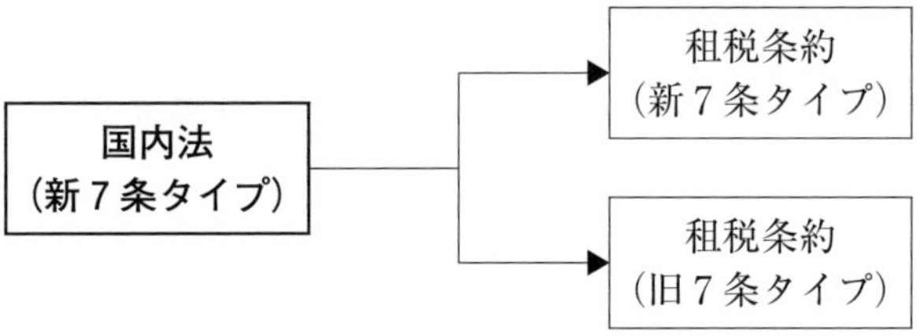

平成26年度税制改正により、国内法は新７条タイプの規定を有することになりましたが、相手国との租税条約が旧７条タイプの場合は、旧７条タイプの租税条約を適用します

４　租税条約上の税率の不適用

租税条約は、新たな課税関係を創設するものではないため、租税条約に国内法の税率よりも高い税率を規定している場合には、その租税条約上の税率は適用しないこととされます（105ページ参照）。

例えば、日本とブラジルとの租税条約11条２(a)には、「商標権の使用又は使用の権利から生ずる使用料にあっては25％」の源泉所得税を課するとされています。しかし、国内法は使用料について原則として20％と規定しています。このような場合、租税条約実施特例法３条の２にも規定されているように、租税条約の25％ではなく国内法の税率20％を適用することとされます。

租税条約実施特例法３条の２

> 相手国居住者等が支払を受ける配当等（租税条約に規定する配当、利子若しくは使用料（当該租税条約においてこれらに準ずる取扱いを受けるものを含む。）又はその他の所得で、所得税法の施行地にその源泉があるものをいう。以下同じ。）又は譲渡収益（資産の譲渡により生ずる収益で同法の施行地にその源泉があるものをいい、配当等に含まれるものを除く。以下同じ。）のうち、当該相手国居住者等に係る相手国等との間の租税条約の規定において当該相手国居住者等の所得として取り扱われるもの（次項において「相手国居住者等配当等」という。）であって限度税率を定める当該租税条約の規定の適用があるものに対する所得税法170条、179条若しくは213条１項又は租税特別措置法３条１項、８条の２第１項、３項若しくは４項、９条の３、９条の３の２第１項、37条の11の４第１項、41条の９第１項から３項まで、41条の10第１項、41条の12第１項若しくは２項若しくは41条の12の２第１項から３項までの規定の適用については、当該限度税率が当該配当等又は譲渡収益に適用されるこれらの規定に規定する税率以上である場合を除き（下線は強調のため筆者加筆）、これらの規定に規定する税率に代えて、当該租税条約の規定により当該配当等又は譲渡収益につきそれぞれ適用される限度税率によるものとする。

第4章　租税条約

第1　租税条約の概要

1　租税条約の意義

租税条約は、正式には「所得に対する租税に関する二重課税の回避及び脱税の防止のための日本国政府と○○国政府との間の条約」です。この名称からは、租税条約が「所得」に対する租税に関するものであることがわかります。所得に対する租税ということで、日本においては、所得税と法人税がその対象となります。そして、条約によっては、地方税がその対象に含まれている場合もあります。

なお、本章においては、原則として租税条約という用語を用いることになりますが、協定という場合もあります。意味は同じとご理解ください。

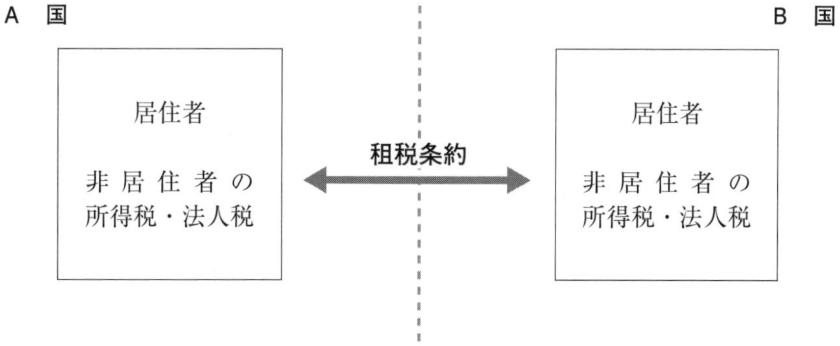

対象となるのは所得に対する租税、具体的には所得税、法人税などです

2　租税条約の種類

伝統的に、租税条約といえば二国間で締結されてきました。そして、その中でも「所得に対する」二国間租税条約が多く締結されてきました。日本が締結している租税条約の大部分も所得に対するものでした。次に、米国との間においてのみ、相続税に関する租税条約が締結されています。また、2008年のリーマン・ショックを契機として、特にタックス・ヘイブンとの間で租税に関する情報を交換することを主目的とした

「租税情報交換協定」を締結してきました。これらは、二国間租税条約ということになります。

ところが、二国間租税条約だけですと、機動性に欠けることが明らかになりました。何かあると、関係する二国間で協議し、新しい租税条約を締結し、また既存の租税条約を改正する、そして、各国の代表が署名し、それぞれの国の国会で承認する、という手続を踏むことは非常に時間がかかります。例えば、タックス・ヘイブンとの間で租税情報交換協定を締結するのであれば、多数国で合意できる条約をOECDのような国際機関で作って、それに各国が賛同し、それぞれの国で承認手続を行うことで、多数の国（地域）との間で同様の効力を得ることができます。

そのような背景から、2013年には税務当局間の税務行政の執行について、共助することができるようにするための多数国間協定である「税務行政執行共助条約」ができました。これについては、第７で解説していますが、主目的は情報交換の強化です。

そして、2016年11月、税源侵食と利益移転（BEPS）に対応するため、BEPSプロジェクトの15の行動の中で租税条約に関係する行動２（ハイブリッド・ミスマッチ）、６（租税条約の濫用）、７（恒久的施設（PE）認定の人為的回避の防止）そして14（相互協議の効果的実施）について、BEPS防止措置実施条約が策定されました。そして、2018年７月１日にこの条約が発効しました。

このように、租税条約は以下に掲げるように５つのパターンに分かれることになります。

租税条約の種類	二国間租税条約	①　所得に対する租税条約（所得税条約）
		②　相続に対する租税条約（相続税条約）
		③　租税の情報交換を主目的とする租税条約（租税情報交換協定）
	多数国間租税条約	④　税務当局間の税務行政執行を共助する租税条約（税務行政執行共助条約）
		⑤　BEPSプロジェクトを実施するための租税条約（BEPS防止措置実施条約）

なお、租税条約においては、①の所得税に関する租税条約が引き続き最も重要であることには変わりありません。①については第３から第５において説明しています。②の相続税条約については第10章第３において、③の租税情報交換協定は本章第６において、また、④の税務行政執行共助条約は第７において、最後に⑤のBEPS防止措置実施条約については第８において、それぞれ説明しています。

3　租税条約の目的

租税条約による国家間の合意を行うのは、自国の有利となる経済活動の促進のためです。後述するように、租税条約に関する最初の国際会議は、国際的な経済活動をまたげるような国際的二重課税の排除のために開催されました。租税が経済活動の障害とならないということが、国際的な国家間の合意の必要性の根源にあるのです。

そこで、経済活動の促進を促すための具体的な方策として、①国際的二重課税の排除、②国際的な脱税や租税回避の防止、③税務当局間の国際協力、が行われることになります。

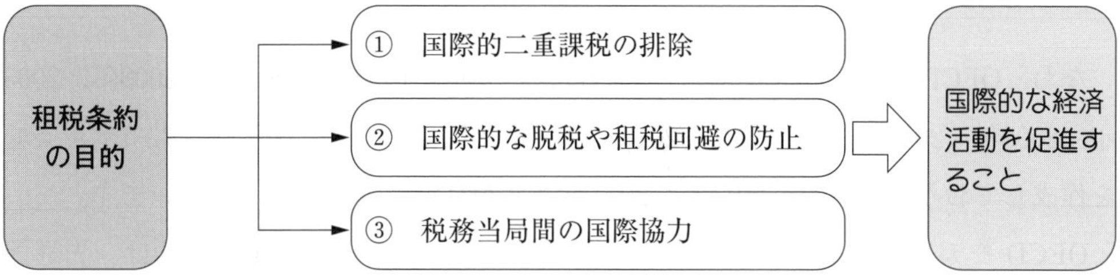

ところが、もともと国際的二重課税がない場合であっても租税条約を悪用して「国際的二重非課税」を惹起させる企業等が出てきました。これに対して、第８で述べるBEPS防止措置実施条約で対処していくことになりました。

4　租税条約の歴史

一般に、今のような租税条約が最初に締結されたのは、19世紀末のオーストリア・ハンガリーとプロシアの間といわれていますし、さらに古く遡れるという説もあります。いずれにしても、経済活動が活発になり、これが国境を越えて幅広く、かつ大量に行われることにより、所得が生み出されます。それにより、国際的な二重課税が生じることになるのです。

租税条約は、二国間で締結されることでこれまで発展してきました。ただし、それぞれの国同士が異なった内容の租税条約を締結することになると、租税条約の内容はそれぞれに異なることになりかねません。そうなると、複数の国で事業活動や投資活動を行う納税者は混乱します。そこで、各国の模範となるようなモデル租税条約を作成することとしたのです。具体的には、1920年代に国際連盟の場で理論的実践的な研究が行われ、1928年に最初のモデル租税条約ができました。その後、以下に掲げるモデル条約が策定され、現在に至っています。

作成主体	作 成 年	名　　　称
国際連盟	1928年	マドリッド・モデル条約
同　　上	1943年	メキシコ・モデル条約
同　　上	1946年	ロンドン・モデル条約
OECD	1963年	OECD モデル租税条約草案
同　　上	1977年	OECD モデル租税条約
国際連合	1980年	国際連合モデル租税条約
OECD	1992年	OECD モデル租税条約（改定）

なお、OECD モデル租税条約は、その後、1995年、1997年、2000年、2003年、2005年、2008年、2010年、2014年及び2017年に改定されています。国際連合もモデル条約を作成しており、2001年、2011年、2017年及び2021年に改定が行われています。

OECD モデル租税条約は先進国間のもの、一方、国際連合モデル条約は、先進国と開発途上国との間のものと位置付けられています。これまでは OECD の議論に基づいて国連モデル条約の議論がなされてきました。

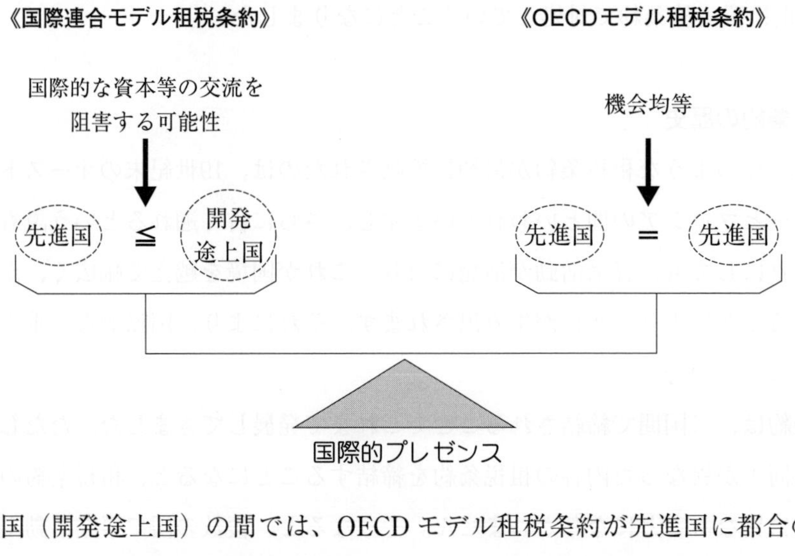

新興国（開発途上国）の間では、OECD モデル租税条約が先進国に都合のよいものである一方、途上国の課税権を侵害するという考え方が台頭してきました。

5　OECD モデル租税条約の位置付け

各国は、独自の法制度の中で国内租税法を規定しています。一方、租税条約を各国それぞれが締結することは、複雑な制度となることから納税者が混乱します。そこで、国際機関の１つであるOECD租税委員会において、二国間条約の典型的雛型を用意することにしたことは前述したとおりです。

その際、国際的二重課税を排除するために、各国に共通のルールを採用することが望まれます。OECDモデル租税条約は、国際的二重課税を排除するために各国の税務当局の代表が議論し、合意したものです。

なお、OECDはモデル租税条約の具体例や公式解釈を示したコメンタリーを公表していますが、これに対しては留保及び所見をする場合があります。

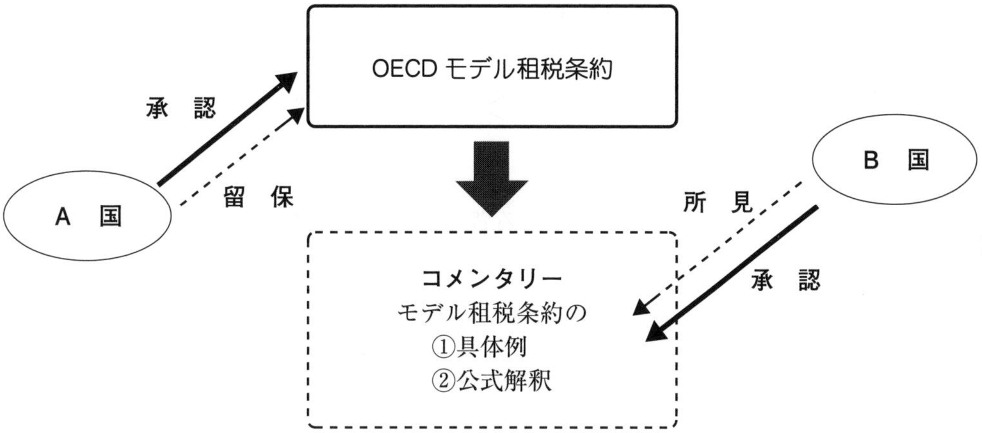

OECDモデル租税条約のもう１つの特徴は、経済社会情勢の変化に対応して頻繁に改定が行われているということです。OECD租税委員会は、年に数回の会議を経てモデル条約とそのコメンタリーを精力的に改定しています。

日本を含む多くの国においては、OECDモデル租税条約に基づいて租税条約を締結しており、OECDモデル租税条約は国際的な課税ルールを形成しているといってよいでしょう。ただし、上述したように、新興国の経済力の高まりに比例するように国際連合モデル租税条約をもっと尊重すべきとの声が徐々に高くなっていることにも注意が必要です。

6　プリザベーション・クローズ

プリザベーション・クローズとは、国内法などが認める非課税（exclusion）、免税（exemption）、所得控除（deduction）、税額控除（credit）等の租税の減免がある場合に、租税条約の規定がそれらの特典を制限するものではない、という原則であると理解されています。よりわかりやすくいえば、租税条約よりも国内法の規定を適用したほうが有利になる場合があるときには、租税条約の規定ではなく国内法の規定を優先適用することができることを意味します。

原則　⇒　租税条約の規定を適用する

国内法の規定　＜　租税条約の規定

例外（国内法の方が有利な場合）　⇒　国内法の規定を適用する

国内法の規定　＞　租税条約の規定

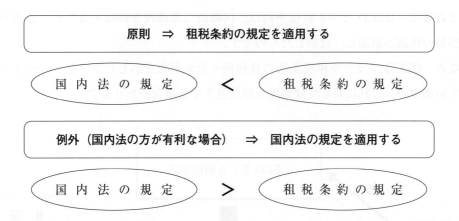

プリザベーション・クローズがいわれる背景には、租税条約の機能として租税負担の減免があることから、租税条約の規定によりかえって納税者の租税負担が増加するということは、租税条約の趣旨に反する、ということがあると思われます。

プリザベーション・クローズが適用される最も典型的な事例は、次のような場合です。

	源泉税率
国内税法	20%
日本ブラジル租税条約11条2(a)	25%

⇒ 国内税法（20%の源泉徴収）を適用（実施特例法3の2①）

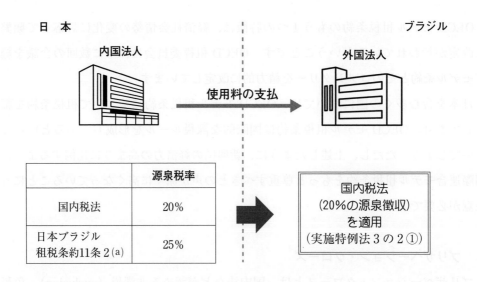

プリザベーション・クローズは、租税条約上の基本原則であるといわれている一方、OECDモデル租税条約に明文の規定がなく、米国モデル租税条約（米国財務省が米国の租税条約のモデルとして公表しているもの）には規定されています。

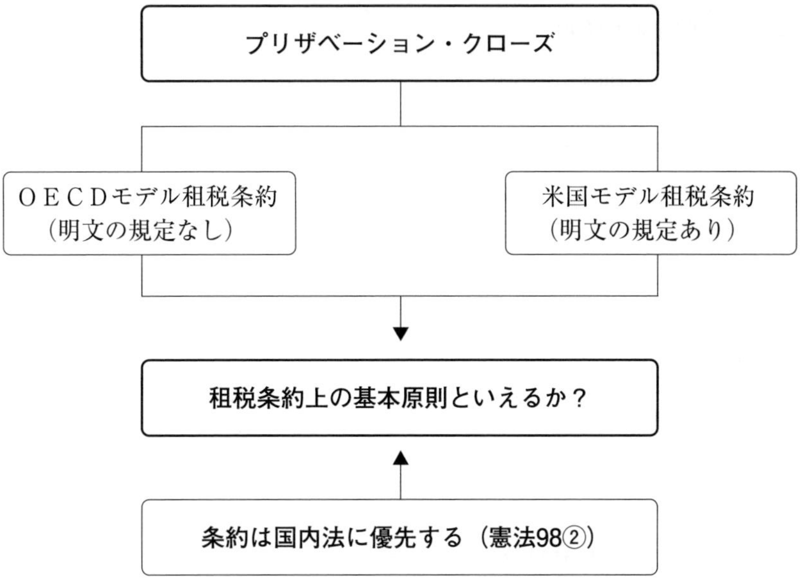

7　セービング・クローズ

セービング・クローズとは、「条約に別の規定がない限り、自国の居住者（内国法人や米国でいう市民を含みます）に対する自国での課税は、租税条約の規定に影響されない。」というものです。

【セービング・クローズの具体例】

日米条約１条４項	ａ）　この条約は、５の場合を除くほか、４条の規定に基づき一方の締約国の居住者とされる者に対する当該一方の締約国の課税及び合衆国の市民に対する合衆国の課税に影響を及ぼすものではありません
	ｂ）　この条約の他の規定にかかわらず、合衆国の市民であった個人又は合衆国において長期居住者とされる個人に対しては、（中略）その市民としての地位を喪失したときから10年間、合衆国において、合衆国の法令に従って租税を課することができます

なお、日米条約１条５項においては、セービング・クローズの適用外のものとして、以下のものを掲げています。

セービング・クローズの適用外	
	①　特殊関連企業条項
	②　政府職員の報酬への課税
	③　退職金その他これに類する報酬
	④　外国税額控除
	⑤　内外無差別条項
	⑥　相互協議条項
	⑦　外交官特権
	⑧　離婚等に伴う扶養料等
	⑨　学生・事業修習者の給付への課税

日本の締結している租税条約のうち、セービング・クローズを規定しているのは、日米条約（1条4項）だけですが、後述するように、2017年版OECDモデル租税条約に規定が導入されました。

8　情報交換をめぐる租税条約の歴史的進展

前提として、納税者に関係する十分な情報を持たない限り、税務当局による適正な課税はなされません。このような理由から、100年ほど前から、二国間で締結される租税条約には締約国の税務当局同士で租税情報の交換ができる「情報交換」規定が盛り込まれてきました。

わが国は、昭和29年に米国との間で租税条約を締結して以降、租税条約の中に情報交換規定を盛り込んできました。そして、既に30年以上も前から、数十万件の租税情報を租税条約締約国と交換してきました。

ところが、近年、いわゆるタックス・ヘイブンに金融資産を移動することで、課税を免れる事例が顕在化してきました。そこで、これらタックス・ヘイブンとの間で情報交換に特化した租税情報交換協定を締結することになりました。わが国は平成21年6月に英国自治領バミューダとの間で最初の情報交換協定を締結しました。しかし、これも二国間で締結することから、すべてのタックス・ヘイブンを網羅するのに多くの時間が必要になります。

そこで、OECD租税委員会は、税務行政執行共助条約を作成し、加盟国だけでなく世界各国にこの条約に参加するように働きかけました。税務行政執行共助条約は、いわゆる多国間条約であり、各国政府が国会の承認を得ることで参加を決めると、一定期間後にその国で適用になります。日本では平成25年10月１日にこの条約が発効し、現在141の国と地域がこの条約に署名しています。税務行政執行条約については、第７をご参照ください。

《近年の租税条約の発展形態》

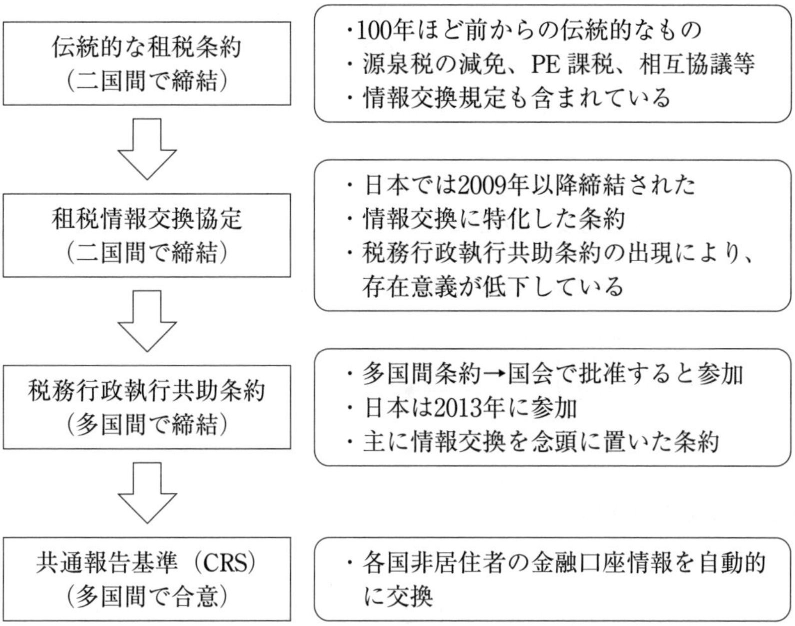
伝統的な租税条約
（二国間で締結）
・100年ほど前からの伝統的なもの
・源泉税の減免、PE 課税、相互協議等
・情報交換規定も含まれている
租税情報交換協定
（二国間で締結）
・日本では2009年以降締結された
・情報交換に特化した条約
・税務行政執行共助条約の出現により、存在意義が低下している
税務行政執行共助条約
（多国間で締結）
・多国間条約→国会で批准すると参加
・日本は2013年に参加
・主に情報交換を念頭に置いた条約
共通報告基準（CRS）
（多国間で合意）
・各国非居住者の金融口座情報を自動的に交換

なお、OECD 租税委員会は、租税情報の交換について共通報告基準（CRS）を作ることで、その国の非居住者の口座情報を自動的に情報交換する枠組みを構築しました。日本もその取組みに参加しており、平成27年度税制改正で国内の手続を整備し、平成30年より動き出しています。これについては、第12章第３をご参照ください。

第２　日本の租税条約の概要

１　概要

日本は、昭和29年（1954年）４月に米国との間で租税条約を締結して以降、経済活動の活発化と足並みをそろえるように、租税条約網を整備してきました。現在（2024年６月）86の租税条約が締結されており、155の国（地域を含む）との間で適用されています（参考資料602ページ参照）。これは、日本の対外投資金額ベースでいえば、90％を上回るものです。

○租税条約の交渉から発効までの流れ

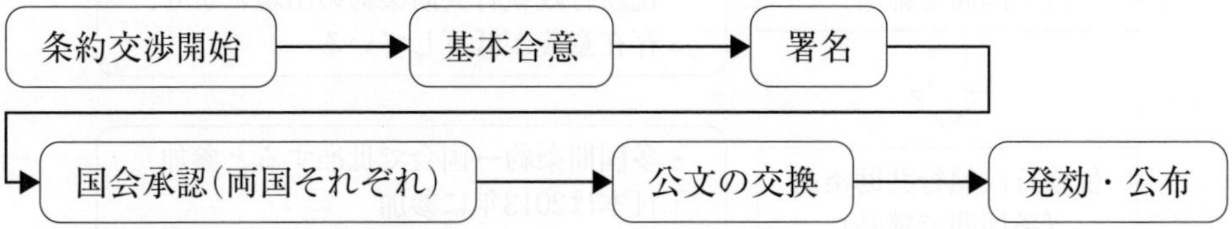

２　日本の租税条約の締結方針

⑴　源泉税の減免

平成16年に日米租税条約を大改正しました。それまでは、日本は利子や配当、使用料といった所得に対する源泉徴収税率を一定以上確保するという源泉地国課税を重視してきました。その意味では、日本は非居住者や外国法人に対して源泉地国として課税権を主張してきたわけです。

しかし、日米条約を契機として、これらの源泉税率を引き下げたり、免税にしたりすることで、源泉地国としての課税というよりは、国際的な経済活動(投資交流)の促進を重視するようになりました。一方、日米租税条約においては、新たな規定として特典制限条項（LOB）を導入しました。租税条約の減免規定を適正に適用するために、すなわち租税条約の濫用を防止するために、真の適格者のみを対象に租税の減免を図るということも行うようになりました。

2013年１月に署名、2019年７月17日に連邦議会で承認された米国との新しい改正議定書では、配当及び利子につき、さらに源泉税を減免することとしました（この改正議定書は2020年１月１日に発効しました）。

日本の租税条約ポリシー → 日米条約（2004年発効）を機に国際的な経済活動促進を重視に転換 → **具体的には、①源泉税の減免 ②特典制限条項の導入**

(2)　情報交換の強化

また、平成20年のリーマン・ショックを契機にして世界的な情報交換強化の流れを受けて、租税情報の交換を積極的に行うようになりました。特に、平成25年10月に発効した税務行政執行共助条約により、合計155の国や地域との間で情報交換が可能になりました。

リーマン・ショックを機に情報交換の強化 → **情報交換条項の強化 ①租税情報交換協定の締結 ②租税行政執行共助条約の締結**

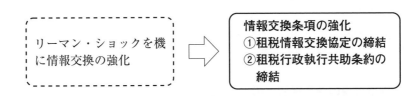

(3)　BEPSプロジェクトへの対応

「第８　BEPS防止措置実施条約（多数国間協定）」で述べますが、2012年からG20・OECD租税委員会で議論されてきたBEPSプロジェクト最終報告書に基づいて、租税条約の悪用を防止すべく多数国間協定を締結することにしました。これによって、租税条約を利用した「国際的二重非課税」を防止することが期待されています。

3　最近の租税条約の改正

財務省のホームページによると、令和５年以降の改正状況は、令和６年６月５日現在次のようになっています。

【発効】

年　月	相手国（地域）	改正状況
令和５年８月	アゼルバイジャン	全文改正
令和６年１月	アルジェリア	新規締結

【署名・未発効】

署名年月	相手国（地域）	改正状況
令和元年6月	アルゼンチン	新規締結
令和5年10月	ギリシャ	新規締結
令和6年2月	ウクライナ	全文改正

【実質合意】

令和5年10月	トルクメニスタン	全文改正

【現在の正式交渉国】

チュニジア	フィンランド	ナイジェリア

4　復興特別所得税の源泉徴収との関係

租税条約に限度税率を定める規定がある配当などの支払のうち、租税条約の適用により、国内法（所得税法及び租税特別措置法）に規定する税率以下に軽減されるものについては、復興特別所得税を併せて源泉徴収する必要はありません。また、租税条約の規定により免税となるものについても、復興特別所得税を併せて源泉徴収する必要はありません（復興法33③）。

第3　租税条約の内容その1（範囲と定義）（OECDモデル租税条約、日米、日仏、日独、日中、日印を中心として）

1　概要

以下では、租税条約の内容を見ていくことにします。その際、日本の締結した租税条約が原則として、OECDモデル租税条約に準拠していることから、これに沿った形で説明することとします。

本書で説明するのは、OECDモデル租税条約と日本が締結している主な租税条約です。具体的には、日米租税条約、日仏租税条約、日独租税条約、日中租税条約及び日印租税条約です。これは日米条約がわが国が締結する租税条約の基礎をなしていること、そして改正議定書が2013年1月に署名（2019年7月17日承認。2020年1月1日発効）されたこと、日仏条約と日独条約は対先進国条約として新しいものであること、日中条約はわが国との経済関係が最も密接であることと国連モデル条約に準拠していること、日印条約も比較的経済活動が活発化していることや最近も新たな議定書が発効したこと、によります。

新しい日米条約は、未発効ではありますが、最新の情報として記載しています。議定書が発効した場合の実施の適用については、

(a)　源泉徴収される租税に関しては、改正議定書が効力を生ずる日の3か月後の日の属する月の初日以後に支払われ、又は貸記される額、

(b)　その他の租税に関しては、改正議定書が効力を生ずる年の翌年の1月1日以後に開始する各課税年度、より適用になります。

2　人的範囲（居住者）

⑴　人的範囲

租税条約は、両締約国の居住者に対して適用されます。OECDモデル租税条約1条では、次のように規定されています。

条約の人的範囲	1　この条約は、一方又は他方の締約国の居住者である者に適用します 2　この条約の適用上、いずれかの締約国の租税に関する法令の下において全面的若しくは部分的に課税上存在しないものとして取り扱われる団体若しくは仕組みによって又はこのような団体若しくは仕組みを通じて取得される所得は、一方の締約国における課税上当該一方の締約国の居

住者の所得として取り扱われる限りにおいて、当該一方の締約国の居住者の所得とみなす。
3　この条約は、第７条３、第９条２、第19条、第20条、第23[A][B]条、第24条、第25条及び第28条の規定に基づいて認められる特典に関する場合を除くほか、一方の締約国の居住者に対する当該一方の締約国の課税に影響を及ぼすものではない。

このうち１の規定は、日米条約（１条１項）、日仏条約（１条）、日独条約（１条）、日中条約（１条）、日印条約（１条）とも同様の規定となっています。

次に、２の規定は、いずれかの締約国において課税上存在しないものとして取り扱われる事業体への条約を適用するものです。例えば、源泉地国ではある事業体を納税義務者として認識（事業体課税）する一方、その事業体の所在地国では事業体ではなくその構成員を納税義務者として課税（構成員課税）する場合のように、ある事業体に関する課税上の取扱いが両国で異なる場合には、両国で条約の特典を受ける者に関する認識が異なるため、実質的な二重課税が生じているにもかかわらず条約が適用できないこととなります。

そこで、第１条２は、いずれか一方の締約国の租税に関する法令の下において全面的若しくは部分的に課税上存在しないものとして取り扱われる団体若しくは仕組みによって又はこのような団体若しくは仕組みを通じて取得される所得は、一方の締約国における課税上当該一方の締約国の居住者の所得として取り扱われる限りにおいて、当該一方の締約国の居住者の所得とみなすことを規定することにより、ある事業体に関する課税上の取扱いが両国で異なる場合における条約の適用を確保しています。

また、３の規定は、いわゆるセービング・クローズを規定するものです。租税条約は、相手国の居住者に対して適用されるものであり、自国の納税者に対して適用するものではないという原則です。

2017年版OECDモデル租税条約において、上記の２及び３が新たに追加されました。

⑵　国連モデル条約

国連モデル租税条約１条は、OECDモデル租税条約１条１のみ規定されています。

なお、１の場合の「居住者」ですが、OECDモデル租税条約４条１項において、次のように規定されています。

居住者の意義	この条約の適用上、一方の締約国の居住者とは、当該一方の国の法令の下において、住所、居所、事業の管理の場所その他これらに類する基準により当該一方の国において課税を受けるべきものとされる者をいいます

また、「者」ですが、OECD モデル租税条約３条において、次のように規定されています。

「者」の意義	「者」には、個人、法人及び法人以外の団体を含みます

なお、租税条約の規定が居住者以外にも適用されるものとして、次に掲げる条項があります。

【居住者以外にも適用される租税条約の規定】

条　項	項　　　目	日米条約	日仏条約	日独条約	日中条約	日印条約
24　条	無差別取扱い	○	○	○	○	○
25　条	相 互 協 議	○	○	○	○	○
26　条	情 報 交 換	○	○	○	○	○
27　条	徴 収 共 助	○	○	○	×	×

3　対象税目

⑴　OECDモデル租税条約

OECD モデル租税条約によると、「この条約は、一方の締約国又は当該一方の国の地方政府若しくは地方公共団体のために課される所得及び財産に対する租税（課税方法は問わない）について適用する」とされています。このように、OECD モデル租税条約の対象税目は、所得及び財産に関する税で、国又は地方により課されるものを対象としています。

⑵　日本の租税条約

日本の租税条約は、所得に対する租税を対象税目としており、財産に関する租税は租税条約の対象とはされていません。ただし、相手国との関係で地方税が対象税目として含まれているものがあります。

	日米条約	日仏条約	日独条約	日中条約	日印条約
日本の対象税目	所得税、法人税	所得税、法人税、住民税	所得税、法人税、地方法人税、住民税、事業税	所得税、法人税、住民税	所得税、法人税
相手国の対象税目	内国歳入法によって課される連邦所得税（社会保障税を除きます）	所得税、法人税、法人概算税、給与税、一般社会保障税及び社会保障債務返済税（これらの租税に係る源泉徴収される租税又は前払税を含みます）	所得税、法人所得税、営業税、連帯付加税	個人所得税、合弁企業所得税、外国企業所得税、地方所得税	所得税（加重税を含みます）

4　一般的定義

(1)　OECDモデル租税条約

OECDモデル租税条約の３条１は、次に掲げる用語に関する定義を定めています。

用　　語	定　義　内　容
「者」	個人、法人及び法人以外の団体を含みます
「法　　人」	法人格を有する団体又は租税に関し法人格を有する団体として取り扱われる団体をいいます
「企　　業」	あらゆる事業の遂行に適用します
「一方の締約国の企業」及び「他方の締約国の企業」	それぞれ一方の締約国の居住者が営む企業及び他方の締約国の居住者が営む企業をいいます
「国際運輸」	一方の締約国にその事業の実質的管理の場所を有する企業が運用する船舶又は航空機による運送（他方の締約国内の地点の間においてのみ運用される船舶又は航空機による運送を除きます）をいいます
「権限のある当局」	A国においては、……をいいます

「国　民」	一方の締約国との関連において、次のものをいいます (i)　当該一方の締約国の国籍又は市民権を有するすべての個人、及び、 (ii)　当該一方の締約国の法令によりその地位を与えられたすべての法人、パートナーシップ及び団体
「事　業」	自由職業その他の独立の性格を有する活動を含みます

また、３条２においては、「一方の締約国によるこの条約の適用に際しては、この条約において定義されていない用語は、文脈により別に解釈すべき場合を除くほか、この条約の運用を受ける租税に関する当該一方の国の法令において当該用語がその適用の時点で有する意義を有するものとする。」と定めています。

(2)　日本の租税条約

日本の租税条約は、原則として、OECD モデル租税条約に準じた定義規定を置いています。定義規定を置く場合には、「文脈により別に解釈すべき場合を除く」としています。以下には、日米条約における定義規定を記載することとします。

用　語	定　義　内　容
「日本国」	地理的意味で用いる場合には、日本国の租税に関する法令が施行されているすべての領域（領海を含みます）及びその領域の外側で日本が国際法に基づき管轄権を有し日本の租税法令が施行されているすべての区域（海底及びその下を含みます）をいいます
「合衆国」	地理的意味では、アメリカ合衆国の諸州及びコロンビア特別区をいいます。また、その領海並びにその領海に隣接し、合衆国が国際法に基づき主権的権利を行使する海底区域の海底及びその下を含みます。ただし、プエルトリコ、バージン諸島、グアムその他の属地又は準州を含みません
「一方の締約国」及び「他方の締約国」	日本又は合衆国をいいます
「租　税」	日本の租税又は合衆国の租税をいいます
「者」	個人、法人及び法人以外の団体を含みます。この「法人以外の団体」には、遺産、信託財産及びパートナーシップが含まれます（議定書２）
「法　人」	法人格を有する団体又は租税に関し法人格を有する団体として取り扱われる団体をいいます
「企　業」	あらゆる事業の遂行について適用します

「一方の締約国の企業」及び「他方の締約国の企業」	それぞれ一方の締約国の居住者が営む企業及び他方の締約国の居住者が営む企業をいいます
「国際運輸」	一方の締約国の企業が運用する船舶又は航空機による運送（他方の締約国内の地点の間においてのみ行われる運送を除きます）をいいます
一方の締約国の「国民」	(i)　日本国の国籍を有するすべての個人及び日本国において施行されている法令によってその地位を与えられたすべての法人その他の団体 (ii)　合衆国の市民権を有するすべての個人及び合衆国において施行されている法令によってその地位を与えられたすべての法人、パートナーシップその他の団体
「権限のある当局」	(i)　日本国については、財務大臣又は権限を与えられたその代理者 (ii)　合衆国については、財務長官又は権限を与えられたその代理者
「事　　業」	自由職業その他の独立の性格を有する活動を含みます
「年金基金」	次の(i)から(iii)までに掲げる要件を満たす者をいいます (i)　一方の締約国の法令に基づいて組織されること (ii)　当該一方の締約国において主として退職年金その他これに類する報酬（社会保障制度に基づく給付を含みます）の管理又は給付のために設立され、かつ、維持されること (iii)　(ii)にいう活動に関して当該一方の締約国において租税を免除されること

なお、上で定義されていない用語は、日米租税条約の適用を受ける租税に関する一方の締約国の法令において当該用語がその適用の時点で有する意義を有するとしています。しかし、文脈により別に解釈すべき場合又は両締約国の権限のある当局が相互協議に基づいて別に合意した場合は、そちらを優先します（日米条約３条２項）。

また、日仏条約、日中条約及び日印条約においては、相互協議での合意を優先するという規定は置いていません。

5　居住者

(1)　OECDモデル租税条約

OECDモデル租税条約４条において、これが適用されるのが一方又は双方の「居住者」であると定めています。

イ　居住者の定義

まず、４条１において、「一方の締約国の居住者」について次のような規定があります。

一方の締約国の居住者	一方の国の法令の下において、住所、居所、事業の管理の場所その他これに類する基準により当該一方の国において課税を受けるべきものとされる者をいいます（当該一方の国及び当該一方の国の地方政府又は地方公共団体を含みます）。ただし、この用語には、当該一方の国内に源泉のある所得又は当該一方の国に存在する財産のみについて当該一方の国において課税される者は含みません

ロ　双方居住者の振分け

(イ)　個人の場合

居住者の定義は、それぞれの締約国の国内法によることから、租税条約の締約国の双方の規定により居住者となる場合があり、これを「双方居住者」と呼びます。

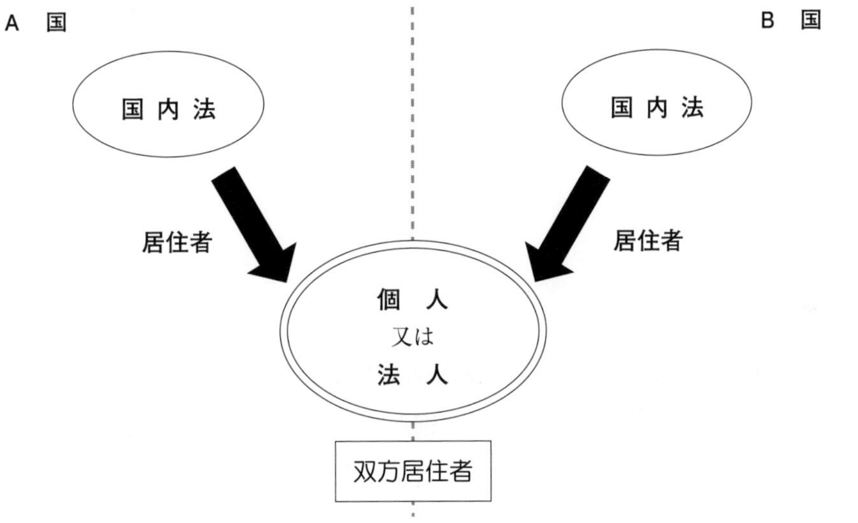

OECD モデル租税条約では、双方居住者の振分けについて、次のように規定しています。

双方居住者の振分け方法

① その個人は、その使用する恒久的住居が存在する国の居住者とみなします。その使用する恒久的住居が双方の国内に存在する場合には、その個人は、その人的及び経済的関係のより密接な国（重要な利害関係の中心がある国）の居住者とみなします

↓

② その重要な利害関係の中心がある国の決定ができない場合又はその使用する恒久的住居がいずれの国にも存在しない場合には、その個人は、その常用の住居が存在する国の居住者とみなします

↓

③ 常用の住居が双方の国に存在する場合又はいずれの国にも存在しない場合には、当該個人は、自己が国民である国の居住者とみなします

↓

④ その個人が双方の国の国民である場合又はいずれの国の国民でもない場合には、両締約国の権限のある当局は、問題を合意により解決します

(ロ) 法人の場合

法人の双方居住者の場合には、その事業の実質的管理の場所が存在する国の居住者とみなすとされています（日米条約4条3項）。

(2) 日本の租税条約

イ　居住者の定義

(イ) 概要

日本の租税条約において、居住者の定義は、OECDモデル租税条約とほぼ同様となっています。しかし、原則として、OECDモデル租税条約でいう「事業の管理の場所」の代わりに「本店又は主たる事務所の所在地等」という基準が設けられています。これは、日本の法人の居住地国の判断が、管理支配主義ではなく、本店所在地主義を採用しているからです。

具体的には、以下のような基準により居住者の判断がなされます。

	項　　目	日米条約	日仏条約	日独条約	日中条約	日印条約
判断基準	① 住　　所	○	○	○	○	○
	② 居　　所	○	○	○	○	○
	③ 市 民 権	○	×	×	×	×
	④ 本店又は主たる事務所の所在地	○	○	○	○	○
	⑤ 法人の設立の場所	○	×	×	×	×
	⑥ 事業の管理の場所	×	○	○	×	×
	⑦ その他これらに類する基準	○	○	○	○	○

上の表にあるように、日米条約に「市民権」及び「法人の設立の場所」が、日仏条約では「事業の管理の場所」がそれぞれ含まれています。これは、それぞれの国の考え方を反映したものです。

(ロ)　日米条約の規定

日米条約においては、居住者には次に掲げる者を含むとされています。

日米条約において含まれる居住者	
	①　一方の締約国及びその一方の締約国の地方政府又は地方公共団体
	②　一方の締約国の法令に基づいて組織された年金基金
	③　一方の締約国の法令に基づいて組織された者で、専ら宗教、慈善、教育、科学、芸術、文化その他公益のためにその一方の締約国において設立され、かつ、維持されるもの（その一方の締約国において租税を免除される者を含みます）

ただし、一方の締約国の居住者には、その一方の締約国内に源泉のある所得又はその一方の締約国内にある恒久的施設に帰せられる利得のみについてその一方の締約国において租税を課される者を含まないこととされています。

(ハ)　米国の居住者の特例

上記(イ)の原則に対する例外として、米国の居住者になることができる日本人について、次に掲げる規定があります。

米国における永住を適法に認められた外国人である個人

米国の居住者となる要件

① その個人が、上記(イ)により日本の居住者に該当する者でないこと

↓

② その個人が、米国内に実質的に所在し、又は恒久的住居若しくは常用の住居を有すること

↓

③ その個人が、日本と米国以外の国との租税条約の適用上米国以外の国の居住者とされるものでないこと

↓

④ その個人が双方の国の国民である場合又はいずれの国の国民でもない場合には、両締約国の権限のある当局は、問題を合意により解決します

ロ　双方居住者の振分け

(イ)　個人の場合

日米条約においては、双方居住者である個人については、次に掲げる振分け基準が適用されます。

双方居住者の振分け基準

① その個人は、その使用する恒久的住居が所在する締約国の居住者とみなします。その使用する恒久的住居を双方の締約国に有する場合には、その個人は、その人的及び経済的関係がより密接な締約国（重要な利害関係の中心がある締約国）の居住者とみなします

↓

② その重要な利害関係の中心がある締約国を決定することができない場合又はその使用する恒久的住居をいずれの締約国にも有しない場合には、その個人は、その有する常用の住居が所在する締約国の居住者とみなします

↓

③ その常用の住居を双方の締約国に有する場合又はこれをいずれの締約国内にも有しない場合には、その個人は、その個人が国民である締約国の居住者とみなします

↓

④ その個人が双方の締約国の国民である場合又はいずれの締約国の国民でもない場合には、両締約国の権限のある当局は、合意により当該事案を解決します

（日米条約4条3項）

なお、日仏条約においてはOECDモデル租税条約と同様の規定があり、日中条約及び日印条約における双方居住者の振分けは、権限のある当局間における合意により決定されるとしています。

⑵　個人以外の場合

個人以外の者については、次のように規定されています。

条　約	振　分　け　基　準
日米条約	特典条項の適用上、いずれの国の居住者ともされません
日仏条約	権限のある当局間の合意により居住地国を決定します
日独条約	権限のある当局間の合意により居住地国を決定します
日中条約	本店又は主たる事務所が存在する締約国の居住者とみなします
日印条約	権限のある当局間の合意により居住地国を決定します

ハ　日米条約における課税上の取扱いが異なる事業体への条約の適用

日米条約においては、課税上の取扱いが異なる事業体（LLC、パートナーシップ等）に関する規定があります。例えば、米国のLLCは、日本ではLLCを納税義務者として取り扱う場合がありますが、米国ではLLCそのものには課税されずにその構成員に課税することがあります。この場合、日本から見ると、LLCは米国の居住者ではないことから、日本において日米条約が適用されず、したがって条約上の減免措置（源泉所得税の税率の軽減など）が受けられないこととなってしまいます。

そこで、こうした事態を避けるため、日米条約においては、LLCやパートナーシップといった事業体に関して、源泉地国での取扱いにかかわらず居住地国での課税の取扱いをベースとして、条約上の減免措置を受けられるようにしました。具体的には、日米条約4条6項に次のような規定を設けました。

規　定	所得の発生地（源泉地）国	団体が組織された国	組織された国での取扱い	条約上の特典が付与される所得
4条6項a	日　本	米　国	構成員課税	米国の居住者である構成員の所得として取り扱われる部分について特典を付与します

4条6項b	日　本	米　国	団体課税	米国の居住者である団体の所得として取り扱われる部分について特典を付与します
4条6項c	日　本	第三国	構成員課税	米国の居住者である構成員の所得として取り扱われる部分について特典を付与します
4条6項d	日　本	第三国	団体課税	特典なし
4条6項e	日　本	日　本	団体課税	特典なし

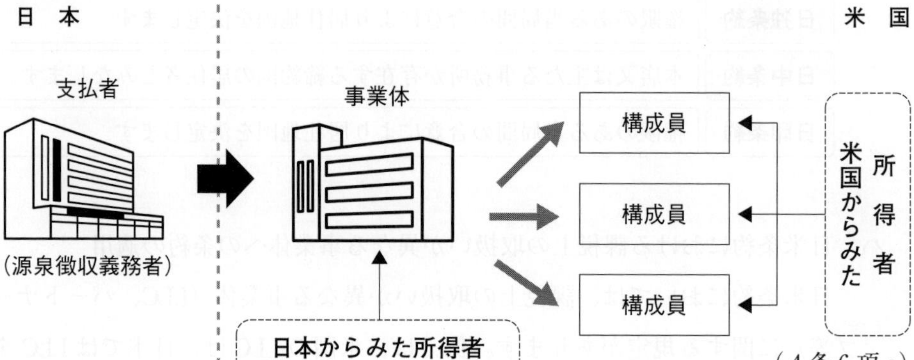

（4条6項 a）

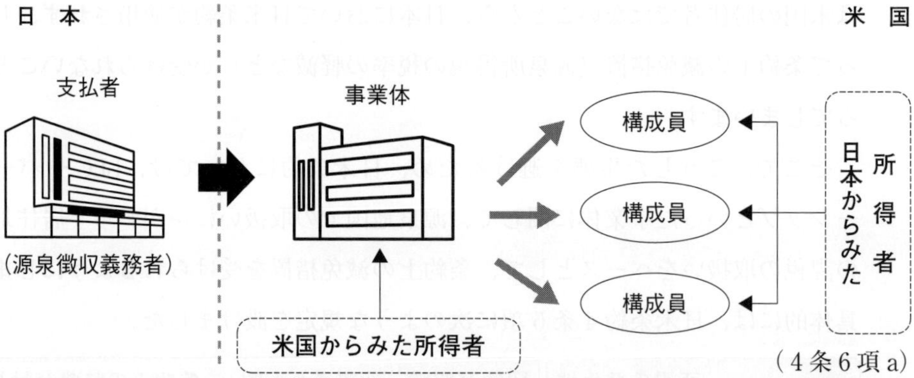

（4条6項 a）

なお、日仏条約にも日米条約と同じような事業体課税に関する規定が新設されました（日仏条約4条6項）。日米条約との差異は、日仏条約には、第三国の事業体を通じて所得を得る場合の定め（日米条約でいえば、cとdの規定）がないことです。また、日中条約や日印条約には、このような規定はありません。

6　恒久的施設（permanent establishment : PE）

(1)　OECDモデル租税条約

イ　恒久的施設の意義

OECD モデル租税条約５条によると、「恒久的施設」とは、次の場所をいうとされています。

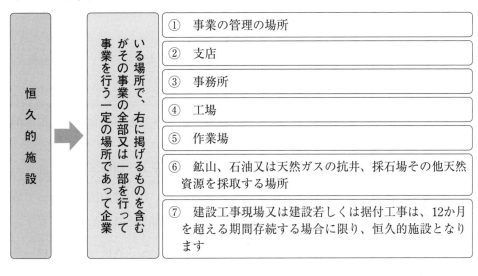

恒久的施設	→	事業を行う一定の場所であって企業がその事業の全部又は一部を行っている場所で、右に掲げるものを含む

① 事業の管理の場所

② 支店

③ 事務所

④ 工場

⑤ 作業場

⑥ 鉱山、石油又は天然ガスの抗井、採石場その他天然資源を採取する場所

⑦ 建設工事現場又は建設若しくは据付工事は、12か月を超える期間存続する場合に限り、恒久的施設となります

ロ　恒久的施設に含まれない活動

次の場合には、事業を行う一定の場所であっても恒久的施設には含まれないこととされています。

恒久的施設にならない活動

① 企業に属する物品又は商品の保管、展示又は引渡しのためにのみ施設を使用すること

② 企業に属する物品又は商品の在庫を保管、展示又は引渡しのためにのみ保有すること

③ 企業に属する物品又は商品の在庫を他の企業による加工のためにのみ保有すること

④ 企業のために、物品若しくは商品を購入し又は情報を収集することのみを目的として、事業を行う一定の場所を保有すること

⑤ 企業のために、その他の準備的又は補助的な性格の活動を行うことのみを目的として、事業を行う一定の場所を保有すること

⑥ ①から⑤までに掲げる活動を組み合わせた活動を行うことのみを目的として、事業を行う一定の場所を保有すること。ただし、その一定の場所におけるこのような組み合わせによる活動の全体が準備的又は補助的な性格のものである場合に限ります

ハ　代理人PE

代理人PE	企業が事業を行う一定の場所を有していなくとも、企業に代わって行動する者が、そのように行動するに当たって、反復して契約を締結し、又は当該企業によって重要な修正が行われることなく日常的に締結される契約の締結のために反復して主要な役割を果たす場合において、これらの契約が次の(a)から(c)までの規定のいずれかに該当するときは、当該企業は、その者が当該企業のために行う全ての活動について、当該一方の締約国内に恒久的施設を有するものとされます。 (a)　当該企業の名において締結される契約 (b)　当該企業が所有し、又は使用の権利を有する財産について、所有権を移転し、又は使用の権利を与えるための契約 (c)　当該企業による役務の提供のための契約

ただし、その者の活動が上記ロに掲げる活動のみである場合には、恒久的施設とはされません。

また、企業は、通常の方法でその業務を行う仲立人、問屋その他の独立の地位を有する代理人（いわゆる独立代理人）を通じて一方の締約国内において事業活動を行っているという理由のみでは、その一方の国内に恒久的施設を有するものとはされません。ただし、その者は専ら又は主として一又は二以上の自己と密接に関連する企業に代わって行動する場合には独立代理人とはされません。

ニ　支配関係にある法人の取扱い

一方の締約国の居住者である法人が、他方の締約国の居住者である法人若しくは他方の締約国内において事業を行う法人を支配し、又はこれらに支配されている事実のみによっては、いずれの一方の法人も、他方の法人の恒久的施設とはされません。

(2)　日本の租税条約

イ　恒久的施設の意義

日本が締結した租税条約においては、恒久的施設の意義については、おおむねOECDモデル租税条約の規定に準拠しています。

まず、ほとんどの条約においては、「恒久的施設が事業を行う一定の場所であって企業がその事業の全部又は一部を行っている場所をいう」とされています。恒久的施設の例示としては、以下のようになっています。

項　　　目	日米条約	日仏条約	日独条約	日中条約	日印条約
①　事業の管理の場所	○	○	○	○	○
②　支　　店	○	○	○	○	○
③　事　務　所	○	○	○	○	○
④　工　　場	○	○	○	○	○
⑤　作　業　場	○	○	○	○	○
⑥　鉱山、石油又は天然ガスの坑井、採石場その他の天然資源を採取する場所	○	○	○	○	○
⑦　保管のための施設を他の者に提供する者に係る倉庫	×	×	×	×	○
⑧　農業、林業、栽培又はこれらに関連した活動を行う農場、栽培場その他の場所	×	×	×	×	○
⑨　店舗その他の販売所	×	×	×	×	○
⑩　天然資源の探査のために使用する設備又は構築物（６か月を超える期間使用する場合に限る）	×	×	×	×	○

ロ　建築工事PE

建築工事等については、次のように規定されています。

日米条約	日仏条約	日独条約	日中条約	日印条約
建築工事現場、建設若しくは据付工事又は天然資源の探査のため使用される設備、掘削機器若しくは掘削船で、これらの工事現場、工事又は探査が12か	建築工事現場又は建設若しくは据付の工事は、12か月を超える期間存続する場合に限り、恒久的施設とします	建築工事現場又は建設若しくは据付けの工事であって12か月を超える期間存続するものは恒久的施設を構成します	建築工事現場又は建設、組立工事若しくは据付工事若しくはこれらに関連する監督活動は、６か月を超える期間存続する場合に限り、恒久的施設と	建築工事現場又は建設、据付工事若しくは組立工事は、６か月を超える期間存続する場合に限り、恒久的施設とします

月を超える期間存続するもの			します	

上の表から明らかなように、存続期間について対先進国条約では12か月、対途上国条約では６か月というのが標準的と思われます。

ハ　恒久的施設に含まれない準備的・補助的活動

日米条約、日仏条約、日独条約、日中条約及び日印条約ともに、OECD モデル租税条約に準拠した規定となっています。

ニ　代理人 PE

代理人 PE については、次に掲げるような規定があります。

日米条約	日仏条約	日独条約	日中条約	日印条約
企業に代わって行動する者が、一方の締約国内で、その企業の名において契約を締結する権限を有し、かつ、この権限を反復して行使する場合には、その企業は、その者がその企業のために行うすべての活動について、その一方の締約国内に恒久的施設を有するものとされます	企業に代わって行動する者が、一方の締約国内で、その企業の名において契約を締結する権限を有し、かつ、この権限を反復して行使する場合には、その企業は、その者がその企業のために行うすべての活動について、その一方の締約国内に恒久的施設を有するものとされます	企業に代わって行動する者が、一方の締約国内で、当該企業の名において契約を締結する権限を有し、かつ、この権限を反復して行使する場合には、当該企業は、その者が当該企業のために行う全ての活動について、当該一方の締約国内に恒久的施設を有するものとされます	一方の締約国内において他方の締約国の企業に代わって行動する者が次のいずれかの活動を行う場合には、その企業は、その者がその企業のために行うすべての活動について、その一方の締約国内に恒久的施設を有するものとされます ①　一方の締約国内において、その企業の名において契約を締結する権限を有し、かつ、この権限を反復して行使すること ②　その一方の締約国内において、専ら又は主としてその企業のため又はその企業を支配し若しくはその企業に支配されている他の企業のため、反復して注文を	一方の締約国内において他方の締約国の企業に代わって行動する者が次のいずれかの活動を行う場合には、その企業は、その一方の締約国内に恒久的施設を有するものとされます ①　その一方の締約国内において、その企業に代わって契約を締結する権限を有し、かつ、この権限を反復して行使すること ②　①の権限は有しないが、その一方の締約国内で、物品又は商品の在庫を反復して保有し、かつ、その在庫により当該企業に代わって物品又は商品を規則的に引き渡すこと ③　その一方の締約国内において、専ら又は主としてその企業自体のため又はその企業を支配し、その企業に

			取得すること	より支配され若しくは同一の共通の支配下に当該企業と共に置かれている他の企業のため、反復して注文を取得すること

ホ　独立代理人

日米条約、日仏条約、日独条約、日中条約及び日印条約ともに、独立した地位を有している代理人を通じて事業を行うことのみでは、恒久的施設を有するものとはされないという OECD モデル租税条約と同様の規定となっています。

ヘ　支配関係にある法人の取扱い

日米条約、日仏条約、日独条約、日中条約及び日印条約ともに、一方の締約国の居住者である法人が、他方の締約国の居住者である法人若しくは他方の締約国内において事業を行う法人を支配し、又はこれらに支配されている事実のみによっては、いずれの一方の法人も、他方の法人の恒久的施設とはされないという OECD モデル租税条約と同様の規定となっています。

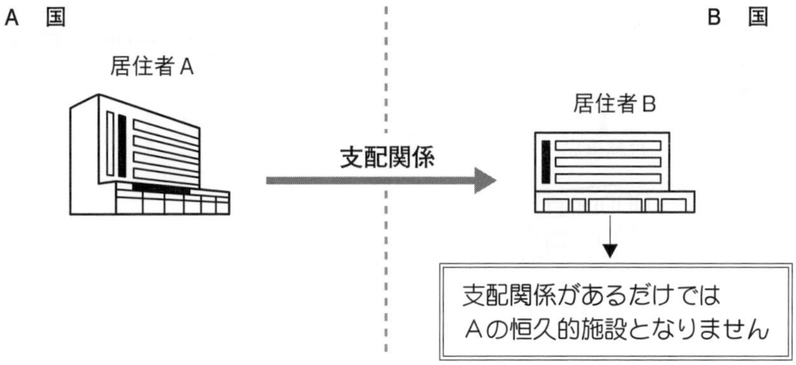

第4　租税条約の内容その2（所得課税）（OECDモデル租税条約、日米、日仏、日独、日中、日印を中心として）

1　不動産所得

(1)　OECDモデル租税条約

OECDモデル租税条約6条によると、一方の締約国の居住者が他方の締約国内に存在する不動産から取得する所得（農業又は林業から生ずる所得を含みます）に対しては、その他方の国において租税を課すことができるとされ、いわゆる源泉地国課税が認められています。

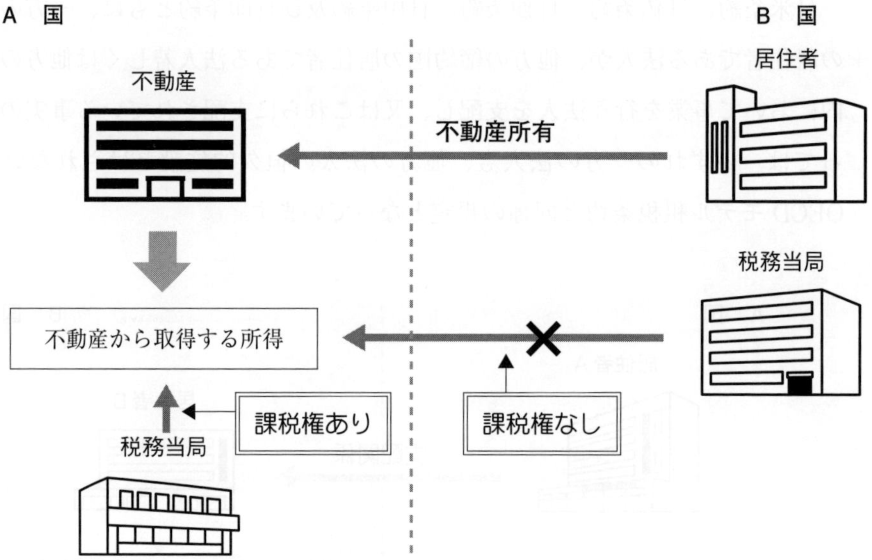

不動産の用語は、その財産が存在する締約国の法令における不動産の意義を有するものとされます。

不動産に含まれるもの

- ①　不動産に付属する財産
- ②　農業又は林業に用いられている家畜類及び設備
- ③　不動産に関する一般法の規定の適用がある権利
- ④　不動産用益権並びに鉱石、水その他の天然資源の採取又は採取の権利の対価としての料金を受領する権利ただし、船舶及び航空機は不動産とはみなされません。

不動産から取得する所得は、不動産の直接使用、賃貸その他のすべての形式による使用から生ずる所得について適用されます。

また、この規定は、企業の不動産から生ずる所得についても適用されます。

⑵　日本の租税条約

日米条約、日仏条約、日独条約、日中条約及び日印条約を含めて、日本が締結したほとんどの条約は、OECD モデル租税条約に準拠しています。

不動産所得に関する誤りやすい事例

不動産所得は、不動産が所在する国（源泉地国）にのみ課税権があります。そこで、わが国に所在する不動産の賃借料を非居住者・外国法人に支払う場合、原則として日本の所得税法で20.42％を源泉徴収することになっていますが、租税条約による減免はありません。

２　事業所得

⑴　OECDモデル租税条約

OECD モデル租税条約７条は、2010年に次のように大幅に改定されました。これにより、それまで７項あった規定は４項に減少しました。

イ　「恒久的施設なければ課税なし」の原則

OECD モデル租税条約７条１項は、次のように規定しています。

> **一方の国の企業が他方の国内にある恒久的施設を通じて当該他方の国内において事業を行う場合には、その企業の利得のうち当該恒久的施設に帰せられる部分に対してのみ、当該他方の国において租税を課することができる。その企業の利得は、本条２項の規定に従って当該恒久的施設に帰属する部分について他方の国において租税を課することができる。**

上の前段が「恒久的施設なければ課税なし」の原則です。この原則は、事業所得に関して国際的に確立した原則です。

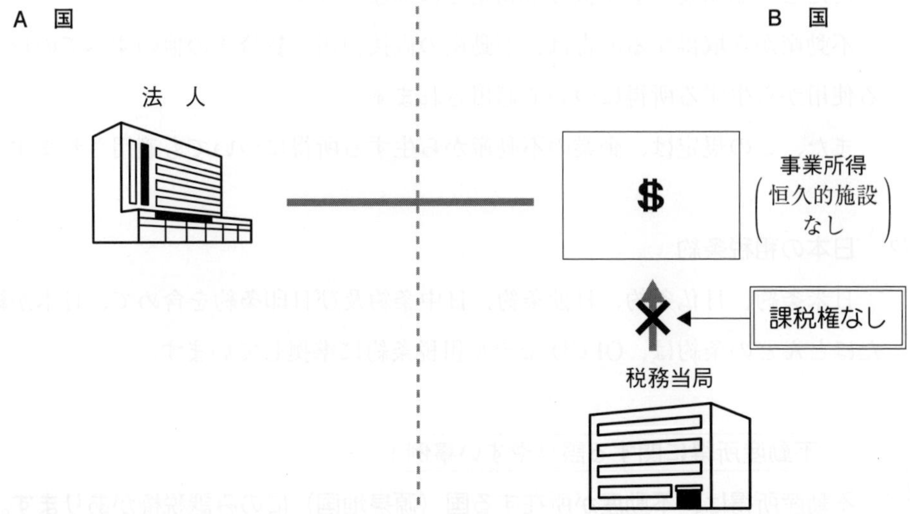

ロ　帰属主義

OECDモデル租税条約7条1項は、「その企業の利得のうち当該恒久的施設に帰せられる部分に対してのみ、他方の国で租税を課すことができる」とし、いわゆる帰属主義を規定しています。

なお、帰属主義と対立する考え方として総合主義があります。総合主義とは、一方の締約国の企業が他方の締約国内に恒久的施設を設けた場合には、他方の締約国は恒久的施設に帰属するか否かに関係なく当該企業が獲得する利得に対して課税することができるという考え方です。国際的には、帰属主義を採用することが原則となっています。

以下に、帰属主義の事例を示すこととします。

《帰属主義の事例》

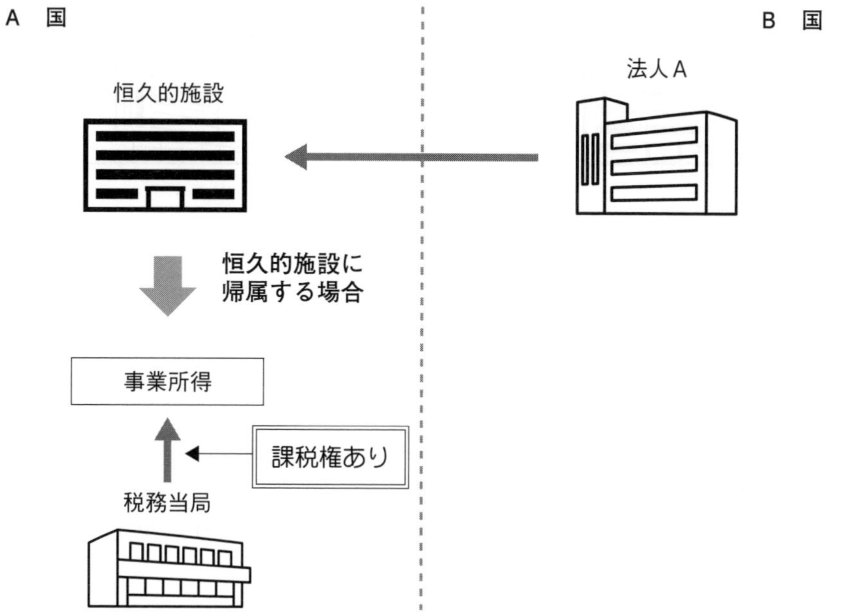

ハ　独立企業原則

OECD モデル租税条約７条２項において、次のように規定されています。これが独立企業原則です。

> **本条及び23条Ａ・23条Ｂの適用上、本条１に規定する各締約国の恒久的施設に帰せられる利得は、特に、同じ企業内の他の部署と取引を行う場合、その恒久的施設と当該他の部署との間で果たす機能、使用する資産、そして負担するリスクを考慮したうえで、その恒久的施設が同一又は類似の状況下で同一又は類似の活動を行い、かつ、当該恒久的施設を有する企業と全く独立の立場で取引を行う場合の別個のかつ分離した企業であるとしたならば当該恒久的施設が取得したであろう利得とする。**

上の考え方を OECD 承認アプローチ（AOA）といいます。具体的には、恒久的施設（PE）を本店等から分離・独立した企業とすることで、①その果たす機能及び事実関係に基づいて、外部取引、資産、リスク及び資本を PE に帰属させ、② PE と本店等との内部取引を認識し、③その内部取引が独立企業間価格で行われたものとして PE 帰属所得を算定するアプローチをいいます。

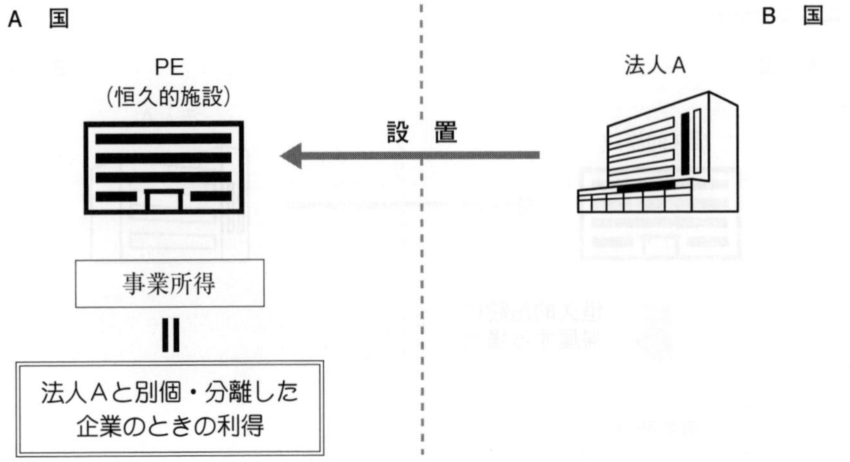

ニ　対応的調整

OECD モデル租税条約７条３項においては、次のように規定されています。これは、「対応的調整」と呼ばれています。

> ７条２の規定に従って、一方の締約国が同国内の企業の恒久的施設に帰属する利得を調整し、それにより他方の締約国においてすでに課された利得に課税した場合、他方の締約国は、この利得に係る二重課税を排除するために必要な範囲内で、これに課された租税の額について適切な調整を行わなければならない。この調整を行う場合において、両締約国の権限のある当局は、必要があれば相互に協議しなければならない。

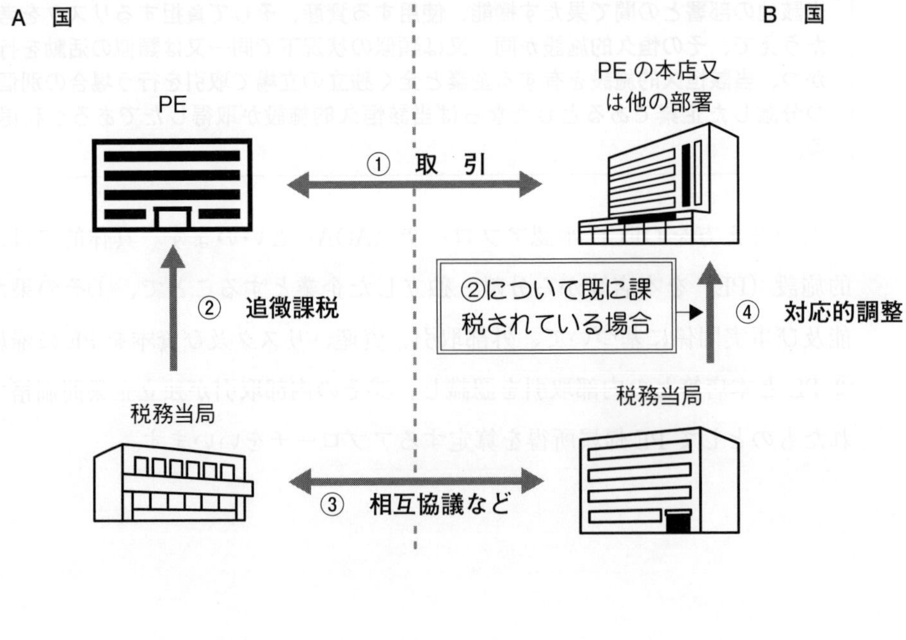

ホ　他の条項との関係

OECDモデル租税条約７条４項においては、他の条で別個に取り扱われている種類の所得が企業の利得に含まれる場合、７条よりもその条項が優先的に適用されるとしています。

⑵　日本の租税条約

日本の租税条約においては、事業所得に関してOECDモデル租税条約に準拠しています。ただし、国内法においては、総合主義を採用していることから、租税条約を締結している国の居住者との関係では帰属主義に修正されることになります。また、上述したように平成22年（2010年）にOECDモデル租税条約自体が改正されたので、規定は少し異なります。以下では、日米条約、日仏条約、日独条約、日中条約及び日印条約の主要規定を比較します。

	日米条約	日仏条約	日独条約	日中条約	日印条約
「恒久的施設なければ課税なし」の採用	あり				
帰属主義の採用	あり。ただし、一方の締約国の企業が、恒久的施設を通じて事業を行うことを止めた後に、その恒久的施設に帰せられる利得を得た場合、相手国は課税できるとされています（議定書４）	あり			
独立企業原則の採用	あり				
経費の配賦の採用※	あり		なし	企業の恒久的施設が当該企業の本	あり

経費の配賦の採用※	あ　り		な　し	店又は当該企業の他の事務所に支払った又は振り替えた支払金で次に掲げるものは損金に算入することを認めません ①　特許権その他の権利の使用の対価として支払われる使用料、報酬その他これらに類する支払金 ②　特定の役務の提供又は事業の管理の対価として支払われる手数料 ③　当該恒久的施設に対する貸付に係る利子（銀行業を除きます）（議定書2）	あ　り
利益配分の慣行の採用※	な　し	あ　り	な　し	あ　り	
単純購入非課税の原則※	あ　り		な　し	あ　り	

利得計算の継続適用※	あ　り	な　し	あ　り
他の条項の優先適用	あ　り		

※　OECD モデル租税条約７条から削除されました。

なお、日米条約７条４項においては、「一方の締約国の権限のある当局が入手することができる情報が恒久的施設に帰せられる利得を決定するために十分でない場合には、この条のいかなる規定も、当該恒久的施設を有する者の納税義務の決定に関する当該締約国の法令の適用に影響を及ぼすものではない。ただし、当該情報に基づいて恒久的施設の利得を決定する場合には、この条に定める原則に従うものとする。」と規定されています。日米条約においては、上の表にある利益配分の慣行を認めない代わりに、十分な情報が得られない場合には、いわゆる推計課税（所法156、168、法法131、147）や推定課税（措法66の４⑫）を認めています。

3　国際運輸所得

(1)　OECDモデル租税条約

OECD モデル租税条約８条においては、海運、内陸水路運輸及び航空運輸（国際運輸業所得）を運行することにより取得する利得に関して、企業の実質的管理の場所が存在する締約国においてのみ課税権があると規定されています。これは、７条の事業所得の例外を示したもので、国際運輸業所得については、居住地国課税のみが認められています。

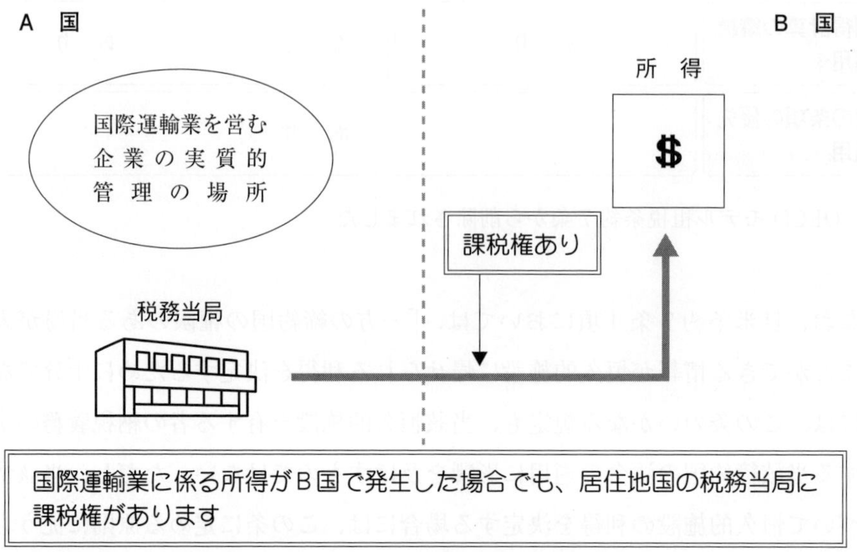

海運又は内陸水路運輸を営む企業の実質的管理の場所は、以下のように判定します。

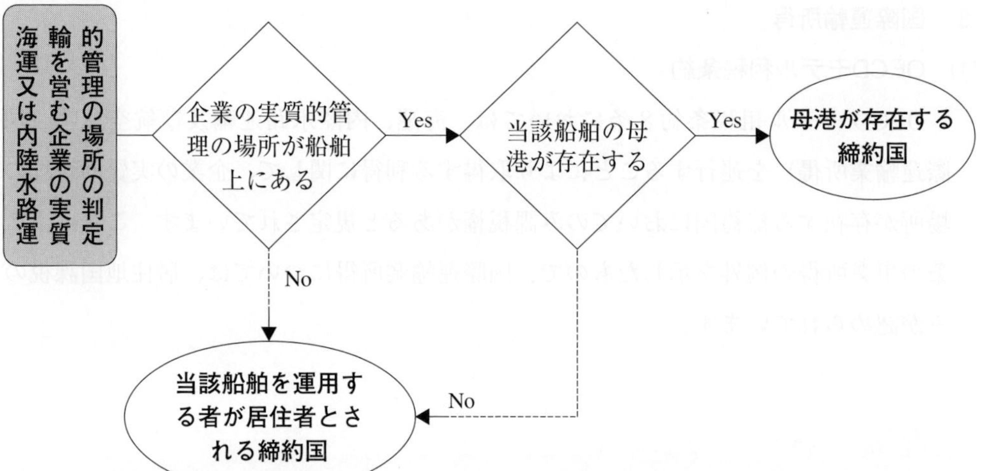

さらに、国際運輸業所得については、共同計算、共同経営又は国際経営共同体に参加することによって取得する利得についても同様に適用されます。

(2) 日本の租税条約

日本の租税条約は、国際運輸業所得に関しては、OECDモデル租税条約が「企業の実質的管理の場所」としているのに対して、「企業の居住地国」においてのみ課税できるとしています。また、規定の内容は、相手国により異なっています。以下に、日米条約、日仏条約、日独条約、日中条約及び日印条約を比較してみましょう。

	日米条約	日仏条約	日独条約	日中条約	日印条約
原則	居住地国課税	居住地国課税	居住地国課税	居住地国課税	居住地国課税
国際運輸業の範囲	船舶又は航空機の賃貸によって取得する利得（裸用船による船舶又は航空機の賃貸によって取得する利得については、その賃貸が船舶又は航空機の国際運輸における運用に付随するものである場合に限ります）。いずれかの締約国内における貨物又は旅客の国内運送によって取得する利得は、その運送が国際運輸の一部として行われる場合には、船舶又は航空機を国際運輸に運用することによって取得する利得として取り扱います	船舶又は航空機を国際運輸に運用すること			
船舶についての例外					船舶の運用から生ずる利得については、源泉地国課税が認められます。その場合、源泉地国の税法によれば課されることとなる租税の額

船舶についての例外					の ①　最初の5課税年度又は5「前年度」に関しては50% ②　残りの5課税年度又は5「前年度」に関しては25% を超えないものとします
地方税の取扱い	相互主義に基づく免税			相互主義に基づく免税	
コンテナに係る所得の取扱い	国際運輸業に使用されるコンテナを使用、保持、又は賃貸することによって取得する利得に対しては、そのコンテナが他方の締約国内においてのみ使用される場合を除き、居住地国課税となります	規定なし	物品又は商品の運送のために使用されるコンテナ（コンテナの運送のためのトレーラー及び関連設備を含みます）の使用は本条の国際運輸業利得に含まれます	規定なし	
共同計算規定の有無	あり	あり	あり	あり	あり

4　特殊関連者条項

(1)　OECDモデル租税条約

OECDモデル租税条約9条においては、いわゆる移転価格税制と対応的調整に関する規定が定められています。移転価格税制の詳細は、第7章に記載しています。

具体的には、一方の締約国の企業が他方の締約国の企業と関連者に該当する場合、これら2つの企業間において独立の企業間における条件と異なる条件が設けられている場合には、それらの条件がないとした場合の利得に引きなおして租税を課することができるというものです。９条を特殊関連者条項というのは、このような理由からです。

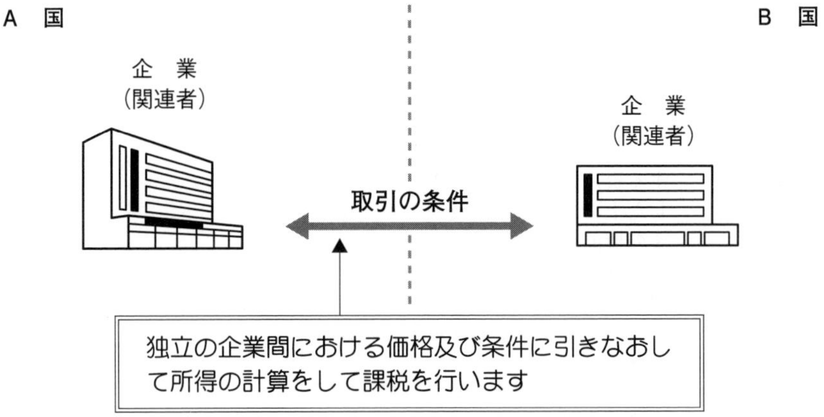

また、OECDモデル租税条約９条２項においては、いわゆる対応的調整についての規定があります。

対応的調整とは、移転価格税制が適用されると経済的二重課税が発生することから、一方の国が移転価格税制で課税をした場合に、その額について他方の国で減額することをいいます。現実的には、対応的調整を行う場合には、両締約国間の権限のある当局間における相互協議（25条参照）が行われる場合が多くなっています。

(2)　日本の租税条約

日本が締結した租税条約においては、対旧ソ連邦条約を除いたすべての租税条約において、特殊関連者条項が置かれています。また、対応的調整に関しては、日本がかつてOECDモデル租税条約９条２項に留保を付していたことから、すべての条約に規定があるわけではありません。

なお、最近締結された条約には、移転価格課税に関する期間制限を設けるものがあります。

以下に、日米条約、日仏条約、日独条約、日中条約及び日印条約を比較することにします。

	日米条約	日仏条約	日独条約	日中条約	日印条約
移転価格税制の有無	あり。企業の利得の決定に当たって、独立企業原則は一般に、当該企業とその関連企業との間の取引の条件と独立の企業の間の取引の条件との比較に基づいて適用されることが了解される。また、比較可能性に影響を与える要因には次のものが含まれることが了解されます ①　移転された財産又は役務の特性 ②　当該企業及びその関連企業が使用する資産及び引き受ける危険を考慮した上での当該企業及びその関連企業の機能 ③　当該企業とその関連企業との間の契約条件 ④　当該企業及びその関連企業の経済状況 ⑤　当該企業及びその関連企業が遂行する事業戦略（議定書5）	あ　り			
OECD移転価格ガイドラインへの言及	二重課税は、両締約国の税務当局が移転価格課税事案の解決に適用されるべき原則について共通の理解を有している場合にのみ回避し得ることが了解されます。このため、両締約国は、この問題についての国際的なコンセンサスを反映しているOECD移転価格ガイドラインに従って、企業の移転価格の調査を行い、及び事前確認申請を審査します。各締約国における移転価格課税に係る規則は、OECD移転価格ガイドラインと整合的である限りにおいて、条約に基づく移転価格課税事案の解決に適用することができます（交換公文3）	な　し			
対応的調整の有無	あ　り			なし	あり
移転価格課税の期間制限	7　年	なし	10年	な　し	

5　配当

⑴　OECDモデル租税条約

イ　居住地国課税

OECDモデル租税条約10条1項においては、一方の締約国の居住者である法人が、他方の締約国の居住者に支払う配当に対しては、居住地国課税が認められるとしています。

ロ　源泉地国課税

OECDモデル租税条約10条2項においては、配当に関しては居住地国だけでなく、源泉地国課税も認められるとしています。この場合の税率は、次のようにするとしています。

持　　株　　関　　係　　等	限度税率
親子間配当（受益者が配当を支払う法人の資本の25％以上を直接に所有する場合）	5％
その他の場合	15％

《親子間の場合》

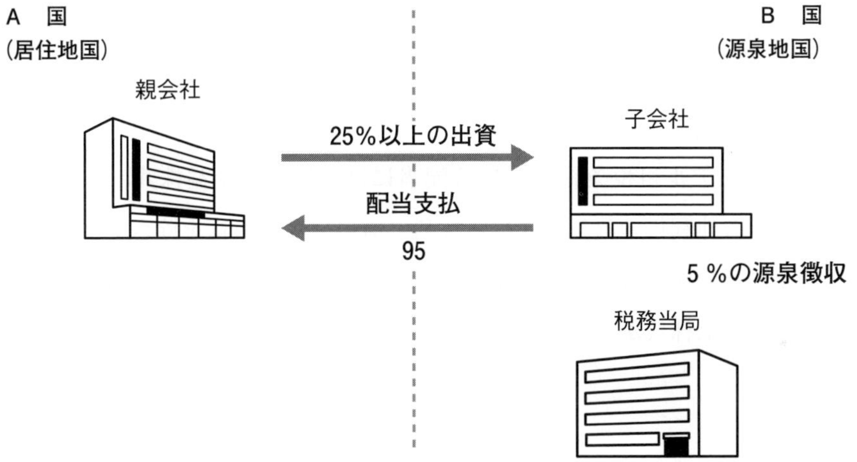

配当を100支払う場合に5％の源泉徴収を行います

《その他の場合》

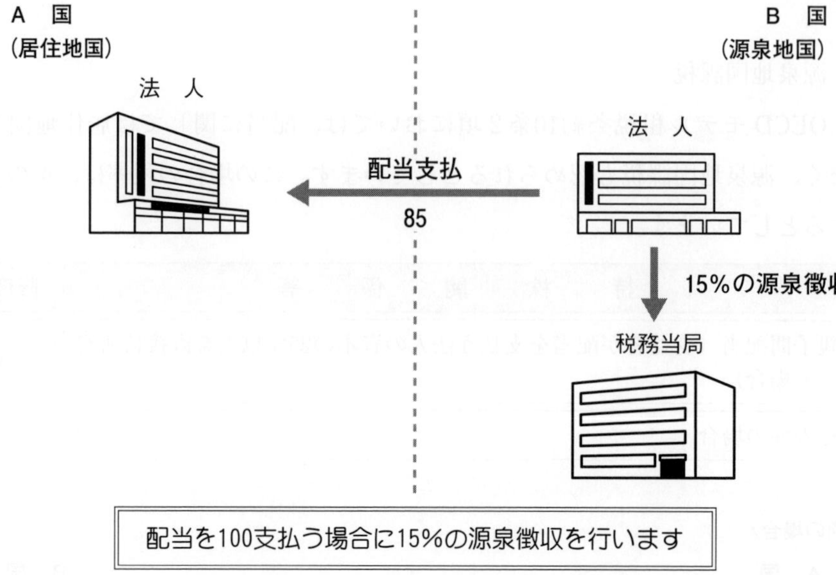

ハ　配当の意義

OECDモデル租税条約における配当には、株式、受益株式、鉱業株式、発起人株式その他利得の分配を受ける権利（信用に係る債権を除きます）から生ずる所得及びその他の持分から生ずる所得であって、分配を行う法人が居住者とされる国の税法上株式から生ずる所得と同様に取り扱われるものをいうとされています。

ニ　事業所得条項の適用

一方の締約国の居住者である配当の受益者が、その配当を支払う法人が居住者とされる他方の締約国においてその他方の国内にある恒久的施設を通じて事業を行う場合において、その配当の支払の基因となった株式その他の持分がその恒久的施設と実質的な関連を有するものであるときは、10条ではなく、７条の事業所得条項を適用することとされています。

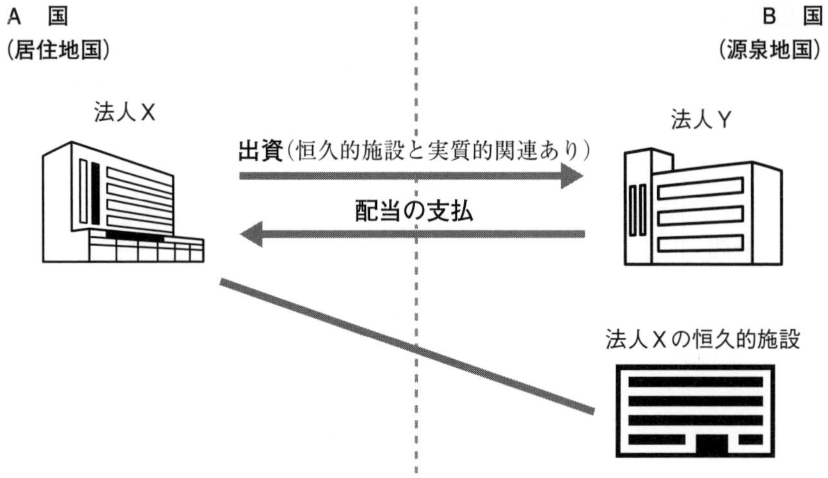

この場合は、配当条項（10条）ではなく、事業所得条項（７条）を適用します

ホ　追い掛け課税の禁止

一方の締約国の居住者である法人が他方の締約国から利得又は所得を取得する場合には、その他方の国は、その法人が支払う配当及び当該法人の留保所得については、これらの配当及び留保所得の全部又は一部がその他方の国内で生じた利得又は所得から成るときにおいても、その配当に対していかなる租税も課することができず、また、その留保所得に対して租税を課することができないこととされています。

⑵　日本の租税条約

日本は、日米条約改定を機に配当に対する源泉地国課税に係る源泉税率の引下げを行いました。ただし、対途上国条約においては、相手国との関係から、限度税率が低くなっていない場合もあります。以下に、日米条約、日仏条約、日独条約、日中条約及び日印条約を比較することとします。

イ　日米条約

株式等の所有割合		限度税率
親子会社間配当	50％以上で６か月以上保有するもの	免税
	10％以上50％以下	５％
上記以外		10％

㈲　2020年１月１日に部分改正されました。

ロ　日仏条約

	株式				限度税率
	所有割合		所有期間		
親子会社間配当	仏源泉	直・間所有割合15％以上	配当の支払を受ける者が特定される日前６か月		免税
	日源泉	直所有15％以上、直・間所有25％以上			
	直・間所有10％以上				５％
上記以外					10％

ハ　日独条約

株式等の所有割合	限度税率
25％以上を18か月以上所有	免税
10％以上を６か月以上所有	５％
上記以外	15％

㈲　平成28年10月発効の全面改正で変更になりました。

ニ　日中条約及び日印条約

	限度税率
すべての配当	10％

ホ　日米条約における特例

⑴　米国の規制投資会社又は不動産投資信託の配当に対する適用制限

米国の規制投資会社又は不動産投資信託によって支払われる配当については、これらの支払配当が損金に算入されることなどから、原則として10％の限度税率が適用されることとされます。

⑵　日本のペイスルー法人に対する適用制限

日本において課税所得の計算上、支払配当を損金算入することができる、いわゆるペイスルー法人に関しては、原則として10％の限度税率とされています。

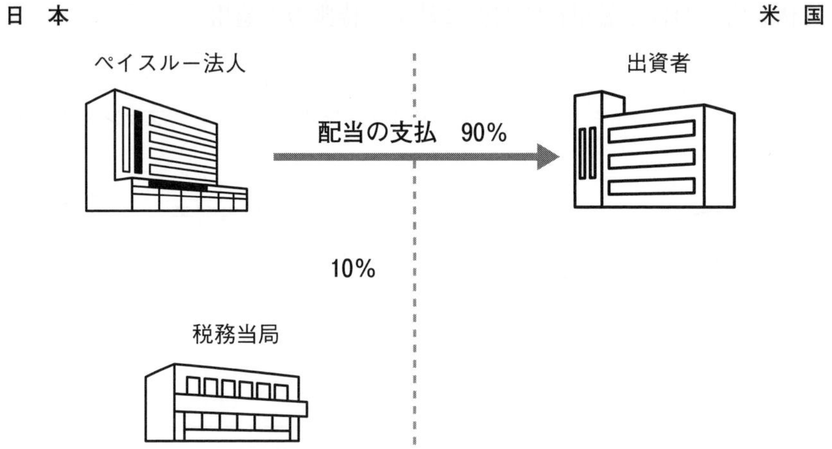

日本の税法上、ペイスルー法人の支払配当は、所得金額の計算上損金に算入されるので、10%の源泉徴収が必要です

⑾　米国の支店利益税の取扱い

米国においては、日本の法人の恒久的施設がある場合、支店利益税を課することができます。支店利益税とは、支店を独立した法人と同じように取り扱い、その留保所得のうち、配当に相当する額に対して課税を行うものです。この場合の限度税率は、５％となっています。

ヘ　日米条約及び日仏条約における導管取引による租税回避の防止

一方の締約国の居住者が、優先株式等に関して、他方の締約国の居住者から配当の支払を受ける場合において、第三国の居住者が一方の締約国の居住者を利用する場合、配当を受領する一方の締約国の居住者は配当の受益者とはされないとされています。

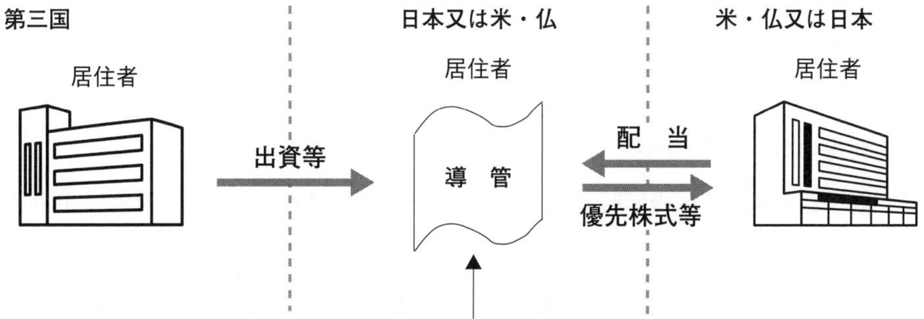

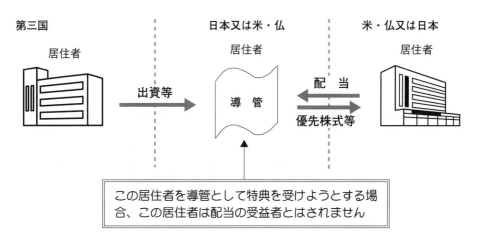

この居住者を導管として特典を受けようとする場合、この居住者は配当の受益者とはされません

ト　日仏条約における濫用目的取引に対する特典の不適用

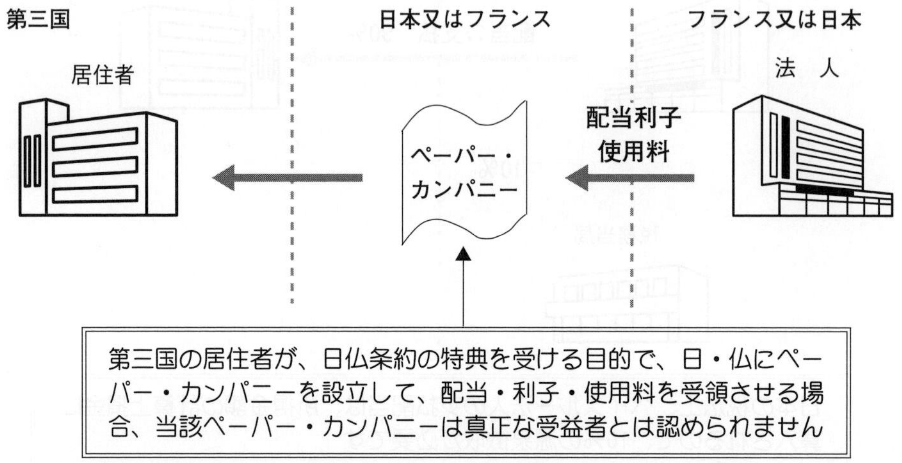
第三国
日本又はフランス
フランス又は日本
居住者
法　人
配当利子
使用料
ペーパー・
カンパニー
第三国の居住者が、日仏条約の特典を受ける目的で、日・仏にペーパー・カンパニーを設立して、配当・利子・使用料を受領させる場合、当該ペーパー・カンパニーは真正な受益者とは認められません

この取扱いは、日仏条約が、特に投資所得（配当、利子、使用料）に対する源泉地国課税の大幅な減免を導入しており、旧条約よりも第三国居住者による条約濫用の機会が増大することが懸念されたことから、これを防止するために手当てされたものです。

なお、この取扱いは、後述する利子、使用料にも適用されます。

チ　日独租税条約の取扱い

平成28年10月に発効した日独租税条約は、BEPSプロジェクト最終報告書の公表（平成27年10月）後に初めて発効した対先進国条約です。そして、その中には後に説明する主要目的テストが入っています。

そのため、配当に関する日米条約及び日仏条約における導管取引による租税回避の防止、そして、日仏条約における濫用目的取引に対する特典の不適用といった規定を有していません。これは、利子、使用料条項においても同様です。

リ　利得の分配に係る事業年度の終了の日の取扱い

親子会社間配当の軽減税率の適用について、令和５年３月に国税庁から新しい取扱いが公表されました。

租税条約において親子会社間配当の軽減税率の適用について、「利得の分配に係る事業年度の終了の日」に先立つ６か月（又は12か月）の期間を通じて一定の株式を所有すること（保有期間要件）を求めるものがあります。

これについては、令和５年２月16日の東京高裁判決を踏まえて、みなし配当のうちみなし事業年度がないものについて、「利得の分配（配当）が行われる会計期間の終期」を「利得の分配に係る事業年度終了の日」とする旨判示されました。

これを受けて、従来の取扱いを変更することになりました。具体的には、分割型分割を事由としたみなし配当の場合には「分割型分割の日の属する事業年度の終了の日」を、自己株式の取得を事由としたみなし配当の場合には「自己株式を取得した日の属する事業年度の終了の日」を、それぞれ租税条約の「利得の分配に係る事業年度の終了の日」として保有期間要件を判定することとします。

6　利子

(1)　OECDモデル租税条約

イ　居住地国課税

OECD モデル租税条約11条１項においては、一方の締約国において生じ、他方の締約国の居住者に支払われる利子に対しては、居住地国課税が認められるとしています。

ロ　源泉地国課税

OECD モデル租税条約11条２項においては、利子に関しては居住地国だけでなく、源泉地国課税も認められるとしています。この場合の限度税率は、10%としています。

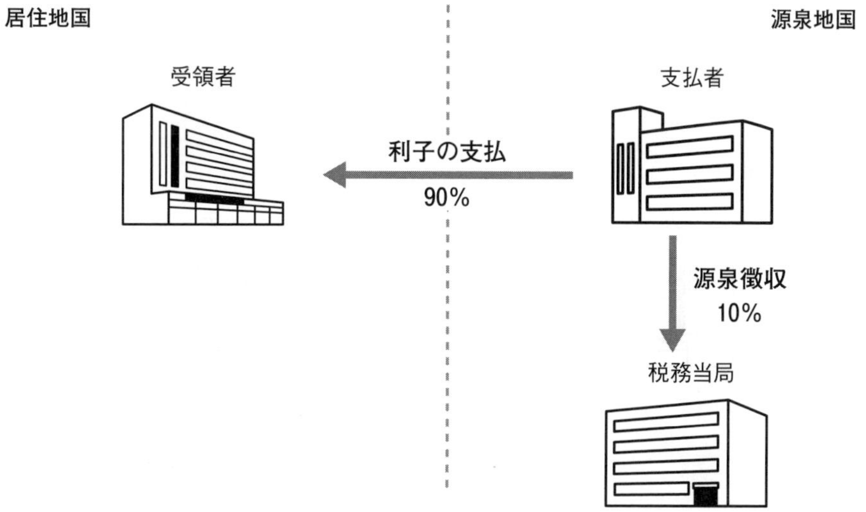

ハ　利子の定義

利子とは、すべての種類の信用に係る債権（担保の有無及び債務者の利得の分配を受ける権利の有無を問いません）から生じた所得、特に、公債、債権又は社債から生じた所得（公債、債権又は社債の割増金及び賞金を含みます）をいうこととされています。ただし、支払の遅延に対する延滞金は、利子とはみなされません。

ニ　事業所得条項の適用

一方の締約国の居住者である利子の受益者が、その利子の生じた他方の締約国において他方の国内にある恒久的施設を通じて事業を行う場合において、その利子の支払の基因となった債権が恒久的施設と実質的に関連するものであるときは、11条ではなく、7条の事業所得条項が適用されます。

ホ　債務者主義

OECDモデル租税条約は、利子の源泉課税を容認しています。この場合、利子は、その支払者が一方の締約国の居住者である場合には、その一方の国内で生じたものとされます。これを債務者主義といいます。日本の国内法上、利子の課税は債務者主義ではなく、使用地によって決められています（使用地主義）ので、租税条約によって修正されることになります。

近年の日米租税条約（平成25年1月署名）や日英租税条約（平成25年12月署名）の改正により、原則として源泉地国免税になると、このような用語を用いる必要がなくなります。

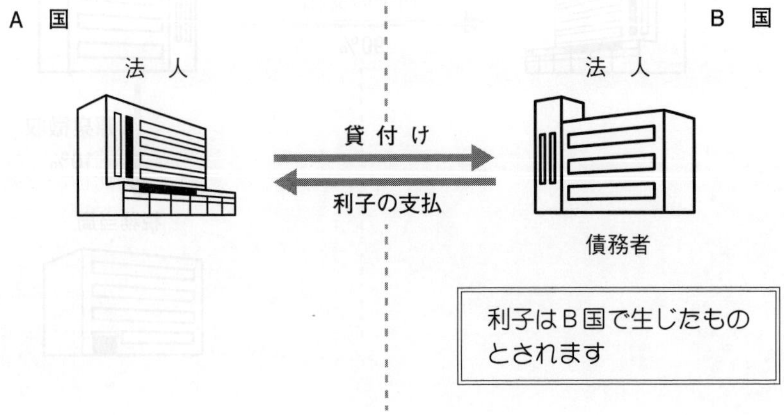

ヘ　債務者主義の例外

利子の課税は、債務者主義によりますが、以下のような例外があります。

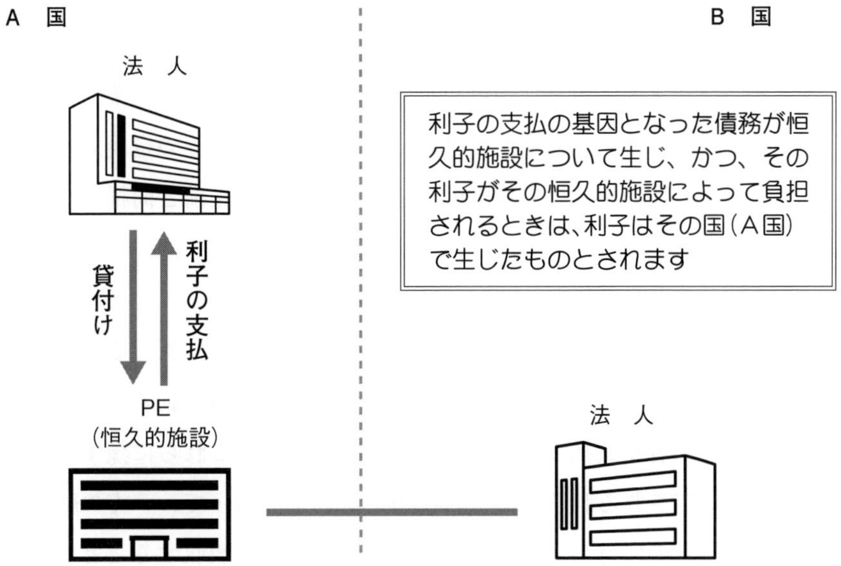
A　国
B　国
法　人
利子の支払の基因となった債務が恒久的施設について生じ、かつ、その利子がその恒久的施設によって負担されるときは､利子はその国（A国）で生じたものとされます
貸付け
利子の支払
PE
（恒久的施設）
法　人

ト　独立企業間価格を超過する利子の取扱い

利子の支払の基因となった債権について考慮した場合において、利子の支払者と受益者との間又はその双方と第三者との間の特別の関係により、利子の額が、その関係がないとしたならば支払者及び受益者が合意したとみられる額を超えるときは、11条の規定はその合意したとみられる額についてのみ適用することとされています。この場合には、支払われた額のうち、超過分に対し、OECDモデル租税条約の他の規定に妥当な考慮を払った上、各締約国の法令に従って租税を課することができるとされています。

(2)　日本の租税条約

日本が締結した租税条約においては、利子の限度税率は相手国の状況に応じて変わっています。また、OECDモデル租税条約では、償還差益が利子とされていますが、日本の所得税法上は償還差益は雑所得になりますので、日本の租税条約においては、これを利子としないものもあります。

イ　日米条約

(イ)　原則

平成25年に改正された日米条約11条１項は、利子については源泉地国免税を原則としました。これまでは、原則10％源泉でしたので、大きく変更されたことになります。源泉地国免税を原則とした結果、以前の条約に規定されていた免税とされる金融機関が受け取る利子や中央銀行等の定義規定は削除されました。その他の規定は、以下の(ロ)を除いて概ね改正前と同様となっています。

(ロ)　10％で源泉課税される利子

債務者若しくはその関係者の収入、売上、所得、利得その他の資金の流出入、債務者若しくはその関係者の有する資産の価値の変動若しくは債務者若しくはその関係者が支払う配当、組合の分配金その他これらに類する支払金を基礎として算定される利子又はこれに類する利子であって、一方の締約国内において生ずるものに対しては、当該利子の10％を源泉徴収することになります。

(ハ)　資産流動化団体の持分に対する利子の取扱い

不動産により担保された債権又はその他の資産の流動化を行うための団体の持分に関して支払われる利子の額のうち、当該一方の締約国の法令で規定されている比較可能な債券の利子の額を超える部分については、当該一方の締約国の法令に従って租税を課することができることとされています。

(ニ)　利子の定義、債務者主義、事業所得条項の適用、独立企業間価格を超過する利子の取扱い

これらについては、OECD モデル租税条約に準拠しています。

(ホ)　米国支店利子税の取扱い

米国では、外国法人の支店に対して、法人税法上損金に算入される利子の額とその支店が実際に支払った利子の額との差額に対して30％の支店利子税を課しています。これについては、通常の利子と同様、10％の限度税率が適用されること、また、源泉地国免税になる場合には、支店利子税も免税となることとされています。

⑷　導管取引による租税回避の防止規定

配当と同様、利子についても第三国の居住者による導管取引防止規定があります。

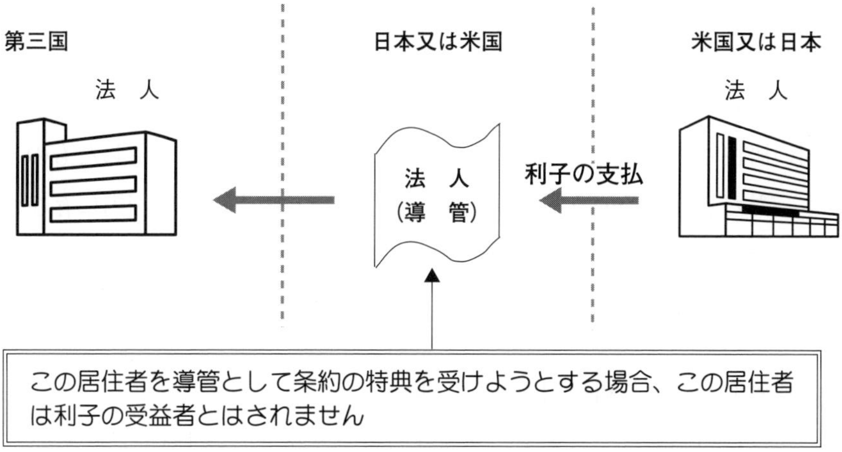

ロ　日仏条約

⑴　原則

日仏条約は、OECD モデル租税条約を基礎としています。利子に係る限度税率は10％となっています。

⑵　免税となる利子

日仏条約における「中央銀行」と「締約国が全面的に所有する機関」とは、具体的には次に掲げるものをいうとされます。

	日　本	フランス
「中央銀行」・「締約国が全面的に所有する機関」	①　日本銀行	①　フランス銀行
	②　国際協力銀行	②　フランス政府が資本の全部を所有するその他の類似の機関であって両締約国の政府が交換公文で随意合意するもの
	③　独立行政法人日本貿易保険	――
	④　日本が資本の全部を所有するその他の類似の機関で両締約国が交換公文で合意するもの	――

(ハ)　利子の定義、債務者主義、事業所得条項の適用、独立企業間価格を超過する利子の取扱い

これらの取扱いは、原則としてOECDモデル租税条約及び日米条約と同様となっています。

(ニ)　利子に関する源泉地国の定め（ソース・ルール）

利子の支払者が一方の締約国、一方の締約国の地方公共団体又は一方の締約国の居住者である場合には、その利子は一方の締約国内で生じたものとされます。ただし、利子の支払の基因となった債務が一方の締約国内に存在する恒久的施設により負担されるものであるときは、その利子は、その締約国で発生したものとされます。

(ホ)　導管取引による租税回避の防止規定

これについては、日米条約と同様の規定となっています。

(ヘ)　濫用目的取引に対する特典の不適用

条約の特典を受けることを主目的として、第三国居住者が、ペーパー・カンパニーをいずれか一方の締約国に設立し、又は一方の締約国の居住者に株式、権利若しくは財産を移転することにより、そのペーパー・カンパニー又はその一方の締約国の居住者を受益者として条約の特典を受けさせるといった取引が行われる場合には、そのペーパー・カンパニー又はその一方の締約国の居住者を真正な受益者とみなすことができないことから、これらの者に対して租税の減免を認めないこととしたものです。

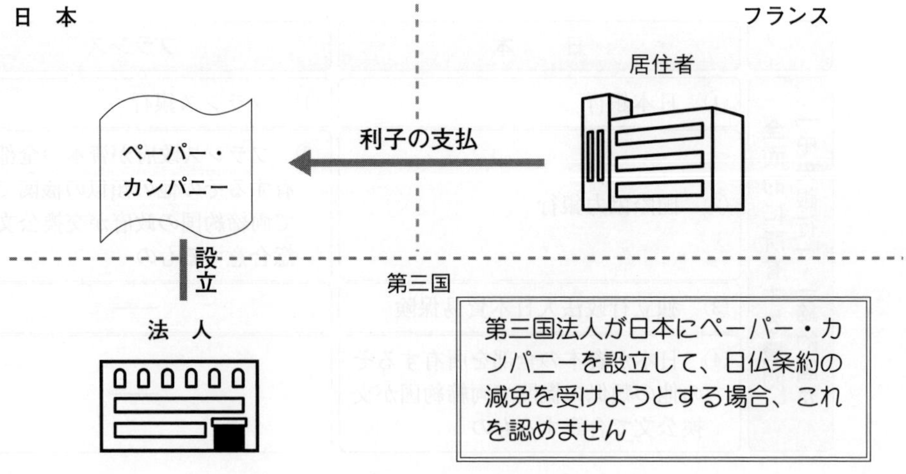

ハ　日独条約

平成28年10月に発効した日独租税条約においては、利子の源泉地国課税は免税とされました。

利子の定義、恒久的施設に実質的に関連する利子の取扱い、及び独立企業間価格を超過する利子の取扱いについては、OECD モデル条約に準拠しています。

ニ　日中条約

日中条約は、基本的には OECD モデル租税条約に準拠しています。利子の源泉地国における限度税率は10％となっています。このほか、利子の定義、一定の利子の免税、債務者主義、事業所得条項の適用、独立企業間価格を超過する利子の取扱いに関する規定があります。

ホ　日印条約

日印条約についても、2006年改正後においては、OECD モデル租税条約に準拠することとなりました。源泉地国における限度税率も10％となりました。利子の定義、一定の利子の免税、債務者主義、事業所得条項の適用、独立企業間価格を超過する利子の取扱いに関する規定があります。

7　使用料

(1)　OECDモデル租税条約

イ　原則

OECD モデル租税条約12条においては、著作権、特許権、商標権等の実施許諾に基づいて支払われる使用料の課税に関して定めています。OECD モデル租税条約12条においては、使用料に関する課税権は居住地国のみに認められるとしており、源泉地国においては免税とされています。そこで、日中条約や日印条約のような債務者主義という用語を用いる必要がなくなります。

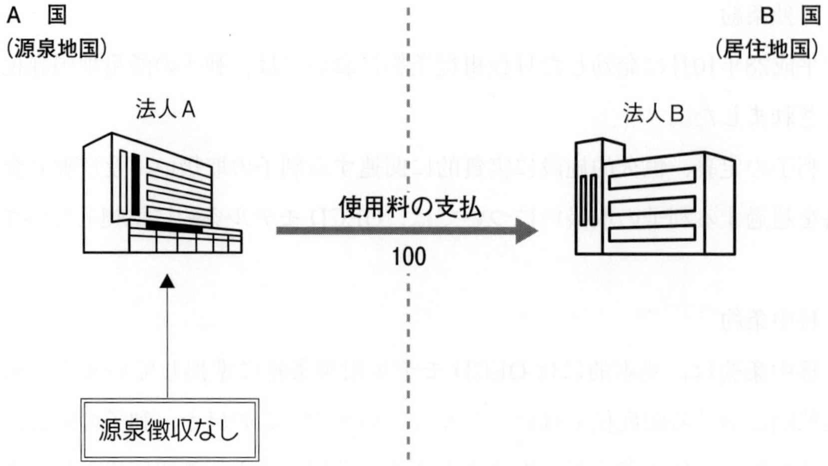

ロ　使用料の定義

OECD モデル租税条約上の使用料とは、文学上、美術上若しくは学術上の著作物（映画フィルムを含みます）の著作権、特許権、商標権、意匠、模型、図面、秘密方式若しくは秘密工程の使用若しくは使用の権利の対価として、又は産業上、商業上若しくは学術上の経験に関する情報の対価として受領するすべての種類の支払金をいうとされています。

ハ　事業所得条項の適用

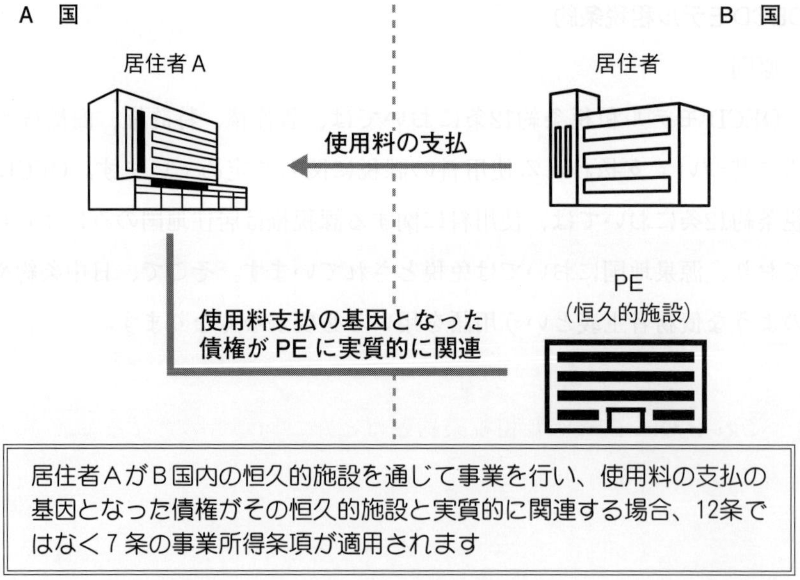

ニ　独立企業間価格を超える使用料の取扱い

使用料の支払の基因となった使用、権利、又は情報について考慮した場合において、使用料の支払者と受益者との間又はその双方と第三者との間との間の特別な関係により、使用料の額が、その関係がないとしたならば支払者及び受益者が合意したとみられる額を超えるときは、12条の規定は、その合意したとみられる額についてのみ適用することとされています。この場合、支払われた額のうち当該超過分に対し、OECD モデル租税条約の他の規定に妥当な考慮を払った上、各締約国の法令に従って租税を課することができます。

⑵　日本の租税条約

OECD モデル租税条約では、使用料に関して源泉地国課税を認めていませんが、日本は、平成16年日米条約改正前までは源泉地国課税を認めていました。日米条約を契機として、対先進国条約では免税とし、対途上国条約においては源泉所得税の限度税率を引き下げることとしています。

イ　日米条約

⑴　源泉地国免税

日米条約においては、源泉地国課税を認めていません。これは、無形資産の活用と日米両国における投資促進の観点から採られた措置です。日本が締結した租税条約で使用料免税としたのは、平成16年改正の日米条約が初めてです。

⑵　使用料の意義

日米条約における使用料の意義は、OECD モデル租税条約のそれとほとんど同じです。OECD モデル租税条約と異なるのは、日米条約は著作物の中にラジオ放送用又はテレビジョン放送用のフィルム又はテープを含むことです。

⑶　事業所得条項の適用

これも OECD モデル租税条約とほとんど同じものとなっており、一方の締約国の居住者である使用料の受益者が、使用料の生じた他方の締約国においてその他方の国内にある恒久的施設を通じて事業を行う場合において、使用料の支払の基因となった債権が恒久的施設と実質的に関連するものであるときは、12条ではなく、７条の事業所得条項が適用されます。

㈡　独立企業間価格を超える使用料の取扱い

国外関連者に支払われる使用料の額が独立企業間価格を超える場合には、源泉地国免税の規定は、独立企業間価格に相当する金額についてのみ適用されます。独立企業間価格を超える部分については、源泉地国において５％の限度税率で課税することができるとされています。

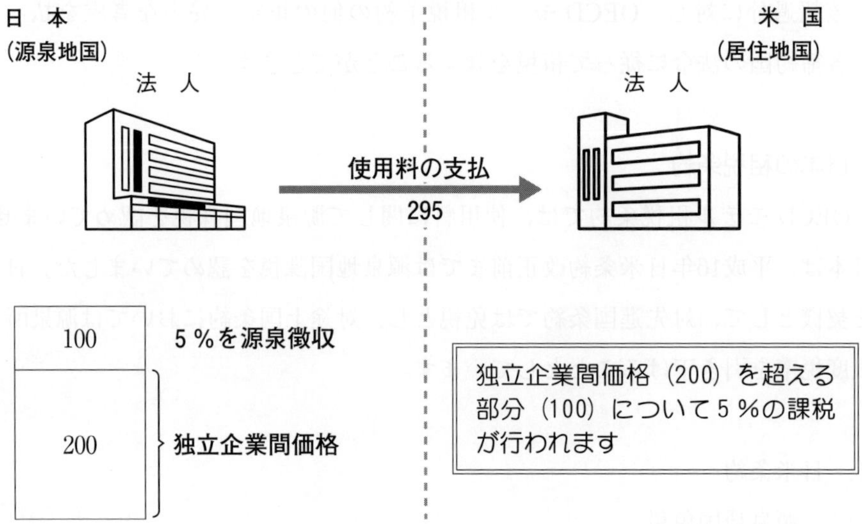

㈭　導管取引による租税回避の防止規定

配当や利子と同様、第三国の居住者により日米条約の特典を受けることのないよう、手当てがされています。

一方の締約国の居住者がある無形資産の使用に関して、他方の締約国の居住者から使用料の支払を受ける場合において、日米条約の特典と同じ又は有利な特典を受ける権利を有しない第三国の居住者がその無形資産と同一の無形資産の使用に関して一方の締約国の居住者から使用料の支払を受けないとしたならば、一方の締約国の居住者が他方の締約国の居住者から使用料の支払を受けることはなかったであろうと認められるときは、一方の締約国の居住者は条約上の特典を受けることができるその使用料の受益者とはされません。

ロ　日仏条約

㈠　源泉地国免税

日仏条約も、日米条約と同様、使用料については源泉地国免税とされています。

⑷　使用料の定義

使用料の定義は、OECDモデル租税条約とほとんど同じですが、著作物の中にソフトウェア、ラジオ放送用又はテレビジョン放送用のフィルム又はテープが含まれることとされました。

⑸　事業所得条項の適用、独立企業間価格を超える使用料の取扱い及び導管取引による租税回避の防止規定

これらの規定は、日米条約と同様のものとなっています。

⑹　濫用目的取引に対する特典の不適用

条約の特典を受けることを主目的として、第三国居住者が、ペーパー・カンパニーをいずれか一方の締約国に設立し、又は一方の締約国の居住者に株式、権利若しくは財産を移転することにより、そのペーパー・カンパニー又はその一方の締約国の居住者を受益者として条約の特典を受けさせるといった取引が行われる場合には、ペーパー・カンパニー又は一方の締約国の居住者を真正な受益者とみなすことができないことから、これらの者に対して租税の減免を認めないこととしたものです。

ハ　日独条約

⑴　源泉地国免税

日独条約も、使用料については源泉地国免税となります。

⑵　使用料の定義

日独条約における使用料の定義は、OECDモデル租税条約の定義と同じです。

⑶　事業所得条項の適用、独立企業間価格を超える使用料の取扱いなど

事業所得条項の適用、独立企業間価格を超える使用料の取扱いについても、OECDモデル租税条約と同じ規定になっています。

なお、上述したように、導管取引や濫用目的取引に関する規定はありません。

ニ　日中条約

⑷　源泉地国課税と債務者主義

日中条約においては、使用料に関して源泉地国に10％の限度税率で源泉所得税を徴収することが認められています。また、使用地主義ではなく債務者主義が採用されています。

⑷　使用料の定義

使用料の定義については、日仏条約と同じものとなっています。

⑷　事業所得条項の適用、独立企業間価格を超える使用料の取扱い

これらについては、日米条約及び日仏条約と同じ規定となっています。

⑷　政府等が支払う使用料

使用料は、その支払者が一方の締約国の政府、地方公共団体又はその居住者である場合には、その一方の締約国内において生じたものとされます。ただし、使用料の支払者が一方の締約国内に恒久的施設又は固定的施設を有する場合において、使用料を支払う債務がその恒久的施設又は固定的施設について生じ、かつ、使用料がその恒久的施設又は固定的施設によって負担されるものであるときは、その使用料は、その恒久的施設又は固定的施設の存在する国内において生じたものとされます。

ホ　日印条約

⑷　源泉地国課税と債務者主義

日印条約においては、使用料に関して源泉地国に10％の限度税率で源泉所得税を徴収することが認められています。先の改正でそれまでの20％の限度税率が引き下げられました。また、日中条約と同様、債務者主義が採用されています。

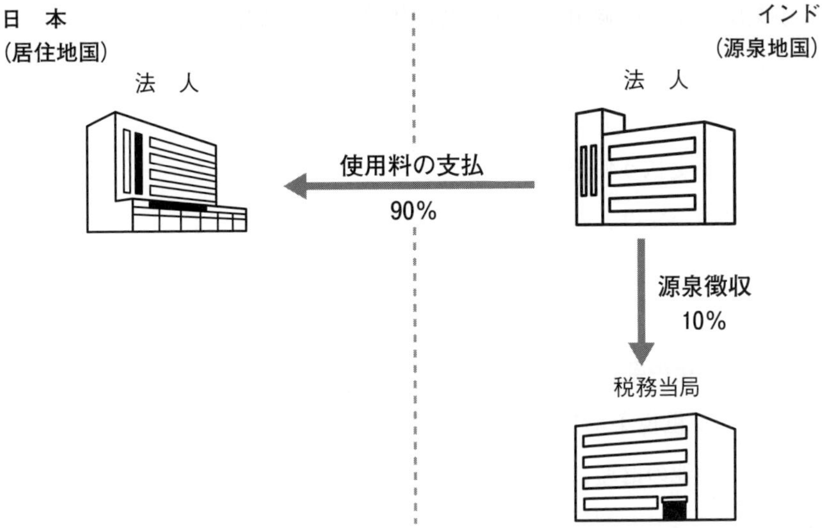

(ロ)　使用料及び技術上の役務に対する料金の定義

使用料の定義については、日仏条約及び日中条約と同じものとなっています。日印条約においては、12条の表題が「使用料及び技術上の役務に対する料金」なっています。

そして、4項において、「技術上の役務に対する料金」とは、技術者その他の人員によって提供される役務を含む経営的若しくは技術的性質の役務又はコンサルタントの役務の対価としてのすべての支払金（支払者のその雇用する者に対する支払金及び14条に定める独立の人的役務の対価として個人に対する支払金を除きます）をいうものとされます。

この「技術上の役務に対する料金」の規定は、OECDモデル租税条約はないのですが、国連モデル租税条約は2017年の改定で12A条で取り入れました。日本の締結した租税条約では、パキスタンとの条約にも同様の規定はありますが、その他の租税条約には規定はありません。この適用範囲について実務上問題が生じることがあるので注意が必要です。

日印租税条約　12条4（技術上の役務に対する料金）

> 4　この条において、「技術上の役務に対する料金」とは、技術者その他の人員によって提供される役務を含む経営的若しくは技術的性質の役務又はコンサルタントの役務の対価としてのすべての支払金（支払者のその雇用する者に対する支払金及び14条に定める独立の人的役務の対価としての個人に対する支払金を除く。）をいう。

(ハ)　事業所得条項の適用、独立企業間価格を超える使用料の取扱い

これらについては、日米条約及び日仏条約と同じ規定となっています。

(ニ)　政府等が支払う使用料

これについては、日中条約と同様の規定があります。

8　譲渡収益

(1)　OECDモデル租税条約

OECDモデル租税条約13条は、不動産、事業用資産、船舶、航空機、不動産化体株式及びその他の財産に区分し、その種類ごとに課税権を定めています。

	譲渡される資産	内　　容	課 税 権
譲渡収益の規定	①　不動産	一方の締約国の居住者が他方の締約国内に存在する不動産の譲渡によって取得する収益	源泉地国
	②　事業用資産	一方の締約国の企業が他方の締約国内に有する恒久的施設の事業用資産の一部を成す動産の譲渡から生ずる収益	源泉地国
	③　船舶又は航空機	国際運輸に運用する船舶若しくは航空機の譲渡、内陸水路運輸に従事する船舶の譲渡又はこれらの船舶若しくは航空機の運用に係る動産の譲渡から生ずる収益	企業の実質的管理の場所が存在する締約国においてのみ租税を課することができます
	④　不動産化体株式	一方の締約国の居住者が、その価値の50％超がその譲渡前365日のいずれかの時において直接又は間接に他方の締約国内に存在する不動産から成る株式の譲渡によって取得する収益	源泉地国
	⑤　その他の財産	上記以外の財産の譲渡から生ずる収益	譲渡者が居住者とされる締約国においてのみ課税することができます

不動産の譲渡に関する誤りやすい事例

不動産の譲渡に関しては、上述したように不動産が所在する国（源泉地国）にのみ課税権があります。そこで、わが国に所在する不動産を居住者・内国法人が非居住者・外国法人から譲渡された場合、その対価について、原則として日本の所得税法で10.21％を源泉徴収することになっていますが、租税条約による減免

はありません。

⑵　日本の租税条約

日本の租税条約ポリシーは、OECD モデル租税条約と同様の規定とすることです。ただし、不動産の譲渡を除くものについては、各国の国内法が異なる場合があり、日米・日仏・日独・日中・日印の各条約の規定は次のようになっています。

項　目	日米条約	日仏条約	日独条約	日中条約	日印条約
① 不動産の譲渡	源泉地国課税	源泉地国課税	源泉地国課税	源泉地国課税	源泉地国課税
② 不動産化体株式の譲渡	次の不動産化体株式については、源泉地国課税ができます ①　一方の締約国の居住者が、他方の締約国の居住者である法人（その資産の価値の50%以上がその不動産(注)により直接又は間接に構成される法人）の株式その他同等の権利の譲渡によって取得する収益 (注)　ここでいう不動産には、次のものが含まれることとされます。 イ．6条に規定する不動産 ロ．当該他方の締約国が日本国である場合には、法人、組合又は信託（その資産の価値が主として6条に規定する不動産であって日本国内に存在するものにより直接又は間接に構成されるものに限りま	一方の締約国の居住者が、法人等の株式等の譲渡によって取得する収益に対しては、当該法人等の資産価値の50%以上が他方の締約国内に存在する不動産により直接又は間接に構成される場合に限り、不動産の所在地国で課税することができます。ただし、その株式等と同種の株式等が公認の有価証券市場において取引され、かつ、その一方の締約国の居住者及びその特殊関係者が保有する同種の株式等がその同種の株式等の総数の5％以下である場合には、譲渡者の居住地国にみで課税されます	一方の締約国の居住者が法人、組合又は信託財産（資産の価値の50%以上が6条に規定する不動産であって他方の締約国内に存在するものにより直接又は間接に構成される法人、組合又は信託財産に限ります）の株式又は持分の譲渡によって取得する収益に対しては、当該他方の締約国において租税を課することができます	規定なし	

項　目	日米条約	日仏条約	日独条約	日中条約	日印条約
② 不動産化体株式の譲渡	す)の株式又は持分 ハ. 当該他方の締約国が合衆国である場合には、合衆国不動産持分				
	② 一方の締約国の居住者が、組合、信託財産及び遺産の持分の譲渡によって取得する収益のうち、これらの資産が他方の締約国に存在する不動産から成る部分	規定なし		規定なし	
③ 破綻した金融機関の株式に関する譲渡	次の２つの要件を満たす場合には、破綻した金融機関の株式に関して、国により資金援助が行われた日から５年以内に行われる譲渡に限り、その金融機関の居住地国（源泉地国）において租税を課することができます	規定なし			
	① 当該他方の締約国（日本は預金保険機構を含みます）が、当該他方の締約国の金融機関の破綻処理に関する法令に従って、実質的な資金援助を行うこと				
	② 一方の締約国の居住者が、				

項　目	日米条約	日仏条約	日独条約	日中条約	日印条約
③ 破綻した金融機関の株式に関する譲渡	他方の締約国から破綻した金融機関の株式を取得すること				
④ 事業譲渡類似株式の譲渡	イ．一方の締約国の居住者が、その他の株式の譲渡によって取得する収益と同一の要件により租税が課される場合、ロ．法人の組織再編において、株式の譲渡から生ずる収益に対し一方の締約国の法令により課税の繰り延べが認められる場合、には、一方の締約国において租税が課されます。これにより源泉地国免税となります。22条に規定する特典条項の可否を検討する必要があります	一方の締約国の居住者が、他方の締約国の居住者である法人の発行した株式の譲渡によって取得する収益に対しては、次に掲げる要件を満たす場合に源泉地国課税が認められます。ただし、居住地国で課税されない場合に限ります	規定なし		(事業譲渡類似株式ではありませんが、)法人の株式の譲渡について、一方の締約国の居住者が他方の締約国の居住者である法人の株式の譲渡によって取得する収益に対しては、源泉地国課税ができます
⑤ 恒久的施設の事業用資産を構成する財産の譲渡	一方の締約国の企業が他方の締約国内に有する恒久的施設の事業用資産を構成する不動産を除く財産の譲渡から生ずる収益に対しては、当該他方の締約国において租税を課することができます				
⑥ 国際運輸に運用する船舶又は航空機等の譲渡	国際運輸に運用する船舶又は航空機及びこれらの船舶又は航空機の運用に係る財産（不動産を除きます）の譲渡によって居住者が取得する収益に対しては、居住地国課税となります				
⑦ コンテナ等の譲渡	コンテナ（コンテナ運送のためのトレーラー、はしけ及び関連				

項目	日米条約	日仏条約	日独条約	日中条約	日印条約
⑦コンテナ等の譲渡	設備を含みます）の譲渡によって取得する収益に対しては、コンテナが他方の締約国内において使用された場合を除き、居住地国課税となります	規定なし			
⑧その他の財産の譲渡	上記以外の財産の譲渡から生ずる収益は、譲渡者が居住者である国においてのみ課税できます				

9　自由職業所得

OECDモデル租税条約14条は、医師、弁護士、公認会計士等の自由職業所得に関する規定を置いていましたが、2000年に削除されました。日本が締結する租税条約においては、2000年以前に締結された条約については、これに関する規定がありますが、OECDモデル租税条約の動きを受けて、それ以降改正又は締結された条約においては自由職業所得に関する規定は存在していない場合が多くなっています。例えば、日仏条約は2007年の改定において自由職業所得条項が削除され、今後は、自由職業所得は、事業所得条項を適用することとされました。ただし、日印条約は先の改定で、国連モデル条約の影響を受けこの規定を残しました。

本書でみている条約の中では、日印及び日中条約（1984年発効）の14条に自由職業所得の規定があります。

日印租税条約14条（自由職業所得）

1　一方の締約国の居住者が自由職業その他の独立の性格を有する活動について取得する所得に対しては、その者が自己の活動を行うため通常使用することのできる固定的施設を他方の締約国内に有せず、かつ、その者が当該課税年度又は「前年度」を通じ合計183日を超える期間当該他方の締約国に滞在しない限り、当該一方の締約国においてのみ租税を課することができる。その者がそのような固定的施設を有する場合又は前期の期間当該他方の締約国内に滞在する場合には、当該所得に対しては、当該固定的施設に帰せられる部分又は前期の期間を通じ当該他方の締約国内において取得した部分についてのみ、当該他方の締約国において租税を課することができる。

2　「自由職業」には、特に、学術上、文学上、美術上及び教育上の独立の活動並びに医師、弁護士、建築士、歯科医師及び公認会計士の独立の活動を含む。

10　給与所得

(1)　OECDモデル租税条約

イ　概要

OECDモデル租税条約15条においては、給与所得の課税原則を規定しています。16条《役員報酬》、18条《退職年金から生じる所得》及び19条《政府職員》については、別に定めがありますので、本条は適用されません。

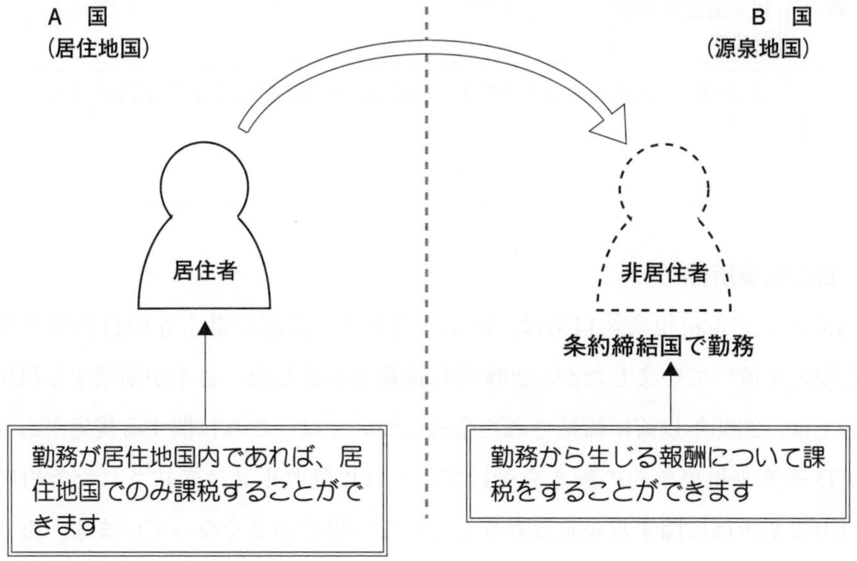
A　国
（居住地国）
B　国
（源泉地国）
居住者
非居住者
条約締結国で勤務
勤務が居住地国内であれば、居住地国でのみ課税することができます
勤務から生じる報酬について課税をすることができます

ロ　短期滞在者免税（183日ルール）

一方の締約国の居住者が、他方の締約国内において行う勤務について取得する報酬に対しては、次の①から③までに掲げることを条件として、居住地国課税が行われます。

短期滞在者免税の要件	
	①　報酬の受領者が、その課税年度に開始若しくは終了する12か月の期間を通じて合計183日を超えない期間他方の国内に滞在すること
	②　報酬が他方の国の居住者でない雇用者又はこれに代わる者から支払われるものであること
	③　報酬が雇用者の他方の国内に有する恒久的施設によって負担されるものでないこと

ハ　国際運輸業の例外

国際運輸に運用する船舶若しくは航空機内又は内陸水路運輸に従事する船舶内において行われる勤務に係る報酬に対しては、企業の実質的管理の場所が存在する締約国において課税がなされます。

⑵　日本の租税条約

日本が締結している租税条約においては、給与所得に関してはおおむねOECDモデル租税条約に準拠しています。ただし、短期滞在者免税の要件等においては、日米・日仏・日独と日中・日印とで若干異なっています。

<table>
<tr><th>項目</th><th>日米条約</th><th>日仏条約</th><th>日独条約</th><th>日中条約</th><th>日印条約</th></tr>
<tr><td>①
原則</td><td colspan="5">勤務が行われた国に課税権があります</td></tr>
<tr><td rowspan="4">②
短期滞在者免税</td><td colspan="3">次に掲げる要件を満たす場合には、居住地国課税とされます</td><td colspan="2">次に掲げる要件を満たす場合には、居住地国課税とされます</td></tr>
<tr><td colspan="3">①　その課税年度において開始又は終了するいずれかの12か月の期間においても、報酬の受領者が他方の締約国に滞在する期間が合計183日を超えないこと</td><td>①　報酬の受領者が当該年を通じて合計183日を超えない期間当該他方の締約国内に滞在すること</td><td>①　報酬の受領者が当該課税年度又は「前年度」を通じて合計183日を超えない期間当該他方の締約国内に滞在すること</td></tr>
<tr><td colspan="5">②　報酬を支払う雇用者が、従業員の勤務が行われている国の居住者でないこと</td></tr>
<tr><td colspan="5">③　報酬が雇用者の他の締約国内の恒久的施設によって負担されるものでないこと</td></tr>
<tr><td>③
国際運輸業の例外</td><td colspan="5">一方の締約国の企業が国際運輸に運用する船舶若しくは航空機内において行われる勤務に係る報酬に対しては、その一方の締約国において課税がなされます</td></tr>
</table>

＊各租税条約における短期滞在者免税（183日ルール）の日数計算の差異

上述したように、租税条約により短期滞在者免税（183日ルール）の日数の計算方法が異なります。そこで、具体的には年をまたいで滞在する場合に計算方法が異なってくるので注意が必要です。以下の事例で考えてみましょう。

非居住者Ａは給与所得者であり、会社の命令で令和２年10月１日に来日し、令和３年５月31日まで滞在し帰国したとします。その間、日本国内で勤務しており、給与を得ていたとします。この場合、次のようになります。

①　非居住者Ａが米国居住者の場合、日米租税条約に基づいて日数を計算すると、令和２年が92日、令和３年が151日となり、合計すると243日となり183日を超えるこ

とになります。そこで、非居住者Aは短期滞在者免税（183日ルール）の適用ができないことから、勤務を行う日本の所得税に基づいて課税されることになります。なお、短期滞在者免税（183日ルール）は適用されないものの、Aは引き続き非居住者ですので日本勤務に係る給与のみ課税されることになります。

② 非居住者Aが中国居住者の場合、日中租税条約に基づいて日数を計算すると、令和2年が92日、令和3年が151日となり、各年における滞在日数が183日に満たないことになります。そこで、非居住者Aは短期滞在者免税（183日ルール）の適用対象となります。具体的には、様式7「租税条約に関する届出書（自由職業者・芸能人・運動家・短期滞在者の報酬・給与に対する所得税・復興特別所得税の免除）」を提出することで日本の所得税を免税されることになります。

＊サービスPE認定問題

わが国における従業員の給与の取扱いは、概ね上述したようになりますが、相手国で必ずしも同じになるとは限りません。

例えば、中国やインドに滞在するわが国企業の従業員は、滞在期間が183日以下であったとしても、その従業員自身（又はその滞在場所）が租税条約5条でいう恒久的施設（PE）として認定されてしまい、その国で事業所得の課税を受けることがあります。これをサービスPE認定問題といい、新興国（開発途上国）で活動する多くの日本企業が遭遇しています。

サービスPE認定問題に関する注意事例

サービスPE認定の事例として、日本親会社の複数の従業員が中国子会社に技術支援をするために一定の期間滞在する場合があります。従業員一人の滞在期間が183日未満になったとしても、複数の従業員の滞在日数が6か月を超えると、中国に（子会社とは別に）日本親会社のPEが存在すると認定される場合があります。

サービスPEが認定されると、そのPEの収益から費用を差し引いた所得金額が現地法人税の課税対象となります。しかし、日本親会社からすれば従業員を派遣しているだけであり、収益が上がるとは考えていません。中国では、従業員の役務提供料を収入とし、一定の利益率を乗じることで所得を算出することが行われているようです。中国以外にも、インドなどの新興国ではサービスPE認定問題がしばしば見受けられるので、注意が必要です。

11　役員報酬

⑴　OECDモデル租税条約

OECDモデル租税条約16条は、役員報酬について、法人の居住地国で課税することを規定しています。これは、役員の役務提供地がどこであるのかを判断することが難しいことから、企業の居住地国で役務提供がなされたものと取り扱うものとしたのです。

⑵　日本の租税条約

①　日米条約

新しい日米条約15条は次のように規定しています。

日米租税条約新15条

> **一方の締約国の居住者が他方の締約国の居住者である法人の取締役会の構成員の資格で取得する報酬その他これに類する支払金に対しては、当該他方の締約国において租税を課することができる。**

また、これについて、交換公文３は次のように規定しています。

> **条約15条の規定に関し、一方の締約国の居住者が法人の取締役会の構成員として役務を提供しない場合には、当該居住者の役職又は地位にかかわらず、同条の規定は、当該居住者が取得する報酬について適用しないことが了解される。さらに、法人の取締役会の構成員が当該法人における他の職務（例えば、通常の被用者、相談役又はコンサルタントとしての職務）を兼ねる場合には、同条の規定は、当該他の職務を理由として当該構成員に支払われる報酬について適用しないことが了解される。**

平成25年（2013年）の改正により、「役員」という用語について、「法人の取締役会の構成員」により統一することとすることで、日米両国間における解釈の差異をなくすことができることになりました。また、いわゆる社外取締役には本条項を適用しないことも明らかにされています。

②　その他の国々

日本が締結した租税条約においては、①で説明した日米条約の改正議定書を除き、おおむねOECDモデル租税条約と同様の規定となっています。

条約名	日仏条約	日独条約	日中条約	日印条約
課税国	居住地国課税	居住地国課税	居住地国課税	居住地国課税

12　芸能人等

(1)　OECDモデル租税条約

OECDモデル租税条約17条は、芸能人等について次のように定めています。

一方の締約国の居住者である右に掲げる者	①　演劇、映画、ラジオ若しくはテレビジョンの俳優、音楽家 ②　その他の芸能人 ③　運動家	➡	芸能人又は運動家として他方の締約国内で行う個人的活動により取得した所得	➡	源泉地国課税

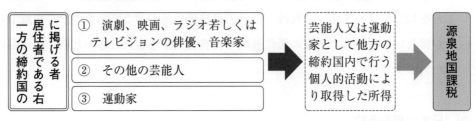

また、芸能人又は運動家としての個人的活動に関する所得が、その芸能人又は運動家以外の者に帰属する場合にも、その所得に対しては、源泉地国課税ができるとしています。

(2)　日本の租税条約

日本が締結した租税条約は、芸能人等が取得する所得に関しては、一部の条約を除きOECDモデル租税条約に準拠しています。日米条約、日仏条約、日独条約、日中条約及び日印条約においても、OECDモデル租税条約に準拠しています。

13　退職年金

(1)　OECDモデル租税条約

政府職員であった者に対して支払われる退職年金を除き、退職年金その他これに類する報酬に対しては、受領者の居住地国においてのみ課税されることとしています。

(2)　日本の租税条約

日本が締結した租税条約は、一部を除いてOECDモデル租税条約に準拠しています。以下、個別の条約をみていきましょう。

項目	日　米　条　約	日仏条約	日独条約	日中条約	日印条約
①退職年金	退職年金その他これに類する報酬（社会保障制度に基づく給付を含みます）に対しては、居住地国課税となります	退職年金その他これに類する報酬に対しては、居住地国課税となります	源泉地国課税	退職年金その他これに類する報酬に対しては、居住地国課税となります	
	一方の締約国の居住者が受益者である保険年金に対し				

<table>
<tr><td>②
保険年金</td><td>ては、当該一方の締約国においてのみ課税されます。この場合の「保険年金」とは、適正かつ十分な対価に応ずる給付を行う義務に従い、終身にわたり又は特定の若しくは確定することができる期間中、所定の時期において定期的に所定の金額が支払われるものというとされています</td><td colspan="4">規定なし</td></tr>
<tr><td>③
扶養料等の取扱い</td><td>書面による別居若しくは離婚に関する合意又は別居、離婚等に伴う扶養料等に関する司法上の決定に基づいて行われる配偶者若しくは配偶者であった者又は子に対する定期的金銭の支払であって、一方の締約国の居住者から他方の居住者に支払われるものに対しては、当該一方の締約国においてのみ課税されます。ただし、扶養料等の支払が、一方の締約国において支払を行う個人の課税所得の計算上控除することができない場合には、いずれの締約国においても課税されないこととされます</td><td colspan="4">規定なし</td></tr>
<tr><td>④
政治的迫害又は戦争の結果受けた障害等に対する補償の取扱い</td><td>規定なし</td><td>規定なし</td><td>源泉地国課税</td><td>規定なし</td><td>規定なし</td></tr>
</table>

14　政府職員

⑴　OECDモデル租税条約

OECDモデル租税条約19条においては、政府職員（国又は地方政府若しくは地方公共団体の職員）の役務提供の対価として受ける給与等について、次のように定めています。

原　則	A国の政府職員（居住者）がB国へ派遣された場合の給与等及び年金は、A国（居住地国）で課税されます
例　外	その政府職員が、派遣先国の国民又はもっぱら役務提供国の居住者となった場合は、受領する給与等及び年金は源泉地国課税が認められます

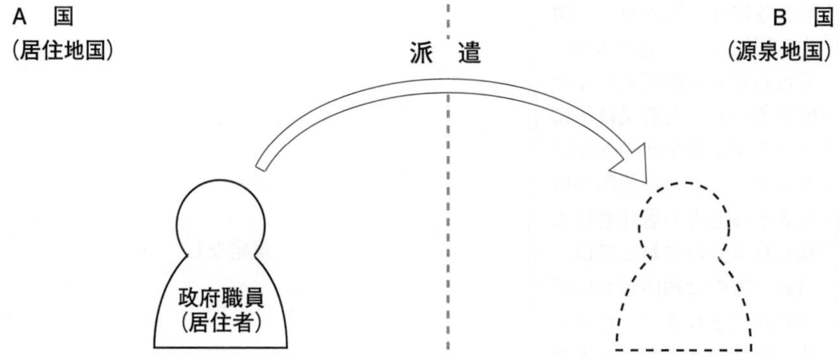

⑵　日本の租税条約

日本が締結した租税条約は、一部の例外を除いてOECDモデル租税条約に準拠しています。日米条約、日仏条約、日独条約、日中条約及び日印条約は、次のように定めています。

項　目	日米条約	日仏条約	日独条約	日中条約	日印条約
①　原則	居住地国課税				
②　例外	源泉地国課税				
③　事業に関連して支払われる給与等	国、地方政府又は地方公共団体が行う事業に関連して提供される役務につき支払われる給料、賃金及び退職年金等については、政府職員の規定ではなく、給与所得、役員報酬、芸能人等及び退職年金の規定が適用されます			規定なし	

㈱　日独条約においては、ゲーテ・インスティテュート、ドイツ学術交流会等に対して提供される役務について、個人に対し、これらの機関から支払われる給与等及び退職年金等についても適用があることを規定しています。

15　学生

一方の締約国に滞在する他方の締約国の学生又は事業修習者が受ける生計、教育又は訓練のための給付については、次のとおり定められています。

項　目	ＯＥＣＤモデル租税条約	日米条約	日仏条約	日独条約	日中条約	日印条約
①　課税権	滞在地国免税					
②　対象	学生又は事業修習者				学生、事業修習者、研修員	学生又は事業修習者
③　給付の原因	生計、教育又は訓練のための給付					
④　事業専修者の特例	規定なし	一方の締約国において最初に訓練を開始した日から１年を超えない期間のみ適用	規定なし			
⑤　政府又は宗教、慈善、学術、文芸若しくは教育の団体から支払われる交付金等の特例	規定なし	規定なし	政府又は宗教、慈善、学術、文芸若しくは教育の団体から支払われる主として勉学又は研究のための交付金、手当又は奨励金の受領者として、２年を超えない期間一方の締約国内に一時的に滞在する個人であって、現に他方の締約国の居住者であるもの又はその滞在の直前に他方の締約国の居住者であったものは、その交付金、手当又は奨励金について、その一方の締約国において租税を免除されます。また、他方の締約国の企業若しくは上に掲げる団体の使用人	規定なし	規定なし	規定なし

			として又はこれらの企業若しくは団体との契約に基づき、専らこれらの企業若しくは団体以外の者から技術上、職業上又は事業上の経験を習得するため、１年を超えない期間一方の締約国内に一時的に滞在する個人であって、現に他方の締約国の居住者であるもの又はその滞在の直前に他方の締約国の居住者であったものは、自己の生計のためのその他方の締約国からの送金について、その一方の締約国において租税を免除されます			

※　上の５つの租税条約のうち、日中条約のみ、学生・事業修習者が生計を維持するために受ける報酬は日本で免税とされます。

16　教授

一方の締約国の大学、学校その他の教育機関において教育又は研究を行うために一時的に滞在する個人で、引き続き他方の締約国の居住者に該当する者が、その教育又は研究につき受け取る報酬については、一定の場合には滞在地国免税となります。具体的には、次のように定められています。

なお、令和元年（2019年）１月に発効した日米租税条約の改正議定書により、日米条約から本条項は削除されました。

第4　租税条約の内容その2（所得課税）

項　目	OECDモデル租税条約	日米条約	日仏条約	日独条約	日中条約	日印条約
①　課税権	規定なし		滞在地国免税	規定なし	滞在地国免税	滞在地国免税
②　対象	—		大学等の教育機関において教育又は研究を行うために一時的に滞在する個人	—	大学等の教育機関において教育又は研究を行うために一時的に滞在する個人	
③　滞在期間の要件	—		2年を超えないこと	—	3年を超えないこと	2年を超えないこと
④　適用除外事由	—		主として特定の者の私的の利益のために行われる研究から生ずる所得	—	規定なし	公的な利益のためではなく、主として特定の者の私的の利益のために行われる研究から生ずる所得

17　匿名組合

匿名組合契約に関連して匿名組合員が取得する所得に関しては、日本において源泉徴収を行うという規定があります。これを受けて、日米条約、日英条約、日仏条約及び日独条約に規定があります。具体的には次のとおりです。

項　目	OECDモデル租税条約	日米条約	日仏条約	日独条約	日中条約	日印条約
①　課 税 権	規定なし	規定あり	規定あり	規定なし	規定なし	規定なし
②　根拠規定	—	議定書13	20条A	—	—	—
③　概　要	—	条約のいかなる規定も、日本が、匿名組合契約又はこれに類する契約に基づいてある者が支払う利益の分配で、その者の日本における課税所得の計算上控除されるものに対して、日本の法令に従って源泉課税することができます	匿名組合契約その他これに類する契約に関連して匿名組合員が取得する所得又は収益に対しては、その所得又は収益が生ずる締約国において、その締約国の法令に従って課税することができるとされています	—	—	—

18　社会保険料条項

(1)　OECDモデル租税条約

OECDモデル租税条約には、社会保険料に係る規定はありません。

(2)　日本の租税条約

日本が締結した租税条約の中で、社会保険料条項があるのは日仏条約だけです。日仏条約18条2項により、海外で就労する者が派遣元国の社会保障制度に対して支払う社会保険料について、就労地国において所得控除を相互に認める措置を導入しました。

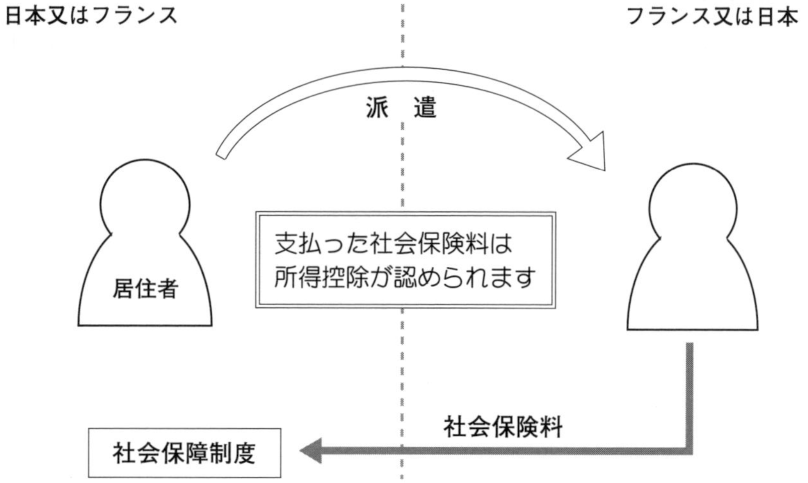

イ　適用対象者

就労地国において役務を提供し、居住者となっている個人としています。これは、わが国の税法上、居住者のみに社会保険料控除を認めていることに対応したものです。

ロ　適用対象となる保険料の範囲

相手国において「課税上認められた社会保障制度」に対して支払われるもので、就労者負担分に対応するものです。ただし、日仏社会保障協定上、派遣元国の社会保障制度のみに加入すればよいとされるのは、原則として、本国の親会社と雇用関係を維持しつつ就労地国の支店等へ５年を超えない期間を定めて派遣される被用者とされていることを踏まえ、役務の提供を開始する日から継続して60か月を超えない期間に支払われる保険料に限って、適用が行われます。

ハ　適用要件

次に掲げる要件を満たすことが必要です。

適用要件	①　役務の提供を開始する直前において、就労地国の居住者でなく、かつ、派遣元国において設けられた社会保障制度に参加していたこと
	②　保険料の支払の対象となる派遣元国の社会保障制度が、就労地国において課税上認められた社会保障制度に一般的に相当するものとして就労地国の権限のある当局によって承認されていること
	③　保険料が賦課されるベースとなる給料、賃金その他これらに類する報酬について、就労地国で租税を課されること

19　その他の所得

OECD モデル租税条約21条においては、６条から20条までにおいて取り扱われない所得については、原則として、居住地国課税であることを定めています。このほか、その他の所得については、次のように定められています。

項　目	OECDモデル租税条約	日米条約	日仏条約	日独条約	日中条約	日印条約
① 課税権	居住地国課税	居住地国課税	居住地国課税	居住地国課税	居住地国課税	居住地国課税
② 権利又は財産が恒久的施設と実質的に関連する場合の取扱い	事業所得条項を適用します				事業所得条項及び自由職業所得条項を適用します	
③ 独立企業間価格を超える部分の取扱い	規定なし	国外関連者に支払われるその他の所得が独立企業間価格を超える場合には、独立企業間価格に相当する金額についてのみこの規定が適用されることとされます。独立企業間価格を超える部分については、その源泉地国において５％の限度税率で課税することになります		規定なし	規定なし	
④ 導管取引による租税回避の防止規定	規定なし	一方の締約国の居住者が、ある権利又は財産に関して他方の締約国の居住者からその他の所得の支払を受ける場合において、日米条約の特典と同等又は有利な特典を受ける権利を有しない第三国の居住者が、その権利又は財産と同一の権利又は財産に関して一方の締約国の居住者からその他の所得の支払を受けないとしたならば、その一方の締約国の居住者が他方の締約国の居住者からその他の所得の支払を受けることはなかったであろうと認められるときは、その一方の締約国の居住者は、その他の所得の受益者とはされません		規定なし	規定なし	
⑤ 濫用目的取引に対する条約特典の不適用	規定なし		条約の特典を受けることを主目的として、第三国居住者が、ペーパーカンパニーをいずれか一方の締約国に設立し、又は一方の締約国の居住者に株式、権利若しくは財産を移転することにより、そのペーパーカンパニー又はその一方の締約国の居住者を受益者として条約の特典を受けさ	規定なし	規定なし	

	規定なし	せるといった取引が行われる場合には、そのペーパーカンパニー又はその一方の締約国の居住者を真正な受益者とみなすことができないことから、これらの者に対しては租税の減免が認められません	規定なし	規定なし	
⑥源泉地国課税	規定なし				一方の締約国の居住者の所得のうち、他方の締約国内において生ずるものであって、６条から21条までに規定がないものに対しては、源泉地国課税が認められるとしています

第５　租税条約の内容その３（その他）（OECDモデル租税条約、日米、日仏、日独、日中、日印を中心として）

１　財産

OECDモデル租税条約22条は、財産に対する租税を取り扱っています。財産に対する課税は、財産から生じる所得に対する課税を補足するものです。具体的には、次のように定められています。

項　目	ＯＥＣＤモデル租税条約	日米条約	日仏条約	日独条約	日中条約	日印条約
財産に対する課税	財産で一方の締約国の居住者が所有し、かつ、他方の締約国内に存在するものに対しては、その他方の国において課税できるとされています	規定なし				

２　二重課税の排除

⑴　OECDモデル租税条約

国際的二重課税の方法としては、国外所得免除方式と外国税額控除方式の２つがありますが、OECDモデル租税条約23条では、これらについてそれぞれ規定を置いています。これは、OECD諸国が締結した租税条約では、すでに国外所得免除方式又は外国税額控除方式が採用されていることから、これをどちらかの方式に統一することは困難であることによります。

なお、本条でいう国際的二重課税とは、同一の所得に対して２以上の国によって同一の者に対して課税されるという法律的二重課税を意味しています。

⑵　日本の租税条約

日本の国際的二重課税排除の方法	①　外国税額控除制度
	②　みなし外国税額控除（タックス・スペアリング・クレジット）

以下、個別の条約について見ていきましょう。

イ　日米条約

日米条約23条	
	１項　日本において国内法の規定に基づいて直接税額控除を行います
	２項　米国について規定

なお、米国が市民権課税を行っていることにより、米国が日本の居住者である米国市民に対して課税を行う場合に、外国税額控除の計算は、次によることとされます。

日本の居住者である米国市民の外国税額控除等の計算	
	①　日本は、日本の居住者である米国市民に対する外国税額控除の計算上、これらの者が米国市民でないとして場合に、米国が条約の規定に従って課すことができる租税の額のみを考慮に入れます
	②　米国は、①に従って控除を行った後の日本の租税を米国の租税から控除する。この控除は、①に従って日本の租税から控除される米国の租税の額を減額させないものとします
	③　①の所得は、②に従って米国が控除を認める場合においてのみ、日本において生じたものとみなします

ロ　日仏条約

国際的二重課税排除の方法		
	日　本	外国税額控除制度
	フランス	国外所得免除制度

したがって、日本の居住者に対しては、国内法に規定する外国税額控除を用いて二重課税の排除を行います。ただし、その控除は、日本の租税の額のうちフランスにおいて取得される所得に対応する部分を限度として控除されることになります。

また、フランスの法人の議決権株式又は発行済株式の15％以上を所有する日本法人が、そのフランス法人から配当を受ける場合には、その配当の原資となった所得に課されるフランスの租税の額のうち、その配当に対応する部分を日本法人が納付する税額から控除できるという間接税額控除の規定もあります。

ハ　日独条約

日独条約は、１項で日本による外国税額控除を、２項でドイツによる国外所得免除又は外国税額控除のいずれかを採用することを規定しています。

ニ　日中条約

(イ)　概要

日中条約においても、外国税額控除制度が規定されており、直接税額控除及び間接税額控除が規定されているのは、日米条約や日仏条約と同様です。ただし、間接税額控除の場合の持株割合は25％以上となっています。

(ロ)　みなし外国税額控除

日中条約においては、みなし外国税額控除（タックス・スペアリング・クレジット）が定められています。日中条約23条４項においては、日本の居住者により「納付される中国の租税」には、次のいずれかのものに従って免除、軽減又は還付が行われないとしたならば納付されたとみられる中国の租税の額を含むものとみなします。

①　中国合弁企業所得税法５条及び６条の規定並びに合弁企業所得税施行細則３条の規定

②　中国外国企業所得税法４条及び５条の規定

③　日中条約署名の日の後に中国の法令に導入される中国の経済開発を促進するための他の同様な特別の奨励措置で両国政府が合意するもの

ホ　日印条約

日印条約においても、外国税額控除の規定が置かれています。直接税額控除及び間接税額控除の規定は、日中条約と同様となっています。なお、日印条約改定に伴いみなし外国税額控除は廃止されました。

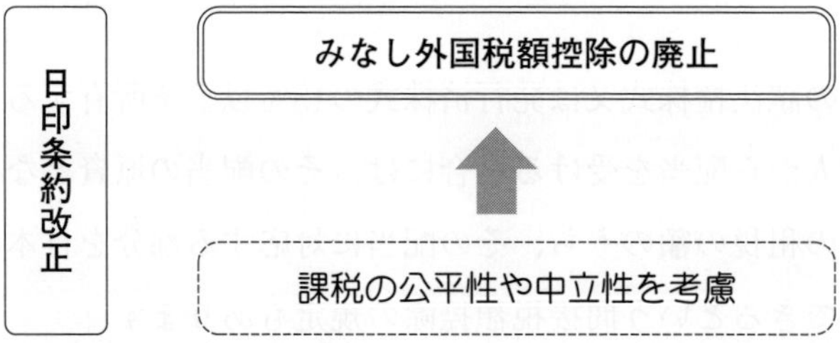

3　無差別取扱い

(1)　OECDモデル租税条約

OECD モデル租税条約24条においては、条約相手国の国民に対する差別的課税を禁止し、内国民待遇を保障しています。具体的には、次の５つになります。

項　目	内　容
①　国籍無差別	相手国の国民に対して、居住者であるかないかに関して同様の状況にある自国民に与える待遇と同等とすること
②　無国籍者無差別	一方の締約国の居住者である無国籍の者が差別されません
③　恒久的施設無差別	一方の締約国の企業が他方の締約国内に有する恒久的施設を通じて得る所得に対して、他方の締約国の企業が取得する所得に対するのと同様とすること
④　支払先無差別（経費控除無差別ともいいます）	一方の締約国の企業が非居住者に支払った利子、使用料等について、その企業の課税対象利得の決定に当たって、その国の居住者に支払った場合と同様とすること
⑤　資本無差別	外資系が差別されない

⑵　日本の租税条約

日本が締結した租税条約においては、OECD モデル租税条約が規定するもののうち、国籍無差別、恒久的施設無差別、支払先無差別及び資本無差別を規定しているものが多くなっています。日米条約、日仏条約、日独条約、日中条約及び日印条約においても、これら4つについて規定されています。

しかし、無差別条項の適用範囲については、次に掲げるように差異があります。

条　約	適 用 範 囲 等
日米条約	2条《対象税目》及び3条1項d《租税の定義》にかかわらず、無差別条項は、国又は地方政府若しくは地方公共団体によって課されるすべての種類の租税に適用します
日仏条約	2条《対象税目》の規定にかかわらず、すべての種類の租税に適用します
日独条約	2条《対象税目》の規定にかかわらず、締約国、その州又はその地方政府若しくは地方公共団体によって課される全ての種類の租税に適用します
日中条約	一方の締約国が、他方の締約国の居住者に対し、法令によりその一方の締約国の居住者にのみ適用される租税上の人的控除、救済及び軽減を認めることを義務付けるものではありません
日印条約	租税とは、この条約の対象である租税をいいます

4　相互協議

⑴　OECDモデル租税条約

イ　概要

OECD モデル租税条約25条は、租税条約の適用から生じる困難を解決する枠組みとしての相互協議手続を定めています。具体的には、条約の規定に適合しない課税を受け又は受けることになると認める者が、国内法上の救済手段（異議申立て、不服審査、訴訟）とは別に、居住者である締約国の権限のある当局に対して申立てをすることができるというものです。

なお、相互協議の申立ては、条約の規定に適合しない課税に係る措置の最初の通知の日から３年以内にしなければならないこととされています。

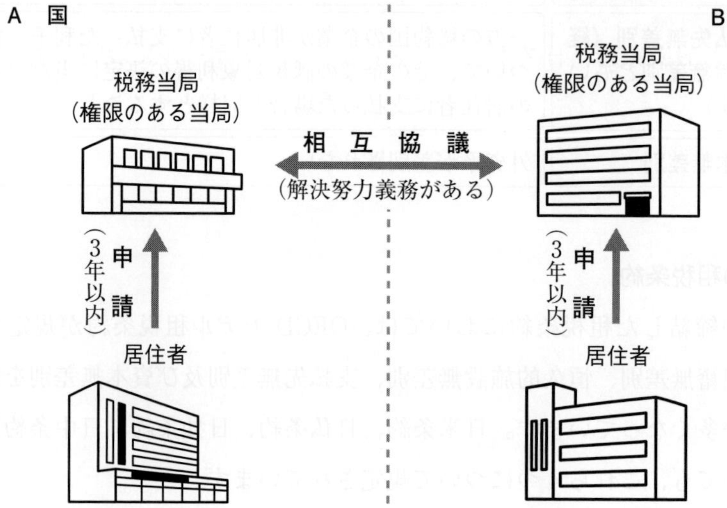

ロ　解決努力義務及び対応的調整

権限のある当局は、申し立てられた事案の解決に向けて努力する義務があります。このように権限のある当局には努力義務があるだけですので、相互協議は100％合意されるものではありません。また、合意したものについては、国内法上の期間制限にかかわらず実施されなければなりません。

ハ　条約の解釈又は適用に関する相互協議

OECDモデル租税条約25条３項では、条約の解釈又は適用に関して生ずる困難又は疑義がある場合には、相互協議において合意するように努めることとされます。また、この条約に規定のない二重課税を除去するための相互協議を行うことができるとされています。

ニ　両締約国の権限のある当局は、合意に達するため直接相互に通信することができます。

ホ　相互協議を申請して２年以内に合意されなかった場合、仲裁に付託されることとされます。

⑵ 日本の租税条約

日本が締結した租税条約においては、すべての条約において相互協議に関する定めが置かれています。以下、個別の条約について見ていきます。

なお、仲裁手続については、日蘭、日香、日米、日ニュージーランド、日ポルトガル条約、日英条約、日スウェーデン及び日シンガポールにおいて規定されています。

また、相互協議の状況については、448ページをご覧ください。

イ　日米条約

⑴　令和元年（2019年）に改正された日米条約は、これまでの相互協議申立て、解決努力義務、対応的調整及び相互通信に、仲裁に関する事項を追加しました。

⑵　相互協議の対象

日米条約においては、条約の解釈又は適用に関して生ずる困難又は疑義を合意によって解決するよう努めることとされます。特に、以下の事項について合意することとされます。

相互協議の対象	
	①　恒久的施設への所得、所得控除、税額控除その他の租税の減免の帰属
	②　２以上の者における所得、所得控除、税額控除その他の租税の減免の配分
	③　条約の適用に関する相違（次に掲げるものを含みます）の解消 a　特定の所得の分類 b　者の分類 c　特定の所得に対する源泉に関する規則の適用 d　この条約において用いられる用語の意義
	④　移転価格税制上の事前確認

⑶　仲裁規定

両国の居住者が相互協議の申立てをし、両国の権限のある当局間で合意できなかった事案については、一定の要件を満たす場合、仲裁に移行することができることとされています。

ロ　日仏条約、日中条約及び日印条約

日仏条約、日中条約及び日印条約においては、OECDモデル租税条約と同様の規定が置かれています。

ハ　日独条約

日独条約（24条）は、納税者の申立て、相互協議及び合意の実施、協定の解釈又は適用に関する相互協議、権限のある当局の直接通信について規定した後、仲裁について、本条約の規定に適合しない課税を受けたとして申し立てられ相互協議の対象となった事案について、権限のある当局間で一定の期間内に事案の解決ができない場合における第三者による仲裁について、以下のとおり規定しています。

①	両締約国の権限のある当局が、一方の締約国の権限のある当局から他方の締約国の権限のある当局に対し事案に関する協議の申立てをした日から２年以内に当該事案を解決するための合意に達することができない場合に、相互協議の申立てを行った者が仲裁手続に入ることを要請するときは、当該事案の未解の事項は仲裁に付託されます。ただし、当該未解決の事項についていずれかの締約国の裁判所又は行政審判所が既に拘束力のある決定を行った場合又は両締約国の権限のある当局が、当該未解決の事項が仲裁による解決に適しないことについて合意し、かつ、申立てを行った者に対してその旨を当該他方の締約国の権限のある当局に対する当該申立ての日から２年以内に通知した場合には、仲裁に付託されません
②	仲裁決定は、事案によって直接影響を受ける者が、仲裁決定を実施する両締約国の権限のある当局の合意を受け入れない場合を除き、両締約国を拘束し、両締約国の法令上のいかなる期間制限にもかかわらず実施されます
③	両締約国の権限のある当局は、この仲裁の手続の実施方法を合意によって定めることとされています

なお、議定書10では、仲裁の手続等の細目について、①両締約国の権限のある当局が最善を尽くすこと、②仲裁委員会の設置に関する規則、③仲裁人への情報提供、④仲裁決定の手続、⑤仲裁委員会がその決定を両締約国の権限のある当局に送付するまでの間に一定の事由が生じた場合の終了手続、⑥訴訟又は審査請求との関係、⑦仲裁の規定が法人の双方居住者について適用されないこと、⑧旧条約に基づき相互協議となっている事案への仲裁の適用が規定されています。

５　情報交換

(1)　OECDモデル租税条約

イ　概要

OECD モデル租税条約26条は、両締約国が適正な課税を行うため、課税情報の交換について両国の権限のある当局間の協力関係を規定しています。経済活動が国際化している現在、外国における情報を適切に情報することにより、各国税務当局は適正な課税の実現ができるのです。その意味で、条約上の情報交換はますます重要になってきています。

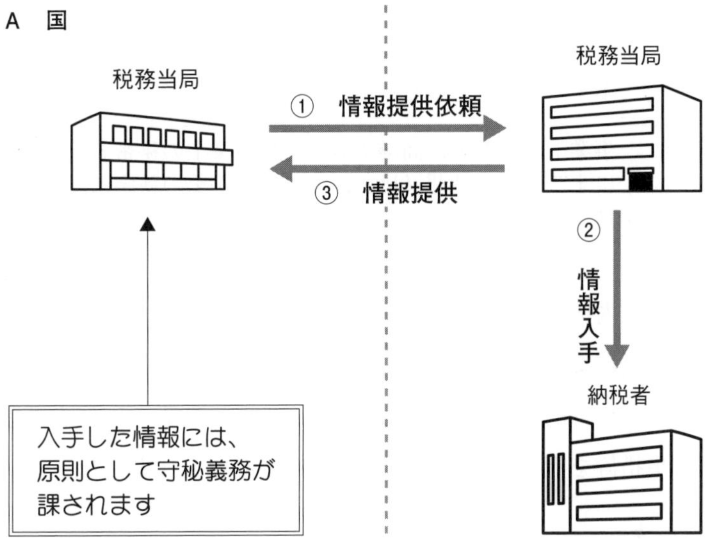

ロ　2005年の条文及びコメンタリー改正

OECD 租税委員会は、益々進行するグローバル化の中で税務当局による情報交換の必要性をより強く認識し、2005年に26条に４項《以下のへ》と５項（同ト）を追加しました。

ハ　交換できる情報

両締約国の権限のある当局は、条約の実施又は締約国の国内法の規定を実施又は執行するために関連すると予見できる情報を交換することとしています。交換する情報は、１条《人的範囲》及び２条《対象税目》によって制限されません。

ニ　交換された情報の取扱い

情報交換に基づいて入手した情報は、国内法上入手した情報と同様、守秘義務が課されます。また、租税の賦課若しくは徴収、これらの租税に関する執行若しくは訴追、これらの租税に関する不服申立てについての決定、又はこれらの監督に関与する者又は当局（裁判所及び行政機関を含みます）に対してのみ開示されます。

ホ　締約国の義務の範囲

上記ハ及びニは、いずれの締約国に対して、次に掲げることを行う義務を課すものではありません。

①	一方の締約国又は他方の締約国の法令及び行政上の慣行に抵触する行政上の措置をとること
②	一方の締約国又は他方の締約国の法令の下において又は行政の通常の運営において入手することができない情報を提供すること
③	営業上、事業上、産業上、商業上若しくは職業上の秘密若しくは取引の過程を明らかにするような情報又は公開することが公の秩序に反することになる情報を提供すること

ヘ　調査権限の国内措置

2005年の改正によって、一方の締約国が情報を要請した場合には、他方の締約国は、自国の租税目的上必要ない情報であっても、要請された情報を入手するために情報収集措置を行使するものとする規定が追加されました。

ト　弁護士等の守秘義務

2005年改正によって、上記ニに規定する制限は、一方の締約国が銀行、金融機関名義人、代理人、受託者が情報を保有しているという理由だけで、又は所有者に関する情報であるという理由のみで、情報提供を拒否することを認めることを意味しない、という規定が追加されました。

⑵　日本の租税条約

日本の締結した租税条約においては、すべての条約において権限のある当局間の情報交換規定を有しています。その内容は、OECDモデル租税条約に準拠していますが、上述したようにOECDモデル租税条約そのものが最近改正されているので、それ以前に締結した条約では現在のものが反映されたものにはなっていません。日米条約、日仏条約、日独条約、日中条約及び日印条約は、次のように定められています。

<table>
<tr><th>項　目</th><th>日米条約</th><th>日仏条約</th><th>日独条約</th><th>日中条約</th><th>日印条約</th></tr>
<tr><td>①　情報交換の種類等</td><td>本条約の規定の実施又は両国が課する全ての種類の租税に関する両国の法令（当該法令に基づく課税がこの条約の規定に反しない場合に限ります）の運用若しくは執行に関連する情報を交換します。情報交換は、１条１及び２条の規定による制限を受けないこととされます。特に要請があった場合には、権限のある当局は、文書（帳簿、書類、財務諸表、記録、計算書及び書面を含みます）の原本の写しに認証を付した形式で、この条の規定に基づく情報の提供を行うこととされます</td><td colspan="2">条約の実施又は日仏両国若しくは地方公共団体が課するすべての種類の租税に関する法令の規定の運用若しくは執行に関連する情報を交換します</td><td colspan="2">両締約国の権限のある当局は、この条約若しくはこの条約が適用される租税に関する両締約国の法令を実施するため、又はこれらの租税に関する脱税を防止するために必要な情報を交換します</td></tr>
<tr><td>②　交換された情報の取扱い</td><td colspan="5">受領した情報は、その国の法令に基づいて入手した情報と同様に秘密として取り扱います</td></tr>
<tr><td>③　締約国の義務の範囲</td><td colspan="5">OECDモデル租税条約と同様
①　一方の締約国又は他方の締約国の法令及び行政上の慣行に抵触する行政上の措置をとること
②　一方の締約国又は他方の締約国の法令の下において又は行政の通常の運営において入手することができない情報を提供すること
③　営業上、事業上、産業上、商業上若しくは職業上の秘密若しくは取引の過程を明らかにするような情報又は公開することが公の秩序に反することになる情報を提供すること
※　なお、日米租税条約については以下の④を含みます
④　弁護士その他の法律事務代理人がその依頼者との間で行う次のいずれかの通信の内容を明らかにする情報を入手し、又は提供すること
(a)　法的な助言を求め、又は提供するために行われる通信
(b)　その内容を進行中の又は予定される法的な手続において使用するために行われる通信</td></tr>
</table>

項　目	日米条約	日仏条約	日独条約	日中条約	日印条約
④　調査権限の国内措置	条約相手国から情報提供の要請があった場合には、自国の課税目的のために必要か否かにかかわらず、当該情報を入手するための必要な手段を講じます			規定なし	

平成25年に署名された日米条約改正議定書により、日米租税条約は情報交換を相当程度強化することになりました。

なお、日独条約（25条）は、議定書11において、情報の保護について、次のように規定しています。

①	情報を受ける当局が25条２に従うこと
②	提供する当局は相応な情報を提供するよう努めること
③	提供された情報が不要になった際消去すること
④	受領した情報を使用したか否かについて要請に基づいて提供した当局に通知すること
⑤	受領した当局は納税者に対して提供された情報を使用する目的を通知すること
⑥	両当局は不法に損害を被った者に対して賠償すること
⑦	両当局は情報交換について記録に残すこと
⑧	個人情報に関する法令について情報受領国に通知すること
⑨	提供された情報に関して許可のない閲覧、変更又は開示から保護するために必要な措置をとること

6　徴収共助

(1)　OECDモデル租税条約

OECDモデル租税条約27条は、締約国が租税債権の徴収について相互に共助を行うという徴収共助について規定しています。この規定は、経済の国際化に伴う租税確保の困難性に対応するため、租税の徴収共助の国際的なメカニズムを発展させるものとして、2003年に追加されました。

OECDモデル租税条約の徴収共助の規定は、租税債権の徴収の対象を条約の対象となる税目に限定せずに包括的に相互に共助することを規定しています。

⑵　日本の租税条約

日本が締結した租税条約においては、徴収共助の規定は最近先進国との間で改正されたものにこの規定が導入されています。具体的には、日米条約、日英条約、日仏条約です。日中条約及び日印条約には、徴収共助についての規定はありません。

①　日米条約

イ　概要

日米両国は、租税（その課税がこの条約又は両締約国が当事国となっている他の協定の規定に反しない場合に限ります）並びに利子、徴収の費用、当該租税に対する附加税及び当該租税に関連する民事上又は行政上の金銭罰（「租税債権」）の徴収につき相互に支援を行うこととされます。この支援は、１条１及び２条の規定による制限を受けないこととされます。支援を行う場合、自国の法令によって認められる場合においてのみ行われます。

ロ　支援される租税債権の徴収

(a)　法人に係る租税債権で次のいずれかの場合に該当するもの

(i)	その租税債権の決定が25条の規定に従い権限のある当局の合意のための手続によって解決される対象とならない場合
(ii)	その租税債権の決定について25条の規定に従い権限のある当局が合意した場合
(iii)	法人がその租税債権の決定に関する権限のある当局の合意のための手続を終了させた場合

(b)　個人に係る租税債権。ただし、支援の要請が受領された時においてその個人が支援を要請された締約国（「被要請国」）の国民である場合には、その個人又はこれに代わる者が当該租税債権に関し次のいずれかの行為を行ったときに限ることとされます。

(i)	詐欺的な租税の申告又は詐欺的な還付請求
(ii)	租税を免れるために故意に租税の申告を怠ること
(iii)	その租税債権の徴収の回避を目的とする被要請国への資産の移転

ハ　特典条項の濫用の場合

ロにかかわらず、徴収共助の支援は、租税の免除又は税率の軽減が、このような特典を受ける権利を有しない者によって享受されることがないようにするために必要な租税債権の徴収について行われることとされます。ただし、被要請国が、特典が不当に付与されたと認定することに同意する場合に限ります。

ニ　徴収共助の対象となる租税は、2条に掲げる租税のほか、以下に掲げるものとされます。

(a)　日本の場合		(b)　米国の場合	
(i)	消費税	(i)	連邦遺産税及び連邦贈与税
(ii)	相続税	(ii)	外国保険業者の発行した保険証券に対する連邦消費税
(iii)	贈与税	(iii)	民間財団に関する連邦消費税
		(iv)	被用者及び自営業者に関する連邦税

ホ　要請国の権限のある当局の証明

徴収共助における支援の要請には、支援を要請する締約国（「要請国」）の法令の下においてその租税債権が最終的に決定されたものであることについての要請国の権限のある当局の証明を付することとされます。租税債権は、要請国が自国の法令に基づき当該租税債権を徴収する権利を有し、かつ、当該租税債権に関する争訟のために納税者が行使することができる行政上及び司法上の全ての権利が消滅し、又は尽くされた場合に、最終的に決定されたものとされます。

ヘ　被要請国における取扱い

要請国からの支援の要請が被要請国によって徴収のために受理された場合には、要請国の租税債権は、被要請国の法令に基づく徴収のために必要な限りにおいて、要請が受領された時において被要請国の法令に基づき確定した租税債権として取り扱われるものとし、被要請国の租税債権の徴収に適用される法令に従い、被要請国の租税債権を徴収する場合と同様に徴収されるものとされます。

ト　被要請国による事項の停止・中断

へにかかわらず、支援の要請に従い被要請国がとった徴収のための措置であって、要請国の法令によれば、要請国が当該措置をとった場合に要請国において租税債権の徴収の時効を停止し、又は中断する効果を有することとなるものは、当該租税債権に関して、要請国の法令の下においても同様の効果を有することとされます。被要請国は、当該措置について要請国に通報することとされます。

チ　被要請国における時効の不適用

被要請国による支援が行われている租税債権は、被要請国において、被要請国の法令の下で租税債権であるとの理由により適用される時効の対象とされず、かつ、その理由により適用される優先権を与えられないこととされます。

リ　行政上又は司法上の審査の権利の取扱い

本条のいかなる規定も、要請国の最終的に決定された租税債権に関し、いずれかの国の法令の下において行政上又は司法上の審査を受ける権利が認められているか否かにかかわらず、被要請国においてそのような権利を生じさせ、又は付与するものと解してはならないこととされます。

ヌ　被要請国における徴収措置の終了

支援の要請が実施されている間に、要請国が、自国の法令に基づき、要請の対象である租税債権を徴収する権利を喪失し、又はその徴収を終了する場合には、要請国の権限のある当局は、徴収における支援の要請を速やかに撤回し、被要請国は、当該租税債権の徴収に係る全ての措置を終了することとされます。

ル　要請国による徴収の停止の取扱い

この条の規定に基づく支援の要請が実施されている間に、要請国が自国の法令に従い要請の対象である租税債権の徴収を停止する場合には、要請国の権限のある当局は、被要請国の権限のある当局に対してその旨を速やかに通報し、被要請国の権限のある当局の選択により当該要請を停止し、又は撤回するものとし、被要請国は、これに従って当該租税債権の徴収に係る全ての措置を停止し、又は終了することとされます。

ヲ　徴収した税額の送金

この条の規定に基づき被要請国が徴収した額は、要請国の権限のある当局に送金されることとされます。

ワ　徴収共助の費用負担

権限のある当局が別段の合意をする場合を除くほか、徴収における支援を行うに当たり生じた通常の費用は被要請国が負担し、特別の費用は要請国が負担することとされます。

カ　被要請国の義務

この条の規定は、いかなる場合にも、被要請国に対し、次のことを行う義務を課するものと解してはならないこととされます。

(a)	被要請国又は要請国の法令及び行政上の慣行に抵触する行政上の措置をとること
(b)	公の秩序に反することとなる措置をとること

ヨ　被要請国の受理に関する義務

この条の規定は、いかなる場合にも、被要請国に対し、次のいずれかに該当するときに要請国からの要請を受理する義務を課するものと解してはならないこととされます。

(a)	要請国が支援の要請の対象となる租税債権を徴収するために自国の法令又は行政上の慣行の下においてとることができる全ての適当な措置をとっていないとき
(b)	要請国が得る利益に比して被要請国の行政上の負担が著しく不均衡であるとき

タ　徴収共助の支援の前の両国間の合意

特典条項の濫用を除く徴収共助の支援が行われる前に、権限のある当局は、徴収共助の実施方法（各締約国に対する支援の程度の均衡を確保するための合意を含みます）について合意することとされます。特に、権限のある当局は、一方の国が特定の年において行うことができる支援の要請の数の上限、支援を要請することができる租税債権の最低金額及びこの条の規定に基づいて徴収された額の送金に関する手続規則について合意することとされます。

②　日仏条約

条約の不正利用を防止し、適正かつ公平な課税を確保するため、両締約国間でそれぞれの相手国において条約を不正に免れた租税の徴収に関し協力し合うこととしています。

③　日独条約

イ　概要

日独両国は、租税債権の徴収につき相互に支援を行うこととされ、この支援は、1条《対象者》及び2条《対象となる租税》の規定による制限を受けないこととされます。

ロ　租税債権の範囲

日独条約26条の対象となる租税債権には、次に掲げるものの他、利子、延滞税、利子税、過少申告加算税等の附帯税が含まれ、徴収又は保全の費用として滞納処分費も含みます。

日本	所得税、法人税、復興特別所得税、復興特別法人税、地方法人税、消費税、地方消費税、相続税及び贈与税
ドイツ	所得税、法人所得税、連帯付加税、付加価値税、保険税、純資産税、相続税、贈与税、営業税及び不動産取得税

ハ　徴収を要請するために必要とされる要件等

徴収を要請するためには、次に掲げる2つの要件を満たす場合とされます。

①	要請国の租税債権が、その要請国の法令に基づき執行することができるものであること
②	徴収の要請の時において、租税債権を負担する者（滞納者）が要請国の法令に基づきその租税債権の徴収を停止させることができないこと

ニ　保全の措置を要請するために必要とされる要件等

要請国は、要請国の租税債権が要請国の法令に基づきその徴収を確保するために差押え等の保全の措置をとることができるものである場合には、被要請国に対して保全の措置を要請することができるとされます。一方、被要請国は、その保全の措置をとる時において、時刻の国内法に従って保全の措置を行う義務を負うこととされます。

ホ　租税債権に関する時効及び優先権

被要請国において徴収又は保全の措置のために引き受けた租税債権については、被要請国で時効及び優先権は認められないことが規定されています。

ヘ　時効の中断

被要請国が租税債権の徴収のためにとった措置は、その措置が要請国によってとられたならば、要請国の法令に従ってその租税債権について適用される時効を停止し、又は中断する効力を有しているとされます。

ト　租税債権の有効性等に関する争訟手続

要請国の租税債権の存在、有効性又は金額に関する争訟手続は、被要請国の裁判所又は行政機関に定期されないことが規定されています。

チ　徴収又は保全の措置の要請の停止又は撤回

要請国が徴収又は保全の措置の要請をした後、被要請国が関連する租税債権を徴収し、要請国に送金するまでの間に、その租税債権が要請国において徴収可能になった場合等は、要請の停止又は撤回をすることができる旨規定されています。

リ　徴収又は保全の措置における義務の制限

被要請国は、要請国又は被要請国の法令及び行政上の慣行に抵触する行政上の措置をとることなど、一定のことを行う義務が課されるものではないことが規定されています。

ヌ　徴収又は保全の措置の実施方法に関する権限のある当局間の合意

徴収共助又は保全の措置の支援が行われる前に、両締約国の権限のある当局は、それらの実施方法について合意することが規定されています。

④　日中・日印条約

徴収共助の規定はありません。

7　源泉課税に関する手続規則

源泉課税に関する手続規則について、日独租税条約のみ規定があります。

⑴　概要

これは、源泉徴収される租税に関して、日独条約の特典を適用するための手続等を規定しているものです。

⑵　源泉徴収の方法

配当、利子、使用料その他の所得に対する租税が源泉徴収される場合には、その国の法令に規定する料率で源泉徴収できることが規定されています。ただし、本条約に基づいて軽減税率や免税の適用が認められる場合には、源泉徴収された租税は、納税者の申請により源泉地国が課することが認められる租税の額を超える部分を還付されることとされます。

⑶　還付申請が認められる期間

源泉徴収税の還付のための申請は、源泉徴収を行う国の法令に定める期間内に提出されなければならないことが規定されています。

⑷　還付等以外の方法での免税又は軽減税率の方法

本条約に基づく租税の免除又は軽減の対象となる所得の支払については、源泉徴収をしないで又は限度税率の適用により税額を控除して行うことができるようにするための手続をすることができる旨規定されています。

⑸　居住証明書の請求

所得が生じる国は、納税者に対して他方の国の権限のある当局により発行される居住者証明書の提出を求めることができることを規定しています。

8　外交官

OECDモデル租税条約28条は、この条約が、外交官の租税上の特権に影響を及ぼすものではないことを規定しています。

項　目	OECD モデル条約	日米条約	日仏条約	日独条約	日中条約	日印条約
①　外交官特権規定の有無	あ　り	あ　り	あ　り	あ　り	あ　り	あ　り
②　規定の概要	外交官は、接受国において個人的に取得する所得を除いて、その他の所得は非課税の取扱いを受けることがウィーン条約又は二国間の領事条約で決められています					

9　特典の付与

(1)　OECDモデル租税条約

特典の付与については、2014年版OECDモデル租税条約までは規定はありませんでした。しかし、BEPSプロジェクトの行動計画６「租税条約の濫用防止」は、いわゆる条約漁り（Treaty Shopping：第三国の居住者が不当に条約の特典を得ようとする行為）をはじめとした租税条約の濫用は、BEPSの最も重要な原因の一つとの認識に基づき、これを防止するためにOECDモデル租税条約を改定することとしました。そこで、2017年版OECDモデル租税条約29条は、第１から８までは特典制限条項（LOB：Limitation on benefits）を規定し、第９では主要目的テスト（PPT：Principal Purpose Test）を規定しています。

一方、各国が締結する二国間租税条約の改定を待っていると長期間を要することから、BEPSプロジェクトの行動15に基づいて2016年末に策定されたBEPS防止措置実施条約において、同様の規定を有しています。

なお、以下の日本語訳にもあるように、ここでいう「特典」は10条３《配当》、第11条３《利子》及び第12条１《使用料》の規定により認められるものを指し、「付与」については、これらの特典を享受できる者を一定の要件を満たす者に限定するとともに、租税条約に基づく特典一般についてその取引が条約の濫用を主たる目的とすると認められる場合には特典を与えないこととされています。

2017年版OECDモデル租税条約29条

1　本条３から５の規定に従って２項に規定する適格居住者にのみ特典条項を適用する、という条文。
2　適格者基準
- 個人
- 当該一方の締約国の政府、地方政府若しくは地方公共団体又は中央銀行
- 一定の有価証券市場に上場されている企業

－　上場企業の関連法人
－　一定の非営利法人又は年金基金
－　その他一定の持分を有し、税源侵食をしていない企業
－　一定の投資ビークル
3　事業活動基準
4　派生的受益基準
5　多国籍企業集団本拠法人基準
6　権限のある当局による認定
7　本条１から６までに用いられる用語の説明
8　(a)(i)　一方の締約国の企業が他方の締約国内において所得を取得し、かつ、当該一方の締約国において当該所得が両締約国以外の国又は地域の内に存在する当該企業の恒久的施設に帰せられるものとして取り扱われ、かつ、
(ii)　当該一方の締約国において当該恒久的施設に帰せられる利得について租税が免除される場合において、
両締約国以外の国又は地域において当該所得に対して課される租税の額が、当該恒久的施設が当該一方の締約国内に存在したならば当該一方の締約国において当該所得に対して課されたであろう租税の額の60パーセントに満たないときは、当該所得について、この条約に基づく特典は、与えられない。この場合には、この８の規定が適用される所得に対しては、この条約の他の規定にかかわらず、当該他方の締約国の法令に従って租税を課することができる。
(b)　(a)の規定は、(a)に規定する他方の締約国内において取得される所得が恒久的施設を通じて行われる事業の活動に関連し、又は付随して取得される場合には、適用しない。ただし、当該事業には、企業が自己の勘定のために投資を行い、管理し、又は単に保有するもの（銀行が行う銀行業、保険会社が行う保険業又は登録された証券会社が行う証券業を除く。）を含まない。
(c)　一方の締約国の居住者が取得する所得について(a)の規定に基づいてこの条約に基づく特典が与えられない場合においても、他方の締約国の権限のある当局は、当該居住者からの要請に応じて、当該居住者が(a)及び(b)に規定する要件を満たさなかった理由を考慮した上で、当該特典を与えることが正当であると判断するときは、当該所得について当該特典を与えることができる。一方の締約国の居住者から第一文に規定する要請を受けた他方の締約国の権限のある当局は、当該要請を認め、又は拒否する前に、当該一方の締約国の権限のある当局と協議する。
9　この条約の他の規定にかかわらず、全ての関連する事実及び状況を考慮して、この条約に基づく特典を受けることが当該特典を直接又は間接に得ることとなる仕組み又は取引の主たる目的の一つであったと判断することが妥当である場合には、そのような場合においても当該特典を与えることがこの条約の関連する規定の目的に適合することが立証されるときを除くほか、その所得については、当該特典は与えられない。

特典の付与については、2014年版まではOECDモデル租税条約には規定されていませんでしたが、2017年版で29条にBEPSプロジェクトを受けて新設されました。これまでの29条以降の条文は、30条以降として引き続き規定されることになりました。

⑵　国連モデル租税条約

国連モデル条約には、特典の付与に関する条項はありません。

⑶　日本の租税条約

イ　概要

BEPSプロジェクト以前においては、米国モデル租税条約の影響を受ける形で「特典制限条項（Limitation on Benefit：LOB）」として、日米条約、日英条約、日仏条約、日豪条約、日蘭条約、日瑞条約、日ニュージーランド条約、日スウェーデン条約、日独条約において規定がありました。そして、これらについてはOECDモデル租税条約の規定がなかったこともあり、条約毎で内容が若干異なっていました。

その後、BEPSプロジェクトの行動6「租税条約の濫用防止」及び行動15「BEPS防止措置実施条約」を受けて、数年前から交渉されていた二国間租税条約において、既にOECDモデル租税条約の規定と同じような規定を有しています。具体的には、平成28年10月に発効した日独条約以降の二国間租税条約においては、2017年版OECDモデル租税条約の規定と同様又は類似の規定を有している場合があります。

このほか、BEPS防止措置実施条約を批准する国（地域）との間では、二国間租税条約が古いために特典の付与に関する規定がなくても、同規定を選択している場合においては日本との二国間租税条約を有しているのと同じ効果を有していることになります。

特典制限条項が定められている租税条約の相手国	①　米国	⑩　ラトビア
	②　英国	⑪　リトアニア
	③　フランス	⑫　エストニア
	④　オーストラリア	⑬　ロシア
	⑤　オランダ	⑭　オーストリア
	⑥　スイス	⑮　アイスランド
	⑦　ニュージーランド	⑯　デンマーク
	⑧　スウェーデン	⑰　ベルギー
	⑨　ドイツ	⑱　クロアチア

	⑲　ウズベキスタン	㉑　ジョージア
	⑳　スペイン	㉒　コロンビア

以下、日米条約、日仏条約（日英条約の規定と同じです）及び日独条約の３つについて見ていきましょう。

ロ　日米条約

日米条約は、投資所得（配当、利子、使用料）に対する源泉地国課税を大幅に減免しました。そのため、この特典を受けようとする第三国居住者による条約の濫用の危険性があることから、これに対する対応として特典制限条項を設けました。具体的には、次に掲げる要件のいずれかを満たす居住者だけが条約上の特典を受けられることとなりました。

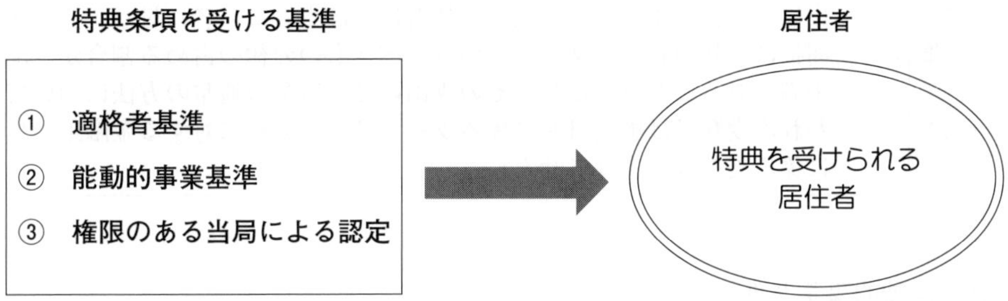

(イ)　適格者基準

次のいずれかに該当する条約締約国の居住者は、原則として条約の特典を受ける権利を有します。

適格者基準
①　個人
②　締約国、地方政府若しくは地方公共団体、日本銀行又は連邦準備銀行
③　特定の公開会社及びその関連会社 a　その者が発行する主たる種類の株式及び不均一分配株式のいずれについても、公認の有価証券市場において通常取引される法人 b　その者が発行する各種類の株式の50％以上が、22条５項以下のａに規定する法人により直接又は間接に所有されている法人
④　４条１項(c)に規定する公益法人
⑤　課税年度の直前課税年度の終了の日においてその受益者、構成員又は参加者の50％を超えるものがいずれかの締約国の居住者である個人である年金基金
⑥　次の２つの要件を満たす法人その他の団体 a　その者の各種類の株式その他の持分の50％以上が上記①から⑤に掲げる適格者により直接又は間接に所有されていること b　その課税年度におけるその者の総所得のうちに、その者が居住者とされる締約国におけるその者の課税所得の計算上控除することができる支出により、いずれの締約国の居住者にも該当しない者に対し、直接又は間接に支払われた、又は支払われるべきものの額の占める割合が、50％未満であること（ただし、その支出には、事業の通常の方法において行われる役務又は勇退財産に係る支払及び商業銀行に対する金融上の債務に係る支払は含まれません）

(ロ)　能動的事業基準

居住者が(イ)で述べた適格者基準に該当しない場合でも、以下で述べる能動的事業基準を満たす場合には、その所得に関しては特典を受けることができます。

能動的事業基準
①　一方の締約国の居住者が、他方の締約国で取得する所得であること
②　居住者が自国において営業又は事業の活動に従事していること
③　源泉地国で取得する所得が、②の営業又は事業の活動に関連又は付随して取得されるものであること
④　その居住者が各条項に定める要件を満たしていること

ただし、上の営業又は事業の活動が、その居住者が自己の勘定のために投資を行い又は管理する活動（商業銀行、保険会社又は登録を受けた証券会社が行う銀行業、保険業又は証券業の活動を除きます）である場合は、この基準は適用されません。

また、能動的事業基準を満たすためには、一方の締約国の居住者が、他方の締約国における営業又は事業の活動から所得を生ずる場合又は9条に定める国外関連者を通じて事業活動を行い所得を取得する場合には、その居住者が自国で行う営業又は事業活動が、その居住者又はその国外関連者が他方の締約国内において行う営業又は事業の活動との関係において実質的でなければなりません。

(ハ)　権限のある当局による認定

居住者が、適格者基準及び能動的事業基準のいずれにも該当しない場合においても、要求により権限のある当局が、その居住者の設立、取得又は維持及びその業務の遂行が日米条約の特典を受けることをその主目的の1つとするものではないと認定したときは、条約上の特典を受けることができます。

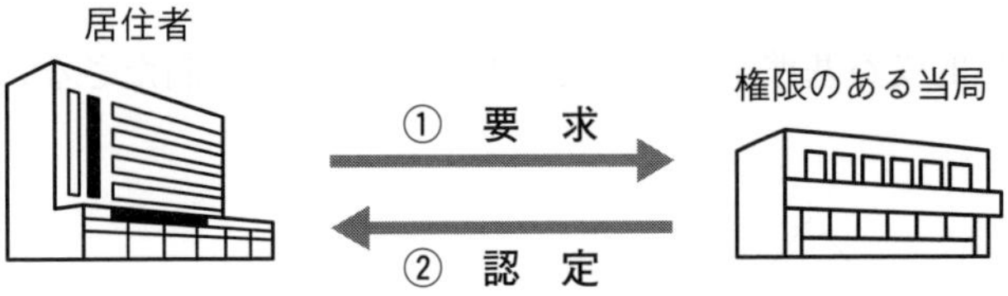

(ニ)　特典条項の基準認定年度

条約上の特典を受けるということは、具体的には源泉地国における減免であることから、支払の際に源泉徴収すべきか否かについての基準を置いています。

ハ　日仏条約

(イ)　概要

日仏条約22条Aにおいては、次のように4つに区分しています。

特典を受けるための基準	①　適格者基準
	②　派生的受益基準
	③　能動的事業基準
	④　権限のある当局による認定

(ロ)　適格者基準

特典条項に関し、日仏条約の各条項の要件を満たし、かつ、以下のいずれかの適格者に該当する居住者は、条約上の特典を受けることができます。

適格者基準	①　個人
	②　締約国の政府、地方公共団体、日本銀行、フランス銀行、締約国の政府又は地方公共団体が直接又は間接に所有する者
	③　特定の公開法人 その者が発行する主たる種類の株式が公認の有価証券市場に上場され又は登録され、かつ、１又は２以上の公認の有価証券市場において通常取引される法人
	④　特定の非公開法人等 法人等の発行済株式その他の受益に関する持分の50％以上に相当する株式その他の受益に関する持分を①から③の適格者が直接又は間接に所有する場合の当該法人

(ハ)　派生的受益基準

派生的受益基準を適用するには、次の要件を満たさなければなりません。

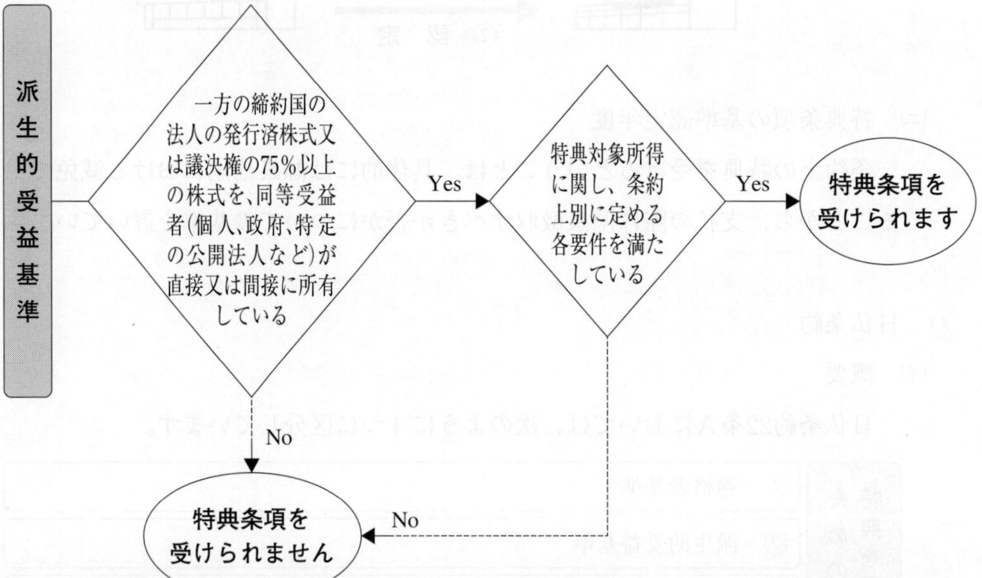

これは、日仏両国以外の第三国居住者が支配する一方の締約国の法人であっても、次に掲げる要件を満たす場合には、条約の濫用を目的として第三国居住者が設立したペーパー・カンパニー等であるとは認められないため、この条約の特典を認めることとしたものです。

①　源泉地国と当該第三国との間の租税条約が実効的な情報交換規定を有する場合
②　第三国居住者が、租税条約の適用上、適格者に該当する場合
③　租税条約に規定する税率その他の要件が、改正条約に規定する税率その他の要件よりも制限的でない場合

㈡　能動的事業基準

日仏条約においても、能動的事業基準を定めています。これは、適格者に該当しない法人であっても、実体を伴う事業活動を行う場合には、その所有が第三国居住者であることをもって条約の適用を否認することは、正当な事業活動を阻害することになることから、次に掲げる要件を満たす場合には、特典を受けることができることにしたものです。

能動的事業基準	①　一方の締約国の居住者が、居住地国内において能動的事業を行い、源泉地国において取得する所得が居住地国の事業に関連し又は付随して取得されること
	②　一方の締約国の居住者又はその特殊関係会社が、源泉地国において事業から所得を取得する場合には、源泉地国において行う事業が居住者の居住地国における事業と実質的な関係にあること
	③　①に関し、ある者が居住地国内において事業を行っているが否かを決定するに当たっては、以下の事業については、その者が行うものとみなします a　その者が組合員である組合が行う事業 b　その者に関連する者（持株会社等）が行う事業
	④　この場合、以下のいずれかの要件を満たす場合に③ｂにいう関連するものとされます a　持分の50％以上を所有する関係の場合（親子会社） b　第三者がそれぞれの者の持分の50％以上を所有する場合（兄弟会社、姉妹会社）

㈭　権限のある当局による認定

日仏条約では、適格者基準、派生的受益基準又は能動的事業基準のいずれにも該当しない一方の締約国の居住者であっても、権限のある当局が認定したときは、その居住者は特典条項対象所得に対してこの条約に基づく租税の免除を受けることができます。

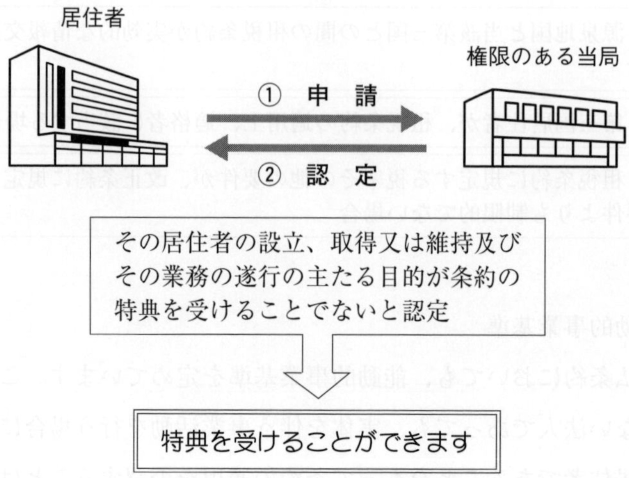
居住者
権限のある当局
① 申 請
② 認 定
その居住者の設立、取得又は維持及びその業務の遂行の主たる目的が条約の特典を受けることでないと認定
特典を受けることができます

ニ　日独条約

平成28年10月に発効した日独租税条約では、配当、利子、使用料に対する源泉地国免税を導入したことから、第三国の居住者が形式的に締約国の居住者となることによって本条約が濫用される可能性が増加することになります。そこで、21条では、本条約が規定する全ての特典について、特典を享受できる者を一定の要件を満たす者に限定するとともに、取引が本条約の濫用を主たる目的とすると認められる場合には本条約の特典を与えないことを規定しています。

(イ)　適格者基準

日英・日仏条約とほぼ同様の規定となっています。

(ロ)　派生的基準

日英・日仏条約とほぼ同様の規定となっています。

(ハ)　適格要件の判定基準

次の基準によることとしています。

①	源泉徴収による課税については、一方の締約国の居住者は、その所得の支払が行われる日に先立つ12か月の期間を通じて、支配要件を満たしていること
②	その他の全ての場合については、一方の締約国の居住者は、課税年度の総日数の半数以上の日において、支配要件を満たしていること

(ニ)　事業活動基準

本条約21条５においては、適格者基準又は派生的受益基準に適合しない場合であっても、次に掲げる要件を満たす場合には特典を受けることができるとしています。

①	居住者が一方の締約国内において事業の活動に従事していること（ただし、この事業には、居住者が自己の勘定のために投資を行い、又は管理するものは含まないこととされます。もっとも、銀行、保険会社又は証券会社が行う銀行業、保険業又は証券業はここで除外される事業には含まないこととされます）
②	他方の締約国において取得する所得が、①に規定する事業に関連又は付随して取得されるものであること
③	本条約の関連規定において定められている特典を受けるために必要な他の要件を満たすこと

また、一方の締約国の居住者が、他方の締約国（源泉地国）内において行う事業から所得を取得する場合又は他方の締約国内で事業を行う関連企業からその他方の締約国（源泉地国）内において生ずる所得を取得する場合には、当該他方の締約国内において行う事業との関係においてその居住者の居住地国における事業が実質的なものである必要があります。事業が実質的なものであるか否かは、全ての事実及び状況に基づいて判断されます。

なお、ある者が一方の締約国内において事業を行っているか否かを決定するに当たっては、その者が組合員である組合が行う事業及びその者に関連する者が行う事業（その者及びその者に関連する者が同一又は補完的な事業に従事している場合に限ります）は、その者が行うものとみなします。一方の者が他方の者の受益に関する持分の50％以上を所有する場合（親子会社等）及び第三者がそれぞれの者の受益に関する持分の50％以上を所有する場合（兄弟会社等）には、一方の者と他方の者は、関連するものとされます。

㈭　権限のある当局による認定

これについては、他の条約と類似しています。

㈬　主要目的テスト

日独租税条約21条8は、いわゆる主要目的テスト（Principal Purpose Test: PPT）を規定しています。具体的には、本条約の他の規定にかかわらず、全ての関連する事実及び状況を考慮して、本条約の特典を受けることがその特典を直接又は間接に得ることとなる仕組み又は取引の主たる目的の一つであったと判断することが妥当である場合には、その所得については、特典を与えないこととしています（特典を与えることが本条約の関連する規定の目的に適合することが立証されるときを除きます）。

このように、最新の日独租税条約はBEPSプロジェクト最終報告書の影響を受けて、租税条約の濫用を防止するための措置を講じているといえるのです。

(ト)　本条約と国内法令に規定される濫用防止規定との関係（21条９）

本条約の規定は、租税回避又は脱税を防止するための一方の締約国の法令の規定の適用をいかなる態様においても制限するものと解してはならないことを規定しています。ただし、この規定が適用されるのは、その法令の規定が本条約の目的に適合する場合に限ることとされています。

なお、議定書７は、本条約21条９について、各締約国がその法令で規定する外国子会社合算税制等は、租税回避又は脱税を防止するための一方の締約国の法令の規定であることを規定しています。

10　適用地域の拡張

(1)　OECDモデル租税条約

OECDモデル租税条約29条は、締約国が国際関係について責任を負う国又は領域で、この条約が適用される租税と実質的に類似の性質を有する租税を課するものに対し、そのまま又は必要な修正を加えて適用できるとしています。

(2)　日本の租税条約

日本が締結した租税条約には、デンマークなど一部の条約で適用地域の拡大について規定していますが、いずれも相手国の適用地域の拡張を定めたものです。

11　協議の要請

協議の要請については、日米条約（29条）にのみ規定があります。

項　目	OECDモデル条約	日米条約	日仏条約	日独条約	日仏条約	日印条約
①　協議の要請規定の有無	なし	あり	なし	なし	なし	なし

② 規定の概要	—	条約相手国において条約に関連する法令に実質的な改正が行われた場合又は行われることになった場合には、一方の締約国は、その改正がこの条約上の特典の均衡に及ぼし得る効果を決定するため、及び適当な場合にはこの条約上の特典について適当な均衡に到達するためにこの条約の規定を改正するため、他方の締約国に対し書面により協議の要請をすることができることとされています	—	—	—	—
③ 規定の背景	—	米国がいわゆる後法優先の原則を採用し、条約締結後に国内法の改正により条約上の特典に影響を及ぼすことがあることから、日本に対して協議の要請を行う権限を与えたものです	—	—	—	—

12　発効及び終了

⑴　OECDモデル租税条約

OECD モデル租税条約30条及び31条は、発効、批准及び終了の手続について規定しています。条約は、批准され、批准書の交換をもって効力を発します。また、終了については、一方の締約国が外交上の経路を通じて終了の通告を行うことにより、終了します。

⑵　日本の租税条約

日本が締結した租税条約においても、OECD モデル租税条約と同様の規定が置かれています。

第6　租税情報交換協定

1　はじめに

平成20年（2008年）9月のリーマン・ショックに端を発した世界的経済危機は、国際税務の分野において大きな影響を及ぼしました。簡単にいえば、金融危機はタックス・ヘイブンに資金が集まることが1つの大きな原因であったので、これを機に一層タックス・ヘイブンに租税情報を提供させようということです。

具体的には、平成21年4月にロンドンで開催されたG20首脳会議でタックス・ヘイブンから租税情報の提供をさせるよう、主要国で圧力をかけることとされました。

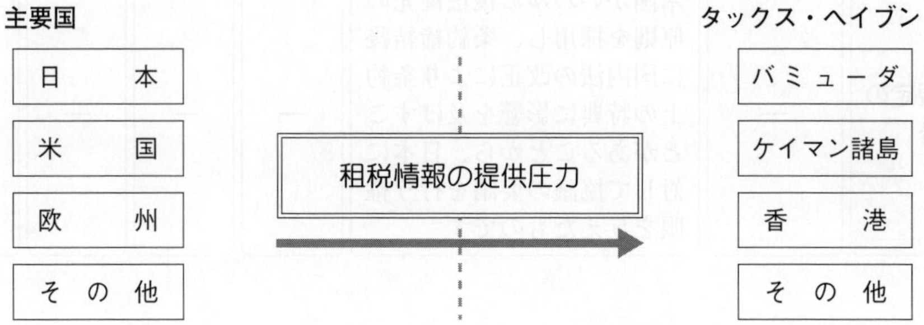

ただし、平成25年（2014年）10月に税務行政執行共助条約（第7参照）が日本でも発効したことにより、二国間で租税情報交換協定を締結する意味が薄れてきました。いわゆるタックス・ヘイブンは、近年の国際的な圧力の下、税務行政執行共助条約に参加してきました。

2　租税条約に基づく情報交換の整備と租税情報交換協定の締結

国際税務における情報交換とは、各国税務当局間における租税情報の交換を意味します。経済のグローバル化の進展により、個人・法人ともに国境を越えた取引が益々増えてきています。日本を含む各国税務当局は、自国と経済取引の多い国や地域との間で租税条約等を締結することにより、自国の課税権確保のために、租税情報の提供について外国税務当局の協力を積極的に仰ぐことをしてきました。これが租税条約に基づく情報交換です。

一方、いわゆるタックス・ヘイブンとの間でも、租税情報の交換を主目的とする協定のひな型がOECD租税委員会の場で策定されてきました。この協定は、関係する

2つの政府が国際標準に基づいて租税に関する透明性の向上及び情報交換の実効性の確保に積極的に取り組むことで、国際的な脱税及び租税回避行為の防止に資することを目的としています。

このような流れの中で、日本もこれまでの租税条約に国際標準ベースでの情報交換規定を追加する議定書の締結（スイス、シンガポール、マレーシア、ベルギー及びルクセンブルク）や香港との租税条約の締結、そして、代表的なタックス・ヘイブンであるバミューダ、ケイマン諸島、バハマ、パナマなどとの間で租税情報交換協定の締結を行うこととしました。

㈱　これまでは、二重課税の排除や国際的な脱税及び租税回避行為を防止する観点から、包括的な租税条約が締結されてきました。しかし、バミューダやケイマン諸島のように、タックス・ヘイブンであり、かつ、国ではなく英国自治領との間で、情報交換を主な内容とする「租税情報交換協定」が締結されることとなります。そこで、ここでは、租税条約と租税情報交換協定を併せて「租税条約等」といいます。また、バミューダ、ケイマン諸島及び香港のように国ではない「地域」との間で協定などを締結するので、相手国ではなく「相手国等」といいます。

3　タックス・ヘイブンとの租税情報交換協定の締結状況

令和6年6月現在、日本は次の国・地域との間で合計11の租税情報交換協定を締結しています。

欧州地域
ガーンジー、ジャージー、マン島、リヒテンシュタイン

北米・中南米
ケイマン諸島、英領バージン諸島、パナマ、バハマ、バミューダ

アジア・大洋州
マカオ、サモア

4　税務行政執行共助条約に伴う租税情報交換協定の位置づけ

第7にあるように、日本でも平成25年に税務行政執行共助条約が発効し、これに加入する国や地域については、二国間で租税情報交換協定を締結する必要性は薄れてきています。特に、2016年4月に『パナマ文書』が明らかになるなど、世界各国でいわゆる租税回避が行われていることを受けて、OECDなどの国際機関が締め付けを強化しており、多くのタックス・ヘイブンも税務行政執行共助条約に参加することになりました。

第７　税務行政執行共助条約

１　はじめに

平成23年（2011年）11月に開催されたG20サミットにおいて、わが国は、「租税に関する相互行政支援に関する条約」（「税務行政執行共助条約」（Convention on Mutual Administrative Assistance in Tax Matters））及び「租税に関する相互行政支援に関する条約を改正する議定書」（「改正議定書」）に署名し、平成25年10月１日に発効しました。

本条約の目的は、締約国間で租税に関する様々な行政支援（情報交換、徴収共助、送達共助など）を相互に行うことを通じ、国際的な脱税及び租税回避行為に適切に対処していくことです。

本条約の発効により、これまでわが国と二国間租税条約を締結していない国や地域との間で情報交換が可能になります。今後の本条約への署名・発効国の拡大が期待されます。

《税務行政執行共助条約のイメージ図》

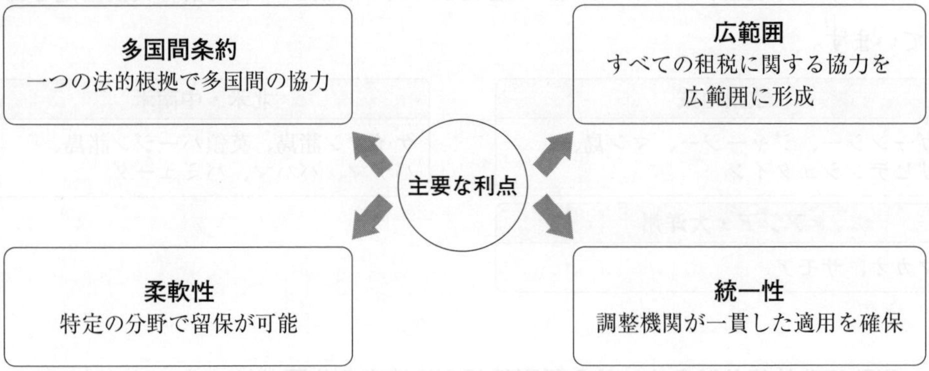

２　本条約及び改定議定書の概要

税務行政執行共助条約は、国際的な脱税及び租税回避行為に適切に対処するため、本条約の締約国間で以下の行政支援を相互に行うための多数国間条約です。対象となるのは、関税を除く全ての租税です。

(1)　情報交換

締約国間において、租税情報を相互に交換することができます。情報交換規定は国際標準に沿ったものとし、銀行機密に関する情報の交換が可能となりました。情報交換の形態には、個別的情報交換、自発的情報交換、自動的情報交換があります。

この中では、自動的情報交換を行うことができるようになることは大きな進歩です。これまでのOECDモデル租税条約及び租税情報交換協定には自動的情報交換規定はなく、本条約が効力を持つことにより、より多くの租税情報が交換されることになり、公平な税務行政の執行が期待されます。

⑵　徴収共助

租税の滞納者の資産が他の締約国にある場合、他の締約国にその租税の徴収を依頼することができます。

ただし、依頼された外国の租税については、国内法における租税とは異なり、優越性がないことから、優先的に徴収されることにはならないことに留意しなければなりません。

⑶　送達共助

租税に関する文書の名宛人が他の締約国にいる場合、他の締約国にその文書の送達を依頼することができます。

⑷　その他

多国間での同時調査や合同調査を行うことができるようになります。また、締約国の代表から成る調整機関を設置し、本条約の履行を監視します。この他、本条約により収集された情報が重大な金融犯罪に関連する場合には、一定の手続によりこれらのために使用されることがあります。

3　税務行政執行共助条約の今後

税務行政執行共助条約は、日本の国税庁に相当する税務当局が外国の税務当局と税務行政の執行について共助するためのものであり、納税者には直接的な関係はありません。

しかし、情報交換をよりスムーズに進めるための方策として、新たにOECDにおいて、非居住者に係る金融口座情報を税務当局間で自動的に交換するための国際基準である「共通報告基準（CRS : Common Reporting Standard）」（第12章第３をご参照ください）が公表され、着実に実施されています。

このCRSの法的根拠が、この税務行政執行共助条約です。税務行政執行共助条約の加盟国数は着実に増加していますが、CRS実施国もこれと連動して増加していきます。そうなることで、金融資産情報が税務当局にもたらされることになることから、税の透明性が増すことになります。

税務行政執行共助条約への加盟について、OECDはG20財務相会議などの国際会議を使って未加盟国に推奨しており、毎年着実に参加国が増加しています。

第８　BEPS 防止措置実施条約（多数国間協定）

1　はじめに

2015年秋に最終報告書が公表されたBEPSプロジェクトにより、租税条約に関する措置を講じるため、2016年11月に『BEPS防止措置実施条約（多数国間協定)』が策定されました。

この多数国間協定ですが、正確に言えば、「税源侵食と利益移転を防止するため租税条約関係の措置を履行する多数国間協定(Multilateral Convention to Implement Tax Treaty Related Measures to Prevent BEPS)」です。このBEPS防止措置実施条約は租税条約関係の抜け穴をふさぐために策定されました。

また、BEPS防止措置実施条約の位置付けですが、既存の二国間租税条約よりも上位の条約として位置付けられます。そうすることによって、既存の二国間租税条約を改正することなく、このBEPS防止措置実施条約という一つの条約に署名し、各国の国会で承認を得ることによって、その国や地域は、その国（地域）の個人や法人が関係する国際的租税回避を一定程度防止することができるようになります。

このように、内容的にも、また形式的にもこれまでの租税条約と大きく異なる多数国間協定です。これは、国際課税の歴史の中でも非常に大きな改革ということができます。

本節で説明するBEPS防止措置実施条約は、多国間条約であるという意味において第７でご説明した税務行政執行共助条約と同じです。しかし、税務行政執行共助条約は税務当局間の執行共助を目的としており、納税者には直接的には関係ありません。それに対して、BEPS防止措置実施条約は、既存の二国間租税条約を修正するという意味で、納税者に直接関わってきます。この点が、これら２つの大きな相違点になります。

2　BEPS 防止措置実施条約の発効

平成30年９月26日、日本は「BEPS防止措置実施条約」の受諾書を本条約の寄託者である経済協力開発機構（OECD）の事務総長に寄託しました。これにより、本BEPS防止措置実施条約は、日本について、平成31年（2019年）１月１日に発効しました。

さて、日本との間でBEPS防止措置実施条約が発効する国は、まず日本との間に二国間租税条約を有していること、相手国でも本条約を発効すること、といった要件があります。

3　BEPS防止措置実施条約の概要

BEPS防止措置実施条約は、全部で39条から成るものであり、以下の７つの項目から構成されています。

①	多数国間協定の適用範囲、用語の定義	１条、２条
②	ハイブリッド・ミスマッチへの対応（行動２）	３条～５条
③	租税条約の濫用への対応（行動６）	６条～11条
④	恒久的施設（PE）認定の人為的回避の防止（行動７）	12条～15条
⑤	紛争解決の進展（行動14）	16条～17条
⑥	強制的・拘束的仲裁（行動14。ただし、選択可能）	18条～26条
⑦	最終規定（適用開始などの事務的事項）	27条～39条

本条約は、BEPSプロジェクトの15の行動計画のうち、行動２、６、７そして14をカバーすることになります。

BEPS防止措置実施条約では、以上の項目のうち、③租税条約の濫用への対応（行動６）と⑤紛争解決の進展（行動14）については各国に対して最低限順守すべき措置（ミニマムスタンダード）を義務付けています。

一方、②と④については、行動２と７の最終報告書の内容を採用するような勧告を含んでいるものの、一部の内容だけを採用することも可とされます。さらに、⑥については、これを採用しなくてもいいという意味で選択可能な措置としています。

なお、BEPS防止措置実施条約も条約の一つの類型になることから、各国は自国の制度の関係から留保を付すことができることになっています。また、BEPS防止措置実施条約の解説ともいうべきコメンタリー（解釈指針）も作成されることになっています。

さて、BEPS防止措置実施条約の位置付けについて、「既存の二国間租税条約の上位の条約として位置付ける」ということになりました。これを簡単に図示すれば、次のようになります。

《BEPS 防止措置実施条約の位置付け（日本の二国間租税条約を例にして）》

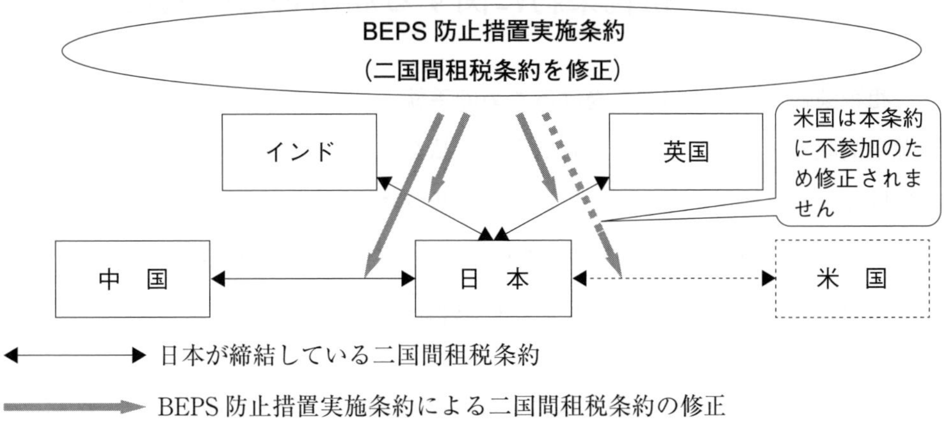

上の図で示したように、日本がBEPS 防止措置実施条約に署名し国会で承認を受けると、BEPS 防止措置実施条約の参加国になります。同じように、日本と二国間租税条約を締結している国（地域）もBEPS 防止措置実施条約の批准をすることで参加国となるとします。そのような場合、日本との二国間租税条約のうち、BEPS プロジェクトの行動２（ハイブリッド・ミスマッチへの対応）、６（租税条約の濫用への対応）、７（PE 認定の人為的回避の防止）及び14（紛争解決の進展）に関する規定がBEPS 防止措置実施条約により修正されることになります。

第９　租税条約に関する届出書等の概要

１　租税条約上の減免措置を受けるための手続

源泉徴収の対象となる国内源泉所得の支払を受ける非居住者等が、日本において源泉徴収される所得税について、租税条約に基づき軽減又は免除を受けようとする場合には、２に述べるように、「租税条約に関する届出書」、「特典条項に関する付表」そして「居住者証明書」といった書面を提出する必要があります（実施特例省令２～２の５、９の５～９の９など）。

なお、令和３年度の税制改正において、「租税条約に関する届出書」の電磁的提出ができるようになりました。

２　「租税条約に関する届出書」、「特典条項に関する付表」そして「居住者証明書」について

⑴　租税条約に関する届出書

租税条約に規定する税の減免を受ける際に届け出るものであって、その対象により様式が異なります。以下、配当を例に説明します。

この届出書は、日本と租税条約を締結している国の居住者（法人を含みます）が、わが国の法人から支払を受ける配当について、租税条約の規定に基づき源泉徴収税額の軽減又は免除を受けるために提出することになります。これを実際に提出するのは、源泉徴収税額の軽減又は免除の適用を受けようとする者となります。また、提出時期については、最初に配当の支払を受ける日の前日までに提出することとされます。

提出に当たっては、配当の支払者ごとに届出書を正副２部作成して配当の支払者に提出し、配当の支払者は、正本を、その支払者の所轄税務署長に提出することになります。この届出書の提出後その記載事項に異動が生じた場合も同様です。記載事項に異動が生じた場合において、異動に係る届出書の提出を省略することができる場合があります。

なお、日米、日英、日仏、日豪、日蘭及び日瑞租税条約の適用を受ける者は、⑵の「特典条項に関する付表」と⑶の「居住者証明書」を添付（原則）する必要があります。

⑵ 「特典条項に関する付表（様式17）」

この付表は、特典条項の適用対象となる租税の条約の規定の適用に基づき免除を受けようとする者が、租税条約に関する届出に添付することが必要な書類で、「租税条約に関する届出書」に添付することとされています。

⑶ 居住者証明書

居住者証明書とは、相手国の権限ある当局が発行した「その者が、その相手国における居住者であることを証明する書類」をいい、源泉徴収の免除を受ける際に用いる様式です。したがって、その様式は各国が定めるものなので、日本においてはその様式は定められていません。しかし、英国とフランスの場合には、居住者証明書のひな形が国税庁のウェブサイトで公表されています。

3　配当の源泉税率の減免措置を受けるための手続

配当を受ける場合の減免措置について、以下の例題をもとに説明します。

（例　題）

外国法人Ａ（米国居住者）は、非上場の内国法人Ｘから配当を受けました。この場合、国内法（所法213①一）によると源泉税率は、20％となります。一方、日米租税条約上は、145ページのとおりとなっています。そこで、145ページの表に基づいて持株割合に応じた税率を選定することになります。仮に、Ａの持株割合が60％の場合は、源泉税率は０％（免税）となります。

さて、この場合、租税条約上の減免措置を受けるためには、どのような手続を踏めばいいのでしょうか。

（手　続）

まず、源泉徴収の対象となる国内源泉所得の支払を受ける非居住者等が、日本において源泉徴収される所得税について、租税条約に基づき軽減又は免除を受けようとする場合には、「租税条約に関する届出書」を提出する必要があります。

「租税条約に関する届出書」は、所得の区分毎に様式が定められていますので、この場合には、「租税条約に関する届出書（配当に対する所得税の軽減・免除）」を使用することになります。

この届出書は、所得の支払者ごとに正副２部作成し、最初にその所得の支払を受ける日の前日までに、所得の支払者である源泉徴収義務者を経由して支払者の納税地の所轄税務署長に提出することとされています。支払を受ける日の前日までに届出書を税務署長へ提出していない場合には、源泉徴収義務者が、その支払の際、国内法の規定に基づき源泉徴収をすることになります。

さて、この例題では、外国法人Ａは米国の居住者になりますので、日米租税条約の規定が適用されることになります。日米租税条約には、いわゆる、「特典条項」が含まれていますので、源泉税の免除措置を受けるためには、「租税条約に関する届出書」の他に「特典条項に関する付表（様式17）」及び「居住者証明書」を提出しなければなりません。「特典条項に関する付表（様式17）」は、租税条約の適用を受けることができる居住者であるかどうかを判定する書類であり、特典条項を有する租税条約の適用を受けようとする場合に届出書に添付して提出する必要があります。

このうち、「特典条項に関する付表（様式17）」は、国毎に様式が異なりますので注意が必要です。この例題では、Ａが米国の居住者であることから、「特典条項に関する付表（様式17－米）」を用いることになります。

次に、Ａが米国の居住者であることを証する「居住者証明書」についてですが、米国の権限のある当局が発行する書類ですので、日本では様式を定めずに米国によって定められています（米国IRSのウェブサイトで見ることができます。）。「居住者証明書」は、原則として、「特典条項に関する付表（様式17－米）」に添付することとされていますが、以下のような場合には添付を省略することができます。

すなわち、所得の支払者に居住者証明書（提示の日前１年以内に作成されたものに限ります）を提示し、特典条項条約届出書に記載した氏名又は名称その他の事項について所得の支払者の確認を受けたとき（特典条項条約届出書にその確認をした旨の記載がある場合に限ります）は、居住者証明書の添付を省略することができます。

この場合、上記の確認をした所得の支払者は、租税条約に関する届出書の「その他参考となるべき事項」の欄に、以下の事項を記載するとともに、提示を受けた居住者証明書の写しを作成し、提示を受けた日から５年間その国内にある事務所等に保存する必要があります。

記載すべき事項	
	①　確認をした旨（例：届出者から提示のあった居住者証明書により、届出書に記載された氏名又は名称その他の事項について確認しました。）
	②　確認者の氏名（所属）
	③　居住者証明書の提示を受けた日
	④　居住者証明書の作成年月日

なお、「居住者証明書」については、英国とフランスについてのみ様式が定められています。

4　上場株式等の配当に係る特例

⑴　経緯

上場株式等の配当に対する源泉徴収税率が、現行の特例源泉徴収税率（７％）から平成26年４月１日から20％に戻ることとされました。その結果、租税条約の限度税率を適用する件数が大幅に増加することが見込まれます。そこで、平成26年１月１日以後、上場株式等の配当に関する租税条約の適用手続を簡素化することにしました（実施特例省令附則１）。

⑵　概要

上場株式等の配当を受ける租税条約相手国居住者等については、これら租税条約相手国居住者等が租税条約の規定に基づいて源泉徴収税率の軽減又は免除を受けようとする場合、次に掲げる事項を記載した届出書（「特例届出書」）を、その支払の取扱いの納税地の所轄税務署長に提出した場合には、その相手国居住者等は、その提出の日以後その支払の取扱者から交付を受ける上場株式等の配当について、租税条約に関する届出書を提出したものとみなされることとされます（実施特例省令２⑩）。

イ	相手国居住者等上場株式等配当等の支払を受ける者の氏名、国籍及び住所もしくは居所又は名称、本店若しくは主たる事務所の所在地及びその事業が管理され、かつ、支配されている場所の所在地
ロ	相手国居住者等上場株式等配当等の支払を受ける者の相手国居住者等上場株式等配当等に係るその相手国等における納税地及びその支払を受ける者がその相手国等において納税者番号を有する場合には、その納税者番号
ハ	相手国居住者等上場株式等配当等に係るその租税条約の名称
ニ	相手国居住者等上場株式等配当等の支払の取扱者の名称及び本店又は主たる事務所の所在地
ホ	相手国居住者等上場株式等配当等の支払を受ける者が国税通則法117条２項の規定による納税管理人の届出をしている場合には、その納税管理人の氏名及び住所又は居所
ヘ	その他参考となるべき事項

(3) 特例届出書提出後の手続

① 取扱者への通知

上の特例届出書を提出した者は、その特例届出書に係る支払の取扱者から交付を受ける相手国居住者等上場株式等配当等の支払者ごとに、次に掲げる事項を、その特例届出書の提出の日以後最初にその支払を受ける日の前日までに、その支払の取扱者に通知しなければなりません（実施特例省令２⑬）。

イ	相手国居住者等上場株式等配当等につきその相手国居住者等上場株式等配当等に係る租税条約の規定に基づき租税の軽減又は免除を受けることができる事情の詳細
ロ	相手国居住者等上場株式等配当等の支払者の名称及び本店又は主たる事務所の所在地
ハ	相手国居住者等上場株式等配当等に係る株式、出資又は受益権の銘柄又は名称、種類及び数量並びにその取扱の日
ニ	その他参考となるべき事項

② 異動事項の通知

上の①により通知をした事項につき異動を生じた場合には、その異動を生じた事項、その異動を生じた日その他参考となるべき事項を、その異動を生じた日以後最初にその通知に係る相手国居住者等株式等配当等の支払を受ける日の前日までに、その支払の取扱者に通知しなければなりません（実施特例省令２⑭）。

5　利子・使用料等の源泉税率の減免措置を受けるための手続

3で述べた配当の源泉税率の減免措置は、利子や使用料等についても基本的には同様です。

ただし、「租税条約に関する届出書」の様式は、所得の区分毎に異なりますので注意が必要です。一方、上述したように、「特典条項に関する付表（様式17）」は、日米、日英、日仏、日豪、日蘭及び日瑞租税条約といった条約毎に様式が異なります。

以下に、源泉所得税の減免措置を受ける際に必要となる「租税条約に関する届出書」及び源泉徴収税額の還付請求書等に係る手続を掲げることにします。

租税条約に関する届出書・還付請求書の種類
①　配当に対する所得税及び復興特別所得税の軽減・免除
②　上場株式等の配当等に対する所得税及び復興特別所得税の軽減・免除
③　譲渡収益に対する所得税及び復興特別所得税の軽減・免除
④　利子に対する所得税及び復興特別所得税の軽減・免除
⑤　使用料に対する所得税及び復興特別所得税の軽減・免除
⑥　外国預託証券に係る配当に対する所得税及び復興特別所得税の源泉徴収の猶予
⑦　外国預託証券に係る配当に対する所得税及び復興特別所得税の軽減・免除
⑧　人的役務提供事業の対価に対する所得税及び復興特別所得税の免除
⑨　自由職業者・芸能人・運動家・短期滞在者の報酬・給与に対する所得税及び復興特別所得税の免除
⑩　国際運輸従事者の給与に対する所得税及び復興特別所得税の免除
⑪　教授等・留学生・事業等の修習者・交付金等の受領者の報酬・交付金等に対する所得税及び復興特別所得税の免除
⑫　退職年金・保険年金に対する所得税及び復興特別所得税の免除
⑬　所得税法第161条第1項第7号から第11号まで、第13号、第15号又は第16号に掲げる所得に対する所得税及び復興特別所得税の免除
⑭　租税条約に関する源泉徴収税額の還付請求（発行時に源泉徴収の対象となる割引債及び芸能人等の役務提供事業の対価に係るものを除く）
⑮　租税条約に関する芸能人等の役務提供事業の対価に係る源泉徴収税額の還付請求
⑯　租税条約に関する割引債の償還差益に係る源泉徴収税額の還付請求（発行時に源泉徴収の対象となる割引国債）

⑰　租税条約に関する割引債の償還差益に係る源泉徴収税額の還付請求（割引国債以外の発行時に源泉徴収の対象となる割引債）

⑱　租税条約に基づく認定を受けるための申請（認定省令第一条第一号関係）

⑲　租税条約に基づく認定を受けるための申請（認定省令第一条第二号関係）

⑳　租税条約に関する源泉徴収税額の還付請求（利子所得に相手国の租税が賦課されている場合の外国税額の還付）

㉑　特典条項に関する付表（様式17）

㉒　免税芸能法人等に関する届出

6　国外取引等の課税に係る更正決定等の期間制限の見直し

次の⑴に掲げる事由が生じた場合において、次の⑵に掲げる事由に基づいてする更正決定等について、租税条約等の相手国等に対して情報提供要請に係る書面が発せられた日から３年間は、行うことができることとされます（通則法71①四）。

⑴　国税庁等の当該職員が納税者に国外取引又は国外財産に関する書類（その電磁的記録又はその写しを含みます）の提示又は提出を求めた場合において、その提示又は提出を求めた日から60日を超えない範囲内においてその準備に通常要する日数を勘案して当該職員が指定する日までにその提示又は提出がなかったこと（納税者の責めに帰すべき事由がない場合を除きます）。

⑵　国税庁長官（その委任を受けた者を含みます）が租税条約等の規定に基づきその租税条約等の相手国等に上記⑴の国外取引又は国外財産に関する情報提供要請をした場合（その情報提供要請が更正決定等をすることができないこととなる日の６月前の日以後にされた場合を除くものとし、その情報提供要請をした旨の納税者への通知が情報提供要請をした日から３月以内にされた場合に限ります）において、その課税標準等又は税額等に関し、租税条約等の相手国等から提供があった情報に照らし非違があると認められること。

㈱　上記の「国外取引」とは、非居住者又は外国法人との間で行う資産の販売、資産の購入、役務の提供その他の取引（非居住者又は外国法人が提供する場を利用して行われる取引を含みます）をいいます。

第10　日台民間租税取決めを受けた税制の整備

1　はじめに

様々な理由により正式な外交関係のない台湾は、地理的状況や歴史的経緯を受けて、わが国との経済交流は盛んに行われています。これまで、外交関係がないために国際的二重課税の回避を目的とした租税条約は締結されていませんでした。しかし、平成27年11月26日、わが国の「公益財団法人交流協会」(2017年１月１日に「公益財団法人日本台湾交流協会」に名称変更）と台湾の「亜東関係協会」(2017年５月17日に「台湾日本関係協会」に名称変更）の間で、民間ベースにより「所得に対する租税に関する二重課税の回避及び脱税の防止のための公益財団法人交流協会と亜東関係協会との間の取決め」(以下「日台民間租税取決め」といいます）が合意に達し、署名されました。

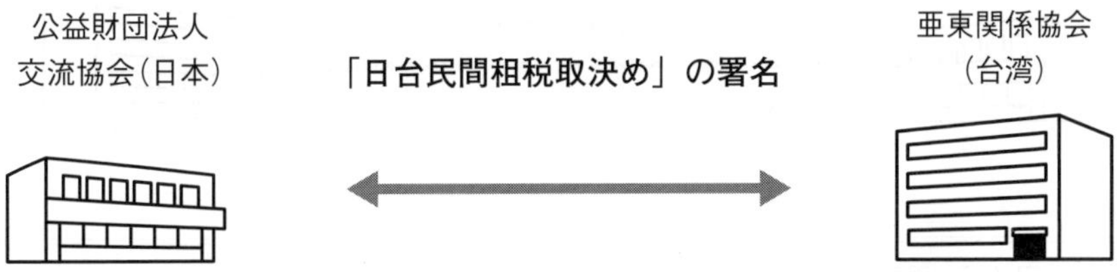

これにより、これまで国内法のみが適用されてきた台湾との取引に関して、源泉税の軽減税率の適用など実質的に租税条約の適用と同じ経済効果が得られることになります。今般、日本と台湾との間で租税条約と同様の民間取決めが締結されたことにより、国際源泉税の軽減や国際的二重課税の調整など、相互の投資・経済交流を一層促進することが期待されることになります。

2　民間取決めとしての性質

日台租税取決めが民間ベースの合意であるため、財務省（正確には、外務省）ホームページに条文が掲載されていないほか、源泉税率の軽減方法などの手続規定がこれまでとは異なるなど、通常の二国間租税条約とは異なっています。

また、租税条約は政府間の合意の後、日本では国会の承認（憲法73三）の後、天皇の国事行為としての認証（憲法７八）を終えて批准書が作成され、外国とこれを交換した上で効力を生じることとされます。

これに対して、今回の日台民間租税取決めについては、相互主義が確保された段階で日台両国（地域）において法制度を整備し、その後に効力が生じることになります。

3　日台民間租税取決めを受けた税制整備

日台民間租税取決めに規定された内容を実施するため、平成28年度税制改正法（所得税法等の一部を改正する法律）において、これまでの「外国人等の国際運輸業に係る所得に対する相互主義による所得税等の非課税に関する法律（昭和27年法律第144号）」が、「外国居住者等の所得に対する相互主義による所得税等の非課税等に関する法律」と改められました。

《日台民間租税取決めと国内法の整備》

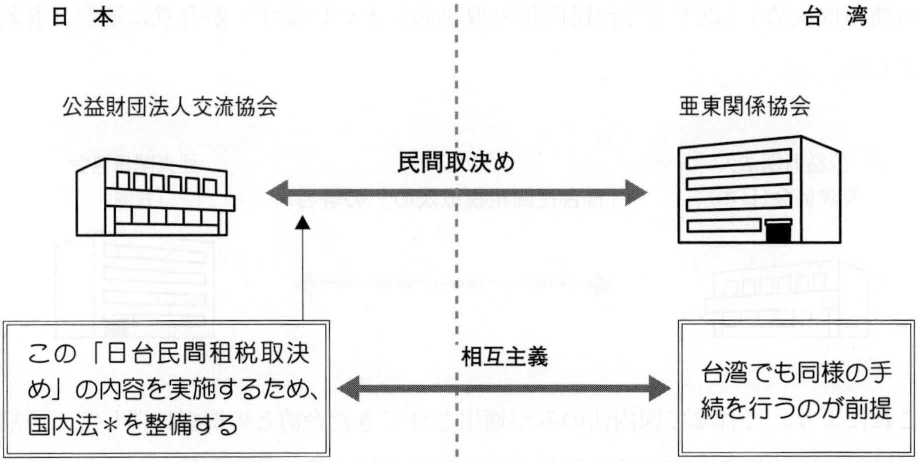

＊　正式には、「外国居住者等の所得に対する相互主義による所得税等の非課税等に関する法律」といい、通称「外国居住者等所得相互免除法」といいます。

日本が外国との間で租税条約を締結・改正を行う場合、「租税条約等実施特例法」を経由することで、所得税法等の税法が読み替えられてきました。これに対して、日台民間租税取決めは、法律上の租税条約ではないことから、別途「外国居住者等所得相互免除法」が整備されることになりました。

《通常の二国間租税条約》

租税条約の締結・改正 ⇒ 租税条約等実施特例法の適用 ⇒ 所得税法等の読替え（源泉税の軽減・免除等）

《日台民間租税取決め》

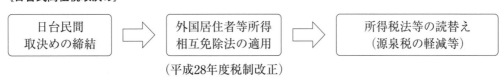

日台民間取決めの締結 ⇒ 外国居住者等所得相互免除法の適用（平成28年度税制改正） ⇒ 所得税法等の読替え（源泉税の軽減等）

なお、外国居住者等所得相互免除法が整備されたことで、日台民間租税取決めの内容を具体的に処理する方法が明らかになりました。外国居住者等所得相互免除法は、この民間取決めにある配当・利子・使用料の源泉税の軽減などについて、所得税法等への橋渡しをすることを目的としていますが、その規定は非居住者・外国法人の事業所得に対して独立企業原則を適用するとともに、同時文書化など最新の内容となっています。

4　日台民間租税取決めの概要

日台民間租税取決めは合計29条の規定からなっており、その内容は伝統的なOECDモデル租税条約と類似する条項が多い一方、建設工事現場等を恒久的施設として取扱う期間が６か月と短いのは国連モデル租税条約と同じとなっています。

このように、本取決めは、多くの条項においてOECDモデル租税条約を採用する一方、国連モデル租税条約も採用しています。

5　実務上の対応

⑴　施行日

「外国居住者等所得相互免除法」は、平成29年１月１日以後に開始する各課税年度より適用されています。

⑵　日本国内における実務上の手続

源泉所得税率の軽減については、「租税条約に関する届出書」ではなく、「外国居住者等所得相互免除法に関する届出書」に必要事項を記載して所轄税務署長に提出します。

6　台湾との間での金融口座情報の自動的な提供のための報告制度等の整備

⑴　はじめに

第12章第３に記載するCRS情報の自動的情報交換について、台湾についても適用できるよう、令和元年度税制改正において国内税制が整備されました。

⑵　概要

①　報告金融機関等は、その年の12月31日において、当該報告金融機関等の国内にある営業所等を通じて特定取引を行った者（外国金融商品取引所において上場されている法人等を除く。）が報告対象契約を締結している場合には、その報告対象契約ごとに、特定取引を行った者（その者が特定法人である場合における当該特定法人に係る実質的支配者等を含む。）の氏名又は名称、住所又は本店等の所在地、特定居住地国及び当該報告対象契約に係る資産の価額、当該資産の運用、保有又は譲渡による収入金額その他必要な事項（以下「報告事項」という。）を、その年の翌年４月30日までに、電子情報処理組織を使用する方法又は光ディスク等の記録用の媒体を提出する方法により、当該報告金融機関等の本店等の所在地の所轄税務署長に提供しなければならないこととされます。

㈱　上記の「報告対象契約」とは、特定取引に係る契約のうち次に掲げるものをいう。
イ　特定居住地国が台湾である者等が締結しているもの
ロ　特定居住地国が台湾以外の国又は地域である特定法人で、当該特定法人に係る実質的支配者の特定居住地国が台湾である特定法人が締結しているもの

②　報告金融機関等は、報告事項その他必要な事項に関する記録を作成し、保存しなければならないこととされます。

③　報告事項の提供に関する調査に係る質問検査権の規定が整備されます。

④　報告事項の不提供・虚偽記載又は報告事項の提供に関する調査に係る検査忌避等に対する罰則が設けられます。

7　国別報告事項制度の整備

令和元年度税制改正において、第７章第８に記載する移転価格税制における国別報告事項提供制度における子会社方式の適用に係る最終親会社等の居住地国に台湾が加えられることになりました。

この改正は、平成31年４月１日以後に開始する最終親会計年度に係る国別報告事項について適用されます。

第5章　外国税額控除

第1　総　　説

1　国際的二重課税の発生

日本企業（内国法人）が居住地国である日本を離れて外国で経済活動を行い所得を得る場合があります。その場合、居住地国である日本は、日本企業が稼得したすべての所得に対して課税を行います（全世界所得課税）。一方、日本企業が活動している国も所得の源泉地国として課税を行うことになります。そうなると、居住地国と源泉地国の両方から課税を受けることになります。これが国際的二重課税（international double taxation）といわれるものです。

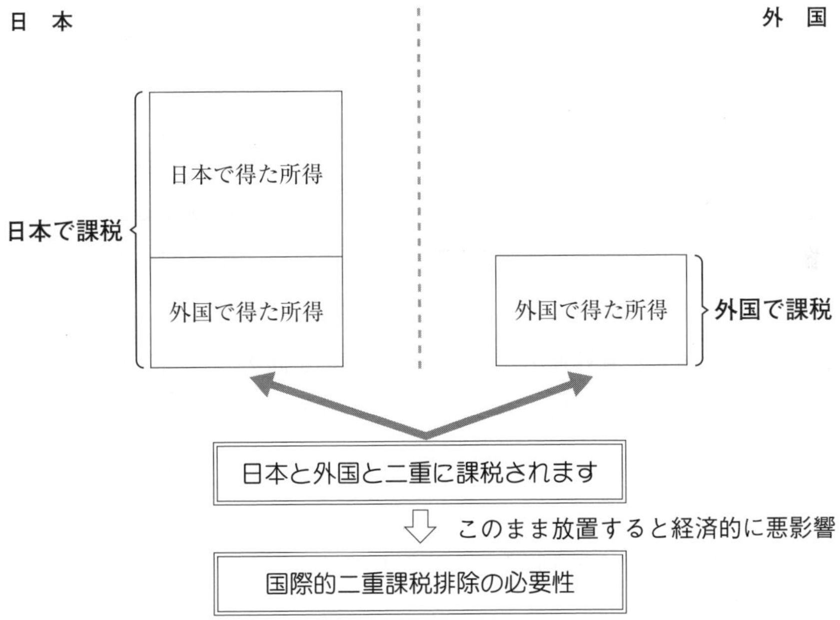

2　国際的二重課税の排除

国際的な経済活動から生じる所得に対する課税方法としては、①国家の課税権を属人的にとらえて、自国（居住地国）の法人や個人の所得について、その源泉がどこであるか（すなわち、国内か国外か）に関係なく、すべてを課税対象とする全世界所得課税制度と、②国家の課税権を属地的にとらえて、国外に源泉のある所得を課税の対象から除外する領土内所得課税制度、の２つがあります。

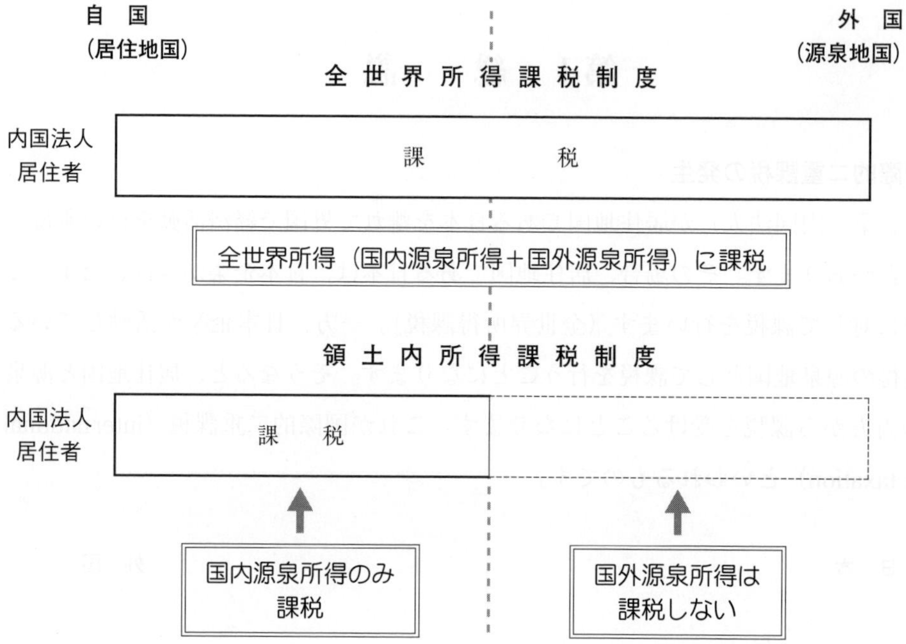

日本や英国、米国などでは、全世界所得課税制度を採用していることから、居住地国及び源泉地国から二重に課税される可能性があります。そうなると、二重課税が排除されなければ、企業や個人の活動場所の選択についての中立性が失われ、ひいては国際的な資本移動や人的交流にも悪影響を与えることになります。国際的な二重課税の排除は、企業や個人の海外進出に対する税の障害を除去し、国際的な経済交流を活発にするために採られている措置であると考えられます。日本のように、全世界所得課税制度を採用している国は、外国税額控除制度を適用して二重課税の排除を行っているのです。

なお、国際的な二重課税を排除する方法としては、次の２つの方法があります。

外国税額控除方式 ⇨	国外（源泉地国）で納めた税金を居住地国で納めるべき税金から差し引くことを認めるもの
国外所得免除方式 ⇨	国外で稼得した所得については、居住地国において免税とするもの

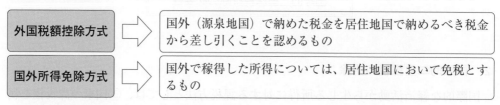

外国税額控除方式と国外所得免除方式は、次のような特徴を有するとされています。

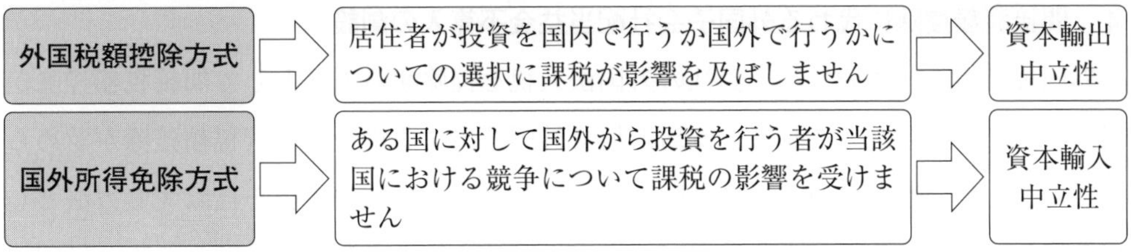

ただし、諸外国の制度を見ると、必ずしも外国税額控除方式又は国外所得免除方式に明確に区分されているとは限りません。日本も平成21年度税制改正において、本章第7で述べる外国子会社配当益金不算入制度を導入し、間接税額控除を廃止しました。

このように、現実には2つの制度を何らかの形で併用している場合が多いといえます。

3　外国税額損金算入方式

なお、これら以外に、外国税額損金算入方式があります。日本でも外国税額控除を行わない場合には、外国税額を一般の経費と同様に取り扱って、損金に算入することができます（所法46、法法41）。しかし、この方式では、外国に納付した税額に居住地国の税率を乗じた額だけが税額から控除されることになるため、国際的二重課税を完全に排除することができません。

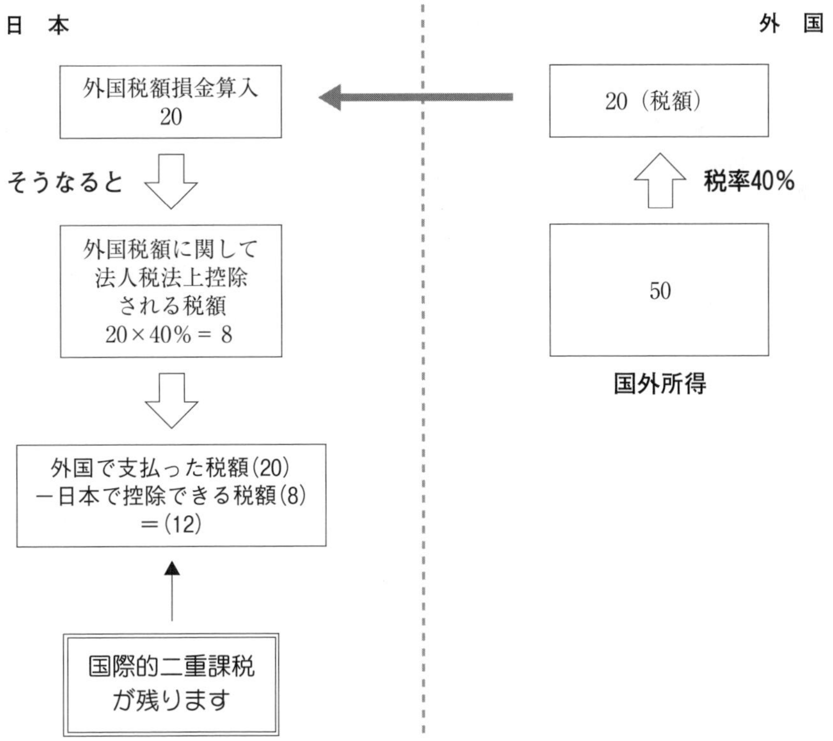

4　間接税額控除に代わる外国子会社配当益金不算入の創設

外国税額控除において、子会社の外国法人税を控除する方法として間接税額控除が用いられてきました。これは、支店形態で外国進出する場合に直接税額控除が認められることと整合性を保つために外国子会社が納税した外国法人税を控除する方法として機能してきました。つまり、内国法人が外国子会社から配当を受領した際、外国法人税を控除することにしたのです。

しかし、間接税額控除は計算が面倒である一方、現実的に税額控除割合が低いという問題がありました。そこで、より経済取引がしやすいようにするため、内国法人が外国子会社から配当を受領した場合、原則としてこれを益金不算入とする制度に変更されることになりました。

外国子会社配当益金不算入制度は、外国税額控除に一部国外所得免除方式を採用したことになりますが、日本以外の国でも採用されている方法です。

これにより、国境を越えた経済取引がより活発に行われることが期待されています。

5　国外源泉所得の意義

平成26年度税制改正において、外国税額控除の対象となる国外源泉所得が定義されました。詳細は「第３　国外源泉所得」以下に記載致しますが、この国外源泉所得は、第２章で記載した非居住者・外国法人の課税に係る帰属主義の導入の裏返し、つまり、非居住者・外国法人課税で用いる「国内源泉所得」の真逆になります。これについては、次ページ以降の表をご覧いただければおわかりいただけると思います。

次に、国外源泉所得における国外事業所等帰属所得は国内源泉所得における恒久的施設（PE）帰属所得と、そしてその他の国外源泉所得についても国内源泉所得における恒久的施設（PE）帰属所得以外の国内源泉所得と、それぞれ同一の性質ですが、これもほとんど真逆のものになっています。少し異なる部分は、国内源泉所得のうち、源泉徴収のみで課税関係が終了するものに関して、外国税額控除では他の所得と同じように取扱うところです。

つまり、今回の外国税額控除に係る税制改正については、非居住者・外国法人課税に係る国内源泉所得の改正を受け、第４に記述している国外所得金額に含まれるものを積極的に規定したものということができます。

外国法人に対する法人税課税国内源泉所得の範囲

	所得種類		PEあり PE帰属	PEあり PE非帰属	PEなし
国内源泉所得	（事業所得）		① PEに帰せられるべき所得	／	／
	② 国内にある資産の運用・保有所得（(7)から(14)を除く）	国債、地方債、内国法人発行の債券、約束手形			
		居住者に対する貸付金債権で、当該居住者の行う業務に係るもの以外のもの			
		国内にある営業所を通じて契約した保険契約に基づく保険金を受ける権利			
	③ 国内にある資産の譲渡所得（右のものに限る）	国内不動産の譲渡			
		国内にある不動産の上に存する権利			
		国内にある山林の伐採又は譲渡による所得			
		買集めした内国法人株式の譲渡、事業譲渡類似株式の譲渡			
		不動産関連法人株式の譲渡			
		国内のゴルフ場の所有・経営に係る法人の株式の譲渡			
		国内にあるゴルフ場等の利用権の譲渡			
	④ 国内において行う人的役務提供事業の対価				
	⑤ 国内にある不動産等の貸付けによる対価				
	⑥ その他の国内源泉所得	国内業務・国内資産に関し受ける保険金等			
		国内にある資産の贈与			
		国内で発見された埋蔵物等			
		国内で行う懸賞に係る懸賞金等			
		国内業務・国内資産に関し受ける保険金等国内資産に関し供与を受ける経済的利益			
	(7) 内国法人の発行する債券の利子等			源泉徴収のみ	源泉徴収のみ
	(8) 内国法人から受ける配当等				
	(9) 国内業務に係る貸付金利子				
	(10) 国内業務に係る使用料				
	(11) 国内事業の広告宣伝のための賞金				
	(12) 国内にある営業所を通じて締結した年金契約に基づいて受ける年金				
	(13) 国内営業所が受け入れた定期積金に係る給付補填金等				
	(14) 国内において事業を行う者に対する出資につき、匿名組合契約に基づいて受ける利益の分配				

＊法人税は①と②から⑥までを区分します。(7)から(14)は（PEに帰属しない場合）源泉徴収のみで課税が完結します。

（出典：財務省資料）

内国法人における外国税額控除における国外源泉所得の範囲

<table>
<tr><th rowspan="2"></th><th rowspan="2" colspan="2">所得種類</th><th colspan="2">国外PEを有する内国法人</th><th rowspan="2">国外PEを有しない内国法人</th></tr>
<tr><th>国外PE帰属所得</th><th>国外PEに帰属しない所得</th></tr>
<tr><td rowspan="28">国外源泉所得</td><td colspan="2">（事業所得）</td><td></td><td></td><td></td></tr>
<tr><td rowspan="3">② 国外にある資産の運用・保有所得</td><td>外国法人発行の債券等</td><td rowspan="26">① 国外事業所等に帰せられるべき所得</td><td rowspan="27" colspan="2">国外PEに帰属しない国外源泉所得</td></tr>
<tr><td>非居住者に対する貸付金債権で、当該非居住者の行う業務に係るもの以外のもの</td></tr>
<tr><td>国外にある営業所を通じて契約した保険契約に基づく保険金を受ける権利</td></tr>
<tr><td rowspan="7">③ 国外にある資産の譲渡所得（右のものに限る）</td><td>国外不動産の譲渡</td></tr>
<tr><td>国外にある不動産の上に存する権利</td></tr>
<tr><td>国外にある山林の伐採又は譲渡による所得</td></tr>
<tr><td>事業譲渡類似株式に相当する株式の譲渡</td></tr>
<tr><td>不動産関連法人株式に相当する株式の譲渡</td></tr>
<tr><td>国外のゴルフ場の所有・経営に係る法人の株式の譲渡</td></tr>
<tr><td>国外にあるゴルフ場等の利用権の譲渡</td></tr>
<tr><td colspan="2">④ 国外において行う人的役務提供事業の対価</td></tr>
<tr><td colspan="2">⑤ 国外にある不動産等の貸付けによる対価</td></tr>
<tr><td colspan="2">⑥ 外国法人の発行する債券の利子等</td></tr>
<tr><td colspan="2">⑦ 外国法人から受ける配当等</td></tr>
<tr><td colspan="2">⑧ 国外業務に係る貸付金利子</td></tr>
<tr><td colspan="2">⑨ 国外業務に係る使用料</td></tr>
<tr><td colspan="2">⑩ 国外事業の広告宣伝のための賞金</td></tr>
<tr><td colspan="2">⑪ 国外にある営業所を通じて締結した年金契約に基づいて受ける年金</td></tr>
<tr><td colspan="2">⑫ 国外営業所が受け入れた定期積金に係る給付補塡金等</td></tr>
<tr><td colspan="2">⑬ 国外において事業を行う者に対する出資につき、匿名組合契約に基づいて受ける利益の分配</td></tr>
<tr><td colspan="2">⑮ 租税条約の規定によりその租税条約の相手国等において租税を課することができることとされる所得のうち、その相手国等において外国法人税を課されるもの</td></tr>
<tr><td rowspan="5">⑯ その他の国外源泉所得</td><td>国外業務・国外資産に関し受ける保険金等</td></tr>
<tr><td>国外にある資産の贈与</td></tr>
<tr><td>国外で発見された埋蔵物等</td></tr>
<tr><td>国外で行う懸賞に係る懸賞金等</td></tr>
<tr><td>国外業務・国外資産に関し供与を受ける経済的利益</td></tr>
<tr><td colspan="2">⑭ 国際運輸業に係る所得のうち国外業務につき生ずべき所得</td><td>(注)</td></tr>
</table>

(注)　国外PE帰属所得からは、⑭の国際運輸業所得は除かれています。

（出典：財務省資料）

第２　日本の外国税額控除制度

１　歴史的経緯

日本の外国税額控除制度は、以下のような変遷をたどっています。

昭和28年	日米租税条約の締結を見込んで外国税額控除制度導入
昭和37年	国別限度方式に加えて一括限度方式の併用 間接税額控除の創設 地方税への導入
昭和38年	控除余裕枠及び控除限度超過額の繰越制度 一括限度方式への統一
昭和58年	国外所得の計算に関する改正 基本通達の整備
昭和63年	濫用防止規定の導入
平成４年	間接税額控除の拡充
平成13年	通常行われない取引から生じる外国法人税等の除外
平成14年	債権譲渡を利用した通常行われない取引の除外
平成21年	外国子会社配当益金不算入制度の創設（間接税額控除の廃止）
平成23年	外国法人税に含まれない税の追加 高率な外国法人税の水準を35％超に引下げ 国外所得の計算に関する改正（①非課税国外所得の除外（経過措置あり）、②90％制限の徹底）
平成26年	国外源泉所得の範囲を、 ①　内国法人の国外事業所等に帰属する所得、 ②　国外資産の運用保有所得、 ③　国外資産の譲渡所得、 ④　外国法人の発行する債券の利子及び外国法人から受ける配当等、 などと規定。 いわゆる文書化規定が導入され、 ①　国外事業所等帰属外部取引に関する事項、 ②　内部取引に関する事項、 に関する文書の作成が義務付けられました。 （ただし、法人については平成28年４月１日以後開始事業年度から、個人については平成29年分から、それぞれ適用されます）
平成29年	申告手続の改正
令和２年	控除対象外国税額の範囲の見直し

令和４年	グループ通算制度の施行に伴う見直し
令和６年	グローバル・ミニマム課税の導入に伴う外国法人税の見直し

2　日本の外国税額控除制度の概要

日本は国内税法により、外国税額控除制度を採用することを定めています。具体的には、以下の制度があります。

直接税額控除	居住者・内国法人が外国に納付した税額を日本の所得税・法人税から控除するもの
間接税額控除(注)	内国法人の外国子会社が外国に納付した税額を、その内国法人が納付する外国税額とみなして日本の税額から控除するもの
みなし外国税額控除	開発途上国の租税優遇措置により外国に納付する税額が減免されている場合、減免された税額をその国に納付したものとみなして外国税額控除を認めるもの

(注)　平成21年度税制改正で間接税額控除は廃止されました。

第3　国外源泉所得

1　概要

内国法人の場合には、その内国法人が各事業年度において外国法人税を納付することとなる場合には、当該事業年度の所得の金額につき法人税法66条1項から3項まで（各事業年度の所得に対する法人税の税率）の規定を適用して計算した金額のうち、その事業年度の「国外源泉所得」に対応するものとして政令で定めるところにより計算した控除限度額を限度として、その外国法人税の額を当該事業年度の所得に対する法人税の額から控除する、というものです（法法69①）。

なお、外国税額控除制度については、所得税法の規定（所法95）もほぼ同様ですので、本書では、内国法人に関する外国税額控除制度について説明することにします。

国外所得金額

> **国外源泉所得に係る所得のみについて各事業年度の所得に対する法人税を課するものとした場合に課税標準となるべき当該事業年度の所得の金額に相当するものとして政令で定める金額**

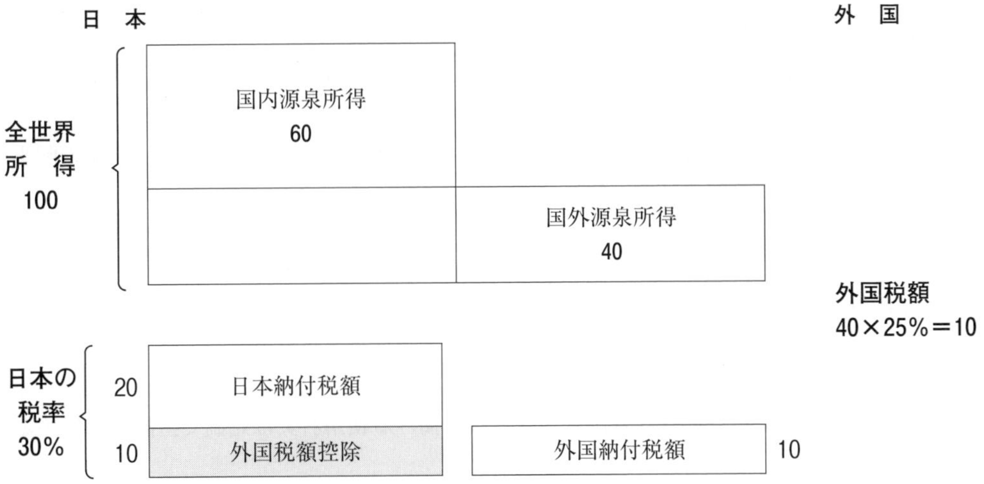

※　日本の税率を30%、外国の税率を25%として計算しています。

2　国外源泉所得

法人税法69条１項の規定を受けて、同条４項は、概ね次のように国外源泉所得を例示しています（法法69④、法令145の２～145の15）。

①	内国法人が国外事業所等を通じて事業を行う場合において、その国外事業所等がその内国法人から独立して事業を行う事業者であるとしたならば、その国外事業所等が果たす機能、その国外事業所等において使用する資産、その国外事業所等と内国法人の本店等との間の内部取引その他の状況を勘案して、その国外事業所等に帰属する所得（国外事業所等帰属所得）
②	国外にある資産の運用又は保有により生ずる所得
③	国外にある資産の譲渡により生ずる所得として政令で定めるもの
④	国外において人的役務の提供を主たる内容とする事業で政令で定めるものを行う法人が受けるその人的役務の提供に係る対価
⑤	国外にある不動産、国外にある不動産の上に存する権利若しくは国外における採石権の貸付け（地上権又は採石権の設定その他他人に不動産、不動産の上に存する権利又は採石権を使用させる一切の行為を含みます）、国外における租鉱権の設定又は所得税法２条１項５号《定義》に規定する非居住者若しくは外国法人に対する船舶若しくは航空機の貸付けによる対価
⑥	所得税法23条１項《利子所得》に規定する利子等及びこれに相当するもののうち次に掲げるもの イ　外国の国債若しくは地方債又は外国法人の発行する債券の利子 ロ　国外にある営業所、事務所その他これらに準ずるもの（以下この編において「営業所」といいます）に預け入れられた預貯金の利子 ハ　国外にある営業所に信託された合同運用信託若しくはこれに相当する信託、公社債投資信託又は公募公社債等運用投資信託若しくはこれに相当する信託の収益の分配
⑦	所得税法24条１項《配当所得》に規定する配当等及びこれに相当するもののうち次に掲げるもの イ　外国法人から受ける所得税法24条１項に規定する剰余金の配当、利益の配当、剰余金の分配又は基金利息 ロ　国外にある営業所に信託された投資信託（公社債投資信託及び公募公社債等運用投資信託を除きます）又は特定受益証券発行信託の収益の分配
⑧	国外において業務を行う者に対する貸付金（これに準ずるものを含みます）で当該業務に係るものの利子（債券の買戻又は売戻条件付売買取引として政令で定めるものから生ずる差益として政令で定めるものを含みます）
⑨	国外において業務を行う者から受ける次に掲げる使用料又は対価で当該業務に係るもの イ　工業所有権その他の技術に関する権利、特別の技術による生産方式若しくはこれらに準ずるものの使用料又はその譲渡による対価 ロ　著作権（出版権及び著作隣接権その他これに準ずるものを含みます）の使用料又はその譲渡による対価 ハ　機械、装置その他政令で定める用具の使用料

⑩	国外において行う事業の広告宣伝のための賞金として政令で定めるもの
⑪	国外にある営業所又は国外において契約の締結の代理をする者を通じて締結した保険業法２条６項《定義》に規定する外国保険業者の締結する保険契約その他の年金に係る契約で政令で定めるものに基づいて受ける年金（年金の支払の開始の日以後に当該年金に係る契約に基づき分配を受ける剰余金又は割戻しを受ける割戻金及び当該契約に基づき年金に代えて支給される一時金を含みます）
⑫	次に掲げる給付補てん金、利息、利益又は差益 イ　所得税法174条３号《内国法人に係る所得税の課税標準》に掲げる給付補てん金のうち国外にある営業所が受け入れた定期積金に係るもの ロ　所得税法174条４号に掲げる給付補てん金のうち国外にある営業所が受け入れた同号に規定する掛金に係るもの ハ　所得税法174条５号に掲げる利息のうち国外にある営業所を通じて締結された同号に規定する契約に係るもの ニ　所得税法174条６号に掲げる利益のうち国外にある営業所を通じて締結された同号に規定する契約に係るもの ホ　所得税法174条７号に掲げる差益のうち国外にある営業所が受け入れた預貯金に係るもの ヘ　所得税法174条８号に掲げる差益のうち国外にある営業所又は国外において契約の締結の代理をする者を通じて締結された同号に規定する契約に係るもの
⑬	国外において事業を行う者に対する出資につき、匿名組合契約（これに準ずる契約として政令で定めるものを含みます）に基づいて受ける利益の分配
⑭	国内及び国外にわたって船舶又は航空機による運送の事業を行うことにより生ずる所得のうち国外において行う業務につき生ずべき所得として政令で定めるもの
⑮	法人税法２条12号の19ただし書に規定する条約の規定により、その租税条約のわが国以外の締約国又は締約者において租税を課することができることとされる所得のうち政令で定めるもの
⑯	前各号に掲げるもののほかその源泉が国外にある所得として政令で定めるもの

３　国外事業所等帰属所得

(1)　国外事業所等帰属所得の概要

イ　内国法人の国外事業所等が内国法人から独立して事業を行う事業者であるとしたならば、その国外事業所等が果たす機能、その国外事業所等において使用する資産、その国外事業所等と内国法人の本店等との間の内部取引その他の状況を勘案して、その国外事業所等に帰属する所得（法法69④一）

つまり、内国法人の国外事業所等帰属所得に関する基本的な考え方については、第３章で説明した外国法人の恒久的施設帰属所得と同様です。

ロ　国外事業所等の譲渡による所得

⑵　国外事業所等（法法69④一、法令145の２①）

国外事業所等とは、次に掲げるものをいいます。

イ	租税条約の相手国に所在するもの	租税条約に定めるPEに相当するもの
ロ	それ以外の国に所在するもの	法人税法に規定するPEに相当するもの

⑶　本店等（法法69④一）

本店等とは、次のものをいいます。

国外事業所等との内部取引の相手方である本店等　⇒　内国法人の本店、支店、工場その他これらに準ずるもので国外事業所等以外のもの

⑷　内部取引

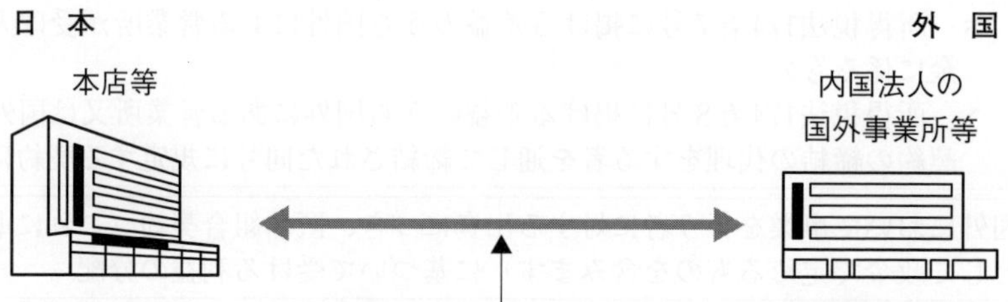

資産の移転、役務の提供その他の事実で、独立の事業者の間で同様の行為があったとしたならば、これらの事業者の間で、資産の販売、資産の購入、役務の提供その他の取引が行われたものと認められるもの（法法69⑥、法令145の14）

なお、次に掲げる特定の内部取引は、除くこととされます。

①	債務保証・再保険等
②	内部利子及び内部使用料等
③	次に掲げるものの使用料の支払に相当する事実 (a)　工業所有権その他の技術に関する権利、特別の技術による生産方式又はこれらに準ずるもの (b)　著作権（出版権及び著作隣接権その他これに準ずるものを含みます） (c)　法人税法施行令13条８号イからツまで（減価償却資産の範囲）に掲げる無形固定資産
④	③の(a)から(c)までに掲げるものの譲渡又は取得に相当する事実

4　国外資産の運用・保有所得

法人税法69条４項２号にいう「国外資産の運用又は保有により生ずる所得」とは、

例えば、次に掲げる国外にある資産の運用又は保有により生じる所得をいいます（法法69④二、法令145の３）。

(1)	外国の国債若しくは地方債若しくは外国法人の発行する債券又は外国法人の発行する約束手形に相当するもの
(2)	非居住者に対する貸付金に係る債権でその非居住者の行う業務に係るもの以外のもの
(3)	国外にある営業所又は国外において契約の締結の代理をする者を通じて締結した保険契約（外国保険業者、生命保険会社、損害保険会社又は少額短期保険業者の締結した保険契約をいいます）その他これに類する契約に基づく保険金の支払又は剰余金の分配（これらに準ずるものを含みます）を受ける権利

5　国外資産の譲渡所得

法人税法69条４項３号にいう「国外にある資産の譲渡により生ずる所得」とは、次に掲げる所得をいいます（法法69④三、法令145の４）。

(1)	国外にある不動産
(2)	国外にある不動産の上に存する権利、国外における鉱業権又は国外における採石権
(3)	国外にある山林
(4)	外国法人の発行する株式又は外国法人の出資者の持分で、その外国法人の発行済株式又は出資の総数又は総額の一定割合以上に相当する数又は金額の株式又は出資を所有する場合にその外国法人の本店又は主たる事務所の所在する国又は地域においてその譲渡による所得に対して外国法人税が課されるもの
(5)	不動産関連法人の株式
(6)	国外にあるゴルフ場の所有又は経営に係る法人の株式を所有することがそのゴルフ場を一般の利用者に比して有利な条件で継続的に利用する権利を有する者となるための要件とされている場合におけるその株式
(7)	国外にあるゴルフ場その他の施設の利用に関する権利

6　人的役務提供の対価に係る所得

法人税法69条４項４号にいう「人的役務提供の対価」には、次のものが含まれます（法法69④四、法令145の５）。

(1)	映画若しくは演劇の俳優、音楽家その他の芸能人又は職業運動家の役務の提供を主たる内容とする事業
(2)	弁護士、公認会計士、建築士その他の自由職業者の役務の提供を主たる内容とする事業

⑶	科学技術、経営管理その他の分野に関する専門的知識又は特別の技能を有する者のその知識又は技能を活用して行う役務の提供を主たる内容とする事業（機械設備の販売その他事業を行う者の主たる業務に付随して行われる場合におけるその事業及び建設又は据付けの工事の指揮監督の役務の提供を主たる内容とする事業を除きます）

なお、法人税法69条４項５号から16号にいう国外源泉所得については、法人税法69条４項とこれを受けた法人税法施行令145条の６～145条の15に規定がありますが、その内容は外国法人の国内源泉所得と（正確にいえば、国外と国内の差はありますが）ほぼ同様ですので、第３章をご参照ください。

7　国外事業所等帰属所得への該当性の優先

上記２の②から⑯に掲げる所得には、国外事業所等帰属所得に掲げる所得は含まれないものとされています（法法69⑤）。つまり、ある所得が②から⑯に掲げる所得に該当したとしても、その所得が国外事業所等に帰属していれば、国外事業所等帰属所得に該当することになるので、その他の種類の国外源泉所得には該当しないものとされます。

8　租税条約において異なる定めがある場合

租税条約において上記２の国外源泉所得について異なる定めがある場合には、その租税条約の適用を受ける内国法人については、国外源泉所得は、その異なる定めがある限りにおいて、その租税条約に定めるところによることとされます（法法69⑦）。

9　単純購入非課税に関する扱い

内国法人の国外事業所等が、租税条約（内国法人の国外事業所等が本店等のために棚卸資産を購入する業務及びそれ以外の業務を行う場合に、その棚卸資産を購入する業務から生ずる所得が、その国外事業所等に帰せられるべき所得に含まれないとする定めのあるものに限ります）の相手国等に所在し、かつ、その内国法人の国外事業所等が本店等のために棚卸資産を購入する業務及びそれ以外の業務を行う場合には、その国外事業所等のその棚卸資産を購入する業務から生ずる国外事業所等帰属所得は、ないものとすることとされます（法法69⑨）。

第４　国外所得金額の計算

１　国外所得金額の計算の概要

外国税額控除の控除限度額の計算の基礎となる国外所得金額は、内国法人の各事業年度の国外源泉所得に係る所得の金額の合計額（ただし、その合計額がゼロを下回る場合にはゼロ）とすることとされます（法法69①、法令141の２）。

国外源泉所得は、国外事業所等帰属所得をはじめとして16種類（240～241ページを参照してください）に分けられていますが、国外所得金額の計算については、国外事業所等帰属所得とそれ以外の国外源泉所得に区分して検討する必要があります。

この２つを区分して国外源泉所得を計算し、その上で国外所得金額を算出することになります。具体的には、次ページの図のように計算することになります。

内国法人の外国税額控除における国外所得金額の計算イメージ

国外PEに帰属しない国外源泉所得

内国法人全体			左のうち国外PEに帰属しない国外源泉所得
売上	×××		×××
原価	×××		×××
売上総利益		×××	
販管費	×××		×××
営業利益		×××	
営業外収入	×××		×××
営業外費用	×××		×××
特別損益	×××		×××
税引後当期利益		×××	

税務調整		左のうち国外PEに帰属しない国外源泉所得
税引前当期利益	×××	×××
【加算】		
納付外国法人税額	×××	×××
減価償却超過額	×××	×××
その他	×××	×××
【減算】		
減価償却超過額認容額	×××	×××
外国子会社配当益金不算入	×××	×××
その他	×××	×××
共通費用の配分額		×××
当期所得	×××	×××

国外PEに帰属しない国外源泉所得
［内国法人全体から区分して計算するため、内国法人全体の当期所得の範囲内となる。］

国外PE帰属所得

国外PE（外国支店）		
売上	×××	
原価	×××	
売上総利益		×××
販管費	×××	
営業利益		×××
営業外収入	×××	
営業外費用	×××	
特別損益	×××	
税引後当期利益		×××

＊内部取引損益を含む。

国外PE帰属所得に係る税務調整	
外国支店の税引後当期利益	×××
【加算】	
納付外国法人税額	×××
減価償却超過額	×××
その他	×××
【減算】	
減価償却超過額認容額	×××
共通費用の配分額	×××
その他	×××
国外PE帰属所得	×××

国外PEに帰属所得
［内国法人全体から区分して計算するため、内国法人全体の当期所得の範囲内となる。］

合計額＝国外所得金額

（出典：財務省資料）

2　国外事業所等帰属所得の計算方法

⑴　国外事業所等帰属所得の計算方法の概要

内国法人の国外事業所等帰属所得に係る所得の金額は、内国法人の国外事業所等を通じて行う事業に係る益金の額から損金の額を控除した金額とされました（法令141の３①）。

そして、「国外事業所等を通じて行う事業に係る益金の額」及び「国外事業所等を通じて行う事業に係る損金の額」は、別段の定めがあるものを除いて、内国法人の各事業年度の所得の金額の計算に関する法人税に関する法令の規定に準じて計算することとされました（法令141の３②）。

算　式

国外事業所等を通じて行う事業に係る益金の額	－	国外事業所等を通じて行う事業に係る損金の額	＝	内国法人の国外事業所等帰属所得に係る所得の金額

この場合、内国法人の各事業年度の所得の金額の計算に関する法人税に関する法令の規定に準じて計算する場合には、次のことに留意することとされます（法基通16－３－９）。

⑴	減価償却費、引当金又は準備金の繰入額等の損金算入、延払基準の方法による収益及び費用の計上等については、法人税に関する法令の規定により、内国法人の仮決算又は確定した決算において経理することを要件として適用されることとなります ㊟　内国法人が単に国外事業所等の帳簿に記帳するだけでは、これらの規定の適用がないことに留意します
⑵	減価償却資産の償却限度額、資産の評価換えによる評価益の益金算入額又は評価損の損金算入額等を計算する場合で、国外事業所等における資産の購入その他資産の取得に相当する内部取引があるときのこれらの計算の基礎となる各資産の取得価額は、法人税法施行令141条の７第１項《特定の内部取引に係る国外事業所等帰属所得に係る所得の金額の計算》の規定の適用があるときを除き、当該内部取引の時の価額により当該内部取引が行われたものとして計算した金額となります ㊟　例えば、内国法人が国外事業所等に帰せられる減価償却資産につきその償却費を当該帳簿に記帳していない場合であっても、仮決算又は確定した決算において経理しているときは、当該経理した金額（当該金額が償却限度額を超える場合には、その超える部分の金額を控除した金額）は、国外事業所等帰属所得に係る所得の金額の計算上損金の額に算入されることに留意します

また、内国法人の国外事業所等が複数ある場合には、当該国外事業所等ごとに国外事業所等帰属所得を認識し当該国外事業所等帰属所得に係る所得の金額の計算を

行うこととし、一つの外国に事業活動の拠点が複数ある場合には、その一つの外国の複数の事業活動の拠点全体を一の国外事業所等として本文の認識及び計算を行うことに留意することとされます（法基通16－３－９の２）。

このほか、内国法人の国外事業所等帰属所得に係る所得の金額を計算するに当たっては、次に掲げる場合の区分に応じ、外国法人の国内源泉所得の取扱いを準用することとされます（法基通16－３－９の３）。

⑴	内部取引から生ずる国外事業所等帰属所得に係る所得の金額を計算する場合　法人税基本通達20－５－２《内部取引から生ずる恒久的施設帰属所得に係る所得の金額の計算》、20－５－４《外国法人における短期保有株式等の判定》、20－５－５《損金の額に算入できない保証料》、20－５－７《損金の額に算入できない償却費等》、20－５－８《販売費及び一般管理費等の損金算入》、20－５－33《繰延ヘッジ処理等における負債の利子の額の計算》及び20－５－34《資本等取引に含まれるその他これらに類する事実》の取扱い
⑵	法人税法施行令141条の３第６項《共通費用の額の配分》の規定により共通費用の額を配分する場合　法人税基本通達20－５－９《本店配賦経費の配分の基礎となる費用の意義》の取扱い
⑶	法人税法施行令141条の４第１項《国外事業所等に帰せられるべき資本に対応する負債の利子》の規定により、国外事業所等帰属所得に係る所得の金額の計算上損金の額に算入されないこととなる金額を計算する場合　法人税基本通達20－５－18《恒久的施設に係る資産等の帳簿価額の平均的な残高の意義》、20－５－19《総資産の帳簿価額の平均的な残高及び総負債の帳簿価額の平均的な残高の意義》、20－５－21《恒久的施設に帰せられる資産の意義》、20－５－23《比較対象法人の純資産の額の意義》及び20－５－26《金銭債務の償還差損等》から20－５－30《原価に算入した負債の利子の額の調整》までの取扱い
⑷	法人税法施行令141条の５第１項《銀行等の資本に係る負債の利子》の規定により、国外事業所等帰属所得に係る所得の金額の計算上損金の額に算入されることとなる金額を計算する場合　法人税基本通達20－５－26の取扱い
⑸	法人税法施行令141条の６第１項《保険会社の投資資産及び投資収益》の規定により、国外事業所等帰属所得に係る所得の金額の計算上益金の額に算入されないこととなる金額を計算する場合　法人税基本通達20－５－15《外国保険会社等の投資資産の額の運用利回り》の取扱い

なお、内国法人の各事業年度の国外事業所等帰属所得に係る所得の金額につき、法人税法22条（各事業年度の所得の金額の計算）の規定に準じて計算する場合には、内部取引に係る販売費、一般管理費その他の費用については、債務の確定しないものであっても、その事業年度の損金の額に算入することとされるとともに、国外事業所等を開設するための内国法人の本店等から国外事業所等への資金の供与又は国外事業所等から本店等への剰余金の送金等については、資本等取引に含まれること

とされました（法令141の３③）。

⑵　共通費用の配分

販売費、一般管理費その他の費用で国外事業所等帰属所得に係る所得を生ずべき業務とそれ以外の業務の双方に関連して生じたものの額（共通費用の額）があるときは、その共通費用の額は、以下の基準のうちこれらの業務の内容及び費用の性質に照らして合理的と認められる基準により国外事業所等帰属所得に係る所得の金額の計算上損金の額として配分することとされます（法令141の３⑥）。

共通費用の配分基準		
	①	収入金額
	②	資産の価額
	③	使用人の数
	④	その他の基準

なお、共通費用の額の配分については、個々の業務ごと、かつ、個々の費目ごとに合理的と認められる基準により国外事業所等帰属所得に係る所得を生ずべき業務（「国外業務」）に配分しますが、個々の業務ごと、かつ、個々の費目ごとに計算をすることが困難であると認められるときは、全ての共通費用の額を一括して、当該事業年度の売上総利益の額（利子、配当等及び使用料については、その収入金額とします）のうちに国外業務に係る売上総利益の額の占める割合を用いて国外事業所等帰属所得に係る所得の金額の計算上損金の額として配分すべき金額を計算することができることとされます。

このほか、以下のことに留意することとされます（法基通16－３－12）。

①	内国法人（金融及び保険業を主として営む法人を除きます）の国外業務に係る収入金額の全部又は大部分が利子、配当等又は使用料であり、かつ、当該事業年度の所得の金額のうちに調整国外所得金額の占める割合が低いなどのため課税上弊害がないと認められる場合には、当該事業年度の販売費、一般管理費その他の費用の額のうち国外業務に関連することが明らかな費用の額のみが共通費用の額であるものとして国外事業所等帰属所得に係る所得の金額の計算上損金の額として配分すべき金額を計算することができます
②	内国法人の国外業務に係る収入金額のうちに法人税法23条の２第１項《外国子会社から受ける配当等の益金不算入》の規定の適用を受ける配当等（「外国子会社配当等」）の収入金額がある場合における外国子会社配当等に係る「国外業務に係る売上総利益の額」は、外国子会社配当等の収入金額から当該事業年度において同項の規定により益金の額に算入されない金額を控除した金額によることに留意します

⑶　共通費用の額に含まれる負債利子の調整

共通費用の額に含まれる負債の利子の額（「共通利子の額」）については、内国法人の営む主たる事業が次のいずれに該当するかに応じ、それぞれ次により国外事業所等帰属所得に係る所得の金額の計算上損金の額として配分すべき金額を計算することができることとされます（法基通16－３－13）。

①　卸売業及び製造業	算　式 その事業年度における共通利子の額の合計額 × 分母の各事業年度終了の時における国外事業所等に係る資産の帳簿価額の合計額 ／ その事業年度終了の時及びその事業年度の直前事業年度終了の時における総資産の帳簿価額の合計額
②　銀行業	算　式 国外事業等に係る貸付金、有価証券等のその事業年中の平均残高 × その事業年度における共通利子の額の合計額 ／ （預金、借入金等のその事業年度中の平均残高 ＋ （その事業年度終了の時及び直前事業年度終了の時における自己資本の額の合計額 － 左の各事業年度の終了の時における固定資産の帳簿価額の合計額） × $\frac{1}{2}$）
③　その他の事業	その事業の性質に応じ、①又は②に掲げる方法に準ずる方法により計算した金額を国外業務に係る損金の額とします

⑷　国外事業所等帰属所得に係る所得の金額の計算における確認による共通費用の額等の配賦方法の選択

その事業年度の共通費用の額又は共通利子の額のうち国外事業所等帰属所得に係る所得の金額の計算上損金の額として配分すべき金額を計算する場合において、上記⑵及び⑶の取扱いによることがその内国法人の業務の内容等に適合しないと認められるときは、あらかじめ所轄税務署長（国税局の調査課所管法人にあっては、所轄国税局長）の確認を受けて、その共通費用の額又は共通利子の額の全部又は一部につき収入金額、直接経費の額、資産の価額、使用人の数その他の基準のうちその業務の内容等に適合すると認められる基準によりその計算をすることができるものとされます（法基通16－３－14）。

⑸　引当金の繰入れ及び取崩し

国外事業所等帰属所得に係る所得の金額の計算上、法人税法52条《貸倒引当金》

の規定に準じて計算する場合には、貸倒引当金の設定対象となる金銭債権には、内国法人の国外事業所等と本店等との間の内部取引に係る金銭債権に相当するものは含まれないこととされました（法令141の3④）。

この場合、国外事業所等帰属所得に係る所得の金額の計算上、法の規定に準じて計算した場合に損金の額となる引当金勘定への繰入額及び措置法の規定に準じて計算した場合に損金の額となる準備金（特別償却準備金を含みます）の積立額は、国外事業所等ごとに計算を行うことに留意することとし、次のことは次によることとされます（法基通16－3－15）。

①	法人税法52条1項《貸倒引当金》に規定する個別評価金銭債権（「個別評価金銭債権」）に係る貸倒引当金勘定への繰入額のうち国外事業所等帰属所得に係る所得の金額の計算上損金の額に算入すべき金額は、内国法人が国外事業所等に帰せられる個別評価金銭債権の損失の見込額として仮決算又は確定した決算において貸倒引当金勘定に繰り入れた金額（当該金額が当該個別評価金銭債権について法人税法施行令96条1項《貸倒引当金勘定への繰入限度額》の規定に準じて計算した金額を超える場合には、その超える部分の金額を控除した金額）とします
②	法人税法52条2項に規定する一括評価金銭債権（「一括評価金銭債権」）に係る貸倒引当金勘定への繰入額のうち国外事業所等帰属所得に係る所得の金額の計算上損金の額に算入すべき金額は、内国法人が一括評価金銭債権の貸倒れによる損失の見込額として仮決算又は確定した決算において貸倒引当金勘定に繰り入れた金額のうち国外事業所等に係るものとして合理的に計算された金額（当該金額が当該国外事業所等に帰せられる一括評価金銭債権の額の合計額に国外事業所等貸倒実績率（当該国外事業所等が内国法人から独立して事業を行う事業者であるとして、法人税法施行令96条6項に規定する貸倒実績率を計算した場合の当該貸倒実績率をいいます）を乗じて計算した金額を超える場合には、その超える部分の金額を控除した金額）とします

㈱1　内国法人が単に国外事業所等の帳簿に記帳した金額は、仮決算又は確定した決算において貸倒引当金勘定に繰り入れた金額に該当しないことに留意します。

2　内国法人が国外事業所等の帳簿において貸倒引当金を記帳していない場合であっても、国外事業所等に帰せられる金銭債権につき仮決算又は確定した決算において貸倒引当金勘定への繰入れを行っているときは、当該金銭債権について、上記①又は②の適用があることに留意します。

3　内国法人が、全ての国外事業所等につき、国外事業所等貸倒実績率に代えて同項に規定する貸倒実績率により計算を行っている場合には、継続適用を条件としてこれを認めます。

一方、当該事業年度前の各事業年度においてその繰入額又は積立額を国外事業所等帰属所得に係る所得の金額の計算上損金の額に算入した引当金又は準備金の取崩し等による益金算入額がある場合には、当該益金算入額のうちその繰入れをし、又は積立てをした事業年度において国外事業所等帰属所得に係る所得の金額の計算上損金の額に算入した金額に対応する部分の金額を当該取崩し等に係る事業年度の国外事業所等帰属所得に係る所得の金額の計算上益金の額に算入することとされます（法基通16－３－16）。

(6)　国外事業所等に帰せられる資本の額

①　概要

国外事業所等に帰せられる資本の額は、資本配賦法又は同業法人比準法のいずれかの方法により計算した金額とされます（法令141の４③）。

②　資本配賦法

資本配賦法は、内国法人の自己資本の額に、内国法人の資産の額の国外事業所等に帰せられるべき資産の額の割合を乗じて、その国外事業所等に帰せられるべき資本の額を計算しようとする方法であり、具体的には、次のようになります。

イ　銀行等以外の内国法人

a　資本配賦原則法

資本配賦原則法とは、次のように計算する方法をいいます（法令141の４③一イ）。

算　式

（その内国法人の総資産の帳簿価額の平均的な残高として合理的な方法により計算した金額 － その内国法人の総負債の帳簿価額の平均的な残高として合理的な方法により計算した金額）× $\dfrac{\text{その内国法人の事業年度終了の時の国外事業所等に帰せられる資産の額について、発生し得る危険を勘案して計算した金額}}{\text{その内国法人の事業年度終了の時の総資産の額について、発生し得る危険を勘案して計算した金額}}$

b　資本配賦簡便法

資本配賦簡便法の概要を算式で示すと、次のとおりです（法令141の４⑥一）。

算　式

（総資産の帳簿価額の平均残高 － 総負債の帳簿価額の平均残高）× $\dfrac{\text{国外事業所等帰属資産の帳簿価額}}{\text{貸借対照表に計上されている総資産の帳簿価額}}$

ロ　銀行等である内国法人（規制資本配賦法（法令141の４③一ロ））

算　式

$$\text{規制上の自己資本の額} \times \frac{\text{国外事業所等帰属資産の額について、発生し得る危険を勘案して計算した金額}}{\text{総資産の額について、発生し得る危険を勘案して計算した金額}}$$

③　同業法人比準法（法令141の４③二）

イ　銀行等以外の内国法人

ａ　リスク資産資本比率比準法（法令141の４③二イ）

算　式

$$\text{国外事業所等帰属資産の額について、発生し得る危険を勘案して計算した金額} \times \frac{\text{比較対象法人の貸借対照表に計上されている純資産の額}}{\text{比較対象法人の総資産の額について、発生し得る危険を勘案して計算した金額}}$$

ｂ　簿価資産資本比率比準法（法令141の４⑥二）

算　式

$$\text{国外事業所等帰属資産の帳簿価額の平均残高} \times \frac{\text{比較対象法人の貸借対照表に計上されている純資産の額}}{\text{比較対象法人の貸借対照表に計上されている総資産の額}}$$

ロ　銀行等である内国法人

リスク資産規制資本比率比準法（法令141の４③二ロ）

算　式

$$\text{国外事業所等帰属資産の額について、発生し得る危険を勘案して計算した金額} \times \frac{\text{比較対象法人の規制上の自己資本の額}}{\text{比較対象法人の総資産の額について、発生し得る危険を勘案して計算した金額}}$$

３　その他の国外源泉所得に係る所得の金額の計算

⑴　その他の国外源泉所得に係る所得の金額の計算の概要

その他の国外源泉所得に係る所得の金額は、その国外源泉所得に係る所得のみについて法人税を課するものとした場合に課税標準となるべき当該事業年度の所得の金額に相当する金額とされました（法令141の８①）。

この場合、「国外源泉所得に係る所得のみについて各事業年度の所得に対する法人税を課するものとした場合に課税標準となるべき当該事業年度の所得の金額に相当する金額」とは、現地における外国法人税の課税上その課税標準とされた所得の金額そのものではなく、当該事業年度において生じた法人税法施行令141条の２第２号《国外所得金額》に掲げる国外源泉所得（「その他の国外源泉所得」）に係る所得の計算につき法（租税特別措置法その他法人税に関する法令で法以外のものを含みます。）の規定を適用して計算した場合における当該事業年度の課税標準となるべき所得の金額をいうこととされます（法基通16－３－19の２）。

⑵　共通費用の額の配分

当期の所得金額の計算上損金算入された販売費、一般管理費その他の費用のうちその他の国外源泉所得を生ずべき業務とそれ以外の業務の双方に関連して生じたものの額（共通費用の額）がある場合には、その共通費用の額は、収入金額、資産の価額、使用人の数その他の基準のうちこれらの業務の内容及び費用の性質に照らして合理的と認められる基準によってその他の国外所得金額計算上の損金の額として配分することとされています（法令141の８②）。

共通費用の額については、個々の業務ごと、かつ、個々の費目ごとに同項に規定する合理的と認められる基準によりその他の国外源泉所得に係る所得を生ずべき業務（「国外業務」）に配分しますが、個々の業務ごと、かつ、個々の費目ごとに計算をすることが困難であると認められるときは、全ての共通費用の額を一括して、当該事業年度の売上総利益の額（利子、配当等及び使用料については、その収入金額とします）のうちに国外業務に係る売上総利益の額の占める割合を用いてその他の国外源泉所得に係る所得の金額の計算上損金の額として配分すべき金額を計算することができることとされます（法基通16－３－19の３）。この場合、以下に留意することとされます。

①	内国法人（金融及び保険業を主として営む法人を除きます）の国外業務に係る収入金額の全部又は大部分が利子、配当等又は使用料であり、かつ、当該事業年度の所得の金額のうちに調整国外所得金額の占める割合が低いなどのため課税上弊害がないと認められる場合には、当該事業年度の販売費、一般管理費その他の費用の額のうち国外業務に関連することが明らかな費用の額のみが共通費用の額であるものとしてその他の国外源泉所得に係る所得の金額の計算上損金の額として配分すべき金額を計算することができることとされます

②	内国法人の国外業務に係る収入金額のうちに法人税法23条の２第１項《外国子会社から受ける配当等の益金不算入》の規定の適用を受ける配当等（「外国子会社配当等」）の収入金額がある場合における外国子会社配当等に係る「国外業務に係る売上総利益の額」は、外国子会社配当等の収入金額から当該事業年度において同項の規定により益金の額に算入されない金額を控除した金額によることに留意することとされます

⑶　負債利子の配賦

共通費用の額に含まれる負債の利子の額については、内国法人の営む主たる事業が次のいずれに該当するかに応じ、それぞれ次によりその他の国外源泉所得に係る所得の金額の計算上損金の額として配分すべき金額を計算することができることとされます（法基通16－３－19の４）。

⑴　卸売業及び製造業	**算　式** 当該事業年度における共通利子の額の合計額 × （分母の各事業年度終了の時におけるその他の国外源泉所得の発生の源泉となる貸付金、有価証券等の帳簿価額の合計額）／（当該事業年度終了の時及び当該事業年度の直前事業年度終了の時における総資産の帳簿価額の合計額）
⑵　銀行業	**算　式** その他の国外源泉所得の発生の源泉となる貸付金、有価証券等の当該事業年度中の平均残高 × （当該事業年度における共通利子の額の合計額）／〔預金、借入金等の当該事業年度中の平均残高 ＋ （当該事業年度終了の時及び当該事業年度の直前事業年度終了の時における自己資本の額の合計額 － 左の各事業年度の終了の時における固定資産の帳簿価額の合計額）× $\frac{1}{2}$〕
⑶　その他の事業	その事業の性質に応じ、⑴又は⑵の方法に準ずる方法

なお、上の算式については、次のことに留意することとされます。

㈡１　⑴及び⑵の算式の「その他の国外源泉所得の発生の源泉となる貸付金、有価証券等」には、当該事業年度において収益に計上すべき利子、配当等の額がなかった貸付金、有価証券等を含めないことができます。

２　⑴及び⑵の算式の「その他の国外源泉所得の発生の源泉となる貸付金、有価証券等」に、外国子会社配当等に係る株式又は出資がある場合には、これらの算式における当該株式又は出資に係る「有価証券等の帳簿価額」及び「有価証券等の当該事業年度中の平均残高」の計算は、当該株式又は出資の帳簿価額から当該帳簿価額に当該事業年度における外国子会社配当等の収入金額のうちに法人税法23条の２第１項《外国子会社から受ける配当等の益金不算入》の規定により益金の額に算入されない金額の占める割合を乗じて計算した金額を控除した金額によります。

3　(1)の算式の「総資産の帳簿価額」は、法人税法施行令等の一部を改正する政令（令和２年政令第207号）による改正前の令第22条第１項第１号《株式等に係る負債の利子の額》の規定の例により計算した金額によるものとし、法人が税効果会計を適用している場合において、確定した決算に基づく貸借対照表に計上されている繰延税金資産の額があるときは、当該繰延税金資産の額を含むことに留意します。

4　(2)の算式の「自己資本の額」は、確定した決算に基づく貸借対照表の純資産の部に計上されている金額によるものとし、また、「固定資産の帳簿価額」は、当該貸借対照表に計上されている法人税法２条22号《固定資産の定義》に規定する固定資産の帳簿価額によります。

(4)　その他の国外源泉所得に係る所得の金額の計算における確認による共通費用の額等の配賦方法の選択

その事業年度の共通費用の額又は共通利子の額のうちその他の国外源泉所得に係る所得の金額の計算上損金の額として配分すべき金額を計算する場合において、(2)又は(3)によることがその内国法人の業務の内容等に適合しないと認められるときは、あらかじめ所轄税務署長（国税局の調査課所管法人にあっては、所轄国税局長）の確認を受けて、当該共通費用の額又は共通利子の額の全部又は一部につき収入金額、直接経費の額、資産の価額、使用人の数その他の基準のうちその業務の内容等に適合すると認められる基準によりその計算をすることができるものとされます（法基通16－３－19の５）。

(5)　引当金の繰入額及び取崩額

その他の国外源泉所得に係る所得の金額の計算上、損金の額に算入すべき法人税法に規定する引当金勘定への繰入額及び措置法に規定する準備金（特別償却準備金を含みます）の積立額は、次によることとされます（法基通16－３－19の６）。

①	法人税法52条１項《貸倒引当金》に規定する個別評価金銭債権（「個別評価金銭債権」）に係る貸倒引当金勘定への繰入額は、内国法人の当該事業年度の所得の金額の計算の対象となった個別評価金銭債権の額のうちその他の国外源泉所得の発生の源泉となるものの額に係る部分の金額とし、同条２項に規定する一括評価金銭債権（「一括評価金銭債権」）に係る貸倒引当金勘定への繰入額は、内国法人の当該事業年度の所得の金額の計算上、損金の額に算入した一括評価金銭債権に係る貸倒引当金勘定への繰入額に、その対象となった一括評価金銭債権の額のうちにその他の国外源泉所得の発生の源泉となるものの額の占める割合を乗じて計算した金額とします ㈱　その他の国外源泉所得の発生の源泉となる金銭債権のうち当該事業年度において収益に計上すべき利子の額がないものに対応する貸倒引当金勘定への繰入額は、当該事業年度のその他の国外源泉所得に係る所得の金額の計算上損金の額に算入しないことができます
②	①の引当金以外の引当金の繰入額又は準備金の積立額については、その引当金又は準備金の性質又は目的に応ずる合理的な基準により計算した金額をその他の国外源泉所得に係る所得の金額の計算上損金の額とします

一方、その事業年度前の各事業年度においてその繰入額、積立額又は経理した金額をその他の国外源泉所得に係る所得の金額の計算上損金の額に算入した引当金、準備金又は特別勘定の取崩し等による益金算入額がある場合には、その益金算入額のうちその繰入れをし、積立てをし又は経理した事業年度においてその他の国外源泉所得に係る所得の金額の計算上損金の額に算入した金額に対応する部分の金額を当該取崩し等に係る事業年度のその他の国外源泉所得に係る所得の金額の計算上益金の額に算入することとされます（法基通16－３－19の７）。

⑹　共通費用の額の配分等に係る書類の作成

また、共通費用の額の配分を行った場合には、配分の計算の基礎となる費用の明細及び内容、配分の計算方法及びその計算方法が合理的であるとする理由を記載した書類を作成しなければならないこととされています（法令141の８③、法規28の11）。

４　国外所得金額の計算

⑴　外国税額控除の限度額の基本的計算方法は、次のとおりです。

算　式

$$\text{その事業年度の法人税額} \times \frac{\text{国外所得金額}}{\text{全世界所得金額}}$$

国外所得金額の計算方法は、次のとおりです（法法69①、法令141の２①）。

算　式

国外所得金額＝国外源泉所得＋①－（②＋③）

①：国外事業所を通じて行う事業の負債利子でその国外事業所の自己資本の額がその国外事業所に帰属する資本に満たない場合のその満たない金額に対応する部分の金額（法令141の２①一）

②：内国法人である金融機関・金融商品取引業者の支払う負債利子のうち、国外事業所に帰属する資本の額に対応する部分の金額（法令141の２①二）

③：内国法人である保険会社の国外事業所に係る投資資産が国外事業所に帰属する投資資産の額を上回る場合にその上回る部分に相当する収益の金額（法令141の２①三）

⑵　国外事業所等が内部取引により取得した資産

国外事業所等が本店等との間で内部取引により資産の取得をした場合、その内部取引の時にその資産を取得したものとして、国外所得金額の計算を行うことになります（法令141の２②）。

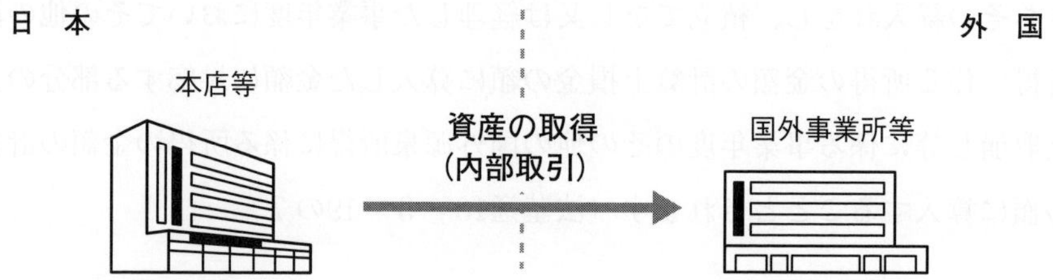

⑶　内外共通費用の配分

当期の所得金額の計算上損金計上された販売費及び一般管理費その他の費用のうち、国外源泉所得を生ずべき業務とそれ以外の業務の双方に関連して生じた共通費用がある場合、その共通費用は収入金額、資産の価額、使用人の数その他合理的と認められる基準により、国外所得金額の計算上の損金の額として配分することとされます（法令141の２③）。

ただし、共通費用の配分を行った場合、その配分の基礎となった事項について、それが合理的であることを記載した書類を作成しなければなりません（法令141の２④）。

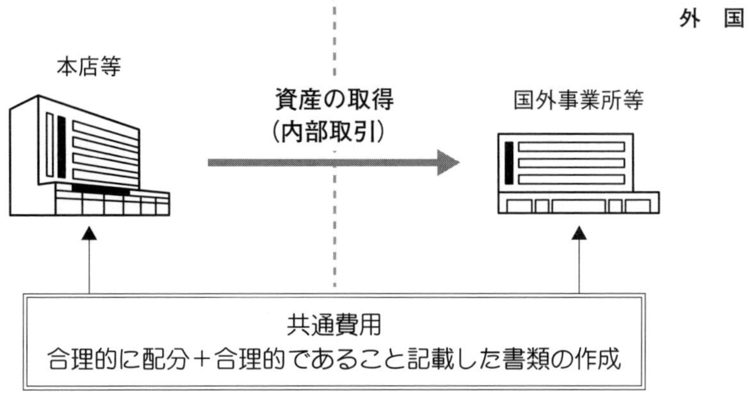

⑷　国外事業所等に帰属する資本の額に対応する負債利子の加算

上の⑴で記載した負債利子の加算調整は、次のように行います（法令141の２①一）。

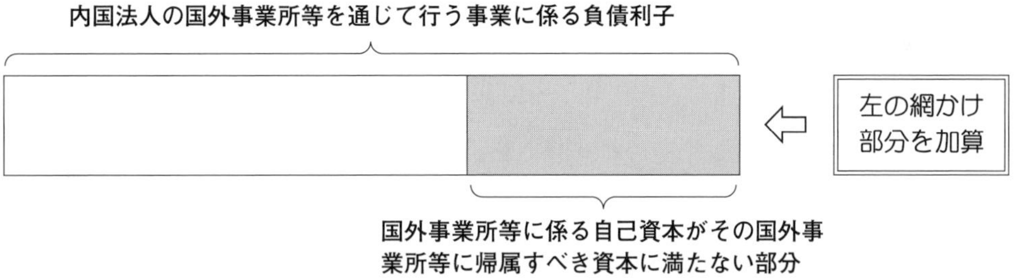

なお、上の加算調整額の計算は、次の算式により計算されます（法令141の４）。

算　式

$$\text{加算調整額} = \text{国外事業所等を通じて行う事業に係る負債利子額} \times \frac{\text{国外事業所等に帰属すべき資本の額} - \text{国外事業所等に係る自己資本の額}}{\text{国外事業所等に帰属すべき有利子負債の帳簿価額の平均残額}}$$

㈱　上の算式の分子の金額が分母の金額を超える場合、分子の金額は分母の金額と同額とすることとされます

また、この加算調整は、確定申告書に計算明細を添付し、かつ、国外事業所等に帰属すべき資本の額の計算の基礎となる事項を記載した書類の保存がある限り適用されます（法令141の２⑬）。

⑸　国外所得金額の計算に関する書類の添付

外国税額控除の適用を受ける場合には、確定申告書に国外所得金額の計算に関す

る明細書を記載した書類を添付しなければなりません（法令141の㉒）。

5　外国税額控除の対象とならない外国法人税の額

平成26年度税制改正により、租税条約相手国で課される外国法人税の額のうち、租税条約の規定（軽減又は免除のみ）により相手国で課される額を超える部分の金額又は免除されることとなる金額は、外国税額控除の対象とはならないこととされました(法令142の２⑧五)。

第5　控除限度額と外国法人税の範囲

1　控除限度額

日本の外国税額控除制度においては、控除対象となる外国法人税については、一定の限度を定めています（法令142①）。

控除限度額 ⇒ 内国法人の各事業年度の所得に対する法人税の額に、その事業年度の所得金額のうちにその事業年度の調整国外所得金額の占める割合を乗じて計算した金額とします

これは、居住者や内国法人が日本の税率よりも高い国で納付した外国法人税をすべて控除するとした場合、日本の税率を超える部分の金額は、納税者が獲得した国内源泉所得に係る税額を控除することになります。それでは、日本の課税権が確保されないことから、限度額を設けたとされています。

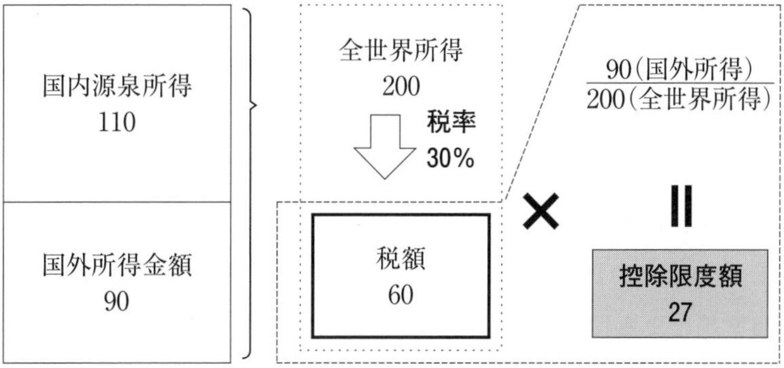

算　式

$$控除限度額＝全世界所得に対する法人税額\times\frac{調整国外所得金額}{全世界所得金額}$$

内国法人の各事業年度の所得に対する法人税の額（ただし、次に①から⑪以下を適用しないで計算した場合の法人税の額から、次の⑫から⑭を控除し、さらに附帯税を控除した額）に、その事業年度の所得金額を分母に、その事業年度の調整国外所得金額の占める割合を分子として計算した金額とされます（法令142①）。

①	法人税法67条（特定同族会社の特別税率）
②	法人税法68条（所得税額の控除）
③	法人税法69条（外国税額の控除）

④	法人税法69条の２（分配時調整外国税相当額の控除）
⑤	法人税法70条（仮装経理に基づく過大申告の場合の更正に伴う法人税額の控除）
⑥	租税特別措置法42条の14第１項（通算法人の仮装経理に基づく過大申告の場合等の法人税額）（東日本大震災の被災者等に係る国税関係法律の臨時特例に関する法律第17条の４の２第１項（通算法人の仮装経理に基づく過大申告の場合等の法人税額）の規定により読み替えて適用する場合を含みます）及び第４項
⑦	租税特別措置法第62条第１項（使途秘匿金の支出がある場合の課税の特例）
⑧	租税特別措置法第62条の３第１項及び第９項（土地の譲渡等がある場合の特別税率）
⑨	租税特別措置法第63条第１項（短期所有に係る土地の譲渡等がある場合の特別税率）
⑩	租税特別措置法第66条の７第４項（内国法人の外国関係会社に係る所得の課税の特例）
⑪	租税特別措置法第66条の９の３第３項（特殊関係株主等である内国法人に係る外国関係法人に係る所得の課税の特例）
⑫	法人税法69条の２
⑬	租税特別措置法66条の７第４項
⑭	租税特別措置法66条の９の３第３項

この場合の所得金額は、法人税法57条《欠損金の繰越し》及び64条の４《公益法人等が普通法人等に移行する場合の所得の金額の計算》並びに措置法59条の２《対外船舶運航事業を営む法人の日本船舶による収入金額の課税の特例》、67条の12及び67条の13《組合事業等による損失がある場合の課税の特例》の規定を適用しないで計算した金額をいいます（法令142②）。

２　調整国外所得金額

１でいう「調整国外所得金額」とは、法人税法57条及び64条の４並びに措置法59条の２、67条の12及び67条の13の規定を適用しないで計算した場合の内国法人の各事業年度において生じた国外所得金額から非課税国外所得の金額を控除した金額をいいます（法令142③）。

また、平成26年４月１日以降開始する事業年度では非課税の国外源泉所得は全額控除されることとなりました（法令142③、附則９②）。

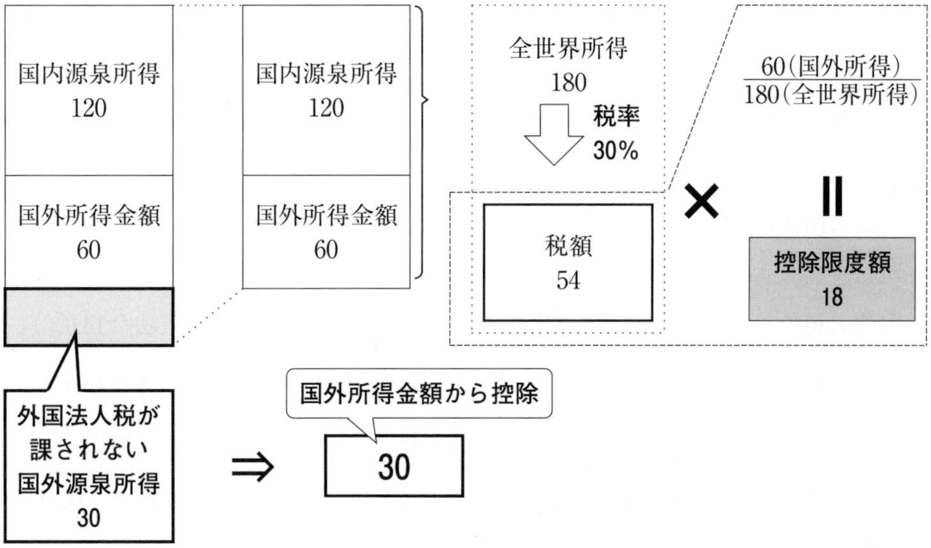

ただし、国外所得金額が次に掲げる金額のうちいずれか多い金額を超える場合には、次のいずれか多い金額に相当する金額とすることとされています（法令142③）。

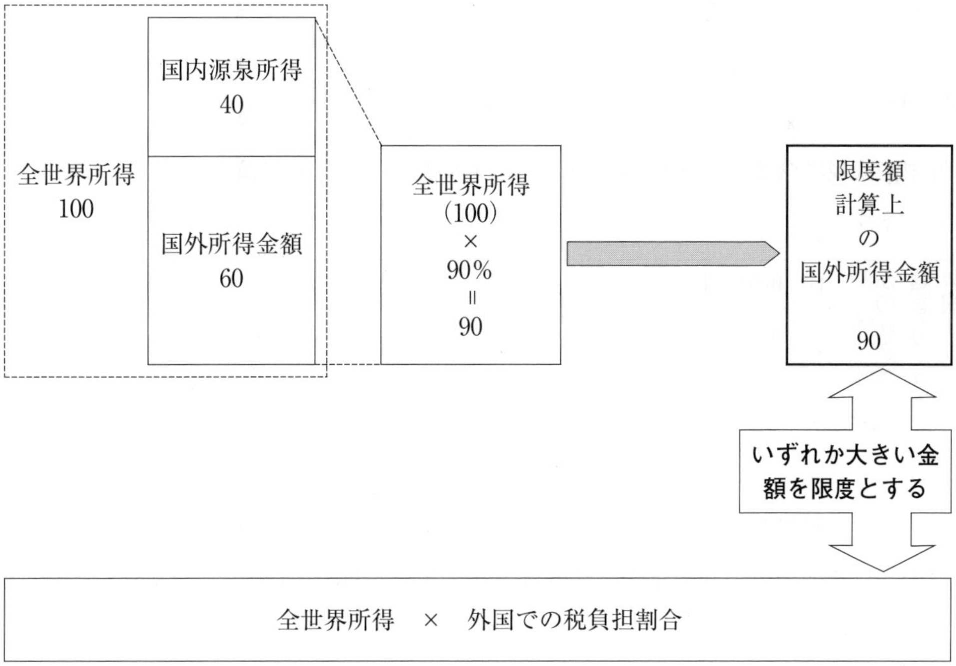

３　共通費用の額の配分

上の「外国法人税が課されない国外源泉所得」がある場合、損金の額に算入される共通費用の額については国外事業所等帰属所得の金額の計算における合理的な配分方法と認められる基準に準じて、外国法人税が課されない国外源泉所得とそれ以外の国外源泉所得に配分することとされます（法令142⑤）。

4　外国法人税の範囲

外国の法令により課される法人税に相当する税は、外国の法令に基づき外国又はその地方公共団体により法人の所得を課税標準として課される税をいうとされています（法令141①）。

外国法人税の範囲に含まれるものは、具体的には、次のものです（法令141②）。

外国法人税	
	①　超過利潤税その他法人の所得の特定の部分を課税標準として課される税
	②　法人の所得又はその特定の部分を課税標準として課される税の附加税
	③　法人の所得を課税標準として課される税と同一の税目に属する税で、法人の特定の所得につき、徴税上の便宜のため、所得に代えて収入金額その他これに準ずるものを課税標準として課されるもの
	④　法人の特定の所得につき、所得を課税標準とする税に代え、法人の収入金額その他これに準ずるものを課税標準として課される税
	⑤　法人税法82条31号に規定する自国内最低課税額に係る税（外国におけるQDMTT（※））

（※）　QDMTTについては、第13章第３をご参照ください。

外国法人税に含まれるか否かについてのメルクマールとしては、以下のようなものがあります。

外国法人税に含まれるか否かの判定基準	
	①　租税であること
	②　所得を課税標準とすること
	③　日本の法令で所得を構成しない金額は除かれる

5　外国法人税に含まれない税

外国又はその地方公共団体から課される次の税は、外国法人税には含まれません（法令141③）。

外国法人税に含まれない税	
	①　税を納付する者が、その税の納付後、任意にその金額の全部又は一部の還付を請求することができる税
	②　税の納付が猶予される期間を、その税の納付をすることとなる者が任意に定めることができる税
	③　複数の税率の中から税の納付をすることとなる者と外国（その地方公共団体等）との合意により税率が決定された税（当該複数の税率のうち最も低い税率（当該最も低い税率が当該合意がないものとした場合に適用されるべき税率を上回る場合には当該適用されるべき税率）を上回る部分に限ります）
	④　外国における各対象会計年度の国際最低課税額に対する法人税に相当する税（IIR（※））
	⑤　法人税法155条の34第２項３号（対象租税の範囲）に掲げる税（外国におけるUTPR（※））
	⑥　外国法人税に附帯して課される附帯税に相当する税その他これに類する税

（※）　IIRとUTPRについては、第13章第３をご参照ください。

このほかにも、米国の社会保険税や失業保険税というように、名称に「税」と付されていても、その内容から外国税額控除の対象とならないものが多数ありますので留意が必要です。

6　外国税額控除の対象とならない外国法人税の額

次に掲げる外国法人税は、外国税額控除の対象とならない外国法人税となります（法法69①、法令142の２）。

(1)　高率な部分の金額

①　高率な部分の金額

「所得に対する負担が高率な部分の金額」については、控除対象外国法人税額とはなりません。具体的には、外国法人税の額のうち当該外国法人税を課す国又は地域において当該法人税の課税標準の額とされる金額に35％を乗じて計算した金額を超える部分をいいます（法令142の２①）。

この場合の高率な部分の金額に該当するか否かは、一の外国法人税ごとに、かつ、その外国法人税の課税標準とされる金額ごとに判定することとされています（法基通16－３－22）。

なお、内国法人が予定納付等をした外国法人税の額については、法人税基本通達16－３－22《外国法人税額の高率負担部分の判定》にかかわらず、その外国法人税の額に係る高率負担部分はないものとして法人税法69条１項の規定を適用するものとします。この場合において、その予定納付等をした外国法人税に係る確定申告又は確定賦課等により納付する金額につき法人税法69条１項の規定の適用を受けるときは、その確定申告又は確定賦課等により確定した外国法人税の額に基づき法人税法施行令142条の２第１項《控除対象外国法人税の額とされないもの》の規定を適用するとされています（法基通16－３－23）。

ただし、高率とされる部分の金額については、外国税額控除の対象とはなりませんが、損金の額には算入することができます。これは、控除対象外国法人税額のみが法人税法41条《法人税額から控除する外国税額の損金不算入》により、損金不算入とされていることによります。

②　利子等に係る取扱い

内国法人が納付することとなる利子等（貸付金その他これに準ずるものの利子を含みます）の収入金額を課税標準として源泉徴収の方法に類する方法により課される外国法人税については、その外国法人税の額のうち利子等の収入金額の10％に相当する金額を超える部分の金額が所得に対する負担が高率な部分の金額に該当するものとされます（法令142の２②）。

これは、利子等に係る源泉税は、所得を課税標準とする法人税とは異なり、グロスの金額を課税標準とするため、表面税率はさほど高率でなくとも、日本の法人税の課税所得に対する税負担は、日本の実効税率をはるかに超える場合があることによります。そこで、高率な源泉税であるかどうかについては、表面税率（グロスの金額に対する源泉税負担の割合）によるのではなく、各企業の所得率に応じて、日本の課税所得として算定されるネットの所得に対する源泉税負担の割合が高いか否かを判断の基準とすることにしたのです。その意味で、より厳密なものということができます。

イ　所得率

法人の区分	所　得　率
①　金融業（証券業を含む）	算　式 $\dfrac{\text{外国法人税を納付することとなる事業年度と、その事業年度開始前２年以内の各事業年度の所得金額の合計額}}{\text{各事業年度の総収入金額}}$

②　保険業	**算　式** $\dfrac{\text{外国法人税を納付することとなる事業年度と、その事業年度開始前２年以内の各事業年度の所得金額の合計額}}{\text{各事業年度の総収入金額}+\text{責任準備金の戻し入れ額}+\text{支払保険金及び支払準備金の繰入額}}$
③　損害保険業	**算　式** $\dfrac{\text{外国法人税を納付することとなる事業年度と、その事業年度開始前２年以内の各事業年度の所得金額の合計額}}{\text{各事業年度の総収入金額}+\text{責任準備金・支払備金の合計額}+\text{支払保険金・満期返戻金・解約その他返戻金・支払再保険料・責任準備金繰入額・支払備金の合計額}}$
④　その他の事業	**算　式** $\dfrac{\text{外国法人税を納付することとなる事業年度と、その事業年度開始前２年以内の各事業年度の所得金額の合計額}}{\text{各事業年度の総収入金額}-\text{各事業年度の売上原価の額の合計額}}$ ただし、その他の事業については、同年度における次の割合が20％以上の法人に限って適用されます。 **算　式** $\dfrac{\text{利子収入の合計額}}{\text{利子収入の合計額}+\text{各事業年度の売上総利益の額の合計額}}$

そして、当該内国法人の所得率に応じて取扱いが以下のように異なります。

所　得　率	外国税額控除の対象から除外される金額
10％以下	10％を超えて課税された部分
10％超20％以下	15％を超えて課税された部分
20％超	高率な部分の金額なし

⑵　通常行われない取引に係る外国法人税

内国法人が通常行われる取引として認められないものとして、その取引に基因して生じた所得に対する外国法人税は、控除対象外国法人税の額から除かれます。具体的には、次の取引です（法法69①、法令142の２⑤）。

ケース１　内国法人が、金銭の借入れをしている者（外国法人Ａ）又は預入れを受けている者と特殊の関係のある者（外国法人Ｂ）に対し、その借り入れられ、又は預入れを受けた金銭の額に相当する額の金銭の貸付けをする取引に基因して生じた所得に対する外国法人税

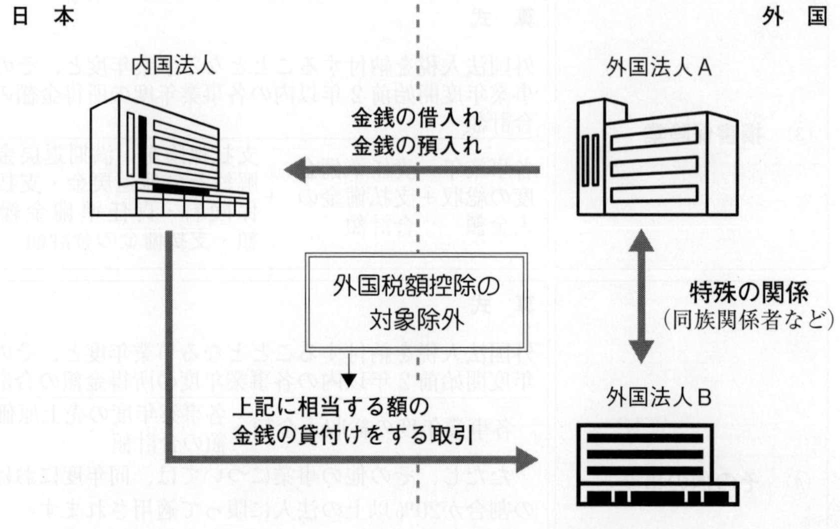

ケース２　貸付債権その他これに類する債権の譲渡を受けた内国法人が、当該債権に係る債務者から当該債権に係る利子の支払を受ける取引に基因して生じた所得に対する外国法人税

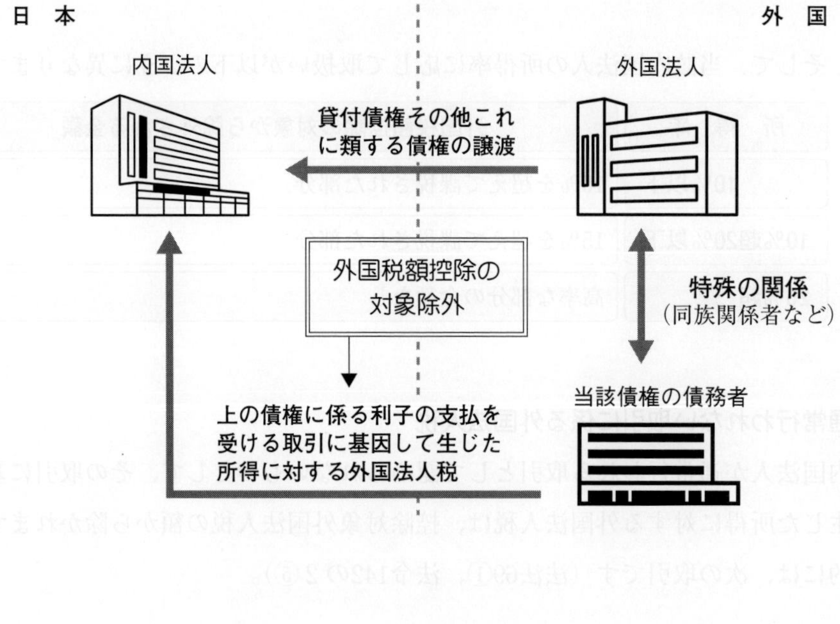

⑶　内国法人の法人税に関する法令の規定により法人税が課されないこととなる金額を課税標準として課されるもの

次に掲げる外国法人税の額は、内国法人の法人税に関する法令の規定により法人税が課されないこととなる課税標準として課税されるものですので、控除対象外国法人税の額からは除かれることになります（法令142の２⑦）。

①　みなし配当に係る源泉税	法人税法24条１項各号に掲げる事由により交付を受ける金銭の額及び金銭以外の資産の価額に対して課される外国法人税の額
②　移転価格課税の第二次調整として課されるみなし配当課税	法人の所得が租税実施特例法７条１項《租税条約に基づく合意があった場合の更正の特例》の規定により減額される場合において、相手国居住者に対してこれをみなし配当として課される外国法人税の額
③　外国子会社配当益金不算入制度の対象となる配当等に係る外国源泉税等	外国子会社から受ける剰余金の配当等の額を課税標準として課される外国法人税の額
④　国外事業所等と本店等との間の内部取引等につき課される外国法人税の額	国外事業所等から本店等への支払につきその国外事業所等の所在する国又は地域においてその支払に係る金額を課税標準として課される外国法人税の額
⑤　内国法人の所得の金額とみなして課される外国法人税の額	外国法人の所得金額に相当する金額に対し、これをその外国法人に出資する内国法人の所得の金額とみなして課される外国法人税の額
⑥　内国法人の国外事業所所在地国において課される特定の外国法人税の額	内国法人の国外事業所所在地国において、その国外事業所から内国法人等に対する支払金額がないものとした場合に得られる金額につき課される外国法人税の額

⑷　条約相手国等において課される外国法人税

平成26年度税制改正（帰属主義の導入）により外国法人の外国税額控除において租税条約の限度税率超過部分を外国税額控除の対象外とする旨が規定されたことに伴い、内国法人の外国税額控除についても、法令化されました。

具体的には、わが国が租税条約を締結している相手国等において課される外国法人税の額のうち、その租税条約の規定（その外国法人税の軽減又は免除に関する規定に限ります）によりその相手国等において課することができることとされる額を超える部分に相当する金額又は免除することとされる額に相当する金額は、外国税額控除の対象とならないこととされました（法令142の２⑧五）。

⑸　内国法人の所得の金額とみなして課される外国法人税の額

外国法人等の所得の金額に相当する金額に対し、これを内国法人（その内国法人とその外国法人等との間にその内国法人がその者の株式又は出資を直接又は間接に保有する関係がある場合における内国法人に限ります）の所得の金額とみなして課される外国法人税の額は、控除対象外国法人税額から除外されます（法令142の２⑦五)。

(6)　内国法人の国外事業所等所在地国において課される特定の外国法人税の額

内国法人の国外事業所等において、その国外事業所等からその内国法人の本店等又は他の者に対する支払金額等がないものとした場合に得られる金額につき課される外国法人税の額は、控除対象外国法人税額から除外されます（法令142の２⑦六)。

(7)　その他政令で定める外国法人税の額

次に掲げる外国法人税の額は、その他政令で定める外国法人税の額として控除対象外国法人税の額から除外されることとされます（法令142の２⑧)。

①	外国法人（租税特別措置法66条の８第１項又は第７項に規定する外国法人に限ります）から受けるこれらの規定に規定する剰余金の配当等の額（「剰余金の配当等の額」）に係る外国法人税の額（剰余金の配当等の額を課税標準として課される外国法人税の額及び剰余金の配当等の額の計算の基礎となった外国法人の所得のうち内国法人に帰せられるものとして計算される金額を課税標準として当該内国法人に対して課される外国法人税の額に限ります）
②	外国法人から受ける租税特別措置法66条の８第３項又は第９項に規定する剰余金の配当等の額（「剰余金の配当等の額」）に係る外国法人税の額（剰余金の配当等の額を課税標準として課される外国法人税の額及び剰余金の配当等の額の計算の基礎となった外国法人の所得のうち内国法人に帰せられるものとして計算される金額を課税標準として当該内国法人に対して課される外国法人税の額に限ります）
③	外国法人（租税特別措置法66条の９の４第１項又は第６項に規定する外国法人に限る。）から受けるこれらの規定に規定する剰余金の配当等の額（「剰余金の配当等の額」）に係る外国法人税の額（剰余金の配当等の額を課税標準として課される外国法人税の額及び剰余金の配当等の額の計算の基礎となった外国法人の所得のうち内国法人に帰せられるものとして計算される金額を課税標準として当該内国法人に対して課される外国法人税の額に限ります）
④	外国法人から受ける租税特別措置法66条の９の４第３項又は第８項に規定する剰余金の配当等の額（「剰余金の配当等の額」）に係る外国法人税の額（剰余金の配当等の額を課税標準として課される外国法人税の額及び剰余金の配当等の額の計算の基礎となった外国法人の所得のうち内国法人に帰せられるものとして計算される金額を課税標準として当該内国法人に対して課される外国法人税の額に限ります）

⑤	租税条約相手国等又は外国（外国居住者等の所得に対する相互主義による所得税等の非課税等に関する法律２条３号（定義）に規定する外国をいい、同法第５条各号（相互主義）のいずれかに該当しない場合における当該外国を除きます）において課される外国法人税の額のうち、当該租税条約の規定（当該外国法人税の軽減又は免除に関する規定に限ります）により当該条約相手国等において課することができることとされる額を超える部分に相当する金額若しくは免除することとされる額に相当する金額又は当該外国において、同条第１号に規定する所得税等の非課税等に関する規定により当該外国に係る同法２条３号に規定する外国居住者等の同法５条第１号に規定する対象国内源泉所得に対して所得税若しくは法人税を軽減し、若しくは課さないこととされる条件と同等の条件により軽減することとされる部分に相当する金額若しくは免除することとされる額に相当する金額

7　外国税額控除の納付確定時期

法人税法69条１項にもあるように、「外国法人税は、納付することとなる場合」に外国税額控除の適用を受けることができます。したがって、外国法人税がどのようなものであるかにより、外国税額控除の適用時期が異なってくることになります。具体的には、次のようになります。

申告納税方式により課される外国法人税 ⇨	納税申告書を提出した日
源泉所得税が課される場合の外国法人税 ⇨	源泉所得税が課されることとなった利子・配当・使用料が支払われた日

ただし､内国法人が継続してその納付することが確定した外国法人税の額を費用として計上した日(その計上した日が外国法人税を納付した日その他の税務上認められる合理的な基準に該当する場合に限ります）の属する事業年度においてこれらの項の規定を適用している場合には、その計算を認めることとされています(法基通16－３－５)。

第６　文書化

平成26年度税制改正において、外国税額控除の適用を受ける場合には、以下に掲げる書類を作成することとされました。

１　はじめに

PEを有する外国法人は、次の２及び３に掲げる書類を作成し、税務当局からの求めがあった場合には遅滞なく提示し、又は提出しなければなりません。また、３に掲げるPEと本店等との間の内部取引について、外国法人と第三者との外部取引と同様に、帳簿に記載しなければならないこととされました。

２　国外事業所等帰属外部取引に関する事項

外国税額控除の適用を受ける内国法人は、他の者と行った取引のうち、国外所得金額の計算上、その取引から生ずる所得が国外事業所等に帰属するもの（国外事業所等帰属外部取引）については、次の事項を記載した書類を作成しなければなりません（法法69㉙、法規30の３）。

①	国外事業所等帰属外部取引の内容	具体的には、国外事業所等帰属外部取引がどのような取引であるかを説明する書類であり、国外事業所等帰属外部取引が第三者との取引であることから、私法上の要請により契約書等が存在するため、契約書等に記載された内容を整理すれば足りるものと考えられます
②	国外事業所等及び本店等が国外事業所等帰属外部取引において使用した資産・負債の明細	具体的には、国外事業所等及び本店等が国外事業所等帰属外部取引に関して使用した資産（無形資産を含みます）の種類、内容、契約条件等が分かる書類及び国外事業所等帰属外部取引に関連した負債の種類や内容等がわかる書類です なお、無形資産にあっては、貸借対照表上簿価を有していない場合であっても、国外事業所等帰属外部取引に関して重要な価値を有し所得の源泉となると認められる無形資産については記載が必要となります

③	国外事業所等及び本店等が国外事業所等帰属外部取引において果たす機能及びその機能に関連するリスク	具体的には、国外事業所等及び本店等がどのような機能を果たしているのか、どのようなリスクを負っているのかを説明するための書類です 機能の整理に当たっては「研究開発」「設計」「調達」「製造」「市場開拓」「販売」等の企業活動において、国外事業所等及び本店等の機能がどこで、どのように果たされているかの整理が必要となります
④	国外事業所等及び本店等が国外事業所等帰属外部取引において果たした機能に関連する部門並びにその部門の業務の内容	具体的には、資産やリスクの帰属、その結果としての取引の帰属において、どのような人的機能が遂行されたかが殊更に重要であることから、国外事業所等及び本店等が外部取引において果たした機能に関連する企業内部における部門やその部門の業務内容等を説明するための書類です。どのような部門においてどれほどの人員を配置し、それらの人員がどのような業務を行っているかを具体的に整理する必要があります

3　内部取引に関する事項

文書化は機能・事実分析を行う上での有用な出発点ですが、内部取引は私法上の取引ではないことから、企業内部における人・モノ・お金等の動きがどのような内部取引を構成することとなるかを明確にするための文書化の役割はより一層大きなものとなります。

納税者にとっては、内部取引に関する自身の認識を表した文書を作成することで、税務リスクを軽減し、予見可能性を高めることが可能となります。税務当局にとっても、納税者の作成した文書を出発点として機能・事実分析を行うことで事務の効率化が図られるとともに、税務執行の明確化に資するものと考えられます。

外国税額控除の適用を受ける内国法人は、本店等と国外事業所等との間の内部取引に関し、次の書類を作成しなければなりません（法法69㉚、法規30の４）。

①	国外事業所等と本店等との内部取引に該当する資産の移転、役務の提供その他の事実を記載した、注文書、契約書、送り状、領収書、見積書その他これらに準ずる書類若しくはこれらに相当する書類	内部取引は、通常の私法取引は存在しないことから、契約書等は当然には作成されていないため、契約書類似の書類を作成し、その記載内容については、第三者間で取引を行う場合、通常、記載される又は取り決められる取引条件、取引内容等について明示されていることが必要となります

②	国外事業所等及び本店等が内部取引において使用した資産・負債の明細	具体的には、外部取引の場合と同様に、国外事業所等及び本店等が内部取引に関して使用した資産（無形資産を含みます）の種類、内容、契約条件等がわかる書類及び内部取引に関連した負債の種類や内容等がわかる書類です
③	国外事業所等及び本店等が内部取引において果たす機能及びその機能に関連するリスク	具体的には、国外事業所等及び本店等がどのような機能を果たしているのか、どのようなリスクを負っているのかを説明するための書類です 機能の整理に当たっては「研究開発」「設計」「調達」「製造」「市場開拓」「販売」等の企業活動において、国外事業所等及び本店等の機能がどこで、どのように果たされているかの整理が必要となります
④	国外事業所等及び本店等が内部取引において果たした機能に関連する部門並びにその部門の業務の内容を記載した書類	具体的には、資産やリスクの帰属、その結果としての取引の帰属において、どのような人的機能が遂行されたかが殊更に重要であることから、内国法人の国外事業所等及び本店等が内部取引において果たした機能に関連する企業内部における部門やその部門の業務内容等を説明するための書類です
⑤	その他内部取引に関連する資産の移転等の事実が生じたことを証する書類	例えば、内部取引により資産の移転が生じた場合に、当該移転に伴い第三者（運送会社等）との間で行われた契約書等の写しや当該内部取引により移転された資産を外部に販売するための移送や加工等がなされた場合、当該移送や加工等の事実を証する書類がこれに該当することとなります

＊　平成26年度税制改正により、国外事業所等が内国法人とは独立した事業者と擬制されることになりました。そこで、国外事業所等と内国法人との間の内部取引について、それが第三者間取引と同様の価格（独立企業間価格）で行われたことを文書で示すことが義務付けられました。外国税額控除を適用する場合、国外事業所等と内国法人との内部取引の独立企業間価格の算定に関し、移転価格税制と同様の書類の作成を必要とすることとされました。

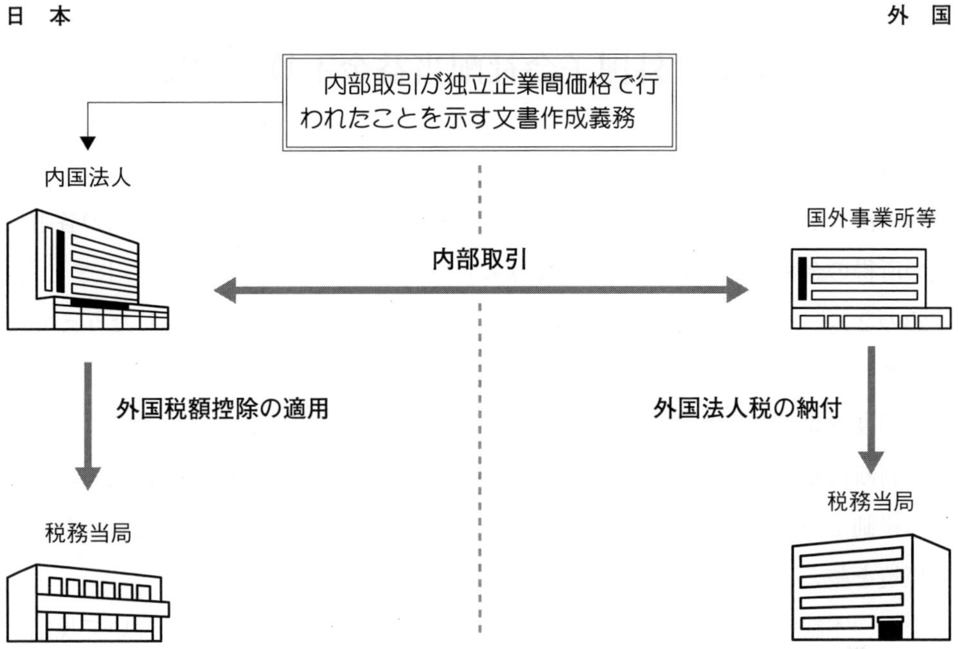
日　本
外　国
内部取引が独立企業間価格で行われたことを示す文書作成義務
内国法人
国外事業所等
内部取引
外国税額控除の適用
外国法人税の納付
税務当局
税務当局

第７　外国子会社配当益金不算入制度

１　概要

内国法人が、外国子会社から受ける配当等の額について、その内国法人の各事業年度の所得の金額の計算上、益金の額に算入しないこととする制度が創設されました（法法23の２）。これにより、間接税額控除制度が、所要の経過措置を講じたうえで廃止されました。

本制度創設の趣旨は、国際的に事業展開するわが国企業が、企業グループとしての経営判断に基づき、海外子会社利益を必要な時期に必要な金額を日本に戻すに当たっての税制上の障害を取り除き、効率的かつ合理的な企業グループ経営を行うための事業環境を整えることにあるとされています。

なお、本制度は、間接税額控除に代わり外国子会社からの配当等について規定することから、適用対象となる外国子会社の定義など多くの部分をかつての間接税額控除の規定等から引き継いでいます。

《外国子会社配当益金不算入制度の概要》

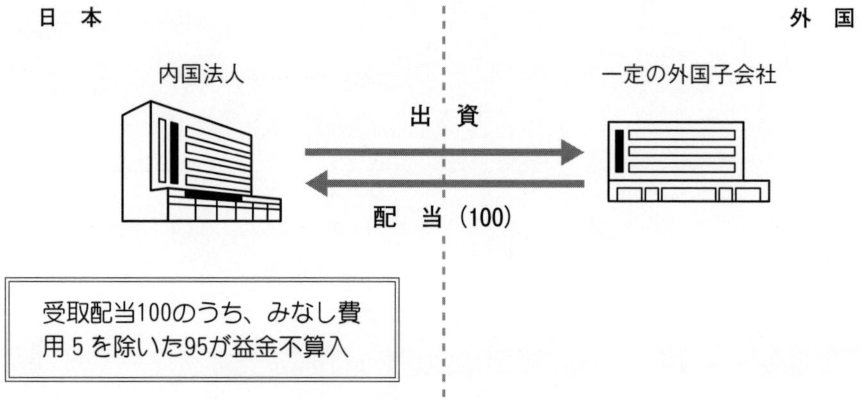

２　適用対象となる外国子会社

⑴　概要

本制度が適用される外国子会社とは、内国法人が外国法人の発行済株式等の25％以上の株式等を、配当等の支払義務が確定する日以前６月以上引き続き直接に有している場合のその外国法人をいうものとされます（法法23の２①）。

⑵　外国子会社の要件

外国子会社とは、次に掲げる割合のいずれかが25％以上であり、かつ、その状態が内国法人がその外国法人から受ける剰余金の配当等の支払義務が確定する日以前６月以上継続していることとされます（法令22の４①）。

外国子会社の要件	
	①　その外国法人の発行済株式等のうちにその内国法人が保有しているその株式又は出資の数又は金額の占める割合
	②　その外国法人の発行済株式等のうちの議決権のある株式又は出資の数又は金額のうちにその内国法人が保有しているその株式又は出資の数又は金額の占める割合

なお、単体申告を行う連結法人が、剰余金の配当等の額の支払義務が確定する日以前６月以上継続しているかどうかを判定する場合において、当該連結法人との間に連結完全支配関係がある他の連結法人が当該剰余金の配当等の額の支払義務が確定する日以前６月の期間継続して連結法人であったかどうかは問わないことに留意することとされます（法基通３－３－１）。

⑶　一の事業年度に２以上の剰余金の配当等を同一の外国法人から受ける場合の外国子会社の判定

内国法人が一の事業年度に２以上の剰余金の配当等を同一の外国法人から受ける場合において、その外国法人が外国子会社に該当するかどうかは、それぞれの剰余金の配当等の額の支払義務が確定する日において当該内国法人の保有する当該外国法人の株式又は出資の数又は金額に基づいて判定することに留意することとされます（法基通３－３－２）。

⑷　租税条約による変更

上記の持株比率は、次の租税条約においては、以下のように変更されます（法令22の４⑦）。

アメリカ、オーストラリア、ブラジル、カザフスタン	10％
フランス	15％

すなわち、外国子会社が米国に所在する場合には、その発行済株式等の10％以上を有していれば、この制度を適用することができるのです。

なお、この場合、通算法人の外国子会社の判定において、その判定の対象となる外国法人が租税条約の二重課税排除条項によりその外国法人の発行済株式又は出資の総数又は総額に係る保有割合が軽減されている相手国の外国法人である場合には、当該通算法人及び他の通算法人が保有している当該外国法人の発行済株式又は出資の数又は金額を合計した数又は金額の保有割合が25％未満であっても、当該通算法人が当該租税条約の二重課税排除条項に定める保有割合以上の株式又は出資を株式保有期間を通じて保有するときは、当該通算法人については同項の規定の適用があることに留意することとされます（法基通３－３－３）。

３　益金不算入の対象から除外される剰余金の配当等の額

外国法人の中には、配当の支払をした場合に所得の金額の計算上損金の額に算入される配当（「損金算入配当」）があります。一方、BEPS 行動計画において、損金算入配当を配当益金不算入の対象外とするよう勧告がなされました。そこで、平成27年度税制改正において、損金算入配当を外国子会社配当益金不算入の対象から除外することになりました。

⑴　原則法

内国法人が外国子会社（持株割合25％以上等の要件を満たす外国法人をいいます。以下３において同じ）から受ける配当等の額で、その配当等の額の全部又は一部が当該外国子会社の本店所在地国の法令において当該外国子会社の所得の金額の計算上損金の額に算入することとされている場合には、その受ける配当等の額は本制度の適用対象から除外されます（法法23の２②一）。

⑵　実額法

内国法人が外国子会社から受ける配当等の額で、その配当等の額の一部が当該外国子会社の所得の金額の計算上損金の額に算入された場合には、その受ける配当等の額のうち、その損金の額に算入された部分の金額（⑶において「損金算入対応受取配当等の額」といいます）を本制度の適用対象から除外する金額とすることができます（法法23の２③）。

ここでいう損金算入対応受取配当等の額は、以下の算式で計算された金額その他合理的な方法により計算された金額をいいます（法令22の４④）。

算　式

損金算入対応受取配当等の金額 ＝ 内国法人が外国子会社から受けた配当等の金額 × 分母に記載した剰余金の配当等のうちその外国子会社の所得の金額の計算上損金の額に算入された金額 ／ 内国法人が外国子会社から受けた剰余金の配当等の元本である株式の総数等につきその外国子会社から支払われた剰余金の配当等の額

(3)　上記(2)の適用を受けた事業年度後の各事業年度において、内国法人が外国子会社から受けた配当等の額につき損金算入対応受取配当等の額が増額された場合には、その増額された後の損金算入対応受取配当等の額を、本制度の適用対象から除外することとされます（法法23の２④）。

この場合、その剰余金の配当等の額を受けた日の属する事業年度の益金不算入額を再計算することになります。そして、内国法人が外国子会社から受けた剰余金の配当等の額に係る益金算入部分の金額が修正されるので、損金算入対応受取配当等の額の増額のあった当期において修正するのではなく、内国法人がその配当を受けた日の属する事業年度にさかのぼって修正処理を行うことになります。

(4)　上記(2)の適用については、確定申告書等に上記(2)の適用を受けようとする旨並びに損金算入対応受取配当等の額及びその計算に関する明細を記載した書類を添付するとともに、一定の書類を保存している場合に限り適用されることになります（法法23の２⑦）。

(注)１　上記の改正は、平成28年４月１日以後に開始する事業年度において内国法人が外国子会社から受ける配当等の額について適用されます（平成27年改正法附則24①）。

２　平成28年４月１日から平成30年３月31日までの間に開始する各事業年度において内国法人が外国子会社から受ける配当等の額（平成28年４月１日において有する当該外国子会社の株式等に係るものに限ります）については、従前どおりの取扱いとされます（平成27年改正法附則24②）。

３　平成30年４月１日以降に開始する事業年度においては、２の経過措置が満了したことから、本則が適用されることになります。

外国子会社配当益金不算入制度の見直し

【概要】
BEPS（※）プロジェクトの勧告を踏まえ、子会社の所在地国で損金算入が認められる配当（例：オーストラリアの優先株式等）については、支払を受けた日本の親会社の益金に算入して課税する（二重非課税を防止）。
（※）Base Erosion and Profit Shifting：税源浸食と利益移転

【適用関係】
➢　平成28年4月1日以後開始事業年度から適用。
➢　なお、平成28年4月1日から平成30年3月31日までに開始する事業年度に受ける配当（施行日（平成28年4月1日）において有する株式等に係るものに限る。）については、従前どおり。

【オーストラリアの優先株式のケース】

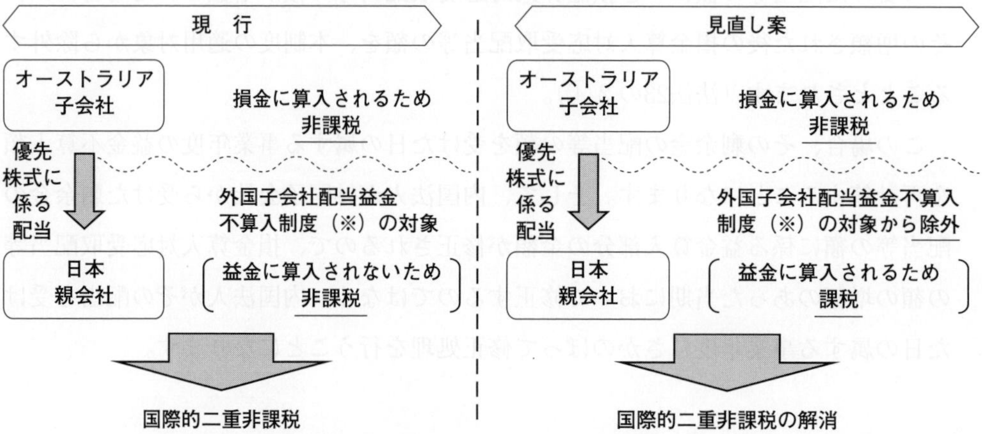

（※）　国際的な二重課税を排除するため、外国子会社から日本の親会社に支払われる配当（外国において法人税が課された後の利益から支払われる）については、親会社の益金に算入せず、課税しない制度
（注：配当を得るために要した費用を考慮し、配当額の95％を益金不算入とする）

（出典：財務省資料）

4　適用要件

外国子会社配当益金不算入制度の適用要件は、以下のとおりとなっています（法法23の2⑤）。

本制度の適用要件
①　確定申告書、修正申告書又は更正請求書に益金の額に算入されない剰余金等の配当等の額及びその計算に関する明細を記載した書類の添付があること
②　財務省令で定める書類を保存すること

このように、従来の外国間接税額控除が多くの書類を確定申告書に添付しなければならないことに比して、大幅に負担が軽減されました。

なお、上記の表の②で定める財務省令で定める書類とは、具体的には、次に掲げるものになります（法規8の5）。

財務省令で定める書類	
	①　剰余金の配当等の額を支払う外国法人が外国子会社に該当することを証する書類
	②　外国子会社の剰余金の配当等の額に係る事業年度の貸借対照表、損益計算書及び株主資本等変動計算書、損益金の処分に関する計算書その他これらに類する書類
	③　外国子会社から受ける剰余金の配当等の額に係る外国源泉税等の額がある場合には、その外国源泉税等の額を課されたことを証する当該外国源泉税等の額に係る申告書の写し又はこれに代わるべき当該外国源泉税等の額に係る書類及び当該外国源泉税等の額が既に納付されている場合にはその納付を証する書類

上記の表の③にある「外国源泉税等の額を課されたことを証する……その納付を証する書類」には、申告書の写し又は現地の税務官署が発行する納税証明書等のほか、更正若しくは決定に係る通知書、賦課決定通知書、納税告知書、源泉徴収の外国源泉税等に係る源泉徴収票その他これらに準ずる書類又はこれらの書類の写しが含まれることとされます（法基通３－３－５）。

５　配当等に係るみなし経費の損金不算入

内国法人が外国子会社から受ける配当等の額について、益金の額に算入しないこととする場合には、その配当等に係る費用に相当する金額としてその配当等の額の５％に相当する金額を、益金の額に算入しないこととされる配当等の額から控除することとされます（法令22の４②）。益金不算入とされない５％は、本制度により外国子会社からの剰余金の配当等の額が課税所得から除外されることを受けて、その剰余金の配当等の額を獲得するために要した費用とみなして課税所得の計算から除外して、費用収益の対応を図ることが適切と判断されたことによります。結果として、外国子会社から受け取る配当等の額の95％が益金不算入となります。

６　外国子会社から受ける配当等に係る外国源泉税等の損金不算入

内国法人が外国子会社から受ける配当等について、本制度の適用を受ける場合には、当該剰余金の配当等の額に係る外国源泉税等の額は、その内国法人の各事業年度の所得の金額の計算上、損金の額に算入しないこととされます（法法39の２）。

これは、内国法人の課税所得の計算において、外国子会社から受領する配当等の額が益金に含まれないことから、その収益に対応する外国源泉税の額もこれに合わせる形で損金に算入しないこととしたものです。

7　外国源泉税等の減額額の益金不算入

内国法人が法人税法39条の２の規定により各事業年度の所得の金額の計算上損金の額に算入されない外国源泉税等の額が減額された場合には、その減額された金額は、その内国法人の各事業年度の所得の金額の計算上、益金の額に算入されません（法法26②）。

8　適用時期

本制度は、内国法人の平成21年４月１日以後に開始する事業年度において受ける外国子会社からの配当等について、適用されることとされています（平成21年改正法附則６）。

《外国子会社配当益金不算入制度》

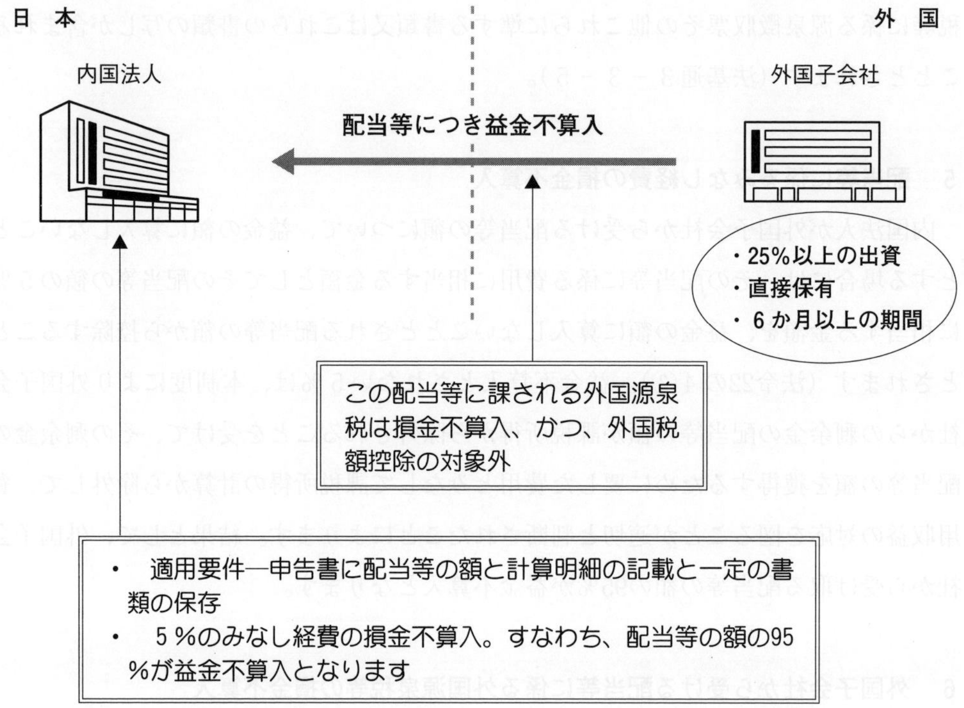
日 本
外 国
内国法人
外国子会社
配当等につき益金不算入
・25%以上の出資
・直接保有
・６か月以上の期間
この配当等に課される外国源泉税は損金不算入、かつ、外国税額控除の対象外
・　適用要件―申告書に配当等の額と計算明細の記載と一定の書類の保存
・　５%のみなし経費の損金不算入。すなわち、配当等の額の95%が益金不算入となります

第８　みなし外国税額控除
（タックス・スペアリング・クレジット）

1　総説

開発途上国においては、自国の経済発展を図るために、外国企業誘致を積極的に行うこととしており、その一環として租税優遇措置を認め、租税を減免することを行っています。このような政策的配慮がある場合、減免措置を受けた後の税額だけを居住地国における外国税額控除の対象とすることになれば、その政策はまったく生かされないことになり、租税優遇措置の目的が達成できないこととなりかねません。

そこで、先進国から開発途上国への経済援助という政策的配慮により、租税条約において、開発途上国において減免された租税については、これを納付したこととして外国税額控除を適用する場合があります。これを一般に、みなし外国税額控除（タックス・スペアリング・クレジット）といいます。

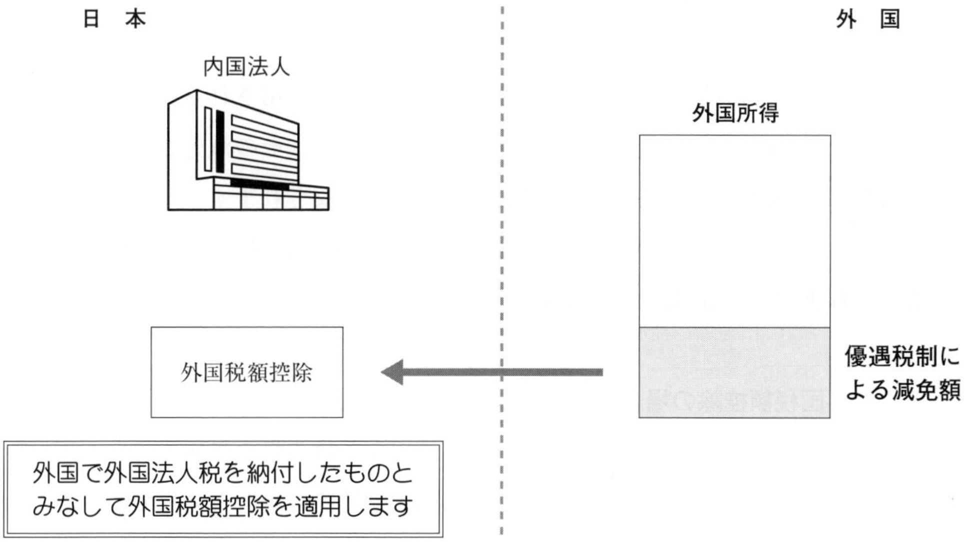

2　みなし外国税額控除の廃止ないしは限度の設定

日本は、みなし外国税額控除については、暫時廃止する方向で租税条約交渉に臨んでいます。これは、みなし外国税額控除は、課税の公平性や中立性の観点から、問題があるというものです。

最近では、2006年に条約改正の基本合意がなされたインド、フィリピン及びパキスタンとの租税条約において、みなし外国税額控除が、廃止又は10年間の期限を付されるなど、縮小の方向にあります。

現在、日本の租税条約でみなし外国税額控除を規定している国は、以下のとおりです。

ザンビア	スリランカ	タイ	中国
バングラディッシュ	フィリピン	ブラジル	

このほか、次の国では以下のような状況になっています。

締約国	状　　況
フィリピン	2006年の条約改定において、10年間を限度とすることに合意
アイルランド スペイン インドネシア	先方の国内法の改正により、事実上失効
パキスタン	2008年の条約改定でみなし外国税額控除は廃止
ベトナム	2011年１月１日から廃止

3　直接税額控除における控除対象外国法人税額

内国法人の直接税額控除についてみなし外国税額控除が適用される場合には、外国で減免された租税については、実際に納付した税額に加え、その減免された税額（みなし納付分）についても、内国法人が納付した税額とみなされます。

しかし、所得に対する負担が高率な部分の金額については、控除対象外国法人税額から除外されます（法令142の２①②）。

4　みなし外国税額控除の場合の国外所得金額

みなし外国税額控除によって外国税額控除の適用を受ける場合であっても、国外所得金額の計算については、基本的には一般の外国税額控除の場合と同様です。ただし、次の点については、留意する必要があります。

国外所得金額の計算上留意すべき事項	内国法人が直接税額控除の適用を受ける場合には、その法人が納付する控除対象外国法人税の額は、所得の計算上損金の額に算入されません（法法41）

５　みなし外国税額控除の申告手続等

みなし外国税額控除の適用を受けようとする場合には、次の２つの要件を満たす必要があります。

みなし外国税額控除の適用を受けようとする場合	①　みなし外国税額控除の適用を受けようとする事業年度の確定申告書等に、控除を受けるべきみなし外国税額の計算の明細を記載すること
	②　①を証明する書類を添付しなければならないこと

（実施特例省令10）

第9　控除限度額と控除余裕額の繰越

1　控除限度額の定義

控除限度額は、次のようになっています。

算　式

法人税の控除限度額 ＝ 当期の所得に対する法人税の額 × $\frac{\text{当期の調整国外所得金額}}{\text{当期の所得金額}}$

(1)　当期の所得に対する法人税の額

当期の所得に対する法人税の額とは、内国法人の各事業年度の所得に対する法人税の額（ただし、次に①から⑪以下を適用しないで計算した場合の法人税の額から、次の⑫から⑭を控除し、さらに附帯税を控除した額）をいいます（法令142①）。

①	法人税法67条（特定同族会社の特別税率）
②	法人税法68条（所得税額の控除）
③	法人税法69条（外国税額の控除）
④	法人税法69条の２（分配時調整外国税相当額の控除）
⑤	法人税法70条（仮装経理に基づく過大申告の場合の更正に伴う法人税額の控除）
⑥	租税特別措置法42条の14第１項（通算法人の仮装経理に基づく過大申告の場合等の法人税額）（東日本大震災の被災者等に係る国税関係法律の臨時特例に関する法律第17条の４の２第１項（通算法人の仮装経理に基づく過大申告の場合等の法人税額）の規定により読み替えて適用する場合を含みます）及び第４項
⑦	租税特別措置法第62条第１項（使途秘匿金の支出がある場合の課税の特例）
⑧	租税特別措置法第62条の３第１項及び第９項（土地の譲渡等がある場合の特別税率）
⑨	租税特別措置法第63条第１項（短期所有に係る土地の譲渡等がある場合の特別税率）
⑩	租税特別措置法第66条の７第４項（内国法人の外国関係会社に係る所得の課税の特例）
⑪	租税特別措置法第66条の９の３第３項（特殊関係株主等である内国法人に係る外国関係法人に係る所得の課税の特例）
⑫	法人税法69条の２
⑬	租税特別措置法66条の７第４項
⑭	租税特別措置法66条の９の３第３項

(2) その事業年度の所得金額

その事業年度の所得金額は、次の規程を適用しないで計算した場合の、その事業年度の所得の金額をいいます（法令142②）。

①	法人税法57条（欠損金の繰越し）
②	法人税法64条の４（公益法人等が普通法人等に移行する場合の所得の金額の計算）
③	租税特別措置法59条の２（対外船舶運航事業を営む法人の日本船舶による収入金額の課税の特例）
④	租税特別措置法67条の12及び67条の13（組合事業等による損失がある場合の課税の特例）

(3) 地方税の控除限度額

地方税の控除限度額は、地方税法施行令に規定する道府県民税の控除限度額と市町村民税の控除限度額とを合計したものです（法令143）。

地方税の控除限度額	①　道府県民税の控除限度額	＝	国税の控除限度額×５％
	②　市町村民税の控除限度額	＝	国税の控除限度額×12.3％

ただし、標準税率を超える税率で、法人税割を課すこととされている道府県又は市町村に事務所、事業所を有する法人については、その法人の選択により、国税の外国税額控除限度額に実際税率を乗じて計算することができます（地令９の７⑥、48の13⑦）。

(4) 控除と繰越計算

内国法人が各事業年度において納付することとなる控除対象法人税額がその事業年度の控除限度額と地方税控除限度額との合計額を超える場合において、その事業年度開始前の日前３年以内に開始した各事業年度の控除限度額のうちその事業年度に繰り越される部分の金額（繰越控除限度額）があるときは、その繰越控除限度額を限度として、その超える部分の金額をその事業年度の所得に対する法人税の額から控除することになります（法法69②）。

(5) 繰越控除限度額の計算

その事業年度に繰り越される部分の金額は、内国法人の同項に規定する前３年内事業年度の国税の控除余裕額又は地方税の控除余裕額を、最も古い事業年度のものから順次に、かつ、同一事業年度のものについては国税の控除余裕額及び地方税の控除余裕額の順に、その事業年度の控除限度超過額に充てるものとした場合にその控除限度超過額に充てられることとなるその国税の控除余裕額の合計額に相当する金額とするとされています（法令144①）。

なお、控除限度超過額と控除余裕額とは、次のものをいいます。

控除限度超過額	控除対象外国法人税額が控除限度額を超える場合の超える分の金額
控除余裕額	控除対象外国法人税額が控除限度額に満たない場合の満たない部分の金額

2　控除余裕額と控除限度超過額の計算

(1)　控除余裕額の計算

イ　国税の控除余裕額の計算

国税の控除余裕額は、内国法人が各事業年度において納付することとなる控除対象外国法人税の額がその事業年度の国税の控除限度額に満たない場合において、以下の算式により計算した金額をいうものとされます（法令144⑤）。

算　式

各事業年度の国税の控除限度額 － 各事業年度において納付することとなる控除対象外国法人税の額

ロ　地方税の控除余裕額の計算

地方税の控除余裕額とは、次の各号に掲げる場合の区分に応じ各号に定める金額をいいます（法令144⑥）。

①　内国法人が各事業年度において納付することとなる控除対象外国法人税の額がその事業年度の国税の控除限度額を超えない場合	⇒ その事業年度の地方税の控除限度額
②　内国法人が各事業年度において納付することとなる控除対象外国法人税の額がその事業年度の国税の控除限度額を超え、かつ、その超える部分の金額がその事業年度の地方税の控除限度額に満たない場合	⇒ その地方税の控除限度額からその超える部分の金額を控除した金額に相当する金額

⑵　控除限度超過額の計算

控除限度超過額とは、次の算式により計算した金額をいうとされています（法令144⑦）。

控除限度超過額	＝	内国法人が各事業年度において納付することとなる控除対象外国法人税の額	－	その事業年度の国税の控除限度額	＋	その事業年度の地方税の控除限度額

⑶　繰越控除対象外国法人税額の控除

イ　控除余裕額が生じた場合の繰越控除対象外国法人税額の控除

内国法人が各事業年度において納付することとなる控除対象外国法人税の額が当該事業年度の控除限度額に満たない場合において、その前３年内事業年度において納付することとなった控除対象外国法人税の額のうちその事業年度に繰り越される部分となる金額（繰越控除対象外国法人税額）があるときは、その控除限度額からその事業年度において納付することとなる控除対象外国法人税の額を控除した残額を限度として、その繰越控除対象外国法人税額をその事業年度の所得に対する法人税の額から控除することとされています（法法69③）。

ロ　繰越控除対象外国法人税額の計算

繰越控除対象外国法人税額	前３年内事業年度の控除限度超過額を最も古い事業年度のものから順次法人税法69条３項に規定するその事業年度の国税の控除余裕額に充てるものとした場合にその国税の控除余裕額に充てられることとなるその控除限度超過額の合計額に相当する金額

（法令145①）

第10　外国税額控除の申告手続

1　確定申告書の記載

外国税額控除の適用を受ける場合には、確定申告書に明細を記載し、一定の書類を保存する必要があります。

①　確定申告書に控除を受けるべき金額及びその計算に関する明細の記載があり、かつ ②　控除対象外国法人税の額を課されたことを証する書類その他財務省令で定める書類を保存している場合に限り、	⇨	外国税額控除が適用されます

この場合、控除されるべき金額は、確定申告書に記載された金額を限度とすることとされます（法法69㉕）。

平成29年度税制改正により、外国税額控除の申告要件について、納税者の立証すべき事項を明確化し要件を満たす場合には控除額を変更できることを明らかにするための改正が行われました。これにより、更正の請求によらない更正による法人税額等の増加に伴い反射的に控除限度額が増加した場合には、その更正で控除額を増加させることができることとされました。

具体的には、外国税額控除制度は、確定申告書、修正申告書又は更正請求書に、控除を受けるべき金額及びその計算に関する明細を記載した書類並びに控除対象外国法人税の額の計算に関する明細等を記載した書類（「明細書」）の添付がある場合等に限り、適用することとされ、また、控除をされるべき金額の計算の基礎となる控除対象外国法人税の額は、税務署長において特別の事情があると認める場合を除くほか、その明細書に当該金額として記載された金額を限度とすることとされました（法法69㉕、所法95⑩）。

2　控除余裕額の使用又は控除限度超過額の控除

次に、控除余裕額の使用又は控除限度超過額を当期に繰り越して控除する場合については、次のように規定されています（法法69㉖）。

前期以前の控除余裕額を当期の控除限度額に加えて使用し、又は前期以前の控除限度超過額を当期に繰り越して控除する場合の要件（右の要件すべてを満たす必要があります）	繰越控除限度額又は繰越控除対象外国法人税額に係る事業年度のうち最も古い事業年度以後の各事業年度について当該各事業年度の控除限度額及び当該各事業年度において納付することとなった控除対象外国法人税の額を記載した書類の添付があること
	これらの規定の適用を受けようとする事業年度の確定申告書、修正申告書又は更正請求書にこれらの規定による控除を受けるべき金額を記載した書類及び繰越控除限度額又は繰越控除対象外国法人税額の計算の基礎となるべき事項その他の財務省令で定める事項を記載した書類の添付があること
	これらの規定による控除を受けるべき金額に係る控除対象外国法人税の額を課されたことを証する書類その他の財務省令で定める書類を保存していること

この場合において、これらの規定による控除をされるべき金額の計算の基礎となる当該各事業年度の控除限度額及び当該各事業年度において納付することとなった控除対象外国法人税の額その他の財務省令で定める金額は、税務署長において特別の事情があると認める場合を除くほか、当該各事業年度又は各連結事業年度の申告書等にこの項前段の規定により添付された書類に当該計算の基礎となる金額として記載された金額を限度とすることとされます（法法69㉖）。

3　やむを得ない事情がある場合のゆうじょ規定

税務署長は、上記１及び２による控除をされるべきこととなる金額の全部又は一部につき法人税法69条15項、16項に規定する財務省令で定める書類の保存がない場合においても、その書類の保存がなかったことについてやむを得ない事情があると認めるときは、その書類の保存がなかった金額につき上記１及び２についての規定を適用することができることとされています（法法69㉘）。

4　外国税額控除の保存書類

⑴　確定申告書に添付すべき書類

法人税法69条25項に規定する「控除対象外国法人税の額の計算に関する明細その他の財務省令で定める事項を記載した書類」は、次に掲げる書類とされます（法規29の４①）。ただし、外国法人税が減額された場合、適格合併があった場合、外国子会社合算税制の適用を受ける場合、などの場合には、別の書類が必要になりますのでご留意ください。

イ	外国税額控除を受けようとする外国の法令により課される外国法人税に該当することについての説明書類
ロ	控除対象外国法人税の額の計算に関する明細を記載した書類
ハ	被合併法人等である他の内国法人において生じた減額控除対象外国法人税額につき、適格合併等前の事業年度において減額された外国法人税の額につきその減額された金額及びその減額されることとなった日並びにその外国法人税の額がその被合併法人等のその適格合併等前の事業年度において控除をされるべき金額の計算の基礎となったことについての説明・減額控除対象外国法人税額の計算に関する明細を記載した書類
ニ	措置法66条の７第１項の規定の適用を受ける場合には、外国の法令により課される税が外国法人税に該当することについての説明、個別計算外国法人税額に関する計算の明細及び控除対象外国法人税の額とみなされる金額の計算に関する明細を記載した書類
ホ	事業年度開始の日前７年以内に開始した事業年度において措置法66条の７第１項の規定の適用を受けた場合において、その適用に係る外国関係会社の所得に対して課される外国法人税の額でその事業年度において減額されたものがあるときは、その外国法人税の額につきその減額された金額及びその減額されることとなった日並びに措置法施行令39条の18第10項の規定による減額があったものとみなされる金額の計算に関する明細を記載した書類
ヘ	措置法66条の９の３第１項の規定の適用を受ける場合には、同項の規定の適用を受けようとする外国の法令により課される税が外国法人税に該当することについての説明、個別計算外国法人税額に関する計算の明細及び同法66条の９の３第１項の規定による控除対象外国法人税の額とみなされる金額の計算に関する明細を記載した書類
ト	事業年度開始の日前７年以内に開始した事業年度において措置法66条の９の３第１項の規定の適用を受けた場合において、その適用に係る外国関係法人の所得に対して課される外国法人税の額で当該事業年度において減額されたものがあるときは、その外国法人税の額につきその減額された金額及びその減額されることとなった日並びに措置法施行令39条の20の７第６項の規定によりその例によることとされる同令39条の18第10項の規定による減額があったものとみなされる金額の計算に関する明細を記載した書類
チ	ニ又はヘに規定する税を課されたことを証するこれらの税に係る申告書の写し又はこれに代わるべきこれらの税に係る書類及びこれらの税が既に納付されている場合にはその納付を証する書類並びに第四号又は第六号に規定する個別計算外国法人税額に関する計算の基礎となる書類

(2)　保存すべき書類

法人税法69条25項に規定する「控除対象外国法人税の額を課されたことを証する書類その他の財務省令で定める書類」は、次に掲げる書類とされます（法規29の４②）。

イ	外国法人税を課されたことを証するその税に係る申告書の写し又はこれに代わるべきその税に係る書類及びその税が既に納付されている場合にはその納付を証する書類並びにその税が控除対象外国法人税の額に該当する旨及び控除対象外国法人税の額を課されたことを証する書類
ロ	地方税法施行令９条の７第６項ただし書《外国の法人税等の額の控除》又は48条の13第７項ただし書《外国の法人税等の額の控除》（同令57条の２《法人の市町村民税に関する規定の都への準用等》において準用する場合を含む。）の規定の適用を受ける場合には、これらの規定による限度額の計算の基礎を証する地方税に係る申告書の写し又はこれに代わるべき書類

第 6 章　外国子会社合算税制

第 1　外国子会社合算税制の概要

はじめに

外国子会社合算税制は、外国子会社を利用した租税回避を抑制するために、一定の条件に該当する外国子会社の所得を日本の親会社の所得とみなして合算し、日本で課税する制度です。

平成29年度税制改正において、本税制は抜本的に改正されました。具体的には、いわゆるペーパー・カンパニー等についてはその全所得を親会社の所得として合算課税することにしたほか、外国子会社の所得を「能動的所得」と「受動的所得」に区分し、前者については「経済活動基準」を満たした場合には合算課税しない一方、後者については部分合算課税されることになりました。そして、30％以上とされた税負担割合について、令和５年度改正で27％に引き下げられました。一方、受動的所得の範囲の拡大が行われるなど、全体として租税回避のリスクを所得や事業の内容によって把握する制度に改められました。

一方、企業の事務負担軽減の観点から、租税負担割合20％以上の外国子会社は、租税回避リスクの高いペーパー・カンパニー等を除き、合算課税を免除して申告不要とする制度適用免除等の措置が講じられています。

《外国子会社合算税制：見直し後のイメージ》

・租税回避リスクを、外国子会社の個々の活動内容（所得の種類等）により把握
・租税回避リスクの低い外国子会社に、所得を「能動／受動」に分類する事務作業が発生しないよう、一定の税負担をしている外国子会社は適用を免除

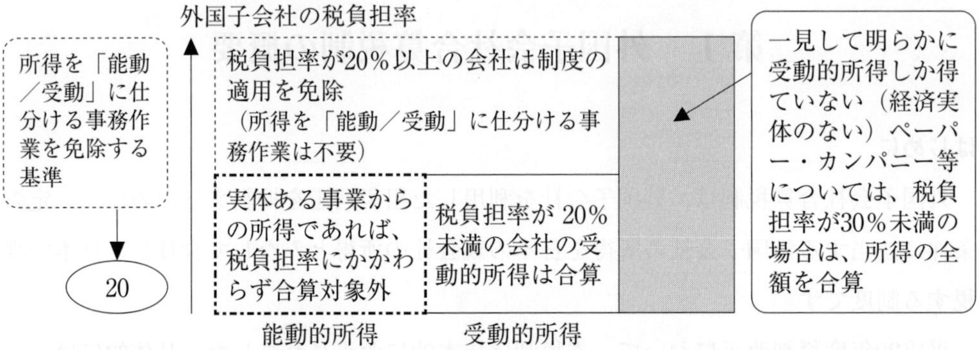

（出典：財務省資料）

《外国子会社合算税制（CFC税制）の見直し（令和５年度改正後）**》**

○　グローバル・ミニマム課税（「第２の柱」）の導入により追加的な事務負担が生じること等を踏まえ、外国子会社合算税制（CFC税制）について、①特定外国関係会社（ペーパーカンパニー等）の適用免除要件である租税負担割合の閾値引下げ（30%→27%）、及び②書類添付義務の緩和等の措置を講じる。
（※）外国子会社合算税制は、国際ルール上も、「第２の柱」と並存する仕組みとされており、外国子会社を通じた租税回避を抑止する観点から、引き続きその役割は重要。

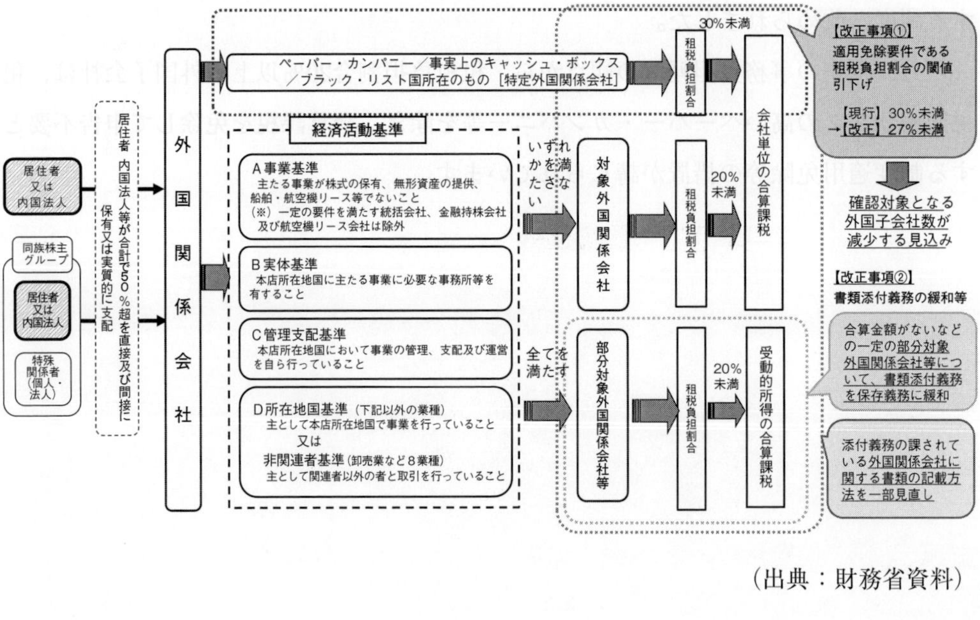

（出典：財務省資料）

１　本税制が適用される外国関係会社

さて、本章第３以下では、合算対象となる特定外国関係会社、対象外国関係会社等について説明しています。これについては、以下の図のように適用となる外国関係会社について適用順位が明確に規定されています。

具体的には、次の優先順位で決定することになります。

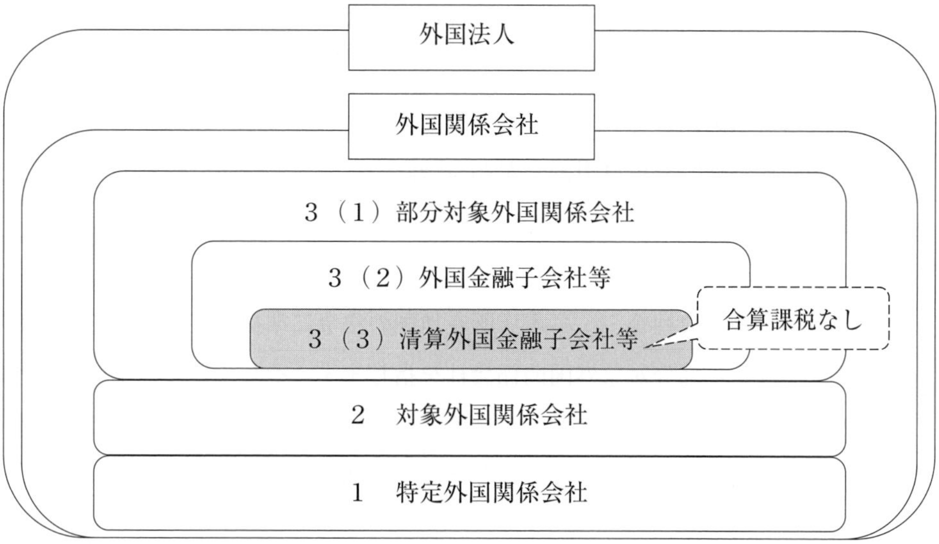

上の図に基づいて本税制の対象となる外国関係会社を説明すると、外国関係会社が１の特定外国関係会社に該当した場合、２以降の検討は不要になるということです。同様に、ある外国関係会社が１には該当しないが２の対象外国関係会社に該当した場合は３以降の検討は不要になります。

ただし、３についてはちょっと複雑です。外国関係会社が金融業等を営む場合、外国金融子会社等に該当するのか、清算外国金融子会社等（合算課税しません）に該当するのかを検討する必要があります。

１　特定外国関係会社・・・ペーパー・カンパニー、キャッシュ・ボックス、ブラック・リスト国（地域）所在法人の３つです。共通点としては、租税負担割合が27%未満の外国関係会社が該当するということです。

　このうち、ペーパー・カンパニーは、実体基準と管理支配基準等のいずれにも該当しない外国関係会社を指します。

　次に、キャッシュ・ボックスは、一定の受動的所得が総資産額の30%を超えており、かつ、一定の固定資産の帳簿残高が総資産額の50%を超えるものを指します。

最後のブラック・リスト国（地域）所在法人ですが、このブラック・リスト国（地域）は財務大臣が告示することになっています。現状、未だブラック・リスト国（地域）が告示されていないので、未定ということになります。

2　対象外国関係会社・・・外国関係会社のうち、特定外国関係会社以外で経済活動基準のいずれかを満たさないもので、租税負担割合が20％未満のものを指します。

3　⑴部分対象外国関係会社・・・特定外国関係会社又は対象外国関係会社には該当しない外国関係会社で租税負担割合が20％未満のもので、一定の受動的所得（特定所得）を有する者を指します。

3　⑵⑶　外国金融子会社等・・・本店所在地国の法令に準拠して銀行業を営む等の一定の要件を満たす部分対象外国関係会社を指します。そして、この中には本税制の対象とはならない清算外国金融子会社等という概念があります。これは、解散により外国金融子会社等に該当しないこととなった部分対象外国関係会社を指します。

なお、上の記述をチャートにすると次のページのようになります。

《外国子会社合算税制の検討チャート》

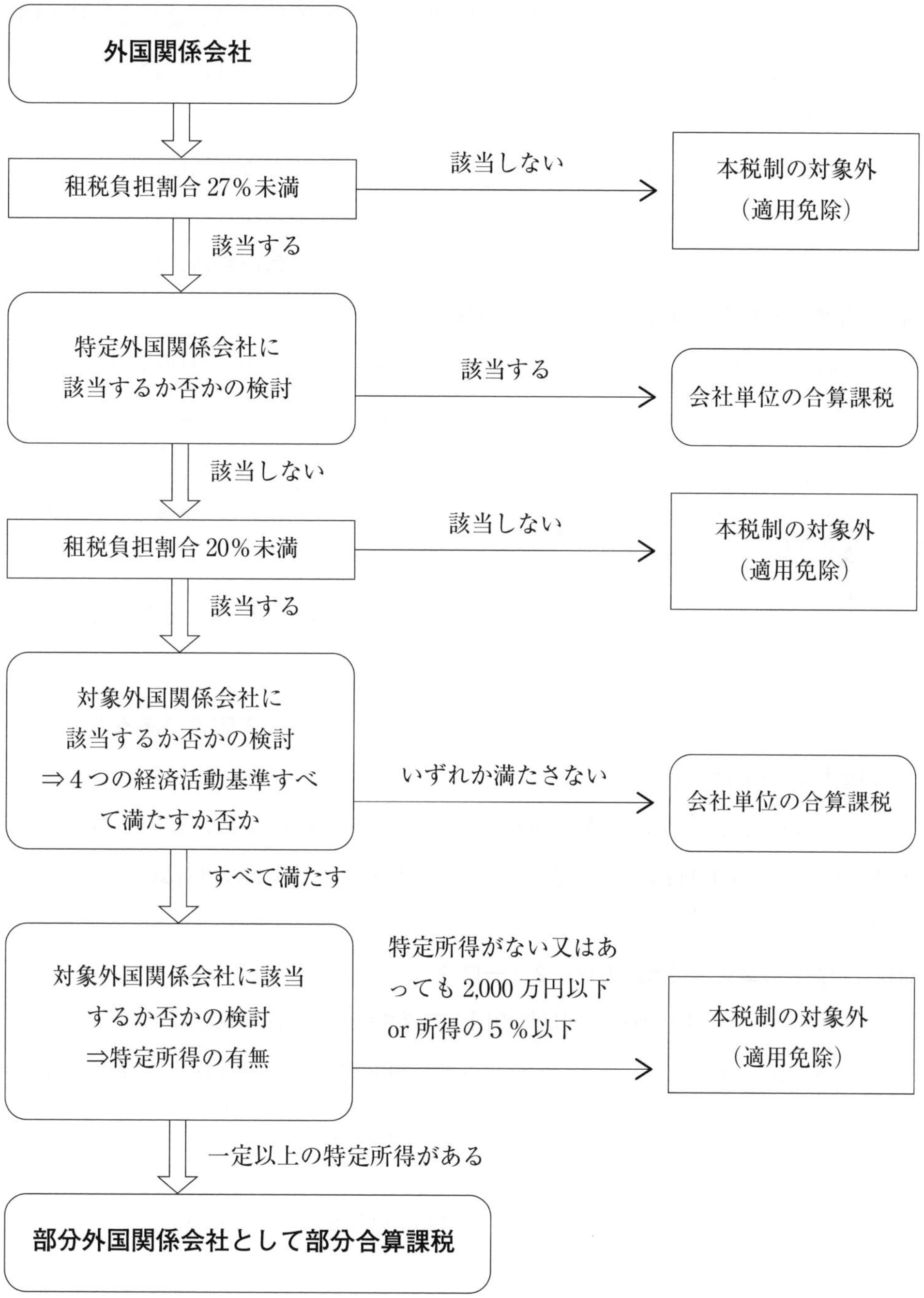

㈲　外国金融子会社等については、ここでは省略しています。

（出典：筆者作成）

2　租税負担割合の計算

第３で特定外国関係会社、第４で対象外国関係会社と本税制の対象となる外国関係会社について述べていきますが、それぞれ27％及び20％の租税負担割合をどのように計算するのかを示していきます。

これについては、次の⑴と⑵に示すように、外国子会社の所在地国に税法令があるか、それともないか（無税国であるか）により、計算式が異なります。

⑴　税法令がある国に本店等を有する外国関係会社の租税負担割合の計算式

《租税負担割合の算式（措令39の17の２②一イ）》

（分子）「本店所在地国」又は「本店所在地国以外の国」で課される外国法人税

（分母）決算に基づく所得につき<u>本店所在地国の外国法人税に関する法令により計算した所得</u> ＋ 本店所在地国の法令により<u>外国法人税の課税標準に含まれない所得</u>（受取配当を除きます） ＋ 損金算入支払配当 ＋ 損金算入外国法人税 ＋ 損金算入されない保険準備金 ＋ 益金算入すべき保険準備金 － 益金算入還付外国法人税

外国のQDMTT（※）を除きます

⑵　法人の所得に対して課される税が存在しない国・地域に本店等がある外国関係会社の租税負担割合の計算式

これについては、まず、法人の所得に対して課される税から、外国のIIR（※）、UTPR（※）及びQDMTT（※）を除きます。その上で、以下の計算式で計算します。

《租税負担割合の算式（措令39の17の２②一ロ）》

（分子）「本店所在地国以外の国」で課される外国法人税

（分母）決算に基づく所得（会計上の利益） ＋ 費用計上している支払配当 ＋ 費用計上している外国法人税 ＋ 損金算入されない保険準備金 ＋ 損金算入すべき保険準備金 － 受取配当 － 還付外国法人税

（※）　IIR、UTPR及びQDMTTについては、第13章第３をご参照ください。

第２　外国関係会社の範囲と適用される内国法人

はじめに

まず、これまで合算課税の対象とされていた「特定外国子会社等」という名称から、「外国関係会社」に変更され、その範囲が大きく変更になりました。

合算課税の対象については、居住者・内国法人等が直接又は間接に50％を超える持分を有する外国法人を、「外国関係会社」と定義しています。また、平成29年度税制改正により、外国関係会社の判定においては50％超の連鎖関係があれば支配関係が連続していると判定することとされました。このように、居住者・内国法人等と外国法人との間、及びその外国法人と別の外国法人との間に、それぞれ50％を超える株式等の持株割合等の連鎖がある場合には、「外国関係会社」に該当することとなります。

また、今回の改正では、資本関係がなくとも居住者・内国法人がその外国法人の残余財産のおおむね全部について分配を請求することができるなど会社財産に対する支配関係（実質支配関係）がある場合には、その外国法人を外国関係会社とすることとされました。

一方、本税制の適用を受ける内国法人は、外国関係会社の持株割合等の10％以上を直接及び間接に有することになるほか、外国関係会社との間に実質支配関係のある内国法人も納税義務者になることに変更されました。また、実質支配基準の導入に伴って、持株割合等に係る計算に関して一定の整備が行われました。

１　外国関係会社の範囲

本税制にいう外国関係会社とは、次に掲げるものをいいます（措法66の６②一）。

①　居住者・内国法人・特殊関係非居住者（居住者又は内国法人と特殊の関係にある非居住者をいいます）・②に掲げる外国法人（これらを合わせて「居住者等株主等」といいます）の外国法人に係る右のイからハに掲げる割合のいずれかが50％超の場合の外国法人	イ　居住者等株主等の外国法人（②以外の外国法人に該当する外国法人を除きます）に係る直接保有株式等保有割合（居住者等株主等の有するその外国法人の株式等の数又は金額がその発行済株式等の総数又は総額のうちに占める割合をいいます）及び居住者等株主等の外国法人に係る間接保有株式等保有割合（居住者等株主等の他の外国法人を通じて間接に有するその外国法人の株式等の数又は金額がその発行済株式等の総数又は総額のうちに占める割合をいいます）を合計した割合
	ロ　居住者等株主等の外国法人（②に掲げる外国法人に該当するものを除きます）に係る直接保有議決権保有割合（居住者等株主等の有するその外国法人の議決権の数がその総数のうちに占める割合をいいます）及び居住者等株主等のその外国法人に係る間接保有議決権保有割合（居住者等株主等の他の外国法人を通じて間接に有するその外国法人の議決権の数がその総数のうちに占める割合をいいます）を合計した割合
	ハ　居住者等株主等の外国法人（②に掲げる外国法人に該当するものを除きます）に係る直接保有請求権保有割合（居住者等株主等の有するその外国法人の株式等の請求権（剰余金の配当等を請求する権利をいいます）に基づき受けることができる剰余金の配当等の額がその総額のうちに占める割合をいいます）及び居住者等株主等のその外国法人に係る間接保有請求権保有割合（居住者等株主等の他の外国法人を通じて間接に有するその外国法人の株式等の請求権に基づき受けることができる剰余金の配当等の額がその総額のうちに占める割合をいいます）を合計した割合
②　居住者又は内国法人との間に実質的支配関係がある外国法人	

(注)　上の表でいう「保有株式等保有割合」、「保有議決権保有割合」及び「保有請求権保有割合」とは、次に掲げるものをいいます。

保有株式等保有割合	外国法人の株式等の数又は金額の割合
保有議決権保有割合	外国法人の議決権の数の割合
保有請求権保有割合	外国法人の株式等の請求権に基づいて受けることができる剰余金の配当等の額の割合

また、上の表にある「発行済株式」については、次のような通達があります。

租税特別措置法通達66の６－１《発行済株式》

> 措置法第66条の６第１項第１号イの「発行済株式」には、その株式の払込み又は給付の金額（以下66の６－２において「払込金額等」という。）の全部又は一部について払込み又は給付（以下66の６－２において「払込み等」という。）が行われていないものも含まれるものとする。
> (注)　例えば寄附金の損金算入限度額を計算する場合のように、いわゆる資本金基準額を計算する場合の資本金の額又は出資金の額は、払込済の金額による。

租税特別措置法通達66の６－２《直接及び間接に有する株式》

> 措置法第66条の６第１項、第６項又は第８項の内国法人が直接及び間接に有する外国関係会社（同条第２項第１号に規定する外国関係会社をいう。以下66の９の２－１までにおいて同じ。）の株式には、その株式の払込金額等の全部又は一部について払込み等が行われていないものも含まれるものとする。
> (注)　名義株は、その実際の権利者が所有するものとして同条第１項、第６項又は第８項の規定を適用することに留意する。

２　実質支配関係

(1)　実質支配関係の意義

実質支配関係とは、居住者又は内国法人（以下「居住者等」という場合があります）と外国法人との間に次に掲げる事実その他これに類する事実が存在する場合におけるその居住者等とその外国法人との間の関係(注)とされています（措法66の６②五、措令39の16①）。

イ　居住者等が外国法人の残余財産のおおむね全部について分配を請求する権利を有していること

ロ　居住者等が外国法人の財産の処分の方針のおおむね全部を決定することができる旨の契約その他の取決めが存在すること（その外国法人につき上記イに掲げる事実が存在する場合を除きます）

(注)　一の居住者又は内国法人と外国法人との間に上記イ又はロに掲げる事実その他これに類する事実が存在する場合におけるその一の居住者又は内国法人と外国法人との関係をいいます。したがって、複数の居住者又は内国法人が有する権利等を合計したところではじめて外国法人の残余財産のおおむね全部を請求する権利を有することとなる場合や外国法人の財産の処分の方針のおおむね全部を決定することができることとなる場合は、実質支配関係がある場合に該当しないことになります。

(2)　実質支配関係から除外される場合

実質支配関係とは、上記(1)のとおり、居住者等と外国法人との間に上記(1)イ又はロに掲げる事実その他これに類する事実が存在する場合、その居住者等とその外国法人との間の関係とされています。しかし、居住者等が組成したファンドについて、居住者等がそのファンドの財産の処分に関する方針のおおむね全部を決定できる可能性があることから、「その外国法人の行う事業から生ずる利益のおおむね全部が剰余金の配当、利益の配当、剰余金の分配その他の経済的な利益の給付としてその居住者等（その居住者等と特殊の関係のある者を含みます）以外の者に対して金銭その他の資産により交付されることとなっている場合」には、実質支配関係があることとされる場合から除外されています。

ここでいう、「特殊な関係」とは、次のような場合を指します（措令39の16②）。

①　一方の者と他方の者との間にその他方の者が次に掲げるものに該当する関係がある場合におけるその関係	イ	その一方の者の親族
	ロ	その一方の者と婚姻の届出をしていないが事実上婚姻関係と同様の事情にある者
	ハ	その一方の者の使用人又は雇主
	ニ	イからハまでに掲げる者以外の者でその一方の者から受ける金銭その他の資産によって生計を維持しているもの
	ホ	ロからニまでに掲げる者と生計を一にするこれらの者の親族
②　一方の者と他方の者との間にその他方の者が次に掲げる法人に該当する関係がある場合におけるその関係（③及び④に掲げる関係に該当するものを除きます）	イ	その一方の者（その一方の者と①の関係のある者を含みます。②において同じです）が他の法人を支配している場合における当該他の法人
	ロ	その一方の者及びその一方の者とイに掲げる特殊の関係のある法人が他の法人を支配している場合における当該他の法人
	ハ	その一方の者及びその一方の者とイ及びロに掲げる特殊の関係のある法人が他の法人を支配している場合における当該他の法人
③　２つの法人のいずれか一方の法人が他方の法人の発行済株式等の50％を超える数又は金額の株式等を直接又は間接に有する関係		
④　２つの法人が同一の者（その者が個人である場合には、その個人及びこれと法人税法２条10号《定義》に規定する政令で定める特殊の関係のある個人）によってそれぞれその発行済株式等の50％を超える数又は金額の株式等を直接又は間接に保有される場合におけるその②の法人の関係（ハに掲げる関係に該当するものを除きます）		

法人税法施行令４条３項《同族関係者の範囲》の規定は、上記②イからハまでに掲げる他の法人を支配している場合について準用することとされています（措令39の16③）。

また、租税特別措置法施行令39条の12第２項及び第３項の規定《移転価格税制の国外関連者の判定における間接保有割合の計算の規定》は、上記③及び④に掲げる関係を判定する場合について準用することとされています（措令39の16④）。この場合において、租税特別措置法施行令39条の12第２項及び第３項中「100分の50以上の」とあるのは、「100分の50を超える」と読み替えるものとされています。

外国関係会社について、イメージ図を示すと次のようになります。

《外国関係会社の範囲（イメージ）》

①　居住者等株主等（居住者・内国法人・特殊関係非居住者・実質支配されている外国法人）の外国法人（実質支配されている外国法人を除く。）に係る直接・間接の持株割合等（※）が50％を超える場合におけるその外国法人
②　居住者又は内国法人との間に実質支配関係がある外国法人
（※）「直接・間接の持株割合等」は、株式等の数・金額、議決権の数、株式等の請求権に基づき受けることができる剰余金の配当等の額に基づき計算される。

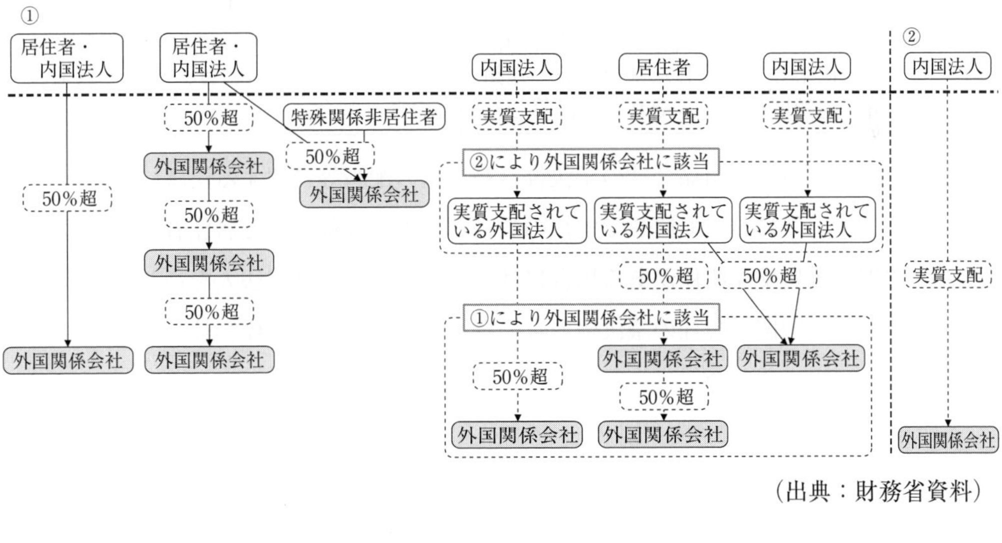

（出典：財務省資料）

3　本税制が適用される内国法人

(1)　内国法人の外国関係会社に係る次に掲げる割合のいずれかが10％以上である場合におけるその内国法人

①　その有する外国関係会社の株式等の数又は金額（その外国関係会社と居住者又

は内国法人との間に実質支配関係がある場合には、零）及び他の外国法人を通じて間接に有するその外国関係会社の株式等の数又は金額㈱の合計数又は合計額がその外国関係会社の発行済株式等の総数又は総額のうちに占める割合

㈱　上記①の「間接に有する外国関係会社の株式等の数又は金額」は、外国関係会社の発行済株式等に、次に掲げる場合の区分に応じ次に定める割合（次に掲げる場合のいずれにも該当する場合には、次に定める割合の合計割合）を乗じて計算した株式等の数又は金額とされています（措令39の14③）。

イ	その外国関係会社の株主等である他の外国法人（「他の外国法人」）の発行済株式等の全部又は一部が内国法人等（内国法人又はその内国法人との間に実質支配関係がある外国法人をいいます。イ及びロにおいて同じです）により保有されている場合……その内国法人等のその他の外国法人に係る持株割合（発行法人と居住者又は内国法人との間に実質支配関係がある場合には、０とします）にその他の外国法人のその外国関係会社に係る持株割合を乗じ計算した割合（その他の外国法人が二以上ある場合には、二以上のその他の外国法人につきそれぞれ計算した割合の合計割合）
ロ	その外国関係会社と他の外国法人（その発行済株式等の全部又は一部が内国法人等により保有されているものに限ります。ロにおいて「他の外国法人」といいます）との間に一又は二以上の外国法人（「出資関連外国法人」）が介在している場合であって、その内国法人等、その他の外国法人、出資関連外国法人及びその外国関係会社が株式等の保有を通じて連鎖関係にある場合……その内国法人等の他の外国法人に係る持株割合、その他の外国法人の出資関連外国法人に係る持株割合、出資関連外国法人の他の出資関連外国法人に係る持株割合及び出資関連外国法人のその外国関係会社に係る持株割合を順次乗じて計算した割合（その連鎖関係が二以上ある場合には、その二以上の連鎖関係につきそれぞれ計算した割合の合計割合）

②　その有する外国関係会社の議決権（剰余金の配当等に関する決議に係るものに限ります。②において同じです）の数（その外国関係会社と居住者又は内国法人との間に実質支配関係がある場合には、零）及び他の外国法人を通じて間接に有するその外国関係会社の議決権の数の合計数がその外国関係会社の議決権の総数のうちに占める割合

③　その有する外国関係会社の株式等の請求権に基づき受けることができる剰余金の配当等の額（その外国関係会社と居住者又は内国法人との間に実質支配関係がある場合には、零）及び他の外国法人を通じて間接に有するその外国関係会社の株式等の請求権に基づき受けることができる剰余金の配当等の額の合計額がその外国関係会社の株式等の請求権に基づき受けることができる剰余金の配当等の総額のうちに占める割合

⑵　外国関係会社との間に実質支配関係がある内国法人

実質支配関係については303ページ以下をご参照ください。

⑶　内国法人との間に実質支配関係がある外国関係会社の他の外国関係会社に係る直接及び間接の持株割合等が10％以上である場合のその内国法人

外国関係会社（内国法人との間に実質支配関係があるものに限ります）の他の外国関係会社に係る持株割合等が10％以上である場合におけるその内国法人とされています。

⑷　直接及び間接の持株割合等が10％以上である一の同族株主グループに属する内国法人

外国関係会社に係る持株割合等が10％以上である一の同族株主グループに属する内国法人とされています。

納税義務者について図示すると次のようになります。

《納税義務者の範囲（イメージ）》

> ①　内国法人の外国関係会社に対する直接・間接の株式等保有割合が10％以上である内国法人【措法66の６①一】
> ②　外国関係会社との間に実質支配関係がある内国法人【措法66の６①二】
> ③　内国法人との間に実質支配関係がある外国法人の外国関係会社に対する直接・間接の株式等保有割合が10％以上である場合における当該内国法人（①に掲げる内国法人を除きます）【措法66の６①三】
> ④　直接・間接の株式等保有割合が10％以上である一の同族株主グループに属する内国法人（直接・間接の株式等保有割合が零を超えるものに限り、①及び③に掲げる内国法人を除きます）【措法66の６①四】

《納税義務者の範囲のイメージ》　→は「直接・間接の株式等保有割合」の判定の際に考慮する保有割合

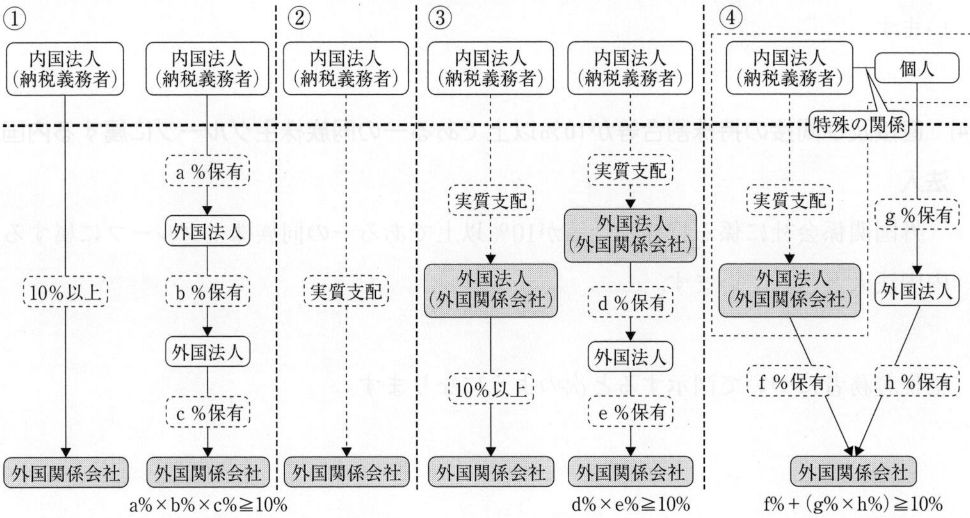

（出典：財務省資料）

第３　特定外国関係会社

はじめに

平成29年度税制改正により、新たに「特定外国関係会社」という概念が創設されました。具体的には、租税回避リスクの高いペーパー・カンパニー等について、租税負担割合が27％未満（令和５年４月１日開始事業年度以降）であれば会社単位で合算することとされました。

特定外国関係会社とは、以下で説明するいわゆるペーパー・カンパニー、事実上のキャッシュ・ボックス及びブラック・リスト国所在のものが該当します。

１　いわゆるペーパー・カンパニー

(1)　定義規定

いわゆるペーパー・カンパニーとは、次のいずれにも該当しないものをいいます（措法66の６②二イ）。

①	実体基準を満たす外国関係会社
②	管理支配基準を満たす外国関係会社
③	外国子会社（25％以上の保有）の株式等の保有を主たる事業とする外国関係会社で、その収入金額のうちに占める当該株式等に係る剰余金の配当等の額の割合が著しく高いことその他の政令で定める要件に該当するもの
④	特定子会社（部分対象外国関係会社に該当するものその他の政令で定めるもの）の株式等の保有を主たる事業とする外国関係会社で、その本店所在地国を同じくする管理支配会社によってその事業の管理、支配及び運営が行われていること、当該管理支配会社がその本店所在地国で行う事業の遂行上欠くことのできない機能を果たしていること、その収入金額のうちに占める当該株式等に係る剰余金の配当等の額及び当該株式等の譲渡に係る対価の額の割合が著しく高いことその他の政令で定める要件に該当するもの
⑤	その本店所在地国にある不動産の保有、その本店所在地国における石油その他の天然資源の探鉱、開発若しくは採取又はその本店所在地国の社会資本の整備に関する事業の遂行上欠くことのできない機能を果たしている外国関係会社で、その本店所在地国を同じくする管理支配会社によってその事業の管理、支配及び運営が行われていることその他の政令で定める要件に該当するもの

(2)　実体基準

実体基準については、次のような通達が公表されています。

租税特別措置法通達66－６－６《主たる事業を行うに必要と認められる事務所等の意義》

> **措置法第66条の６第２項第２号イ(1)及び第３号ロのその主たる事業を行うに必要と認められる事務所、店舗、工場その他の固定施設を有していることとは、外国関係会社がその主たる事業に係る活動を行うために必要となる固定施設を有していることをいうのであるから、同項第２号イ(1)及び第３号ロの規定の適用に当たっては、次のことに留意する。**
>
> **(1)　外国関係会社の有する固定施設が、当該外国関係会社の主たる事業を行うに必要と認められる事務所、店舗、工場その他の固定施設（以下66の６－６において「事務所等」という。）に該当するか否かは、当該外国関係会社の主たる事業の業種や業態、主たる事業に係る活動の内容等を踏まえて判定すること。ただし、当該外国関係会社の有する固定施設が、主たる事業に係る活動を行うために使用されるものでない場合には、主たる事業を行うに必要と認められる事務所等には該当しない。**
>
> **(2)　外国関係会社が主たる事業を行うに必要と認められる事務所等を賃借により使用している場合であっても、事務所等を有していることに含まれること**

(3)　実体基準に関する国税庁Ｑ＆Ａ

ペーパー・カンパニーとなるか否かの判定基準の一つである実体基準について、国税庁は令和元年６月改訂の『外国子会社合算税制に関するQ&A（平成29年度改正関係等）』で次のように記載しています。

> 実体基準（措置法第66条の６第２項第２号イ(1)の要件をいいます。以下同じです。）は、対象外国関係会社（措置法第66条の６第２項第３号に規定する対象外国関係会社をいいます。以下同じです。）を判定する際の経済活動基準（平成29年度改正前の適用除外基準）における実体基準と同様に、独立した企業としての活動の実体を有するのかを判定する基準となっています。
>
> この実体基準の内容は、外国関係会社が主たる事業を行うに必要と認められる事務所、店舗、工場その他の固定施設の存在という物的な側面から独立した企業としての活動の実体を有するのかを判定するものです。
>
> ここでいう固定施設とは、単なる物的設備ではなく、そこで人が活動することを前提とした概念であるため、外国関係会社の事業活動を伴った物的設備である必要があります。例えば、外国関係会社が主たる事業として不動産賃貸業を行っている場合における賃貸不動産は、一般的に借主が居住等の用に供するものであって、外国関係会社が賃貸借契約の締結等といった事業活動を行うものではないため、実体基準における固定施設には該当しないと考えられます。また、この場合における「人の活動」は、必ずしも外国関係会社に雇用された者のものに限られません。例えば、

発電事業を主たる事業として行っている外国関係会社が、その有する発電所の運営をこれを専門とする他の会社に委託している場合のその発電所は、主として委託先である他の会社の役員又は使用人が利用する物的設備になりますが、その発電所は、外国関係会社の発電等といった物的設備とともにそれを動かすための人を一体とした事業活動を伴ったものであるため、実体基準における固定施設に該当すると考えられます。

次に、外国関係会社が有する固定施設が主たる事業を行うに必要と認められるかは、主たる事業の業種や業態に応じてその態様は異なるものであるため、例えば、小売業なら店舗、製造業なら工場などが該当すると考えられる一方で、それ以外の事業についてどのような機能・用途を有する固定施設を要するのか、あるいはどの程度の規模の固定施設を要するのかは、その主たる事業の内容、その事業に係る活動の内容などから個別に判断することとなります。

なお、実体基準は、主たる事業を行うために必要と認められる固定施設が「有る」か「無い」かによって判定しますので、外国関係会社が固定施設について所有権を有する必要は無く、賃借により使用している場合であっても固定施設を有していることになります。

ところで、実体基準は、外国関係会社が主たる事業を行うに必要と認められる固定施設を有しているかどうかにより判定をすることとなりますので、外国関係会社の有する固定施設が、①主たる事業に使用されていない場合や、②主たる事業を行うために必要と認められないものである場合には、実体基準を満たさないこととなります。さらに、主たる事業が人の活動を要しない事業である場合には、主たる事業を行うに必要と認められる固定施設は有していないこととなります。

なお、上記の国税庁 Q&A の Q１において、次の事例がありますので引用します。

子会社の事業の進捗への関与等を行っている場合

Q

内国法人であるＰ社（商社）は、Ｆ国において発電事業を営むＡ社の事業の管理等を行う目的で、Ｆ国にＡ社を子会社とするＳ社（Ｐ社の外国関係会社に該当します。）を設立しました。Ｓ社は、単にＡ社の株式を保有するだけでなく、Ｆ国において事務所を賃借し、その役員及び使用人はその事務所においてＡ社の行う設備投資や事業の進捗への関与、Ａ社に提供する資金の調達や他の株主との調

整等に従事しています。

このような場合において、Ｓ社は実体基準を満たすことになりますか。

(注)　Ｓ社の当該事業年度の租税負担割合は25％となっています。

（A）

本件については、Ｓ社の役員及び使用人がＡ社の行う設備投資や事業の進捗への関与等の業務に従事するために、賃借した事務所を使用しているとのことですので、その賃借した事務所は主たる事業を行うに必要と認められる固定施設に該当し、Ｓ社は実体基準を満たすものと考えられます。

一方、国税庁 Q&A のＱ３において、次のような事例がありますので引用します。

主たる事業を行うに必要な固定施設を有していると認められない場合

Q

内国法人であるＰ社（製造業）は、かねてからＦ国において工業所有権を保有しているＳ社（外国関係会社に該当します。）の株式を保有しています。Ｓ社はＦ国にあるビルの一室を事務所用に賃借していますが、Ｓ社の主たる事業はその保有する工業所有権に係る使用料を得ることのみであり、Ｓ社の銀行口座に使用料が振り込まれるだけであるため、Ｓ社の役員及び使用人はその一室を使用して主たる事業に係る活動を行っている実態はありません。なお、Ｓ社はこの一室以外の固定施設を有していません。

このような場合において、Ｓ社は実体基準を満たすことになりますか。

（A）

本件については、Ｓ社の主たる事業は工業所有権に係る使用料を得ることであり、その使用料はＳ社の銀行口座において収受することとなっています。Ｓ社はビルの一室を賃借しているとのことですが、Ｓ社はその一室を使用して、主たる事業に係る活動を行っているという実態がないということですので、その一室は主たる事業を行うに必要な固定施設には該当しないと考えられます。

なお、仮に、ビルの一室を使用していたとしても、その主たる事業が工業所有権に係る使用料を得ることのみであって、その事業活動にその一室を使用する必要もないと認められる場合には、その一室はその主たる事業に必要な固定施設には該当しないものと考えられます。

⑷　管理支配基準

外国関係会社が、本店所在地国においてその事業の管理、支配及び運営を自ら行っている場合には、いわゆる管理支配基準を満たしていることになります。

これについては、次のような通達があります。

租税特別措置法通達66の６－７《自ら事業の管理、支配等を行っていることの意義》

> 措置法第66条の６第２項第２号イ⑵及び第３号ロの「その事業の管理、支配及び運営を自ら行っている」こととは、外国関係会社が、当該外国関係会社の事業計画の策定等を行い、その事業計画等に従い裁量をもって事業を執行することであり、これらの行為に係る結果及び責任が当該外国関係会社に帰属していることをいうのであるが、次の事実があるとしてもそのことだけでこの要件を満たさないことにはならないことに留意する。
> ⑴　当該外国関係会社の役員が当該外国関係会社以外の法人の役員又は使用人（以下66の６－８において「役員等」という。）を兼務していること。
> ⑵　当該外国関係会社の事業計画の策定等に当たり、親会社等と協議し、その意見を求めていること。
> ⑶　当該事業計画等に基づき、当該外国関係会社の業務の一部を委託していること。

租税特別措置法通達66の６－８《事業の管理、支配等を本店所在地国において行っていることの判定》

> 措置法第66条の６第２項第２号イ⑵及び第３号ロにおけるその事業の管理、支配及び運営を本店所在地国（同項第２号イ⑵に規定する本店所在地国をいう。以下66の６－27までにおいて同じ。）において行っているかどうかの判定は、外国関係会社の株主総会及び取締役会等の開催、事業計画の策定等、役員等の職務執行、会計帳簿の作成及び保管等が行われている場所並びにその他の状況を総合的に勘案の上行うことに留意する。

⑸　管理支配基準に係る国税庁Ｑ＆Ａ

上記で引用した国税庁 Q&A には、管理支配基準について次のように記載されています。

> 管理支配基準は、実体基準とともにペーパー・カンパニーを判定するための基準

の一つであり、対象外国関係会社を判定する際の経済活動基準（平成29年度改正前の適用除外基準）における管理支配基準と同様に、会社の機能面から独立した企業としての実体があるかを判定する基準です。

この管理支配基準は、外国関係会社が本店所在地国においてその事業の管理、支配及び運営を自ら行っていることが要件となっています。

法人の事業について管理、支配及び運営を行うということの意味は、法人が事業を行うに当たり事業方針や業績目標などを定め、それらを達成するために、事業計画等を策定するなど、事業をどのように運営していくかを決定し、それらに基づき、裁量をもって事業を執行することと考えられます。

また、管理支配基準における「自ら」行うということは、外国関係会社が事業の管理・支配・運営を自ら行うことを意味するものであることから、その行為の結果と責任等が外国関係会社自らに帰属することであると考えられます。なお、ここでいう結果と責任等が帰属することとは、独立企業として事業を行っていれば通常生じることとなる結果及び負担すべき責任が帰属することをいうのであって、外国関係会社の利益が配当を通じて株主である親会社に帰属することまでを意味するものではありません。

一方、外国関係会社の役員が、その親会社又は地域統括会社（以下「親会社等」といいます。）の役員又は使用人を兼務している場合もありますが、その役員が本店所在地国において外国関係会社の役員の立場で外国関係会社の事業計画の策定等を行い、かつ、その事業計画等に従い職務を執行している限りにおいては、管理支配基準を満たすものと考えられます。また、外国関係会社の役員がいわゆる常勤か非常勤かによって左右されるものでもないと考えられます。

この場合において、役員が責任を負い、裁量をもって事業を執行しているのであれば、外国関係会社はその活動に対する報酬を負担するのが通常であると考えられます。そのため、外国関係会社からの報酬の支払いが認められない場合には、役員が責任を負い、裁量をもって事業を執行していることの証明には乏しく、ひいては外国関係会社自らが事業の管理、支配及び運営を行っていないと判断される重要な要素となりえます。とりわけ、地域統括会社の役員又は従業員が、外国関係会社の役員を兼務している場合等、同じグループ会社に勤務している場合は、どちらの会社の立場で業務が執行されたのかの判別は困難であるため、合理的な理由（例えば、労務管理の事務負担の観点等から、別途外国関係会社が報酬を負担していると認められるような事実）なく、外国関係会社から報酬が支払われず地域統括会社から報酬が支払われているときは、その役員は、地域統括会社の役員又は従業員の立場で業務を執行していると判断されることもありえます。

なお、外国関係会社の役員が、名義だけの役員や、不特定多数の会社のために業として行う役員のみである場合には、一般的にはその役員が外国関係会社の事業計画の策定等を行っておらず、職務を執行していないと考えられるため、外国関係会社は自ら事業の管理、支配及び運営を行っていないものと考えられます。

この管理支配基準と実体基準のいずれも満たさず、ペーパー・カンパニーから除かれる一定の持株会社等にも該当しない場合には、特定外国関係会社に該当し、租税負担割合が20％以上であっても、会社単位での合算課税の対象となります。

(注)　平成29年度改正前の適用除外基準における管理支配基準と平成29年度改正後のペーパー・カンパニーに係る管理支配基準の内容に変更はありませんので、今回のQ&Aは、従来の取扱いを変更するものではありません。

また、次のような事例があります。

役員が兼務役員である場合

Q４

上記Ｑ１のケースにおいて、Ｓ社には役員としてＣのみがその職務に従事しており、その役員Ｃは、Ａ社の行う設備投資や事業の進捗への関与、Ａ社に提供する資金の調達や他の株主との調整等に係る事業計画の策定を行った上で、その事業計画に従い資金調達や与信の決定、これらの実行及び事後的な確認やその他の職務を執行しています。なお、役員ＣはＰ社のＦ国における地域統括会社であるＢ社の使用人を兼務していますが、Ｓ社の業務に関わる報酬は、Ｓ社からその支払いを受けています。

このような場合において、Ｓ社は管理支配基準を満たすことになりますか。

（Ａ）

本件については、役員Ｃは、Ｓ社の役員の立場でＳ社の事業計画の策定を行った上で、その事業計画に従い資金調達や与信の決定、これらの実行及び事後的な確認やその他の職務を執行し、これらの職務に対してＳ社から役員Ｃに報酬が支給されています。この場合において、役員Ｃは、Ｐ社のＦ国における地域統括会社であるＢ社の使用人を兼務しているとのことですが、単なる名義だけの役員として存在しているわけではなく、Ｓ社の役員の立場でＳ社の事業計画の策定を行い、かつ、その事業計画に従い職務を執行していることから、管理支配基準を満たすものと考えられます。

他方、役員Ｃが地域統括会社Ｂ社の使用人として、その地域内のグループ全体の事業計画の策定を行っている場合であって、役員ＣがＳ社の役員の立場でＳ社の職務を執行していないのであれば、Ｓ社は管理支配基準を満たさないものと考えられます。このため、役員Ｃは、Ｂ社の使用人として行う職務とＳ社の役員として行う職務とを明確に区別しておく必要があります。

(6)　特定外国関係会社等が２以上ある場合の損益通算

特定外国関係会社等が２以上ある場合の損益通算については、次のように通達が公表されています。

租税特別措置法通達66の６－３《特定外国関係会社等が２以上ある場合の損益の不通算》

> 措置法第66条の６第１項に規定する課税対象金額は特定外国関係会社（同条第２項第２号に規定する特定外国関係会社をいう。以下66の６－12までにおいて同じ。）又は対象外国関係会社（同条第２項第３号に規定する対象外国関係会社をいう。以下66の６－12までにおいて同じ。）ごとに計算するから、内国法人に係る特定外国関係会社又は対象外国関係会社が２以上ある場合において、その特定外国関係会社又は対象外国関係会社のうちに欠損金額が生じたものがあるときであっても、他の特定外国関係会社又は対象外国関係会社の所得の金額との通算はしないことに留意する。
>
> 内国法人に係る部分対象外国関係会社（同条第２項第６号に規定する部分対象外国関係会社をいい、同項第７号に規定する外国金融子会社等（以下66の６－４までにおいて「外国金融子会社等」という。）に該当するものを除く。以下66の６－４において同じ。）又は外国金融子会社等が２以上ある場合についても同様とする。

(7)　ペーパー・カンパニーの範囲から除外される外国関係会社

これは、海外で事業を行う際一般的に用いられる実態があり、租税回避リスクが限定的であると考えられる一定の外国関係会社をペーパー・カンパニーとしないようにするためです。

①　持株会社である一定の外国関係会社

イ　子会社の株式等の保有を主たる事業とする外国関係会社で、その資産の額の95％超が子会社の株式等及び一定の現預金等の資産の額であり、かつ、その収入の額（※）の95％超が子会社からの配当等の額及び一定の預金利子の額であるもの（措法66の６②二イ、措令39の14の３⑤⑥）。

（※）　その事業年度に係る収入の金額がない場合には、収入割合要件の判定を求められないこととされました。以下、③までの（※）についても同じです。

(注)　上記の「子会社」とは、その外国関係会社の本店所在地国と同一国に所在する外国法人で、その外国関係会社による持分割合が25％以上等の要件に該当するものをいいます。

《イメージ図》

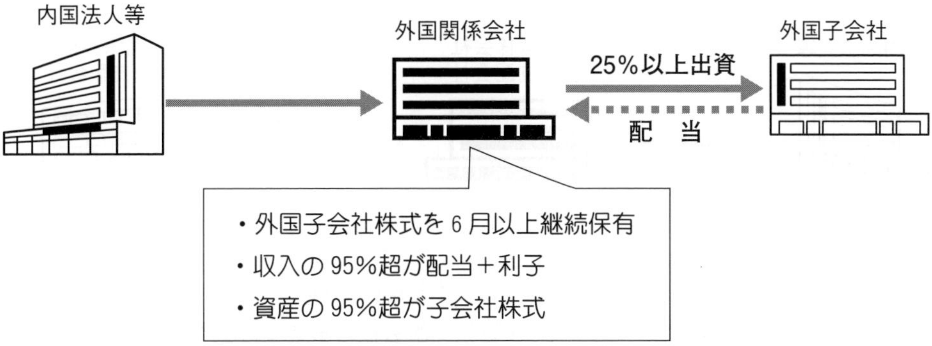

ロ　特定子会社の株式等の保有を主たる事業とする外国関係会社で、その本店所在地国と同一国に所在する管理支配会社によってその事業の管理、支配及び運営等が行われていること、当該管理支配会社が当該同一国において行う事業の遂行上欠くことのできない機能を果たすこと、その資産の額の95％超が特定子会社の株式等及び一定の現預金等の資産の額であること、その収入の額（※）の95％超が特定子会社からの配当等の額、特定子会社の株式等の一定の譲渡対価の額及び一定の預金利子の額であること等の要件の全てに該当するもの（ロにおいて「被管理支配会社」といいます）（措法66の６②二イ、措令39の14の３⑦⑧）。

(注)１　上記の「特定子会社」とは、その外国関係会社の本店所在地国と同一国に所在する部分対象外国関係会社又は管理支配会社に係る他の被管理支配会社をいう。

２　上記の「管理支配会社」とは、経済活動基準を満たす外国関係会社で、その本店所在地国においてその役員又は使用人がその主たる事業を的確に遂行するために通常必要と認められる業務の全てに従事しているものをいう。

②　不動産保有に係る一定の外国関係会社

イ　その本店所在地国と同一国に所在する一定の不動産又は特定子会社の株式等の保有を主たる事業とする外国関係会社で、当該同一国に所在する管理支配会社によってその事業の管理、支配及び運営等が行われていること、当該管理支配会社が当該同一国において行う事業（不動産業に限ります）の遂行上欠くことのできない機能を果たすこと、その資産の額の95％超が当該不動産、特定子会社の株式等及び一定の現預金等の資産の額であること、その収入の額（※）の95％超が当該不動産及び特定子会社の株式等から生ずる収入の額並びに一定の預金利子の額であること等の要件の全てに該当するもの（②において「被管理支配会社」といいます）（措法66の６②二イ、措令39の14の３⑨）。

《イメージ図》

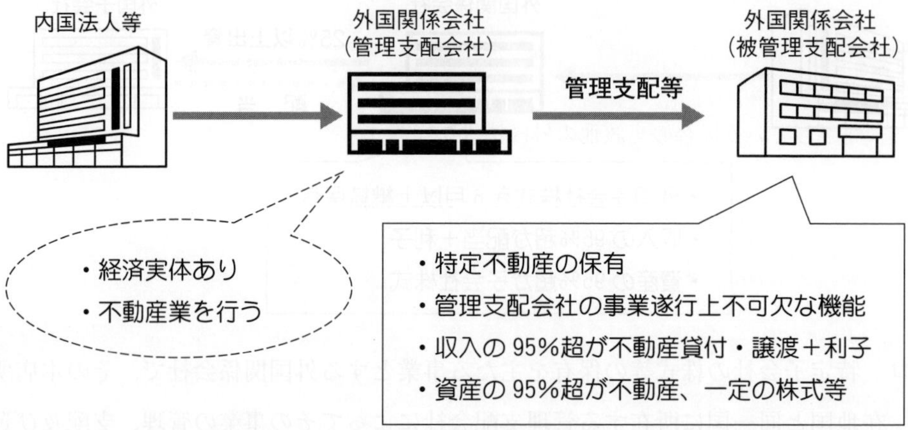

㈱　上記の「特定子会社」とは、管理支配会社に係る他の被管理支配会社をいいます。

ロ　その本店所在地国と同一国に所在する管理支配会社が自ら使用する当該同一国に所在する不動産の保有を主たる事業とする外国関係会社で、当該管理支配会社によってその事業の管理、支配及び運営等が行われていること、当該管理支配会社が当該同一国において行う事業の遂行上欠くことのできない機能を果たすこと、その資産の額の95％超が当該不動産及び一定の現預金等の資産の額であること、その収入の額（※）の95％超が当該不動産から生ずる収入の額及び一定の預金利子の額であること等の要件の全てに該当するもの。

③　資源開発等プロジェクトに係る一定の外国関係会社

特定子会社の株式等の保有、非関連者から調達した資金の特定子会社への提供又はその外国関係会社の本店所在地国と同一国に所在する一定の不動産の保有を主たる事業とする外国関係会社で、当該同一国に所在する管理支配会社等によってその事業の管理、支配及び運営等が行われていること、当該管理支配会社等が当該同一国において行う当該同一国の石油・天然ガス等の資源又は社会資本の開発又は整備等に関する事業（③において「資源開発等プロジェクト」といいます）の遂行上欠くことのできない機能を果たすこと、その資産の額の95％超が特定子会社の株式等、特定子会社に対する一定の貸付金、当該不動産及び一定の現預金等の資産の額であること、その収入の額（※）の95％超が特定子会社の株式等、当該貸付金及び当該不動産から生ずる収入の額並びに一定の預金利子の額であること等の要件の全てに該当するもの。

(注)１　上記の「特定子会社」とは、その外国関係会社の本店所在地国と同一国に所在する持分割合10％以上の外国法人で、管理支配会社等が当該同一国において行う資源開発等プロジェクトの遂行上欠くことのできない機能を果たすものをいいます。

２　上記の「管理支配会社等」とは、経済活動基準を満たす外国関係会社で、その本店所在地国においてその役員又は使用人が資源開発等プロジェクトを的確に遂行するために通常必要と認められる業務の全てに従事しているものをいい、その本店所在地国と同一国に所在する他の外国法人の役員又は使用人と共同で当該業務の全てに従事している場合の当該他の外国法人を含みます。

(8)　ペーパー・カンパニーに実体及び管理支配がないことの推定

国税庁の当該職員は、内国法人に係る外国関係会社が実体基準及び管理支配基準の両方を満たしているかどうかを判定するために必要があるときは、その内国法人に対し、期間を定めて、その外国関係会社が実体及び管理支配があることを明らかにする書類その他の資料の提示又は提出を求めることができます。この場合、その内国法人から上記の書類その他の資料の提示又は提出がないときは、その外国関係会社はいわゆるペーパー・カンパニーに該当するものと推定することとされます（措法66の６③）。

２　事実上のキャッシュ・ボックス（受動的所得の割合が一定以上の外国関係会社）

BEPS プロジェクトの最終報告書では、豊富な資本を持ちながら、能動的な事業遂行やリスク管理に必要な機能をほとんど果たしていない事業体を「キャッシュ・ボックス」と呼び、BEPS リスクが高い旨を指摘しています。そこで、本制度において、その総資産に比べて受動的所得の占める割合が高い外国関係会社については、事実上のキャッシュ・ボックスとして、ペーパー・カンパニー等と並んで、特定外国関係会社に分類することとされています（措法66の６②二ロ）。

具体的には、その総資産の額の金額（措令39の14の３⑩）に対する受動的所得（後述します）の金額の割合が30％を超え、かつ、総資産の額に対する有価証券、貸付金、固定資産（貸付けの用に供しているもののみで、無形資産等を除きます）、無形資産等の合計額の割合が50％を超える外国関係会社（措令39の14の３⑪）をいいます。

《キャッシュ・ボックスのイメージ図》

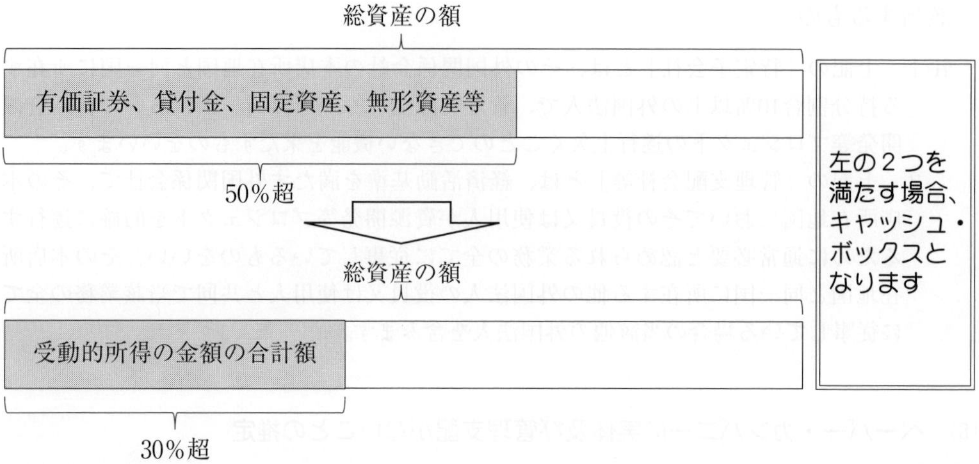

上記の50％超及び30％超の判定は、原則として各事業年度終了の時における貸借対照表の価額により行われます。

なお、次のいずれにも該当する外国関係会社も事実上のキャッシュ・ボックスに含まれます。

① 当該事業年度における非関連者等からの非関連者からの一定の収入保険料（(②) において「特定収入保険料」といいます）の合計額の収入保険料の合計額に対する割合が10％未満である外国関係会社

② 当該事業年度における収入保険料（特定収入保険料を除きます。(②において同じです）に係る非関連者等に対する一定の支払再保険料の合計額の収入保険料の合計額に対する割合が50％未満である外国関係会社

3　情報交換に関する国際的な取組みへの協力が著しく不十分な国又は地域（ブラック・リスト国）に所在する外国関係会社

情報交換に関する国際的な取組への協力が著しく不十分な国又は地域として財務大臣が指定する国又は地域に本店又は主たる事務所を有する外国関係会社をいいます。

具体的には、税に関する透明性向上に向けた進捗がみられない国・地域としてOECD・G20が公表を予定している、いわゆる「ブラック・リスト」の掲載国・地域を参考にしながら、租税に関する情報の交換に関する国際的な取組みへの協力が著しく不十分な国又は地域を財務大臣が指定し㈱、その国又は地域に本店又は主たる事務所を有する外国関係会社について、特定外国関係会社に該当することとされています（措法66の６②二ニ）。

㈱　財務大臣はその国又は地域を指定したときは、これを告示することとされています（措法66の６⑭）が、令和６年６月１日現在、まだ告示されていません。

４　適用免除

内国法人に係る特定外国関係会社について、次に掲げる場合に該当する事実があるときは、その外国関係会社の事業年度に係る適用対象金額については、会社単位の合算課税は行わないこととされます（措法66の６⑤）

特定外国関係会社	各事業年度の租税負担割合が27％以上である場合
対象外国関係会社	各事業年度の租税負担割合が20％以上である場合

《特定外国関係会社のまとめ》

1　ペーパー・カンパニー

次のいずれにも該当しない外国関係会社

(1)	実体基準を満たす外国関係会社
(2)	管理支配基準を満たす外国関係会社
(3)	外国子会社（25％以上の保有）の株式等の保有を主たる事業とする等の一定の外国関係会社
(4)	特定子会社（部分対象外国関係会社に該当するもの等）の株式等の保有を主たる事業とする等の一定の外国関係会社
(5)	不動産の保有、石油等の天然資源の探鉱等又は社会資本の整備に関する事業の遂行上欠くことのできない機能を果たしている等の一定の外国関係会社

(注)　税務当局が求めた場合に、上の(1)～(5)に該当することを明らかにする書類等の提出がない場合には、上の(1)～(5)に該当しないものと推定されます。

2　事実上のキャッシュ・ボックス

①　総資産の額に対する一定の受動的所得（※）の割合が30％を超える外国関係会社
ただし、総資産の額に対する一定の資産の額の割合が50％を超えるものに限る

（※）一定の受動的所得の範囲

	受取配当等	受取利子等	有価証券貸付対価	有価証券譲渡損益	デリバティブ取引損益	外国為替差損益	その他の金融所得	保険所得	固定資産貸付対価	無形資産等使用料	無形資産等譲渡損益	異常所得
事業会社	○	○	○	○	○	○	○	×	○	○	○	×
精算外国金融子会社等相当	＊特定精算事業年度では特定金融所得がないものとして計算								○	○	○	×
外国金融子会社相当	○（異常資本に係る所得）								○	○	○	×

いずれか多い金額

(注)　各受動的所得（ただし、保険所得は含まれません。）の金額は、部分合算対象所得を計算するとした場合の部分合算対象所得。例えば、受取配当等については、持株割合25％以上の配当等を除外した金額。

②　次のいずれにも該当する外国関係会社

イ　非関連者等収入保険料（※）の合計額の収入保険の合計額に対する割合が10％未満
（※）非関連者等から収入する一定の収入保険料

ロ　非関連者等支払再保険料合計額（※）の関連者等収入保険料（非関連者等収入保険料以外の収入保険料）の合計額に対する割合が50％未満
（※）非関連者等に支払う再保険料の合計額を関連者等収入保険料の合計額の収入保険料の合計額に対する割合で按分した金額

《計算式のイメージ》

$$\frac{\text{非関連者等収入保険料の合計額}}{\text{収入保険料の合計額}} < 10\% \quad \text{かつ} \quad \frac{\text{非関連者等支払再保険料合計額}}{\text{関連者等収入保険料の合計額}} < 50\%$$

3　ブラック・リスト国所在外国関係会社

情報交換に関する国際的な取組への協力が著しく不十分な国・地域（※）に本店等を有する外国関係会社

（※）　財務大臣による指定（告示）。

（出典：財務省資料）

第４　対象外国関係会社

はじめに

平成29年度改正では、「外国子会社の経済実態に即して課税すべき」とのBEPSプロジェクトの基本的な考え方に基づき、外国関係会社の経済活動の内容に着目して、外国関係会社が会社全体として、いわゆる「能動的所得」を得るために必要な経済活動の実体を備えているかを判定する基準として、いわゆる「経済活動基準」が設定されました。

経済活動基準は、改正前の適用除外基準と同様の４つの基準（事業基準、実体基準、管理支配基準、非関連者基準又は所在地国基準）とされ、外国関係会社がこれらのうちいずれかを満たさない場合には、能動的所得を得る上で必要な経済活動の実体を備えていないと判断されることになります。このような外国関係会社を「対象外国関係会社」と定義しています。

1　対象外国関係会社の意義

⑴　対象外国関係会社

対象外国関係会社とは、具体的には、次の①から④までに掲げる要件（経済活動基準）のいずれかに該当しない外国関係会社（特定外国関係会社に該当するものを除きます）をいいます（措法66の６②三）。

2　経済活動基準

経済活動基準は、平成29年度改正前には適用除外基準と呼ばれていたものですが、大きな枠組みは維持しつつ、内容について一部改正されました。

対象外国関係会社

対象外国関係会社とは、次に掲げる要件のいずれかを満たさない外国関係会社をいい、特定外国関係会社［ペーパー・カンパニー等］に該当するものは除かれます。

経済活動基準（旧適用除外基準）

①　**事業基準**　⇒　主たる事業が株式等の保有、工業所有権・著作権等の提供又は船舶・航空機の貸付けでないこと㈱

㈱　被統括会社の株式保有を行う一定の統括会社（事業持株会社）は、事業基準を満たすこととされる。

【改正事項】　一定の要件を満たす航空機の貸付けを主たる事業とする外国関係会社は事業基準を満たすこととする。

②　**実体基準**　⇒　本店所在地国に主たる事業に必要な事務所等を有すること㈱

㈱　特定保険外国子会社等は、その特定保険協議者が実体基準を満たす場合には自らも実体基準を満たすこととされる。

【改正事項】　上記の保険特例の範囲を拡大

③　**管理支配基準**　⇒　本店所在地国において事業の管理、支配及び運営を自ら行っていること㈱

㈱　特定保険外国子会社等は、その特定保険協議者が管理支配基準を満たす場合には自らも管理支配基準を満たすこととされる。

【改正事項】　上記の保険特例の範囲を拡大

④a　**非関連者基準**　⇒　主として関連者（50％超出資会社等）以外の者と取引を行っていること㈱

※　主たる事業が卸売業、銀行業、信託業、金融商品取引業、保険業、水運業又は航空運送業である場合に適用

㈱　物流統括会社が被統括会社と行う取引、特定保険協議者が特定保険外国子会社等と行う取引は、非関連者取引とされる。

【改正事項】　航空機の貸付けについては、非関連者基準を適用する。一定の要件を満たす保険受託者が、一定の要件を満たす保険委託者との間で行う取引を非関連者取引とする。第三者介在取引に関する規定を整備

④b　**所在地国基準**　⇒　主として本店所在地国で主たる事業を行っていること

※　非関連者基準が適用される業種以外に適用

【改正事項】　製造業に係る所在地国基準の適用方法を整備

（出典：財務省資料）

㈱　上の①から④までに掲げる要件の全てに該当する外国関係会社（特定外国関係会社に該当するものを除きます）を「部分対象外国関係会社」といいます（措法66の６②六）。

３　事業基準

事業基準とは、株式等若しくは債券の保有、工業所有権その他の技術に関する権利、特別の技術による生産方式若しくはこれらに準ずるもの（これらの権利に関する使用権を含みます）若しくは著作権（出版権及び著作隣接権その他これに準ずるものを含みます）の提供又は船舶若しくは航空機の貸付けを主たる事業とするものでないこと（措法66の６②三イ）です。

事業基準の対象となる事業は、その地に本店を置いて事業を行う積極的な経済合理性を見出すことが困難なものを限定列挙しており、改正後の経済活動基準においてもこの内容を維持しています。

ただし、航空機の貸付けを主たる事業とする外国関係会社のうち次の要件を満たすもの（措法66の６②三イ、措令39の14の３㉓）については、事業基準の対象となる外国関係会社から除くこととしています。

イ	外国関係会社の役員又は使用人がその本店所在地国において航空機の貸付けを的確に遂行するために通常必要と認められる業務の全てに従事していること
ロ	外国関係会社のその事業年度における航空機の貸付けに係る業務の委託に係る対価の支払額の合計額のその外国関係会社のその事業年度における航空機の貸付けに係る業務に従事する役員及び使用人に係る人件費の額の合計額に対する割合が30％を超えていないこと
ハ	外国関係会社のその事業年度における航空機の貸付けに係る業務に従事する役員及び使用人に係る人件費の額の合計額のその外国関係会社のその事業年度における航空機の貸付けによる収入金額からその事業年度における貸付けの用に供する航空機に係る償却費の額㈱の合計額を控除した残額（その残額がない場合には、人件費の額の合計額に相当する金額）に対する割合が５％を超えていること ㈱　外国関係会社における会計上の償却費の額を念頭に置いたものです。

なお、主たる事業の判定について、次のような通達（措通66の６－５）が公表されています。

租税特別措置法通達66の６－５《主たる事業の判定》

措置法第66条の６第２項第２号イ⑴、同項第３号、同条第６項第１号ロ若しくは同項第２号又は措置法令第39条の15第１項第４号イ若しくは第39条の17の２第２項第５号イの規定を適用する場合において、外国関係会社が２以上の事業を営んでいるときは、そのいずれが主たる事業であるかは、それぞれの事業に属する収入金額又は所得金額の状況、使用人の数、固定施設の状況等を総合的に勘案して判定する。

４　統括事業

株式等の保有を主たる事業とする外国関係会社のうちその外国関係会社が他の法人の事業活動の総合的な管理及び調整を通じてその収益性の向上に資する業務（「統括業務」）を行う統括会社（措法66の６④三イ、措令39の14の３⑰～㉒）については、事業基準を満たすこととされます。

⑴　統括会社

統括会社とは、一の内国法人によってその発行済株式等の全部を直接又は間接に保有されている外国関係会社で、次の２つの要件を満たすもので株式等の保有を主たる事業とするもの（※）をいいます（措令39の14の３⑳）。

①	複数の被統括会社（外国法人である２以上の被統括会社を含む場合に限ります）に対して統括業務を行っていること
②	その本店所在地国に統括業務に係る事務所、店舗、工場その他の固定施設及び当該統括業務を行うに必要と認められる当該統括業務に従事する者（専ら当該統括業務に従事する者であって、その外国関係会社の役員等を除きます）を有していること

※　次のイとロの割合の両方が50％を超えているものをいいます（措令39の14の３⑳）。

イ	統括会社の有する被統括会社の株式等の帳簿価額の合計額の、その統括会社の有する株式等の帳簿価額の合計額に対する割合
ロ	統括会社の有する外国法人である被統括会社の株式等の帳簿価額の合計額の、その統括会社の有する被統括会社の株式等の帳簿価額の合計額に対する割合 又は 統括会社が有するその外国法人である被統括会社に対して行う統括業務に係る対価の額の合計額の、その統括会社の全ての被統括会社に対して行う統括業務に係る対価の額の合計額に対する割合

なお、上のロでいう「専ら当該統括業務に従事する者……を有している」とは、外国関係会社に統括部署が存している場合には当該統括部署で当該統括業務に従事する者を有していることをいい、当該外国関係会社に統括部署が存していない場合には当該統括業務に専属的に従事する者を有していることをいいます（措通66の６－14）。

ここでいう統括業務とは、次に掲げる業務をいいます（措令39の14の３⑰）。

統括業務	外国関係会社が、被統括会社との間における契約に基づき行う業務のうち当該被統括会社の事業の方針の決定又は調整に係るもの（その事業の遂行上欠くことのできないものに限ります）であって、その外国関係会社が二以上の被統括会社に係る当該業務を一括して行うことによりこれらの被統括会社の収益性の向上に資することとなると認められるもの

この場合、「被統括会社の事業の方針の決定又は調整に係るもの（当該事業の遂行上欠くことのできないものに限ります）」とは、被統括会社の事業方針の策定及び指示並びに業務執行の管理及び事業方針の調整の業務で、当該事業の遂行上欠く

ことのできないものをいいますが、例えば、統括会社が被統括会社の事業方針の策定等のために補完的に行う広告宣伝、情報収集等の業務はこれには該当しないこととされます（措通66の６－11）。

統括会社は、いわゆる地域統括会社が該当しますが、平成29年度税制改正前と同様とされています。ただし、新しい通達がいくつか整備されました。

⑵　被統括会社

被統括会社とは、次の①から③までに該当する法人で、その法人の発行済株式等のうちにその法人に対して統括業務を行う外国関係会社の有するその法人の株式等の占める割合及びその法人の議決権の総数のうちにその特定外国子会社等の有するその法人の議決権の数の占める割合のいずれもが25％（その法人が内国法人である場合には50％）以上であり、かつ、本店所在地国に事業を行うに必要と認められるその事業に従事する者を有するものとされました（措令39の14の３⑱）。

①	外国関係会社、その外国関係会社の発行済株式等の10％以上を直接及び間接に有する内国法人及びその内国法人とその外国関係会社との間に株式等の所有を通じて介在する外国法人（「判定株主等」）が法人を支配している場合におけるその法人（「子会社」）
②	判定株主等及び子会社が法人を支配している場合におけるその法人（「孫会社」）
③	判定株主等並びに子会社及び孫会社が法人を支配している場合におけるその法人

なお、被統括会社が経済活動基準を満たすか否かの検討も、当然ですが行われます（措通66－６の12）。

５　実体基準・管理支配基準

これらの基準については、特定外国関係会社のところで述べたとおりであり、対象外国関係会社の判定においても同じ基準が適用されることになります。

６　非関連者基準又は所在地国基準

各事業年度においてその行う主たる事業の区分に応じ次に定める場合に該当することとされます（措法66の６②三ハ）。

(1)　卸売業、銀行業、信託業、金融商品取引業、保険業、水運業、航空運送業又は物品賃貸業（航空機の貸付けを主たる事業とするものに限ります）	⇒	非関連者基準 その事業を主として外国関係会社に係る関連者以外の者との間で行っている場合 （措法66の６②三ハ(1)）
(2)　上に掲げる事業以外の事業	⇒	所在地国基準 その事業を主としてその本店所在地国（本店所在地国に係る一定の水域を含みます）において行っている場合（措法66の６②三ハ(2)）

(1)　非関連者基準

非関連者基準とは、その事業を主として外国関係会社に係る関連者以外の者との間で行っている場合をいいます。

非関連者基準は、卸売業等の一定の業種に適用される基準で、その事業を主として関連者以外の者と行っていることを要件とするものであり、改正後の経済活動基準においても改正前と表面的には変更がないようにみえます。ただし、以下のような改正が行われました。

①　関連者の範囲

実質支配基準の導入に伴って、非関連者基準における関連者の範囲に次の者が追加されました。

- **イ**　居住者又は内国法人との間に実質支配関係がある外国法人（「被支配外国法人」）（措令39の14の３㉗四）
- **ロ**　被支配外国法人が外国関係会社に係る間接保有の株式等を有する場合におけるその株式等の保有に係る他の外国法人及び出資関連外国法人（措令39の14の３㉗五）
- **ハ**　被支配外国法人の同族関係者（措令39の14の３㉗六ハ）

②　非関連者基準の適用対象となる事業

非関連者基準の適用対象となる事業に航空機の貸付けの事業が追加されるとともに（措法66の６②三ハ(1)）、各事業年度の航空機の貸付けによる収入金額の合計額のうちに関連者以外の者から収入するものの合計額の占める割合が50％を超える場合には非関連者基準を満たすこととされました（措令39の14の３㉘七）。

③　関連者取引とされる第三者介在取引

関連者取引とされる第三者介在取引の要件が次のように改正されました。次に掲げる取引は、外国関係会社とその外国関係会社に係る関連者との間で行われた取引とみなして、非関連者基準を適用することとされました（措令39の14の３㉙）。

イ	外国関係会社と非関連者との間で行う取引（「対象取引」）により非関連者に移転又は提供をされる資産、役務その他のものがその外国関係会社に係る関連者に移転又は提供をされることが対象取引を行った時において契約その他によりあらかじめ定まっている場合におけるその対象取引
ロ	外国関係会社に係る関連者と非関連者との間で行う取引（「先行取引」）により非関連者に移転又は提供をされる資産、役務その他のものがその外国関係会社に係る非関連者と外国関係会社との間の取引（「対象取引」）により外国関係会社に移転又は提供をされることが先行取引を行った時において契約その他によりあらかじめ定まっている場合におけるその対象取引

上記のイ及びロについては、下の図のような取引を指します。

《非関連者基準の判定における第三者介在取引に関する見直し》

次の取引は外国関係会社Ａと関連者との間において行われた取引とみなして、非関連者基準を適用します。
①　外国関係会社Ａと非関連者Ｂとの間で行う取引《対象取引》により非関連者Ｂに移転・提供をされる資産・役務等が、関連者Ｄに移転・提供をされることが外国関係会社Ａと非関連者Ｂとの間の取引を行った時において契約等によりあらかじめ定まっている場合における外国関係会社Ａと非関連者Ｂとの間の取引《対象取引》
②　関連者Ｄと非関連者Ｃとの間で行う取引《先行取引》により非関連者Ｃに移転・提供をされる資産・役務等が、非関連者（Ｃ……Ｂ）と外国関係会社Ａとの間の取引《対象取引》により外国関係会社Ａに移転・提供をされることが関連者Ｄと非関連者Ｃとの間の取引を行った時において契約等によりあらかじめ定まっている場合における外国関係会社Ａと非関連者（Ｃ……Ｂ）との間の取引《対象取引》

《①のケース：外国関係会社が行う販売取引等》

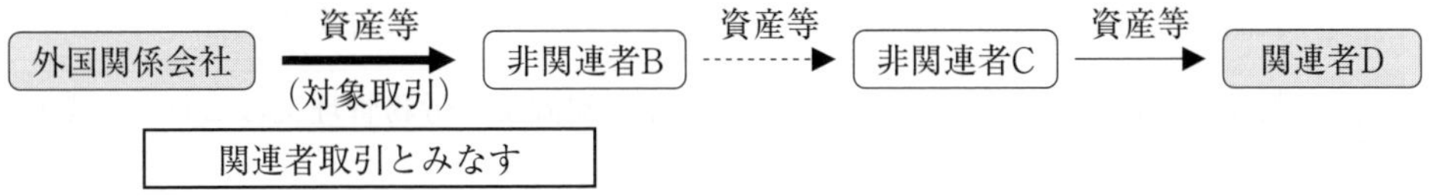

《②のケース：外国関係会社が行う購入取引等》

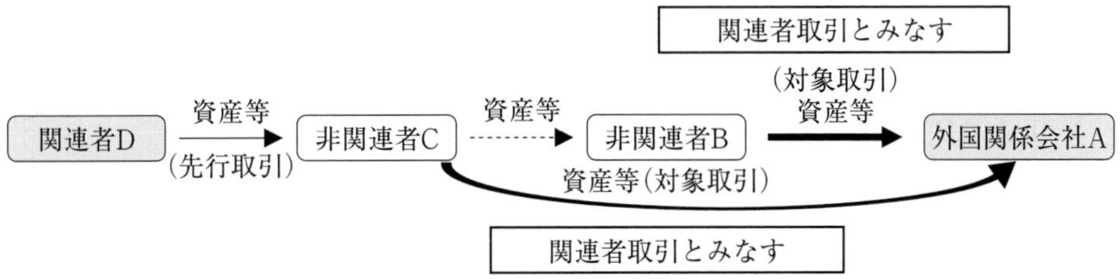

⑵　所在地国基準

所在地国基準とは、その事業を主としてその本店所在地国（本店所在地国に係る一定の水域を含みます）において行っている場合をいいます（措法66の６②三ハ⑵）。

所在地国基準は、非関連者基準が適用される業種以外の業種に適用され、主として外国関係会社の本店所在地国においてその事業を行っていることを要件とするものであり、改正前の内容をほとんどそのままを規定しています。

一方、製造業については、本店所在地国において製造行為が行われている場合に所在地国基準を満たすという取扱いを踏まえ、製造業を主たる事業とする外国関係会社が「主として本店所在地国において製品の製造を行っている場合」に所在地国基準を満たす旨が明確化されました（措令39の14の３㉜三）。

また、新たに本店所在地国において製造行為を行う場合に加えて、「本店所在地国において製造における重要な業務を通じて製造に主体的に関与している場合」にも、所在地国基準を満たすこととされました（措令39の14の３㉜三）。具体的には、外国関係会社が本店所在地国において行う次に掲げる業務の状況を勘案して、外国関係会社がその本店所在地国においてこれらの業務を通じて製品の製造に主体的に関与していると認められる場合にも所在地国基準を満たすこととされています（措規22の11㉔）。

イ	工場その他の製品の製造に係る施設又は製品の製造に係る設備の確保、整備及び管理
ロ	製品の製造に必要な原料又は材料の調達及び管理
ハ	製品の製造管理及び品質管理の実施又はこれらの業務に対する監督
ニ	製品の製造に必要な人員の確保、組織化、配置及び労務管理又はこれらの業務に対する監督
ホ	製品の製造に係る財務管理（損益管理、原価管理、資産管理、資金管理その他の管理を含みます）
ヘ	事業計画、製品の生産計画、製品の生産設備の投資計画その他製品の製造を行うために必要な計画の策定
ト	その他製品の製造における重要な業務

なお、これらの業務は自社製造の場合及び製造委託の場合のいずれの場合にも当てはめられることが想定されています。また、これらの業務の全てを行っていなければ主体的に関与していると認められないというものではなく、外国関係会社の規模、製品の種類等によって勘案すべき業務の内容は異なるものと考えられています。

7　経済活動基準を満たすことを明らかにする書類等の提出等がない場合の推定

平成29年度税制改正前においては、適用除外基準を満たしていることを記載した書面を確定申告書に添付し、かつ、その適用があることを明らかにする書類を保存している場合に限り適用する、とされていましたが、平成29年度税制改正により書面添付と資料等の保存要件は廃止になりました。

そこで、本制度の実効性を確保する観点から、国税庁の当該職員は、内国法人に係る外国関係会社が事業基準、実体基準及び管理支配基準、所在地国基準又は非関連者基準の要件に該当するかどうかを判定するために必要があるときは、その内国法人に対し、期間を定めて、その外国関係会社がこれらの経済活動基準の要件に該当することを明らかにする書類その他の資料の提示又は提出を求めることができることとしました。そして、その内国法人等からこれらの書類その他の資料の提示又は提出がないときは、その外国関係会社は対象外国関係会社と推定することとされます（措法66の６④）。

8　適用免除

内国法人に係る対象外国関係会社について、次に掲げる場合に該当する事実があるときは、その外国関係会社の事業年度に係る適用対象金額については、会社単位の合算課税は行わないこととされます（措法66の６⑤二）。

対象外国関係会社	各事業年度の租税負担割合が20％以上である場合

第５　外国金融子会社等

はじめに

平成29年度税制改正で、本税制に外国金融子会社等という概念が導入されました。外国金融子会社等は、会社単位の合算課税ではなく特定所得の金額のみを合算することになります。これは、平成27年（2015年）10月に公表されたBEPSプロジェクトに基づいて、外国金融子会社等に対して異常な水準の資本が投下されている場合には、異常な水準の資本に係る所得について、部分合算課税の対象とすることとされたものです。

外国金融子会社等は、いわゆる金融機関及び金融持株会社が該当するものであり、通常の事業会社は該当しないことから、本書ではごく基本的な事項のみを記載することにします。

１　外国金融子会社等の意義

外国金融子会社等とは、その本店所在地国の法令に準拠して銀行業、金融商品取引業（金融商品取引法第28条第１項に規定する第１種金融商品取引業と同種類の業務に限ります。）又は保険業を行う部分対象外国関係会社（これらの事業を行う部分対象外国関係会社と同様の状況にあるものとして政令で定める部分対象外国関係会社を含みます。）でその本店所在地国においてその役員又は使用人がこれらの事業を的確に遂行するために通常必要と認められる業務の全てに従事しているもの（その本店所在地国においてその役員又は使用人が当該業務の全てに従事している部分対象外国関係会社と同様の状況にあるものとして政令で定めるものを含みます。)(「外国金融機関」)及び外国金融機関に準ずるものとして政令で定める部分対象外国関係会社をいいます(措法66の６②七)。

２　特定所得の金額

⑴　異常な水準の資本に係る所得

一の内国法人が100％の持分を有する外国金融子会社等に対して、その事業規模に照らして通常必要とされる水準を大幅に超えた、異常な水準の資本を投下している場合には、その異常な水準の資本から生じた所得については、部分合算課税の対象とされます。具体的には次のとおりとされています。

①　対象となる外国金融子会社等の範囲

一の内国法人及びその一の内国法人との間に特定資本関係（注）のある内国法人によってその発行済株式等の全部を直接又は間接に保有されている外国金融子会社等（その設立の日から同日以後５年を経過する日を含む事業年度終了の日までの期間を経過していないもの及びその解散の日から同日以後３年を経過する日を含む事業年度終了の日までの期間を経過していないものを除きます）が異常な水準の資本に係る所得に対する合算課税の対象となります（措法66の６⑧一、措令39の17の４③）。

㈲　特定資本関係とは、いずれか一方の法人が他方の法人の発行済株式等の全部を直接又は外国法人を通じて間接に保有する関係をいい、具体的には、外国金融持株会社等の判定における措置法令39条の17第４項及び第５項の規定を準用することとされています（措令39の17④）。

②　異常な水準の資本

その親会社等資本持分相当額の総資産の額に対する割合が70％を超える場合に異常な水準にあるものと判定されます（措法66の６⑧一）。

イ　親会社等資本持分相当額

親会社等資本持分相当額とは、外国金融子会社等の純資産の額につき剰余金その他に関する調整を加えた金額をいいます（措法66の６⑧一）。

ロ　総資産の額

(ｲ)　保険業を行う外国金融子会社等以外のものの場合

外国金融子会社等のその事業年度終了の時における貸借対照表に計上されている総資産の帳簿価額とされています（措令39の17の４⑦）。

(ﾛ)　保険業を行う外国金融子会社等の場合

次に掲げる金額の合計額とされています（措令39の17の４⑦、措規22の11㊷）。

ⅰ　外国金融子会社等のその事業年度終了の時における貸借対照表に計上されている総資産の帳簿価額

ⅱ　外国金融子会社等が保険契約を再保険に付した場合において、その再保険を付した部分につきその本店所在地国の保険業法に相当する法令の規定により積み立てないこととした同法第116条第１項（責任準備金）に規定する責任準備金に相当するものの額及び同法第117条第１項（支払備金）に規定する支払備金に相当するものの額の合計額

⑵　固定資産の貸付けによる対価

次節（第６　部分対象外国関係会社）で記載するものに準じて計算した場合に算出される金額に相当する金額とされています。

⑶　無形資産等の使用料

同じく次節で記載するものに準じて計算した場合に算出される金額に相当する金額とされています。

⑷　無形資産等の譲渡損益

同じく次節で記載するものに準じて計算した場合に算出される金額に相当する金額とされています。

⑸　異常所得

同じく次節で記載するものに準じて計算した場合に算出される金額に相当する金額とされています。

3　金融子会社等部分適用対象金額

金融子会社等部分適用対象金額は、次に掲げる金額のうちいずれか多い金額とされています（措法66の６⑨）。

異常な水準の資本に係る所得と、それ以外の所得の内容が実質的に重複する可能性があることから、二重に合算課税の対象となることを避けるため、このような調整が設けられているものです。

⑴　異常な水準の資本に係る所得の金額

⑵　上記２の⑵、⑶及び⑸に掲げる金額の合計額と、２の⑷に掲げる金額（零を下回る場合には零とされます。）を基礎としてその各事業年度開始の日前７年以内に開始した各事業年度において生じた２の⑷に掲げる金額が零を下回る部分の金額につき調整を加えた金額とを合計した金額

4　金融子会社等部分課税対象金額

金融子会社等部分課税対象金額は、金融子会社等部分適用対象金額のうちその内国法人が直接及び間接に有するその部分対象外国関係会社の株式等の数又は金額につきその請求権の内容を勘案した数又は金額並びにその内国法人とその部分対象外国関係会社との間の実質支配関係の状況を勘案して計算した金額とされています（措法66の６⑧）。

第６　部分対象外国関係会社

はじめに

平成29年度以後の改正において、外国関係会社の獲得する所得を能動的所得と受動的所得に区分することとされました。

そこで、特定外国関係会社を除く外国関係会社が４つの経済活動基準すべてを満たした場合であっても、税負担割合が20％未満である外国関係会社（「部分対象外国関係会社」）は、次に掲げる部分適用対象金額について、内国法人等の益金の額に加算されることになっています。

1　部分対象外国関係会社

部分対象外国関係会社とは、経済活動基準を全て満たす外国関係会社（特定外国関係会社に該当するものを除きます）とされています（措法66の６②六）。

なお、部分対象外国関係会社のうち、外国金融子会社等に該当するものについての特定所得の金額等について別に規定があります。本項では、部分対象外国関係会社とは外国金融子会社等以外の部分対象外国関係会社をいうものとします。

2　特定所得の金額

(1)　特定所得の金額の益金算入

内国法人に係る部分対象外国関係会社（外国金融子会社等を除きます）が、各事業年度に係る次に掲げる金額（「特定所得の金額」）を有する場合には、その各事業年度の特定所得の金額に係る部分適用対象金額のうちその内国法人の直接間接に有する持株割合等並びにその内国法人とその部分対象外国関係会社との間の実質支配関係を勘案して政令で定めるところにより計算した金額（「部分課税対象金額」）は、その内国法人の各事業年度の所得の金額の計算上、益金の額に算入されます（措法66の６⑥、措令39の17の３）。

	合算対象となる受動的所得	左のうち除外されるもの
①	配当等 （剰余金の配当等の合計額（ただし、現地で損金算入されるものは除きます。（措令39の17の３④））からその剰余金の配当等の額を得るために直接要した費用の額の合計額及び部分対象外国関係会社の総資産のうちに占める株式等の額の割合で計算した負債利子の額を控除した残額（措令39の17の３⑤））	イ　持分割合25％以上６か月以上継続して保有しているという要件を満たす法人から受ける配当等（その支払を行う法人において損金算入される配当等を除くものとします）（措令39の17の３⑥） ロ　主たる事業が化石燃料（原油、石油ガス、可燃性天然ガス又は石炭）を採取する事業（その採取した化石燃料に密接に関連する事業を含みます）である外国法人で我が国が締結した租税条約の相手国に化石燃料を採取する場所を有する外国法人から受ける配当等の場合は、その持株割合が10％以上のもの
②	受取利子等 （受取利子の合計額からその受取利子を得るために直接要した費用の額の合計額を控除した残額） （手形割引料、調整差益その他経済的な性質が利子に準ずるものを含みます（措令39の17の３⑨））	イ　本店所在地国においてその役員又は使用人が金銭の貸付け等の事業を的確に遂行するために通常必要と認められる業務の全てに従事しているものが行う金銭の貸付けに係る利子の額 ロ　割賦販売等を行う部分対象外国関係会社でその本店所在地国においてその役員又は使用人が割賦販売等を的確に遂行するために通常必要と認められる業務の全てに従事しているものが行う割賦販売等から生ずる利子の額 ハ　部分対象外国関係会社が非関連者に対して行う棚卸資産の販売の対価の支払の猶予により生ずる利子の額 ニ　部分対象外国関係会社で実体基準を満たし、かつ、その本店所在地においてその役員又は使用人がその行う金銭の貸付けの事業を的確に遂行するために通常必要と認められる業務の全てに従事している場合で、関連者等に対して行う金銭の貸付けによって得る利子の額 ホ　その他部分対象外国関係会社が行う事業に係る業務の通常の過程で得る貸付けに係る利子の額（措令39の17の３⑩）
③	有価証券の貸付けによる対価 有価証券の貸付けによる対価の額の合計額からその対価の額を得るために直接要した費用の額の合計額を控除した残額	―
④	有価証券の譲渡に係る対価 有価証券の譲渡に係る対価の額の合計額からその有価証券の譲渡に係る原価の額として移動平	その譲渡直前において、持分割合25％以上である場合におけるその他の法人の株式等に係る譲渡損益

	均法又は総平均法により算出した金額の合計額及びその対価の額を得るために直接要した費用の額の合計額を減算した金額（措令39の17の３⑪⑫）（なお、算出方法は、有価証券の種類ごとに選定することとされます（措令39の17の３⑬））	
⑤	デリバティブ取引に係る利益の額又は損失の額 デリバティブ取引に係る利益の額又は損失の額として財務省令で定めるところにより計算した金額	イ　ヘッジ目的で行われることが明らかなデリバティブ取引等に係る損益 ロ　本店所在地国の法令に準拠して商品先物取引業又はこれに準ずる事業を行う外国関係会社で、本店所在地国においてその役員又は使用人がこれらの事業を的確に遂行するために通常必要と認められる業務の全てに従事していること等の要件を満たすものが行うこれらの事業から生ずる商品先物取引等に係る損益
⑥	外国為替の売買相場の変動に伴って生ずる利益の額又は損失の額	外国関係会社が行う事業（外国為替相場の変動に伴って生ずる利益を得ることを目的とする投機的取引を除きます（措令39の17の３⑮））に係る業務の通常の過程で生ずる外国為替差損益
⑦	上記①から⑥までに掲げる利益の額又は損失の額を生じさせる資産の運用、保有、譲渡、貸付けその他の行為により生ずる利益の額又は損失の額⇒その他の金融所得 （投資信託の収益の分配金、売買目的有価証券に係る評価益又は評価損、有価証券の空売りに相当する取引・信用取引・発行日取引・有価証券の引受けに係るみなし決済損益額を含みます（措令39の17の３⑯））	損失を減少させるために行った取引（ヘッジ取引）として財務省令で定める取引に係る利益の額又は損失の額
⑧	保険所得 （収入保険料の合計額から支払った再保険料の合計額を控除した残額）－（支払保険金の額の合計額から収入した再保険金の額の合計額を控除した残額）	
⑨	固定資産（無形資産等を除きます（措令39の17の３⑲）の貸付けの対価 固定資産の貸付けによる対価の	イ　主として本店所在地国において使用に供される固定資産等の貸付けによる対価 ロ　本店所在地国においてその役員又は使用人が有形固定資産の貸付けを的確に遂行するた

	額の合計額からその対価の額を得るために直接要した費用の額（減価償却費の場合は控除限度額まで（措令39の17の３㉑））の合計額を控除した残額	めに通常必要と認められる業務の全てに従事していること、その人件費の割合が貸付けに係る業務委託料の対価の30％以下であること、その人件費が貸付けの収入から償却費を控除した額の５％超であること、部分対象外国関係会社が実体基準を満たしていること（措令39の17の３⑳）
⑩	使用料 無形資産等（工業所有権その他の技術に関する権利、特別の技術による生産方式若しくはこれらに準ずるもの又は著作権（出版権及び著作隣接権その他これに準ずるものを含みます））の使用料の合計額からその使用料を得るために直接要した費用の額の合計額を控除した残額	外国関係会社が自ら行った研究開発の成果に係る無形資産等の使用料及び外国関係会社が相当の対価を支払って取得し、かつ、その事業の用に供している場合の使用料、又は使用許諾を得た上で相当の対価を支払い、かつ、その事業の用に供している無形資産等に係る使用料（措令39の17の３㉒）
⑪	無形資産等の譲渡に係る対価の額の合計額からその無形資産等を得るために直接要した費用の額の合計額を控除した残額	外国関係会社が自ら行った研究開発の成果に係る無形資産等及び外国関係会社が相当の対価を支払って取得し、又は使用許諾を得た上で一定の事業の用に供している無形資産等に係る譲渡損益
⑫	外国関係会社の当該事業年度の利益の額から上記①から⑪までに掲げる金額がないとした場合の部分対象外国関係会社の各事業年度の所得の金額として右に定める所得控除額を控除した残額（通称：異常所得）	左の所得控除額は、外国関係会社の総資産（当該事業年度終了の時の貸借対照表に計上されている総資産の帳簿価額をいいます（措令39の17の３㉚））の額として①から⑪までの金額がないとした場合の部分対象外国子会社の各事業年度の決算に基づく所得の金額（その金額がゼロを下回る場合には、ゼロとします）（措令39の17の３㉗）に減価償却累計額及び人件費等の額（措令39の17の３㉛）を加算した金額の合計額に50％を乗じて計算した金額をいいます

(2)　その他の金融所得

上の表の⑦にある「その他の金融所得」ですが、これはいわゆる「その他の金融所得」として、上記①から⑥までに掲げる所得（これらに類する所得を含みます）を生じさせる資産（例えば、株式や信託受益権など）の運用、保有、譲渡、貸付けその他の行為により生ずる上記①から⑥までに掲げる所得以外の所得を部分合算課税の対象とする、いわゆるバスケット・クローズとしての役割を有する所得とされています。

⑶　異常所得とは

外国関係会社の資産規模や人員等の経済実態に照らせば、その事業から通常生じ得ず、発生する根拠のないと考えられる所得について、「異常所得」として部分合算課税の対象とすることとされました。

《部分合算課税の対象となる「異常所得」について》

○外国関係会社の資産規模や人員等の経済実態に照らせば、その事業から通常生じ得ず、発生する根拠のないと考えられる所得については、「異常所得」として部分合算課税の対象とされる。

【所得金額の計算方法】 外国金融子会社等以外の部分対象外国関係会社の場合（措法66の6⑥十一）
（外国金融子会社等の場合はこれに準じて計算（措法66の6⑧五）

他の部分合算課税対象の所得類型に係る下記イからヌまでの金額がないものとした場合の各事業年度の決算に基づく所得の金額（すなわち会計上の税引後当期利益の額）
〔措法66の6⑥十一〕
〔措令39の17の3㉓〕

－　所得控除額

- イ　支払を受ける剰余金の配当等の額
- ロ　受取利子等の額
- ハ　有価証券の貸付けによる対価の額
- ニ　有価証券の譲渡に係る対価の額－譲渡原価の額
- ホ　デリバティブ取引に係る損益の額
- ヘ　外国為替差損益の額
- ト　イ～ヘに類する所得を生じさせる資産等から生ずる上記所得以外の所得の金額
- チ　保険所得
- リ　固定資産の貸付けによる対価の額
- ヌ　支払を受ける無形資産等の使用料
- ル　無形資産等の譲渡に係る対価の額－譲渡原価の額

ル　（総資産の額＋人件費＋減価償却費の累計額）×50%
〔措令39の17の3㉛〕

（措令39の17の3㉚㉛）
各金額は、その事業年度末（人件費の額を除き、残余財産が確定した日を含む事業年度の場合には、前事業年度末）のB/Sに計上されている帳簿価額による。

〔イメージ〕
会計上の税引後当期利益の額

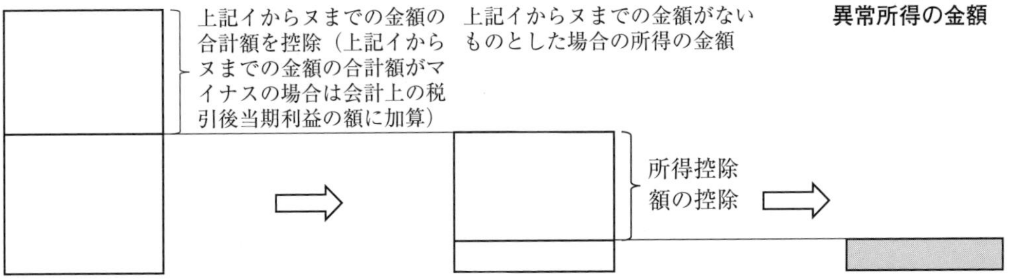

（出典：財務省資料）

平成29年度税制改正において、通常の事業を営んで経済活動基準を満たした外国関係会社の租税負担割合が20%未満であれば受動的所得を合算するのですが、特定した受動的所得だけを合算するだけでは「課税漏れ」が生じる可能性があることから、このような異常所得を算出するようにしたのではないかと考えられます。

3　部分適用対象金額

部分適用対象金額とは、上記２(1)の表の

イ　①から③まで、⑨、⑩及び⑫に掲げる所得の金額の合計額、

ロ　④から⑧まで及び⑪に掲げる所得の金額の合計額（当該合計額がゼロを下回る場合には、ゼロ)、

を基礎として、各事業年度開始の日前７年以内に開始した各事業年度において生じた④から⑧まで及び⑪に掲げる金額の合計額が零を下回る部分の金額につき繰越控除を適用することで調整を加えた金額とを合計した金額をいいます（措令39の17の３㉜)。

さて、部分対象所得を２つのグループに区分する意味を考えてみます。イのグループに属する所得は、配当、利子、貸付けの対価、使用料、そして異常所得です。つまり、これらはすべて受領するだけですので赤字になることはありません。これに対して、ロのグループに属する所得は、有価証券譲渡損益、デリバティブ取引の損益、無形資産等の譲渡損益などになります。譲渡損益ですので、必ずしも黒字になるわけではありません。そこで、損益通算をして赤字の場合には零にする、ということです。その上で、前７年以内の部分適用対象損失額の繰越控除を認めることとして、その上でイの所得と合算したところで、部分適用対象金額を算出する、というわけです。

《部分課税対象金額の計算の改正》

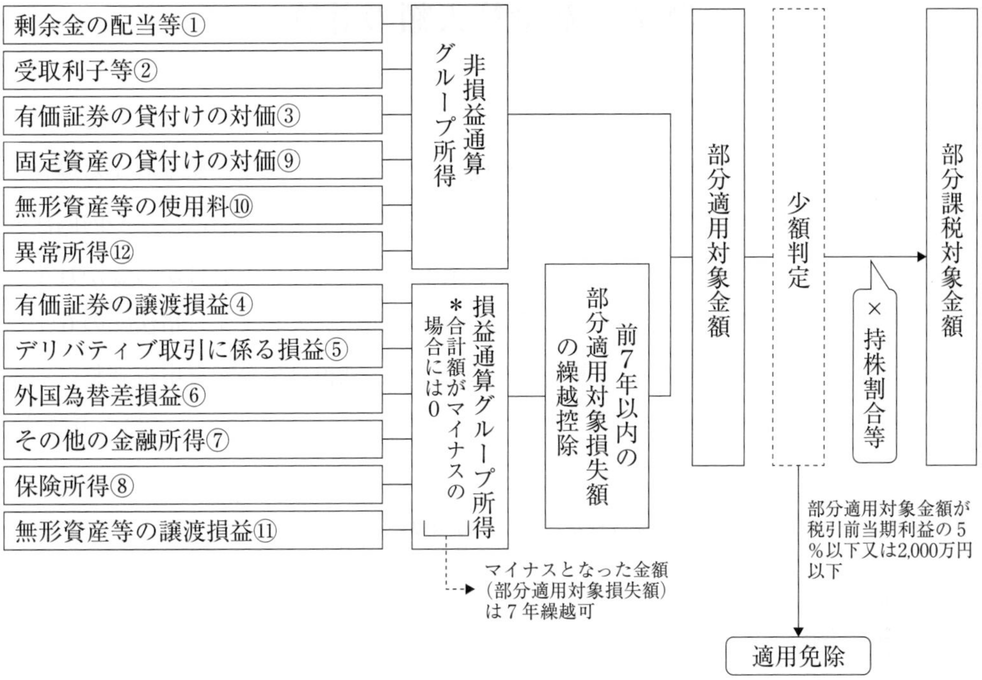

（出典：財務省資料）

4　適用免除

次に該当する場合には、部分対象外国関係会社の部分適用対象金額については、適用しないこととされます（措法66の6⑩）。

①	外国関係会社の各事業年度の租税負担割合が20％以上である場合
②	部分合算課税に係る少額免除基準のうち金額基準が2,000万円以下の場合
③	各事業年度の決算に基づく所得の金額に占める部分適用対象金額が5％以下の場合

なお、適用免除はどの時点で判定するかについては、実務上大きな問題になります。つまり、内国法人の持株割合が10％だった場合、「自社の部分課税対象金額が2,000万円以下だから適用免除になる」と考えてよいのか、という問題です。

これについては、部分適用対象金額の時点で判定することになり、部分対象外国関係会社の部分適用対象金額で判定することになりますので、実務上十分な注意が必要になります。持株割合に関係なく、外国関係会社の部分適用対象金額で判定します。

第７　益金算入額の計算

１　総説

内国法人に係る外国関係会社が各事業年度において、適用対象金額を有する場合には、２に述べる算式により計算される課税対象金額に相当する金額は、その内国法人の収益の額とみなして、外国関係会社の各事業年度の終了の日の翌日から２か月を経過する日を含むその内国法人の各事業年度の益金の額に算入します（措法66の６①）。

実際には、内国法人が確定申告書の提出に当たり、課税対象金額を申告調整（別表４で加算（その他流出処理））することにより、所得金額に加算することになります。

（ケース１）　内国法人及び外国関係会社がともに12月決算の場合

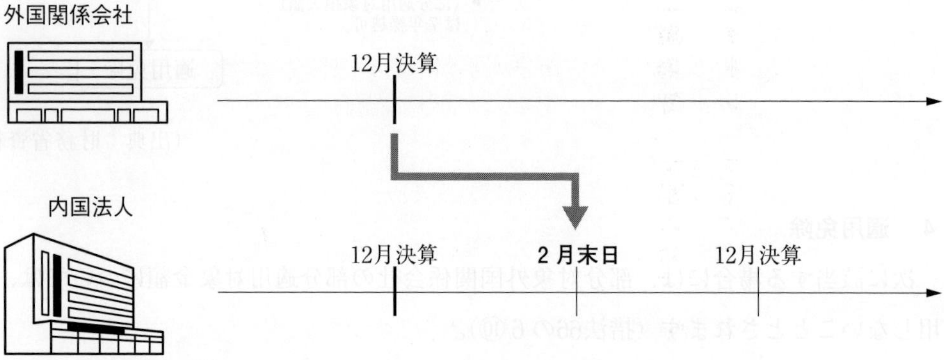

この場合、外国関係会社の課税対象金額は、内国法人の翌期の確定申告書において益金の額に加算されることになります

（ケース２）　外国関係会社が12月決算で内国法人が３月決算の場合

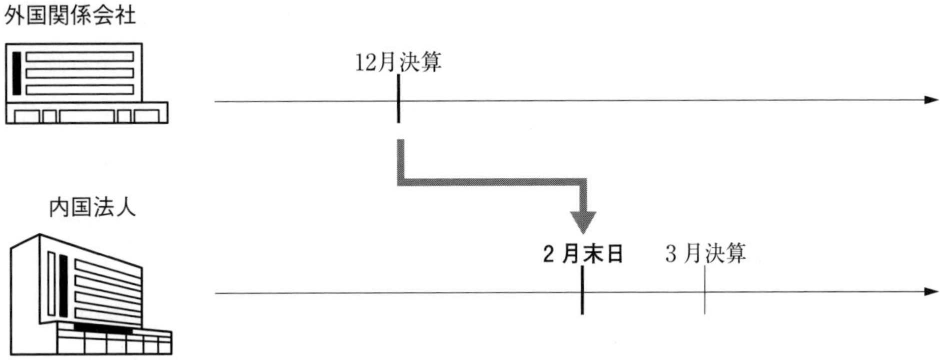

> ケース２の場合、外国関係会社の課税対象金額は、内国法人の３月決算の確定申告書において益金の額に加算されることになります

2　課税対象金額の算定の順序

課税対象金額の算定の順序

①　外国関係会社について、日本の法人税法に基づく計算又は外国関係会社の本店所在地国の法令のいずれかから選択した方法により、基準所得金額を算出します

⇩

②　基準所得金額から前７年以内の繰越欠損金の含み額と納付することとなる法人所得税額の含み額を控除して、適用対象金額を算定します

⇩

③　適用対象金額に内国法人の直接間接の持分割合を乗じて課税対象金額を算定します

3　基準所得金額の算定

２の①において算出する「基準所得金額」は、外国関係会社の決算所得金額について、法人税法及び租税特別措置法による所得の金額の計算に準ずるものとして一定の基準により調整を加えた各事業年度の所得の金額となります。調整を行う場合には、わが国の法人税法等の基準に従って行う方法が原則的です（措令39の15①）が、納税者の計算の便宜等を考慮して、本店所在地国の法人税に関する法令に基づき計算した所得の金額に所定の調整を加える方法と選択することもできます（措令39の15②）。ただし、選択した方法は、継続して適用することが条件となっており、変更する場合には、確定申告書提出前にあらかじめ所轄税務署長の承認を受ける必要があります

（措令39の15⑩）。

この場合、基準所得金額を計算する場合において、これらの規定により各事業年度において控除されることになる金額があるときには、その各事業年度に係る確定申告書にその金額の計算に関する明細書の添付がある場合に限り、その金額をその各事業年度の基準所得金額の計算上控除します。ただし、その添付がなかったことについて税務署長がやむを得ない事情があると認める場合において、その明細書の提出があったときは、この限りではありません（措令39の15⑨）。

なお、いずれの方法を採用する場合であっても、外国関係会社がその内国法人との間の取引につき移転価格税制の規定の適用がある場合には、その取引がこれらの規定に規定する独立企業間価格で行われたものとして計算した場合に算出される所得の金額又は欠損の金額としなければなりません（措令39の15①②）。

4　わが国の法令による場合

外国関係会社の各事業年度の基準所得金額を算定する際、その決算に基づく金額に次の調整を行います（措令39の15①）。

①　各事業年度の決算に基づく所得の金額につき、
法人税法第２編第１章第１節第２款から第９款まで及び第11款までを準用します

━（以下の規定は適用されません）

法法23	受取配当等の益金不算入
法法23の２	外国子会社配当益金不算入 ㈱　損金算入配当等の額については、基準所得金額の計算上控除することはできません（措令39の15①四）
法法25の２	受贈益
法法26①～④	還付金等の益金不算入
法法27	中間申告における繰戻しによる還付に係る災害損失欠損金額の益金算入
法法33⑤	資産の評価損の損金不算入
法法37②	寄附金の損金不算入
法法38	法人税額等の損金不算入
法法39	第２次納税義務に係る納付税額の損金不算入等
法法40	法人税額から控除する所得税額の損金不算入
法法41	法人税額から控除する外国税額の損金不算入

法法41の２	分配時調整外国税相当額の損金不算入
法法55④	不正行為等に係る費用等の損金不算入
法法57	青色申告書を提出した事業年度の欠損金の繰越し
法法59	会社更生等による債務免除等があった場合の欠損金の損金算入
法法61の２⑰	有価証券の譲渡益又は譲渡損の益金又は損金算入
法法61の11	完全支配関係がある法人の間の取引の損益
法法62の５③～⑥	現物分配による資産の譲渡
法法62の７	特定資産に係る譲渡等損失額の損金不算入

＋（租税特別措置法については、以下の規定を準用します）

措法43	特定船舶の特別償却
措法45の２	医療用機器の特別償却
措法52の２	特別償却不足額がある場合の償却限度額の計算の特例
措法57の５	保険会社等の異常危険準備金
措法57の６	原子力保険又は地震保険に係る異常危険準備金
措法57の８	特定船舶に係る特別修繕準備金
措法57の９	中小企業等の貸倒引当金の特例
措法61の４	交際費等の損金不算入
措法65の７～65の９	特定資産の買換え
措法66の４③	国外関連者への寄附金の損金不算入
措法67の12、67の13	組合事業等による損失がある場合の課税の特例

＋

各事業年度に外国関係会社が納付する法人所得税
（法人の所得を課税標準として課される税）
及びその附帯税その他当該附帯税に相当する税

－（以下の３つを控除します）

①　各事業年度において還付を受ける法人所得税の額

②　外国子会社（発行済株式の25％以上を６か月以上保有）から受ける配当等の額

③　合併に伴う株式譲渡益の一定部分の金額

5　外国関係会社の本店所在地国の法人所得税に準拠する場合

外国関係会社の各事業年度の基準所得金額を算定する際、その決算に基づく所得の金額につき、各対象会計年度の国際最低課税額に対する法人税に相当する税（IIR（※））、法人税法施行令155条の34第２項３号に掲げる税（UTPR（※））及び自国内最低課税額に係る税（QDMTT（※））を除いた上で、本店所在地国の法人所得税に関する法令の規定により計算した所得の金額に以下の調整を行います（措令39の15②）。

（※）　IIR、UTPR 及び QDMTT については、第13章第３をご参照ください。

⑴　加算項目

加算する項目	
	①　本店所在地国の法令により課税所得に含まれなかった金額
	②　損金算入された支払配当等の額
	③　減価償却が自由償却制度によっている場合、日本の法人税法に定める減価償却限度超過額
	④　資産の評価損を損金算入している場合に、法人税法33条《資産の評価損の損金不算入等》の規定により損金不算入に相当する金額
	⑤　役員に対して支給する給与の額のうち、損金算入している場合には、法人税法34条の規定により損金不算入に相当する金額
	⑥　特殊関係使用人の給与の額のうち、損金算入している場合には、法人税法36条の規定により損金不算入に相当する金額
	⑦　損金に算入した寄附金の額で日本の法人税法の規定によるものとした場合に損金に算入されない金額
	⑧　納付する法人所得税の額で損金に算入されている金額
	⑨　繰越欠損金の金額で損金算入されている額
	⑩　損金に算入された異常危険準備金の積立額のうち日本の措置法で損金とならない金額
	⑪　益金に算入された保険準備金取崩額について、日本の措置法で益金の額とならない金額
	⑫　交際費等について、日本の措置法の規定に従って計算した場合に損金に算入されない金額
	⑬　組合事業の損失の損金不算入額

(2)　減算項目

減算する項目
①　組合損失超過額のうち、日本の措置法の規定に従って計算した場合に損金に算入される金額
②　還付された法人所得税が益金に算入されている場合のその金額
③　資産の評価益が益金に算入されている場合は、法人税法25条《資産の評価益の益金不算入》の規定により益金に算入されないこととなる金額
④　外国子会社（発行済株式の25％以上を６か月以上保有）から受ける配当等の額
⑤　外国関係会社が得る特定譲渡に係る譲渡利益額

6　適用対象金額

適用対象金額は、基準所得金額から各事業年度の日前７年以内に開始した事業年度において生じた欠損の金額及びその基準所得金額に係る税額に関する調整を加えた金額の合計額を控除して計算します（措法66の６②四、措令39の15⑤⑦）。

この場合、欠損の金額及び基準所得金額に係る税額に関する調整を加えた金額は、各事業年度の基準所得金額から次に掲げる金額の合計額を控除した残額とされます。

①	外国関係会社の各事業年度開始の日前７年以内に開始した事業年度において生じた欠損金額の合計額に相当する金額
②	外国関係会社が各事業年度において納付をすることとなる法人所得税の額

7　課税対象金額の計算

課税対象金額は、適用対象金額に、外国関係会社の各事業年度終了の時における発行済株式等のうちに、内国法人の有するその外国関係会社の請求権勘案保有株式等の占める割合を乗じて計算した金額とするとされています（措令39の14①）。

ここでいう、「請求権勘案保有株式等」というのは、次の算式により計算した数をいいます（措令39の14②二）。

算　式

$$\text{外国関係会社の発行済株式等} \times \frac{\text{内国法人が受けることができる法人税法23条１項１号に規定する剰余金の配当等の分配額}}{\text{上記の剰余金の配当等の分配額の総額}} + \text{請求権勘案間接保有株式等}$$

請求権勘案間接保有株式等とは、外国法人の発行済株式等に、次に掲げる場合の区分に応じそれぞれ次に定める割合を乗じて計算した株式等の数又は金額をいいます（措令39の14②三）。

①	外国法人の株主等である他の外国法人の発行済株式等の全部又は一部が内国法人により所有されている場合	内国法人等の他の外国法人に係る持株割合に当該他の外国法人のその外国法人に係る持株割合を乗じて計算した割合
②	当該外国法人と他の外国法人との間に一又は二以上の外国法人が介在している場合であって、当該内国法人等、当該他の外国法人、出資関連外国法人及び当該外国法人が株式等の所有を通じて連鎖関係にある場合	当該内国法人等の当該他の外国法人に係る持株割合、当該他の外国法人の出資関連外国法人に係る持株割合、出資関連外国法人の他の出資関連外国法人に係る持株割合及び出資関連外国法人の当該外国法人に係る持株割合を順次乗じて計算した割合

8　課税対象金額の計算過程

これまでに記述した課税対象金額の計算過程を図示すると、以下のとおりとなります。

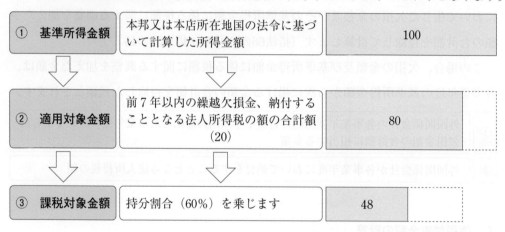

①　基準所得金額	本邦又は本店所在地国の法令に基づいて計算した所得金額	100
⇩	⇩	
②　適用対象金額	前７年以内の繰越欠損金、納付することとなる法人所得税の額の合計額（20）	80
⇩	⇩	
③　課税対象金額	持分割合（60%）を乗じます	48

《課税対象金額の計算》

合算対象金額である課税対象金額は、外国関係会社の適用対象金額に請求権等勘案合算割合（次に掲げる場合の区分に応じそれぞれ次に定める割合）を乗じて計算する。

① 内国法人が外国関係会社（居住者・内国法人に実質支配されている外国法人（「被支配外国法人」）に該当するものを除く。）の株式等を直接又は他の外国法人を通じて間接に有している場合……その外国関係会社の発行済株式等のうちにその内国法人の有するその外国関係会社の請求権等勘案保有株式等（※）の占める割合

② 外国関係会社が内国法人に係る被支配外国法人に該当する場合……100％

③ 内国法人に係る被支配外国法人が外国関係会社（被支配外国法人に該当するものを除く。）の株式等を直接又は他の外国法人を通じて間接に有している場合…その外国関係会社の発行済株式等のうちにその内国法人に係る被支配外国法人の有するその外国関係会社の請求権等勘案保有株式等（※）の占める割合

④ ①及び③の場合のいずれにも該当する場合……①及び③の割合を合計した割合

（※）「請求権等勘案保有株式等」とは、内国法人又は被支配外国法人が有する外国法人の株式等の数・金額（請求権の内容考慮後のもの）と請求権等勘案間接保有株式等（外国法人の発行済株式等に、各連鎖段階の持株割合（請求権の内容考慮後のもので、実質支配関係がある場合には零）を乗じて計算した株式等の数・金額）を合計した数・金額をいう。

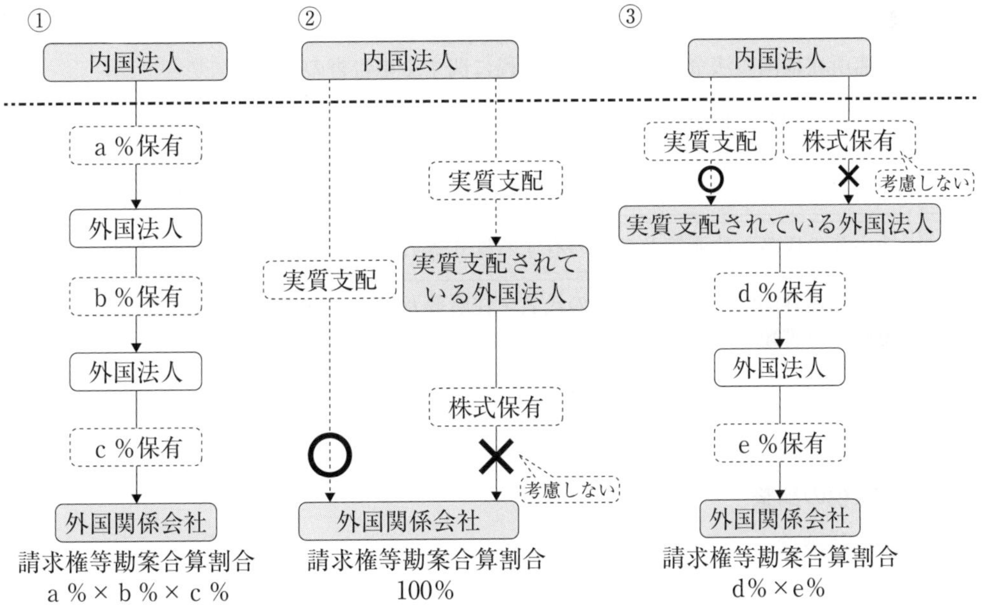

（出典：財務省資料）

第８　その他

１　外国関係会社に係る財務諸表等の添付

内国法人は、次に掲げる外国関係会社に係る財務諸表等を確定申告書に添付しなければならないこととされます（措法66の６⑪）。

⑴　租税負担割合が20％未満の外国関係会社（特定外国関係会社を除きます）

⑵　租税負担割合が30％未満の特定外国関係会社

確定申告書に添付すべき書類は外国関係会社に係る次の書類とされています（措規22の11㊽）。

イ	貸借対照表及び損益計算書
ロ	株主資本等変動計算書、損益金の処分に関する計算書その他これらに類するもの
ハ	貸借対照表及び損益計算書に係る勘定科目内訳明細書
ニ	本店所在地国の法令により課される税に関する申告書の写し
ホ	施行令第39条の15第６項に規定する企業集団等所得課税規定の適用がないものとした場合に計算される法人所得税の額に関する計算の明細を記載した書類及び当該法人所得税の額に関する計算の基礎となる書類で各事業年度に係るもの
ヘ	株主等の氏名・住所等及びその有する株式等の数又は金額を記載した書類
ト	出資関連外国法人等の株主等の氏名・住所等及びその有する株式等の数又は金額を記載した書類

２　二重課税の調整

⑴　外国税額控除

内国法人が本税制の適用を受ける場合に、内国法人に係るその外国関係会社の所得に対して課される外国法人税の額があるときは、その外国法人税の額のうち、その外国関係会社の課税対象金額、部分課税対象金額又は金融子会社等部分課税対象金額に対応する部分の金額をその内国法人が納付する控除対象外国法人税の額とみなして、法人税法69条及び地方法人税法12条の規定を適用することとされています（措法66の７①）。

この制度は、外国関係会社の本店所在地国で一定の課税がなされている一方、その外国関係会社の所得金額を内国法人の所得に合算することによる二重課税の調整を行うという意味で、当然のことといえます。

なお、部分合算課税の適用がある場合に内国法人が納付するものとみなされる控除対象外国法人税の額は、次の算式により計算した金額とされています（措令39の18④⑤）。

算　式

外国関係会社の所得に対して課される外国法人税の額 × 部分課税対象金額／調整適用対象金額

調整適用対象金額が部分課税対象金額を下回る場合には、分母の金額は、部分適用対象金額とします

㈱　調整適用対象金額とは、外国関係会社が特定外国関係会社又は対象外国関係会社に該当するとした場合に計算される適用対象金額に、その適用対象金額の計算上控除されるその外国関係会社が持株割合25％以上等の要件を満たす子会社から受ける配当等の額（その外国関係会社の部分課税対象年度の所得に対して課される外国法人税の課税標準に含まれるものに限ります）等の金額を加算する調整を加えた金額をいいます（措令39の18⑥）。

⑵　外国関係会社が本店所在地国で連結納税等を適用している場合の外国税額控除の計算

内国法人が合算課税の適用を受ける場合に控除される外国法人税の額のうち、外国関係会社の本店所在地国㈱において課される外国法人税の額は、当該外国法人税に関する法令の規定から連結納税の規定及びパススルーとして取り扱われる規定を除いた規定を適用して計算した外国関係会社の所得の金額につき外国法人税が課されるものとして計算される外国法人税の額とします。

㈱　その本店所在地国が無税国又は一定の免税国であり、かつ、その本店所在地国以外の国において当該本店所在地国以外の国の法人として課税を受ける一定の外国関係会社にあっては、当該本店所在地国以外の国とされます。

⑶　外国子会社からの配当等に係る二重課税調整の適用要件

内国法人が合算課税の対象となった外国法人等から受ける配当等に係る二重課税調整について、修正申告書又は更正請求書にその適用を受ける金額等を記載した書類の添付がある場合にも、その適用を受けることができることとする等の見直しが行われます。

⑷　控除対象所得税額等相当額の控除

①　控除対象所得税額等相当額の控除

二重課税の調整について、外国関係会社の所得に対して課されたわが国の所得税や法人税の額について、外国税額控除の仕組みではなく、新たな税額控除の仕組みにより、親会社である内国法人の法人税の額から控除することとされました。

具体的には、内国法人が本税制の適用を受ける場合には、内国法人に係る外国関係会社に対して課される所得税等の額（所得税の額、復興特別所得税の額及び法人税の額をいい、附帯税の額を除きます。⑷において同じです）のうち、外国関係会社の課税対象金額、部分課税対象金額又は金融子会社等部分課税対象金額に対応する部分の金額に相当する金額（⑷において「控除対象所得税額等相当額」といい、これらの金額の計算は次によるものとされています）を、内国法人において本税制の適用を受ける事業年度におけるその内国法人の法人税の額から控除することとされました（措法66の７④、措令39の18㉕）。

なお、法人税の額から控除しきれなかった金額について還付する制度は設けられていません。

②　適用要件等

上記①による税額控除は、確定申告書等、修正申告書又は更正請求書に控除の対象となる所得税等の額、控除を受ける金額及びその金額の計算に関する明細を記載した書類の添付がある場合に限り、適用することとされています（措法66の７⑤）。

この場合において、上記①により控除される金額の計算の基礎となる所得税等の額は、その書類にその所得税等の額として記載された金額が限度とされています（措法66の７⑤）。

③　控除対象所得税額等相当額の益金算入

上記①による税額控除の適用を受ける場合には、外国関係会社に係る控除対象所得税額等相当額は、内国法人においてその外国関係会社に係る課税対象金額、部分課税対象金額又は金融子会社等部分課税対象金額につき本税制の適用を受ける事業年度の所得の金額の計算上、益金の額に算入することとされています（措法66の７⑥）。

第７章　移転価格税制

第１　総　　説

1　制度の趣旨

現代の企業は、経済活動がますますグローバル化する中で、一層の多国籍化を進めています。多国籍化した企業においては、親子会社間、兄弟姉妹会社間における取引がなされていますが、これら親会社と子会社等（これを国外関連者といいます）との間の財やサービスの取引に付される価格を移転価格といいます。多国籍企業が、国外関連者との取引価格（移転価格）を通常の価格と異なる金額に設定すれば、一方の利益を他方に移転することが可能となります。このような場合には、関連者間で利益が移動することから、必然的に所得も移動することになります。各国に所在する関連者の所得が移動するということは、国家の税収が移動、すなわち増減することを意味します。これをこのまま放置することとすれば、国家の税収に多大な影響を及ぼす可能性が生じてきます。

そこで、この問題に対処するために、わが国を含む多くの国では、移転価格税制を整備しています。移転価格税制は、現実の取引価格ではなく、独立企業間において通常設定される価格（独立企業間価格）を用いて、これを基に課税所得を計算する制度です。そして、国外への所得移転を防止するため、国外関連者の所得の一部を日本の法人に帰属させるものです。

わが国を含む各国税務当局、特に中国、インド、東南アジアの国々などの新興国は、近年、移転価格税制の執行を強化しており、今や中小企業においても本税制の知識は欠かすことができません。

本税制については、令和元年度税制改正で無形資産取引部分などが改正され現在に至っています。

《移転価格税制の趣旨》

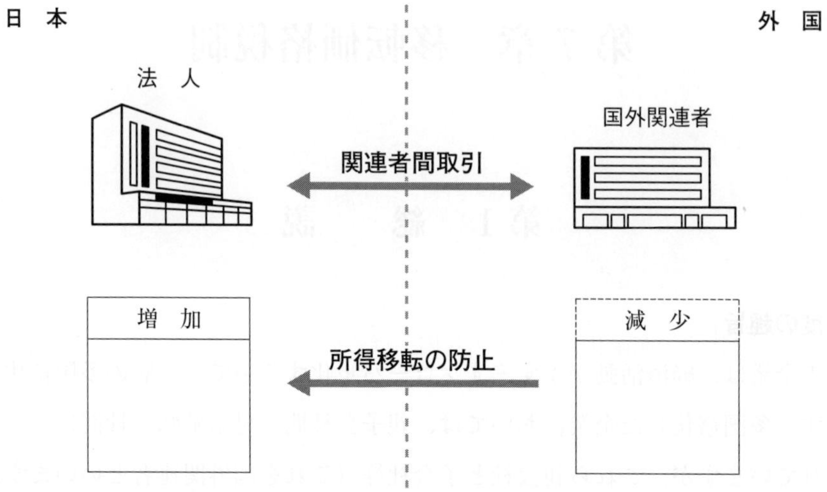

2　本制度をめぐる国際的議論

(1)　OECDの動向

移転価格税制は、これが適用されると国際的二重課税を発生させるという特徴があることから、本税制は世界各国の企業の国際化と歩調を合わせるかのように発展してきた、という背景があります。移転価格税制をめぐる国際間の議論は、当初は、1970年代の経済協力開発機構（Organisation for Economic Co-operation and Development : OECD）租税委員会の議論により検討されてきました。OECD は、これまで以下の文書を採択しています。

① 1979年	「移転価格と多国籍企業」
② 1984年	「移転価格と多国籍企業、３つの課税問題」
③ 1995年	「多国籍企業及び税務当局のための移転価格算定に関する指針（OECD移転価格ガイドライン）」の第１章から第５章
④ 1996年	「同上」第６章及び第７章
⑤ 1997年	「同上」第８章、モニタリング手続
⑥ 2006年	「恒久的施設への所得の帰属」（案）（一般原則、銀行業、グローバル・トレーディング）
⑦ 2007年	「同上」（案）（保険業）
⑧ 2008年	恒久的施設（PE）への所得の帰属に関するレポート（確定版）
⑨ 2009年	OECD 移転価格ガイドライン改定案（第１章から第３章）

⑩　2010年	OECD 移転価格ガイドライン第１章から第３章までの改定、同第９章の追加、恒久的施設（PE）への所得の帰属に関するレポート（2010年版）
⑪　2011年	OECD 移転価格ガイドライン第６章（第８章）（無形資産の改定プロジェクトの開始）
⑫　2012年	無形資産に関する改定草案の公表
⑬　2014年	OECD 移転価格ガイドライン第６章（無形資産）の改正
⑭　2015年	BEPS 行動８により OECD ガイドライン第６章の再改正、同９によりリスクと資本に係る移転価格ルールの検討、同10により利益分割法の適用の明確化、IGS への対応、コモディティ取引への対応、同13により文書化の改正と国別報告書の導入（BEPS プロジェクト最終報告書）
⑮　2017年	IGS の対応の改正
⑯　2020年	金融取引のガイドライン追加
⑰　2022年	OECD 移転価格ガイドライン2022年版
⑱　2024年	OECD 移転価格ガイドラインを一部簡便化する利益Ｂ報告書

OECD 租税委員会は、1995年に新しい移転価格ガイドラインを策定しました。しかし、その後の経済状況の結果、特に比較可能性と取引単位利益法について改定すべきという意見があったことから、2010年に第１章から第３章までを改定するなど、時代に即したものに変更されてきました。一方、国際的な事業再編成に移転価格税制がどのように関与すべきかについて同ガイドライン第９章に詳細な記述を盛り込みました。その後、無形資産に関する第６章（第８章）について改定することとし、2014年に第６章を改正しました。

無形資産の移転価格税制上の取扱いについては、評価が困難な無形資産について合意を得るなどして、2022年に最新の移転価格ガイドラインを公表しました。

一方、移転価格税制については、租税条約においても一定の定めがあります。例えば、OECD モデル租税条約９条においては、移転価格の問題に関して、異なる国家の間に存在する関連者間で独立企業間とは異なる条件で取引された場合には、正常な条件で取引が行われたとした場合に算出される利益に対して課税することを認めています（これを「特殊関連者条項」といいます）。

現在、BEPS プロジェクトのデジタル課税の議論が進行中ですが、途上国での執行を容易にするための議論が行われています。

日本は、2024年６月現在、86の租税条約を締結し、155の国と地域との間で適用されていますが、これらの二国間租税条約すべてに上記の規定と類似の規定が導入されています。

OECDモデル租税条約	⇨	９条（特殊関連者条項）
日本が締結している全ての租税条約	⇨	特殊関連者条項の規定あり

⑵　国際連合の動向

国際連合（UN）は、OECDとは別に国際税務に関する専門家委員会を有しており、先進国と開発途上国間のモデル租税条約を有しているのは上述したとおりです。

近年、移転価格税制を適用する国が増加してきたことから、国連においても移転価格問題が議論されるようになってきました。国連においては、2013年、「開発途上国のための移転価格実用マニュアル」が策定されました。その後、2017年に第２版、2021年には第３版が公表されています。その内容ですが、OECDガイドラインと同様、独立企業間価格算定方法、税務調査の手続、事前確認制度（APA）、相互協議など多岐にわたっているほか、各国（ブラジル、中国、インド、メキシコ、南アフリカ、ケニアの６か国）の実務や見解も記載されています。

⑶　その他

また、2004年に発効した日米租税条約においては、９条⑴において、関連者間において、独立企業間価格に基づかない価格が設定されている場合には、それぞれの国においてこれを独立企業間価格に引き直して課税を行うことができることを規定しています。

このように、移転価格税制は、国際的な議論と整合的なものであることが要請されているものであり、また、課税権の確保だけでなく、国際的な課税権の調整の問題としてもとらえる必要があるものです。

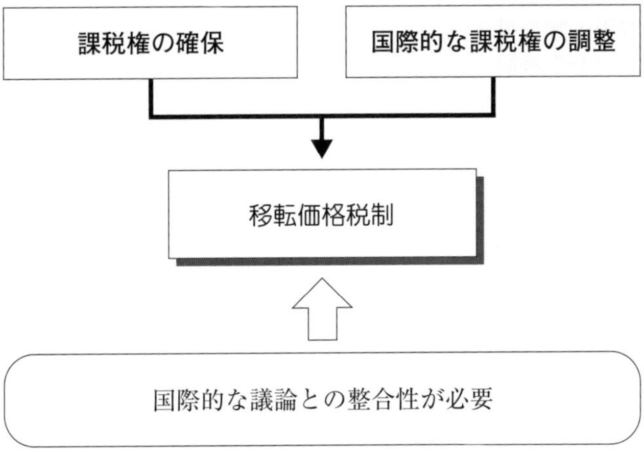

3　直近の税制改正をめぐる動き

平成23年度の税制改正において、平成22年7月のOECD移転価格ガイドラインの改訂を踏まえ、以下の①及び②の事項について法令上の措置が講じられました。

①	独立企業間価格の算定方法に係る適用優先順位（基本三法優先）が廃止され、「最も適切な方法」を事案に応じて選定する仕組みに変更された。
②	利益分割法の3類型（比較利益分割法、寄与度利益分割法及び残余利益分割法）が全て政令に規定された。

次に、平成23年度税制改正を受けて、以下の4つの事項について租税特別措置法通達で明示されました。

イ	**最も適切な算定方法の選定に当たって留意すべき事項（措通66の4(2)−1）**	独立企業間価格の算定方法については、5つの手法のうち、基本三法（独立価格比準法、再販売価格基準法及び原価基準法）を優先的に用いることとされていましたが、平成23年度税制改正により、「国外関連取引の内容及び当該国外関連取引の当事者が果たす機能その他の事情」を勘案して選定した「最も適切な方法」を用いることとされました。 ①　各算定方法の長所及び短所 ②　国外関連取引の内容等に対する算定方法の適合性 ③　各算定方法を適用するために必要な情報の入手可能性 ④　国外関連取引と非関連者間取引との類似性の程度 そこで、本通達において、この「最も適切な方法」の選定に当たっては、①から④までの事項等を勘案することを明らかにすることとしました。
ロ	**利益分割法の3類型が全て政令に規定されたことに伴う通達の整備（措通66の4(3)−1、66の4(5)−1、2、4等）**	利益分割法の3つの類型のうち、寄与度利益分割法は政令に規定され、比較利益分割法と残余利益分割法は通達で定めていたところ、平成23年度税制改正により、全ての類型が政令に規定されました。これに伴い、既存の通達について所要の整備を行うこととしました。

ハ	比較対象取引の類似性を判断する場合の検討事項（措通66の４(3)－３）	比較対象取引に該当するか否かにつき国外関連取引と非関連者間取引との類似性の程度を判断する場合に検討すべき諸要素について、従前は12の要素を例示して列挙していましたが、OECD 移転価格ガイドラインに合わせて５要素に集約することとしました。
ニ	独立企業間価格幅（レンジ）の取扱いの明確化（措通66の４(3)－４）	国外関連取引と比較可能な非関連者間取引（比較対象取引）が複数存在する場合において、それらの取引価格のレンジの中に国外関連取引の価格があるときは、移転価格課税が行われないことを明確化することとしました。

平成28年度には第７で述べる同時文書化が導入されたほか、平成30年２月に企業グループ内役務提供（IGS）に係る事務運営要領が改正されました。

第 2　移転価格税制の制度の概要

1　わが国の移転価格税制の概要

日本の移転価格税制は、昭和61年度の税制改正により創設されました。日本の移転価格税制は、租税特別措置法66条の４に規定されています。基本的な仕組みは、法人が、各事業年度において、国外関連者（外国法人で、その法人と「特殊の関係」を有する者）との間で行う資産の販売、資産の購入、役務の提供その他の取引（これを「国外関連取引」といいます）につき、その法人がその国外関連者から支払を受ける対価の額が独立企業間価格に満たないとき、又はその法人がその国外関連者に支払う対価の額が独立企業間価格を超えるときは、その国外関連取引は、独立企業間価格で行われたものとみなす（措法66の４①)、というものです。

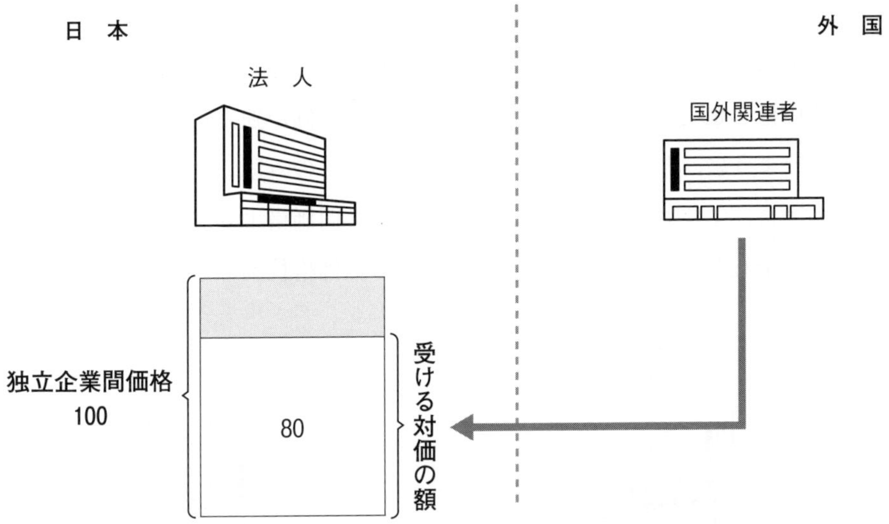

受ける対価の額（80）が独立企業間価格（100）に満たないとき、移転価格税制が適用されます

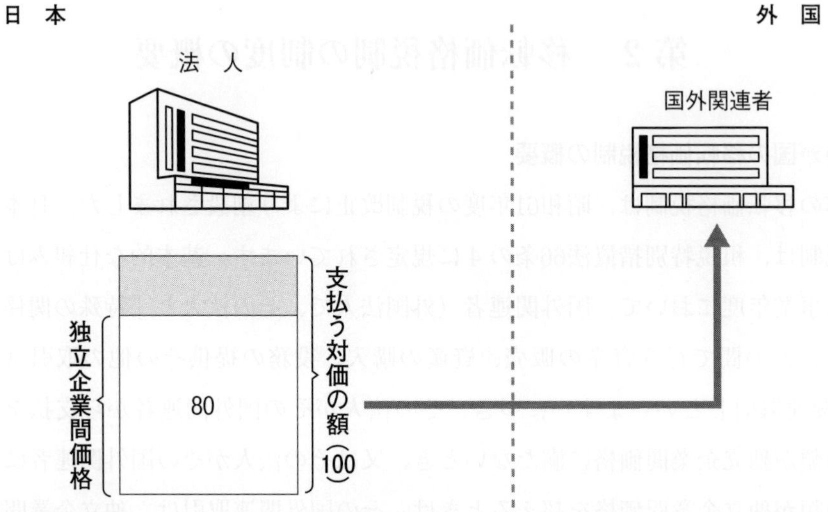

支払う対価の額（100）が独立企業間価格（80）を超えるとき、移転価格税制が適用されます

移転価格税制は、国家の税収の確保を目的とする制度であることから、支払う対価が独立企業間価格を超えている場合、又は、受け取る対価が独立企業間価格に満たない場合、というように、わが国の税収が減少する場合にのみ移転価格税制の対象となります。逆の場合、すなわち、支払う対価が独立企業間価格よりも少ない場合や受け取る対価が独立企業間価格よりも高い場合には、移転価格税制は適用されません。

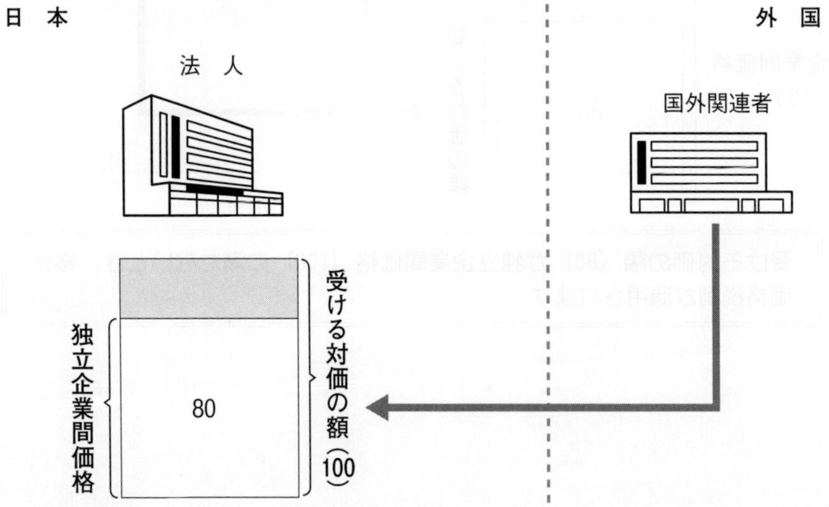

受ける対価の額（100）が独立企業間価格（80）を超える場合は移転価格税制は適用しません

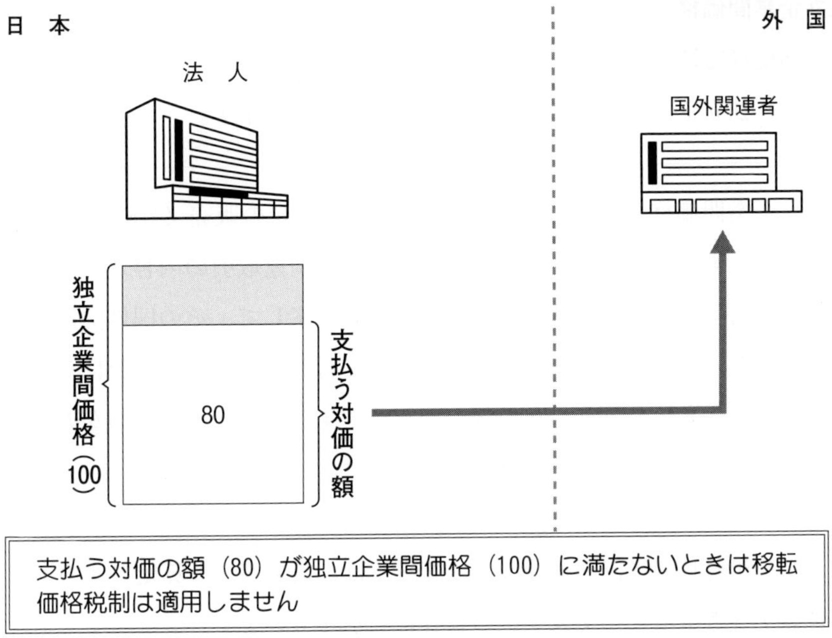

また、移転価格税制の持つもう１つの特徴として、法人とその国外関連者との間の取引（国外関連取引）に移転価格税制を適用して、わが国の税務当局が課税処分を行うと、実際の取引価格と独立企業間価格との差額分に関して、わが国と国外関連者の所在地国の両方で課税されることになり、国際的二重課税が生じることになります。

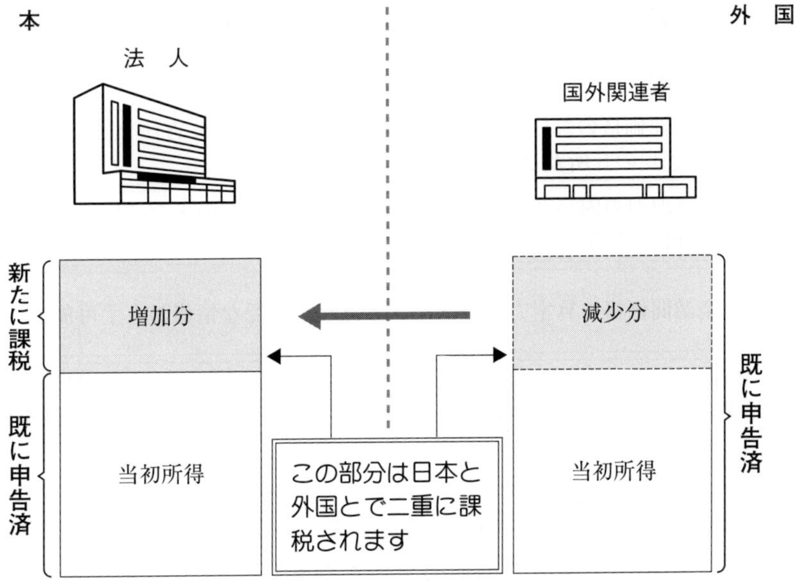

2　独立企業間価格

⑴　最も適切な方法

税法上、独立企業間価格は次のように規定されています。

独立企業間価格とは、「国外関連取引が棚卸資産の販売又は購入とそれ以外の取引のいずれに該当するかに応じ、その国外関連取引の内容及びその国外関連取引の当事者が果たす機能その他の事情を勘案して、その国外関連取引が独立の事業者の間で通常の取引の条件に従って行われるとした場合にその国外関連取引につき支払われるべき対価の額を算定するための最も適切な方法により算定した金額」、となります（措法66の４②）。

そして、租税特別措置法通達66の４⑵－１は、最も適切な算定方法の選定に当たって留意すべき事項として大要次のように明示しています。

租税特別措置法66条の４第２項に規定する「最も適切な方法」の選定に当たり、同項の「当該国外関連取引の内容及び当該国外関連取引の当事者が果たす機能その他の事情を勘案して」とは、国外関連取引及び非関連者間取引（法人が非関連者との間で行う取引、国外関連者が当該国外関連者の非関連者との間で行う取引又は法人若しくは国外関連者の非関連者が当該非関連者の他の非関連者との間で行う取引をいいます）に係る租税特別措置法通達66の４⑶－３に掲げる諸要素並びに次に掲げる点を勘案することをいうこととされます。

⑴	独立企業間価格の算定における同条２項各号に掲げる方法（「独立企業間価格の算定方法」）の長所及び短所
⑵	国外関連取引の内容及び当該国外関連取引の当事者の果たす機能等に対する独立企業間価格の算定方法の適合性
⑶	独立企業間価格の算定方法を適用するために必要な情報の入手可能性
⑷	国外関連取引と非関連者間取引との類似性の程度（当該非関連者間取引について、差異調整等を行う必要がある場合には、当該差異調整等に係る信頼性を含みます）

なお、独立企業間価格の算定に当たっては、「国外関連取引の内容及び国外関連取引の当事者が果たす機能その他の事情を勘案して」、独立企業原則に一致した「最も適切な方法」を選定する必要があることになります。そこで、本通達においては、同項の適用に当たり、具体的にどのような事項を勘案するのかという点につ

いて、前述のOECD移転価格ガイドラインを参考に、国外関連取引及び非関連者間取引に係る情報とともに、上の４つの点を勘案すべきことを明らかにしたことになります。

また、上記の４つの点は、比較可能性分析において「最も適切な方法」を見いだすために用いる判断基準というべきものとされます。他方、国外関連取引及び非関連者間取引に係る情報、すなわち、それぞれの取引に係る①棚卸資産の種類・役務の内容等、②当事者が果たす機能、③契約条件、④市場の状況、⑤当事者の事業戦略等は、判断を行うために必要な情報ということができます。このため、同通達本文において、「最も適切な方法」の選定に当たり勘案すべき事項として、上記４つの点とともに、国外関連取引及び非関連者間取引に係る情報、すなわち「国外関連取引及び非関連者間取引に係る66の４(3)－３に掲げる諸要素」を掲げているのです。

(2)　独立価格比準法の優越性など

独立企業間価格の算定に当たっては、最も適切な方法を用いることとされましたが、移転価格事務運営指針４－２は、(独立企業間価格の算定における基本三法の長所）として次の図のようにCUP法が一番優れた方法であり、RP法・CP法が次善の算定方法であるとしています。

《独立企業間価格の算定方法の適用順位》

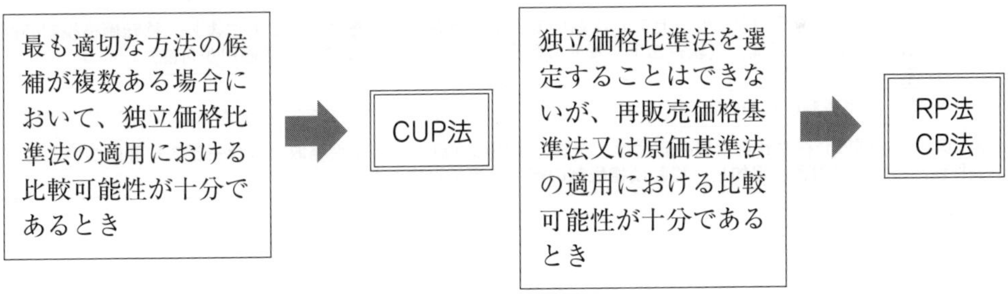

3　適用対象取引

(1)　原則

適用対象取引としては、資産の販売、資産の購入、役務の提供その他の取引（国外関連取引）であるとしています。したがって、対価性のない資本等取引はもとより、単なる金銭の贈与や債務の免除については適用対象取引には含まれませんが、これらが寄附金に該当すれば、後述する国外関連者に対する寄附金として租税特別措置法66条の４第３項に該当します。

適用対象取引（国外関連取引に限る）	
	①　資産の販売
	②　資産の購入
	③　役務の提供
	④　その他の取引

⑵　移転価格税制における第三者介在取引の対象範囲の見直し

第三者を介在させた金銭の貸付け、保険、信用の保証といった役務取引等についても、移転価格税制の対象とすることとされました（措令39の12⑨）。具体的には、

イ	法人と非関連者との間の役務提供取引等の対象となる資産等が国外関連者に移転することがあらかじめ決まっており、かつ、その移転の対価の額が法人と国外関連者との間で実質的に決定している場合
ロ	国外関連者と非関連者との間の役務提供取引等の対象となる資産等が法人に移転することがあらかじめ決まっており、かつ、その移転の対価の額が法人と国外関連者との間で実質的に決定している場合

を含むこととされました。

移転価格税制における第三者介在取引の対象範囲の見直し　【平成26年度改正】

改正前の問題の所在

● 国外関連者との役務取引（サービス）において、第三者を間に介在させることにより、移転価格税制の適用を回避することが可能。（現行法上、資産の販売、譲渡等の取引については適用が可能）

平成26年度税制改正の内容

● 第三者を間に介在させた金銭の貸付け、保険、信用の保証といった役務取引（サービス）等についても、移転価格税制の対象に追加し、移転価格税制の適用が可能とされた。

（例）

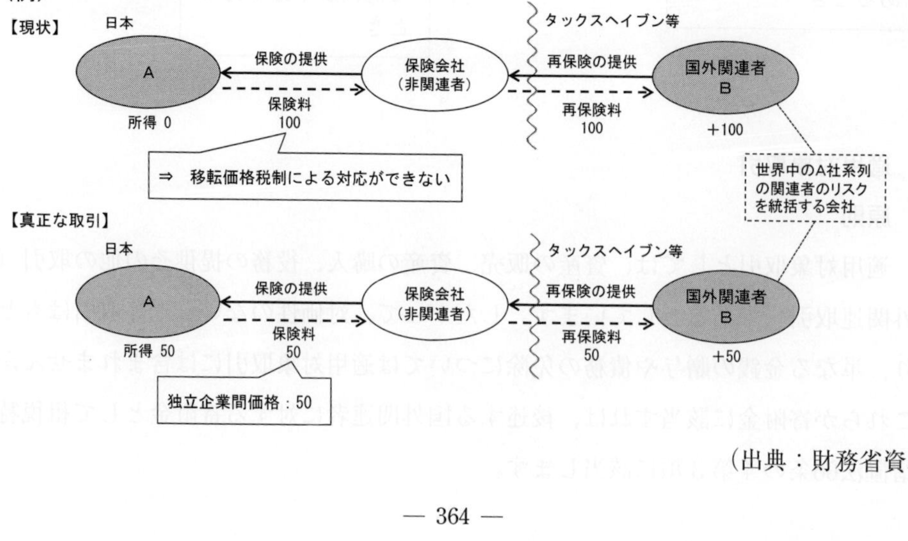

（出典：財務省資料）

４　適用対象者

わが国の移転価格税制の特徴は、移転価格税制の適用対象となるのが法人だけであり、個人には適用されないことです。

適用対象者	移転価格税制適用の有無
個　人	適用なし
法　人	適用あり

法人には以下のものが含まれます。

法人	
	①　代表者又は管理人の定めのある人格のない社団等
	②　わが国に支店等の恒久的施設を有する外国法人
	③　不動産の譲渡所得等を有する外国法人

単体法人以外の適用法人には、以下のものがあります。

単体法人以外の法人	
	①　連結法人（措法68の88）
	②　特定信託の国際取引
	③　外国信託会社の特定信託（措法68の３の５）

５　国外関連者の範囲

日本の移転価格税制上、国外関連者とは、外国法人（内国法人以外の法人（法法２四））のうち、法人と「特殊の関係」を有するものをいうことになっています。ここで、「特殊の関係」とは、次のような場合をいいます（措令39の12①）。

(1)　２つの法人のいずれか一方の法人が他方の法人の発行済株式又は出資（自己が有する自己の株式又は出資を除きます）の発行済株式等の50％以上の数又は金額の株式又は出資を直接又は間接に保有する関係（親子関係）

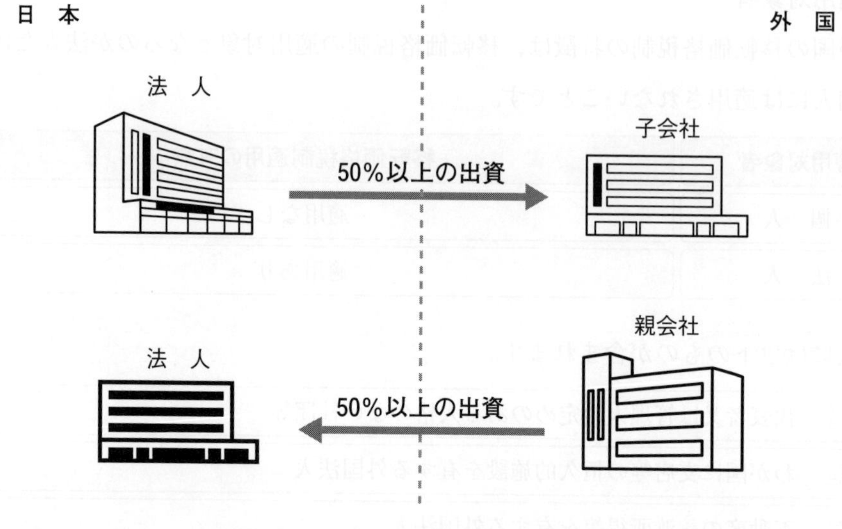

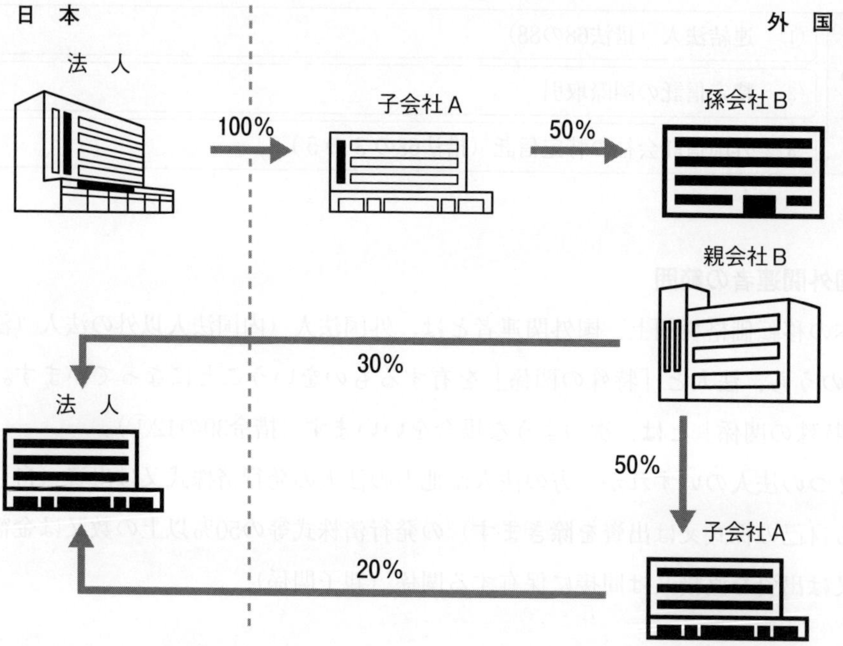

⑵　２つの法人が同一の者によってそれぞれその発行済株式等の50％以上の数又は金額の株式又は出資を直接又は間接に保有される場合における当該２つの法人の関係（兄弟姉妹関係）

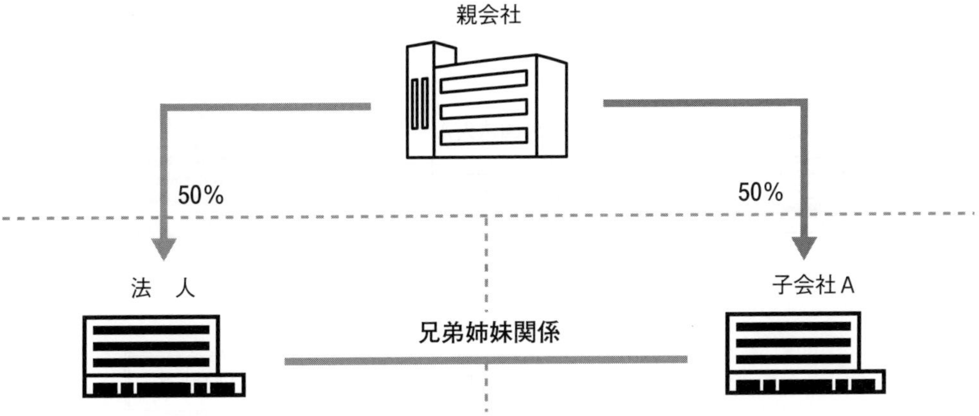

⑶　次に掲げる事実その他これに類する事実（⑷及び⑸において「特定事実」といいます）が存在することにより２つの法人のいずれか一方の法人が他方の法人の事業の方針の全部又は一部につき実質的に決定できる関係（実質支配関係）

実質支配関係があるために特殊の関係があるとされる場合	他方の法人の役員の２分の１以上又は代表する権限を有する役員が、その一方の法人の役員若しくは使用人を兼務している者又はその一方の法人の役員若しくは使用人であった者であること
	他方の法人がその事業活動の相当部分をその一方の法人との取引に依存して行っていること
	他方の法人がその事業活動に必要とされる資金の相当部分をその一方の法人からの借入れにより、又はその一方の法人の保証を受けて調達していること

⑷　ある法人と次に掲げるいずれかの法人との関係（50％以上と実質支配関係が連鎖している場合）

①	ある法人が、その発行済株式等の50％以上の数若しくは金額の株式若しくは出資を直接若しくは間接に保有し、又は特定事実が存在することによりその事業の方針の全部若しくは一部につき実質的に決定できる関係にある法人
②	①又は③に掲げる法人が、その発行済株式等の50％以上の数若しくは金額の株式若しくは出資を直接若しくは間接に保有し、又は特定事実が存在することによりその事業の方針の全部若しくは一部につき実質的に決定できる関係にある法人
③	②に掲げる法人が、その発行済株式等の50％以上の数若しくは金額の株式若しくは出資を直接若しくは間接に保有し、又は特定事実が存在することによりその事業の方針の全部若しくは一部につき実質的に決定できる関係にある法人

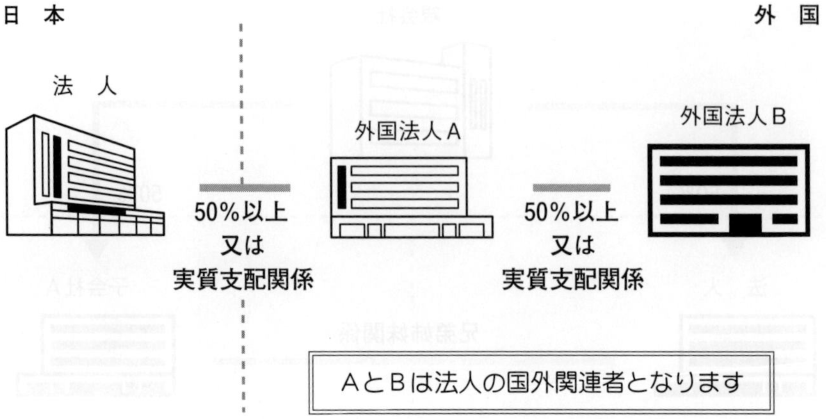

(5)　２つの法人がそれぞれ次に掲げるいずれかの法人に該当する場合における当該２つの法人の関係（①に規定する一の者が同一の者である場合に限るものとします）

①	一の者が、その発行済株式等の50％以上の数若しくは金額の株式若しくは出資を直接若しくは間接に保有し、又は特定事実が存在することによりその事業の方針の全部若しくは一部につき実質的に決定できる関係にある法人
②	①又は③に掲げる法人が、その発行済株式等の50％以上の数若しくは金額の株式若しくは出資を直接若しくは間接に保有し、又は特定事実が存在することによりその事業の方針の全部若しくは一部につき実質的に決定できる関係にある法人
③	②に掲げる法人が、その発行済株式等の50％以上の数若しくは金額の株式若しくは出資を直接若しくは間接に保有し、又は特定事実が存在することによりその事業の方針の全部若しくは一部につき実質的に決定できる関係にある法人

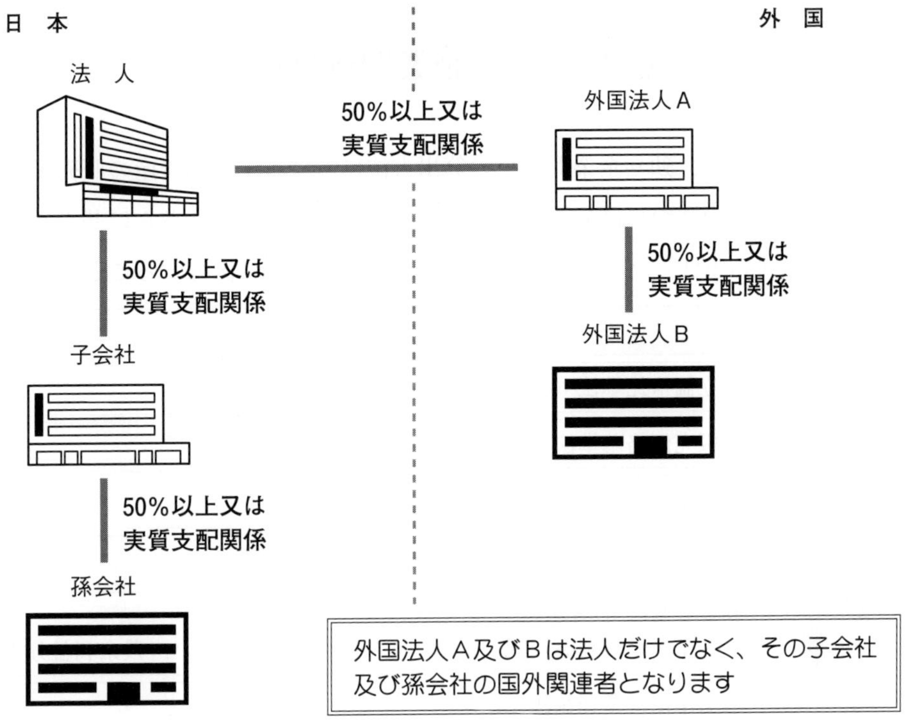
日　本
外　国
法　人
50％以上又は
実質支配関係
外国法人Ａ
50％以上又は
実質支配関係
50％以上又は
実質支配関係
外国法人Ｂ
子会社
50％以上又は
実質支配関係
孫会社
外国法人Ａ及びＢは法人だけでなく、その子会社
及び孫会社の国外関連者となります

第３　独立企業間価格の算定

わが国の制度上、独立企業間価格の算出方法につき、①棚卸資産の販売又は購入と②①以外の取引の２つに区分して規定されています。そして、さらに基本三法（及びこれらに準ずる方法）とその他政令で定める方法の２つに区分することができます。

区分		独立企業間価格算定方法
棚卸資産の販売又は購入	①	独立価格比準法（CUP 法）
	②	再販売価格基準法（RP 法）
	③	原価基準法（CP 法）
	④	①から③までの方法（基本三法）に準ずる方法
	⑤	利益分割法（PS 法） ――イ．比較利益分割法、ロ．寄与度利益分割法、ハ．残余利益分割法
	⑥	取引単位営業利益法
	⑦	DCF 法
	⑧	⑤～⑦の方法に準ずる方法
上記以外	⑨	①から④までの方法と同等の方法
	⑩	⑤から⑧までの方法と同等の方法

1　棚卸資産の販売又は購入

独立企業間価格とは、国外関連取引に関して次に定める方法により算定した金額をいいます（措法66の４②）。

⑴　独立価格比準法（Comparable Uncontrolled Price method：CUP 法）

特殊の関係にない売手と買手が、国外関連取引に係る棚卸資産と同種の棚卸資産を当該国外関連取引と取引段階、取引数量その他が同様の状況の下で売買した取引の対価の額（その同種の棚卸資産をその国外関連取引と取引段階、取引数量その他に差異のある状況の下で売買した取引がある場合において、その差異により生じる対価の額の差を調整できるときは、その調整を行った後の対価の額を含みます）に相当する金額をもって国外関連取引の対価の額とする方法をいいます。

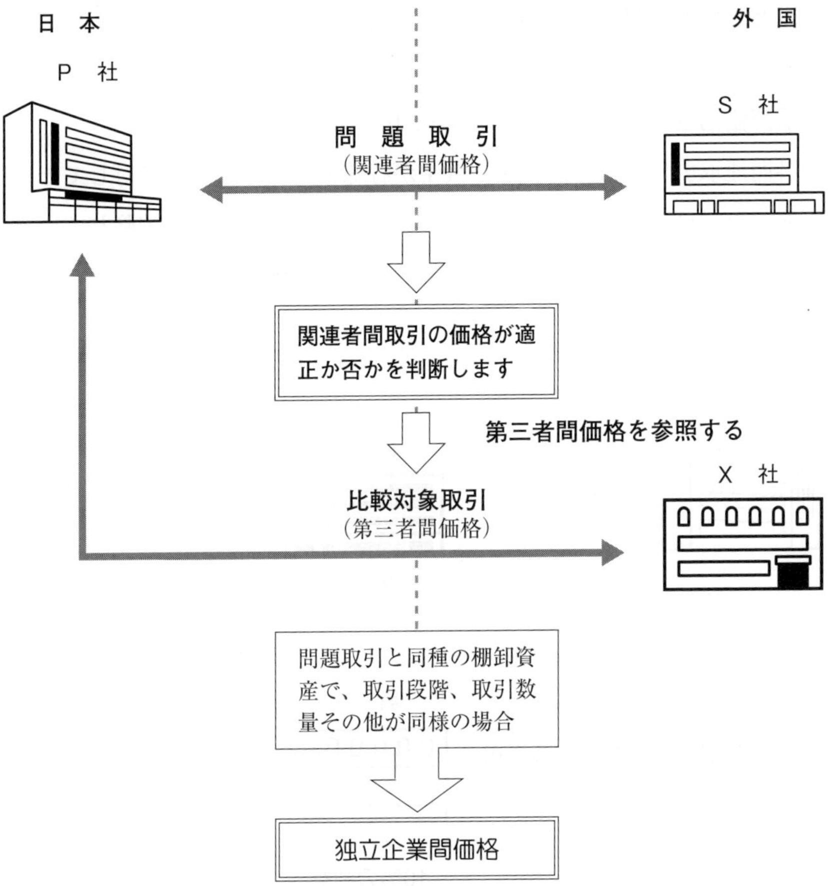

図によれば、日本のＰ社は、外国に国外関連者Ｓ社を有しています。ある棚卸資産をＰ社がＳ社に輸出するとして、その価格は80円であったとします。一方、Ｐ社はＢ国の第三者であるＸ社にも同じ棚卸資産を100円で輸出しています。このような場合においては、第三者間取引であるＰＸ間の価格100円を独立企業間価格として、ＰＳ間の取引が100円で行われたものとみなす、というものです。図では、Ｐ社は「100－80＝20円」を所得移転している、ということになります。

この場合の比較対象取引は、国外関連取引に係る棚卸資産と同種の棚卸資産をその国外関連取引と同様の状況の下で売買した取引（措通66の４(3)－１(1)）をいいます。

同種の棚卸資産	国外関連取引に係る棚卸資産と性状、構造、機能等の面において同種である棚卸資産

ただし、これらの一部について差異がある場合であっても、その差異が独立価格比準法の対価の額の算定に影響を与えないと認められるときは、同種又は類似の棚

卸資産として取り扱うことができます（措通66の４(3)－２）。

(2) 再販売価格基準法（Resale Price method : RP 法）

国外関連取引に係る棚卸資産の買手が特殊の関係にない者に対してその棚卸資産を販売した対価の額（「再販売価格」）から通常の利潤の額を控除して計算した金額をもってその国外関連取引の対価の額とする方法をいいます。

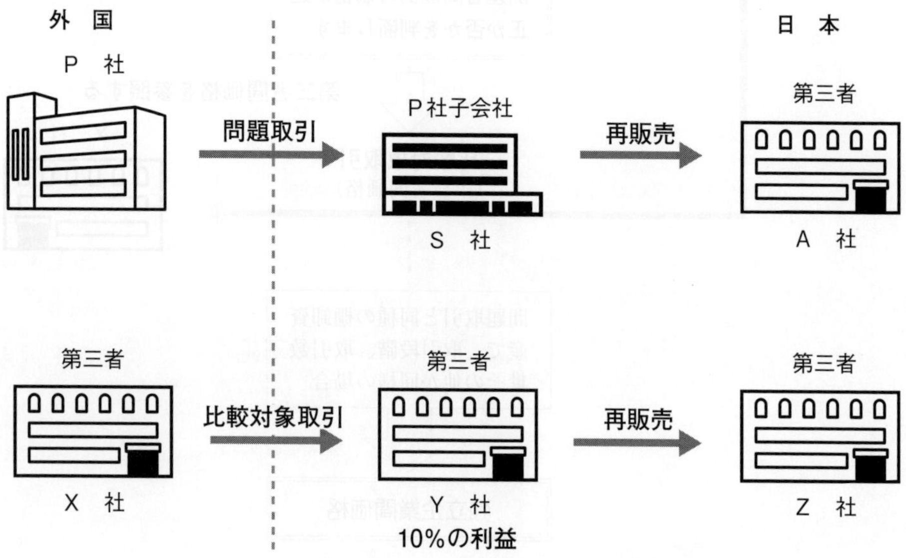

ここでいう通常の利潤の額とは、通常の利益率を用いて算出した利潤の額をいいます。通常の利益率とは、国外関連取引に係る棚卸資産と同種又は類似の棚卸資産を、非関連者から購入した再販売者がその同種又は類似の棚卸資産を非関連者に対して販売した比較対象取引に係るその再販売者の売上総利益の額の当該収入金額の合計額に対する割合です。図でいえば、Ｙ社が再販売によって獲得した10％の利益率をいいます。

Ｙ社は、ある製品ａを第三者であるＸ社から90円で仕入れ、これを同じく第三者であるＺ社に100円で販売します。この場合のＹ社の売上総利益の額は100－90＝10円です。したがって、通常の利益率は、$\frac{10}{100}=10\%$です。

一方、Ｓ社は親会社であるＰ社からａに類似する製品ｂを115円で仕入れ、第三者であるＡ社に120円で販売します。この場合、Ｓ社の売上総利益の額は120－115＝５円で、利益率は$\frac{5}{120}=4.17\%$です。

独立企業間価格を再販売価格基準法で算出する場合は、通常の利益率である10%を使用するので、120－（120×10%）＝108円となります。Ｓ社は独立企業間価格である108円でＰ社から仕入れなければならなかったということです。

したがって、実際の仕入額（115円）－独立企業間価格（108円）＝７円が支払超過ということになります。税務調査でこれが判明すれば、７円だけ所得金額が増加することになります。

(3)　原価基準法（Cost Plus method：CP 法）

国外関連取引に係る棚卸資産の売手の購入、製造その他の行為による取得の原価の額に通常の利潤の額を加算して計算した金額をもってその国外関連取引の対価の額とする方法をいいます。

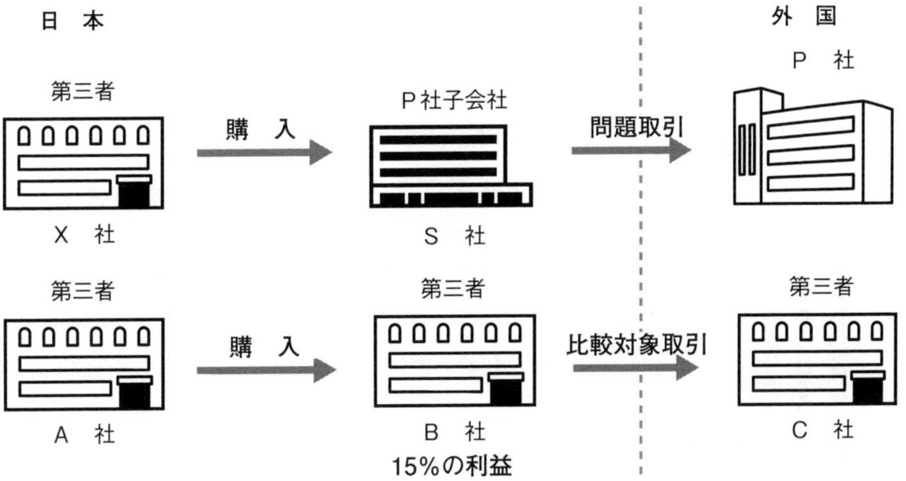

ここで通常の利益率は、国外関連取引に係る棚卸資産と同種又は類似の棚卸資産を、購入、製造その他の行為により取得した販売者がその同種又は類似の棚卸資産を非関連者に対して販売した比較対象取引に係るその販売者の売上総利益の額の当該原価の額の合計額に対する割合です。図でいえば、Ｂ社が獲得した15%の利益率をいいます。

Ｂ社は、ある製品ｃを第三者であるＡ社から100円で購入し、これを同じく第三者であるＣ社に115円で販売します。この場合、Ｂ社の取得の原価に係る通常の利潤の額は、115－100＝15円です。したがって、通常の利益率は、$\frac{15}{100}=15\%$です。

一方、Ｓ社はｃに類似する製品ｄを第三者から90円で仕入れ、これを外国親会社であるＰ社に100円で販売します。この場合のＳ社の取得の原価に係る通常の利潤の額は、100－90＝10円で、利益率は$\frac{10}{90}$＝11.1％となります。

独立企業間価格を原価基準法で算出する場合は、通常の利益率である15％を使用するので、90＋（90×15％）＝103.5円となります。Ｓ社は独立企業間価格である103.5円でＰ社に販売しなければならなかったということです。

したがって、独立企業間価格（103.5円）－実際の販売額（100円）＝3.5円が受取不足ということになります。税務調査でこれが判明すれば、3.5円だけ所得金額が増加することになります。

⑷　利益分割法

イ　概要

利益分割法は、法人と国外関連者の国外関連取引に係る所得を合算し、その所得の発生に寄与した程度を推測するに足りる要因に応じて、法人と国外関連者に帰属させるものです。現在、わが国の移転価格税制上認められている利益分割法は、次のとおりです（措令39の12⑧一）。

項　目	日本語表記	英語表記
日本の移転価格税制上認められている利益分割法	比較利益分割法	Comparable Profit Split Method
	寄与度（貢献度）利益分割法	Contribution Profit Split Method
	残余利益分割法	Residual Profit Split Method

利益分割法の意義については、次のように明示されています（措通66の４⑸－１）。

利益分割法は、租税特別措置法施行令39条の12第８項１号イからハまでに掲げるいずれかの方法によって、国外関連取引に係る棚卸資産の販売等により法人及び国外関連者に生じた所得（以下「分割対象利益等」といい、原則として、当該法人に係る営業利益又は営業損失に当該国外関連者に係る営業利益又は営業損失を加算した金額を用いるもの）を当該法人及び国外関連者に配分することにより独立企業間価格を算定する方法をいうこととされます。

このように、分割対象となる所得には、営業利益だけでなく営業損失も含まれることについて明確になりました。また、原則として、とあることから、営業利益（損失）だけでなく、売上総利益も分割対象利益等を構成することになるとされます。

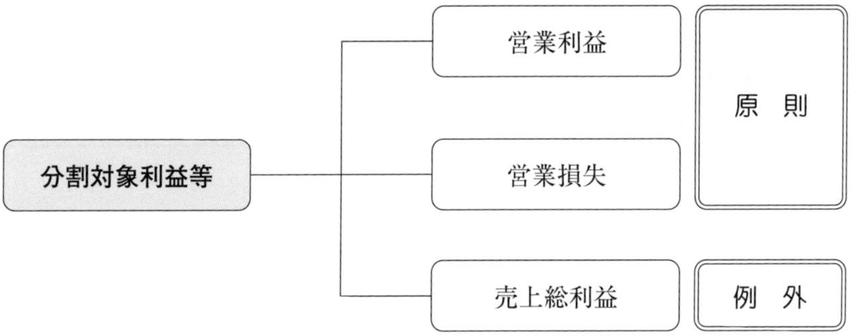

ロ　分割要因

利益分割法の適用に当たり、分割対象利益等又は租税特別措置法施行令39条の12第８項１号ハに規定する残余利益等の配分に用いる要因が複数ある場合には、それぞれの要因が分割対象利益等又は残余利益等の発生に寄与した程度に応じて、合理的に計算するものとされます（措通66の４(5)－２）。

なお、平成23年改正前の本通達（旧措通66の４(4)－２）の前段部分に、「分割対象利益の配分に用いる要因は、国外関連取引の内容に応じ法人又は国外関連者が支出した人件費等の費用の額、投下資本の額等これらの者が当該分割対象利益の発生に寄与した程度を推測するにふさわしいものを用いることに留意する。」とされていたものは削除されました。

ハ　比較利益分割法（Comparable Profit Split Method: CPSM）

この方法は、「当該国外関連取引に係る比較対象取引に係る所得の配分に関する割合（それぞれの取引当事者の果たす機能その他において差異がある場合には、その差異により生ずる割合の差につき必要な調整を加えた後の割合）に応じて当該法人及び当該国外関連者に帰属するものとして計算する方法」（措令39の12⑧一イ）と規定される方法です。

【比較利益分割法の適用過程】

①　まず、互いに関連者であるＰ社及びＳ社の利益を合算します。

分割対象利益 =60＋90=150	Ｐ社の利益 60	Ｓ社の利益 90

②　次に、比較対象取引となる第三者の利益配分を見いだし、その利益分割割合を算定します。

A対B＝２対１	Ａ社の利益　200	Ｂ社の利益　100

③　②の配分結果をＰＳ間にも適用します。

P対S＝２対１	Ｐ社の利益　100	Ｓ社の利益　50

ニ　寄与度（貢献度）利益分割法

この方法は、「国外関連取引に係る棚卸資産の法人及び国外関連者による販売等に係る所得の発生に寄与した程度を推測するに足りるこれらの者が支出した費用の額、使用した固定資産の価額その他これらの者に係る要因に応じてこれらの者に帰属するものとして計算する方法」（措令39の12⑧一ロ）と規定される方法です。

寄与度利益分割法を図示すると、以下のとおりとなります。

【寄与度利益分割法の適用過程（人件費と減価償却費を分割要因とする場合）】

①　まず、互いに関連者であるＰ社及びＳ社の利益を合算します。

分割対象利益 =80＋120=200	Ｐ社の利益 80	Ｓ社の利益 120

②　次に、Ｐ社及びＳ社の人件費と減価償却費の額を計算します。

	人件費	減価償却費	合計金額
Ｐ社	10	20	30
Ｓ社	3	7	10

このように、Ｐ社とＳ社の人件費＋減価償却費の比率は３：１となります。

③　②の比率でＰ社とＳ社の分割対象利益を分割します。

P対S＝3対1	Ｐ社の利益 150	Ｓ社の利益 50

ホ　残余利益分割法

残余利益分割法は、次の⑴及び⑵に掲げる金額につき法人と国外関連者ごとに合計した金額がこれらの者に帰属するものとして計算する方法と規定されています（措令39の12⑧一ハ）。

⑴	国外関連取引に係る法人と国外関連者による販売等に係る分割対象利益が、比較対象取引基づいて計算された利益率（比較対象取引と国外関連取引に係る棚卸資産の法人と国外関連者による販売等とが当事者の果たす機能その他において差異がある場合には、その差異につき必要な調整を加えた後の割合）に基づきその法人とその国外関連者に帰属するものとして計算した金額
⑵	国外関連取引に係る法人と国外関連者による販売等に係る分割対象利益と⑴に掲げる金額の合計額との差額（「残余利益等」）が、その残余利益等の発生に寄与した程度を推測するに足りるこれらの者が支出した費用の額、使用した固定資産の価額その他これらの者に係る要因に応じてこれらの者に帰属するものとして計算した金額

残余利益分割法の適用過程を図に示すと以下のとおりとなります。

【残余利益分割法の適用過程】

①　関連者間取引に係る各関連者の営業利益を合計します。

Ｐ社営業利益 (40)	Ｓ社営業利益 (60)

＊　この場合の営業利益は、関連者間取引に係るものだけなので、財務データを加工する必要が生じることがあります。

②　比較対象取引を用いて基本的利益を各関連者に配分します。

Ｐ社基本的利益 (25)		Ｓ社基本的利益 (15)

＊　基本的利益とは、各国の営業利益のうち、重要な無形資産を用いることなく獲得される営業利益をいいます。

③　残余利益（合算した営業利益から基本的利益を差し引いた利益）を分割します。

Ｐ社残余利益 (40)	Ｓ社残余利益 (20)

＊　残余利益の分割は、各関連者の重要な無形資産の持分割合（又は貢献割合）に基づいて行われます。

④　最終的な利益配分を行います。

Ｐ社当初営業利益 (40)	Ｐ社増加利益 (25)	Ｓ社営業利益 (35)

(残余利益分割法の基本的利益と残余利益等の分割要因)

残余利益分割法の適用に当たり、基本的利益とは、独自の機能を果たさない非関連者間取引において得られる所得をいい、分割対象利益等と法人及び国外関連者に係る基本的利益の合計額との差額である残余利益等は、原則として、国外関連取引に係る棚卸資産の販売等において、当該法人及び国外関連者が独自の機能を果たすことによりこれらの者に生じた所得となります。

また、残余利益等を法人及び国外関連者で配分するに当たっては、その配分に用いる要因として、例えば、法人及び国外関連者が無形資産を用いることにより独自の機能を果たしている場合には、当該無形資産による寄与の程度を推測するに足りるものとして、これらの者が有する無形資産の価額、当該無形資産の開発のために支出した費用の額等を用いることができることとされます（措通66の４⑸－４）。

（残余利益分割法の取扱い）

残余利益分割法の適用に当たり、基本的利益については、売上総利益率、売上総利益の総原価に対する割合、営業利益率、総原価×営業利益の（売上高－営業利益）の割合、のうち、最も適切な利益指標を選定して計算することとされます（移転価格事務運営指針４－10）。

なお、比較対象取引が複数存在する場合の基本的利益の計算については、原則として、当該取引に係る上記の割合の平均値を用いますが、当該上記の割合の分布状況等に応じた合理的な値が他に認められる場合は、これを用いることとされます。上記の割合は、租税特別措置法施行令39条の12第８項１号ハ⑴のかっこ書に規定する必要な調整を加えた後の割合です。

⑸　取引単位営業利益法（Transactional Net Margin Method：TNMM）

イ　概要

取引単位営業利益法は、平成16年の税制改正において、その他政令で定める方法として導入されました。取引単位営業利益法は、関連者間取引における売手と買手の獲得した営業利益（率）と比較対象となる第三者間取引における者の営業利益（率）を比較するものです。税法上は、棚卸資産の購入が国外関連取引である場合と棚卸資産の販売が国外関連取引である場合の２つに区分されており、さらに、これらに準ずる方法が定められています。

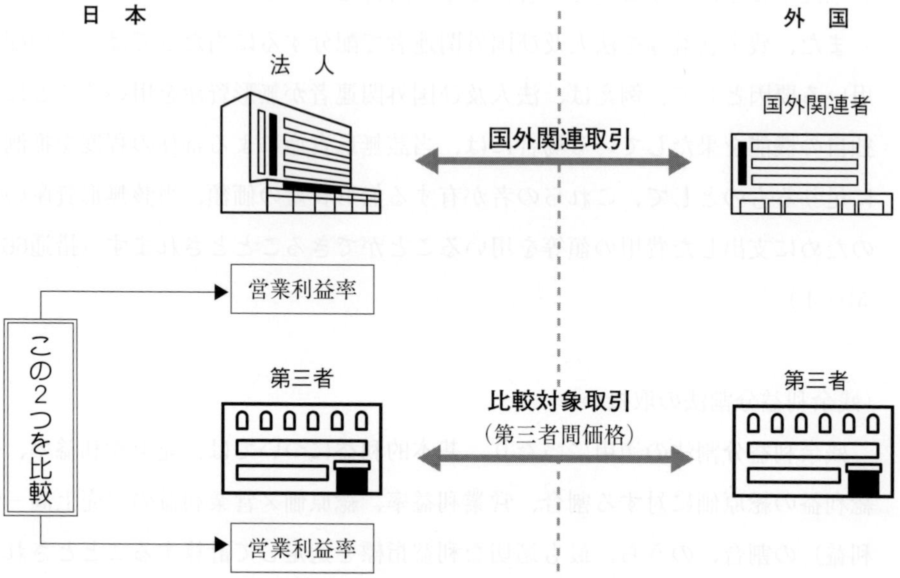

ロ　棚卸資産の購入が国外関連取引である場合

わが国の移転価格税制上、国外関連取引に係る棚卸資産の買手が非関連者に対してその棚卸資産を販売した対価の額（「再販売価格」）から、その再販売価格に①に掲げる金額の②に掲げる金額に対する割合（売上高営業利益率）を乗じて計算した金額にその国外関連取引に係る棚卸資産の販売のために要した販売費及び一般管理費の額を加算した金額を控除した金額をもってその国外関連取引の対価の額とする方法です。

> ①　その比較対象取引に係る棚卸資産の販売による営業利益の額の合計額
> ②　その比較対象取引に係る棚卸資産の販売による収入金額の合計額

この方法による独立企業間価格の算出方法は、以下のとおりとなります。

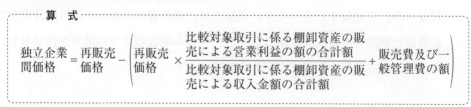

算　式

$$\text{独立企業間価格} = \text{再販売価格} - \left(\text{再販売価格} \times \frac{\text{比較対象取引に係る棚卸資産の販売による営業利益の額の合計額}}{\text{比較対象取引に係る棚卸資産の販売による収入金額の合計額}} + \text{販売費及び一般管理費の額} \right)$$

ハ　棚卸資産の販売が国外関連取引である場合

この方法は、法人が非関連者から棚卸資産を仕入れて、これを国外関連者に再販売するときに適用される方法であり、総費用営業利益率を用います。

この方法による独立企業間価格の算出方法は、以下のとおりです。

算　式

$$\text{独立企業間価格} = \text{取得原価の額} + \left\{ \left(\text{取得原価の額} + \text{販売費及び一般管理費の額} \right) \times \frac{\text{比較対象取引に係る棚卸資産の販売による営業利益の額の合計額}}{\text{比較対象取引に係る棚卸資産の販売による収入金額の合計額} - \text{比較対象取引に係る棚卸資産の販売による営業利益の額の合計額}} + \text{販売費及び一般管理費の額} \right\}$$

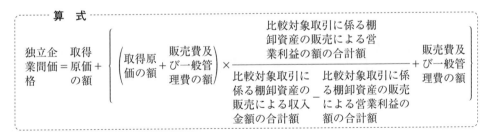

ニ　ベリーレシオを用いる方法（再販売価格から算定する方法）

国外関連取引に係る棚卸資産の再販売価格から、当該国外関連取引に係る棚卸資産の販売のために要した販売費及び一般管理費の額に、以下の①に掲げる金額と②に掲げる金額との合計額の②に掲げる金額に対する割合（再販売者が当該棚卸資産と同種又は類似の棚卸資産を非関連者に対して販売した取引（比較対象取引）と当該国外関連取引に係る棚卸資産の買手が当該棚卸資産を非関連者に対して販売した取引とが売手の果たす機能その他において差異がある場合には、その差異により生ずる割合の差につき必要な調整を加えた後の割合）を乗じて計算した金額をもって当該国外関連取引の対価の額とする方法です。

①	当該比較対象取引に係る棚卸資産の販売による営業利益の額の合計額
②	当該比較対象取引に係る棚卸資産の販売のために要した販売費及び一般管理費の額

《再販売価格から算出する方法》

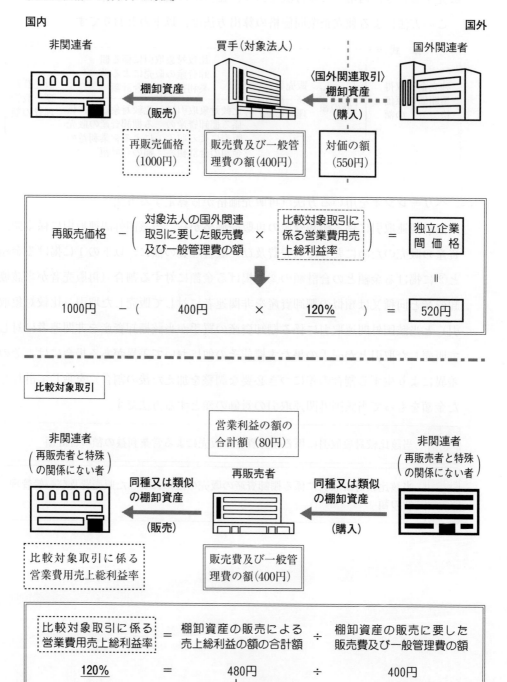

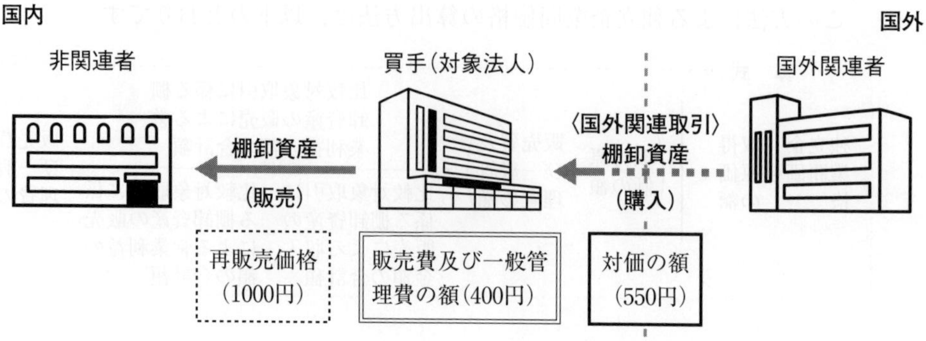

再販売価格 －（対象法人の国外関連取引に要した販売費及び一般管理費の額 × 比較対象取引に係る営業費用売上総利益率）＝ 独立企業間価格

⇩　　　　　　　　　　　　　　　　　　　　‖

1000円 －（400円 × 120%）＝ 520円

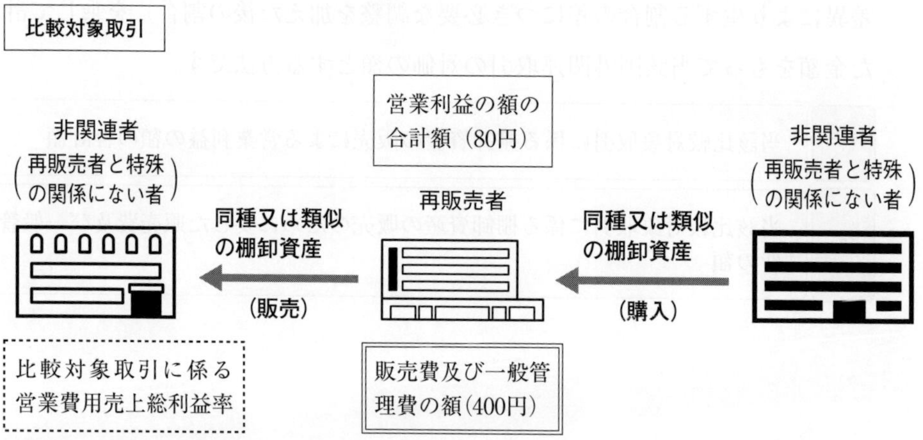

比較対象取引に係る営業費用売上総利益率 ＝ 棚卸資産の販売による売上総利益の額の合計額 ÷ 棚卸資産の販売に要した販売費及び一般管理費の額

120% ＝ 480円 ÷ 400円

480円 → 80円（棚卸資産の販売による営業利益の額の合計額）＋ 400円（棚卸資産の販売に要した販売費及び一般管理費の額）

ホ　ベリーレシオを用いる方法（取得の原価の額から算定する方法）

国外関連取引に係る棚卸資産の売手の購入その他の行為による取得の原価の額に、当該国外関連取引に係る棚卸資産の販売のために要した販売費及び一般管理費の額に以下の①に掲げる金額と②に掲げる金額との合計額の②に掲げる額に対する割合（当該棚卸資産と同種又は類似の棚卸資産を、購入（非関連者からの購入に限ります）その他の行為により取得した者が当該同種又は類似の棚卸資産を非関連者に対して販売した取引（比較対象取引）と当該国外関連取引とが売手の果たす機能その他において差異がある場合には、その差異により生ずる割合の差につき必要な調整を加えた後の割合）を乗じて計算した金額を加算した金額をもって当該国外関連取引の対価の額とする方法です。

①	当該比較対象取引に係る棚卸資産の販売による営業利益の額の合計額
②	当該比較対象取引に係る棚卸資産の販売のために要した販売費及び一般管理費の額

《取得の原価の額から算出する方法》

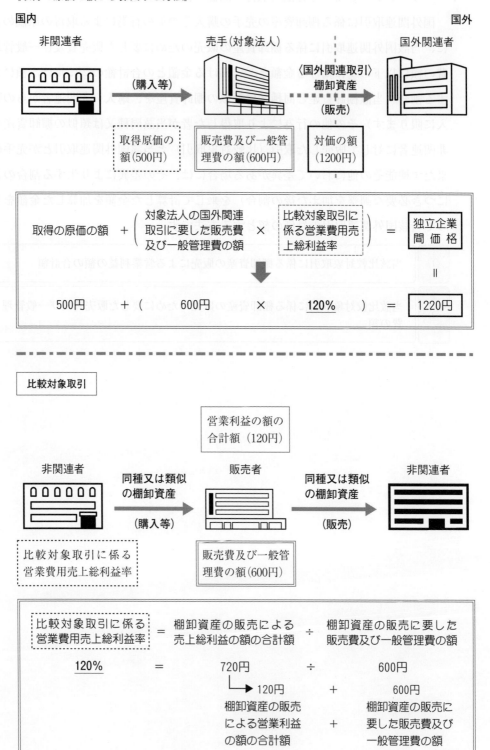

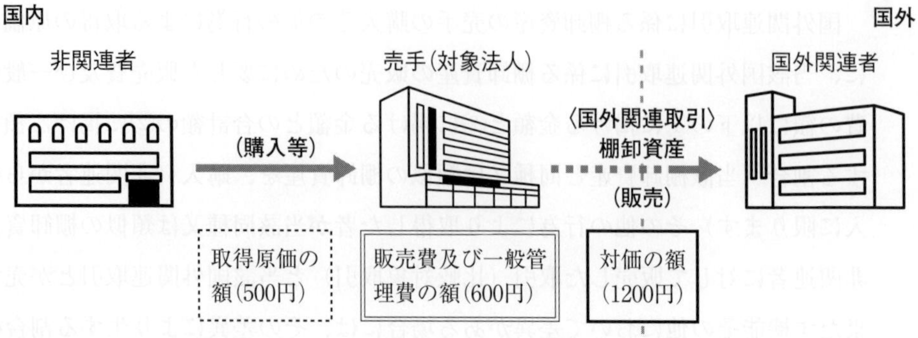

取得の原価の額 ＋（対象法人の国外関連取引に要した販売費及び一般管理費の額 × 比較対象取引に係る営業費用売上総利益率）＝ 独立企業間価格

↓

500円 ＋（600円 × 120%）＝ 1220円

比較対象取引

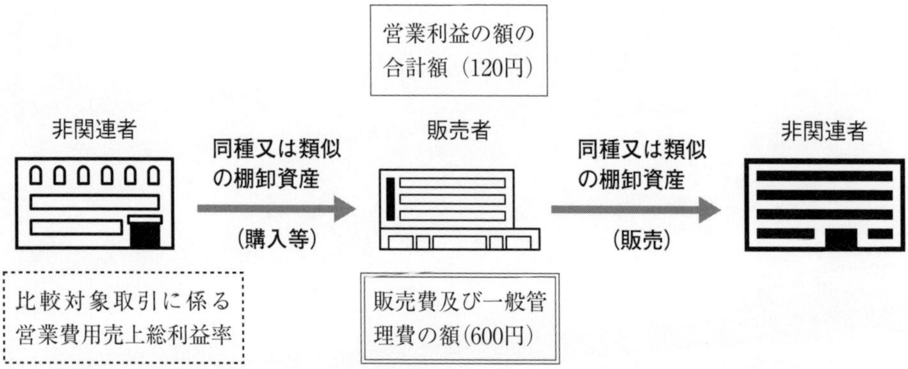

比較対象取引に係る営業費用売上総利益率 ＝ 棚卸資産の販売による売上総利益の額の合計額 ÷ 棚卸資産の販売に要した販売費及び一般管理費の額

120% ＝ 720円 ÷ 600円

720円 → 120円（棚卸資産の販売による営業利益の額の合計額）＋ 600円（棚卸資産の販売に要した販売費及び一般管理費の額）

ヘ　取引単位営業利益法の適用における比較対象取引の選定

国外関連取引と非関連者間取引との差異が独立価格比準法に規定する対価の額又は再販売価格基準法及び原価基準法の通常の利益率の算定に影響を及ぼす場合であっても、取引単位営業利益法の割合の算定においては、当該差異が影響を及ぼすことが客観的に明らかでない場合があるので、取引単位営業利益法の適用においては、基本三法の適用に係る差異の調整ができない非関連者間取引であっても、比較対象取引として選定して差し支えない場合があります（移転価格事務運営指針４－11）。

なお、国外関連取引の当事者が果たす主たる機能と非関連者間取引の当事者が果たす主たる機能が異なる場合には、通常その差異は上記の割合の算定に影響を及ぼすことになります。

ト　取引単位営業利益法における販売のために要した販売費及び一般管理費

取引単位営業利益法により独立企業間価格を算定する場合の「国外関連取引に係る棚卸資産の販売のために要した販売費及び一般管理費」には、その販売に直接に要した費用のほか、間接に要した費用が含まれることとされます。この場合において、国外関連取引及びそれ以外の取引の双方に関連して生じたものがある場合には、これらの費用の額を、個々の取引形態に応じて、例えば、当該双方の取引に係る売上金額、売上原価、使用した資産の価額、従事した使用人の数等、当該双方の取引の内容及び費用の性質に照らして合理的と認められる要素の比に応じて按分することになります（移転価格事務運営指針４－12）。

⑹　ディスカウント・キャッシュ・フロー法（DCF 法）

令和２年度の税制改正で独立企業間価格の算定方法（以下「価格算定方法」といいます）として、OECD 移転価格ガイドラインにおいて比較対象取引が特定できない無形資産取引等に対する価格算定方法として有用性が認められているディスカウント・キャッシュ・フロー法（DCF 法）が加えられました（措令39の12⑧六）。

DCF 法	国外関連取引に係る棚卸資産の販売又は購入の時に当該棚卸資産の使用その他の行為による利益（これに準ずるものを含みます）が生ずることが予測される期間内の日を含む各事業年度の当該利益の額として当該販売又は購入の時に予測される金額を合理的と認められる割引率を用いて当該棚卸資産の販売又は購入の時の現在価値として割り引いた金額の合計額をもって当該国外関連取引の対価の額とする方法

DCF法は、税法上あまり用いられたことはありませんが、M＆Aなどの際、企業価値の算定などに広く用いられてきたとされます。移転価格税制上、無形資産の使用に伴い生じるであろう将来事業年度の利益を予測し、それを合理的な割引率を用いて現在価値を求めることになります。

これに伴い、独立企業間価格を算定するために必要と認められる書類の提出等がない場合の推定課税における価格算定方法に、国税当局の当該職員が国外関連取引の時に知り得る状態にあった情報を基にしてDCF法により算定した金額を独立企業間価格とする方法が加えられます。

《計算イメージ・・・法人が国外関連者に特許権を譲渡した場合の例》

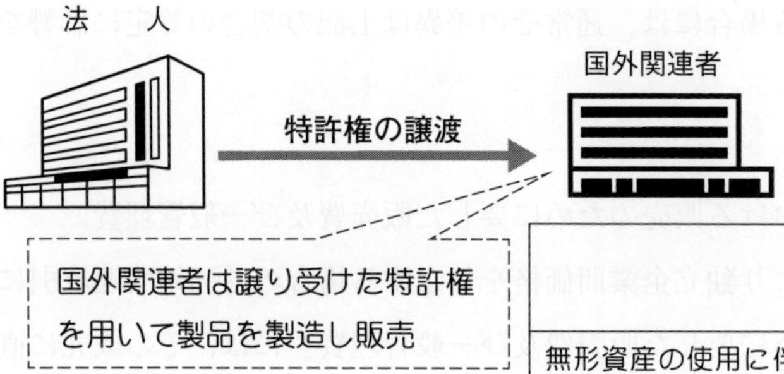

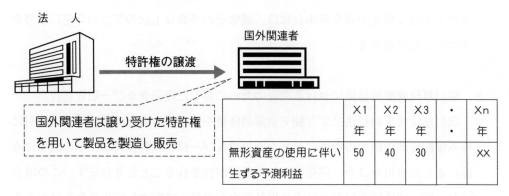

	X1年	X2年	X3年	・・	Xn年
無形資産の使用に伴い生ずる予測利益	50	40	30		XX

独立企業間価格＝予測利益の割引現在価値の合計額

$$\frac{50}{(1+r1)}+\frac{40}{(1+r1)\ (1+r2)}+\frac{30}{(1+r1)\ (1+r2)\ (1+r3)}\cdot\cdot+\frac{XX}{(1+r1)\ (1+r2)\cdot\cdot(1+rn)}$$

＊　上の式のｒは割引率を指します。ｒが大きくなると分母の値も大きくなるので、独立企業間価格（現在割引価値）は小さくなります。逆の場合は分母の値が小さくなるので、独立企業間価格は大きくなります。

（出典：財務省資料を一部改訂）

実務上、割引率をどの程度にするかが大きな問題になると思いますが、国税庁は通達で大要次のように述べています。

措通66の４(7)－２（合理的と認められる割引率）

> **合理的と認められる割引率は、貨幣の時間的価値に加え無形資産の予測利益の金額の計算における国外関連取引に係る事業のリスクの反映の程度に応じて、これを反映したものとする。そのリスクについては、予測利益の金額の計算と割引率について二重に考慮しないようにする。**

第４　比較対象取引

１　比較対象取引の意義

独立企業間価格の算定の基礎となる取引（「比較対象取引」）は、国外関連取引との類似性の程度が十分な非関連者取引をいいますので、例えば、租税特別措置法66条の４第２項１号に規定する棚卸資産の販売又は購入の場合にあっては、次に掲げる独立企業間価格の算定方法の区分に応じ、それぞれ次に掲げる取引となることとされます（措通66の４(3)－１）。

(1)	独立価格比準法	国外関連取引に係る棚卸資産と同種の棚卸資産を当該国外関連取引と同様の状況の下で売買した取引（当該取引と国外関連取引とにおいて取引段階、取引数量その他に差異のある状況の下で売買した場合には、その差異により生じる対価の額の差を調整することができるものに限ります）
(2)	再販売価格基準法	国外関連取引に係る棚卸資産と同種又は類似の棚卸資産を、非関連者から購入した者が当該同種又は類似の棚卸資産を非関連者に対して販売した取引（当該取引と国外関連取引とにおいて売手の果たす機能その他に差異がある場合には、その差異により生じる措令39の12⑥に規定する割合の差につき必要な調整を加えることができるものに限ります）
(3)	原価基準法	国外関連取引に係る棚卸資産と同種又は類似の棚卸資産を、購入（非関連者からの購入に限ります）、製造その他の行為により取得した者が当該同種又は類似の棚卸資産を非関連者に対して販売した取引（当該取引と国外関連取引とにおいて売手の果たす機能その他に差異がある場合には、その差異により生じる措令39の12⑦に規定する割合の差につき必要な調整を加えることができるものに限ります）
(4)	比較利益分割法	国外関連取引に係る棚卸資産と同種又は類似の棚卸資産を、購入、製造その他の行為により取得した者が当該同種又は類似の棚卸資産を非関連者に対して販売し、かつ、当該同種又は類似の棚卸資産を購入した当該非関連者が当該同種若しくは類似の棚卸資産又はこれを加工し若しくは製造等に用いて取得した棚卸資産を他者に対して販売した取引（これらの取引と国外関連取引に係る棚卸資産の法人及び国外関連者による販売等（同号に規定する販売等をいいます。以下同じです）とにおいて取引の当事者の果たす機能その他に差異がある場合には、その差異により生ずる措令39の12⑧一イに規定する割合の差につき必要な調整を加えることができるものに限ります）

⑸	残余利益分割法	基本的利益を計算する場合において、租税特別措置法通達66の４⑶－１の⑵、⑶又は⑹から⑼までに掲げる取引（ただし、それぞれの取引に係る「当該取引と国外関連取引とにおいて売手の果たす機能その他に差異がある場合」の差異からは、法人及び国外関連者に独自の機能が存在することによる差異がある場合の当該差異を除きます）
⑹	取引単位営業利益法	国外関連取引に係る棚卸資産と同種又は類似の棚卸資産を、非関連者から購入した者が当該同種又は類似の棚卸資産を非関連者に対して販売した取引（当該取引と国外関連取引とにおいて売手の果たす機能その他に差異がある場合には、その差異により生じる同号に規定する割合の差につき必要な調整を加えることができるものに限ります）
⑺	利益分割法・取引単位営業利益法に準ずる方法	国外関連取引に係る棚卸資産と同種又は類似の棚卸資産を、購入（非関連者からの購入に限ります）、製造その他の行為により取得した者が当該同種又は類似の棚卸資産を非関連者に対して販売した取引（当該取引と国外関連取引とにおいて売手の果たす機能その他に差異がある場合には、その差異により生じる同号に規定する割合の差につき必要な調整を加えることができるものに限ります）
⑻	措置法令第39条の12第８項第４号に掲げる方法	国外関連取引に係る棚卸資産と同種又は類似の棚卸資産を、非関連者から購入した者が当該同種又は類似の棚卸資産を非関連者に対して販売した取引（当該取引と国外関連取引とにおいて売手の果たす機能その他に差異がある場合には、その差異により生じる同号に規定する割合の差につき必要な調整を加えることができるものに限ります）
⑼	措置法令第39条の12第８項第５号に掲げる方法	国外関連取引に係る棚卸資産と同種又は類似の棚卸資産を、購入（非関連者からの購入に限ります）その他の行為により取得した者が当該同種又は類似の棚卸資産を非関連者に対して販売した取引（当該取引と国外関連取引とにおいて売手の果たす機能その他に差異がある場合には、その差異により生じる同号に規定する割合の差につき必要な調整を加えることができるものに限ります）

上の表の特徴の第１は、比較対象取引を用いて独立企業間価格を算定する方法について比較対象取引の意義を法令解釈したことです。したがって、寄与度利益分割法が比較対象取引を用いない算定方法であることから、これに関する記述はありません。

次に、平成23年度税制改正により法令に規定された比較利益分割法と残余利益分割法が、平成25年度税制改正でベリー比を用いた方法が認められたことです。

このうち、比較利益分割法は、国外関連取引に係る所得の配分割合と、比較対象取引に係る所得の配分割合とを比較するものであるため、比較利益分割法を適用する場合における比較対象取引については、所得の配分割合に影響を及ぼすと考えられる取引当事者の果たす機能（売手における購入、製造その他の行為及び販売など、買手における購入、加工、製造等及び他者に対する販売など）の類似性が重視されます。したがって、本通達の(4)においては、これらの機能に差異がある場合には、その差異により生ずる配分割合の差を調整することができるものに限ることとされます。

次に、残余利益分割法は、第一段階の基本的利益の配分を、本通達(2)に掲げる再販売価格基準法、(3)に掲げる原価基準法又は(6)若しくは(7)に掲げる方法（いわゆる取引単位営業利益法：TNMM）を用いて行うものです。したがって、残余利益分割法における比較対象取引は、当然ながら(2)、(3)、(6)又は(7)に掲げる方法における比較対象取引と同様の点を重視すべきこととなります。

２　比較対象取引の選定に当たって考慮すべき諸要素等

租税特別措置法通達において、国外関連取引と非関連者間取引との類似性の程度を判断する場合には、例えば、法人、国外関連者及び非関連者の事業の内容等並びに次に掲げる５つの要素の類似性を勘案することとされます（措通66の４(3)－３）。

比較対象取引の選定に当たって検討すべき諸要素等
①　棚卸資産の種類、役務の内容等
②　売手又は買手の果たす機能
③　契約条件
④　市場の状況
⑤　売手又は買手の事業戦略

(注)１　②の売手又は買手の果たす機能の類似性については、売手又は買手の負担するリスク、売手又は買手の使用する無形資産（租税特別措置法施行令183条３項１号イからハまでに掲げるもののほか、顧客リスト、販売網等の重要な価値のあるものをいいます。以下同じです）等も考慮して判断します。

２　④の市場の状況の類似性については、取引段階（小売り又は卸売り、一次問屋又は二次問屋等の別をいいます）、取引規模、取引時期、政府の政策（法令、行政処分、行政指導その他の行政上の行為による価格に対する規制、金利に対する規制、使用料等の支払に対する規制、補助金の交付、ダンピングを防止するための課税、外国為替の管理等の政策をいいます）の影響等も考慮して判断します。

３　⑤の売手又は買手の事業戦略の類似性については、売手又は買手の市場への参入時期等も考慮して判断します。

※　令和４年６月10日に一部改正された移転価格事務運営指針を見ると、本通達の重要性が高まっていると考えられます。

3　比較対象取引が複数ある場合の取扱い

国外関連取引に係る比較対象取引が複数存在し、独立企業間価格が一定の幅を形成している場合において、当該幅の中に当該国外関連取引の対価の額があるときは、当該国外関連取引については本税制の適用はないこととされます（措通66の４(3)－４）。

上でいう独立企業間価格の幅、すなわちレンジとは、比較対象取引の全データから構成されるフルレンジを指すのか、あるいは四分位等の統計的手法によりさらに絞り込む必要があるのか、という疑問が生じます。この点については、比較対象取引とは国外関連取引との類似性の程度が十分な非関連者間取引をいうので、比較対象取引によって形成される独立企業間価格の幅（レンジ）は、比較可能性の観点から既に十分な絞込みが行われたものとなること、したがって、そのような比較対象取引によって形成される独立企業間価格の幅（レンジ）は、全ての比較対象取引に係る価格等の最大値と最小値の間の幅（いわゆる「フルレンジ」）を示しており、統計的手法によりそのような幅を更に絞り込むものではないこと、これに対して、類似性の程度が十分ではない非関連者間取引により形成された数値に対して統計的手法を適用した結果として生み出された数値の幅は独立企業間価格の幅とは認められないことになります。

《本通達の趣旨》

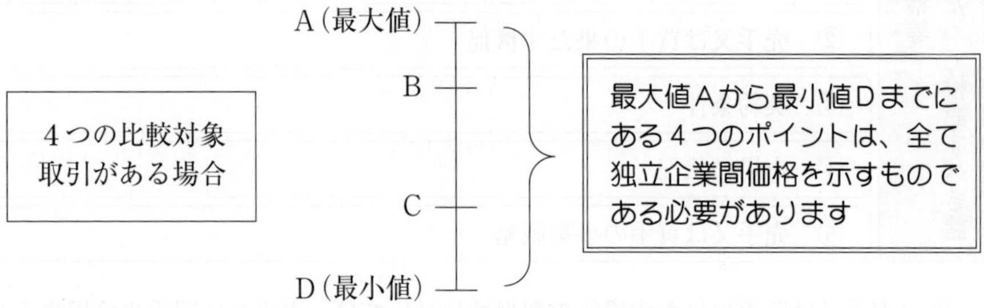

なお、国外関連取引に係る比較対象取引が複数存在し、当該比較対象取引に係る価格又は利益率等（国外関連取引と比較対象取引との差異について調整を行う必要がある場合は、当該調整を行った後のものに限ります。「比較対象利益率等」）が形成する一定の幅の外に当該国外関連取引に係る価格又は利益率等がある場合には、原則として、当該比較対象利益率等の平均値に基づき独立企業間価格を算定する方法を用いますが、中央値など、当該比較対象利益率等の分布状況等に応じた合理的な値が他に認められる場合は、これを用いて独立企業間価格を算定することとされます（移転価格事務運営指針４－８）。

４　差異調整方法の整備

比較対象取引の利益率を参照する価格算定方法に係る差異調整について、定量的に把握することが困難な差異があるために必要な調整を加えることができない場合で、その影響が軽微である場合には、いわゆる四分位法に基づく方法により差異調整を行うことができることとされました（措令39の12⑥⑦⑧、措規22の10②③④）。この見直しについては、独立価格基準法以外の独立企業間価格算定方法において比較対象取引の利益率等を参照する場合に適用されることになります。

具体的には、４つ以上の比較対象取引によりいわゆる四分位を計算し、上位25％と75％の中央値をもって独立企業間価格とする方法です。

第５　棚卸資産の売買以外の取引の場合

１　金銭の貸付け又は借入れの取扱い

金銭の貸借取引について独立価格比準法と同等の方法又は原価基準法と同等の方法を適用する場合に留意すべき事項は、次のとおりです（措通66－４(8)－５）。

算定方法	考慮すべき事項
独立価格比準法と同等の方法、原価基準法と同等の方法	①　通貨
	②　貸借時期
	③　貸借期間
	④　金利の設定方式（固定又は変動、単利又は複利等の金利の設定方式をいいます）
	⑤　利払方法（前払い、後払い等の利払方法をいいます）
	⑥　借手の信用力
	⑦　担保及び保証の有無
	⑧　その他の利率に影響を与える諸要因

(注)　国外関連取引の借手が銀行等から当該国外関連取引と同様の条件の下で借り入れたとした場合に付されるであろう利率を比較対象取引における利率として独立企業間価格を算定する方法は、独立価格比準法に準ずる方法と同等の方法となることとされます。

なお、法人と国外関連者との間で行われた金融取引について調査を行う場合には、一定の事項に留意し、租税特別措置法通達66の４(3)－３に掲げる諸要素等（389ページ参照）に基づいて、その金融取引の通貨、時期、期間その他の内容等を的確に把握し、移転価格税制上の問題の有無を検討することとされます（移転価格事務運営指針３－７）。

また、金融取引に係る独立企業間価格の検討を行う場合には、上記３－７による検討を踏まえ、一定の事項に留意し、最も適切な方法により算定されているかを検討することとされます（移転価格事務運営指針３－８）。

２　役務提供の取扱い

役務提供取引については、①独立価格比準法と同等の方法、又は②原価基準法と同等の方法の２つを適用することになります。

役務提供の取扱い	① 独立価格比準法と同等の方法を用いる場合	比較対象取引に係る役務が国外関連取引に係る役務と同種であり、かつ、比較対象取引に係る役務提供の時期、役務提供の期間等の役務提供の条件が国外関連取引と同様であること
	② 原価基準法と同等の方法を用いる場合	比較対象取引に係る役務が国外関連取引に係る役務と同種又は類似であり、かつ、上記の役務提供の条件と同様であること

（措通66の４(8)－６）

なお、役務提供取引を調査する場合の留意点について、次のように定められています。

役務提供取引を調査する場合の留意点	① 役務提供を行う際に無形資産を使用しているにもかかわらず、その役務提供の対価の額に無形資産の使用に係る部分が含まれていない場合があること
	② 役務提供が有形資産又は無形資産の譲渡等に併せて行われており、その役務提供に係る対価の額がこれらの資産の譲渡等の価格に含まれている場合があること

（移転価格事務運営指針３－９）

３　企業グループ内役務提供（IGS）

(1)　企業グループ内役務提供（IGS）の取扱い

企業グループ内役務提供取引（Intra Group Services：IGS）の独立企業間価格算定については、BEPSプロジェクトの行動８－10の議論の成果を受けて平成30年２月16日付の事務運営要領一部改正で次のように変更されました（移転価格事務運営指針３－10及び３－11）。

まず、事務運営指針３－９・10で、法人が行う活動が国外関連者に対する役務提供に該当するか否かの判定を行うこととします。

> 次に掲げる経営、技術、財務又は営業上の活動その他の法人が行う活動が国外関連者に対する役務提供に該当するかどうかは、その活動がその国外関連者にとって経済的又は商業的価値を有するものかどうかにより判断する。

企業グループ内役務提供になる可能性のある取引
①　企画又は調整
②　予算の管理又は財務上の助言
③　会計、監査税務又は法務
④　債権又は債務の管理又は処理
⑤　情報通信システムの運用、保守又は管理
⑥　キャッシュフロー又は支払能力の管理
⑦　資金の運用又は調達
⑧　利子率又は外国為替レートに係るリスク管理
⑨　製造、購買、販売、物流又はマーケティングに係る支援
⑩　雇用、教育その他の従事員の管理に関する事務
⑪　広告宣伝

なお、移転価格事務運営指針３－10⑶には、次の活動は「株主活動に該当し、国外関連者に対する役務提供に該当しない。」と記載されています。

イ	親会社が発行している株式の金融商品取引法２条16項に規定する金融商品取引所への上場
ロ	親会社の株主総会の開催、株式の発行その他の親会社に係る組織上の活動であって親会社がその遵守すべき法令に基づいて行うもの
ハ	親会社による金融商品取引法24条１項に規定する有価証券報告書の作成（親会社が有価証券報告書を作成するために親会社としての地位に基づいて行う国外関連者の会計帳簿の監査を含みます）又は親会社による措置法66条の４の４第４項１号に規定する連結財務諸表の作成その他の親会社がその遵守すべき法令に基づいて行う書類の作成
ニ	親会社が国外関連者に係る株式又は出資の持分を取得するために行う資金調達
ホ	親会社が当該親会社の株主その他の投資家に向けて行う広報
ヘ	親会社による国別報告事項に係る記録の作成その他の親会社がその遵守すべき租税に関する法令に基づいて行う活動
ト	親会社が会社法348条３項４号に基づいて行う企業集団の業務の適正を確保するための必要な体制の整備その他のコーポレート・ガバナンスに関する活動
チ	その他親会社が専ら自らのために行う国外関連者の株主又は出資者としての活動

これは、一言で言えば、法人（親会社）の活動は、金融商品取引法や会社法などに基づく株主としての活動に該当するので、経済的（商業的）価値を持つものでは

なく、移転価格税制上の企業グループ内役務提供には該当しないということを示したものと考えられます。

(2) 企業グループ内役務提供に係る独立企業間価格の検討

① 法人と国外関連者との間で行われた役務提供が次に掲げる要件の全てを満たす場合には、その対価の額が独立企業間価格として取り扱われます（移転価格事務運営指針３－11）。

イ	当該役務提供が支援的な性質のものであり、当該法人及び国外関連者が属する企業グループの中核的事業活動に直接関連しないこと。
ロ	当該役務提供において、当該法人又は国外関連者が保有し、又は他の者から使用許諾を受けた無形資産を使用していないこと。
ハ	当該役務提供において、当該役務提供を行う当該法人又は国外関連者が、重要なリスクの引受け若しくは管理又は創出を行っていないこと。
ニ	当該役務提供の内容が次に掲げる業務のいずれにも該当しないこと。 (イ) 研究開発 (ロ) 製造、販売、原材料の購入、物流又はマーケティング (ハ) 金融、保険又は再保険 (ニ) 天然資源の採掘、探査又は加工
ホ	当該役務提供と同種の内容の役務提供が非関連者との間で行われていないこと。
ヘ	当該役務提供を含む当該法人及び国外関連者が属する企業グループ内で行われた全ての役務提供（イからホまでに掲げる要件を満たしたものに限る。）をその内容に応じて区分をし、当該区分ごとに、役務提供に係る総原価の額を従事者の従事割合、資産の使用割合その他の合理的な方法により当該役務提供を受けた者に配分した金額に、当該金額に100分の５を乗じた額を加算した金額をもって当該役務提供の対価の額としていること。 なお、役務提供に係る総原価の額には、原則として、当該役務提供に関連する直接費の額のみならず、合理的な配賦基準によって計算された担当部門及び補助部門における一般管理費等の間接費の額も含まれることに留意する（以下３－11において同じ。）。 (注) 法人が国外関連者に対して行った役務提供が、当該法人が自己のために行う業務と一体として行われた場合には、への定めの適用に当たり当該業務を当該役務提供に含めた上で役務提供の対価の額を算定する必要があることに留意する。国外関連者が法人に対して役務提供を行った場合についても、同様とする。

ト	当該役務提供に当たり、当該法人が次に掲げる書類を作成し、又は当該法人と同一の企業グループに属する者から取得し、保存していること。 (イ)　当該役務提供を行った者及び当該役務提供を受けた者の名称及び所在地を記載した書類 (ロ)　当該役務提供がイからヘまでに掲げる要件の全てを満たしていることを確認できる書類 (ハ)　へに定めるそれぞれの役務提供の内容を説明した書類 (ニ)　当該法人が実際に当該役務提供を行ったこと又は当該役務提供を受けたことを確認できる書類 (ホ)　へに定める総原価の額の配分に当たって用いた方法の内容及び当該方法を用いることが合理的であると判断した理由を説明した書類 (ヘ)　当該役務提供に係る契約書又は契約の内容を記載した書類 (ト)　当該役務提供において当該法人が当該国外関連者から支払を受ける対価の額又は当該国外関連者に支払う対価の額の明細及び計算過程を記載した書類

②　法人と国外関連者との間で行われた役務提供（上の①により、その対価の額を独立企業間価格として取り扱うものを除きます）のうち、当該法人又は国外関連者の本来の業務に付随して行われたものについて調査を行う場合には、必要に応じ、当該役務提供に係る総原価の額を独立企業間価格とする原価基準法に準ずる方法と同等の方法又は取引単位営業利益法に準ずる方法と同等の方法の適用について検討する。

この場合において、「本来の業務に付随して行われたもの」とは、例えば、海外子会社から製品を輸入している法人が当該海外子会社の製造設備に対して行う技術指導のように役務提供を主たる事業としていない法人又は国外関連者が、本来の業務に付随して又はこれに関連して行った役務提供をいう。

(注)「本来の業務に付随して行われたもの」に該当するかどうかは、原則として、役務提供の目的等により判断するのであるが、次に掲げる場合には、本文の取扱いは適用しない。

イ　当該役務提供に要した費用の額が、当該法人又は国外関連者の当該役務提供を行った事業年度の原価又は費用の総額の相当部分を占める場合

ロ　当該法人又は国外関連者が当該役務提供を行う際に無形資産を使用した場合

ハ　その他当該役務提供の総原価の額を当該役務提供の対価の額とすることが相当ではないと認められる場合

③　法人と国外関連者との間で行われた役務提供（上の①により、その対価の額を独立企業間価格として取り扱うもの及び②に定める本来の業務に付随して行われたものを除きます）について調査を行う場合において、当該役務提供が次に掲げる要件の全てを満たしているときは、必要に応じ、②に定める方法の適用につい

て検討する。

イ	当該役務提供が①イからホまでに掲げる要件の全てを満たしていること。
ロ	当該役務提供が当該法人又は国外関連者の事業活動の重要な部分に関連していないこと。
ハ	当該役務提供に係る総原価の額が、当該役務提供に係る従事者の従事割合、資産の使用割合その他の合理的な方法により当該役務提供を受けた者に配分されていること。

㈲　次に掲げる場合には、本文の取扱いは適用しない。

(イ)　当該役務提供に要した費用の額が、当該法人又は国外関連者の当該役務提供を行った事業年度の原価又は費用の総額の相当部分を占める場合

(ロ)　その他当該役務提供の総原価の額を当該役務提供の対価の額とすることが相当ではないと認められる場合

4　無形資産の取扱い

(1)　移転価格税制の対象となる無形資産の明確化

移転価格税制の対象となる無形資産は、法人が有する特許権、実用新案権その他の資産（次に掲げる資産以外の資産に限ります）で、これらの資産の譲渡若しくは貸付け（資産に係る権利の設定その他他の者に資産を使用させる一切の行為を含みます）又はこれらに類似する取引が独立の事業者の間で通常の取引の条件に従って行われるとした場合にその対価の額が支払われるべきものをいいます（措法66の４⑦二、措令39の12⑬）。

イ　有形資産（ロに掲げるものを除きます）

ロ　現金、預貯金、売掛金、貸付金、有価証券、法法61の５①に規定するデリバティブ取引に係る権利その他の金融資産として財務省令に定める資産

【移転価格税制の対象となる無形資産】

特許権、実用新案権その他の資産（有形資産・金融資産以外）

これらの資産の譲渡・貸付けを独立当事者と行う場合に対価が支払われるべきもの

(2)　特定無形資産国外関連取引に係る価格調整措置

① はじめに

OECD 移転価格ガイドラインでは、無形資産取引に係る価格算定の適切性の検証に関して、納税者は広範な情報を有しているのに対して、税務当局は納税者が提

供する情報に依存せざるを得ないという情報の非対称性の問題が指摘されています。

そこで、一定の評価困難な無形資産（特定無形資産）に係る国外関連取引について、価格算定の前提となった事項についてその内容と相違する事実が判明した場合には、当初の移転価格が適切に算定されていなかったものとして、税務当局がその相違する事実及びその相違することとなった事由の発生可能性を勘案して当初の移転価格を評価することを認める措置を導入することになりました。

②　特定無形資産とは

特定無形資産とは、次に掲げる要件の全てを満たす無形資産をいいます（措法66の４⑧、措令39の12⑭）。

イ	固有の特性を有し、かつ、高い付加価値を創出するために使用されるもの
ロ	予測利益の額を基礎として独立企業間価格を算定するもの
ハ	その予測利益の額その他の独立企業間価格を算定するための前提となる事項の内容が著しく不確実な要素を有していると認められるものであること

③　価格調整措置の概要

特定無形資産に係る国外関連取引（「特定無形資産国外関連取引」）について、その独立企業間価格の算定のための前提となった事項についてその内容と相違する事実が判明した場合は、税務署長は、その特定無形資産国外関連取引に係る結果及びその相違の原因となった事由の発生の可能性を勘案して、その特定無形資産取引に係る最適な価格算定方法により算定した金額を独立企業間価格とみなして更正等をすることができることとされます。

ただし、上記により算定した金額と当初取引価格との相違が20％を超えていない場合は、この限りではありません（措法66の４⑧、措令39の12⑯）。

(3)　価格調整措置の適用免除

①　発生可能性勘案要件

価格調整措置については、法人が特定無形資産国外関連取引に係る次に掲げる事項のすべてを記載した書類を作成し、又は取得している場合には適用されません（措法66の４⑨）。

イ	特定無形資産国外関連取引の対価の額を算定するための前提となった事項の内容として財務省令で定める事項

ロ	特定無形資産国外関連取引の対価の額を算定するための前提となった事項について、その内容と相違する事実が判明した場合におけるその相違することとなった事由が災害その他これに類するものであるためにその特定無形資産国外関連取引を行った時にその法人がその発生を予測することが困難であったこと、又は相違事由の発生の可能性を勘案してその法人がその特定無形資産国外関連取引の対価の額を算定していたこと

②　利益相違要件

特定無形資産の使用等により生ずる非関連者収入が最初に生じた日を含む事業年度開始の日から５年を経過する日までの期間の予測利益の額と実際利益の額との相違が20％を超えていない時には、その判定機関を経過する日後において、価格調整措置は適用されません（措法66の４⑩、措令39の12⑱）。

《パターン１＝輸出（譲渡）の場合》

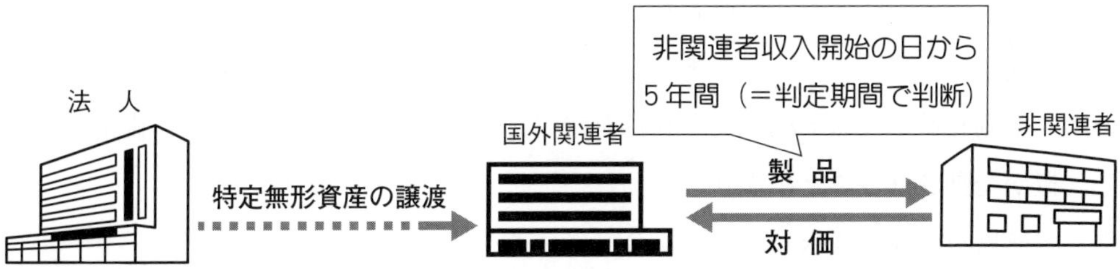

この場合、特定無形資産を購入した国外関連者が、その特定無形資産を使用して製造した製品を非関連者に販売することにより得られる利益が問題になります。そして、判定期間（非関連者収入が生じた日から５年間）における実際利益と予測利益との差が20％を超えるか否かで判定することになります。

【パターン１の事例】

令和○年　　　法人→国外関連者に特定無形資産を譲渡

令和×年　　　国外関連者が非関連者からの収入が最初に生じた日を含む事業年度

令和×年～令和（×＋４）年までの５年間実際利益が100、予測利益が90だと仮定。

⇒　予測利益×20％＝18、18÷100＝18％<20％・・・20％を超える差がないので価格調整措置はありません。

《パターン２＝輸入（譲受）の場合》

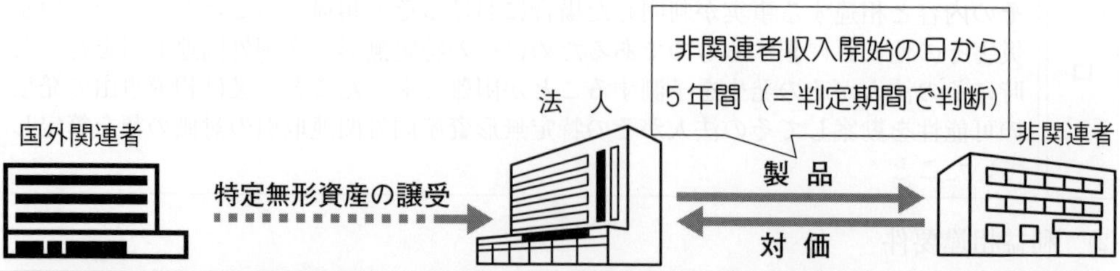

この場合、特定無形資産を購入した法人が、その特定無形資産を使用して製造した製品を非関連者に販売することにより得られる利益が問題になります。そして、判定期間（非関連者収入が生じた日から５年間）における実際利益と予測利益との差が20％を超えるか否かで判定することになります。

【パターン２の事例】

令和○年　　　法人←国外関連者から特定無形資産を譲受け

令和×年　　　法人が非関連者からの収入が最初に生じた日を含む事業年度

令和×年～令和（×＋４）年までの実際利益が70、予測利益が100だと仮定。

⇒　予測利益×80％＝80、実際利益が70であり80を下回ったことから、価格調整措置が発動されることになります。

③　当該職員の提出要求に応えた場合

国税当局の当該職員が、上の①又は②に掲げる書類の提出等を求めた日から60日（同時文書化義務のある書類の場合、45日）以内の当該職員が指定する日までに法人からその書類の提出等があった場合には、価格調整措置は適用されません（措法66の４⑪）。

国税当局の当該職員が次の①又は②に掲げる書類の提出等を求めた日から一定期間以内に法人からその書類の提出等があった場合は、価格調整措置は適用しないこととされます。

イ　次に掲げる書類

(イ)　特定無形資産取引に係る独立企業間価格の算定の基礎となる予測の詳細を記載した書類

(ロ)　当該予測と結果が相違する原因となった事由が災害その他これに類するものであり取引時においてその発生を予測することが困難であったこと、又は取引時において当該事由の発生の可能性を適切に勘案して独立企業間価格を算定していたことを証する書類

ロ　特定無形資産の使用により生ずる非関連者収入が初に生じた日を含む事業年度

開始の日から5年を経過する日までの間の予測収益等の額と実際収益等の額との相違が20%を超えていないことを証する書類

㈱　法人から上に掲げる書類の提出等があった場合には、価格調整措置はその経過する日後は適用しないこととされます。

(4)　無形資産の使用を伴う国外関連取引に係る比較対象取引の選定

法人又は国外関連者が無形資産の使用を伴う国外関連取引を行っている場合には、比較対象取引の選定に当たり、無形資産の種類、対象範囲、利用態様等の類似性について検討することとされます（移転価格事務運営指針4－7）。

(5)　調査において検討すべき無形資産

事務運営指針において、調査において検討すべき無形資産について、次のように規定されています（移転価格事務運営指針3－12）。

調査において無形資産が法人又は国外関連者の所得にどの程度寄与しているかを検討するに当たっては、例えば、次に掲げる重要な価値を有し、所得の源泉となるものを総合的に勘案することに留意することになっています。

調査において検討すべき無形資産	
	①　技術革新を要因として形成される特許権、営業秘密等
	②　従業員等が経営、営業、生産、研究開発、販売促進等の企業活動における経験等を通じて形成したノウハウ等
	③　生産工程、交渉手順及び開発、販売、資金調達等に係る取引網等

なお、法人又は国外関連者の有する無形資産が所得の源泉となっているかどうかの検討に当たり、例えば、国外関連取引の事業と同種の事業を営み、市場、事業規模等が類似する法人のうち、所得の源泉となる無形資産を有しない法人を把握できる場合には、その法人又は国外関連者の国外関連取引に係る利益率等の水準とその無形資産を有しない法人の利益率等の水準との比較を行うとともに、その法人又は国外関連者の無形資産の形成に係る活動、機能等を十分に分析することに留意することとされています。

㈱　役務提供を行う際に無形資産が使用されている場合の役務提供と無形資産の関係については、移転価格事務運営指針3－9(1)の㈱に留意するとされています。

5　費用分担契約（「コスト・シェアリング契約」、「費用分担取極」ともいいます）

(1)　費用分担契約とは

> 費用分担契約とは、契約の当事者が、それぞれの行う事業において生ずる収益の増加、費用の減少その他の便益を得ることを目的として、無形資産又は有形資産の開発、生産又は取得及び役務の開発、提供又は受領を共同で行うこと（「共同活動」）を約し、当該共同活動への貢献（当該共同活動に係るリスクの引受け及び費用の負担を含みます）を分担して行うことを定める契約をいいます。

《費用分担契約》

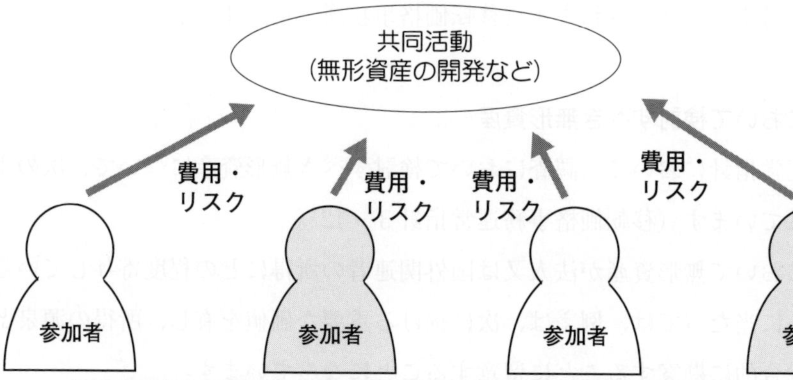

参加者が共同活動への貢献度を分担して行うことを定める契約

例示

> 新製品の製造技術の開発に当たり、契約の当事者のそれぞれが、当該製造技術の持分を取得するとともに当該持分に基づいて製造する当該新製品の販売によって生ずる収益を得ることを目的として、当該製造技術を共同で開発することを約し、開発計画の策定又は進捗管理、開発業務の遂行、ノウハウ等の無形資産の提供その他の当該共同開発への貢献を分担して行うことを定める契約

（移転価格事務運営指針３－15）

(2)　費用分担契約の取扱い

①	独立企業原則に即したものとされる要件	イ　予測便益割合が適正に見積もられていること、 ロ　貢献価値額が通常の取引の条件下で行われる対価の額と一致すること、 ハ　各参加者の貢献価値割合が予測便益割合に一致すること
②	貢献価値割合が予測便益割合より過大なとき	移転価格税制の発動がある

③	参加者の負担額と貢献価値額に大きな差がない場合	参加者の負担する費用の額をその参加者の貢献価値額として取り扱うこととして差し支えない

(3) 費用分担契約に関する留意事項

費用分担契約に基づく国外関連取引については、租税特別措置法通達66の４(3)－３の諸要素に基づいてその内容等を的確に把握し、例えば次に掲げる点に留意の上、移転価格税制上の問題の有無を検討することとされます（移転価格事務運営指針３－17）。

①	費用分担契約に係る共同活動の範囲、参加者が分担する共同活動への貢献その他の当該費用分担契約に係る契約書に定める内容と当該参加者の実際に遂行した業務その他の当該費用分担契約に係る事実が一致しているか
②	全ての参加者が、例えば費用分担契約に基づいて行われた共同活動を通じて開発された無形資産の持分から生ずる収益を享受することが合理的に見込まれるなど、予測便益を有しているか
③	予測便益を直接的に見積もることが困難である場合において、 イ　予測便益の算定に当たり、合理的な基準（売上高、売上総利益、営業利益、製造又は販売の数量等）が用いられているか ロ　予測便益割合は、その算定の基礎となった基準の変動に応じて見直されているか ハ　予測便益割合と実現便益割合とが著しく乖離している場合に、参加者それぞれの予測便益の見積りが適正であったかどうかの検討が行われているか。
④	貢献価値割合が適正に算定されているか
⑤	参加者それぞれの貢献価値割合は、当該参加者それぞれの予測便益割合と一致しているか。一致していない場合、調整的支払額が授受されているか
⑥	費用分担契約について参加者の新規加入若しくは脱退があった場合又は費用分担契約の終了があった場合において、それまでの当該費用分担契約による共同活動を通じて形成された無形資産等があるときは、その加入若しくは脱退又は終了が生じた時点において当該無形資産等の価値を評価し、その加入又は脱退にあっては、これらにより生じた当該無形資産等に対する持分の変更に応じて、終了にあっては、その終了の時におけるそれぞれの持分に応じて、適正な対価の授受が行われているか

(4) 費用分担契約に係る検討を行う書類

費用分担契約に基づく国外関連取引について調査を行う場合には、費用分担契約書（共同活動の範囲・内容を記載した附属書類を含みます）のほか、主に次に掲げる書類により、移転価格税制上の問題の有無が検討されます（移転価格事務運営指針３－19)。

費用分担契約の締結に当たって作成された書類等	①	参加者の名称、所在地、資本関係及び事業内容等を記載した書類
	②	参加者が契約締結に至るまでの交渉・協議の経緯を記載した書類
	③	共同活動を行う期間を記載した書類
	④	共同活動の範囲、内容及び進捗管理方法を記載した書類
	⑤	参加者それぞれの共同活動への貢献の形態及び貢献価値額の算定方法並びに貢献価値割合の算定に関する細目を記載した書類
	⑥	共同活動において使用される無形資産又は有形資産の形成等に関する参加者それぞれの役割及び管理方法を記載した書類
	⑦	予測便益割合の算定方法及びそれを用いることとした理由を記載した書類
	⑧	共同活動から生ずる成果物の用途を記載した書類
	⑨	予測便益割合と実現便益割合とが乖離した場合における貢献価値額の調整に関する細目を記載した書類
	⑩	契約条件の変更及び費用分担契約の改定又は終了に関する細目
費用分担契約締結後の期間において作成された書類等	①	参加者の貢献価値額の合計額及びその内訳並びに参加者それぞれの貢献価値額及びその計算過程を記載した書類
	②	予測便益割合と実現便益割合とが乖離している場合における乖離の細目を記載した書類
	③	参加者の新規加入若しくは脱退又は費用分担契約の終了があった場合における参加者の異動状況の細目及び事情を記載した書類
	④	共同活動を通じて形成された無形資産等に対する参加者それぞれの持分の異動状況を記載した書類
	⑤	契約条件の変更及び費用分担契約の改定又は終了の結果を記載した書類
その他の書類等	①	既存の無形資産を共同活動に使用した場合における当該既存の無形資産の内容及び使用料に相当する金額の算定に関する細目を記載した書類
	②	共同活動に関係する者又は当該共同活動から生ずる成果を利用することが予定されている者で、費用分担契約に参加しない者の名称、所在地等を記載した書類

6　国外関連者に対する寄附金の損金不算入

法人が、各事業年度において支出した寄附金のうち当該法人に係る国外関連者に対するものは、当該法人の各事業年度の所得の金額の計算上、損金の額に算入しないこととされます（措法66の４③)。

この規定は、平成３年の税制改正で導入されましたが、その趣旨は、国外関連者に対する寄附金、例えば単なる金銭の贈与や債務の免除などについて、一定の限度額の範囲内で損金算入を認めると、同じ所得の海外移転であるにもかかわらず両者の取扱いにアンバランスが生じることになるのでこれを解消するためです。

実務上、次に掲げるような事実が認められた場合には、租税特別措置法66条の４第３項の規定の適用があることとされます（移転価格事務運営指針３－20）。

①	法人が国外関連者に対して資産の販売、金銭の貸付け、役務の提供その他の取引（以下「資産の販売等」といいます）を行い、かつ、当該資産の販売等に係る収益の計上を行っていない場合において、当該資産の販売等が金銭その他の資産又は経済的な利益の贈与又は無償の供与に該当するとき
②	法人が国外関連者から資産の販売等に係る対価の支払を受ける場合において、当該法人が当該国外関連者から支払を受けるべき金額のうち当該国外関連者に実質的に資産の贈与又は経済的な利益の無償の供与をしたと認められる金額があるとき
③	法人が国外関連者に資産の販売等に係る対価の支払を行う場合において、当該法人が当該国外関連者に支払う金額のうち当該国外関連者に金銭その他の資産又は経済的な利益の贈与又は無償の供与をしたと認められる金額があるとき

なお、法人が国外関連者に対して財政上の支援等を行う目的で国外関連取引に係る取引価格の設定、変更等を行っている場合において、当該支援等に法人税基本通達９－４－２《子会社等を再建する場合の無利息貸付け等》の相当な理由があるときには、租税特別措置法66条の４第３項の規定の適用はないこととされます。

７　価格調整金等の取扱い

法人と国外関連者の間で、価格調整金などの名目で金銭の授受が行われる場合があります。このような場合において、移転価格調査においては、以下に掲げるように、その金銭の授受が取引価格の修正によるものか否かを十分に検討することとされます（移転価格事務運営指針３－21）。

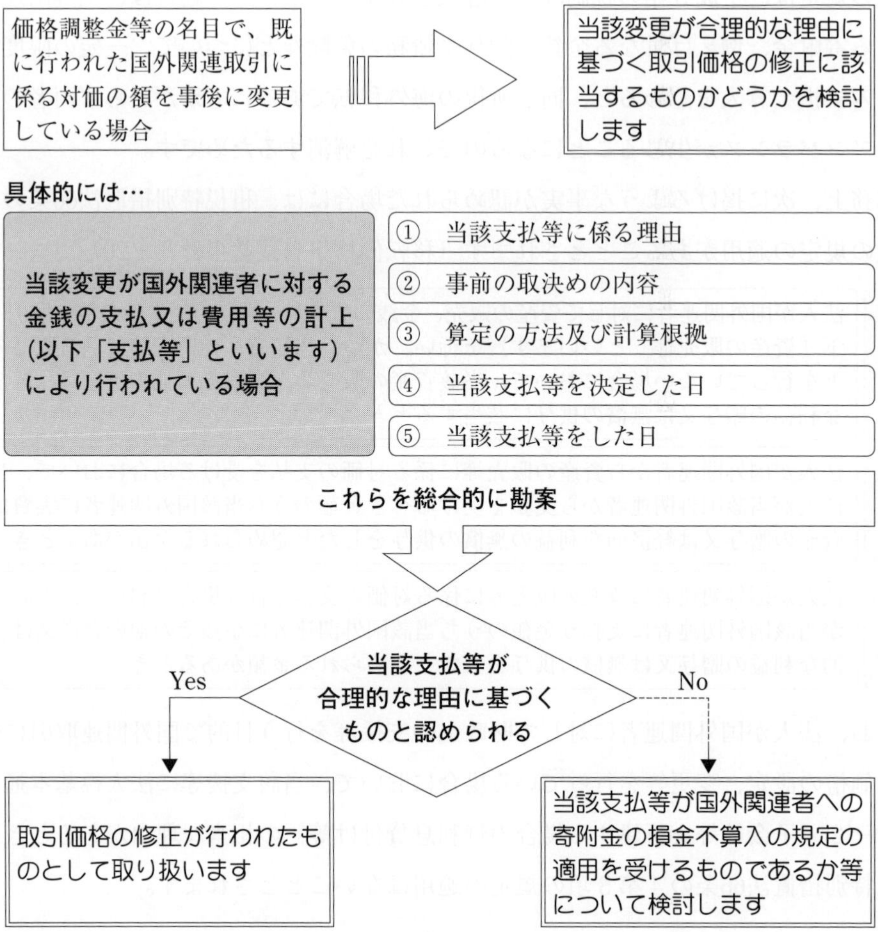
価格調整金等の名目で、既に行われた国外関連取引に係る対価の額を事後に変更している場合
当該変更が合理的な理由に基づく取引価格の修正に該当するものかどうかを検討します
具体的には…
当該変更が国外関連者に対する金銭の支払又は費用等の計上（以下「支払等」といいます）により行われている場合
① 当該支払等に係る理由
② 事前の取決めの内容
③ 算定の方法及び計算根拠
④ 当該支払等を決定した日
⑤ 当該支払等をした日
これらを総合的に勘案
当該支払等が合理的な理由に基づくものと認められる
Yes
No
取引価格の修正が行われたものとして取り扱います
当該支払等が国外関連者への寄附金の損金不算入の規定の適用を受けるものであるか等について検討します

8　別表17⑷と独立企業間価格算定資料の作成・保存

法人が、その事業年度において、国外関連取引を行った場合には、その国外関連取引に係る独立企業間価格を算定するために必要と認められる書類として財務省令で定める書類（その作成に代えて電磁的記録を含みます）を、法人税確定申告書の提出期限までに作成し、又は取得し、財務省令で定めるところにより保存しなければなりません（措法66の４⑥）。

⑴　国外関連取引の内容を記載した書類（措規22の10⑥一）

イ	国外関連取引に係る資産の明細及び役務の内容を記載した書類
ロ	国外関連取引において措置法66条の４第１項の法人及び当該法人に係る国外関連者が果たす機能並びに当該国外関連取引において当該法人及び当該国外関連者が負担するリスク（為替相場の変動、市場金利の変動、経済事情の変化その他の要因による当該国外関連取引に係る利益又は損失の増加又は減少の生ずるおそれをいいま

	す）に係る事項（当該法人又は当該国外関連者の事業再編（合併、分割、事業の譲渡、事業上の重要な資産の譲渡その他の事由による事業の構造の変更をいいます）により当該国外関連取引において当該法人若しくは当該国外関連者が果たす機能又は当該国外関連取引において当該法人若しくは当該国外関連者が負担するリスクに変更があった場合には、その事業再編の内容並びにその機能及びリスクの変更の内容を含みます）を記載した書類
ハ	措置法66条の４第１項の法人又は当該法人に係る国外関連者が当該国外関連取引において使用した同条７項２号に規定する無形資産の内容を記載した書類
ニ	国外関連取引に係る契約書又は契約の内容を記載した書類
ホ	措置法66条の４第１項の法人が、国外関連取引において国外関連者から支払を受ける対価の額又はその国外関連者に支払う対価の額の明細、支払を受ける対価の額又は支払う対価の額の設定の方法及び当該設定に係る交渉の内容を記載した書類並びに当該支払を受ける対価の額又は当該支払う対価の額に係る独立企業間価格の算定の方法及び当該国外関連取引に関する事項についての我が国以外の国又は地域の権限ある当局による確認がある場合における当該確認の内容を記載した書類
ヘ	措置法66条の４第１項の法人及び当該法人に係る国外関連者の当該国外関連取引に係る損益の明細並びに当該損益の額の計算の過程を記載した書類
ト	国外関連取引に係る資産の販売、資産の購入、役務の提供その他の取引に係る市場に関する分析（当該市場の特性が当該国外関連取引に係る対価の額又は損益の額に与える影響に関する分析を含みます）その他当該市場に関する事項を記載した書類
チ	措置法66条の４第１項の法人及び当該法人に係る国外関連者の事業の内容、事業の方針及び組織の系統を記載した書類
リ	国外関連取引と密接に関連する他の取引の有無及びその取引の内容並びにその取引が当該国外関連取引と密接に関連する事情を記載した書類

(2)　独立企業間価格を算定するための書類（措規22の10⑥二）

イ	法人が選定した措置法66条の４第２項に規定する算定の方法、その選定に係る重要な前提条件及びその選定の理由を記載した書類その他当該法人が独立企業間価格を算定するに当たり作成した書類（ロからトまでに掲げる書類を除きます）
ロ	法人が採用した国外関連取引に係る比較対象取引（措置法66条の４第２項第１号イに規定する特殊の関係にない売手と買手が国外関連取引に係る棚卸資産と同種の棚卸資産を当該国外関連取引と同様の状況の下で売買した取引、施行令39条の12第６項に規定する比較対象取引、同条７項に規定する比較対象取引、同条８項第１号イに規定する比較対象取引、同号ハ(1)に規定する比較対象取引、同項２号に規定する比較対象取引、同項３号に規定する比較対象取引、同項４号に規定する比較対象取引及び同項５号に規定する比較対象取引をいいます）（措置法66条の４第２項１号ニに掲げる準ずる方法に係る比較対象取引に相当する取引、施行令39条の12第８項第７号に掲げる方法に係る比較対象取引に相当する取引及び措置法66条の４第２項２号に定める方法に係る比較対象取引に相当する取引を含みます。以下この号において「比較対象取引等」といいます）の選定に係る事項及び当該比較対象取引等の明細（当該比較対象取引等の財務情報を含みます）を記載した書類

ハ	法人が施行令39条の12第８項１号に掲げる方法、同項７号に掲げる方法（同項１号に掲げる方法に準ずる方法に限ります）、同項１号に掲げる方法と同等の方法又は同項７号に掲げる方法（同項１号に掲げる方法に準ずる方法に限ります）と同等の方法を選定した場合におけるこれらの方法により当該法人及び当該法人に係る国外関連者に帰属するものとして計算した金額を算出するための書類（ロ及びトに掲げる書類を除きます）
ニ	法人が施行令39条の12第８項６号に掲げる方法、同項７号に掲げる方法（同項６号に掲げる方法に準ずる方法に限ります）、同項６号に掲げる方法と同等の方法又は同項７号に掲げる方法（同項６号に掲げる方法に準ずる方法に限ります）と同等の方法を選定した場合におけるこれらの方法により当該国外関連取引を行った時の現在価値として割り引いた金額の合計額を算出するための書類
ホ	法人が独立企業間価格を算定するに当たり用いた予測の内容、当該予測の方法その他当該予測に関する事項を記載した書類（ハ及びニに掲げる書類を除きます）
ヘ	法人が複数の国外関連取引を一の取引として独立企業間価格の算定を行った場合のその理由及び各取引の内容を記載した書類
ト	比較対象取引等について差異調整（措置法66条の４第２項１号イに規定する調整、施行令39条の12第６項に規定する必要な調整、同条第７項に規定する必要な調整、同条第８項１号イに規定する必要な調整、同号ハ(1)に規定する必要な調整、同項２号に規定する必要な調整、同項３号に規定する必要な調整、同項４号に規定する必要な調整及び同項５号に規定する必要な調整をいい、第３項（前項において準用する場合を含みます）に規定する中央値による調整を含みます）（措置法66条の４第２項１号ニに掲げる準ずる方法に係る差異調整に相当する調整、施行令39条の12第８項７号に掲げる方法に係る差異調整に相当する調整及び措置法66条の４第２項２号に定める方法に係る差異調整に相当する調整を含みます。「差異調整等」）を行った場合のその理由及び当該差異調整等の方法を記載した書類

また、国外関連取引を行う法人が、その確定申告書に「国外関連者に関する明細書」（法人税申告書別表17(4)）を添付していない場合又はその別表の記載内容が十分でない場合には、国税庁としては、その別表の提出を督促し、又はその記載の内容について補正を求めるとともに、その国外関連取引の内容について一層的確な把握に努めることとされています（移転価格事務運営指針３－３）。

第６　移転価格税制の執行

1　基本方針

国税庁は、移転価格税制の執行に当たり、その基本方針として、移転価格税制に係る事務については、この税制が独立企業原則に基づいていることに配意し、適正に行っていく必要があり、そのために、次に掲げる３つの基本方針に従ってその事務を運営する、としています（移転価格事務運営指針１－２）。

移転価格税制の執行に関する3つの基本方針	① 移転価格調査	法人の国外関連取引に付された価格が非関連者間の取引において通常付された価格となっているかどうかを十分に検討し、問題があると認められる取引を把握した場合には、市場の状況及び業界情報等の幅広い事実の把握に努め、算定方法・比較対象取引の選定や差異調整等について的確な調査を実施します
	② 事前確認	独立企業間価格の算定方法及びその具体的内容等に関し、法人の申出を受け、また、その申出に係る相互協議の合意がある場合にはその内容を踏まえ、事前確認を行うことにより、その法人の予測可能性を確保し、移転価格税制の適正・円滑な執行を図ります
	③ 移転価格調査と事前確認	移転価格税制に基づく課税により生じた国際的な二重課税の解決には、移転価格に関する各国税務当局による共通の認識が重要であることから、調査又は事前確認の審査に当たっては、必要に応じOECD移転価格ガイドラインを参考にし、適切な執行に努めます

※　令和４年６月10日に「移転価格事務運営指針」が一部改正されました。

2　調査の方針

わが国においては、移転価格調査に当たっては、次のような方針が打ち出されています。すなわち、調査に当たっては、租税特別措置法通達66の４(3)－３《比較対象取引の選定に当たって検討すべき諸要素等》（389ページ参照）に掲げる諸要素等に基づいて国外関連取引の内容等を的確に把握し、形式的な検討に陥ることなく個々の取引実態に即した検討を行って移転価格税制上の問題の有無を的確に判断する。この場合においては、当該国外関連取引を行った法人が当該国外関連取引を行うこと以外に選ぶことのできる合理的な他の選択肢の条件と比べて当該国外関連取引の条件が当該法人の事業目的に照らして明らかに不利な条件になっていないか配意するとともに、例えば次の事項に配意して当該国外関連取引を検討するとしています（移転価格事務運営指針３－１）。

国外関連取引の検討において配意すべきこと

① 法人の国外関連取引に係る売上総利益率又は営業利益率等（「利益率等」）が、同様の市場で法人が非関連者と行う取引のうち、規模、取引段階その他の内容が類似する取引に係る利益率等に比べて過少となっていないか

② 法人の国外関連取引に係る利益率等が、その国外関連取引に係る事業と同種で、規模、取引段階その他の内容が類似する事業を営む非関連者である他の法人のその事業に係る利益率等に比べて過少となっていないか

③ 法人及び国外関連者が国外関連取引において果たす機能又は負担するリスク等を勘案した結果、法人のその国外関連取引に係る利益が、その国外関連者のその国外関連取引に係る利益に比べて相対的に過少となっていないか

3　調査に当たり配意する事項

国税庁の事務運営指針によると、国外関連取引の検討は、確定申告書及び調査等により収集した資料等を基に行うこととされています。また、独立企業間価格の算定を行うまでには、個々の取引実態に即した多面的な検討を行うこととされ、例えば、次のような検討方法により、効果的な調査展開を図るとしています（移転価格事務運営指針３－２）。

移転価格調査における検討方法

① 法人の国外関連取引に係る事業と同種で、規模、取引段階その他の内容が概ね類似する複数の非関連取引（比較対象取引の候補と考えられる取引）に係る利益率等の範囲内に、国外関連取引に係る利益率等があるかどうかを検討します

② 国外関連取引に係る棚卸資産等が一般的に需要の変化、製品のライフサイクル等により価格が相当程度変動することにより、各事業年度又は連結事業年度ごとの情報のみで検討することが適切でないと認められる場合には、その事業年度又は連結事業年度の前後の合理的な期間におけるその国外関連取引又は比較対象取引の候補として考えられる取引の対価の額又は利益率等の平均値等を基礎として検討します

③ 国外関連取引に係る対価の額が当該国外関連取引に係る取引条件等の交渉において決定された過程等について、次の点も考慮の上、十分検討します。

イ　法人及びその国外関連者が国外関連取引に係るそれぞれの事業の業績を適切に評価するために、独立企業原則を考慮して当該国外関連取引に係る対価の額を決定する場合があること

ロ　法人又は国外関連者が複数の者の共同出資により設立されたものである場合には、その出資者など国外関連取引の当事者以外の者が当該国外関連取引に係る取引条件等の交渉の当事者となる場合があること。また、当該交渉において独立企業原則を考慮した交渉が行われる場合があること

4　調査時に検査を行う書類等

移転価格調査が開始されると、国税当局からたくさんの資料に関して提出依頼が行

われます。納税者は、①自己の設定した移転価格の妥当性を主張すること、②納税者が国税当局の求めに応じて資料等を提出しなかった場合の比較対象企業への質問検査、そして、推定課税を防止するためにこれに対して誠実に対応することが必要です。

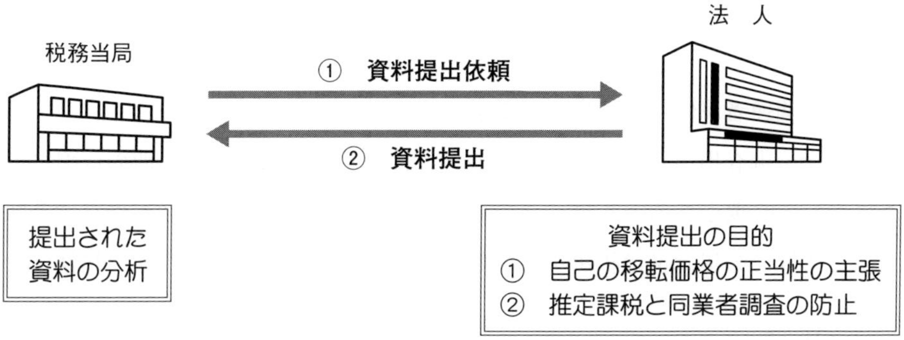

国税庁は、移転価格調査に当たって検討する資料を次のように例示しています（移転価格事務運営指針３－４）。

(1)　法人及び国外関連者ごとの資本関係及び事業内容を記載した書類

- イ　法人及び関連会社間の資本及び取引関係を記載した書類
- ロ　法人及び国外関連者の沿革及び主要株主の変遷を記載した書類
- ハ　法人にあっては有価証券報告書又は計算書類その他事業内容を記載した書類、国外関連者にあってはそれらに相当する書類
- ニ　法人及び国外関連者の主な取扱品目及びその取引金額並びに販売市場及びその規模を記載した書類
- ホ　法人及び国外関連者の事業別の業績、事業の特色、各事業年度の特異事項等その事業の内容を記載した書類

(2)　措置法施行規則第22条の10第１項第１号において国外関連取引の内容を記載した書類として掲げる書類

(3)　措置法施行規則第22条の10第１項第２号において独立企業間価格を算定するための書類として掲げる書類

(4)　その他の書類

- イ　法人及び国外関連者の経理処理基準の詳細を記載した書類
- ロ　外国税務当局による国外関連者に対する移転価格に係る調査の内容を記載した書類

ハ	国外関連者が、ローカルファイルに相当する書類を作成している場合（法人が当該国外関連者との取引に係るローカルファイルに相当する書類に記載された事項についてローカルファイルを作成している場合を除く。）の当該書類
ニ	その他必要と認められる書類

(注)　必要に応じて、事業概況報告事項及び国別報告事項を参照する。

5　国外関連者が保存する資料の要求

国税庁の調査担当者は、法人とその法人に係る国外関連者との間の取引に関する調査について必要があるときは、その法人に対し、その国外関連者が保存する帳簿書類又はその写しの提示又は提出を求めることができるとされています（措法66の４⑯）。

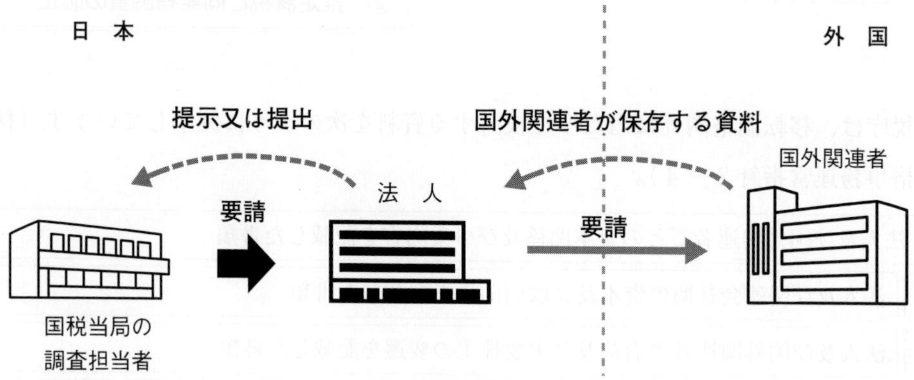

6　移転価格課税に係る更正期間等の延長

令和元年度税制改正で移転価格課税に係る法人税の更正期間が７年に延長されました（措法66の４㉗）。これに伴い、更正の請求期間（措法66の４㉗）及び移転価格課税に係る国税の徴収権の消滅時効（措法66の４㉘）についても７年間となりました（令和２年４月１日以後事業年度より適用）。

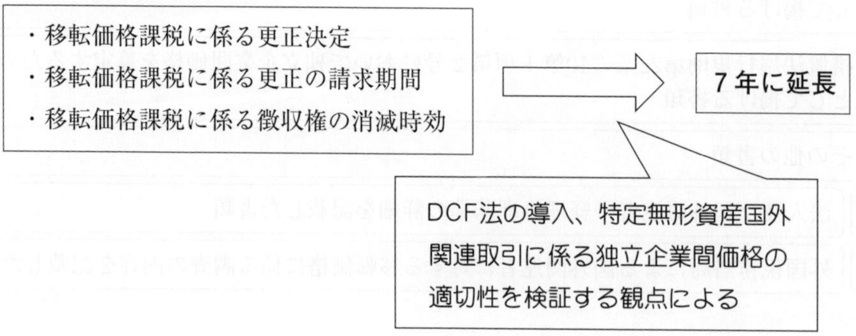
・移転価格課税に係る更正決定
・移転価格課税に係る更正の請求期間
・移転価格課税に係る徴収権の消滅時効
７年に延長
DCF法の導入、特定無形資産国外
関連取引に係る独立企業間価格の
適切性を検証する観点による

区　分		通常の法人税（改正後）	移転価格税制
納税者	更正の請求	５年	７年（措法66の４㉖）
課税庁による	増額更正	５年	７年（措法66の４㉗）
	減額更正	５年	７年（同上）

第７　同時文書化

１　原則

法人が、当該事業年度において、当該法人に係る国外関連者との間で国外関連取引を行った場合には、当該国外関連取引に係る独立企業間価格を算定するために必要と認められる書類として財務省令で定める書類（電磁的記録を含みます。「ローカルファイル」といいます）を、当該事業年度の確定申告書の提出期限までに作成し、又は取得し、財務省令で定めるところにより保存しなければならないこととされました（措法66の４⑥）。これは、「同時文書化」と呼ばれるものであり、先進諸国の多くの国で導入されているものです。そして、同時文書化義務のある国外関連取引のことを「同時文書化対象国外関連取引」といいます。

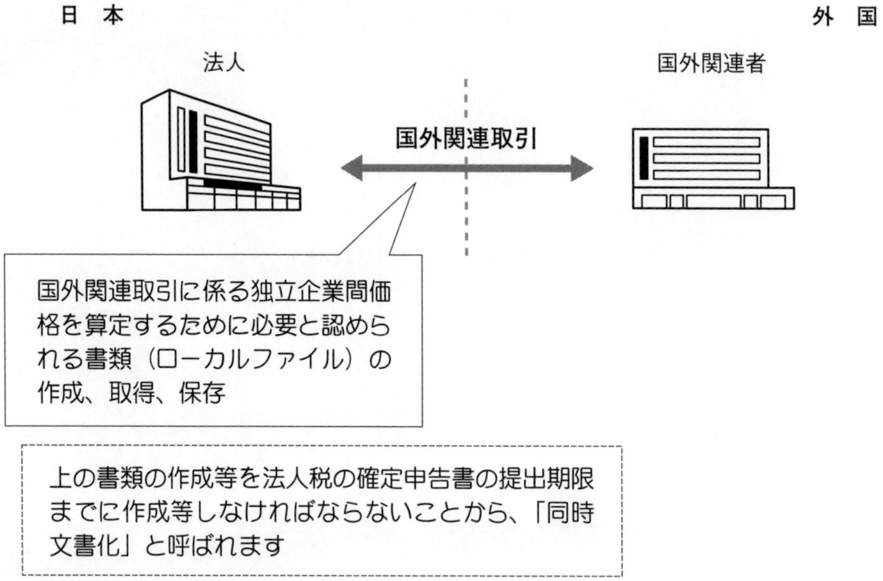

２　例外

上の同時文書化は、一定規模以上の取引がある法人にのみ適用するため、次に掲げるいずれにも該当する場合には、その国外関連者との間における国外関連取引については同時文書化義務がない（これを「同時文書化免除国外関連取引」といいます）ことになります（措法66の４⑦）。

①	前事業年度において、一つの国外関連者との間で行った国外関連取引について、その国外関連者から支払を受ける対価の額及び支払う対価の額の合計額が50億円未満であること
②	前事業年度において、一つの国外関連者との間で行った国外関連取引のうち、特許権・実用新案権等の譲渡又は貸付け等について、その国外関連者から支払を受ける対価の額及び支払う対価の額の合計額が３億円未満であること

なお、この他、法人が前事業年度において一つの国外関連者との間で行った国外関連取引がない場合についても、同時文書化義務はないことになります。

3　ローカルファイルの概要

平成28年度税制改正により、「独立企業間価格を算定するために必要と認められる書類」のことを、通称「ローカルファイル」と呼ぶこととされました。これまでもローカルファイルを作成することとされていましたが、その作成期限が確定申告書の提出期限と早まりました。これが同時文書化といわれる理由です。

このほか、ローカルファイルは法人の国内事務所において、確定申告書の提出期限の翌日から７年間保存することが義務付けられました。

また、調査において提示又は提出を求められた日から一定の期日（以下の４と５をご参照ください）に提出しなければなりません。

4　ローカルファイルの書類

ローカルファイルの書類として、⑴国外関連取引の内容を記載した書類（措規22の10⑥一）、及び⑵国外関連取引に係る独立企業間価格を算定するための書類（措規22の10⑥二）、があります。

⑴　国外関連取引の内容を記載した書類

イ	当該国外関連取引に係る資産の明細及び役務の内容を記載した書類
ロ	当該国外関連取引において租税特別措置法66条の４第１項の法人及び当該法人に係る国外関連者（同項に規定する国外関連者をいいます。以下この項において同じ）が果たす機能並びに当該国外関連取引において当該法人及び当該国外関連者が負担するリスク（為替相場の変動、市場金利の変動、経済事情の変化その他の要因による当該国外関連取引に係る利益又は損失の増加又は減少の生ずるおそれをいいます。ロにおいて同じ）に係る事項（当該法人又は当該国外関連者の事業再編（合併、分割、事業の譲渡、事業上の重要な資産の譲渡その他の事由による事業の構造の変更をいいます。ロにおいて同じ）により当該国外関連取引において当該法

	人若しくは当該国外関連者が果たす機能又は当該国外関連取引において当該法人若しくは当該国外関連者が負担するリスクに変更があった場合には、その事業再編の内容並びにその機能及びリスクの変更の内容を含みます）を記載した書類
ハ	租税特別措置法66条の４第１項の法人又は当該法人に係る国外関連者が当該国外関連取引において使用した無形固定資産その他の無形資産の内容を記載した書類
ニ	当該国外関連取引に係る契約書又は契約の内容を記載した書類
ホ	租税特別措置法66条の４第１項の法人が、当該国外関連取引において当該法人に係る国外関連者から支払を受ける対価の額又は当該国外関連者に支払う対価の額の明細、当該支払を受ける対価の額又は当該支払う対価の額の設定の方法及び当該設定に係る交渉の内容を記載した書類並びに当該支払を受ける対価の額又は当該支払う対価の額に係る独立企業間価格（同項に規定する独立企業間価格をいいます。以下この条において同じ）の算定の方法及び当該国外関連取引（当該国外関連取引と密接に関連する他の取引を含みます）に関する事項についての我が国以外の国又は地域の権限ある当局による確認がある場合（当該法人の納税地を所轄する国税局長又は税務署長による確認がある場合を除きます）における当該確認の内容を記載した書類
ヘ	租税特別措置法66条の４第１項の法人及び当該法人に係る国外関連者の当該国外関連取引に係る損益の明細並びに当該損益の額の計算の過程を記載した書類
ト	当該国外関連取引に係る資産の販売、資産の購入、役務の提供その他の取引に係る市場に関する分析（当該市場の特性が当該国外関連取引に係る対価の額又は損益の額に与える影響に関する分析を含みます）その他当該市場に関する事項を記載した書類
チ	租税特別措置法66条の４第１項の法人及び当該法人に係る国外関連者の事業の内容、事業の方針及び組織の系統を記載した書類
リ	当該国外関連取引と密接に関連する他の取引の有無及びその取引の内容並びにその取引が当該国外関連取引と密接に関連する事情を記載した書類

⑵　国外関連取引に係る独立企業間価格を算定するための書類

イ	当該法人が選定した法66条の４第２項に規定する算定の方法、その選定に係る重要な前提条件及びその選定の理由を記載した書類その他当該法人が独立企業間価格を算定するに当たり作成した書類（ロからトまでに掲げる書類を除きます）
ロ	当該法人が採用した当該国外関連取引に係る比較対象取引の選定に係る事項及び当該比較対象取引等の明細を記載した書類
ハ	当該法人が施行令39条の12第８項第１号に掲げる方法、同項第７号に掲げる方法（同項第１号に掲げる方法に準ずる方法に限ります）、同項第１号に掲げる方法と同等の方法又は同項第７号に掲げる方法（同項第１号に掲げる方法に準ずる方法に限ります）と同等の方法を選定した場合におけるこれらの方法により当該法人及び当該法人に係る国外関連者に帰属するものとして計算した金額を算出するための書類（ロ及びトに掲げる書類を除きます）

ニ	当該法人が施行令39条の12第８項第６号に掲げる方法、同項第７号に掲げる方法（同項第６号に掲げる方法に準ずる方法に限ります）、同項第６号に掲げる方法と同等の方法又は同項第７号に掲げる方法（同項第６号に掲げる方法に準ずる方法に限ります）と同等の方法を選定した場合におけるこれらの方法により当該国外関連取引を行った時の現在価値として割り引いた金額の合計額を算出するための書類
ホ	当該法人が独立企業間価格を算定するに当たり用いた予測の内容、当該予測の方法その他当該予測に関する事項を記載した書類（ハ及びニに掲げる書類を除きます）
ヘ	当該法人が複数の国外関連取引を一の取引として独立企業間価格の算定を行った場合のその理由及び各取引の内容を記載した書類
ト	比較対象取引等について差異調整等を行った場合のその理由及び当該差異調整等の方法を記載した書類

5　同時文書化対象国外関連取引に係る一定期間経過後の推定規定の適用

国税庁・所轄国税局・所轄税務署の当該職員が、

イ　同時文書化対象国外関連取引に係る財務省令で定める書類（写しを含みます）の提示又は提出を求めた日から45日以内、又は提出の準備に通常要する日数を勘案して当該職員が指定する日までにこれらの書類を提出しなかったとき、	ロ　同時文書化対象国外関連取引に係る独立企業間価格を算定するために重要と認められる書類（財務省令で規定）（写しを含みます）の提示又は提出を求めた日から60日以内、又は提出の準備に通常要する日数を勘案して当該職員が指定する日までにこれらの書類を提出しなかったとき、
⇩	⇩

税務署長は、推定規定により算定した金額を独立企業間価格と推定して、当該法人の当該事業年度の所得（損失）の金額につき更正又は決定を行うことができることとされます（措法66の４⑫）

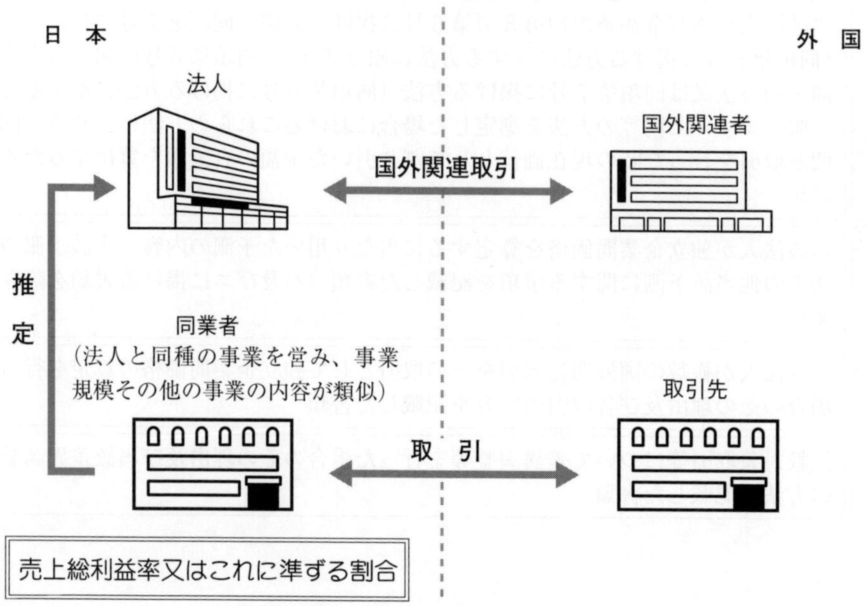

推定課税の方法

① その法人のその国外関連取引に係る事業と同種の事業を営む法人で事業規模その他の事業の内容が類似するもののその事業に係る売上総利益率又はこれに準ずる割合として政令で定める割合を基礎とした再販売価格基準法、原価基準法又はそれらと同等の方法

② 利益分割法、取引単位営業利益法又はそれらと同等の方法に類するものとして政令で定める方法（②に掲げる方法は、①に掲げる方法を用いることができない場合に限り、用いることができます）

推定課税が行われた場合には、納税者は自己の主張する取引価格が独立企業間価格であることを立証しない限り、国税当局の算定した価格が独立企業間価格とみなされることになります。

6　同時文書化免除国外関連取引に係る一定期間経過後の推定規定の適用

国税庁・所轄国税局・所轄税務署の当該職員が、同時文書化免除国外関連取引に係る独立企業間価格を算定するために重要と認められる書類（財務省令で規定）（写しを含みます）の提示又は提出を求めた日から60日以内、又は提出の準備に通常要する日数を勘案して当該職員が指定する日までにこれらの書類を提出しなかったとき、税務署長は、推定規定により算定した金額を独立企業間価格と推定して、当該法人の当該事業年度の所得（損失）の金額につき更正又は決定を行うことができることとされます（措法66の４⑭）。

7　同時文書化義務国外関連取引に係る質問検査権

国税庁・所轄国税局・所轄税務署の当該職員が、

イ　同時文書化対象国外関連取引に係る財務省令で定める書類（写しを含みます）の提示又は提出を求めた日から45日以内、又は提出の準備に通常要する日数を勘案して当該職員が指定する日までにこれらの書類を提出しなかったとき、若しくは

ロ　同時文書化対象国外関連取引に係る独立企業間価格を算定するために重要と認められる書類（財務省令で規定）（写しを含みます）の提示又は提出を求めた日から60日以内、又は提出の準備に通常要する日数を勘案して当該職員が指定する日までにこれらの書類を提出しなかったとき、

税務署長は、同時文書化対象国外関連取引に係る独立企業間価格を算定するために必要と認められるときは、その必要と認められる範囲内において、当該法人の当該同時文書化対象国外関連取引に係る事業と同種の事業を営む者に質問し、又は当該事業に係る帳簿書類等を検査し、又は当該帳簿書類の提示若しくは提出を求めることができることとされています（措法66の4⑰）。

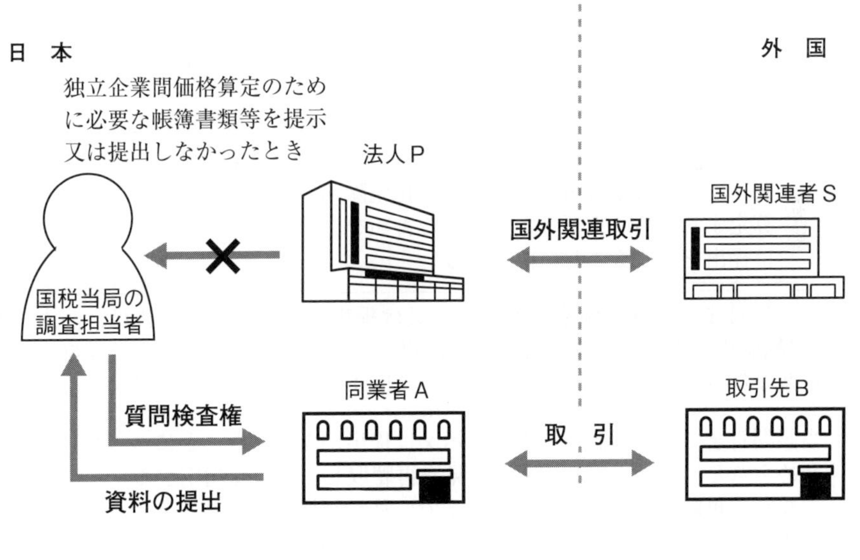

上の図でいえば、ＰＳ間の取引が国外関連取引であり、これが問題になっているとして、Ｐの同業者であるＡがＢとの間で行っている取引に関する資料等によりその取引価格及び利益率等を見れば、独立企業間価格の算定を行うことができることになります。

一方、国税庁からは、「推定規定又は同業者に対する質問検査規定の適用に当たっての留意事項」として、次のように規定されています。

《移転価格事務運営指針３―５（推定規定又は同業者に対する質問検査規定の適用に当たっての留意事項）》

３－５　法人に対しローカルファイル、同時文書化対象国外関連取引に係る独立企業間価格を算定するために重要と認められる書類（電磁的記録を含む。以下３－５において同じ。）、若しくは措置法第66条の４第14項に規定する同時文書化免除国外関連取引に係る独立企業間価格を算定するために重要と認められる書類（電磁的記録を含む。以下３－５において同じ。）又はこれらの写し（以下3-6までにおいて「移転価格文書」という。）の提示又は提出を求めた場合において、当該法人から当該職員が指定する日までに移転価格文書の提示又は提出がなかったときは、同条第12項及び第17項又は第14項及び第18項の規定を適用することができるのであるが、これらの規定の適用に当たっては、次の事項に配意する。

(1)　独立企業間価格を算定するために、移転価格文書の提示又は提出を求める場合には、法人に対し、「期日までに移転価格文書の提示又は提出がないときは、措置法第66条の４第12項及び第17項又は第14項及び第18項の適用要件を満たす」旨を説明するとともに、当該説明を行った事実及びその後の法人からの提示又は提出の状況を記録する。

(2)　(1)の提示又は提出を求める場合には、法人に対し、ローカルファイルについては45日を超えない範囲内において、また、同時文書化対象国外関連取引に係る独立企業間価格を算定するために重要と認められる書類及び同時文書化免除国外関連取引に係る独立企業間価格を算定するために重要と認められる書類については60日を超えない範囲内において期日を指定して当該提示又は提出を求める。

(注)１　当該期日は、当該法人の意見を聴取した上で当該提示又は提出の準備に通常要する日数を勘案して指定する。

２　法人に対し、移転価格文書の提示又は提出を求める場合には、ローカルファイル、同時文書化対象国外関連取引に係る独立企業間価格を算定するために重要と認められる書類及び同時文書化免除国外関連取引に係る独立企業間価格を算定するために重要と認められる書類を区分した上で、これらの書類の提示又は提出を求めることに留意する。

(3)　当該期日までに移転価格文書の提示又は提出がなかった場合には、法人に対し、「移転価格文書が期日までに提示又は提出されなかったため措置法第66条の４第12項及び第17項又は第14項及び第18項の適用要件を満たす」旨を説明する。

(4)　当該期日までに移転価格文書の提示又は提出がなかったことにつき合理的な理由が認められる場合は、当該法人の意見を再聴取し、期日を指定する。

なお、再聴取して指定した期日までに移転価格文書に該当するものとして提示又は提出された書類（電磁的記録を含む。以下同じ。）があり、当該書類を総合的に検討した結果、独立企業間価格の算定ができる場合には、措置法第66条の４第12項及び第17項又は第14項及び第18項の規定の適用をしないことに留意する。

(注)　法人が、指定された期日までに当該提示又は提出をできなかったことにつき合理的な理由が認められる場合には、例えば、当該法人が災害によりこれをできなかった場合が該当する。

(5)	法人から移転価格文書に該当するものとして提示又は提出された書類を総合的に検討して独立企業間価格の算定ができるかどうかを判断するのであるが、当該判断の結果、当該書類に基づき独立企業間価格を算定することができず、かつ、措置法第66条の４第12項及び第17項又は第14項及び第18項の規定の適用がある場合には、当該法人に対しその理由を説明する。 ㈲　当該書類が不正確な情報等に基づき作成されたものである場合には、当該書類の提示又は提出については、移転価格文書の提示又は提出には該当しない。 　この場合には、当該法人に対し、正確な情報等に基づき作成した移転価格文書を速やかに提示又は提出するよう求めるものとする。
(6)	措置法第66条の４第17項又は第18項の規定を適用して把握した非関連者間取引を比較対象取引として選定した場合には、当該選定のために用いた条件、当該比較対象取引の内容、差異の調整方法等を法人に対し十分説明するのであるが、この場合には、国税通則法第126条（職員の守秘義務規定）の規定に留意するとともに、当該説明を行った事実を記録する。

8　同時文書化免除国外関連取引に係る質問検査権

国税庁・所轄国税局・所轄税務署の当該職員が、

イ　同時文書化対象国外関連取引に係る財務省令で定める書類（写しを含みます）の提示又は提出を求めた日から45日以内、又は提出の準備に通常要する日数を勘案して当該職員が指定する日までにこれらの書類を提出しなかったとき、若しくは

ロ　同時文書化対象国外関連取引に係る独立企業間価格を算定するために重要と認められる書類（財務省令で規定）（写しを含みます）の提示又は提出を求めた日から60日以内、又は提出の準備に通常要する日数を勘案して当該職員が指定する日までにこれらの書類を提出しなかったとき、

税務署長は、同時文書化免除国外関連取引に係る独立企業間価格を算定するために必要と認められるときは、その必要と認められる範囲内において、当該法人の当該同時文書化対象国外関連取引に係る事業と同種の事業を営む者に質問し、又は当該事業に係る帳簿書類等を検査し、又は当該帳簿書類の提示若しくは提出を求めることができます（措法66の４⑱）。

第８　独立企業間価格の算定のために必要な書類

１　はじめに

独立企業間価格の算定のために必要な書類については、これまでも財務省令において規定されてきました。

一方、多国籍企業による国際的租税回避を受けて、2015年10月５日にG20／OECDがBEPS行動計画最終報告書を公表しました。その中で、多国籍企業グループの透明性をより高めることを目的として文書化強化の必要性が強調されました。そこで、わが国としても、多国籍企業グループの透明性の確保と国際協調の観点から、平成28年度税制改正でこれを具体化することになりました。

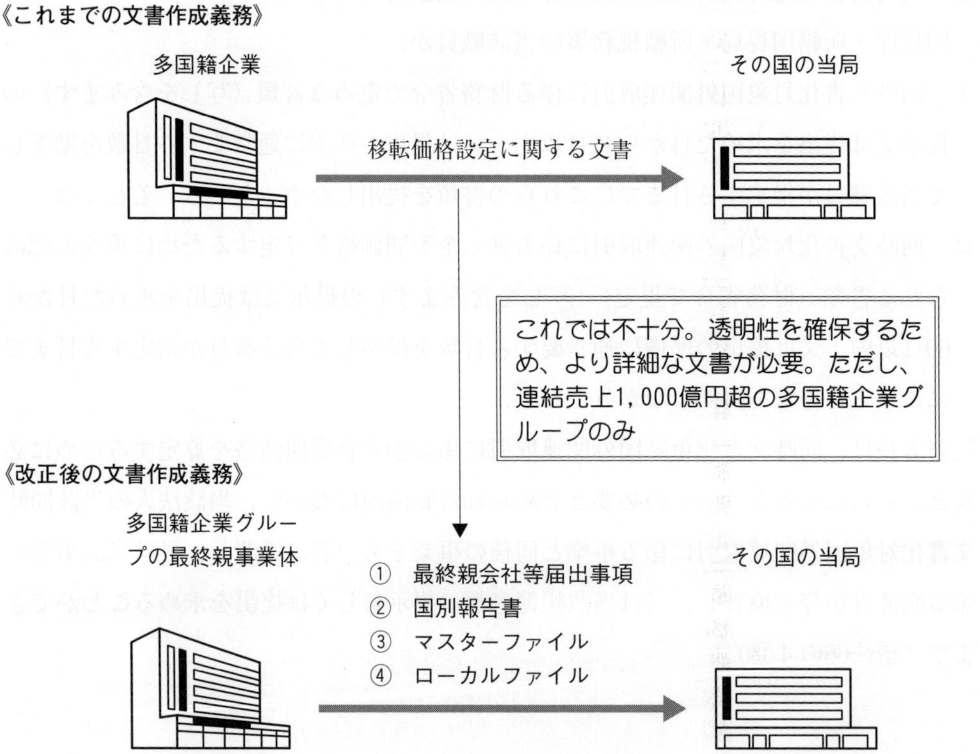

そこで、平成28年度税制改正においては、2015年10月にBEPS行動計画の最終報告書で新しい『国際課税の共通インフラ』が明示されたことを受けて、より詳細な４つの文書を作成することが義務づけられることになりました。

なお、これら４つの文書は、OECD租税委員会の議論を受けて、G20財務相中央銀行総裁会議で承認された『国際課税の共通インフラ』と同一であり、主要国においてほぼ同様の規定が既に導入され又は今後導入される予定になっています。

①	**最終親会社等届出事項**	最終親会社等に関する情報
②	**国別報告書**	多国籍企業グループが各国で行う事業活動に係る収入金額、税引前利益の額、納付税額などを記載した国別報告事項を記載した文書
③	**マスターファイル**	多国籍企業グループが各国で行う事業活動についての概況、具体的には、多国籍企業グループの組織構造、事案の概要、財務状況等を記載した事業概況報告事項を記載した文書
④	**ローカルファイル**	独立企業間価格を算定するために必要と認められる事項を記載した文書

このうち、日本に多国籍企業グループの親事業体がある場合には、①から③までのすべての書類を提出することになりますが、外国に多国籍企業グループの親事業体がある場合には、④のみを国税当局に提出することになります。

なお、改正前においては、ローカルファイルについては、日本を含む多くの国で提出が義務づけられていたこともあり、前節（第７）で説明しています。そこで、平成28年度税制改正により①から③について、新たに作成義務が課されることとなったことになります。

《多国籍企業グループの最終親事業体が日本にある場合》

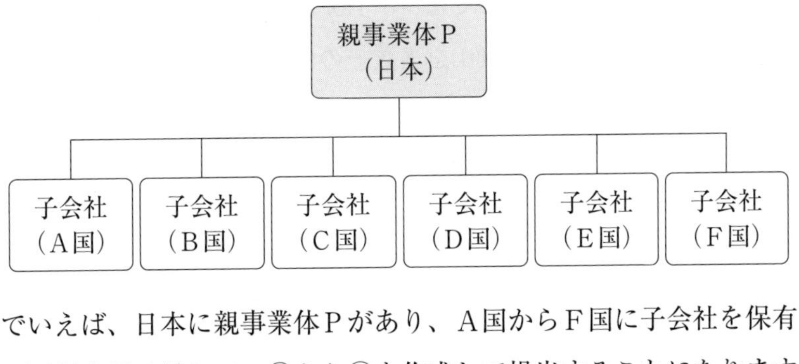

上の図でいえば、日本に親事業体Pがあり、A国からF国に子会社を保有している場合、Pは国税当局に対して、①から④を作成して提出することになります。

《多国籍企業グループの最終親事業体が外国にある場合》

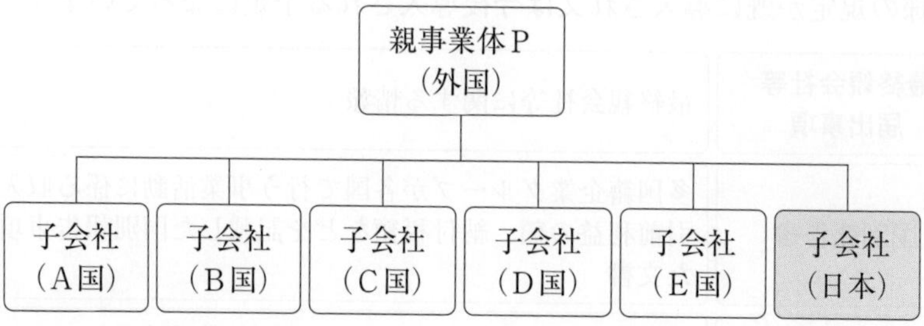

上の図でいえば、多国籍企業グループの子会社が日本に所在する場合、日本子会社は、国税当局に対して④の文書を提出しなければならないこととされます。

以下、提出すべき文書について順に説明します。

２　最終親会社等届出事項

(1)　はじめに

特定多国籍企業グループの構成会社等である内国法人又は恒久的施設を有する外国法人は、最終親会社等及び代理親会社等に関する情報を記載した最終親会社等届出事項を、報告対象となる会計年度の終了の日までに、e-Taxにより、所轄税務署長に提供する必要があります（措法66の４の４⑤）。

なお、最終親会社等届出事項を提供すべき内国法人及び恒久的施設を有する外国法人が複数ある場合には、原則として全ての法人に最終親会社等届出事項を提供する義務が生じますが、特例として、これらの法人のうちいずれか一の法人が、報告対象となる会計年度の終了の日までに、e-Taxにより、最終親会社等届出事項を代表して提供する法人に関する情報㊟を当該一の法人に係る所轄税務署長に提供した場合には、代表となる法人以外の法人は、最終親会社等届出事項を提供する必要がなくなります（措法66の４の４⑥）。

㊟　情報の主な内容は次のとおりです（措規22の10の４⑩）。

最終親会社等届出事項を代表して提供する法人の名称、本店等所在地、法人番号、代表者の氏名等

最終親会社等届出事項を代表して提供する法人以外の法人の名称、本店等所在地、法人番号、代表者の氏名等

(2)　最終親会社等届出事項の概要

最終親会社等届出事項の届出義務があるのは、特定多国籍企業グループの構成会

社である内国法人又は恒久的施設を有する外国法人です。

届出項目は、次のとおりです（措規22の10の４⑨）。

①	名称
②	本店又は主たる事務所の所在地（最終親会社等の居住地国が外国である場合は本店、主たる事務所又は管理支配されている場所の所在地）
③	法人番号
④	代表者の氏名

提出期限は、報告対象となる会計年度の終了の日までとなります。

３　国別報告事項

(1)　背景

国別報告事項が求められる理由は、多国籍企業グループによっては、進出先国において納付税額がゼロ又は非常に少額になる場合があり、それがいわゆる国際的租税回避によることがあるため、一定規模以上の多国籍企業グループに対して、それを構成する事業体が所在する国ごとに、納税額等の一定事項を報告させる必要があります。

《多国籍企業グループの一部の構成事業体がその所在地国で納税していない場合》

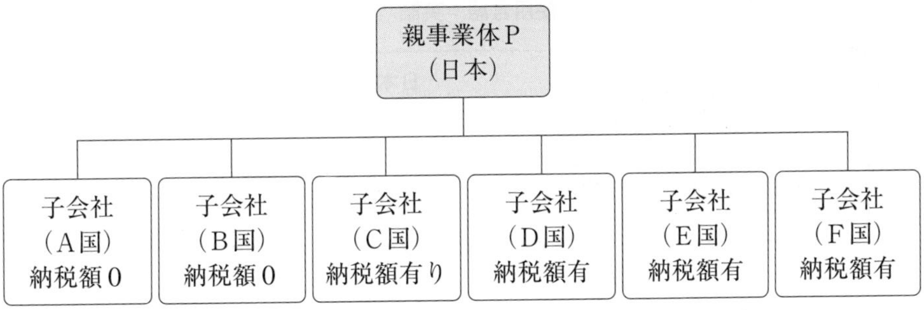

上の図でいえば、子会社が所在するＡ国とＢ国が日本のように一定割合の法人税等を課す国であるが、納税額がゼロだと仮定します。この場合、この多国籍企業グループが国際的租税回避を行っているか否か、について確認する必要があります。また、Ａ国とＢ国がいわゆるタックス・ヘイブンである場合、両国の子会社の収入金額や税引前利益の額などが適正であるか否かについても検討する必要があります。

そこで、多国籍企業グループの最終親事業体である内国法人は、当該多国籍企業グループに係る国別報告事項を、最終親事業体の会計年度終了の日の翌日から１年を経過する日までに、電子情報処理組織を使用する方法（e-Tax）により、税務署長に提供しなければならないこととされます。

(2) 原則的方法としての条約方式

特定多国籍企業グループの構成会社等である内国法人（最終親会社等又は代理親会社等に該当するものに限ります）は、国別報告事項を、報告対象となる会計年度の終了の日の翌日から１年以内に、e-Taxにより、所轄税務署長に提供する必要があります（措法66の４の４①）。

この場合、当該国別報告事項は、租税条約等に基づく情報交換制度により、構成会社等の居住地国の税務当局へ提供されます（この方法を「条約方式」といいます）。

なお、最終親会社等及び代理親会社等が外国に所在する場合には、当該最終親会社等又は代理親会社等が居住地国の税務当局に提出した国別報告事項に相当する情報が当該外国の税務当局から日本の国税当局に提供されるため、原則として特定多国籍企業グループの構成会社等である内国法人及び恒久的施設を有する外国法人には国別報告事項の提供義務が生じません。

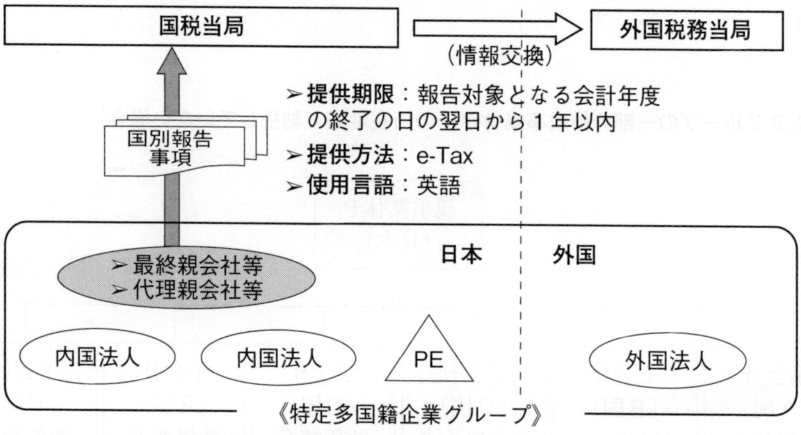

（出典：財務省資料）

(3) 例外的方法としての子会社方式

最終親会社等（代理親会社等を指定した場合には、代理親会社等）の居住地国の税務当局が国別報告事項に相当する情報の提供を我が国に対して行うことができないと認められる次の①から③の場合に該当するときは、特定多国籍企業グループの構成会社等である内国法人（最終親会社等又は代理親会社等に該当するものを除きます）又は恒久的施設を有する外国法人は、国別報告事項を、報告対象となる会計年度の終了の日から１年以内に、e-Taxにより、所轄税務署長に提供する必要があります（措法66の４の４②、措令39の12の４①）。

①	最終親会社等（代理親会社等を指定した場合には代理親会社等。②・③において同じ）の居住地国（租税条約等の相手国等に限ります。②・③において同じ）において、最終親会計年度に係る国別報告事項に相当する事項の提供を求めるために必要な措置が講じられていない場合
②	財務大臣と最終親会社等の居住地国の権限ある当局との間の適格当局間合意㈱がない場合
③	最終親会計年度の終了の日において、最終親会社等の居住地国が、我が国が行う国別報告事項の提供に相当する情報の提供を我が国に対して行うことができないと認められる国・地域として国税庁長官に指定されている場合（当局間合意㈱がない場合を除きます）

㈱「適格当局間合意」とは、国別報告事項又はこれに相当する情報（「国別報告事項等」）を相互に提供するための財務大臣と我が国以外の国・地域の権限ある当局との間の国別報告事項等の提供方法等に関する合意（「当局間合意」）で、最終親会計年度終了の日の翌日から１年を経過する日において現に効力を有するものをいいます。

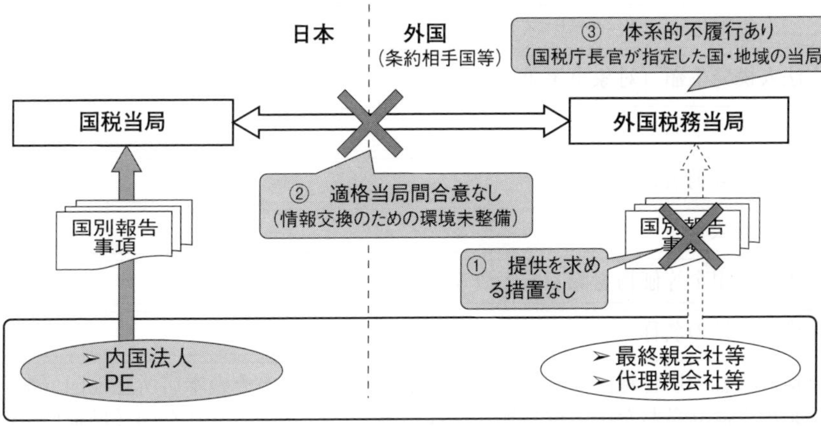

（出典：財務省資料）

(4)　国別報告事項を提供すべき内国法人及び恒久的施設を有する外国法人が複数ある場合

(3)の子会社方式において、国別報告事項を提供すべき内国法人及び恒久的施設を有する外国法人が複数ある場合には、原則として全ての法人に国別報告事項を提供する義務が生じますが、特例として、これらの法人のうちいずれか一の法人が、報告対象となる会計年度の終了の日の翌日から１年以内に、e-Taxにより、国別報告事項を代表して提供する法人に関する情報㈱を当該一の法人に係る所轄税務署長に提供した場合には、代表となる法人以外の法人は、国別報告事項を提供する必要がなくなります（措法66の４の４③）。

(注)　情報の主な内容は次のとおりです（措規22の10の４⑤）。

・　国別報告事項を代表して提供する法人の名称、本店等所在地、法人番号、代表者の氏名等
・　国別報告事項を代表して提供する法人以外の法人の名称、本店等所在地、法人番号、代表者の氏名等

(5)　国別報告事項の項目

特定多国籍企業グループの最終親事業体、子会社等の所在する国ごとに、対象事業年度と使用通貨を記載した上で次の情報を報告することになります（措規22の10の４①）。

①	収入金額（対関連者、非関連者の別、合計）
②	税引前利益（損失）
③	法人税納付額（現金ベース）
④	法人税発生額（対象事業年度）
⑤	払込資本金額
⑥	繰越利益剰余金
⑦	従業員数
⑧	現金・現金等価物を除く有形資産
⑨	構成会社の名称
⑩	構成会社の居住地国と本店所在地国が異なる場合のその本店所在地国（本店所在地国と設立された国又は地域が異なる場合には、設立された国又は地域）の名称及び構成会社の主たる事業の内容
⑪	上記事項について参考となるべき事項

(6)　提供義務者

国別報告事項の提出義務者は、①又は②に掲げる者とされます。

①	条約方式	特定多国籍企業グループの構成会社である内国法人（最終親会社等又は代理親会社等に限ります）
②	子会社方式	特定多国籍企業グループの構成会社である内国法人（最終親会社等又は代理親会社等を除きます）又は恒久的施設を有する外国法人

⑺　国別報告事項の提供義務の免除

直前会計年度（平成28年３月期以降の事業年度）の連結総収入金額が1,000億円未満の多国籍企業グループについては、国別報告事項の提供義務を免除することとされます。

⑻　使用言語

英語とします。

⑼　提供義務の担保策

正当な理由がなく国別報告事項を期限内に税務署長に提出しなかった場合には、30万円以下の罰金に処することとされます（措法66の４の４⑦）。

４　事業概況報告事項（マスターファイル）

⑴　背景

マスターファイルについては、国別報告書と同様、多国籍企業グループの事業の全体像を把握する必要があると考えられたことが導入の背景にあります。国際的租税回避を防止するための、国際課税の共通インフラを整備する必要性に迫られた当局側からの要求により、一定規模以上の多国籍企業グループの最終親事業体に対して、グループ全体の概要がわかるようなマスターファイルの提出が義務づけられることとされました。

⑵　概要

多国籍企業グループに係る事業概況報告事項の提供義務者である法人は、当該多国籍企業グループに係る事業概況報告事項を、最終親事業体の会計年度終了の日の翌日から１年を経過する日までに、電子情報処理組織を使用する方法（e-Tax）により、税務署長に提供しなければならないこととされます（措法66の４の５①）。

なお、事業概況報告事項を提供すべき内国法人及び恒久的施設を有する外国法人が複数ある場合には、原則として全ての法人に事業概況報告事項を提供する義務が生じますが、特例として、これらの法人のうちいずれか一の法人が、報告対象となる会計年度の終了の日の翌日から１年以内に、e-Tax により、事業概況報告事項を代表して提供する法人に関する情報㈱を当該一の法人に係る所轄税務署長に提供した場合には、代表となる法人以外の法人は、事業概況報告事項を提供する必要がなくなります（措法66の４の５②）。

㈲　情報の主な内容は次のとおりです（措規22の10の５③）。

・事業概況報告事項を代表して提供する法人の名称、本店等所在地、法人番号、代表者の氏名等

・事業概況報告事項を代表して提供する法人以外の法人の名称、本店等所在地、法人番号、代表者の氏名等

⑶　多国籍企業グループの範囲

適用される会計基準において、連結財務諸表を作成すべき企業集団（その連結財務諸表における連結親会社が他の連結財務諸表における連結子会社となる企業集団を除きます）で、税務上の居住地国（恒久的施設及び外国における恒久的施設に相当するものの所在地国を含みます）が異なる２以上の事業体を含むものとされます。

⑷　構成事業体の範囲

①　適用される会計基準において、連結財務諸表に財産及び損益の状況が連結して記載される事業体

②　規模の重要性を理由として連結の範囲から除外される事業体

⑸　事業概況報告事項の項目

マスターファイルに含めるべき項目は、次のとおりとされます。

１号	特定多国籍企業グループの構成会社等の名称及び本店又は主たる事務所の所在地並びに当該構成会社等の間の関係を系統的に示した図
２号	特定多国籍企業グループの構成会社等の事業等の概況として次に掲げる事項 イ　当該特定多国籍企業グループの構成会社等の売上、収入その他の収益の重要な源泉 ロ　当該特定多国籍企業グループの主要な５種類の商品若しくは製品又は役務の販売又は提供に係るサプライ・チェーン（消費者に至るまでの一連の流通プロセスをいいます。ハにおいて同じ）の概要及び当該商品若しくは製品又は役務の販売又は提供に関する地理的な市場の概要 ハ　当該特定多国籍企業グループの商品若しくは製品又は役務の販売又は提供に係る売上金額、収入金額その他の収益の額の合計額のうちに当該合計額を商品若しくは製品又は役務の種類ごとに区分した金額の占める割合が100分の５を超える場合における当該超えることとなる商品若しくは製品又は役務の販売又は提供に係るサプライ・チェーンの概要及び当該商品若しくは製品又は役務の販売又は提供に関する地理的な市場の概要（ロに掲げる事項を除きます）

2号	ニ　当該特定多国籍企業グループの構成会社等の間で行われる役務の提供（研究開発に係るものを除きます。ニにおいて同じ）に関する重要な取決めの一覧表及び当該取決めの概要（当該役務の提供に係る対価の額の設定の方針の概要、当該役務の提供に係る費用の額の負担の方針の概要及び当該役務の提供が行われる主要な拠点の機能の概要を含みます） ホ　当該特定多国籍企業グループの構成会社等が付加価値の創出において果たす主たる機能、負担する重要なリスク（為替相場の変動、市場金利の変動、経済事情の変化その他の要因による利益又は損失の増加又は減少の生ずるおそれをいいます）、使用する重要な資産その他当該構成会社等が付加価値の創出において果たす主要な役割の概要 ヘ　当該特定多国籍企業グループの構成会社等に係る事業上の重要な合併、分割、事業の譲渡その他の行為の概要
3号	特定多国籍企業グループの無形資産（以下７号までにおいて「無形資産」といいます）の研究開発、所有及び使用に関する包括的な戦略の概要並びに当該無形資産の研究開発の用に供する主要な施設の所在地及び当該研究開発を管理する場所の所在地
4号	特定多国籍企業グループの構成会社等の間で行われる取引において使用される重要な無形資産の一覧表及び当該無形資産を所有する当該構成会社等の一覧表
5号	特定多国籍企業グループの構成会社等の間の無形資産の研究開発に要する費用の額の負担に関する重要な取決めの一覧表、当該無形資産の主要な研究開発に係る役務の提供に関する重要な取決めの一覧表、当該無形資産の使用の許諾に関する重要な取決めの一覧表その他当該構成会社等の間の無形資産に関する重要な取決めの一覧表
6号	特定多国籍企業グループの構成会社等の間の研究開発及び無形資産に関連する取引に係る対価の額の設定の方針の概要
7号	特定多国籍企業グループの構成会社等の間で行われた重要な無形資産（当該無形資産の持分を含みます。以下この号において同じ）の移転に関係する当該構成会社等の名称及び本店又は主たる事務所の所在地並びに当該移転に係る無形資産の内容及び対価の額その他当該構成会社等の間で行われた当該移転の概要
8号	特定多国籍企業グループの構成会社等の資金の調達方法の概要（当該特定多国籍企業グループの構成会社等以外の者からの資金の調達に関する重要な取決めの概要を含みます）
9号	特定多国籍企業グループの構成会社等のうち当該特定多国籍企業グループに係る中心的な金融機能を果たすものの名称及び本店又は主たる事務所の所在地（当該構成会社等が設立に当たって準拠した法令を制定した国又は地域の名称及び当該構成会社等の事業が管理され、かつ、支配されている場所の所在する国又は地域の名称を含みます）
10号	特定多国籍企業グループの構成会社等の間で行われる資金の貸借に係る対価の額の設定の方針の概要

11号	特定多国籍企業グループの連結財務諸表（連結財務諸表がない場合には、特定多国籍企業グループの財産及び損益の状況を明らかにした書類）に記載された損益及び財産の状況
12号	特定多国籍企業グループの居住地国を異にする構成会社等の間で行われる取引に係る対価の額とすべき額の算定の方法その他当該構成会社等の間の所得の配分に関する事項につき当該特定多国籍企業グループの一の構成会社等の居住地国の権限ある当局のみによる確認がある場合における当該確認の概要
13号	前各号に掲げる事項について参考となるべき事項

⑹　提供義務者

事業概況報告事項の提供義務者は、多国籍企業グループの構成事業体である内国法人又は恒久的施設を有する外国法人とされます。

なお、多国籍企業グループの構成事業体である内国法人及び恒久的施設を有する外国法人が複数ある場合には、これらの法人を代表する１社のみが事業概況報告事項を提供すれば足りることとされます。

⑺　提供義務者等に関する国税当局への報告義務

多国籍企業グループに係る事業概況報告事項の提供義務者等を明らかにするために、事業概況報告事項の提供義務者及び国内に所在する他の構成事業体の名称、所在地その他必要な事項を、電子情報処理組織を使用する方法（e-Tax）により、税務署長に提供しなければならないこととされます。

⑻　事業概況報告事項の提供義務の免除

直前会計年度の連結総収入金額が1,000億円未満の多国籍企業グループについては、事業概況報告事項の提供義務を免除することとされます。

⑼　使用言語

日本語又は英語とされます（措規22の10の５②）。

⑽　提供義務の担保策

事業概況報告事項を期限内に税務署長に提出しなかった場合には、30万円以下の罰金に処することとされます（措法66の４の５③）。

５　独立企業間価格を算定するために必要と認められる書類（ローカルファイル）

ローカルファイルは、従来から作成・提出が義務とされる書類ですが、今般、記載項目の明確化が行われることとなりました。ローカルファイルについては前節をご覧ください。

６　移転価格ガイドブックの公表

平成29年６月、国税庁は『移転価格ガイドブック～自発的な税務コンプライアンスの維持の向上に向けて～』を公表しました。内容は、次のとおり３部構成となっています。

Ⅰ　移転価格に関する国税庁の取組方針 ～移転価格文書化制度の整備を踏まえた今後の方針と取組～

Ⅱ　移転価格税制の適用におけるポイント ～移転価格税制の実務において検討等を行う項目～

Ⅲ　同時文書化対応ガイド ～ローカルファイルの作成サンプル～

これについては、まだまだわかりにくいという声もありますが、移転価格税制について企業サイドによる自発的なコンプライアンスの醸成に役立つものと期待されます。

第９　納税の猶予

１　はじめに

移転価格課税が行われた場合、相互協議の申立てを行う内国法人に対して、移転価格課税に係る法人税の額及びその法人税額に係る加算税の額の納税を猶予する制度が導入されました（措法66の４の２①）。

納税猶予の立法趣旨	
	①　移転価格課税が行われると日本と国外関連者所在地国との間で、同一の所得に関して国際的二重課税が生ずること
	②　移転価格課税が行われると更正金額が多額になる場合が多いこと
	③　多くの事案は相互協議に進むが、その解決に数年を要するために企業側の負担が重くなること

２　納税の猶予の概要

移転価格課税に関して、相互協議の申立てを行う内国法人に対して、移転価格課税に係る法人税の額及び当該法人税額に係る加算税の額の納税を猶予する制度が導入されました（措法66の４の２①）。

具体的には、移転価格課税を受けた内国法人が、租税条約の相手国との相互協議の申立てをし、かつ納税の猶予の制度の適用を申請した場合において、税務署長は、更正又は決定に係る国税（相互協議の対象となるものに限ります）及びその加算税の額につき、その納期限から相互協議の合意に基づく更正があった日の翌日から１月を経過する日までの期間、法人税額等について納税の猶予を認めることができるというものです。

ただし、納税の猶予を申請する内国法人に、国税の滞納がある場合には、この制度を適用することはできません。

納税を猶予する場合には、猶予する金額に相当する担保を徴することとなります（同条②）。

３　延滞税の免除

納税の猶予をした国税に係る延滞税のうち猶予期間（申請の日が猶予した国税の納期限以前の日である場合には、申請の日から納期限までの期間を含みます）に対応する部分は、免除することとなっています。

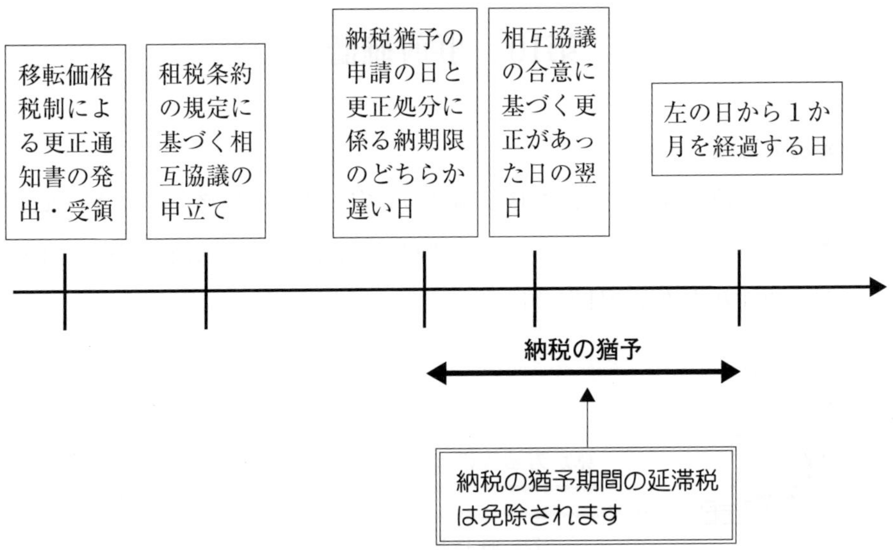
移転価格税制による更正通知書の発出・受領
租税条約の規定に基づく相互協議の申立て
納税猶予の申請の日と更正処分に係る納期限のどちらか遅い日
相互協議の合意に基づく更正があった日の翌日
左の日から１か月を経過する日
納税の猶予
納税の猶予期間の延滞税は免除されます

第10　事前確認

1　事前確認の意義

事前確認とは、納税者が申し出た移転価格の算定方法等を税務当局が認めれば移転価格課税されないという制度です。事前確認制度の目的は、移転価格課税に関する納税者の予測可能性と法的安定性を確保することとされています。

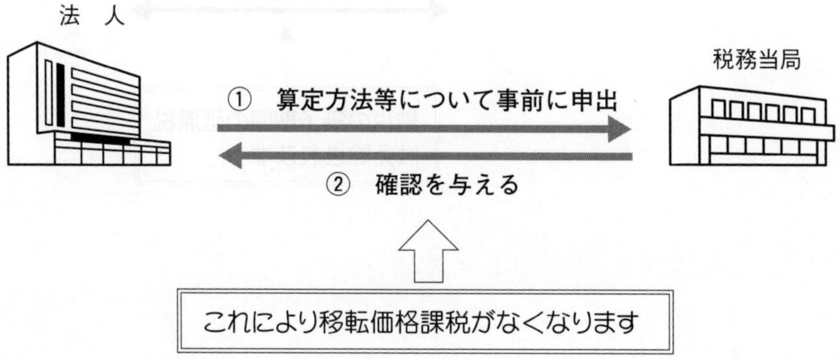

移転価格税制は国外関連取引について調査を行うことから、実際には、事前確認は相互協議を伴う場合が多くなります。

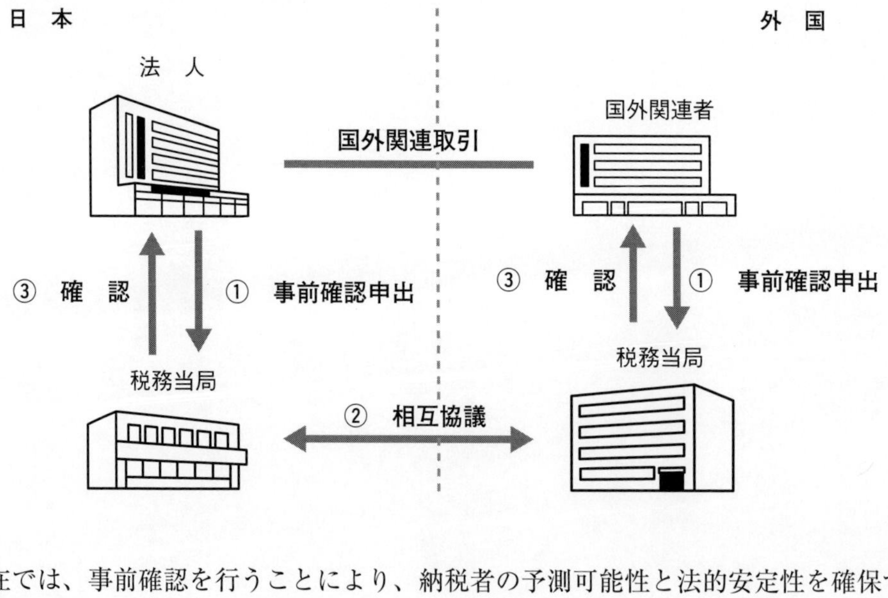

現在では、事前確認を行うことにより、納税者の予測可能性と法的安定性を確保することができることから、国税庁を含む多くの税務当局は二国間の事前確認を推奨しています。

2　事前確認の流れ

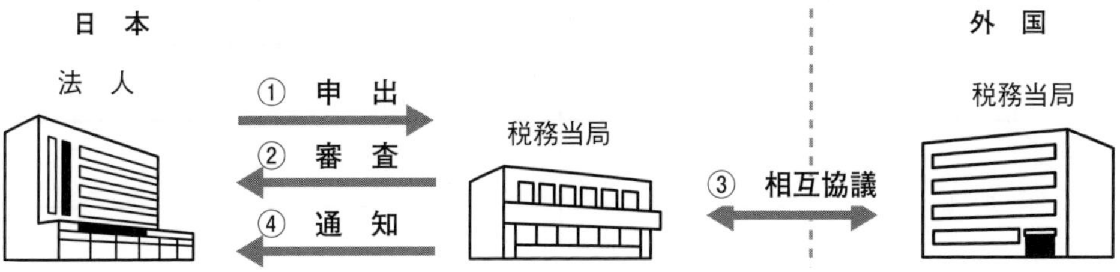

3　事前確認の申出

事前確認の申出は、事前確認を受けようとする事業年度（以下「確認対象事業年度」といいます）のうち最初の事業年度開始の日までに、確認対象事業年度、事前確認を受けようとする国外関連取引（以下「確認対象取引」といいます）、確認対象取引に係る国外関連者及び確認対象取引に係る独立企業間価格の算定方法等をその国外関連者の所在する国又は地域ごとに「独立企業間価格の算定方法等の確認に関する申出書」に記載して、所轄税務署長に提出することにより行うものとされます（移転価格事務運営指針６－２(2)）。

様式２

独立企業間価格の算定方法等の確認に関する申出書

受付印

※整　理　番　号	
※連結グループ整理番号	

令和　年　月　日	申出法人	（フリガナ）	
		法　人　名	
		納　税　地	〒　電話（　）　－
		（フリガナ）	
		代表者氏名	
		（フリガナ）	
国税局長 税務署長 殿		責任者氏名	
		事　業　種　目	資本金　百万円

租税特別措置法第66条の４第２項に掲げる独立企業間価格の算定方法及びその具体的内容について、次のとおり確認を受けたいので申出をします。
申出の後、添付した資料のほかに審査のために必要な資料の提出を求められた場合には、速やかに提出します。

国外関連者	名　称			
	本店又は主たる事務所の所在地			
	代表者氏名		事業種目	

確認対象事業年度	自 令和　年　月　日 事業年度 令和　年　月　日	至 令和　年　月　日 事業年度 令和　年　月　日	
確認対象取引			
独立企業間価格の算定方法			
相互協議の希望の有無	有・無	相手国名	
確認対象事業年度前の各（連結）事業年度への適用の希望の有無	有・無	確認対象（連結）事業年度	自 平成・令和　年　月　日 平成・令和　年　月　日　至 令和　年　月　日 令和　年　月　日
連結親法人（連結事業年度への適用を希望する場合に限り記載）	法　人　名		
	納　税　地		
	連　絡　先		
	連結親法人による同意の有無	有・無	
（その他特記事項）			

税理士署名	

（注）各欄に記載できない場合には、適宜の用紙に記載して添付してください。

※税務署処理欄	部門		決算期		業種番号		整理簿		備考	

独立企業間価格の算定方法等の確認に関する申出書の記載要領

1　この申出書は、独立企業間価格の算定方法及びその具体的内容の確認に関する申出をする場合に使用します。
2　この申出書は、３部（相互協議を求める場合には４部）を納税地の所轄税務署長に提出してください。事前確認を受けようとする国外関連取引（以下「確認対象取引」といいます。）に係る国外関連者が複数でその所在する国又は地域が異なる場合には、その国外関連者の所在する国又は地域ごとに提出してください。
　なお、申出法人が調査課所管法人に該当する場合には１部（相互協議を求める場合には２部）をその納税地の所轄国税局長に提出してください。
3　各欄の記載は、次によります。
(1)　「申出法人」欄には、申出を行う法人に関する事項を記載してください。
(2)　「申出法人」又は「国外関連者」欄中の各「事業種目」欄には、それぞれの者が営む事業の種目を記載し、一の者が複数の事業を営む場合には、主たる事業の種目を記載してください。
(3)　「確認対象事業年度」欄には、事前確認を受けようとする事業年度を記載してください。
(4)　「確認対象取引」欄には、棚卸資産の売買、役務提供、有形固定資産の使用、無形資産の使用、貸付金その他事前確認を受けようとする国外関連取引の種類及び対象品目、役務の内容、貸付金の内容等を記載してください。
(5)　「独立企業間価格の算定方法」欄には、租税特別措置法第66条の４第２項各号に掲げる算定方法のうち、採用しようとするいずれかの算定方法の名称を記載してください。
(6)　「確認対象事業年度前の各(連結)事業年度への適用の希望の有無」欄には、確認対象事業年度における独立企業間価格の算定方法等を各対象事業年度前の各事業年度へ準用を希望する場合には、準用を希望する事業年度又は連結事業年度を記載してください。
(7)　(6)の場合において、連結事業年度への準用を希望し、かつ申出法人が当該連結事業年度において連結子法人であったときは、「連結親法人」欄に、当該連結事業年度において申出法人の連結親法人であった法人に関する事項を記載してください。
(8)　「税理士署名」欄には、この申出書を税理士が作成した場合は、その税理士が署名してください。
4　この申出書には、平成13年６月１日付査調７－１ほか３課共同「移転価格事務運営要領の制定について」（事務運営指針）の６－３（資料の添付）に掲げる資料のほか、確認にあたり必要と認められる資料を必ず添付してください。

4　資料の添付

確認申出書に添付すべき資料は、次のとおりです（移転価格事務運営指針６－３(1)）。

確認申出書に添付すべき資料

① 確認対象取引の内容、当該確認対象取引の流れ及びその詳細を記載した資料

② 確認申出法人及び確認対象取引に係る国外関連者の事業の内容及び組織の概要を記載した資料

③ 確認対象取引において確認申出法人及び確認対象取引に係る国外関連者が果たす機能、負担するリスク及び使用する資産に関する資料

④ 確認対象取引に係る独立企業間価格の算定方法等及びそれが最も適切な方法であることを説明した資料

⑤ 事前確認を行い、かつ、事前確認を継続する上で前提となる重要な事業上又は経済上の諸条件（条件に相当する確認対象取引に係る経済事情その他の要因等を含みます。以下同じです）に関する資料

⑥ 確認申出法人と確認対象取引に係る国外関連者との直接若しくは間接の資本関係又は実質的支配関係に関する資料

⑦ 確認申出法人及び確認対象取引に係る国外関連者の過去３事業年度分（その事業年度が連結事業年度に該当する場合には、当該連結事業年度を含みます）の営業及び経理の状況その他事業の内容を明らかにした資料（確認対象取引が新規事業又は新規製品に係るものであり、過去３事業年度分の資料を提出できない場合には、将来の事業計画、事業予測の資料など、これに代替するもの）

⑧ 確認対象取引に係る国外関連者について、その国外関連者が所在する国又は地域で、移転価格に係る調査、不服申立て又は訴訟等が行われている場合には、その概要及び過去の課税状況を記載した資料

⑨ 確認対象取引に係る独立企業間価格の算定方法等を確認対象事業年度前３事業年度（その事業年度が連結事業年度に該当する場合には、当該連結事業年度を含みます）に適用した場合の結果など確認対象取引に係る独立企業間価格の算定方法等を具体的に説明するために必要な資料

⑩ 確認申出法人が属する多国籍企業グループ（措置法66条の４の４第４項２号に規定する多国籍企業グループをいいます）の最終親会社等及び当該確認申出法人に係る親会社等（同項５号に規定する親会社等をいいます）のうち当該確認申出法人を直接支配する親会社等が当該最終親会社等でない場合の親会社等の概要（法人名、本店又は主たる事務所の所在地等）を記載した資料（相互協議を伴わない事前確認の申出の場合に限ります）

⑪ その他事前確認に当たり必要な資料

(注)　⑦又は⑨に掲げる資料については、確認対象取引に係る製品のライフサイクル等を考慮した場合に、３事業年度分に係る資料では十分な事前確認審査を行うことができないと認められるときは、局担当課は、確認申出法人に対し、これらに加え、その前２事業年度分（その事業年度が連結事業年度に該当する場合には、当該連結事業年度を含みます）に係る資料の提出を求めることとされます。

5　確認対象事業年度

確認対象事業年度は、原則として３事業年度から５事業年度とされています（移転価格事務運営指針６－７）。

6　事前相談

確認申出書の添付資料の作成要領や提出期限など、事前確認手続に必要な事項及び事前確認手続に移行した場合の審査のポイント等について、税務当局の担当者が説明する事前相談という制度があります（移転価格事務運営指針６－10）。

7　事前確認審査の結果

相互協議になった申出については、合意結果に従い、確認申出法人は申出の修正をしなければならない場合があります。その後に国税局長又は税務署長から「独立企業間価格の算定方法等の確認通知書」が交付されます。一方、相互協議で合意に至らなかった場合においては、税務当局からの「独立企業間価格の算定方法等の確認ができない旨の通知書」による通知に基づいて、申出を取り下げるか、日本だけの確認を行うかを決めなければなりません（移転価格事務運営指針６－15）。

8　事前確認の効果

事前確認の申出を行い、それに基づいて確認がなされ、確認事業年度において事前確認の内容に適合した申告を行った法人は、事前確認を受けた国外関連取引は独立企業間価格で行われたものとして取り扱われます（移転価格事務運営指針６－16）。

9　報告書の提出

所轄税務署長は、確認法人に対し、確定申告書の提出期限又は所轄税務署長があらかじめ定める期間までに、次の事項を記載した報告書（調査課所管法人は３部）を提出するよう求めることとされています（移転価格事務運営指針６－17）。

報告書の内容	
	①　確認法人が確認取引について事前確認の内容に適合した申告を行っていることの説明
	②　確認法人及びその国外関連者の確認取引に係る損益の明細並びに当該損益の額の計算の過程を記載した書類（事前確認の内容により局担当課が必要と認める場合に限ります）
	③　事前確認の前提となった重要な事業上又は経済上の諸条件の変動の有無に関する説明
	④　確認取引の対価の額が事前確認の内容に適合しなかった場合に、確認法人が行った移転価格事務運営指針６－19(2)に定める対価の額の調整の説明
	⑤　確認法人及び確認取引に係る国外関連者の財務状況
	⑥　その他確認事業年度において確認取引について事前確認の内容に適合した申告が行われているかどうかを検討する上で参考となる事項

㈲　当該所轄税務署長等があらかじめ定める期限が日曜日、祝日法に規定する休日その他一般の休日又は国税通則法施行令２条２項に規定する日に当たるときは、これらの日の翌日までに提出するよう求めることとされます。

様式３

第　　号
令和　年　月　日

納　税　地	
法　人　名	
代表者氏名	殿

国税局長
税務署長

独立企業間価格の算定方法等の確認通知書

貴法人から平成　令和　　年　　月　　日付で確認の申出のあった下記の法人に係る独立企業間価格の算定方法等については、下記の事業年度分及び連結事業年度分について申出のとおり確認したので通知します。

なお、本件確認に係る報告書については、確認事業年度の各事業年度又は確認連結事業年度の各連結事業年度終了の日から　か月以内に提出してください。

記

１　確認対象取引を行う法人

本店又は主たる事務所の所在地	
法　人　名	
代表者氏名	

２　確認事業年度及び確認連結事業年度

確認事業年度	平成　令和　　年　　月期から平成　令和　　年　　月期
確認連結事業年度	平成　令和　　年　　月期から平成　令和　　年　　月期

独立企業間価格の算定方法等の確認通知書

1　使用目的

「独立企業間価格の算定方法等の確認通知書」（様式３）は、法人から申出のあった独立企業間価格の算定方法等の確認に関する申出について確認を行う場合に使用する。

2　記載要領

項　　目	内　　　　容
国税局長 税務署長	通知先法人に応じ、発信者を特定するとともに「国税局長」又は「税務署長」のいずれかの文字を抹消する。
本　　文	「貴法人から」の文字は、申出法人と通知先法人が異なる場合には抹消する。 「平成　令和」の箇所は、元号に応じ、「平成」又は「令和」のいずれかの文字を抹消する。 「下記の法人に係る」の文字は、確認の対象となる国外関連取引を行う法人が連結子法人でない場合は抹消する。 「事業年度分及び連結事業年度分」の箇所は、必要に応じ、「事業年度及び」又は「及び連結事業年度」のいずれかの文字を抹消する。 「確認事業年度の各事業年度又は確認連結事業年度の各連結事業年度終了の日から　か月以内」の箇所は、空白部分に（連結）確定申告書の提出期限又は所轄税務署長が定めた提出期限を記載するとともに、必要に応じ、「確認事業年度の各事業年度又は」又は「又は確認連結事業年度の各連結事業年度」のいずれかの文字を抹消する。
確認対象取引を行う法人	確認の対象となる国外関連取引を行う法人が連結子法人である場合に当該連結子法人に関する事項を記載する。 それ以外の場合は当該欄を抹消する。
確認事業年度及び確認連結事業年度	「平成　令和」の箇所は、元号に応じ、「平成」又は「令和」のいずれかの文字を抹消の上、確認事業年度及び確認連結事業年度を記載する。 なお、確認事業年度又は確認連結事業年度前の各事業年度又は各連結事業年度について確認を行う場合には、当該各事業年度又は各連結事業年度を含めた期間を記載する。

様式４

第　　号
令和　年　月　日

納　税　地	
法　人　名	
代表者氏名	殿

国税局長
税務署長

独立企業間価格の算定方法等の確認ができない旨の通知書

貴法人から平成　令和　　年　　月　　日付で確認の申出のあった下記の法人に係る独立企業間価格の算定方法等については、下記の理由により確認できませんので通知します。

記

１　確認対象取引を行う法人

本店又は主たる事務所の所在地	
法　　人　　名	
代　表　者　氏　名	

２　理由

独立企業間価格の算定方法等の確認ができない旨の通知書

1　使用目的

「独立企業間価格の算定方法等の確認ができない旨の通知書」（様式４）は、法人から申出のあった独立企業間価格の算定方法等の確認に関する申出について確認できない旨を通知する場合に使用する。

2　記載要領

項　　目	内　　容
国税局長 税務署長	通知先法人に応じ、発信者を特定するとともに「国税局長」又は「税務署長」のいずれかの文字を抹消する。
本　　文	「貴法人から」の文字は、申出法人と通知先法人が異なる場合には抹消する。 「平成　令和」の箇所は、元号に応じ、「平成」又は「令和」のいずれかの文字を抹消する。 「下記の法人に係る」の文字は、確認の対象となる国外関連取引を行う法人が連結子法人でない場合は抹消する。
確認対象取引を行う法人	確認の対象となる国外関連取引を行う法人が連結子法人である場合に当該連結子法人に関する事項を記載する。 それ以外の場合は当該欄を抹消する。
理　　由	確認できない理由を簡潔具体的に、例えば、「貴法人の申し出た国外関連取引に係る独立企業間価格の算定方法等は、最も適切な方法であると認められないため確認できません。」等のように記載する。

10　事前確認の更新

確認法人は、事前確認の更新の申出を行うことができます。事前確認の更新手続は、申出の手続の規定に準じて処理されることになります。この場合、事前確認更新の申出は、次のように行います。

更新手続	①　申出期限	原則として確認対象事業年度開始の日の前日まで
	②　提出先	法人の納税地の所轄税務署長又は国税局長

第11　相互協議

1　総説

第４章第５（182ページ）で述べたように、租税条約には、租税条約の適用から生じる困難を解決するための相互協議条項が規定されています。日本が締結した二国間租税条約のすべてに相互協議条項が規定されています。

相互協議は、国際的二重課税が生じたとき、又は生じる可能性が高い場合に、納税者が権限のある当局に申立てを行うことにより開始されます。このように、納税者から見ると相互協議は国際的二重課税を排除するための手段です。一方、税務当局から見ると、２つの税務当局で課税している事象に対して、申立てを奇禍として２国間で課税権の調整を行うものと理解することができます。

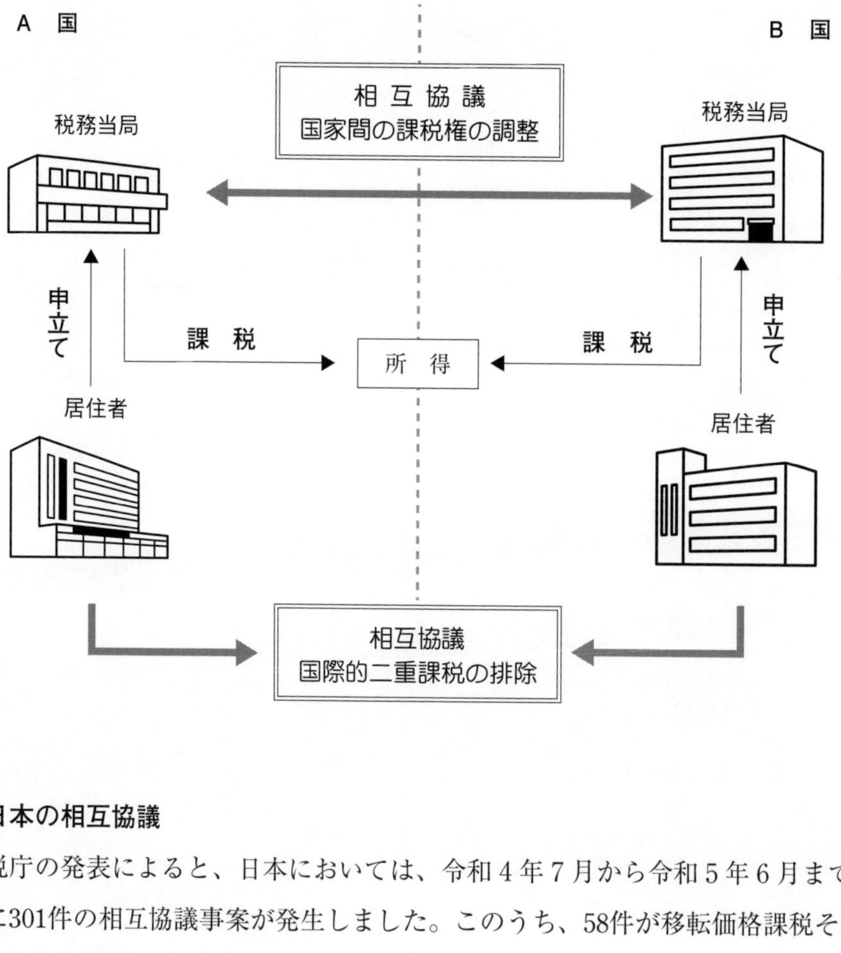

2　日本の相互協議

国税庁の発表によると、日本においては、令和４年７月から令和５年６月までの１年間に301件の相互協議事案が発生しました。このうち、58件が移転価格課税その他、

243件が移転価格税制に係る事前確認事案となっています。また、同時期に処理が終わった事案数は合計191件で、そのうち45件が移転価格課税その他事案、146件が移転価格税制に係る事前確認事案となっています。

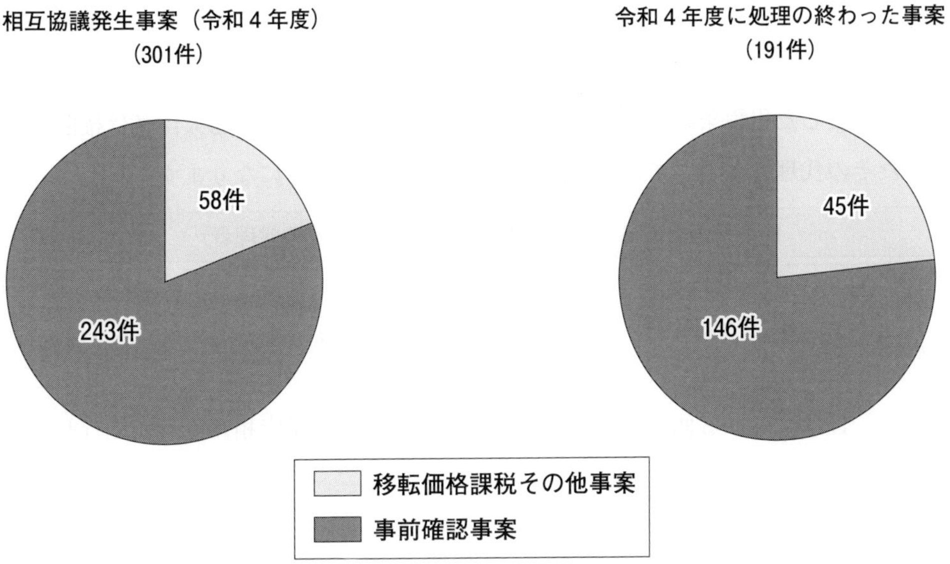

移転価格税制に係る事前確認の相互協議については、次のように行われます。

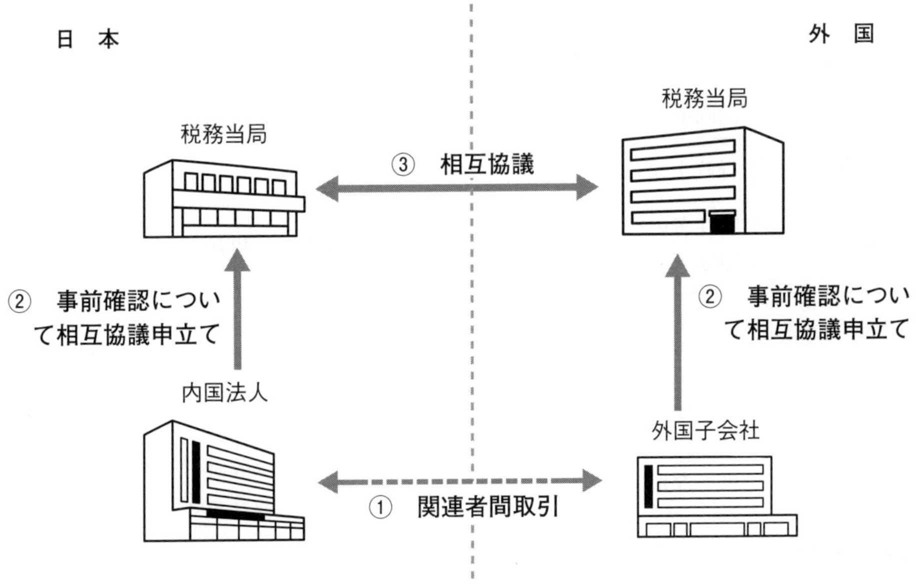

また、令和４事務年度末で日本と相互協議を行っている国は、30か国・地域となっています。

3　権限のある当局

相互協議の申立ては、居住者（内国法人を含みます）又は非居住者・外国法人で相手国等の居住者は国税庁長官に対して行い、それを受けて、協議は両締約国の権限のある当局によって行われますが、この権限のある当局についてはそれぞれの租税条約で定義されています。

日本が締結した租税条約における日本の権限のある当局は、財務大臣又は権限を与えられたその代理者とされています。具体的には、次のようになります。

日本の権限のある当局（権限を与えられたその代理者）	
①　租税条約の一般的解釈等に係ることについては財務省主税局長	②　租税条約の執行に係ることについては国税庁長官及びさらに権限の与えられた国税庁審議官（国際担当）

ただし、日本における個別事案の相互協議の実務は、国税庁相互協議室で行われています。

4　相互協議の性格

相互協議は、国内救済手続（異議申立て、審査請求及び訴訟）とは別に提起することができるものです。相互協議と訴訟の対比をすると、次のとおりです。

項　目	相互協議	訴　訟
目　的	国際的二重課税の排除	課税処分取消など
性　格	行政手続	司法手続
手続の開始	居住者の権限のある当局への申立て	当事者の提起
開始できる事案	租税条約締結国との間だけ手続ができます	要件を満たせばすべての事案で手続開始
結論の通知	国税庁長官からの通知	判決
決着方法	色々な形で解決	勝訴又は敗訴（一部勝訴又は一部敗訴もあります）
納税者の参加	参加できません	当事者として参加
上訴の可否	一段階につき不可	上訴できます
公開／非公開	非公開	原則として公開
費用負担	なし	あり

5　相互協議手続

相互協議の申立ての手続は、租税条約実施特例法省令12条及び13条に規定されていますが、具体的には、国税庁事務運営指針「相互協議の手続について」で決められています。

相互協議の申立てができる場合は、次のような場合です。

相互協議の申立てができる場合の例示

① 内国法人とその国外関連者との間における取引に関し、我が国又は相手国等において移転価格課税を受け、又は受けるに至ると認められることを理由として、当該内国法人が相互協議を求める場合

② 居住者又は内国法人が、相手国等における恒久的施設の有無又は相手国等に有する恒久的施設に帰せられる所得の金額について、相手国等において租税条約の規定に適合しない課税を受け、又は受けるに至ると認められることを理由として、相互協議を求める場合

③ 居住者又は内国法人が、相手国等において行われる所得税の源泉徴収について、租税条約の規定に適合しない課税を受け、又は受けるに至ると認められることを理由として、相互協議を求める場合

④ 非居住者で日本の国籍を有する者が、相手国等において、当該相手国等の国民よりも重い課税又は要件を課され、又は課されるに至ると認められることを理由として、相互協議を求める場合

⑤ 居住者で相手国等の法令により当該相手国等の居住者ともされる者が、当該相手国等との間の租税条約の適用上その者が居住者であるとみなされる国等の決定について、相互協議を求める場合

⑥ 相続税法に規定する相続税又は贈与税の納税義務者が、相続税条約実施特例省令第３条第１項の規定により、二重課税回避のため、相互協議を求める場合

⑦ 居住者又は内国法人が、租税条約又は国内法に規定する当該租税条約又は国内法の濫用を防止するための規定の適用によって、我が国又は相手国等において租税条約の規定に適合しない課税を受け、又は受けるに至ると認められることを理由として、相互協議を求める場合

6　相互協議の実施

(1)　相互協議申立書の提出

相互協議の申立ては、「相互協議申立書」及び次に掲げる資料（以下「添付資料」といいます）１部を、国税庁長官（国税庁相互協議室）に提出することにより行われます（実施特例法省令12、相互協議事務運営指針６）。

相互協議申立書に添付すべき資料

① 申立てがわが国又は相手国における課税に係るものである場合には、更正通知書等その課税の事実を証する書類の写し、その課税に係る事実関係の詳細及びその課税に対する申立者又はその国外関連者の主張の概要を記載した書面（課税に至っていない場合には、課税を受けるに至ると認められる事情の詳細及びその事情に対する申立者又はその国外関連者の主張の概要を記載した書面）

② 申立てがわが国又は相手国における課税に係るものである場合において、申立者又はその国外関連者が当該課税について不服申立て又は訴訟を行っているときは、①に掲げる資料に加え、不服申立て又は訴訟を行っている旨及び申立者又はその国外関連者の主張の概要を記載した書面並びに不服申立書又は訴状の写し

③ 申立てがわが国又は相手国における移転価格課税に係るものである場合には、①に掲げる資料に加え、当該申立ての対象となる取引の当事者間の直接若しくは間接の資本関係又は実質的支配関係を示す資料

④ 申立てが租税条約実施特例法省令13条《双方居住者の取扱いに係る協議に関する申立ての手続》に係るものであり、かつ、租税条約又はこれに付属する政府間の取決めにおいて相互協議を行うに当たり考慮すべき事項が定められている場合には、①に掲げる資料に加え、その定められている事項に関する資料

⑤ 申立者又はその国外関連者が相手国の権限ある当局に相互協議の申立てを行っている場合には、①に掲げる資料に加え、その旨を証する書類の写し

⑥ その他協議の参考となる資料

別紙様式１
Form 1

相互協議申立書
Application for the Mutual Agreement Procedure

※ 整理番号	

年　月　日 Date of submission (year/month/day) 国税庁長官　殿 To the Commissioner, National Tax Agency	（フリガナ） 法人名又は氏名 Name of corporation or individual	
	法人番号又は個人番号 Corporate number or individual number	↓個人番号の記載に当たっては、左端を空欄とし、ここから記載してください。 (In the case of individual number, enter it from here.)
	納税地 Place of tax payment	〒　－　（　局　署）
	相手国等における納税者番号 Tax ID number in treaty partner jurisdiction	
	（フリガナ） 法人の代表者氏名 Name of the corporate representative	(役職名 Position)
	（フリガナ） 責任者氏名 Name of the person in charge	(役職名 Position) 電話 Tel（　）　－　（内線 ex.　）
	事業種目 Type of business	／ 資本金 Amount of stated capital ／ 百万円 Million yen

租税条約の規定に基づき、権限ある当局間の相互協議を申し立てます。
I request a mutual agreement procedure between competent authorities pursuant to the provisions of the relevant tax treaty.

相互協議申立ての理由 Reason for the MAP request	□ 事前確認 Advance pricing arrangement □ 我が国課税 Taxation in Japan □ 相手国等課税 Taxation in treaty partner jurisdiction （課税年月日 Date of taxation :　年　月　日） □ その他 Other
相互協議の相手国等 Treaty partner jurisdiction relevant to the MAP request	

国外関連者等 Foreign affiliated corporation / permanent establishment, etc.	名称 Name
	本店所在地等 Address of the head office of foreign affiliated corporation / permanent establishment, etc.
	申立ての対象となる取引等を有する申立者との関係 Relation to the applicant engaged in transactions that are the subject of the MAP request
	相手国等での相互協議申立ての有無 Have you also submitted a MAP request to treaty partner jurisdiction? □ 有 Yes.（申立日 Date of the MAP request　年　月　日） □ 無 No.

申立ての対象となる所得金額等 Amount of taxable income and tax that are the subject of the MAP request

事業年度（年分） Taxable year	円貨による表示（我が国課税及び相手国等課税の場合） In Japanese yen (Taxation in Japan or in treaty partner)		相手国等通貨による表示（相手国等課税の場合） In currency of treaty partner (Taxation in treaty partner)	
	所得金額 Amount of taxable income	税額 Amount of tax	所得金額 Amount of taxable income	税額 Amount of tax
年　月　日～ 年　月　日	百万円 Million yen	百万円 Million yen	通貨単位 Unit	通貨単位 Unit
合計 Total amount				

（次葉）(Page 2)

租税特別措置法第 66 条の４の２第１項《国外関連者との取引に係る課税の特例に係る納税の猶予》等に規定する納税の猶予の希望の有無 I request for grace of tax payment prescribed in paragraph 1 of Article 66-4-2［Grace of Tax Payment under Special Provisions for Taxation on Transactions with Foreign Affiliated Persons］of the Act on Special Measures Concerning Taxation, etc.	□有 Yes □無 No
地方税法第 55 条の２第１項《租税条約に基づく申立てが行われた場合における法人の道府県民税の徴収猶予》等に規定する徴収猶予の希望の有無 I request for grace of tax collection prescribed in paragraph 1of Article 55-2［Grace of Tax Collection for Prefectural Inhabitants Tax on Corporations Where a Mutual Agreement Procedure Has Been Requested Pursuant to the Provisions of an Applicable Tax Treaty］of the Local Tax Act, etc.	□有 Yes □無 No

申立ての対象となる事実の概要及び申立ての理由等 Summary of the facts that are the subject of the MAP request and reason for the request
添付書類 Attachments

(国外関連者等が複数ある場合の追加記入欄)
(Additional information form to be used for multiple foreign affiliated corporations, etc.)

国外関連者等 Foreign affiliated person / permanent establishment, etc.	名称 Name
	本店所在地等 Address of the head office of foreign affiliated corporation / permanent establishment, etc.
	申立ての対象となる取引等を有する申立者との関係 Relation to the applicant engaged in transactions that are the subject of the MAP request
	相手国等での相互協議申立ての有無 Have you also submitted a MAP request to treaty partner jurisdiction? □ 有 Yes.（申立日 Date of the MAP request　　年　　月　　日） □ 無 No.
国外関連者等 Foreign affiliated person / permanent establishment, etc.	名称 Name
	本店所在地等 Address of the head office of foreign affiliated corporation / permanent establishment, etc.
	申立ての対象となる取引等を有する申立者との関係 Relation to the applicant engaged in transactions that are the subject of the MAP request
	相手国等での相互協議申立ての有無 Have you also submitted a MAP request to treaty partner jurisdiction? □ 有 Yes.（申立日 Date of the MAP request　　年　　月　　日） □ 無 No.

○税理士等に関する事項
Details of the agent

□ 税理士 Certified public tax accountant □ 納税管理人 Tax agent (　　　　)	氏名（名称） Name		代理権限等の届出をした税務署名 Name of the tax office where the tax agent is registered
	住所（居所・所在地） Address	電話 Tel（　　）　－	

※相互協議室処理欄	番号確認		身元確認	□ 済 □ 未済	確認書類 個人番号カード／通知カード・運転免許証 その他（　　　　　）
	整理番号				
	備　考				

※ For official use only

第11　相互協議

相互協議申立書の記載要領等

1　この申立書は次の場合に使用します。

⑴　租税条約の規定に基づき、租税条約等の実施に伴う所得税法、法人税法及び地方税法の特例等に関する法律の施行に関する省令（昭和 44 年大蔵・自治省令第１号）（以下、「租税条約等実施特例省令」といいます。）第 12 条第１項《租税条約の規定に適合しない課税に関する申立て等の手続》若しくは第 13 条《双方居住者の取扱いに係る協議に関する申立ての手続》又は遺産、相続及び贈与に対する租税に関する二重課税の回避及び脱税の防止のための日本国とアメリカ合衆国との間の条約の実施に伴う相続税法の特例等に関する法律の施行に関する省令（昭和 44 年大蔵省令第 36 号）第３条第１項《二重課税に関する申立ての手続》の規定に従って、法人（法人税法第２条第８号に規定する人格のない社団等を含みます。以下同じです。）又は個人が、我が国の権限ある当局と相手国等の権限ある当局との相互協議の申立てを行うとき

⑵　平成 13 年６月１日付査調７－１ほか３課共同「移転価格事務運営要領の制定について」（事務運営指針）６－２、平成 28 年６月 28 日付査調７－１ほか３課共同「恒久的施設帰属所得に係る所得に関する調査等に係る事務運営要領の制定について」（事務運営指針）７－１又は平成 29 年３月 31 日付課個８－５ほか３課共同「個人の恒久的施設帰属所得に係る各種所得に関する調査等に係る事務運営要領の制定について」（事務運営指針）６－１に定める事前確認の申出を行うとともに、法人又は個人が、租税条約の規定に基づく相互協議を求めるために、我が国の権限ある当局と相手国等の権限ある当局との相互協議の申立てを行うとき。

2　相互協議の申立てに当たっては、この申立書及び添付資料各１部を、国税庁相互協議室に提出してください。

3　各欄の記載は次によります。各欄に記載できない場合には、適宜の用紙に記載して相互協議申立書に添付してください。

⑴「法人名又は氏名」欄には、申立者が内国法人又は居住者である場合には、日本語による表記のほか、英語による表記を記載してください。

⑵「法人番号又は個人番号」欄には、申立者の法人番号又は個人番号を記載してください（法人番号又は個人番号を有する場合に限ります。）。ただし、個人が事前確認に係る相互協議を求める場合は、個人番号を記載する必要はありません。

⑶「納税地」欄には、申立者の住所若しくは居所又は本店若しくは主たる事務所の所在地を記載してください。当該申立者が外国法人又は非居住者であって、当該申立者の相手国等における納税地がこれと異なる場合には、併せて記載してください。

⑷「相手国等における納税者番号」欄には、申立者が外国法人又は非居住者である場合に、記載してください（相手国等において納税者番号を有する場合に限ります。）。

⑸「責任者氏名」欄は、この申立てに係る責任者の氏名、役職名及び電話番号を記載してください。

⑹「国外関連者等」欄には、この申立てが移転価格課税等又は事前確認に係るものである場合に記載します。申立者が内国法人又は居住者である場合には、相手国等に所在する国外関連者又は恒久的施設について、申立者が外国法人又は非居住者である場合には、当該外国法人の関連者である内国法人又は我が国に所在する恒久的施設について記載してください。「国外関連者等」が複数ある場合には、次葉に記載してください。

⑺「申立ての対象となる所得金額等」欄は、我が国又は相手国等における課税により増加した所得金額及び税額（その事案が源泉徴収に関するものである場合には、源泉徴収対象金額及び税額。以下同じです。）を事業年度（年分）ごとに区分して記載してください。

なお、源泉所得税額については金額の頭部に「（源）」と表示してください。

（注）　この申立てが相手国等における課税に係るものである場合には、その課税により増加する所得金額及び税額を事業年度終了の日（個人にあっては、その年の 12 月 31 日）における外国為替銀行の対顧客直物電信売相場と対顧客直物電信買相場の仲値により円換算し、その円換算額を相手国等通貨による金額と併せて記載してください。

⑻　相互協議の申立てが、我が国における移転価格課税等に起因している場合、当該移転価格課税等により納付すべき国税の額（当該相互協議の申立てに係る相手国等の権限ある当局との間の相互協議の対象となるものに限ります。）及び当該国税の額に係る加算税の額に関する納税の猶予申請についての希望の有無を記載してください（納税の猶予申請を行うに当たっては、別途、「納税の猶予申請書」等を提出する必要があります。）。

また、地方税法第 55 条の２第１項《租税条約に基づく申立てが行われた場合における法人の道府県民税の徴収猶予》等に規定する徴収猶予の申請についての希望の有無も記載してください（一つの税目でも徴収猶予の申請を希望する場合には「有」にレ印を記載してください。当該徴収猶予の申請を行うに当たっては、別途、申請書等を都道府県・市区町村に提出する必要があります。）。

⑼「申立ての対象となる事実の概要及び申立ての理由等」欄には、この申立ての対象となる事実、申立ての理由を、また「国外関連者等が複数ある場合の追加記入欄」には国外関連者等が複数ある場合に記載してください。

⑽　この申立書を代理人によって提出する場合には、「税理士等に関する事項」欄の該当する項目にレ印を記載し、代理人の氏名（名称）、住所（所在地）及び代理権限等の届出をした税務署名を記載してください。

（注）「納税管理人」とは、日本国の国税に関する申告、申請、請求、届出、納付等の事項を処理させるため、国税通則法の規定により選任し、かつ、日本国における納税地の所轄税務署長に届出をした代理人をいいます。

4　この申立書には次の資料を添付してください。

なお、国税庁相互協議室は、次に掲げる資料以外にも相互協議の実施のために必要と認められる資料の提出を求めることがあります。

⑴　申立てが我が国又は相手国等における課税に係るものである場合には、更正通知書等当該課税の事実を証する書類の写し、当該課税に係る事実関係の詳細及び当該課税に対する申立者又はその国外関連者の主張の概要を記載した書面（課税に至っていない場合には、課税を受けるに至ると認められる事情の詳細及び当該事情に対する申立者又はその国外関連者の主張の概要を記載した書面）

⑵　申立者又はその国外関連者が当該課税について不服申立て又は訴訟を行っている場合には、⑴に掲げる資料に加え、不服申立て又は訴訟を行っている旨及び申立者又はその国外関連者の主張の概要を記載した書面並びに不服申立書又は訴状の写し

⑶　当該課税が移転価格課税に係るものである場合には、⑴に掲げる資料に加え、当該申立ての対象となる取引の当事者間の直接若しくは間接の資本関係又は実質的支配関係を示す資料

⑷　申立てが租税条約等実施特例省令第 13 条に係るものであり、かつ、租税条約又はこれに付属する政府間の取決めにおいて相互協議を行うに当たり考慮すべき事項が定められている場合には、⑴に掲げる資料に加え、その定められている事項に関する資料
⑸　申立者又はその国外関連者等が相手国等の権限ある当局に相互協議の申立てを行っている場合には、その旨を証する書類の写し
⑹　その他協議の参考となる資料

5　この申立書に添付する書類のうち外国語のものについては、日本語訳を添付してください。

6　国税庁相互協議室への連絡
⑴　この申立書又は添付書類その他の提出資料に誤り又は重要な変更があった場合には、遅滞なく国税庁相互協議室に連絡してください。
⑵　相手国等における課税処分、不服審査又は事前確認審査の進ちょく状況等については、遅滞なく国税庁相互協議室に連絡してください。

7　その他
⑴　国税庁相互協議室では、相互協議の申立てについての事前相談に応じています（連絡先：相互協議第一係 ： 03－3581－5451（代表））。
⑵　相互協議は、平成 13 年６月 25 日付官協１−39 ほか７課共同「相互協議の手続について」（事務運営指針）により行われています。この事務運営指針は、国税庁相互協議室で入手でき、また、国税庁のホームページ（https://www.nta.go.jp）でも閲覧できます。

別紙様式２
官協○－○
○年○月○日

法人名及び法人の代表者氏名
又は
氏　　　　名　　　　殿

国税庁長官
○○○○

相互協議の合意について（通知）

貴社（あなた）から　　年　月　日付で行われた下記１の申立てに係る相互協議については、下記２のとおり合意が成立しましたから通知します。

記

１　相互協議の申立て
　⑴　申立て対象取引を有する法人名
　⑵　相手国
　⑶　申立ての内容

２　合意内容

⑵　相互協議中の資料提出

相互協議の実施中、納税者は、必要となる資料情報の提出に協力する必要があります。必要な資料提出に協力が得られない場合には、相互協議は終了される場合があります。

7　相互協議の合意

国税庁相互協議室は、相手国の権限ある当局と合意に至ると認められる状況となった場合には、合意に先立ち、合意案の内容を文書で申立者に通知するとともに、申立者がその合意内容に同意するかどうかを申立者に確認することとされています（相互協議事務運営指針16）。

国税庁相互協議室は、申立者がその合意内容に同意することを確認した後に、相手国の権限ある当局と合意することとされています（相互協議事務運営指針16）。

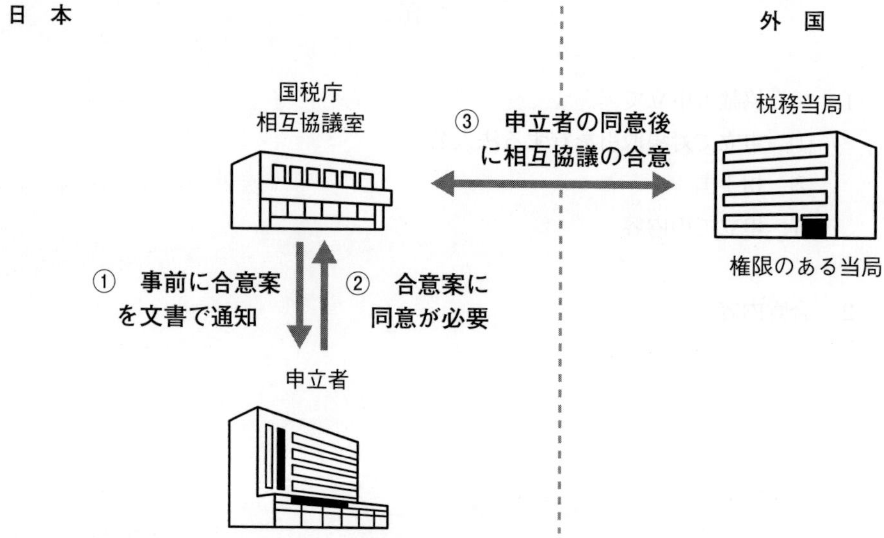

8　更正の請求

相互協議申立者は、相互協議の合意があった日から起算して２か月以内に更正の請求を行えば、税務署長は、その請求に基づいて減額更正を行うことになります（通則法23②三、実施特例法７）。

第８章　過少資本税制

第１　過少資本税制の概要

１　制度の背景

法人税の課税標準を計算する場合、支払利子は損金の額に算入されることにより、その分だけ課税所得が減少することになります。一方、配当については、損金には算入されません。そのため、法人は外国株主から必要な資金を調達するに当たって、出資ないし増資をできるだけ少なくする一方、借入金を多くすることによって、日本における法人税の課税所得を減少させることができます。これが、過少資本(thin capitalization）の問題です。

このような過少資本による税負担の回避行為は、国際的な租税回避行為ということもできます。このため、米国やドイツにおいても、国内法において一定の場合に法人の株主からの借入金については出資とみなして、それに係る支払利子は損金に算入されないなどの措置を講じています。日本においても、平成４年（1992年）に過少資本税制が導入され、平成18年、令和３年の改正を経て現在に至っています。

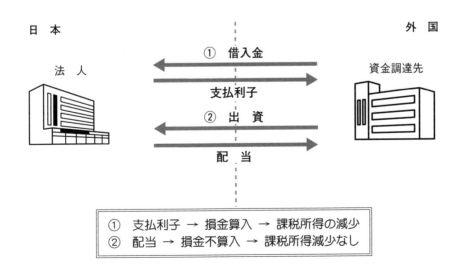

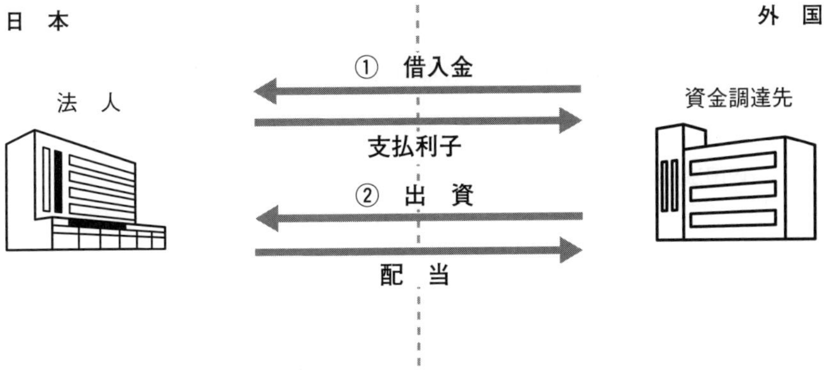

① 支払利子 → 損金算入 → 課税所得の減少
② 配当 → 損金不算入 → 課税所得減少なし

2　過少資本税制の概要

過少資本税制とは、内国法人が、各事業年度において、国外支配株主等又は資金供与者等に負債の利子等を支払う場合において、その負債が国外支配株主等の資本持分の３倍を超える部分は損金の額に算入しない、という制度です（措法66の５①）。

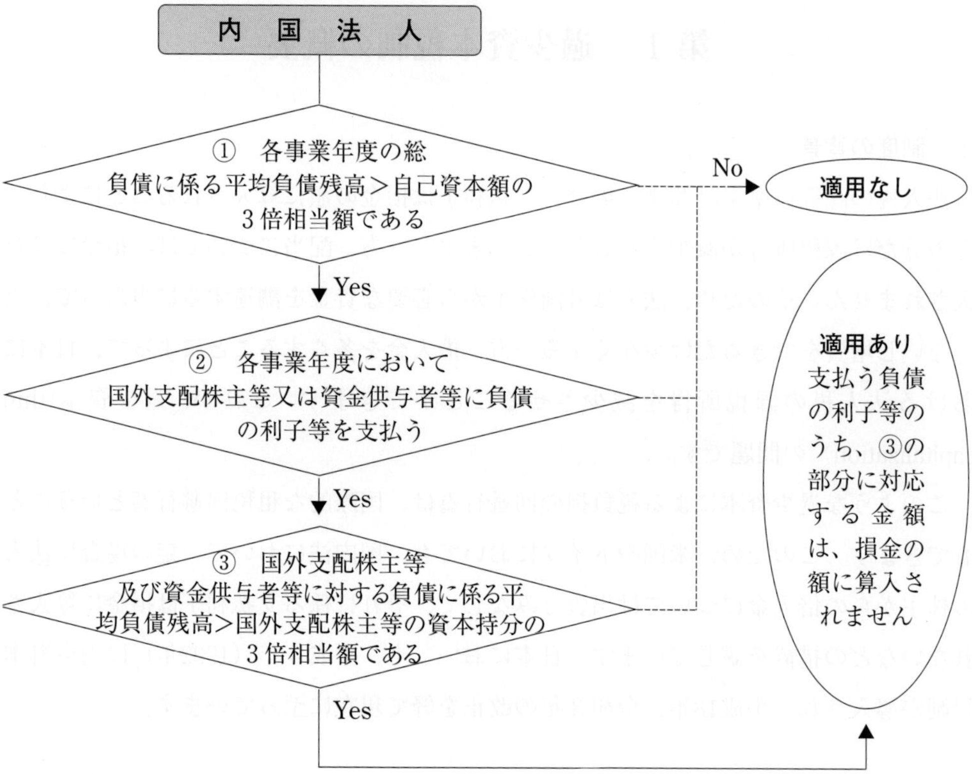

これを図にすると大要以下のとおりとなります。

《内国法人の貸借対照表》

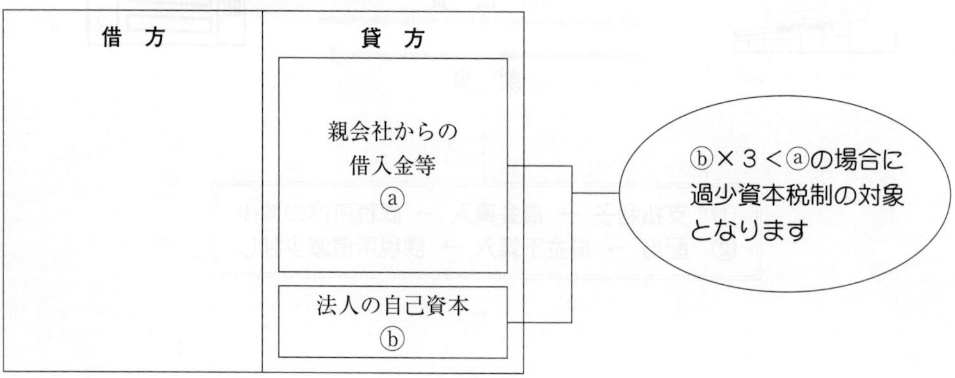

第２　国外支配株主等の意義

1　国外支配株主等の意義

国外支配株主等は、非居住者等で、内国法人との間に、非居住者が内国法人の発行済株式等の50％以上を直接又は間接に保有する関係その他の特殊の関係のあるものをいうとされていますが、具体的には、次に掲げる関係にある者とされています（措法66の５⑤一、措令39の13⑫）。

非居住者等	①　内国法人の発行済株式等の50％以上を直接又は間接に保有する非居住者等		国外支配株主等
	②　内国法人の発行済株式等の50％以上を直接又は間接に保有する者によって、その発行済株式等の50％以上を直接又は間接に保有される外国法人		
	③　内国法人の事業の方針の全部又は一部につき実質的に決定できる関係にある非居住者等	内国法人がその事業活動の相当部分を当該非居住者等との取引に依存して行っていること	
		内国法人がその事業活動に必要とされる資金の相当部分を当該非居住者等からの借入れにより、又はその非居住者等の保証を受けて調達していること	
		内国法人の役員の２分の１以上又は代表する権限を有する役員が、その外国法人の役員若しくは使用人を兼務している者又はその外国法人の役員若しくは使用人であったものであること	
		内国法人がその非居住者等から提供される事業活動の基本となる工業所有権、ノウハウ等に依存してその事業活動を行っていること	
		内国法人の役員の２分の１以上又は代表する権限を有する役員が非居住者等によって実質的に決定されていると認められる事実があること	

2　資金供与者等の意義

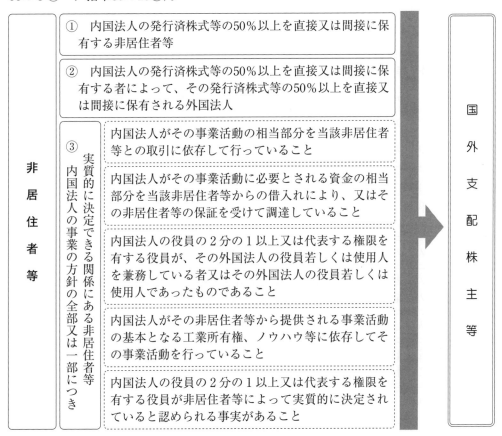

資金供与者等とは、内国法人に資金を供与する者及びその資金の供与に関係のある者をいいますが、具体的には、次の者をいうとされています（措法66の５④二、措令39の13⑭）。

資金供与者等の範囲
①　内国法人に係る国外支配株主等が第三者を通じて内国法人に対して資金を供与したと認められる場合におけるその第三者
②　内国法人に係る国外支配株主等が第三者に対して債務の保証をすることにより、第三者が内国法人に対して資金を供与したと認められる場合における第三者
③　内国法人に係る国外支配株主等からその内国法人に貸し付けられた債券（国外支配株主等が内国法人の債務の保証をすることにより、第三者から内国法人に貸し付けられた債券を含みます）が、他の第三者に担保として提供され、債券現先取引で譲渡され、又は現金担保付債券貸借取引で貸し付けられることにより、その他の第三者が内国法人に対して資金を供与したと認められる場合におけるその第三者及び他の第三者

3　負債の利子等の範囲

適用範囲となる負債とは、国外支配株主等及び資金供与者等に対する利子の支払の基因となる負債のことをいいます。負債の利子とは、次に掲げるものをいうとされています（措法66の５⑤三、措令39の13⑮⑯⑰、措通66の５－７）。

負債の利子等の範囲
①　負債の利子、手形の割引料、社債発行差金その他経済的な性質が利子に準ずるもの（⑤から⑦に掲げるもの）
②　上記２の②の場合において、内国法人が国外支配株主等に支払う債務の保証料
③　上記２の③の場合において、内国法人が国外支配株主等に支払う債券の使用料若しくは債務の保証料又は第三者に支払う債券の使用料
④　公共法人又は公益法人等に支払う負債の利子等
⑤　買掛金を手形によって支払った場合において、国外支配株主等又は資金供与者等に対してその手形の割引料を負担したときにおけるその負担した割引料相当額
⑥　営業保証金、敷金その他これらに類する預り金の利子
⑦　金融機関の預金利息及び給付補塡備金繰入額（給付補塡備金繰入額に準ずる繰入額を含みます）

4　国外支配株主等及び資金供与者等に対する負債

国外支配株主等及び資金供与者等に対する負債とは、国外支配株主等に対する負債及び上記２の①から③までの場合におけるこれらの資金に係る負債をいいます（措法66の５⑤四、措令39の13⑱）。

この場合、国外支配株主等及び資金供与者等に対する負債は、負債の利子等の支払の基因となるものに限られるので、例えば、利子を付する預り敷金の額は、利子を付する期間に限りこれに含まれることとされています（措通66の５－10）。

５　平均負債残高

平均負債残高とは、その事業年度の負債の帳簿価額の平均的な残高として合理的な方法により計算した金額をいいます（措法66の５⑤五、措令39の13⑲、措通66の５－13）。

負債の帳簿価額の平均的な残高の意義
①　負債の帳簿価額の日々の平均残高
②　負債の帳簿価額の各月末の平均残高等
③　その事業年度を通じた負債の帳簿価額の平均的な残高

(注)　その事業年度の開始の時及び終了の時における負債の帳簿価額の平均額は、その平均的な残高として合理的な方法により計算した金額に該当しないこととされています。

６　国外支配株主等の資本持分

国外支配株主等の資本持分とは、次のような金額をいいます（措法66の５⑤六、措令39の13⑳）。

算　式

国外支配株主等の資本持分＝［内国法人の自己資本額］×［国外支配株主等の内国法人に対する（直接及び間接の）持分割合］

７　自己資本の額

自己資本の額とは、次のような金額をいいます。

算　式

自己資本額＝(内国法人の総資産の帳簿価額)－(総負債の帳簿価額)

ただし、上の金額が法人税法に規定する資本金等の額に満たない場合には、資本金等の額となります（措法66の５⑤七、措令39の13㉓）。

なお、この場合の総負債とは、外部負債たると内部負債たるとを問わないので、貸倒引当金等だけではなく、税務計算上損金の額に算入されないものであっても、法人が損金経理により計上した税金未払金、各種引当金等も含むことに留意することとされています（措通66の５－14）。

第３　適用要件と損金不算入額

１　適用要件

内国法人に係る国外支配株主等及び資金供与者等に対する負債（負債の利子等の支払の基因となるものその他資金の調達に係るものに限ります）に係る平均負債残高の国外支配株主等の資本持分に対する倍数又は内国法人の総負債（負債の利子等の支払の基因となるものその他資金の調達に係るものに限ります）に係る平均負債残高の自己資本の額に対する倍数が３倍（特定債券現先取引等に係る負債がある場合の特例を受けるときは２倍）を超える場合は、本制度が適用されます（措法66の５①②⑤四、措令39の13⑥）。

また、類似法人基準に関する特例の適用がある場合は、内国法人に係る国外支配株主等の資本持分及びその内国法人の自己資本の額に係る各倍数に代えて、類似法人の総負債（負債の利子等の支払の基因となるものその他資金の調達に係るものに限ることとし、その内国法人が特定債券現先取引等に係る負債がある場合の特例を受けるときは、次に掲げる金額のうち少ない金額を控除した残額）に係る平均負債残高の資本金、法定準備金及び剰余金の合計額に対する倍数を用いることとされます（措法66の５③、措令39の13⑩、措規22の10の６①）。

⑴　債券現先取引等に係る借入金の金額（その債券現先取引等に係る借入金の金額が他の借入金の金額と区分されていない場合には、その債券現先取引等に係る借入金の金額を含む勘定科目に計上されている金額）

⑵　債券現先取引等に係る貸付金の金額（その債券現先取引等に係る貸付金の金額が他の貸付金の金額と区分されていない場合には、その債券現先取引等に係る貸付金の金額を含む勘定科目に計上されている金額）

これを図示すると、次のようになります。

① 国外支配株主等の資本持分に係る倍数

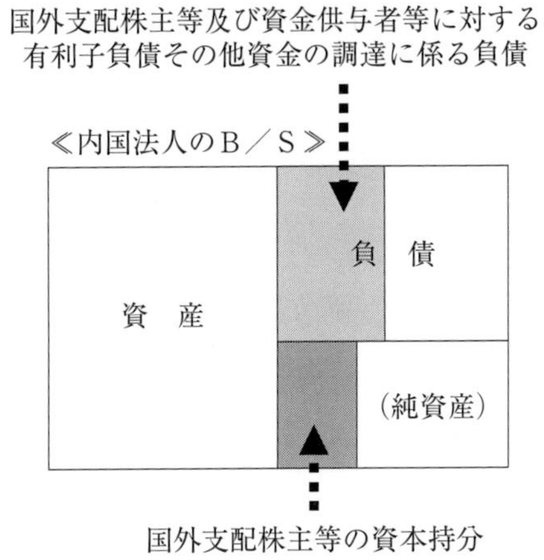

（国外支配株主等及び資金供与者等に対する有利子負債その他資金の調達に係る負債 ÷ 国外支配株主等の資本持分）

② 自己資本の額に係る倍数

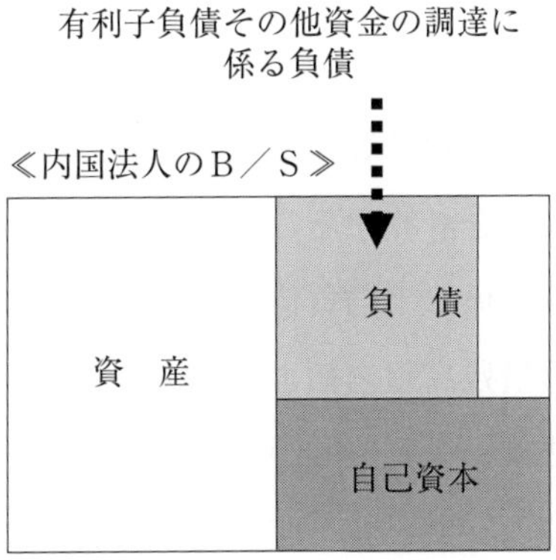

（有利子負債その他資金の調達に係る負債 ÷ 自己資本）

③　類似法人に係る倍数

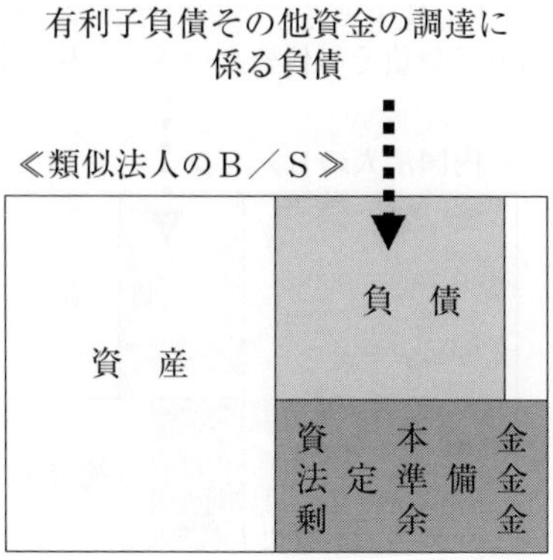

$$\left(\frac{\text{有利子負債その他資金の調達に係る負債}}{\text{資本金＋法定準備金＋剰余金}}\right)$$

（出典：財務省資料）

2　損金不算入額の計算

損金不算入額の計算で用いられる内国法人に係る国外支配株主等及び資金供与者等に対する負債について、負債の利子等の支払の基因となる負債その他資金の調達に係る負債として、損金不算入額を計算することとされます（措令39の13①）。

また、内国法人の総負債に係る平均負債残高から自己資本の額に３を乗じて得た金額を控除した残額が平均負債残高超過額よりも少ない場合における損金不算入額の計算で用いられるその内国法人の総負債についても同様です（措令39の13②）。

これを図で示すと、次のようになります。

(1)　国外支配株主等の資本持分の３倍が平均負債残高から資金供与者等に対する負債を差し引いた額以上の場合

次の図でイ、ロ及びハを示すと次のとおりです。

イ	国外支配株主等・資金供与者等に対する負債に係る平均負債残高
ロ	資金供与者等に対する負債
ハ	国外支配株主等の資本持分の３倍

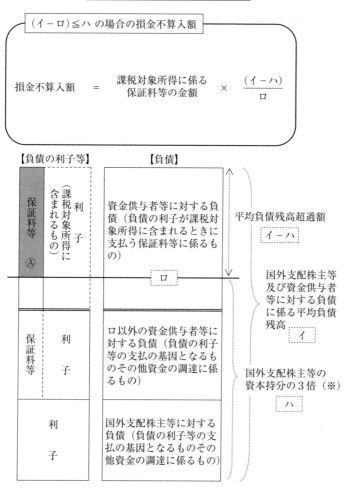

（イ－ロ）≦ハ の場合の損金不算入額

損金不算入額　＝　課税対象所得に係る保証料等の金額　×　$\frac{（イ－ハ）}{ロ}$

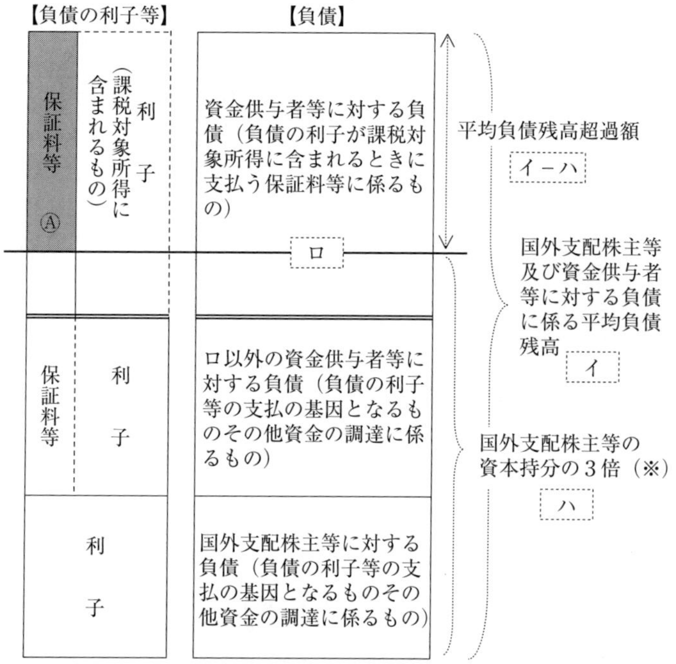

（※）　特定債券現先取引等に係る負債がある場合には２倍で、類似法人基準に関する特例の適用がある場合は類似法人に係る倍数を用います。

⑵　平均負債残高から資金供与者等に対する負債を差し引いた額が国外支配株主等の資本持分の３倍よりも多い場合

（イ－ロ）＞ハ の場合の損金不算入額

損金不算入額　＝　課税対象所得に係る保証料等の金額（Ⓐ）　＋

［国外支配株主等及び資金供与者等に対して支払う負債の利子等の金額　－　Ⓐ］　×　$\dfrac{(イ－ハ)－ロ}{イ－ロ}$

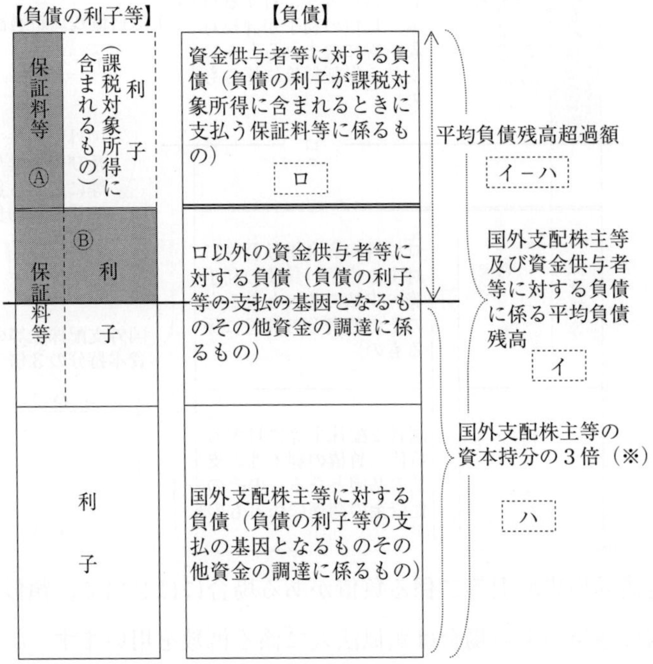

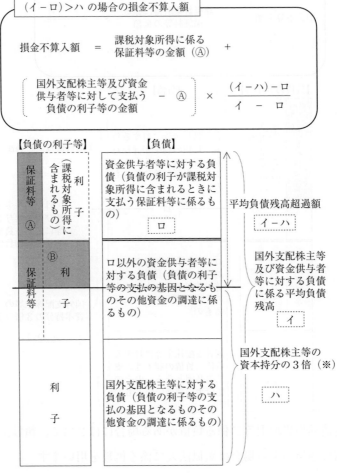

（※）　特定債券現先取引等に係る負債がある場合には２倍で、類似法人基準に関する特例の適用がある場合は類似法人に係る倍数を用います。

（出典：財務省資料）

第４　類似法人の負債・資本比率の採用

１　総説

国外支配株主等に係る負債・自己資本持分比率及び総負債・自己資本比率に関する原則的倍数である３倍に代えて、同種の事業を営む法人で事業規模その他の状況が類似するもの（類似法人）の総負債の額の純資産の額（資本金等の額に満たない場合は、資本金等の額）に対する比率に照らし妥当と認められる倍数を用いることができます（措法66の５③）。

具体的には、適用法人の事業年度終了の日以前３年内に終了した事業規模その他の状況が類似する内国法人の各事業年度のうちいずれかの事業年度終了の日における総負債の額の同日における資本金、法定準備金及び剰余金の合計額に対する比率とします。この場合において、当該比率に小数点以下２位未満の端数があるときは、これを切り上げるものとします（措令39の13⑩）。

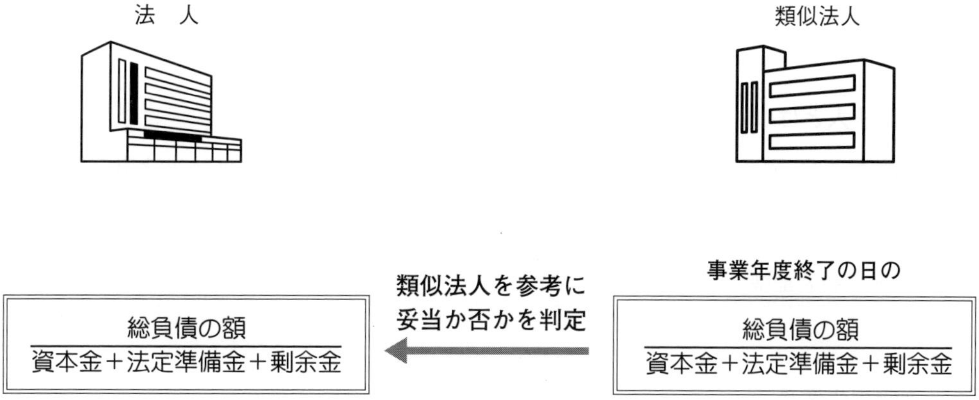

２　制度の趣旨

類似法人の負債・資本比率を採用する理由については、次のように説明されています。すなわち、過少資本税制が実質的には、外資系内国法人（外国法人の日本子会社）だけに適用される税制であることから、租税条約上の無差別条項（OECDモデル租税条約24④）に反し、不適正な制度ではないか、ということを考慮したものといわれています。

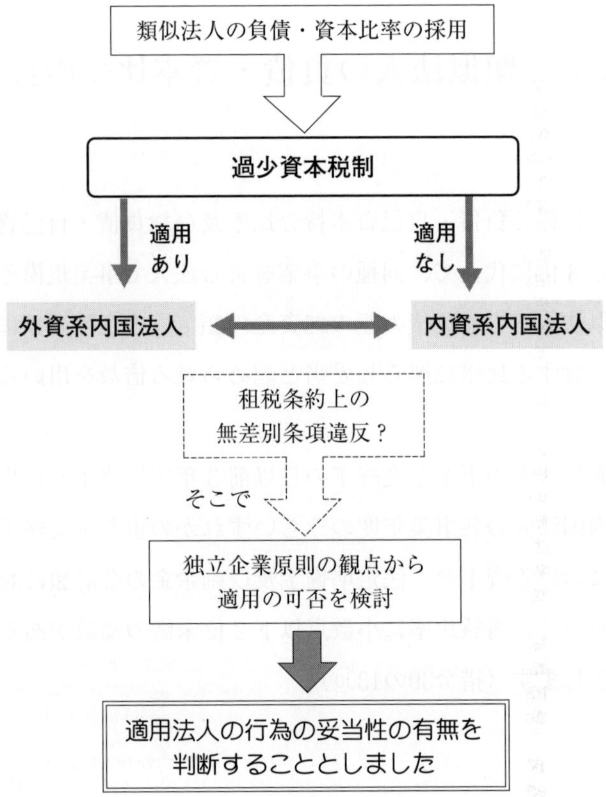

3　類似法人とは

類似法人については、「事業規模その他の状況が類似する内国法人」と規定されています。

類似法人の判断基準	業種、業態、規模、自己資本の額等が類似していること

4　確定申告要件

適用対象法人が、類似法人の負債・資本比率に照らし妥当と認められる倍数を用いることができるのは、その旨の書面を確定申告書等に添付し、かつ、資料を保存している必要があります（措法66の５⑧）。ただし、税務署長がやむを得ないと認めるなど一定の場合には、類似法人の負債・資本比率の規定を適用することができることとされています（措法66の５⑨）。

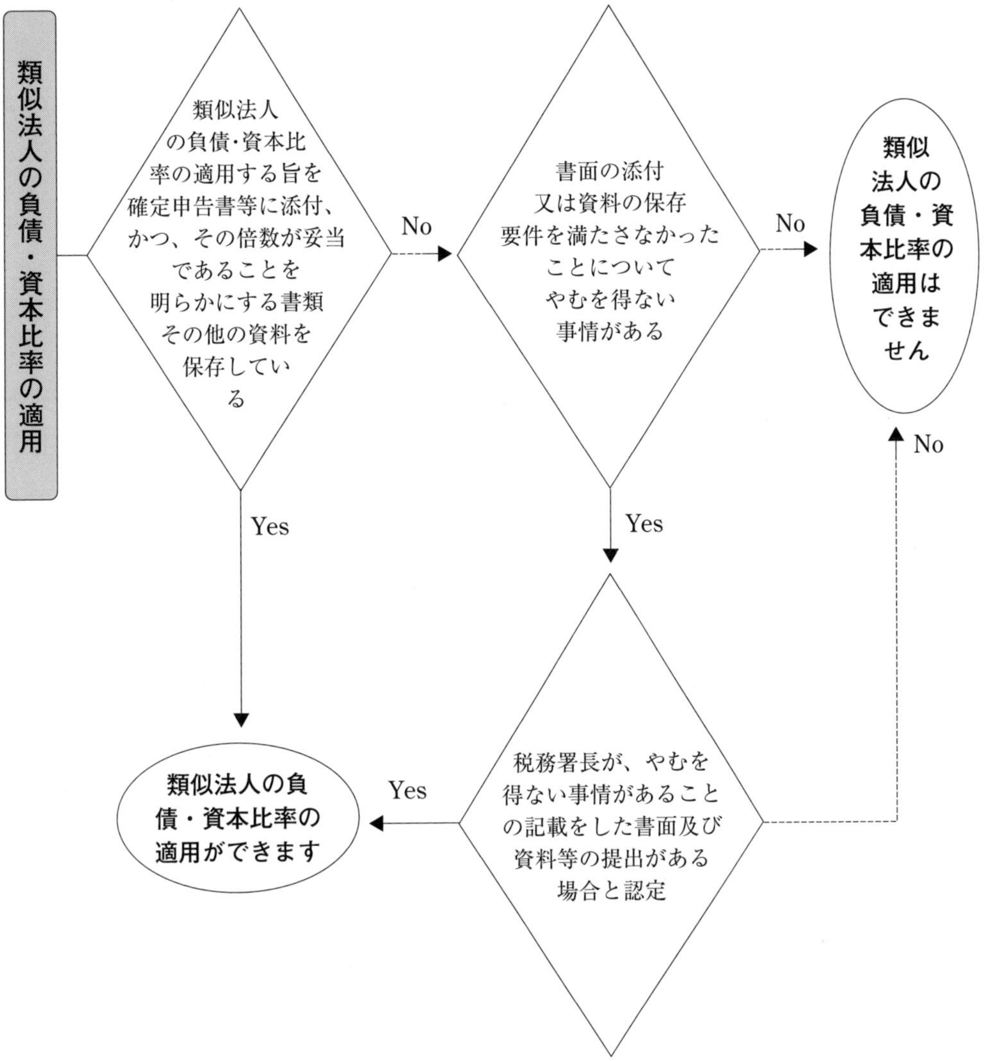
類似法人の負債・資本比率の適用
類似法人の負債・資本比率の適用する旨を確定申告書等に添付、かつ、その倍数が妥当であることを明らかにする書類その他の資料を保存している
No
書面の添付又は資料の保存要件を満たさなかったことについてやむを得ない事情がある
No
類似法人の負債・資本比率の適用はできません
No
Yes
Yes
類似法人の負債・資本比率の適用ができます
Yes
税務署長が、やむを得ない事情があることの記載をした書面及び資料等の提出がある場合と認定

第５　その他

１　原価に算入した負債の利子等

法人が、国外支配株主等又は資金供与者等に支払う負債の利子等の額につき固定資産その他の資産の取得価額に算入した場合又は繰延資産（社債発行差金を除きます）として経理した場合であっても、その事業年度においてその国外支配株主等又は資金供与者等に支払うものは、過少資本税制の対象になります（措通66の５－８）。

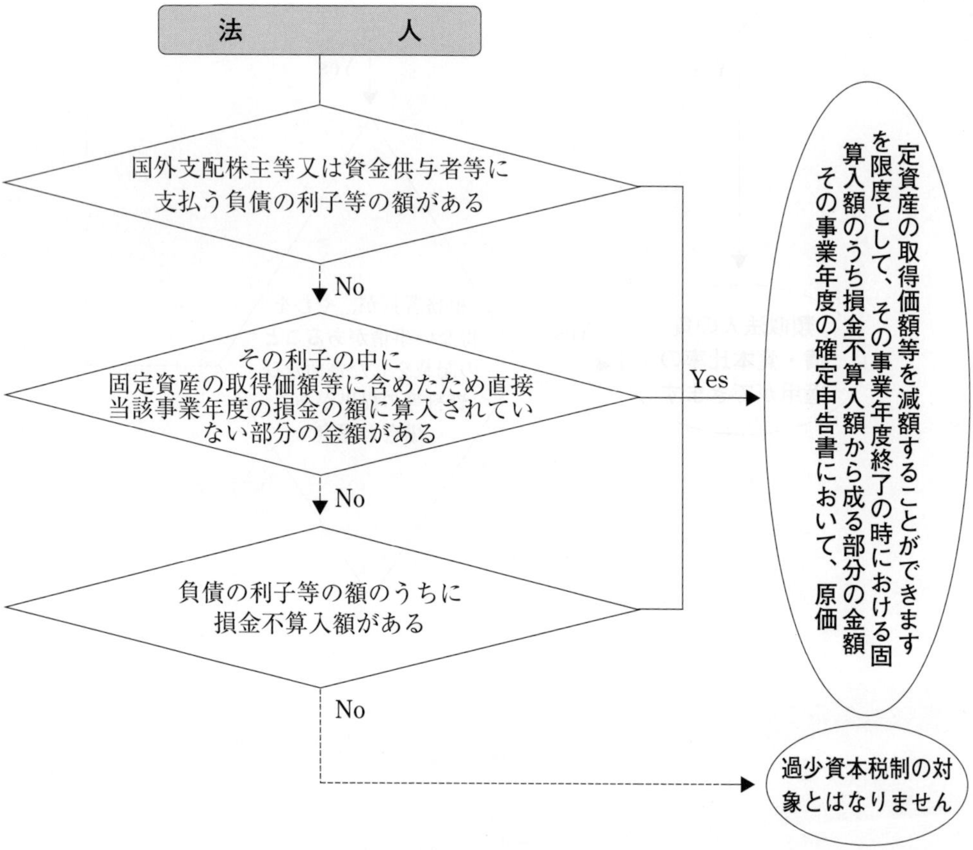

この場合において、原価算入額のうち損金不算入額から成る部分の金額は、その損金不算入額に、その事業年度において国外支配株主等又は資金提供者等に支払う負債の利子等の額のうちに固定資産の取得価額等に含まれている負債の利子等の額の占める割合を乗じた金額とすることができます。

なお、この取扱いの適用を受けた場合には、その減額した金額につき翌事業年度において決算上調整するものとされています（措通66の５－９）。

2　損金不算入額の取扱い

損金不算入とされた利子等は、法人の課税所得の計算上、社外流出項目とされます。したがって、これらの利子は、国外支配株主等又は資金供与者等からの返還を要しないことになります。

なお、損金不算入とされた支払利子については、利子の性質が変化したものではないので、その支払利子に対して所得税法が定める源泉徴収が行われます。この場合、租税条約の規定がある場合には、その限度税率が適用されます。

3　国外支配株主等が複数ある場合の計算

内国法人に係る国外支配株主等が複数ある場合における過少資本税制の適用については、国外支配株主等及び資金供与者等に対する負債に係る平均負債残高、国外支配株主等の資本持分又は国外支配株主等及び資金供与者等に支払う負債の利子等の額は、それぞれ国外支配株主等及び資金供与者等に対する負債に係る平均負債残高、国外支配株主等の資本持分又は国外支配株主等及び資金供与者等に支払う負債の利子等の額を合計した金額によるものとされています（措令39の13④）。これは、内国法人に対して、外国の企業グループ全体としてどれだけの出資と貸付をしているかによって、過少資本税制が適用されるかを判断したうえで、損金不算入額の計算をすることを意味します。

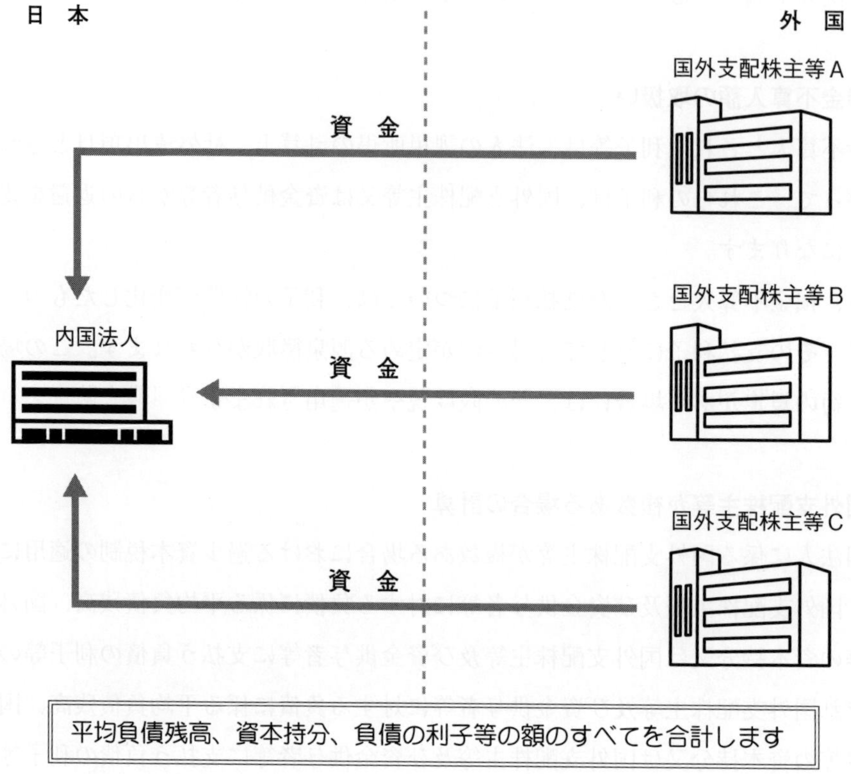

４　過大支払利子税制との適用関係

本制度により計算された金額が、その事業年度に係る過大支払利子税制により計算された金額を下回る場合には、本制度の規定は適用されません（措法66の５④⑩、措令39の13⑪）。

ただし、重複適用について別途規定が整備されました。

第９章　過大支払利子税制

第１　総　　説

1　はじめに

平成24年度税制改正において、関連会社間で利子を用いた租税回避を防止するために諸外国の制度を参考にして本税制が導入されました。

ただ、その後に行われたBEPSプロジェクトにおける議論の中で、利子は租税回避を利用する際最も簡単に用いられるものであり、多国籍企業グループが利子を活用することによって税収等への影響等が生じるのではないか、そして関連者間の取引だけではなく、第三者からの借入れを用いた場合でも税率の高い国から低い国への税源流出が生ずるのではないかと指摘されました。

このような議論を経て、BEPSプロジェクト最終報告書の行動４「利子控除制限ルール」において第三者への支払利子も含めて、企業が損金算入可能な利子の額を所得の一定割合に制限する、利子控除制限制度の導入が勧告されました。

このような経緯を経て、令和元年度税制改正において、BEPSプロジェクトに適合すべく、大幅な見直しが行われました。

2　概要

令和元年度税制改正において、本税制はBEPSプロジェクトの勧告に沿って、経済実態にも配慮する形で見直すことにしました。

具体的には次頁上のイメージ図に示すように、①対象とする利子の範囲の拡大、②調整所得の定義、③基準値（調整所得金額の割合50%→20%）の３つがメインになります。

《過大支払利子税制の見直しのイメージ図》

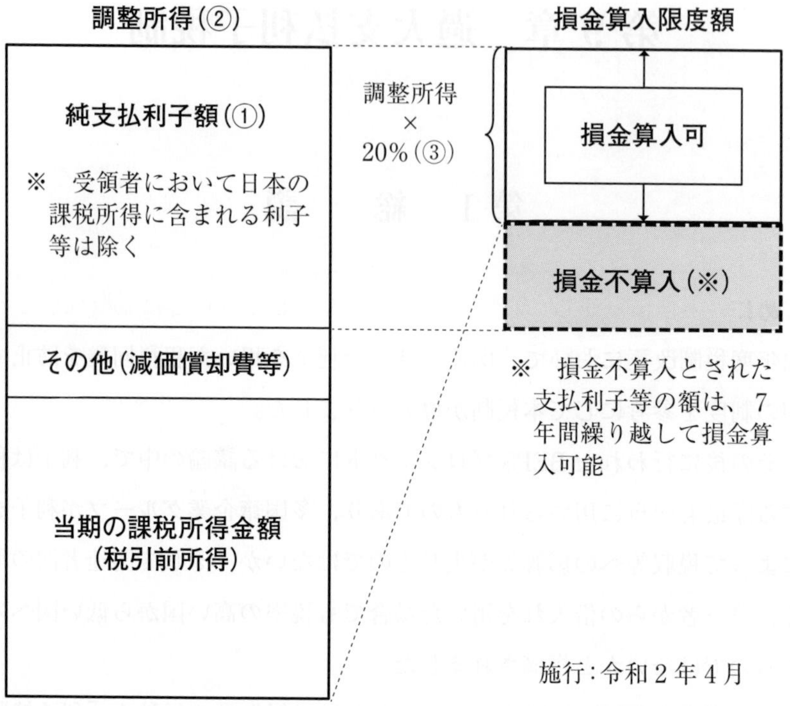

《過大支払利子税制の主な見直し内容》

	改正前	改正後
①対象とする利子	➢ 関連者純支払利子等のみ (受領者において日本の課税所得に含まれる利子等は対象外)	➢ 純支払利子等（第三者を含む） (受領者において日本の課税所得に含まれる利子等は対象外)
②調整所得	➢ 利子・税・減価償却前所得 (国内外の受取配当益金不算入額を加算)	➢ 利子・税・減価償却前所得 (国内外の受取配当益金不算入額を加算しない)
③基準値	➢ 50%	➢ 20%
適用除外	関連者純支払利子等の額が 1,000 万円以下 ➢ 関連者への支払利子等の額が総支払利子等の額の 50%以下	➢ 純支払利子等の額が2,000万円以下 ➢ 国内企業グループ（持株割合 50%超）の合算純支払利子等の額が合算調整所得の 20%以下）

（出典：財務省資料）

第２　対象純支払利子等の額の損金不算入

１　対象となる純支払利子等の額

(1)　対象となる純支払利子等の額

その事業年度における対象支払利子等の額（支払利子等の額のうち対象外支払利子等の額以外の金額をいいます。以下同じです）の合計額（以下「対象支払利子等合計額」といいます）からこれに対応するものとして計算した受取利子等の額の合計額（以下「控除対象受取利子等合計額」といいます）を控除した残額（以下「対象純支払利子等の額」といいます）が本制度の対象とされます（措法66の５の２①）。

算　式

対象支払利子等合計額	−	控除対象受取利子等合計額	＝	対象純支払利子等の額

(2)　対象外支払利子等の額

(1)にあるように、第三者への支払利子も本制度の対象とされました。しかし、受領者側において日本の課税対象所得に含まれる支払利子については、税源浸食リスクが小さく、また、これらを対象とした場合には、通常の経済活動にも影響を及ぼしかねないことから、次に掲げる支払利子等は、対象外支払利子等の額とされます（措法66の５の２②三）。

① 受領者の課税対象所得に含まれる支払利子等の額（措法66の５の２②三イ）

② 一定の公共法人（注）に対する支払利子等の額（措法66の５の２②三ロ）

㈱ 一定の公共法人とは、沖縄振興開発金融公庫、国際協力銀行、日本政策金融公庫、独立行政法人奄美群島振興開発基金及び年金積立金管理運用独立行政法人を指します（措令39の13の２⑦、措規22の10の７③）。

③ 除外対象特定債券現先取引等（注）に係る支払利子等の額に、その除外対象特定債券現先取引等に係る調整後平均負債残高をその除外対象特定債券現先取引等に係る負債に係る平均負債残高で除して得た割合を乗じて計算した金額（措法66の５の２②三ハ、措令39の13の２⑨）

㈱ 除外対象特定債券現先取引等とは、特定債券現先取引等で、その特定債券現先取引等に係る支払利子等の額がその支払を受ける者の課税対象所得に含まれないものを指します（措令39の13の２⑧）。

④ 社債に係る支払利子等で非関連者に対するもの（「特定債券利子等」）で債券

の銘柄ごとに次に掲げるいずれかの金額（措法66の５の２②三ホ）

イ　その支払の際、その特定債券利子等について源泉徴収が行われ、又は特定債券利子等を受ける者の課税対象所得に含まれる特定債券利子等の額と②の一定の公共法人に対する特定債券利子等の額との合計額（原則法）

ロ　次の債券の区分に応じそれぞれ次に定める金額（措令39の13の２⑯）（簡便法）

（イ）	国内において発行された債券	特定債券利子等の額の合計額の95％に相当する金額
（ロ）	国外において発行された債券	特定債券利子等の額の合計額の25％に相当する金額

⑶　支払利子等の額に算入すべき利子

①　法人が支払利子等の額につき固定資産その他の資産の取得価額に算入した場合又は繰延資産として経理した場合であっても、当該事業年度において支払うものは、支払利子等の額に含まれることとされます（措通66の５の２－１）。

②　法人が、支払利子等の額のうちに固定資産等に含めたため直接当該事業年度の損金の額に算入されていない部分の金額（「原価算入額」）がある場合において、当該支払利子等の額のうちに損金不算入額があるときは、当該事業年度の確定申告書において、当該原価算入額のうち損金不算入額から成る部分の金額を限度として、当該事業年度終了の時における固定資産の取得価額等を減額することができるものとされます。この場合において、当該原価算入額のうち損金不算入額から成る部分の金額は、当該損金不算入額に、当該事業年度における支払利子等の額のうちに当該固定資産の取得価額等に含まれている支払利子等の額の占める割合を乗じた金額とすることができるとされます（措通66の５の２－２）。

⑷　控除対象受取利子等合計額

控除対象受取利子等合計額とは、法人の事業年度の受取利子等の額の合計額をその事業年度の対象支払利子等合計額のその事業年度の支払利子等の額の合計額に対する割合で按分した金額として次の算式により計算した金額とされます（措法66の５の２②六、措令39の13の２㉓）。

算　式

（法人が非国内関連者から受ける受取利子等の額 ＋ 法人が国内関連者から受ける受取利子等の額（注１、２）と法人の事業年度の期間と同一の期間において国内関連者が非国内関連者から受けた受取利子等の額とのうちいずれか少ない金額）× 対象支払利子等合計額 / 利子等の額の合計額

× $\dfrac{\text{利子等の額の合計額}}{\text{法人の支払利子等の額の合計額（注３）}}$

㈱１　法人との間に連結完全支配関係がある連結法人からの受取利子等の額を除きます。

２　除外対象特定債券現先取引等に係る対応債券現先取引等に係る受取利子等の額を控除します。

３　上記⑵③の除外対象特定債券現先取引等に係る利子の額を除外します。

４　国内関連者とは、その法人に係る関連者のうち居住者、内国法人、恒久的施設を有する非居住者又は恒久的施設を有する外国法人をいい、非国内関連者とは、「その法人とその法人に係る他の国内関連者」以外の者をいいます。

２　調整所得金額

調整所得金額は、いわゆる「利払前所得」として、税務上の課税所得に純支払利子等の額を加えたものをベースとしています。そして、今回の改正により、国内外の受取配当等の益金不算入額を加算しないこととした他、いわゆる所得税額の控除を考慮しないようにし、また匿名組合契約の営業者の支払分配金の損金算入額等を加減算することとされました（措令39の13の２①）。

具体的な調整所得金額の計算は、次のように行われます。

《調整所得金額の算式》

当期の所得金額	＋	・対象純支払利子等の額 ・損金計上減価償却費 ・損金計上貸倒損失 ・損金計上匿名組合員分配利益	－	・過大支払利子税制と外国子会社合算税制との調整規定の対象となるTH税制による合算額 ・匿名組合員が負担する損失のうち益金算入額	＝	調整所得金額

↑《以下の規定を適用せず、かつ、寄附金の額を全額損金算入して計算》

適用しない規定	
措法52の３⑤⑥	特別償却準備金の取り崩し益
措法57の７①	関西国際空港整備準備金
措法57の７の２①	中部国際空港整備準備金
措法59①②	新鉱床探鉱費又は海外新鉱床探鉱費の特別控除
措法59の２①⑤	対外船舶運航事業を営む法人の日本船舶による収入金額の課税の特例

措法60①②	沖縄の認定法人の所得の課税の特例
措法61①	国家戦略特別区域における指定法人の課税の特例
措法61の２①	農業経営基盤強化準備金
措法61の３①	農用地等を取得した場合の課税の特例
措法66の５①	過少資本税制
措法66の５の２①	過大支払利子税制
措法66の５の３①②	超過利子額の損金算入
措法66の７②⑥	――
措法66の９の３②⑤	――
措法66の13①、⑤～⑩、⑭	特定事業活動として特別新事業開拓事業者の株式を取得した場合の課税の特例
措法67の12①②	組合事業等による損失がある場合の課税の特例
措法67の13①②	――
措法67の14①	特定目的会社に係る課税の特例
措法67の15①	投資法人に係る課税の特例
措法68の３の２①	特定目的信託に係る受託法人の課税の特例
措法68の３の３①	特定投資信託に係る受託法人の課税の特例
法法59①～④	会社更生等による債務免除等があった場合の欠損金の損金算入
法法62の５⑤	現物分配による資産の譲渡
法法64の５①③	完全支配関係がある法人の間の損益通算
法法64の７⑥	欠損金の通算
法法64の８	通算法人の合併等があった場合の欠損金の損金算入
法法142の４①	恒久的施設に帰せられるべき資本に対応する負債の利子の損金不算入

このほか、以下の金額を加算し、

法人税法施行令の一部を改正する政令（昭和42年政令第106号）附則第５条１項及び２項の規定を適用せず、かつ、当該事業年度において支出した寄附金の額の全額を損金の額に算入して計算した場合の当該事業年度の所得の金額に、当該事業年度の措置法66条の５の２第１項に規定する対象純支払利子等の額、減価償却資産に係る償却費の額で当該事業年度の所得の金額の計算上損金の額に算入される金額、金銭債権の貸倒れによる損失の額で当該事業年度の所得の金額の計算上損金の額に算入される金額及び匿名組合契約等により匿名組合員に分配すべき利益の額で当該事業年度の所得の金額の計算上損金の額に算入される金額

以下の金額を減算します。

措置法66条の５の２第７項又は66条の５の３第２項の規定の適用に係る措置法66条の６第２項第１号に規定する外国関係会社に係る同条第１項に規定する課税対象金額、同条第６項に規定する部分課税対象金額若しくは同条第８項に規定する金融子会社等部分課税対象金額又は法第66条の９の２第１項に規定する外国関係法人に係る同項に規定する課税対象金額、同条第６項に規定する部分課税対象金額若しくは同条第八項に規定する金融関係法人部分課税対象金額及び匿名組合契約等により匿名組合員に負担させるべき損失の額で当該事業年度の所得の金額の計算上益金の額に算入される金額

この場合、算出された金額が０を下回る場合には、０とされます。

なお、外国子会社合算税制の適用の対象となる外国関係会社に支払う利子を有する法人において、本制度により損金不算入とされる金額がある場合には、その利子の支払を受けた外国関係会社の所得相当額が外国子会社合算税制による合算課税の対象となり、かつ、法人が支払う利子について損金算入が認められないこととなり、二重課税の状態が生じるものと考えられることから調整措置が設けられています。そこで、本制度の対象となる支払利子等の範囲の改正に伴う所要の整備が行われました（措法66の５の２⑦、66の５の３②、措令39の13の２㉚、39の13の３③）。

また、本制度に係る超過利子額と外国子会社算税制との適用調整について、第３の２(2)と同様の適用要件の見直しが行われました（措法66の５の３⑧）。

３　損金不算入額

支払利子等の損金算入限度額について、調整所得金額の20％に引き下げられました（措法66の５の２①）。

４　適用免除基準

法人が次のいずれかに該当する場合には、本制度の適用はないこととされます（措法66の５の２③、措令39の13の２㉓～㉗）。

(1)　法人の事業年度の対象純支払利子等の額が2,000万円以下であるとき

(2)　内国法人及びその内国法人との間に特定資本関係（注１）のある他の内国法人

（その事業年度開始の日及び終了の日がそれぞれその開始の日を含むその内国法人の事業年度開始の日及び終了の日であるものに限ります）のその事業年度におけるイに掲げる金額がロに掲げる金額の20％に相当する金額を超えないこと

イ　対象純支払利子等の額の合計額から対象純受取利子等の額（控除対象受取利子等合計額から対象支払利子等合計額を控除した残額をいいます）の合計額を控除した残額	＜	ロ　調整所得金額の合計額から調整損失金額（調整所得金額の計算においてゼロを下回る金額が算出される場合のそのゼロを下回る金額をいいます）の合計額を控除した残額 ×20％

㊟１　上記⑵の特定資本関係とは、①ある内国法人と別の内国法人の資本関係が直接間接に50％超である場合、又は、②ある内国法人が別の内国法人とともにさらに別の内国法人により50％超で支配されている場合をいいます。

①のイメージ図

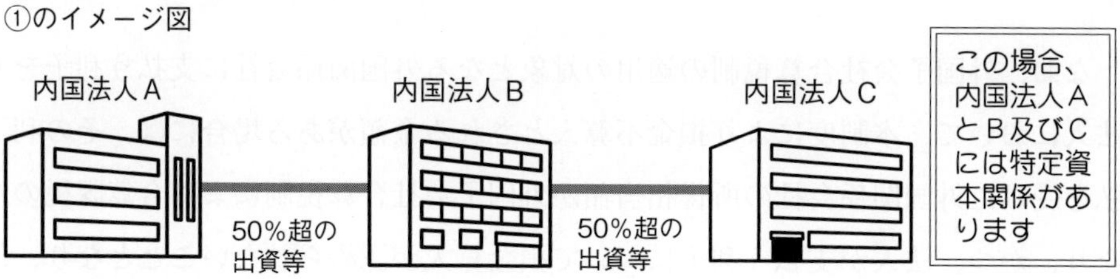

②のイメージ図

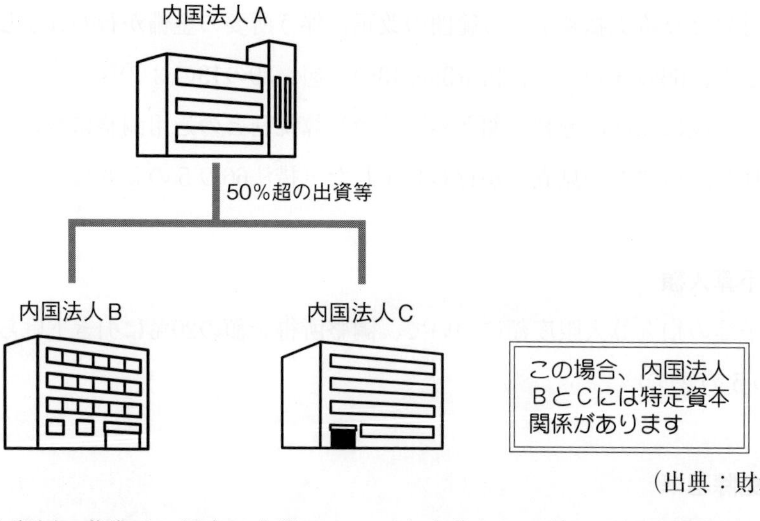

（出典：財務省資料）

２　上記⑵の基準は、国内の企業グループを全体として見れば経済規模に比較して適正な範囲の支払利子額であり、国外への不適切な所得移転が生じていないと考えられるにもかかわらず、個々の企業の所得や支払利子額をみると、支払利子額が過大に見えてしまうケースがあることを考慮し、企業グループ単位の純支払利子額の調整所得金額に対する割合による適用免除基準として設けられたものです。

第３　超過利子額（損金不算入額の繰越額）の損金算入

１　超過利子額の損金算入

法人の各事業年度開始の日前７年以内に開始した事業年度において超過利子額がある場合には、その超過利子額（本制度に係る超過利子額と外国子会社合算税制との適用調整により各事業年度の所得の金額の計算上損金の額に算入されるものを除きます）に相当する金額は、その法人の各事業年度の調整所得金額の20％に相当する金額から対象純支払利子等の額を控除した残額に相当する金額を限度として、その法人のその各事業年度の所得の金額の計算上、損金の額に算入することとされます（措法66の５の３①）。

《超過利子額の損金算入の見直し》

当期の対象純支払利子等の額が調整所得金額の20%（改正前：50%）に満たない場合において、前７年以内に開始した事業年度に本制度の適用により損金不算入とされた金額（超過利子額）があるときは、その対象純支払利子等の額と調整所得金額の20%（改正前：50%）に相当する金額との差額を限度として、当該超過利子額に相当する金額を当期の損金の額に算入する。

（注）　改正前において生じた超過利子額についても、上記と同様に、対象純支払利子等の額と調整所得金額の20％に相当する金額との差額を限度として、損金の額に算入する。

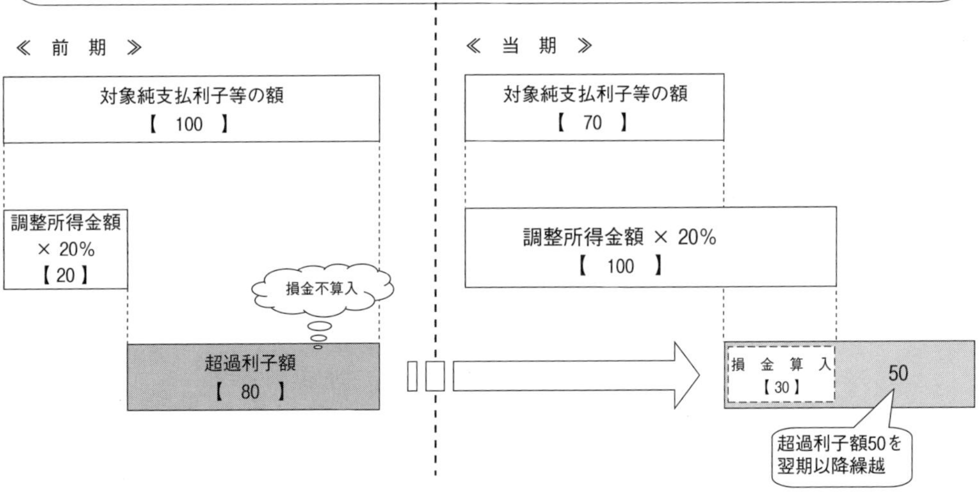

（出典：財務省資料）

２　適用要件

上記１の措置は、次の要件を満たす場合に適用を受けることができることとされます（措法66の５の３④）。

⑴　超過利子額に係る事業年度のうち最も古い事業年度以後の各事業年度の確定申告書が連続して提出されていること

⑵　適用を受けようとする事業年度の確定申告書（中間申告書を含みます「確定申告書等」)、修正申告書又は更正請求書に適用を受ける金額の申告の記載及びその計算に関する明細書の添付

また、この措置により損金の額に算入される金額の計算の基礎となる超過利子額は、その書類に記載された超過利子額を限度とすることとされます。

第10章　国際相続税

第１　相続税・贈与税の納税義務者

１　概要

相続税法は、相続税及び贈与税について、納税義務者、課税財産の範囲、税額の計算の方法、申告、納付及び還付の手続並びにその納税義務の適正な履行を確保するための必要な事項を定めるものとされます（相法１）。

一方、諸外国の相続税の有無やその規定内容と日本の相続税法との不一致などを利用した租税回避が見られるようになりました。そこで、相続税・贈与税の納税義務者の範囲について、平成12年、平成15年、平成25年に改正がなされてきました。

しかし、富裕層によるいわゆる「資産フライト」が引き続き見られたこと、孫に外国籍を取得させるなどして相続税・贈与税の納税義務を免れようとする動きがあったこと、などによる租税回避の動きに対応する必要に迫られました。

そこで、平成29年度税制改正において、相続税・贈与税の納税義務の範囲が大きく変更されました。一方、平成30年度改正で高度外国人材等の受入れの促進により資するように改正されましたが、令和３年度にも、勤労等のために日本に居住する外国人について、居住期間にかかわらず、国外財産を相続税の課税対象外とする改正がなされました。

２　資産フライトの事例

これまでは、５年超国外において居住する者が、同じく５年超国外に居住する者に対して国外財産を贈与した場合には、日本の贈与税が課税されることはありませんでした。一方、これらの者が居住する国において、いわゆるキャピタルゲインが課税されない場合、贈与税はどの国からも課税されないことになります。そこで、日本のいわゆる富裕層がこれらキャピタルゲインを課税しない国に一定期間資産フライトを計画するという事例がありました。

具体的には、国外に５年超居住しているＡが、国外財産を、同じく国外に５年超居住しているＢに贈与したとき、贈与税が課税されることはありませんでした。

以下の図をご覧ください。

《資産フライトの一例》

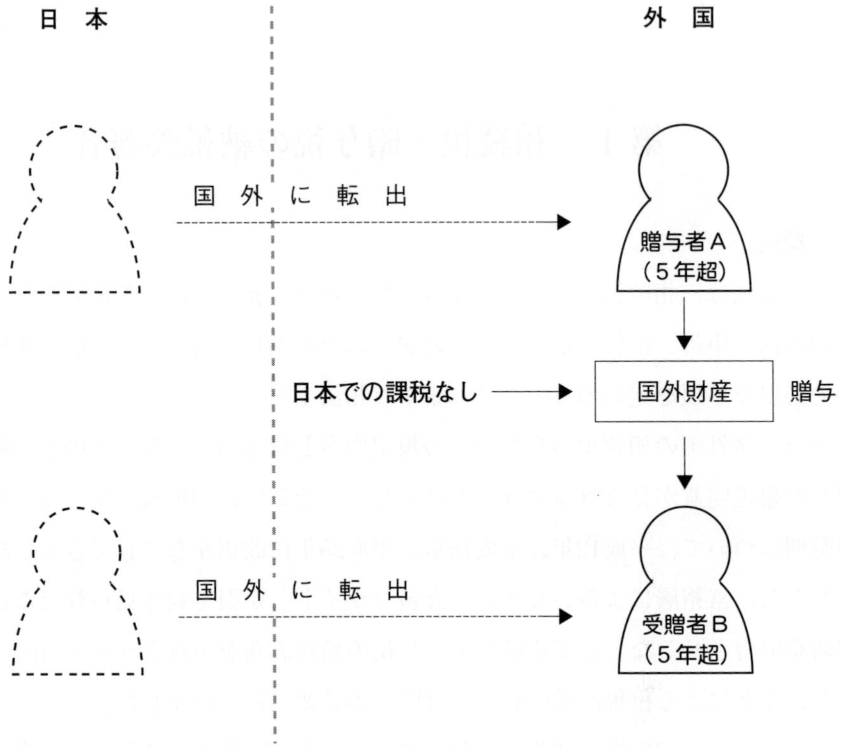

3　平成29・30年度税制改正による相続税・贈与税の納税義務の範囲の変更

⑴　概要

平成29・30年度税制改正における相続税・贈与税の納税義務の範囲変更のポイントは、次に掲げる事項になります。

①	駐在など住所が一時的な外国人については、その住所がないものとみなす㈱ 一時的に日本に住所を有する外国人同士の相続の場合には、国外財産（本国の自宅等）に日本の相続税が課税されないことになり、高度外国人材等の受入れの促進につながる
②	贈与者と受贈者の双方が５年超国外に居住してから国外財産を贈与する等の租税回避を抑制する
③	日本の住所・国籍を有しない者が過去10年以内に日本に居住していた者（短期滞在の外国人を除きます）から国外財産を相続等する場合に国外財産を課税することで租税回避（外国で出生し日本国籍を取得しなかった子に対して一時的に国外に住所を移した上で国外財産の贈与をすることなどを想定）を抑制する

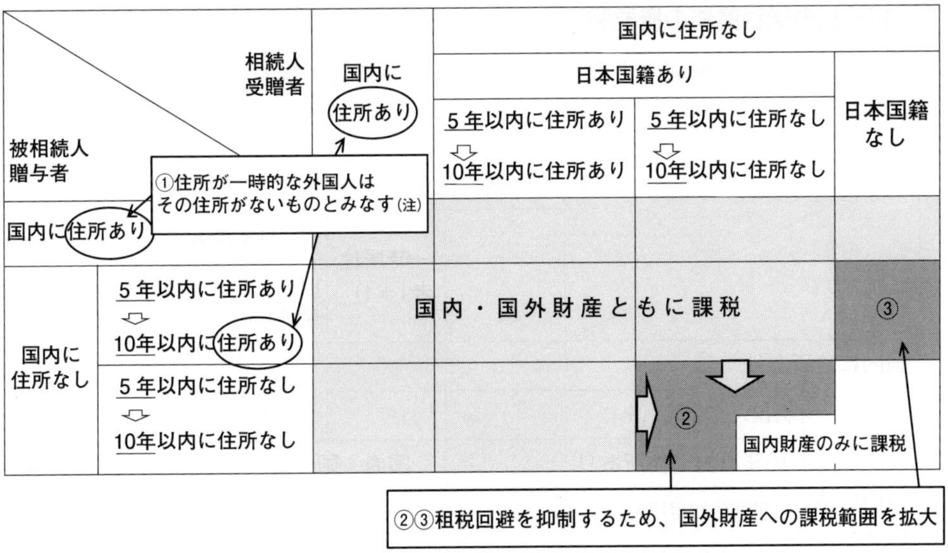

(注)　具体的には、現在日本に住所がある外国人については、出入国管理及び難民認定法別表第一の在留資格の者で過去15年以内に日本に住所を有していた期間の合計が10年以下である場合は、日本に住所がない者と同様の扱いとします。

現在日本に住所を有していないが過去10年以内に住所があった外国人である被相続人等については、過去15年以内において国内に住所を有していた期間の合計が10年以下の者である場合は、日本に住所を有していたことがない者と同様の扱いとします。

（出典：財務省資料）

(2)　相続税の納税義務の概要図

平成29・30年度税制改正を受けて、相続税の納税義務の範囲を示すと次のようになります。

被相続人＼相続人		国内に住所あり		国内に住所なし		
			一時居住者（＊1）	日本国籍あり		日本国籍なし
				10年以内に住所あり	10年以内に住所なし	
国内に住所あり						
	外国人被相続人（＊1）					
国内に住所なし	10年以内に住所あり		国内・国外財産ともに課税			
	非居住被相続人（＊2）				国内財産のみに課税	
	10年以内に住所なし					

(注)　図中の網掛け部分は国内・国外財産ともに課税。白い部分は国内財産のみに課税。

＊1　出入国管理及び難民認定法別表第1の在留資格の者で、過去15年以内において国内に住所を有していた期間の合計が10年以下の者

＊2　日本国籍のない者で、相続開始前10年以内のいずれの時においても日本に住所を有していない者

（出典：財務省資料を一部改訂）

(3)　贈与税の納税義務の概要図

平成29・30年度税制改正を受けて、贈与税の納税義務の範囲が相続税と若干異なることになりました。

贈与者＼受贈者		国内に住所あり		国内に住所なし		
			一時居住者（＊1）	日本国籍あり		日本国籍なし
				10年以内に住所あり	10年以内に住所なし	
国内に住所あり						
	外国人贈与者（＊1）					
国内に住所なし	10年以内に住所あり		国内・国外財産ともに課税			
	非居住贈与者（＊2）				国内財産のみに課税	
	10年以内に住所なし					

(注)　図中の網掛け部分は国内・国外財産ともに課税。白い部分は国内財産のみに課税。

＊1　出入国管理及び難民認定法別表第1の在留資格の者で、過去15年以内において国内に住所を有していた期間の合計が10年以下の者

＊2　非居住贈与者については、後述する4の⑥を参照してください。

（出典：財務省資料を一部改訂）

4　一時居住者、外国人被相続人及び非居住被相続人等の導入

平成29年度税制改正において、一時的に国内に滞在する外国人については、国外財産に課税することのないよう、以下のような定義が導入されました（相法１の３③）。

①	一時居住者	相続開始の時において在留資格（出管法別表第一（在留資格）の上欄の在留資格をいいます。②、④及び⑤において同じです）を有する者であってその相続の開始前15年以内において国内に住所を有していた期間の合計が10年以下であるものをいいます。
②	外国人被相続人	相続開始の時において、在留資格を有し、かつ、国内に住所を有していたその相続に係る被相続人をいいます。
③	非居住被相続人	相続開始の時において国内に住所を有していなかったその相続に係る被相続人で、その相続の開始前10年以内のいずれかの時において国内に住所を有していたことがあるもののうちそのいずれの時においても日本国籍を有していなかったもの又はその相続の開始前10年以内のいずれの時においても国内に住所を有していたことがないもの

㈱　一時的に日本に住所を有する外国人同士の相続等の場合には、国外財産（本国の自宅等）に日本の相続税が課税されないこととなり、高度外国人材等の受入れの促進につながることが期待されています。

また、贈与税についても類似の規定が導入されました（相法１の４③）。

④	一時居住者	贈与の時において在留資格を有する者であってその贈与前15年以内において国内に住所を有していた期間の合計が10年以下であるもの
⑤	外国人贈与者	贈与の時において在留資格を有し、かつ、国内に住所を有していたその贈与をした者
⑥	非居住贈与者	贈与の時において国内に住所を有していなかったその贈与をした者であって、その贈与前10年以内のいずれかの時において国内に住所を有していたことがあるもののうちそのいずれの時においても日本国籍を有していなかったもの又はその贈与前10年以内のいずれの時においても国内に住所を有していたことがないものをいいます。

贈与税に係る非居住贈与者については、贈与時に国内に住所を有していなかったとしても、一定の場合においては贈与税が課されることになるので注意が必要です。

【参考：在留資格の種類】

出入国管理及び難民認定法（いわゆる「入管法」）上、在留資格は、イ　定められた活動のために与えられるもの、ロ　定められた地位に基づいて与えられるもの、に区分されており、前者が別表第１に、後者が別表第２によって示されています。以下、

別表第１と第２を掲げます。

《別表第１》

一	外交、公用、教授、芸術、宗教、報道
二	高度専門職、経営・管理、法律・会計業務、医療、研究、教育、技術・人文知識・国際業務、企業内転勤、介護、興行、技能、特定技能、技能実習
三	文化活動、短期滞在
四	留学、研修、家族滞在
五	特定活動

《別表第２》

永住者、日本人の配偶者等、永住者の配偶者等、定住者

※　以上のことから、例えば、日本人と婚姻関係にあり「日本人の配偶者」という在留資格で国内に滞在している外国人については、別表第２により在留資格が与えられることから、上で説明した一時居住者には該当しないことになるので注意が必要です。

5 「５年しばり」から「10年しばり」へ

(1)　相続税に関する改正

平成29年度税制改正における大きな改正点の一つに、いわゆる「５年しばり」から「10年しばり」に変更されたことがあります。具体的には、日本国籍を有する個人について、次のようになりました（相法１の３①二イ）。

①	その相続又は遺贈に係る相続の開始前10年以内のいずれかの時においてこの法律の施行地に住所を有していたことがあるもの
②	その相続又は遺贈に係る相続の開始前10年以内のいずれの時においてもこの法律の施行地に住所を有していたことがないもの（その相続又は遺贈に係る被相続人が一時居住被相続人又は非居住被相続人である場合を除きます）

今回の改正によって、日本国籍を有する個人については、原則として、国内財産だけでなく、国外財産について相続税の納税義務者となることになりました。

ただし、被相続人が10年以内に国内に住所がない場合には、相続人が同じく10年以内に国内に住所がない場合であれば、国内財産のみに課税されることになります。

(2)　贈与税に関する改正

贈与税についても、日本国籍を有する個人について、いわゆる「５年しばり」から「10年しばり」に変更されました（相法１の４①二イ）。

③	その贈与前10年以内のいずれかの時においてこの法律の施行地に住所を有していたことがあるもの
④	その贈与前10年以内のいずれの時においてもこの法律の施行地に住所を有していたことがないもの（その贈与をした者が外国人贈与者又は非居住贈与者である場合を除きます）

6　日本国籍のない個人への相続税・贈与税の納税義務

⑴　相続税

平成29年度税制改正においては、日本国籍のない個人であっても相続税の納税義務者となるように変更されました。具体的には、次のように規定されています（相法１の３①二ロ）。

日本国籍を有しない個人（その相続又は遺贈に係る被相続人が外国人被相続人又は非居住被相続人である場合を除きます）

なお、被相続人が10年以内に国内に住所がない場合には、相続人が同じく10年以内に国内に住所がない場合であれば、国内財産のみに課税されることになります。

⑵　贈与税

贈与税についても、同様の規定が導入されました（相法１の４①二ロ）。

日本国籍を有しない個人（その贈与をした者が外国人贈与者又は非居住贈与者である場合を除きます）

こちらも、相続の場合と同様、贈与者が10年以内に国内に住所がない場合には、受贈者が同じく10年以内に国内に住所がない場合であれば、国内財産のみに課税されることになります。

ただし、贈与の場合租税回避の可能性がより高くなるため、非居住贈与者の意義が厳格化されました。

7　国外転出時課税制度の適用における納税義務者の範囲

平成27年度税制改正において国外転出時課税制度が創設されたことに伴い、相続税法においても次の措置が講じられました。

国外転出をする場合の譲渡所得等の特例（所法60の２）又は贈与等により非居住者に資産が移転した場合の譲渡所得等の特例（所法60の３）の規定により所得税を課税

された後、本人又は相続人が納税猶予を適用した場合には、納税猶予期間中に納税猶予を適用している者が死亡した場合、または財産の贈与をした場合の相続税又は贈与税の納税義務の判定に際しては、その猶予を適用していた者は、相続開始前５年以内に相続税法施行地（国内）に住所を有していたものとして課税関係を整理することになりました。

⑴　納税猶予期間中に死亡した場合等の取扱い

国外転出時課税において、納税猶予又は納税猶予の延長を受ける個人が死亡した場合又は財産の贈与をした場合、相続税又は贈与税の納税義務の判定に際しては、その個人は、相続若しくは遺贈又は贈与の前10年以内のいずれかの時において国内に住所を有していたものとみなされます（相法１の３②一、１の４②一）。

《相続の場合の概要図》

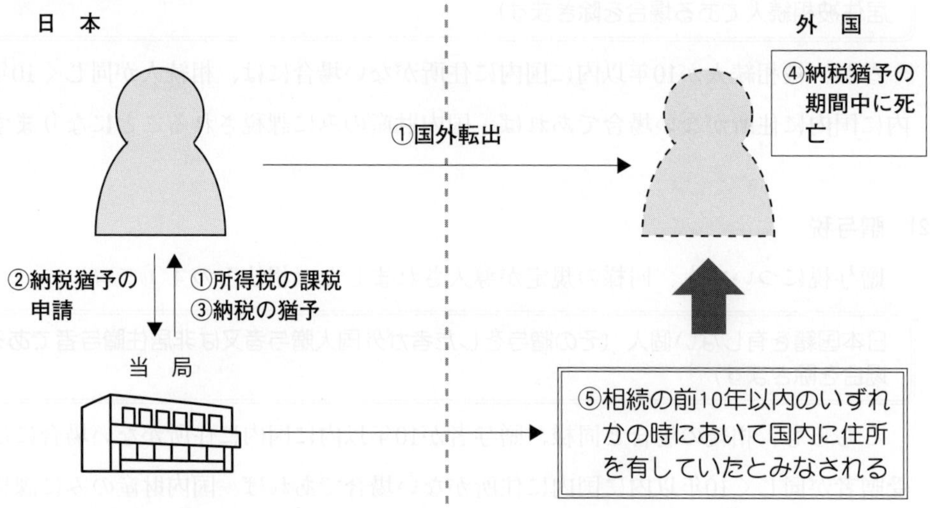

⑵　贈与後納税猶予期間中に受贈者が死亡した場合等の取扱い

贈与又は相続若しくは遺贈により非居住者に資産が移転した場合の国外転出時課税に係る納税猶予の適用を受ける者から贈与により財産を取得した受贈者又は当該納税猶予の適用を受ける相続人が死亡した場合又は財産の贈与をした場合には、相続税又は贈与税の納税義務の判定に際しては、当該受贈者又は相続人は、相続若しくは遺贈又は贈与前10年以内のいずれかの時において国内に住所を有していたものとみなします。ただし、当該受贈者又は相続人が当該国外転出時課税に係る贈与又は相続若しくは遺贈前10年以内に国内に住所を有していたことがない場合は、この扱いはありません（相法１の３②二、三、１の４②二、三）。

《相続の場合の概念図》

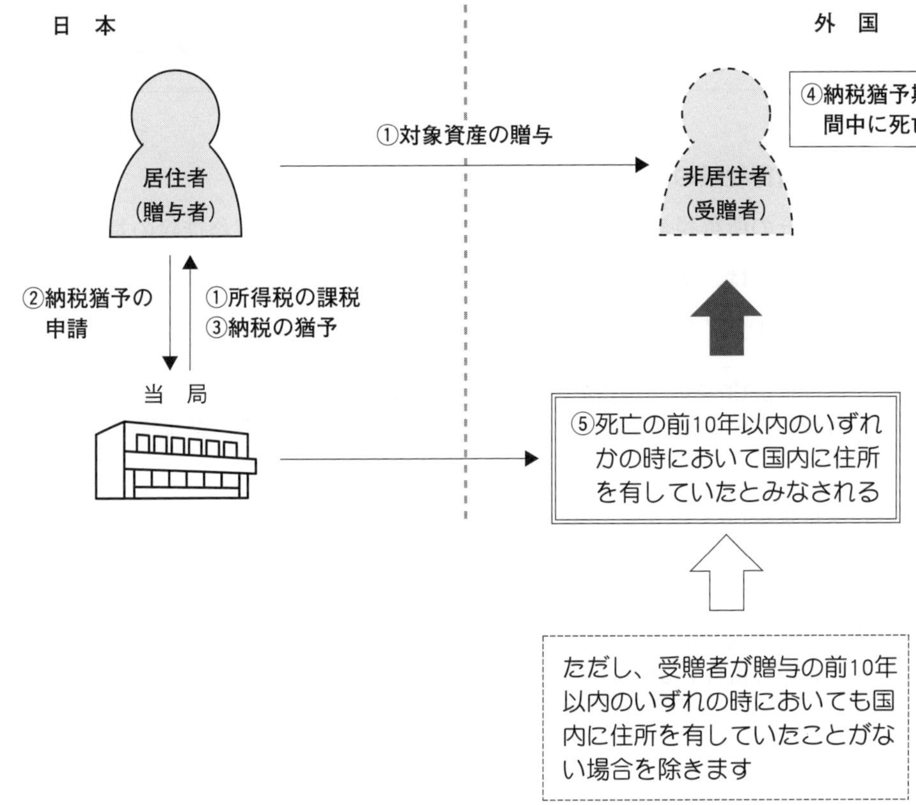

8　債務控除

(1)　債務控除の制限

相続税法上の債務控除については、相続開始時において確実と認められる債務のみが控除の対象とされています。一方、国外転出時課税において納税猶予の適用を受ける所得税については、対象資産を譲渡せずに日本に帰国した場合には所得税の課税が取り消されます。このように、将来的に納付の必要がなくなる可能性がある所得税を債務控除することは適当とはいえないことから、納税猶予分の所得税額については債務の確定している公租公課の金額には含まないこととし、債務控除の対象としないこととされました（相法14③、相令３②）。

ただし、納税猶予期間中に対象資産の譲渡があったことにより、納税猶予期間が終了したことなどにより所得税を納付した場合には、債務控除が可能となります（相法14③ただし書、相令３②ただし書）。

納税猶予期間中の所得税額	含まれません →	債務控除となる公租公課の金額

⑵　納付後の所得税額の取扱い

納税猶予分の所得税額に係る所得税を納付した場合には債務控除の対象になります。その場合には、更正の請求の特則に次のような場合が追加されることになりました（相法32①九イロハ、相令８③）。

①	所得税法137条の２第13項の規定により国外転出をした者に係る納税猶予分の所得税額に係る納付の義務を承継したその者の相続人がその納税猶予分の所得税額に相当する所得税を納付することとなったこと
②	所得税法137条の３第15項の規定により適用贈与者等に係る納税猶予分の所得税額に係る納付の義務を承継したその適用贈与者等の相続人がその納税猶予分の所得税額に相当する所得税を納付することとなったこと
③	所得税法137条の３第２項に規定の適用を受ける相続人が相続等納税猶予分の所得税額に相当する所得税を納付することとなったこと

9　住所

⑴　住所の意義

相続税法上の「住所」とは、各人の生活の本拠をいうものとされていますが、その生活の本拠であるかどうかは、客観的事実によって判定するものとされます。この場合において、同一人について同時に法施行地に２箇所以上の住所はないものとされます（相基通１の３・１の４共－５）。

⑵　国外勤務者の住所の意義

日本国籍を有している者又は出入国管理及び難民認定法（昭和26年政令第319号）別表第二に掲げる永住者については、その者が相続若しくは遺贈又は贈与により財産を取得した時において日本を離れている場合であっても、その者が次に掲げる者に該当する場合（上の⑴によりその者の住所が明らかに法施行地外にあると認められる場合を除きます）は、その者の住所は、日本国内にあるものとして取り扱うものとされます（相基通１の３・１の４共－６）。

①	学術、技芸の習得のため留学している者で法施行地にいる者の扶養親族となっている者
②	国外において勤務その他の人的役務の提供をする者で国外における当該人的役務の提供が短期間（おおむね１年以内である場合をいうものとします）であると見込まれる者（その者の配偶者その他生計を一にする親族でその者と同居している者を含みます）

㈱　その者が相続若しくは遺贈又は贈与により財産を取得した時において日本を離れている場合であっても、国外出張、国外興行等により一時的に日本を離れているにすぎない者については、その者の住所は法施行地にあることとなるとされます。

10　二重国籍

上の３及び５にある「日本国籍を有する個人」には、日本国籍と外国国籍とを併有する重国籍者も含まれることとされています（相基通１の３・１の４共－７）。例えば、日本国籍と米国籍を有するいわゆる二重国籍者は、日本国籍を有する個人として取り扱われます。

第２　国外財産の評価

１　原則

相続税法22条は、「相続、遺贈又は贈与により取得した財産の価額は、当該財産の取得のときにおける時価により、当該財産の価額から控除すべき債務の金額は、その時の現況による。」と規定しています。

この規定は、以下のことを示しているといえます。

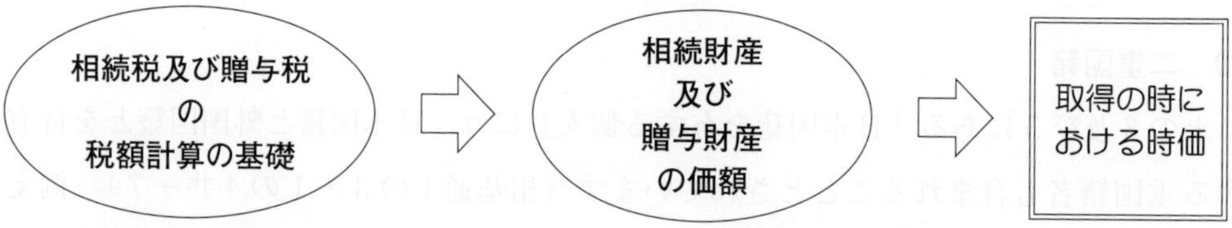

２　取得の時

上記でいう「取得の時」とは、次のようにいうことができます。

相続税の場合	被相続人又は遺贈者の死亡の日
贈与税の場合	贈与によって財産権を取得した日

３　時価

相続税法上の時価とは、客観的な交換価値をいいます。

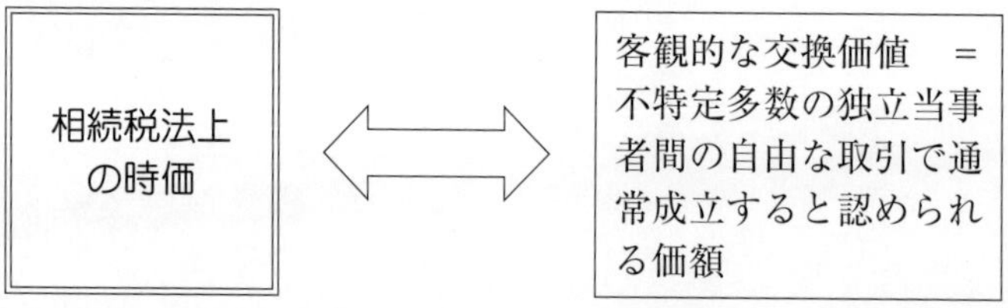

４　財産評価基本通達

相続税法22条の「取得の時における時価」を客観的に評価することは容易ではありません。

そこで、国税庁は、財産の評価に関する取扱方法の全国的な統一を図るため、相続税及び贈与税の課税価格計算の基礎となる財産の評価に関する基本的な取扱いを「財産評価基本通達」（評価通達）として定めています。

5　財産の所在の判定

相続税の課税対象となる財産が「国内財産」か「国外財産」のどちらに該当するかについては、財産がどこにあるのかその所在を判定する必要があります。具体的には、次により判定されます。

財産の所在の判定の表

財産の種類		所在の判定
イ	動産若しくは不動産又は不動産の上に存する権利	その動産又は不動産の所在（相法10①一本文）
ロ	イのうち船舶又は航空機	船籍又は航空機の登録をした機関の所在（相法10①一ただし書）
ハ	鉱業権若しくは租鉱権又は採石権	鉱区又は採石場の所在（相法10①二）
ニ	漁業権又は入漁権	漁場に最も近い沿岸の属する市町村又はこれに相当する行政区画（相法10①三）
ホ	金融機関に対する預金、貯金、積金又は寄託金	その預金、貯金、積金又は寄託金の受入れをした営業所又は事業所の所在（相法10①四、相令１の13）
ヘ	保険金（保険の契約に関する権利を含みます）	その保険の契約に係る保険会社等の本店又は主たる事務所の所在（相法10①五）
ト	退職手当金、功労金その他これに準ずる給与（一定の年金又は一時金に関する権利を含みます）	その給与を支払った者の住所又は本店若しくは主たる事務所の所在（相法10①六、相令１の３）
チ	貸付金債権	その債務者の住所又は本店若しくは主たる事務所の所在（相法10①七、相令１の14）
リ	社債、株式（株式に関する権利（株式を無償又は有利な価額で取得することができる権利その他これに類する権利を含みます）を含みます）等の有価証券等が金融商品取引業者等の営業所等に開設された口座に係る振替口座簿に記載等がされているものである場合におけるその有価証券等	その口座が開設された金融商品取引業者等の営業所等の所在（相法10①八）

	財産の種類	所在の判定
ヌ	集団投資信託又は法人課税信託に関する権利	これらの信託の引受けをした営業所、事務所その他これらに準ずるものの所在（相法10①九）
ル	特許権、実用新案権、意匠権若しくはこれらの実施権で登録されているもの、商標権又は回路配置利用権、育成者権若しくはこれらの利用権で登録されているもの	その登録をした機関の所在（相法10①十）
ヲ	著作権、出版権又は著作隣接権でこれらの権利の目的物が発行されているもの	これを発行する営業所又は事業所の所在（相法10①十一）
ワ	上記イからヲまでの財産を除くほか、営業所又は事業所を有する者のその営業上又は事業上の権利	その営業所又は事業所の所在（相法10①十三）
カ	国債又は地方債	この法律の施行地（相法10②）
ヨ	外国又は外国の地方公共団体その他これに準ずるものの発行する公債	その外国（相法10②）

6　国外財産の評価

国税庁は、国外財産の評価に関して平成12年に財産評価基本通達５－２を制定しました。これは、平成12年度の税制改正により、一定の要件を満たした納税義務者が取得した国外財産も相続税法上課税対象とされたことによります。

財産評価基本通達５－２をブレイクダウンすると、以下のとおりとなります。

原　則　財産評価基本通達に定める評価方法により評価すること

↓　通達の定めによって評価することができない財産

例　外（その１）
- ①　財産評価基本通達に定める方法に準じて評価すること
- ②　売買実例価額、精通者意見価格等を参酌して評価すること

↓　通達の定めによって評価することができない財産について、課税上弊害がない場合

例　外（その２）　その財産の取得価額又は譲渡価額を基に時点修正して求めた価額で評価すること

７　邦貨換算

⑴　外貨建てによる財産及び国外にある財産の邦貨換算（評基通４－３）

外貨建てによる財産及び国外にある財産の邦貨換算は、納税義務者の取引金融機関が公表する課税時期における最終の為替相場（邦貨換算を行う場合の外国為替の売買相場のうち、いわゆる対顧客直物電信買相場又はこれに準ずる相場をいいます。また、課税時期に当該相場がない場合には、課税時期前の当該相場のうち、課税時期に最も近い日の当該相場とします）によります。

なお、先物外国為替契約（課税時期において選択権を行使していない選択権付為替予約を除きます）を締結していることによりその財産についての為替相場が確定している場合には、当該先物外国為替契約により確定している為替相場によります。

⑵　外貨建てによる債務の邦貨換算

外貨建てによる債務を邦貨換算する場合には、上記⑴の「対顧客直物電信買相場」を「対顧客直物電信売相場」と読み替えて適用することとされます。

第３　国際的二重課税の排除

１　外国税額控除

相続税法20条の２《在外財産に対する相続税額の控除》及び21条の８《在外財産に対する贈与税額の控除》は、無制限納税義務者について、次のように外国税額控除を定めています。

無制限納税義務者

↓

相続又は遺贈（死因贈与を含みます）又は贈与により国外にある財産を取得した場合

↓

その財産につき、その外国の法令により相続税に相当する税又は贈与税に相当する税が課されたとき

↓

その財産に係る日本の相続税額又は贈与税額を限度としてその外国の相続税等を税額控除します

※　相続税申告書では、第８表で計算し、第１表に移記します。一方、贈与税申告書では第１表に記載します。

㈲　相続税法上の外国税額控除の条文構成は、第５章に記載した法人税法・所得税とは大きく異なります。

２　日米相続税条約

日本と米国との間には、「遺産、相続及び贈与に対する租税に関する二重課税の回避及び脱税の防止のための日本国とアメリカ合衆国との間の条約」（以下「日米相続税条約」といいます）が、昭和29年４月16日に署名され、昭和30年４月１日、批准書の交換とともに効力を生じ、現在まで適用されています。日本が締結している相続税及び贈与税に関する条約は、この条約だけです。

日米相続税条約は、以下の９条から構成されています。

第１条	対象税目
第２条	用語の定義
第３条	財産の所在地
第４条	制限納税義務者に対する特別控除の適用
第５条	外国税額控除の方法
第６条	情報の交換及び徴収共助
第７条	異議の申立
第８条	本条約の解釈
第９条	条約の発効及び終了

日米相続税条約締結の目的は、日本と米国の相続及び贈与課税について、日本の相続税及び贈与税が、相続人又は受贈者に対し課税されるのに対し、米国の連邦遺産税及び連邦贈与税は、被相続人又は贈与者に対し課税されるという制度の相違に基因して発生する国際的二重課税を調整することです。

日米相続税条約は、財産の所在地国を確定して、まず財産の所在地国が課税することを認め、納税義務者の住所地国が同一の財産に対し課税を行う場合には、財産所在地国の税額を外国税額控除することとされています。

第11章　国外転出時課税制度

第１　国外転出時課税制度

１　はじめに

居住者の出国時における未実現のキャピタルゲインに対する譲渡所得課税については、最近のOECD租税委員会で議論になっているBEPS行動計画６（租税条約の濫用防止）において、日本も一定の対策を採るように求められていたところです。

平成27年度税制改正において、諸外国の例を参考としてわが国における対応を検討した結果、国外転出時課税制度（出国時の譲渡所得課税の特例制度）が導入されることになったものです。

２　国外転出時課税制度の概要

租税条約上、株式等を売却した者が居住している国に、そのキャピタルゲインに関する課税権があることを利用して、巨額の含み益を有する株式を保有したまま出国し、キャピタルゲイン非課税国で売却するといった課税逃れが可能となっています。

そこで、平成27年７月１日以後に出国する一定の高額資産家を対象に、出国時に未実現のキャピタルゲインに対して特例的に課税を行うこととなりました。ここでいう「一定の高額資産家」とは、出国時の有価証券等の評価額が１億円以上の者であり、かつ、原則として出国直近10年内において５年を超えて居住者であった者をいいます。

＜概念図＞

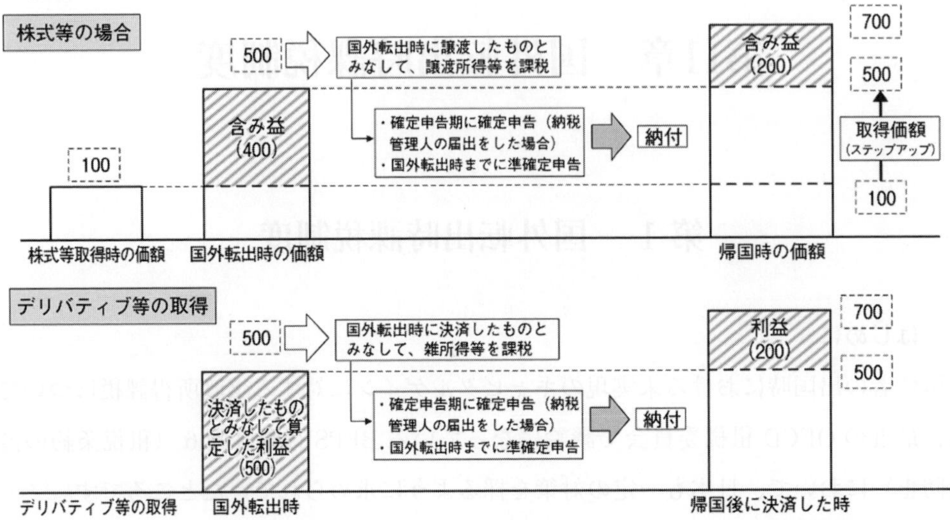

（出典：財務省資料）

3　制度の対象となる資産

(1)　有価証券等

国外転出（国内に住所及び居所を有しないこととなることをいいます）をする居住者が、所得税法に規定する有価証券若しくは匿名組合契約の出資の持分（「有価証券等」）を有する場合には、当該国外提出の時に、次に掲げる場合の区分に応じ、それぞれ次に定める金額により当該有価証券等の譲渡をしたものとみなして、事業所得の金額、譲渡所得の金額又は雑所得の金額を計算することとされます（所法60の２①）。

<table>
<tr><td>国外転出する日の属する年分の確定申告書提出までに納税管理人の届出をした場合</td><td rowspan="3">国外転出時における有価証券等の価額に相当する金額</td></tr>
<tr><td>納税管理人の届出をしないでその年分の確定申告書を提出する場合</td></tr>
<tr><td>その年分の所得税について決定がされた場合</td></tr>
<tr><td>上記以外の場合</td><td>国外提出予定日の３か月前の日における有価証券等の価額に相当する金額</td></tr>
</table>

なお、ここでいう有価証券等について、次の２つは除かれることになります（所法60の２①、所令170①）。

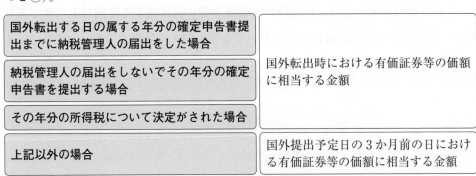

イ	特定譲渡制限付株式等で譲渡についての制限が解除されていないもの
ロ	株式を無償又は有利な価額により取得することができる一定の権利で、当該権利を行使したならば経済的な利益として課税されるものを表示する有価証券

一方、所得税基本通達60－２－３では、以下の有価証券を含むとしています。

イ	受益者等課税信託（所得税法13条１項に規定する受益者がその信託財産に属する資産及び負債を有するものとみなされる信託）の信託財産に属する有価証券
ロ	所得税基本通達36・37共－19に定める任意組合等の組合財産である有価証券
ハ	質権や譲渡担保の対象となっている有価証券

⑵　未決済信用取引等

また、国外転出する居住者が、その時において決済をしていない信用取引又は発行日取引（「未決済信用取引等」）に係る契約を締結している場合にも、国外転出時に、次に掲げる場合の区分に応じ、それぞれ次に定める金額により当該有価証券等の譲渡をしたものとみなして、事業所得の金額又は雑所得の金額を計算することとされます（所法60の２②）。

国外転出する日の属する年分の確定申告書提出までに納税管理人の届出をした場合	国外転出時に未決済信用取引等を決済したものとみなして算出した利益の額又は損失の額
納税管理人の届出をしないでその年分の確定申告書を提出する場合	
その年分の所得税について決定がされた場合	
上記以外の場合	国外提出予定日の３か月前の日に当該未決済信用取引等を決済したものとみなして算出した利益の額又は損失の額

⑶　未決済デリバティブ取引

さらに、国外転出する居住者が、その時において決済をしていないデリバティブ取引（「未決済デリバティブ取引」）に係る契約を締結している場合にも、国外転出時に、次に掲げる場合の区分に応じ、それぞれ次に定める金額により当該有価証券等の譲渡をしたものとみなして、事業所得の金額又は雑所得の金額を計算することとされます（所法60の２③）。

国外転出する日の属する年分の確定申告書提出までに納税管理人の届出をした場合	国外転出時に未決済デリバティブ取引を決済したものとみなして算出した利益の額又は損失の額
納税管理人の届出をしないでその年分の確定申告書を提出する場合	
その年分の所得税について決定がされた場合	
上記以外の場合	国外提出予定日の3か月前の日に当該未決済デリバティブ取引を決済したものとみなして算出した利益の額又は損失の額

【デリバティブ取引等の範囲】

なお、所得税基本通達60の２－４は、未決済信用取引等及び未決済デリバティブ取引（「未決済デリバティブ取引等」）には、例えば、次に掲げる未決済デリバティブ取引等など、その取引に係る決済による所得が当該居住者の事業所得又は雑所得として課税されるものについては、当該未決済デリバティブ取引等に含まれることとしています。

イ	受益者等課税信託に係る信託契約に基づき受託者が行う未決済デリバティブ取引等
ロ	所得税基本通達36・37共－19に定める任意組合等の組合事業として行われる未決済デリバティブ取引等

(注)　以下、有価証券等、未決済信用取引等及び未決済デリバティブ取引を総称して、「対象資産」という場合があります。

(4)　国外転出時に譲渡又は決済があったものとみなされた対象資産の収入すべき時期

対象資産について、国外転出の時に、譲渡があったものとみなされた場合又は決済したものとみなして算出された利益の額若しくは損失の額が生じたものとみなされた場合における事業所得、譲渡所得又は雑所得（「譲渡所得等」）に係る総収入金額の収入すべき時期は、その居住者が当該国外転出をした日となることとされます（所基通60の２－１）。

(5)　外貨建ての対象資産の円換算

対象資産の譲渡又は決済をしたものとみなされた場合における譲渡所得等の金額の計算に当たり、外貨建てによる対象資産の国外転出時の価額又は利益の額若しくは損失の額（「国外転出時の価額等」）を算定する場合における円換算については、所得税基本通達57の３－２に準じて計算するものとされます（所基通60の２－８）。

4　対象資産の価額の算定方法

⑴　有価証券等について

国外転出の時等における有価証券等の価額については、原則として、所得税基本通達23～35共－９及び59－６の取扱いに準じて求めた価額により金額を算定しますが、主な有価証券等の具体的算定方法は次のとおりです。

種類			算定方法
株式等	金融商品取引所に上場されているもの		金融商品取引所の公表する最終価格
株式等	上記以外のもの	売買実例のあるもの	最近において売買の行われたもののうち適正と認められる価額
株式等	上記以外のもの	類似会社の株式の価額のあるもの	類似会社の株式の価額に比準した価額
株式等	上記以外のもの	上記以外のもの	その株式の発行法人の１株当たりの純資産価額等を参酌して通常取引されると認められる価額
公社債	利付公社債	金融商品取引所に上場されているもの	金融商品取引所の公表する最終価格＋（既経過利息の額－源泉所得税相当額）
公社債	利付公社債	日本証券業協会において売買参考統計値が公表される銘柄として選定されているもの	売買参考統計値＋（既経過利息の額－源泉所得税相当額）
公社債	利付公社債	上記以外のもの	発行価額＋（既経過利息の額－源泉所得税相当額）
公社債	割引公社債	金融商品取引所に上場されているもの	金融商品取引所の公表する最終価格
公社債	割引公社債	日本証券業協会において売買参考統計値が公表される銘柄として選定されているもの	売買参考統計値
公社債	割引公社債	上記以外のもの	発行価額＋（券面額－発行価額）×（発行日から課税時期までの日数／発行日から償還期限までの日数）

匿名組合契約の出資の持分	売買実例のあるもの	最近において売買の行われたもののうち適正と認められる価額
	上記以外のもの	匿名組合契約を終了した場合に分配を受けることができる清算金の額

⑵　未決済信用取引等

国外転出の時等における未決済信用取引等の利益の額又は損失の額については、次のイ及びロの区分に応じて算出した金額が、国外転出の時等における利益の額又は損失の額に相当する金額となります（所規37の２②③）。

イ　有価証券の売付けをしている場合

売付けをした有価証券のその売付けの対価の額から、国外転出の時において所有しているその有価証券の次に掲げる有価証券の区分に応じ、それぞれ次に掲げる金額に相当する金額（「時価評価額」）に有価証券の数を乗じて計算した金額を控除した金額

	証券区分	金　　額
①	取引所売買有価証券	金融商品取引所において公表された国外転出の日等における最終の売買の価格
②	店頭売買有価証券及び取扱有価証券	金融商品取引法67条の19（売買高、価格等の通知等）の規定により公表された国外転出の日等における最終の売買の価格
③	その他価格公表有価証券	価格公表者によって公表された国外転出の日等における最終の売買の価格

ロ　有価証券の買付けをしている場合

その買付けをした有価証券の時価評価額に有価証券の数を乗じて計算した金額から有価証券のその買付けの対価の額を控除した金額を国外転出の時等における利益の額又は損失の額に相当する金額

⑶　未決済デリバティブ取引について

国外転出の時等における未決済デリバティブ取引の利益の額又は損失の額については、次に掲げる取引の区分に応じ算出した金額となります（所規37の２④⑤）。

	取引区分	金　　額
①	市場デリバティブ等	市場デリバティブ等につき、金融商品取引所又は外国金融市場における国外転出の日等の最終の価格により取引を決済したものとした場合に授受される差金に基づく金額又はこれに準ずるものとして合理的な方法により算出した金額
②	先渡取引等	先渡取引等につき、その先渡取引等により当事者間で授受することを約した金額を国外転出の日等の現在価値に割り引く合理的な方法により算出した金額
③	金融商品オプション取引	金融商品オプション取引につき、金融商品オプション取引の権利の行使により当事者間で授受することを約した金額、国外転出の時等の権利の行使の指標の数値及び指標の予想される変動率を用いた合理的な方法により算出した金額
④	金融商品取引法２条20項に規定するデリバティブ取引のうち、①から③に掲げる取引以外の取引	①から③に掲げる金額に準ずる金額として合理的な方法により算出した金額

５　本特例の対象者

この特例は、次の２つの要件を満たす居住者に適用されます（所法60の２⑤)。

①	上の３に規定する有価証券等、未決済信用取引等及び未決済デリバティブ取引の合計金額が１億円以上の場合
②	国外転出をする日前10年以内に国内に住所又は居所を有していた期間が５年超である者

６　国外転出後５年を経過する日までに帰国等した場合等の取扱い

⑴　原則

国外転出していた個人が、国外転出の日から５年を経過する日までに帰国した場合、その帰国の時まで引き続き有している対象資産（有価証券等、未決済信用取引等、未決済デリバティブ取引）については、事業所得の金額、譲渡所得の金額又は雑所得の金額はなかったものとすることができます。ただし、対象資産に係る所得の計算について、その計算の基礎となるべき事実の全部又は一部の隠ぺい又は仮装があった場合には、その隠ぺい又は仮装があった事実に基づく所得については、この限りではないこととされます（所法60の２⑥一)。

⑵　更正の請求

国外転出していた個人が、５年を経過する日までに帰国した場合、対象資産に係る譲渡所得等はなかったこととされますが、そのためには帰国の日から４か月以内に更正の請求をすることで適用されることになります（所法153の２①）。

《５年以内に帰国し、引き続き所有していた場合の処理》

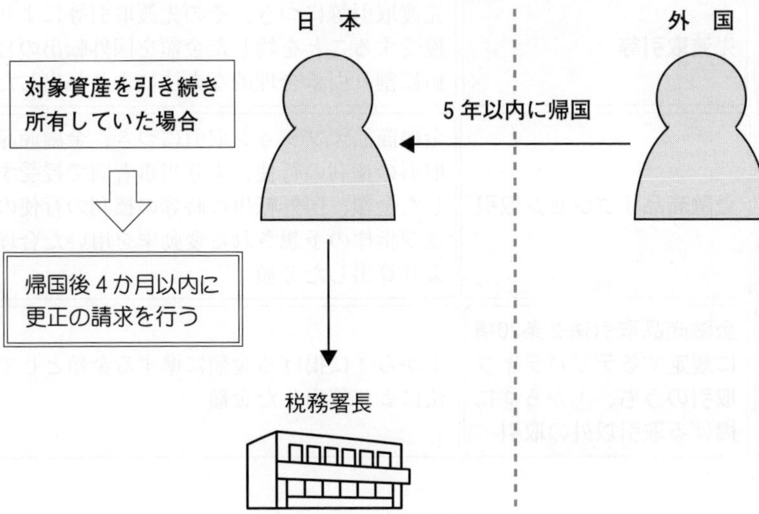

⑶　居住者への贈与

国外転出していた個人が、国外転出の日から５年を経過する日までに有していた対象資産（有価証券等、未決済信用取引等、未決済デリバティブ取引）を贈与により居住者に移転した場合、その個人には事業所得の金額、譲渡所得の金額又は雑所得の金額はなかったものとすることができます（所法60の２⑥二）。

なお、この場合でその対象資産のその贈与の時の価額又は利益の額若しくは損失の額が所得税法60条の２第８項各号に掲げる場合に該当するときは、同条６項又は８項（同条９項において準用する場合を含みます）のいずれかの規定の適用を受けることを選択することができることとされます。ただし、そのいずれかの規定の適用を受けた後においては、たとえ所得税法153条の２第１項又は２項《国外転出をした者が帰国をした場合等の更正の請求の特例》に規定する更正の請求をすることができる期間内であっても、他の一方の規定の適用を受ける旨の変更はできないこととされます（所基通60の２－11）。

⑷　国外転出者の死亡

国外転出していた個人が、国外転出の日から５年を経過する日までにその個人が死亡したことにより、その個人が有していた有価証券等、未決済信用取引等、未決済デリバティブ取引に係る契約の相続又は遺贈による移転があった場合において、相続又は遺贈によりこれらの有価証券等、未決済信用取引等、未決済デリバティブ取引の契約の移転を受けた相続人及び受遺者の全てが居住者となった場合、事業所得の金額、譲渡所得の金額又は雑所得の金額はなかったものとすることができます（所法60の２⑥三）。

７　納税の猶予

⑴　概要

国外転出をする居住者で、その国外転出時において有する対象資産（有価証券等、未決済信用取引等又は未決済デリバティブ取引）について本制度の適用を受けた者が、その国外転出の日の属する年分の確定申告書に納税の猶予を受けようとする場合には、納税管理人の届出をし、かつ、当該年分の所得税にかかる確定申告期限までに納税猶予分の所得税額に相当する担保を供した場合に限り、国外転出の日から５年を経過する日（同日前に帰国する場合、同日とその者の帰国の日から４か月を経過する日のいずれか早い日）まで、その納税を猶予することとされました（所法137の２①)。また、国外転出の日の属する年分の確定申告書に納税猶予を受けようとする旨の記載をし、一定の事項を記載した書類の添付をすることも求められます（所法137の２③)。

《納税の猶予の概要図》

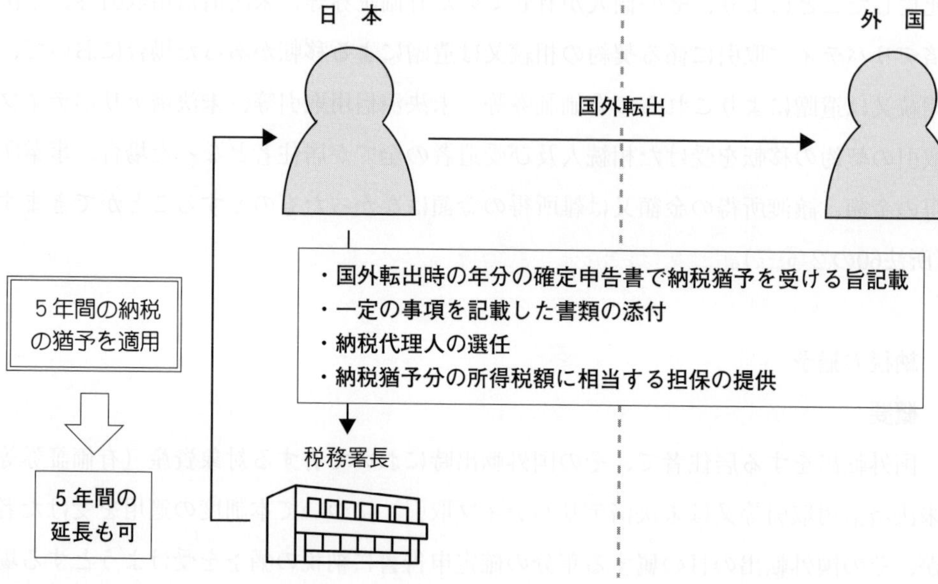

⑵　期限の延長

納税猶予を受ける個人は、５年を経過する日までに期限の延長を受けたい場合には、納税地の税務署長にその旨の届出書を提出することで、国外転出の日から10年を経過する日までと延長することができます（所法137の２②）。

⑶　継続適用届出書

納税猶予を受ける個人は、各年の12月31日（基準日）における対象資産の所有に関する届出書（「継続適用届出書」）を、基準日の属する年の翌年３月15日までに、税務署長に提出しなければなりません（所法137の２⑥）。

なお、継続適用届出書が提出期限までに所轄税務署長に提出されない場合には、その提出期限における納税猶予分の所得税額に相当する所得税については、その提出期限から４か月を経過する日をもって納税の猶予に係る期限とされます（所法137の２⑧）。

8　納税猶予に係る期限までに対象資産の譲渡等があった場合の取扱い

国外転出時課税の適用を受けた者で納税猶予を受けている者が、その納税猶予に係る期限までにその対象資産（有価証券等、未決済信用取引等又は未決済デリバティブ取引）の譲渡、決済、限定相続又は遺贈により移転した場合、その納税猶予に係る所得税のうち、その譲渡、決済、限定承認又は遺贈があった対象資産に係る部分については、その譲渡等があった日から４か月を経過する日をもって納税猶予に係る期限とされます（所法60の２⑧）。この場合、その対象資産に係る種類、銘柄、数量及び納税猶予の期限により確定する所得税の金額に関する明細等を記載した書類を、同日までに所轄税務署長に提出しなければなりません（所法137の２③）。

なお、対象資産の譲渡又は決済をした場合において、その譲渡等に係る譲渡価額又は利益の額に相当する金額が国外転出時に課税された額を下回るときは、その譲渡又は決済があった日から４か月を経過する日までに更正の請求をすることにより、その国外転出の日の属する年分の所得金額又は所得税額の減額をすることができます（所法153の２①②）。

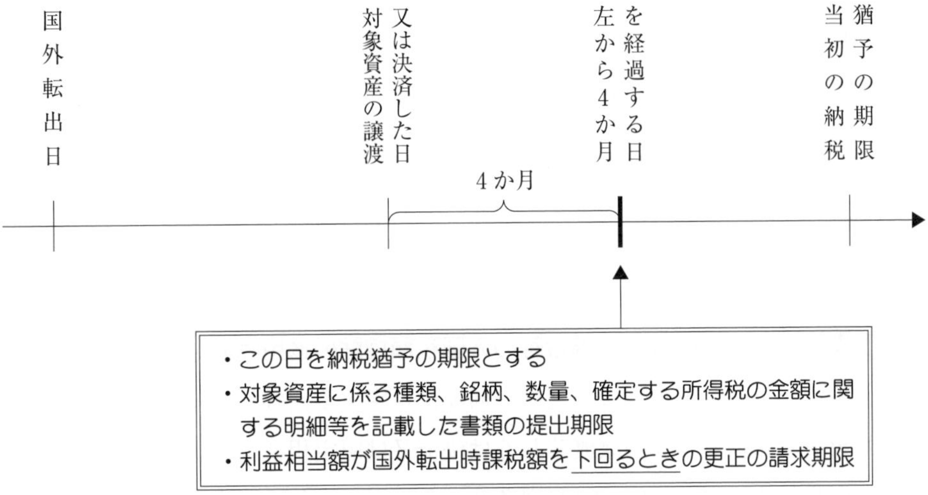

9　納税猶予に係る期限が到来した場合の取扱い

国外転出時課税の適用を受けた者で納税猶予の適用を受けている者が、納税猶予に係る期限に伴いその納税猶予に係る所得税の納付をする場合、その期限が到来した日における有価証券等の価額又は未決済デリバティブ取引等の決済に相当する額が、国外転出の時の課税が行われた額を下回るときは、その到来の日から４か月を経過する日までに、更正の請求をすることにより、その国外転出の日の属する年分の所得金額又は所得税額の減額をすることができることとされます（所法60の２⑩、153の２①③）。

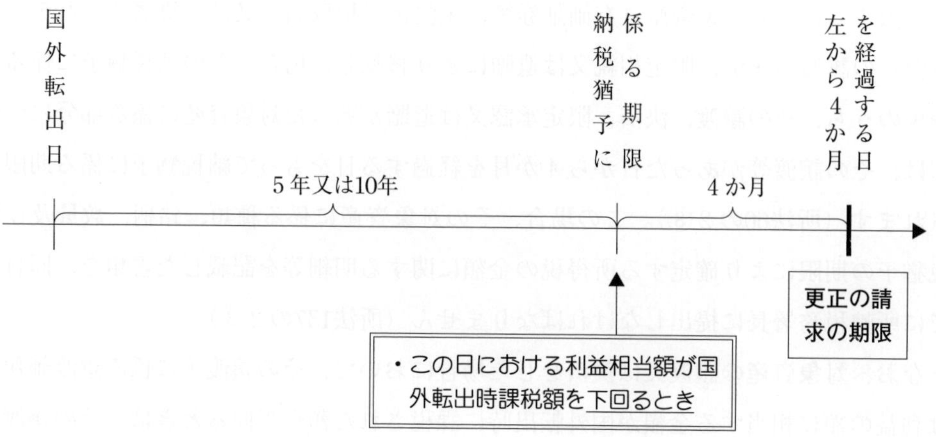

10　国外転出する場合の譲渡所得等の特例に係る外国税額控除の特例

(1)　概要

国外転出の日の属する年分の所得税につき、納税猶予を受ける者が、その納税猶予の期限までに、有価証券等、未決済信用取引等又は未決済デリバティブ取引に係る契約の譲渡、決済、限定相続等による移転をした場合に生ずる外国所得税を納付することとなるときは、その外国所得税はその者が国外転出の日の属する年において納付することとなるものとみなして、外国税額控除の規定を適用します（所法95の２①）。

(2)　猶予期限が繰り上げられた場合等の外国税額控除の適用除外

所得税法95条の２第１項の規定は、同項に規定する国外転出の日から同項に規定する対象資産に係る契約の譲渡若しくは決済又は限定相続等による移転の日まで引き続き所得税法137条の２第１項(同条２項の規定により適用する場合を含みます)《国外転出をする場合の譲渡所得等の特例の適用がある場合の納税猶予》の規定による納税猶予の適用を受けている個人に限り適用があることとされます。

したがって、例えば、同条９項の規定により同条１項の規定による納税猶予に係る期限が繰り上げられた場合には所得税法95条の２第１項の規定の適用はないこととされます（所基通95の２－１）。

(3)　納税管理人の届出をする場合の取扱い

国税通則法117条２項に規定する納税管理人の届出をした者が、国外転出の日の年分において、有価証券等、未決済信用取引等又は未決済デリバティブ取引に係る契約の譲渡、決済又は限定相続等による移転をした場合には、その外国所得税はその者が国外転出の日の属する年において納付することとなるものとみなして外国税額控除の規定を準用します（所法95の２②）。

11　贈与、相続又は遺贈により非居住者に有価証券等が移転する場合の特例

居住者が有する有価証券等、未決済信用取引等又は未決済デリバティブ取引に係る契約が、贈与、相続又は遺贈（「贈与等」）により非居住者に移転した場合には、その者の事業所得、譲渡所得又は雑所得の金額の計算上、その贈与等の時に、その時における有価証券等の価額に相当する金額又は未決済信用取引等又は未決済デリバティブ取引の決済をしたものとみなして算出した利益の額若しくは損失の額に相当する金額により、その有価証券等の譲渡又は未決済信用取引等又は未決済デリバティブ取引の決済があったものとみなすものとされます。

この場合、その居住者は、次に掲げる要件を満たす必要があります。

イ	その贈与等の時において有している有価証券等及び契約を締結している未決済信用取引等又は未決済デリバティブ取引のその贈与等の時における有価証券等、未決済信用取引等又は未決済デリバティブ取引の決済をしたものとみなして算出した利益の額又は損失の額に相当する金額の合計額が１億円以上である場合
ロ	その者が、その贈与等の日の前10年以内に国内に住所又は居所を有していた期間として一定の期間の合計が５年超である場合

12　地方税の取扱い

個人住民税については、翌年１月１日に地方公共団体に住所を有する者に課税される税であるため、年の途中で出国した者については、その年中に実現したキャピタルゲインに係る個人住民税は課税されないこととなります。そこで、所得税と同様の措置を講ずることが困難になります。本制度を個人住民税にどのように当てはめるかについては、引き続き検討することになりましたが、現状個人住民税は課されません。

第２　国外転出（贈与）時課税

1　概要

国外転出（贈与）時課税とは、１億円以上の有価証券等、未決済信用取引等、未決済デリバティブ取引（「贈与対象資産」）を所有する居住者（贈与者）が、国外に居住する親族等（非居住者）に贈与したときに、贈与対象資産の譲渡等があったものとみなして、その贈与対象資産の含み益に対して贈与者に所得税が課税される制度です。そして、この制度は平成27年７月１日以後に行われる贈与について適用されることとされました（所法60の３①）。

この場合、贈与者は贈与対象資産の譲渡等があったものとみなして、事業所得の金額、譲渡所得の金額又は雑所得の金額を計算し、確定申告書の提出をした上で所得税の納付を行います。

2　国外転出（贈与）時課税の対象資産と対象者

⑴　国外転出（贈与）時課税の対象資産（贈与対象資産）

国外転出（贈与）時課税の対象となる資産（贈与対象資産）は、第１で説明した国外転出時課税の対象資産（有価証券等、未決済信用取引等、未決済デリバティブ取引）と同じです。

⑵　国外転出（贈与）時課税の対象者

次の２つの要件を満たす居住者が対象となります（所法60の３⑤）。

①	贈与の時に所有等している対象資産の価額の合計額が１億円以上であること
②	贈与の日前10年以内において、国内に住所又は居所を有していた期間が５年超である者

3　国外転出（贈与）時課税の申告時期

国外の非居住者に贈与対象資産の譲渡等をした場合は、贈与者はその贈与をした日の属する年分の確定申告期限までに、その年分の各種所得に国外転出（贈与）時課税の適用による所得を含めて確定申告書の提出及び納税をする必要があります（所法60の３①～③）。

《国外転出（贈与）時課税の概要》

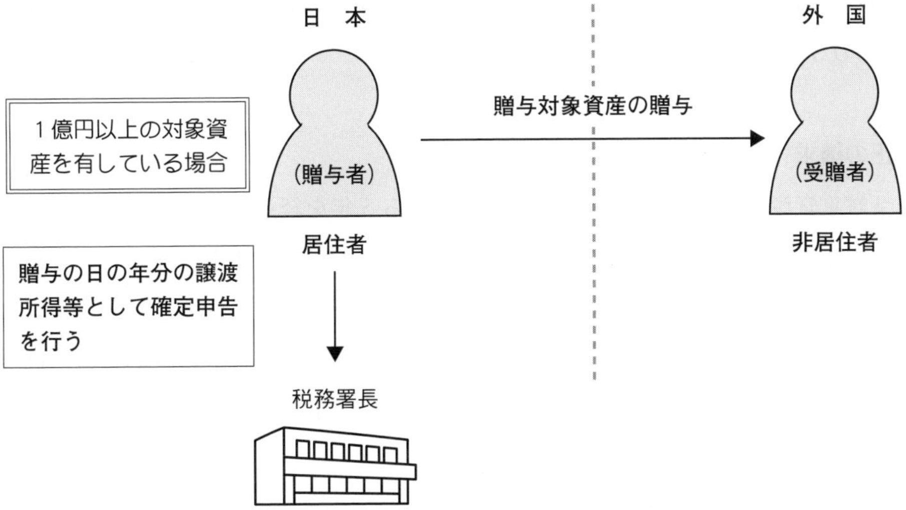

4　贈与後５年を経過する日までに受贈者が帰国等した場合の取扱い

⑴　引き続き贈与対象資産を所有している場合

贈与対象資産の贈与を受けた非居住者（受贈者）が贈与の日から５年以内に帰国し、その帰国の時まで引き続き贈与対象資産を所有している場合、贈与者は国外転出（贈与）時課税の適用がなかったものとして、課税の取消しをすることができます（所法60の３⑥一）。

ただし、対象資産の所得の計算につき、その計算の基礎となるべき事実の全部又は一部について、隠ぺい又は仮装があった場合には、その隠ぺい又は仮装があった事実に基づき所得については、課税の取消をすることはできません（所法60の３⑥）。

⑵　贈与から５年以内に贈与対象資産を居住者に贈与した場合など

居住者（贈与者）から贈与対象資産の贈与を受けた非居住者（受贈者）が、その贈与を受けた日から５年以内にその贈与対象資産を居住者（贈与者以外の居住者を含みます）に贈与した場合には、贈与者は国外転出（贈与）時課税がなかったものとすることができます（所法60の３⑥二）。

また、贈与対象資産の贈与を受けた非居住者（受贈者）が亡くなり、その贈与の日から５年以内にその亡くなった受贈者から相続又は遺贈によりその贈与対象資産を取得した相続人又は受贈者の全てが居住者となった場合にも、贈与者は国外転出（贈与）時課税の適用がなかったものとすることができます（所法60の３⑥三）。

なお、納税猶予の延長の届出書を提出している場合には、贈与の日から10年以内に受贈者が帰国するなど上の要件を満たす場合、課税の取消をすることができます（所法60の３⑦）。

⑶　更正の請求

贈与対象資産を所有している受贈者が贈与から５年を経過する日までに帰国した場合、贈与から５年以内に贈与対象資産を居住者に贈与した場合、または、受贈者が亡くなり贈与の日から５年以内に贈与対象資産の所有者が居住者になった場合には、対象資産に係る譲渡所得等はなかったこととされますが、そのためには、贈与者（居住者）は受贈者が帰国した日から４か月以内に更正の請求を行う必要があります（所法153の３①）。

《贈与者から贈与対象資産の贈与を受けた受贈者が、その贈与を受けた日から５年以内にその贈与対象資産を居住者に贈与した場合の概要図》

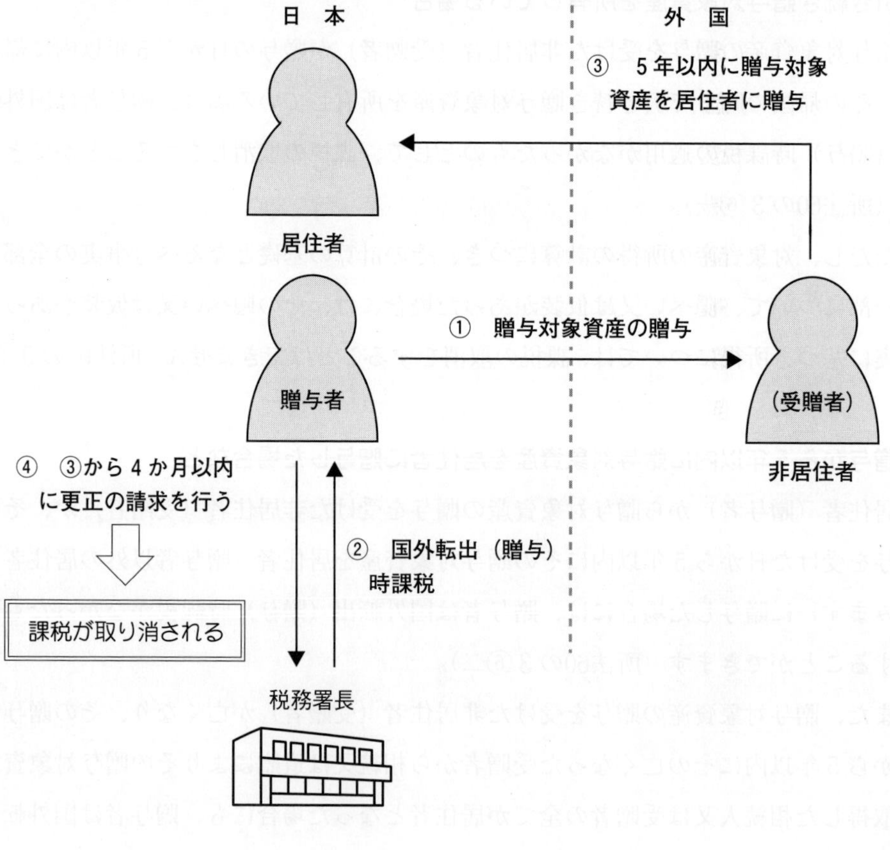

5　納税の猶予

⑴　概要

贈与者が納税の猶予の適用を受けようとする場合には、その贈与者が国外転出（贈与）時課税の申告をする年分の確定申告書にその旨記載するとともに、対象資産に関する明細及び納税猶予分の所得税額の計算明細などの書類を添付し、納税猶予分の所得税額及び利子税額に相当する担保を提供した場合には、贈与の日から５年間納税を猶予されることができます（所法137の３①④）。

この場合、贈与者は納税猶予の適用を受ける旨を受贈者に連絡することになります。

⑵　期限の延長

また、納税猶予の期限の延長をする場合、その旨の届出書を贈与の日から５年を経過する日までに所轄税務署長に提出することにより、さらに５年延長することができます（所法137の３③）。

⑶　継続適用届出書

納税猶予を受ける贈与者は、各年の12月31日（基準日）において受贈者が所有している贈与対象資産について、引き続き納税猶予の適用を受けたい旨を記載した届出書（「継続適用届出書」）を基準日の属する年分の翌年３月15日までに税務署長に提出しなければなりません（所法137の３⑦）。

《納税の猶予の概要図》

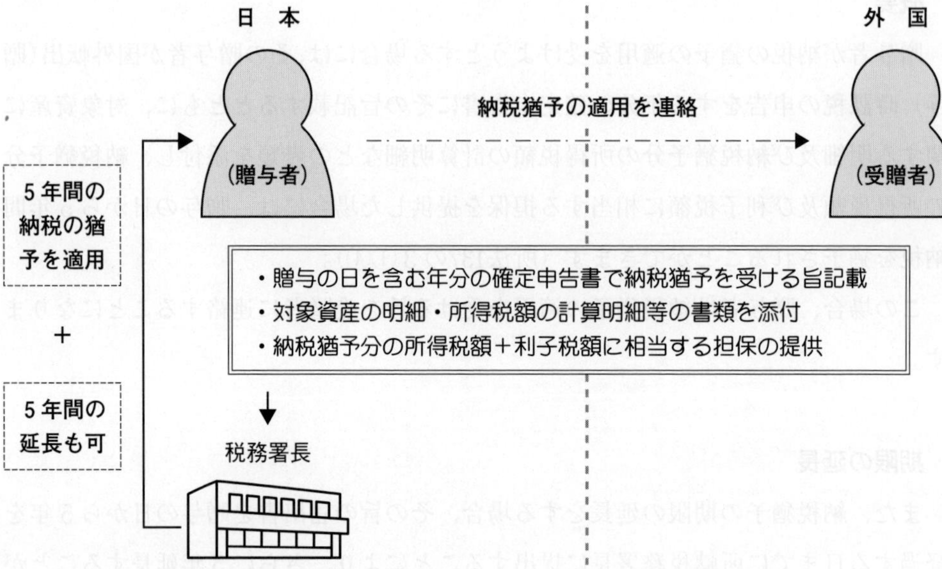

6　納税猶予の期限までに対象資産の譲渡等があった場合の取扱い

⑴　原則

納税猶予を受けている期間に、受贈者が国外転出（贈与）時課税の対象資産を譲渡、決済又は贈与をした場合には、納税猶予の期間が確定することから、贈与者はその譲渡、決済又は贈与の日から4か月以内に、利子税と併せて納付しなければなりません（所法137の3⑥⑭）。

その際、譲渡、決済又は贈与した日から4か月以内にその譲渡、決済又は贈与をした贈与対象資産の種類、銘柄及び単位数等、並びに納税猶予の期限が確定することとなる所得税の計算明細などを記載した書類を所轄税務署長に提出しなければなりません（所令266の3⑫）。

受贈者は、譲渡、決済又は贈与した贈与対象資産の種類、銘柄及び数等を譲渡、決済又は贈与した日から2か月以内に贈与者に通知しなければなりません（所法60の3⑨）。

《納税猶予の期限までに対象資産の譲渡等があった場合の概要図》

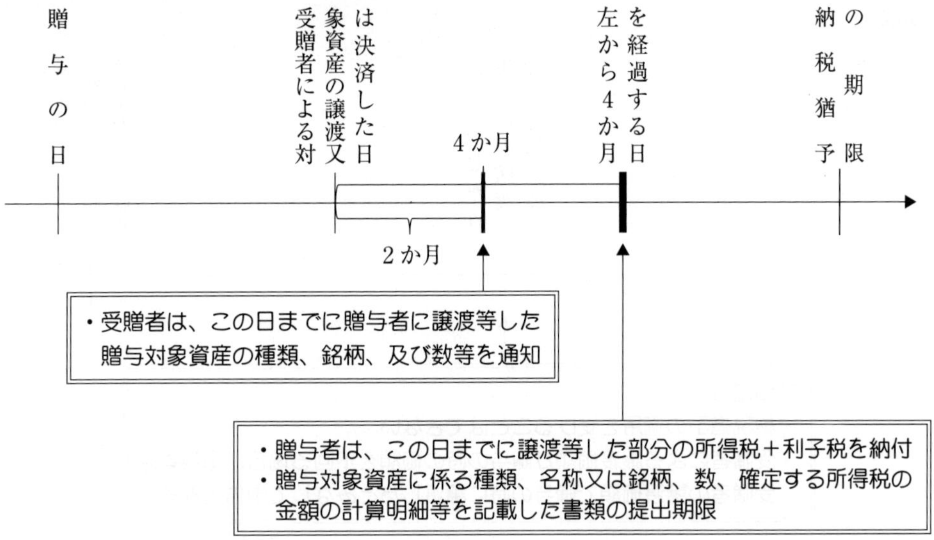
贈与の日
受贈者による対象資産の譲渡又は決済した日
4か月
左から4か月を経過する日
納税猶予の期限
2か月
・受贈者は、この日までに贈与者に譲渡等した贈与対象資産の種類、銘柄、及び数等を通知
・贈与者は、この日までに譲渡等した部分の所得税＋利子税を納付
・贈与対象資産に係る種類、名称又は銘柄、数、確定する所得税の金額の計算明細等を記載した書類の提出期限

(2)　対象資産の譲渡価額が、贈与の時の価額よりも下落している場合の取扱い

受贈者が納税猶予期間中に国外転出（贈与）時課税の対象となった対象資産を譲渡等した場合で、その譲渡価額が贈与の時の有価証券等の価額より下落しているときは、贈与者はその下落した価額で贈与の時に譲渡したものとして、国外転出（贈与）時課税の申告をした年分の所得税を再計算することができます（所法60の３⑧一、二、五）。この場合、贈与者はその譲渡の日から４か月以内に更正の請求を行うことで、所得税の減額をすることができます（所法153の３②）。

《申告期限までに受贈者が対象資産を贈与の時の価額よりも下落している場合に譲渡等したときの概念図》

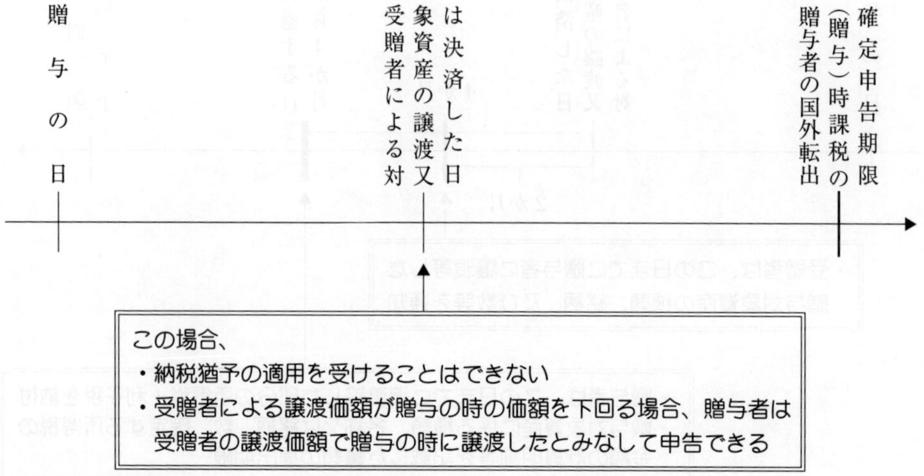
贈与の日
受贈者による対象資産の譲渡又は決済した日
贈与者の国外転出（贈与）時課税の確定申告期限
この場合、
・納税猶予の適用を受けることはできない
・受贈者による譲渡価額が贈与の時の価額を下回る場合、贈与者は受贈者の譲渡価額で贈与の時に譲渡したとみなして申告できる

7　納税猶予期間が満了した場合の取扱い

納税猶予の適用を受けた者（贈与者）は、納税猶予期間の満了日（贈与の日から5年又は10年を経過した日）までに納税を猶予されていた所得税及び利子税を納付しなければなりません（所法137の3①）。

《納税猶予期間が満了した場合の概念図》

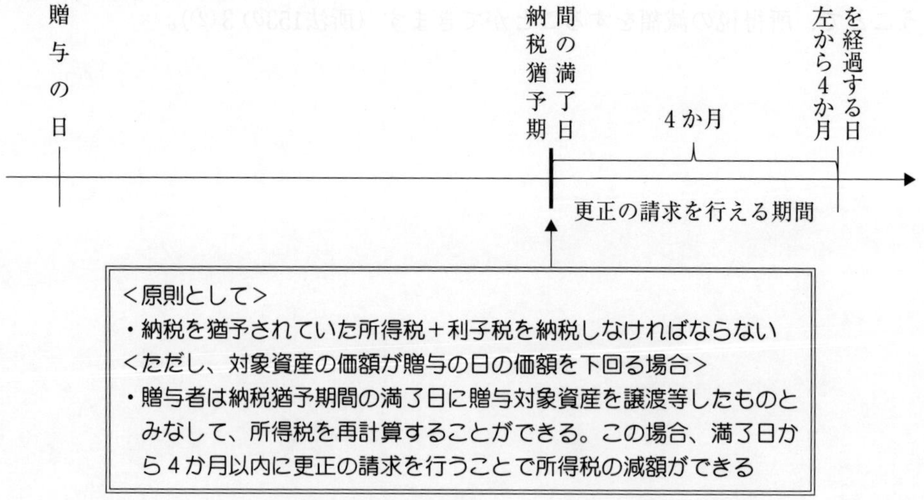
贈与の日
納税猶予期間の満了日
4か月
左から4か月を経過する日
更正の請求を行える期間
＜原則として＞
・納税を猶予されていた所得税＋利子税を納税しなければならない
＜ただし、対象資産の価額が贈与の日の価額を下回る場合＞
・贈与者は納税猶予期間の満了日に贈与対象資産を譲渡等したものとみなして、所得税を再計算することができる。この場合、満了日から4か月以内に更正の請求を行うことで所得税の減額ができる

8　納税猶予期間中に贈与者が死亡した場合の取扱い

納税猶予期間中にその納税猶予の適用を受けていた贈与者が死亡した場合、納税猶予分の所得税額の納付義務は、贈与者の相続人が承継することになります（所法137の３⑮）。承継する納税猶予の期間は、死亡した贈与者の残存期間を引き継ぐことになります（所令266の３⑲）。

この場合の相続人のうち非居住者がいる場合には、相続開始があったことを知った日の翌日から４か月以内に納税管理人の届出をしなければなりません（所令266の３⑳）。

第３　国外転出（相続）時課税

１　はじめに

国外転出（相続）時課税とは、相続開始の時点で１億円以上の有価証券等、未決済信用取引等、未決済デリバティブ取引（対象資産）を所有している居住者が死亡し、国外に居住する相続人又は受遺者（「非居住者である相続人等」）がその相続又は遺贈により対象資産の全部又は一部（「相続対象資産」）を取得した場合には、その相続又は遺贈の時に取得した相続対象財産について譲渡等があったものとみなして、相続対象財産の含み益に対して被相続人に所得税が課税される制度です（所法60の３①～③）。

国外転出（相続）時課税の対象となる者（「適用被相続人等」）の相続人は、相続対象資産の譲渡等があったものとみなして、事業所得の金額、譲渡所得の金額又は雑所得の金額を計算し、適用被相続人等の準確定申告書を提出し、所得税を納付しなければなりません。

《国外転出（相続）時課税の概要図》

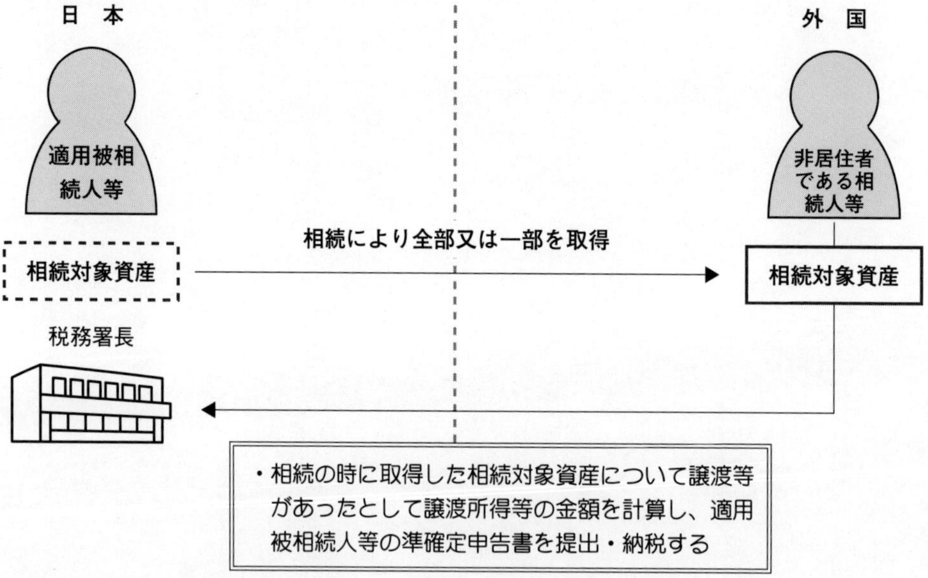

２　国外転出（相続）時課税の対象資産と対象者

⑴　国外転出（相続）時課税の対象資産（贈与対象資産）

国外転出（相続）時課税の対象となる資産（相続対象資産）は、第１で説明した国外転出時課税の対象資産（有価証券等、未決済信用取引等、未決済デリバティブ取引）と同じです。

⑵　国外転出（相続）時課税の対象者

次の２つの要件を満たす居住者が対象となります（所法60の３⑤）。

①	相続開始の時に所有等している対象資産の価額の合計額が１億円以上であること
②	相続開始の日前10年以内において、国内に住所又は居所を有していた期間が５年超である者

３　国外転出（相続）時課税の申告時期

国外転出（相続）時課税の申告をする場合、適用被相続人等の相続人は、相続開始があったことを知った日から４か月を経過した日の前日までに、その年の各種所得に国外転出（相続）時課税の適用による所得を含めて適用被相続人等の準確定申告及び納税をしなければなりません（所法60の３①～③）。

４　相続開始の日から５年以内に非居住者である相続人等が帰国等した場合の取扱い

⑴　引き続き相続対象資産を所有している場合

相続対象資産を取得した非居住者である相続人等が相続開始の日から５年以内に帰国した場合、その帰国の時まで引き続き所有等している相続対象資産については、適用被相続人等の相続人は、適用被相続人等の国外転出（相続）時課税の適用がなかったものとして、課税の取消をすることができます（所法60の３⑥一）。相続対象資産を取得した非居住者である相続人等が複数いる場合には、その非居住者である相続人等の全員が帰国した時に課税の取消をすることができます。

課税の取消をするためには、適用被相続人等の相続人は相続対象資産を取得した非居住者である相続人等の全員が帰国をした日から４か月以内に更正の請求を行う必要があります（所法153の３①）。

ただし、対象資産の所得の計算につき、その計算の基礎となるべき事実の全部又は一部について、隠ぺい又は仮装があった場合には、その隠ぺい又は仮装があった事実に基づく所得については課税の取消をすることができません（所法60の３⑥）。

(2)　相続開始の日から５年以内に相続対象資産を居住者に贈与した場合など

相続開始の日から５年以内に相続対象資産を取得した非居住者である相続人等が、その相続対象資産を居住者に贈与した場合には、適用被相続人等の相続人は、その贈与により取得した相続対象資産について、国外転出（相続）時課税の適用がなかったものとして、課税の取消をすることができます（所法60の３⑥二）。

また、相続対象資産を取得した非居住者である相続人等が死亡し、適用被相続人等の相続開始の日から５年以内に、その死亡した非居住者である相続人等から相続対象資産を取得した相続人又は受遺者のすべてが居住者となった場合にも、適用被相続人等の相続人は、その贈与により取得した相続対象資産について、国外転出（相続）時課税の適用がなかったものとして、課税の取消をすることができます（所法60の３⑥三）。

(3)　更正の請求

相続対象資産を所有している非居住者である相続人等が相続開始の日から５年を経過する日までに帰国した場合、相続開始の日から５年以内に相続対象資産を居住者に贈与した場合、または、非居住者である相続人等が亡くなり相続開始の日から５年以内に相続対象資産の所有者全員が居住者になった場合には、相続対象資産に係る譲渡所得等はなかったこととされますが、そのためには、相続人全員が帰国した日又は居住者に贈与した日から4か月以内に更正の請求を行う必要があります（所法153の３①）。

《適用被相続人等から相続対象資産を相続した非居住者である相続人等が、その相続開始の日から５年以内に帰国した場合の概要図》

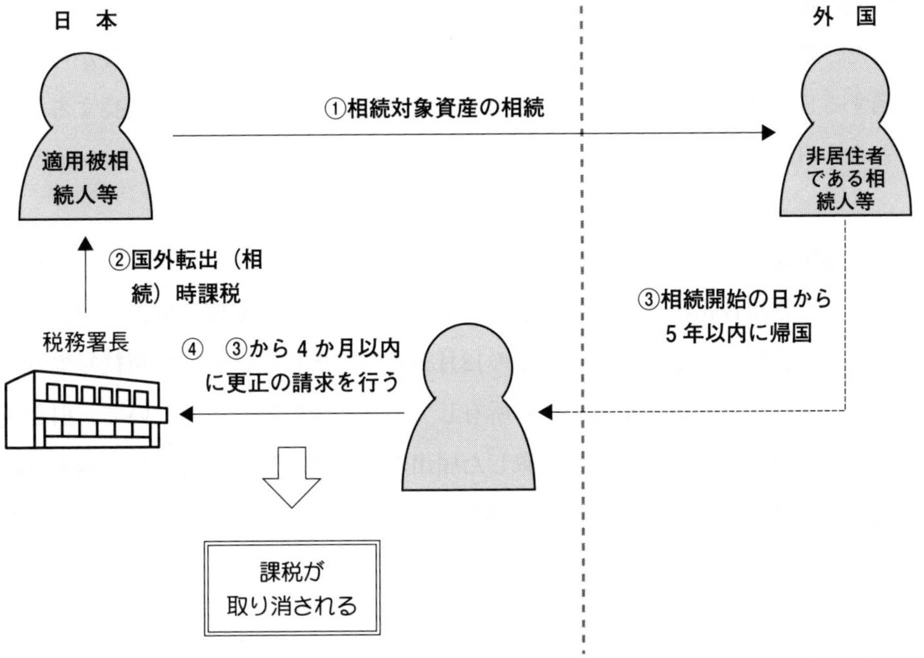

５　納税の猶予

⑴　概要

相続対象資産を取得した非居住者である相続人等が、国外転出（相続）時課税の申告期限までに納税管理人の届出をするなど一定の手続を行った場合、適用被相続人等の相続人は国外転出（相続）時課税の適用により納付することとなる所得税について、相続開始の日から５年間納税が猶予されます（所法137の３②）。

⑵　納税猶予のための具体的な手続等

納税猶予の適用を受けるためには、相続対象資産を取得した非居住者である相続人等の全員が国外転出（相続）時課税の申告期限までの納税管理人の届出をする必要があります。

また、適用被相続人等の相続人は、国外転出（相続）時課税の申告をする準確定申告書に納税猶予の適用を受けようとする旨を記載するとともに、対象資産に関する明細と納税猶予分の所得税額の計算明細などの書類を添付し、かつ、納税猶予分の所得税額及び利子税額に相当する担保を提供する必要があります（所法137の３

②④)。

(3)　期限の延長

また、納税猶予の期限の延長をする場合、その旨の届出書を贈与の日から５年を経過する日までに所轄税務署長に提出することにより、さらに５年延長することができます（所法137の３③)。

(4)　継続適用届出書

そして、適用被相続人等の相続人は、適用被相続人等の準確定申告書の提出後においても、納税猶予期間中は、各年の12月31日（基準日）において相続対象資産を取得した非居住者である相続人等が所有している相続対象資産について、引き続き納税猶予の適用を受けたい旨を記載した届出書（「継続適用届出書」）を基準日の属する年分の翌年３月15日までに税務署長に提出しなければなりません（所法137の３⑦)。

《納税の猶予の概要図》

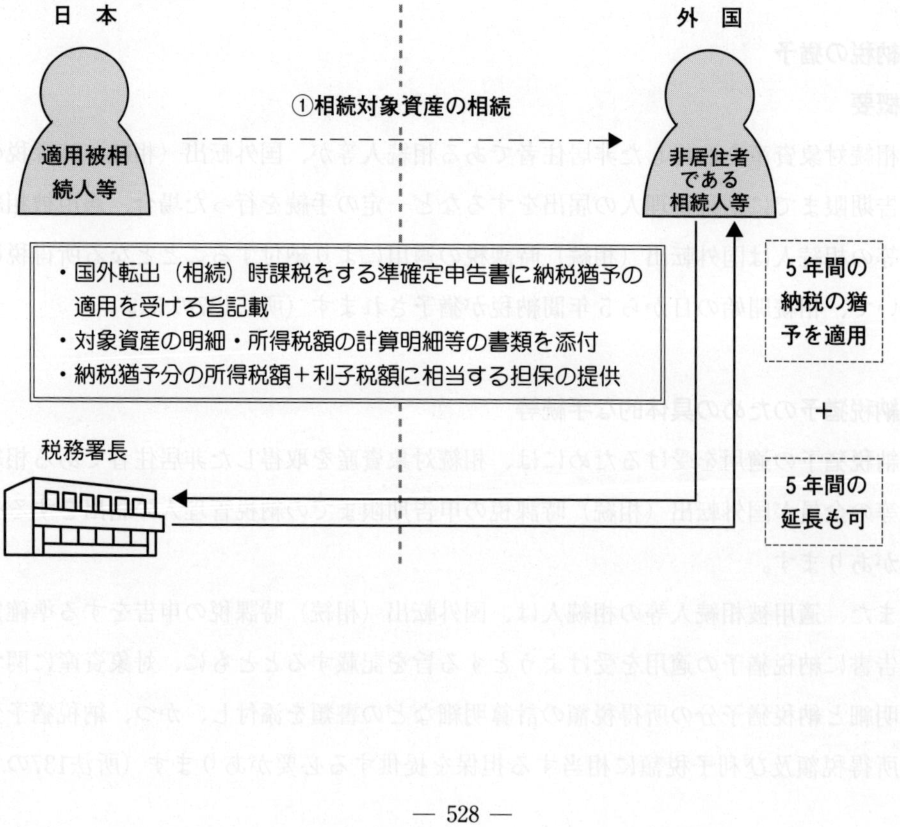

６　納税猶予の期限までに対象資産の譲渡等があった場合の取扱い

⑴　原則

相続対象資産を取得した非居住者である相続人等が、納税猶予期間中に国外転出（相続）時課税の対象となった対象資産を譲渡等した場合、納税猶予分の所得税額のうち、その譲渡等した部分の金額に応じた所得税について、納税猶予の期限が確定するため、適用被相続人等の相続人は譲渡の日から４か月以内に、利子税と併せて納付する必要があります（所法137の３⑥⑭）。

その際、非居住者である相続人等はその譲渡、決済又は贈与した日から４か月以内にその譲渡、決済又は贈与をした相続対象資産の種類、銘柄及び単位数等、並びに納税猶予の期限が確定することとなる所得税の計算明細などを記載した書類を所轄税務署長に提出しなければなりません（所令266の３⑫）。

⑵　対象資産の譲渡価額が、相続開始の時の価額よりも下落している場合の取扱い

非居住者である相続人等が、納税猶予期間中に国外転出（相続）時課税の対象となった対象資産を譲渡等した場合で、その譲渡価額が相続開始の時の価額より下落しているときは、適用被相続人等の相続人はその下落した価額で相続開始の時に譲渡したものとして、国外転出（相続）時課税の申告をした年分の所得税を再計算することができます（所法60の３⑧一、二、五）。この場合、適用被相続人等の相続人はその譲渡等の日から４か月以内に更正の請求を行うことで、所得税の減額をすることができます（所法153の３②）。

また、国外転出（相続）時課税の申告期限までに非居住者である相続人等が相続対象資産を譲渡等した場合には、適用被相続人等の相続人はその譲渡等した相続対象資産について納税猶予の適用を受けることができません（所法137の３②）が、その譲渡価額が相続開始の時の価額を下回っているときは、適用被相続人等の相続人は、非居住者である相続人等の譲渡価額で相続開始の時に譲渡等したものとみなして申告することができます（所法60の３⑪二）。

７　納税猶予期間が満了した場合の取扱い

納税猶予の適用を受けた者（適用被相続人等の相続人）は、納税猶予期間の満了日（贈与の日から５年又は10年を経過した日）までに納税を猶予されていた所得税及び利子税を納付しなければなりません（所法137の３②）。

第12章　国外資料情報制度

第１　総説

1　はじめに

税務当局が適正な課税を行うためには、納税者に関する十分な租税情報を保有しなければ実現しません。

納税者の国外における取引状況や財産保有状況などを把握することは、税務当局にとってはますます重要になってきます。

そこで、次のような国外資料情報制度が導入され、充実しています。

2　租税条約に基づく情報交換制度

第４章第５に記載したように、租税条約すべてに情報交換規定を有しています。また、同章第６ではタックス・ヘイブンとの間では租税情報交換協定を締結していると記載しました。その後、同章第７税務行政執行共助条約を締結し、二国間租税条約がなくても情報交換できるようになりました。そして、非居住者等の金融口座情報を交換することができるようになりました。

3　国内法に基づく国外資料情報制度

経済のグローバル化に対応するため、国内法においても国際資料情報制度が着実に導入されています。具体的には、内国税の適正な課税の確保を図るための国外送金等に係る調書の提出等に関する法律（送法）において、次の調書制度を有しています。

⑴　国外送金等調書（送法３条、４条）

⑵　国外財産調書（同法５条、６条）

⑶　財産債務調書（同法６条の２、６条の３）

⑷　国外証券移管等調書（同４条の２、４条の３）

以下、国際資料情報制度に関する国内法の規定について、説明していきます。

第２　情報交換に関する国内法の整備

１　情報交換の実施のための国内法の整備

第４章第６で述べたように、租税情報の交換を適切に実施するため、わが国において国内法の整備を図る必要がありました。そこで、租税条約及び租税情報交換協定に基づく情報交換を適切に実施するため、平成22年度税制改正で国内法の整備が図られ、平成23年度にも若干改正されました。

イ　二国間租税条約（租税情報交換協定を含む）

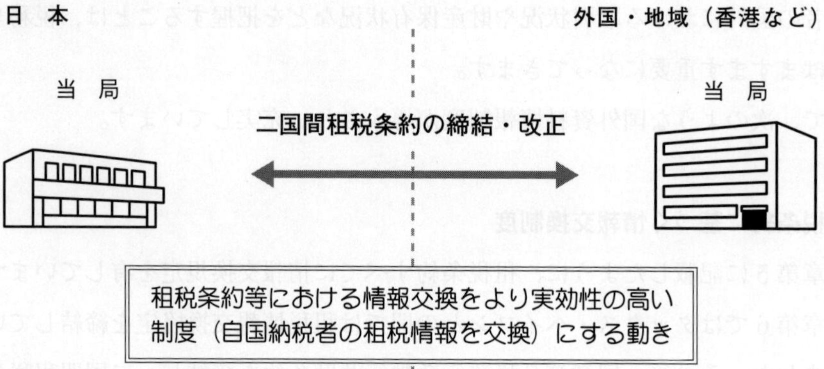

ロ　税務行政執行共助条約

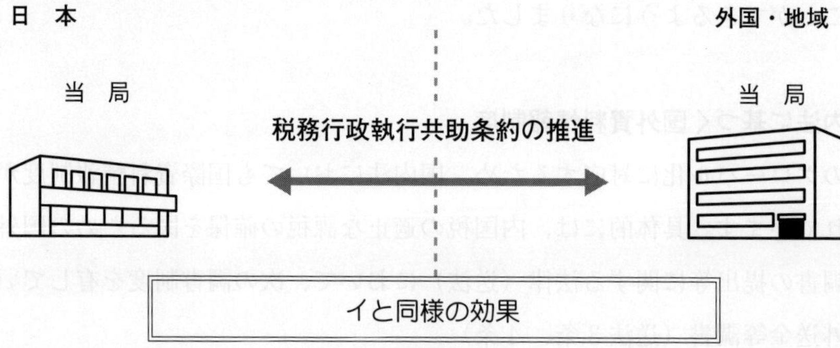

２　相手国等への情報提供

財務大臣は、租税条約等及び行政取決めに定めるところにより、その職務遂行に資すると認められる租税に関する情報の提供を行うことができます。

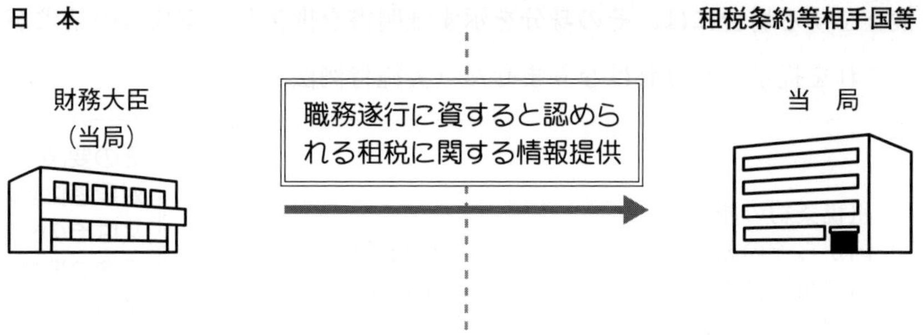

ただし、次のいずれかに該当する場合は、情報提供できません（実施特例法８の２）。

相手国等への情報提供ができない場合	
①	相手国等当局が、日本が行う情報提供に相当する情報提供を日本に対して行うことができないと認められるとき
②	日本が提供する情報について相手国等において秘密の保持が担保されていないと認められるとき
③	日本が提供する情報について相手国等当局の職務遂行に資する目的以外の目的で使用されるおそれがあると認められるとき
④	情報提供を行うことが日本の利益を害することとなるおそれがあると認められるとき
⑤	相手国等からその情報提供の要請があった場合においては、相手国等当局がその要請に係る情報を入手するために通常用いる手段を用いなかったと認められるとき（ただし、その手段を用いることが著しく困難であると認められるときを除きます）

上の④にある「日本の利益を害することとなるおそれがあると認められるとき」とは、例えば、わが国の外交上・安全保障上の利益に影響が及ぶと認められる場合又は治安の確保や犯罪捜査に支障を及ぼすと認められる場合が含まれます（情報交換事務運営指針第３章１㈱１⑷）。

情報交換の具体的な実施については、国税庁事務運営指針「租税条約に基づく相手国との情報交換及び送達共助手続について」に基づいて行われます。実際に租税条約等相手国等との情報提供や日本からの要請は、国税庁国際業務課が窓口となっています。

３　相手国等から情報提供要請があった場合

租税条約等の規定に基づき租税条約等の相手国等から情報提供要請があった場合、次のように情報提供を行うこととされます。

国税当局の職員は、相手国等当局に情報提供を行うため、特定された者に対して質問し、検査をする場合には、その身分を示す証明書を携帯し、関係人の請求があったときは、これを提示しなければなりません（実施特例法９①、10）。

国税当局の職員

租税条約の相手国からその相手国の租税に関する調査についての必要情報の提供の要請があった場合

➡

その租税条約の規定に基づき必要情報の提供を行うため

➡

その要請において対象者に質問し、又はその対象者の事業に関する帳簿書類その他の物件を検査し、または その物件（写しを含みます）の提示・提出を求めることができます

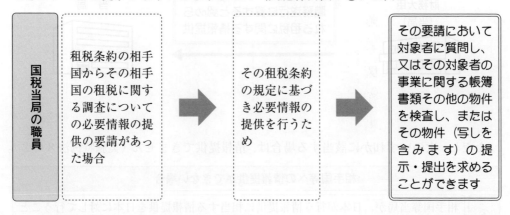

これを図に示すと、次のようになります。

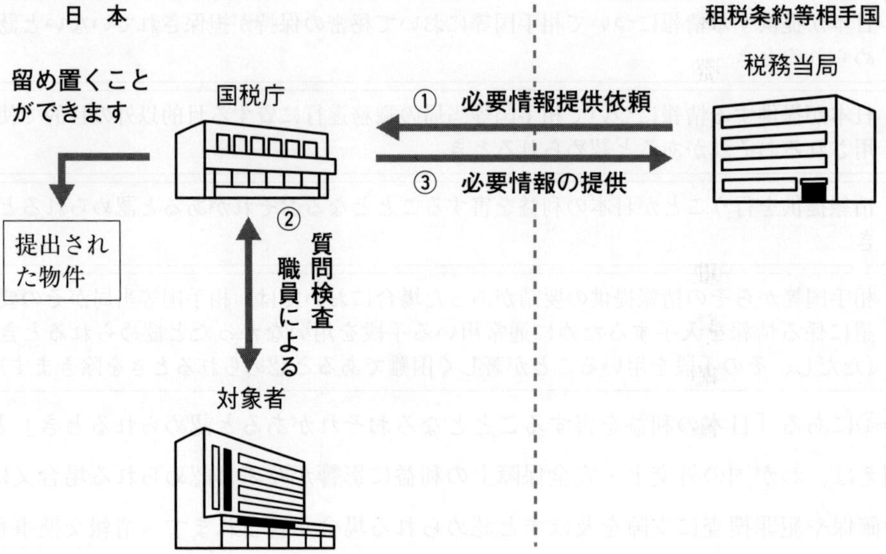

第３　非居住者に係る金融口座情報の自動的情報交換のための報告制度（CRS）

１　はじめに

税の透明性を高めるため、そして国際的な租税回避に対抗するためには、各国の税務当局間における情報交換をより積極的に進めるべきとされ、共通報告様式を合意した上でこれに沿った立法措置が各国に求められていました。これを受けて、非居住者が有するわが国の銀行口座情報等について「自動的に」関係する税務当局に情報提供できる制度を構築することとし、平成27年度税制改正に盛り込みました。

そして、日本は平成30（2018年）年９月以降、多くの金融口座情報をやり取りしていましたが、令和２年度に制度の対象者等について見直されました。

本制度は各国で共通の報告基準により行われることから、「共通報告基準（Common Reporting Standard：CRS）」と呼ばれています。CRSの法的根拠は第４章第７で解説した税務行政執行共助条約です。

２　用語の定義

今回の措置は、これまでにないものなので、以下の用語が新たに定義付けされました（実施特例法10の５⑧）。

①	報告金融機関等	銀行、証券会社、信託、保険会社等
②	営業所等	国内にある営業所又は事務所
③	特定取引	預金又は貯金の預入れを内容とする契約の締結などの取引
④	特定法人	発行する株式が外国金融商品取引所において上場されている法人その他の法人以外の法人
⑤	実質的支配者	法人の事業経営を実質的に支配することが可能となる関係にある者
⑥	特定組合員	組合契約を締結している組合員及び外国におけるこれに類する契約であって、特定取引をその組合契約によって成立する組合の業務として行うもの
⑦	組合契約	民法667条１項に規定する組合契約又は匿名組合契約等

⑧	居住地国	イ　外国の法令において、その外国に住所を有し、若しくは一定の期間を超えて居所を有し、若しくは本店若しくは主たる事務所若しくはその事業が管理され、かつ、支配されている場所を有することにより、又はその外国の国籍を有することその他これに類する基準により、所得税又は法人税に相当する税を課されるものとされている個人又は法人⇒　その外国をいう ロ　外国にその財務及び営業又は事業の方針につき実質的な決定が行われている場所が所在する法人等（イに掲げるもの、内国法人及び信託を除きます）⇒　その外国をいう ハ　居住者又は内国法人⇒　日本をいう

3　制度の概要

平成29年１月１日以後に銀行等の一定の金融機関（以下「報告金融機関等」といいます）との間でその国内にある営業所等を通じて預金又は貯金の受入れを内容とする契約の締結等の一定の取引（以下「特定取引」といいます）を行う者は、その者（その者が一定の法人（以下「特定法人」といいます）である場合における当該特定法人の支配者である個人を含みます）の氏名又は名称、住所、生年月日、居住地国(その者が居住者として租税を課される国又は地域をいいます。以下同じです)、居住地国が外国の場合にあっては当該居住地国における納税者番号、その者の居住地国が住所に係る国又は地域と異なる場合にはその異なる事情の詳細その他必要な事項を記載した届出書を、その特定取引を行う際、当該報告金融機関等の営業所等の長に提出しなければならないこととされました（実施特例法10の５①)。

共通報告基準による自動的情報交換のイメージ（日本⇒外国）

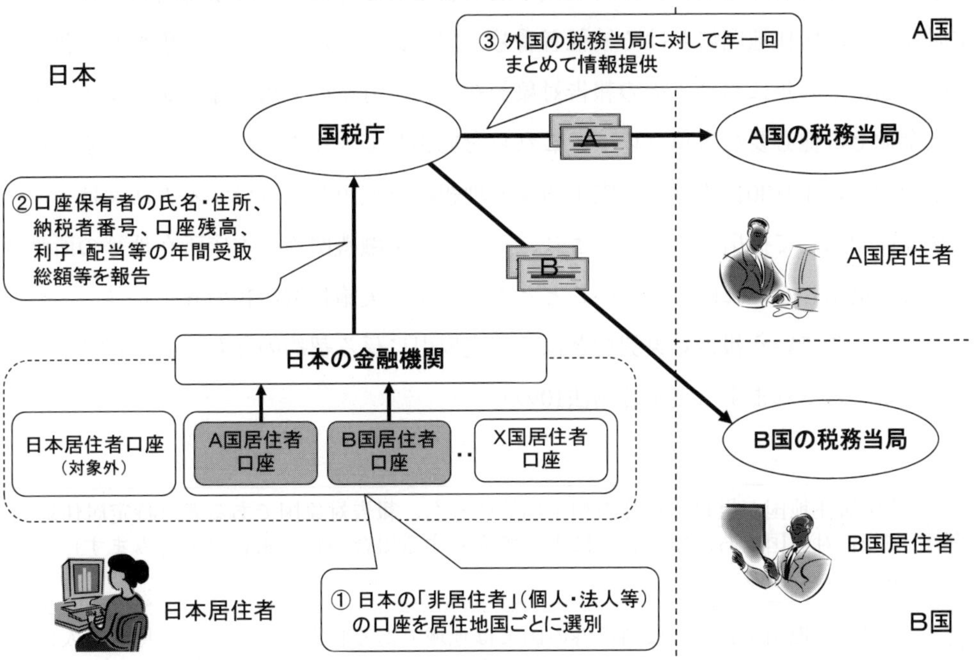

（出典：財務省資料）

4　異動報告書の提出

上記３により届出書を提出した者は、次に掲げる場合に該当することになった場合、その区分に応じて「異動報告書」をその該当することとなった日から３か月を経過する日までに、報告金融機関等の営業所等の長に提出しなければならないこととされます。そして、その異動報告書を提出した後、再び次に掲げる場合に該当した場合についても、同様とされます（実施特例法10の５④）。

①	特定対象者の居住地国が、上の３で提出した届出書又は異動届出書にその特定対象者の居住地国として記載した国又は地域と異なることとなった場合
②	それまで実施特例法10条の５第７項にいう居住地国とされていなかった特定対象者が、いずれかの居住地国に該当することとなった場合
③	それまで実施特例法10条の５第７項にいう居住地国のいずれかに該当していた特定対象者が、いずれの居住地国にも該当しなくなった場合

5　報告金融機関等の報告事項の提供

報告金融機関等は、その年の12月31日において、その報告金融機関等との間で特定取引を行った者が、報告対象契約を締結している場合には、その報告対象契約ごとに、特定対象者の氏名又は名称、住所又は本店所在地若しくは主たる事務所の所在地、特定居住地国、居住地国における納税者番号、同日におけるその報告対象契約に係る財産の価額、その年におけるその報告対象契約に係る財産の運用、保有又は譲渡による収入金額その他必要な事項（以下、これらを総称して「報告事項」といいます）をその年の翌年の４月30日までに、電子情報処理組織を使用して送付する方法又は光ディスク等に記録して提出する方法により、その報告金融機関等の本店所在地等の所轄税務署長に提出しなければならないこととされます（実施特例法10の６①）。

なお、ここでいう報告対象契約とは、特定取引に係る契約のうち、次に掲げるものをいうこととされます（実施特例法10の６②）。

①	特定居住地国が租税条約等の相手国等のうち、報告対象国である者（特定居住地国が報告対象国である組合契約によって成立する組合の特定組合員を含みます）が締結しているもの
②	特定居住地国が報告対象国以外の国又は地域である特定法人で、その特定法人に係る実質的支配者の特定居住地国が報告対象国である特定法人が締結しているもの
③	上記２つの他、報告金融機関等による方向が必要なものとして政令で定めるもの

㈱　外国金融機関等から国税庁への報告については、以下の図のようなイメージとなりますが、これについては外国金融機関等が行うことから、わが国税制改正では触れられていません。

共通報告基準による自動的情報交換のイメージ（外国⇒日本）

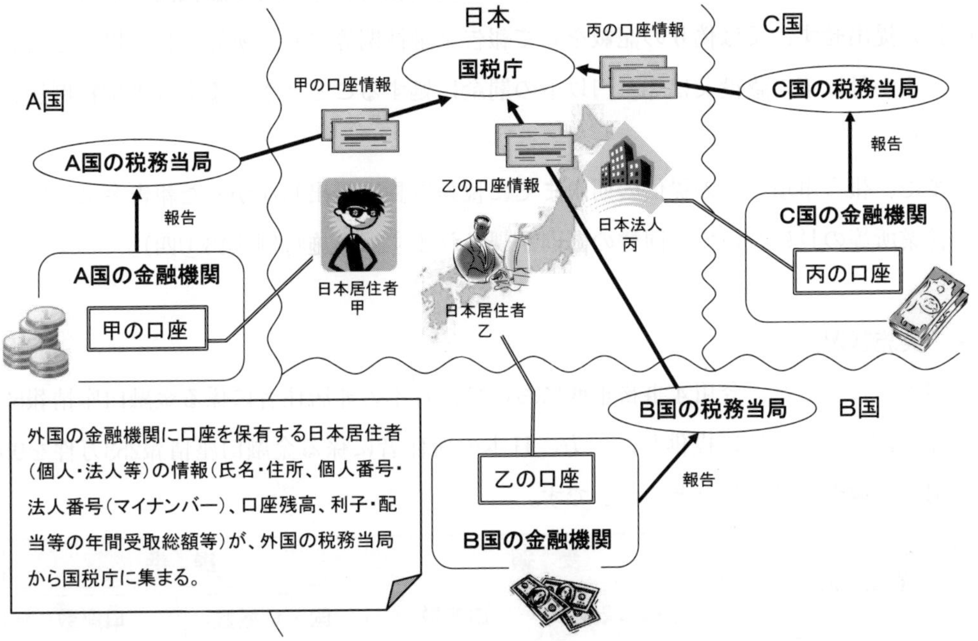

（出典：財務省資料）

6　報告金融機関等の記録の作成及び保存

報告金融機関等は、上記３の届出書の提出又は４の異動報告書の提出を受けた場合又は特定対象者の住所等所在地国と認められる国若しくは地域の特定を行った場合には、特定対象者の特定居住地国に関する事項その他の記録を作成しなければなりません（実施特例法10の８①）。

また、報告金融機関等は、作成した記録を５年間保存しなければなりません（実施特例法10の８②）。

7　報告金融機関等の報告事項の提供に係る当該職員の質問検査権

国税庁、国税局又は税務署の当該職員は、報告事項の提供に関する調査について必要があるときは、報告事項の提供をする義務がある者に質問し、その者の報告対象契約に関する帳簿書類その他の物件を検査し、又は当該物件の提示若しくは提出を求めることができることとされます（実施特例法10の９①）。

8　罰則

上記３に記載した届出書又は４に記載した異動報告書を報告金融機関等の営業所等の長に提出せず、又は偽りの記載をして報告金融機関等の営業所等の長に提出した者は、６か月以下の懲役又は50万円以下の罰金に処することとされます（実施特例法13④三）。

また、報告事項をその提供の期限までに税務署長に提出しなかった報告金融機関等の営業所等の長についても同様の罰則が課されます（実施特例法13④四）。

9　実施状況

国税庁によると、令和４事務年度において、日本の非居住者に係る金融口座情報53万件を78か国・地域に提供した一方、日本の居住者に係る金融口座情報253万件を95か国・地域から受領したとのことです。

CRS 情報	受　領		提　供	
	国・地域数	口座数	国・地域数	口座数
アジア・大洋州	18	1,790,550	13	402,294
北米・中南米	22	156,707	17	44,481
欧州・NIS 諸国	42	294,474	40	78,060
中東・アフリカ	13	280,450	8	7,202
合　計	95	2,526,181	78	532,037

（出典：国税庁資料）

国税庁によれば、受領した金融口座情報は、国外送金等調書、国外財産調書、財産債務調書、その他既に保有している様々な情報と併せて分析するとのことです。

第４　国外送金等調書制度

1　はじめに

平成10年（1998年）の外国為替管理法の改正を受けて、「内国税の適正な課税の確保を図るための国外送金等に係る調書の提出等に関する法律（平成９年法律第110号）」（以下「送法」といいます）が施行されました。この法律は、納税義務者の外国為替その他の対外取引及び国外にある資産の国税当局による把握に資するため、国外送金等に係る調書の提出等に関する制度を整備し、もって所得税、法人税、相続税その他の内国税の適正な課税の確保を図ることを目的とするもの（送法１）です。

2　国外送金等をする者の告知書の提出等

金融機関等を通じて国外への送金又は国外からの送金等の額が100万円（米ドルなどの外貨の場合は100万円相当額）を超える場合は、金融機関に対して告知書を提出しなければなりません（送法３）。本制度の国外送金等とは、金融機関又は郵政官署が行う為替取引によってなされる国内から国外へ向けた電信送金、小切手送金、小切手や手形の取立てに対する支払、国際郵便為替、国際郵便振替などを含みます。

《国外送金等調書の関係図》

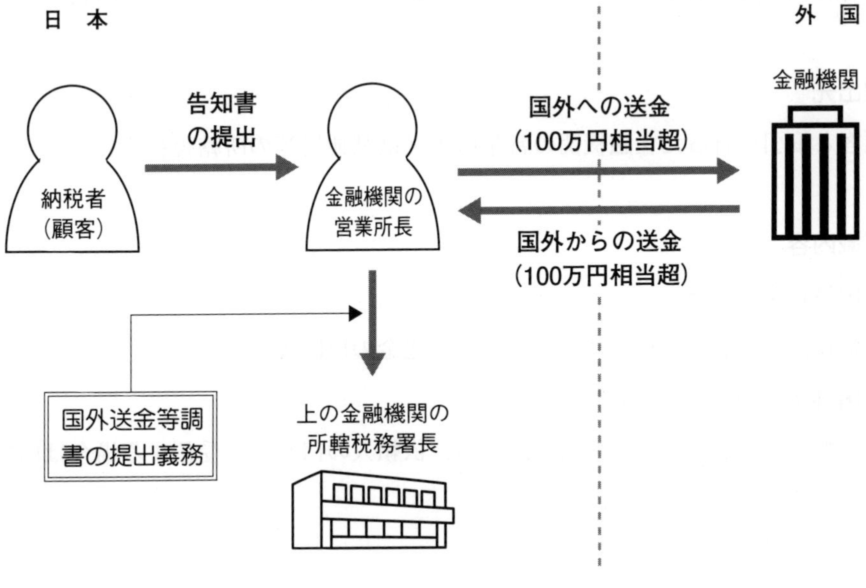

3　国外送金等調書の提出

金融機関は、その顧客が当該金融機関の営業所等を通じてする国外送金等（100万円以下を除きます）に係る為替取引を行ったときは、その国外送金等ごとに国外送金等調書を、その為替取引を行った日の属する月の翌月末日までに、当該為替取引に係る金融機関の営業所等の所在地の所轄税務署長に提出しなければならないこととされています（送法4①）。

この場合、前々年の国外送金等調書の枚数が1,000以上の金融機関は、以下のいずれかの方法で税務署長に提供しなければならないとされます（送法4②）。

①	あらかじめ税務署長に届け出て行う電子情報処理組織
②	光ディスク等

上記以外の金融機関は、光ディスク等の提出により国外送金等調書の提出に代えることができます（送法4③）。

4　国外送金等調書の内容

(1)　提出を要する取引

100万円相当額を超す国外送金又は国外からの送金

(2)　提出義務者

顧客と国外送金又は国外からの送金の受領をした金融機関の営業所の長

(3)　提出先

顧客と取引を行った金融機関の営業所等又は郵便局等の所轄税務署長

(4)　記載内容

①　国外送金の場合

依頼人の氏名、名称、住所、送金額、送金の原因等

②　国外からの送金の受領

依頼人の氏名、名称、住所、送金額、依頼人の口座にて受領する場合は口座番号

5　当該職員の質問検査権

国税庁、国税局又は税務署の当該職員は、国外送金等調書の提出に関する調査について必要があるときは、金融機関に質問し、又はその者の国外送金等に係る為替取引に関する帳簿書類(電磁的記録を含みます)その他の物件を検査し、又は当該物件（その写しを含みます）の提示若しくは提出を求めることができます（送法７①)。

6　国外送金等調書の提出枚数

国税庁レポート2023によると、国外送金等調書の提出枚数は次のとおりです。

《国外送金等調書の提出枚数》

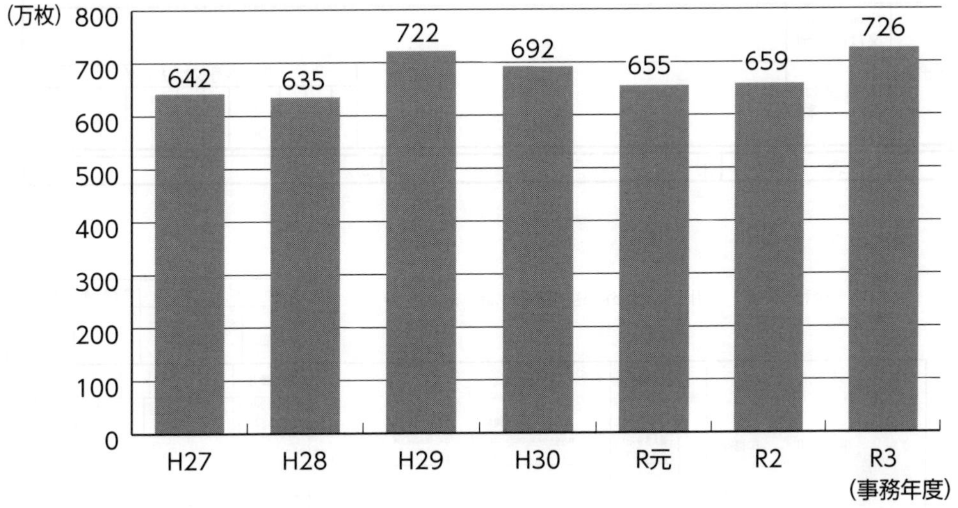

（出典：国税庁資料）

令和　　年分　国外送金等調書

国内の送金者又は受領者	住所(居所)又は所在地			
	氏名又は名称		個人番号又は法人番号	
国外送金等区分	1．国外送金・2．国外からの送金等の受領		国外送金等年月日	年　　月　　日
国外の送金者又は受領者の氏名又は名称				
国外の銀行等の営業所等の名称				
取次ぎ等に係る金融機関の営業所等の名称				
国外送金等に係る相手国名				
本人口座の種類	普通預金・当座預金・その他（　　　）		本人の口座番号	
国外送金等の金額	外貨額	外貨名	送金原因	
	円換算額	(円)		
(備考)				
提出者	住所(居所)又は所在地			
	氏名又は名称	(電話)	個人番号又は法人番号	
整理欄	①		②	

○「個人番号又は法人番号」欄に個人番号（12桁）を記載する場合には、右詰で記載します。

350

令和　　年　　月分　国外送金等調書合計表

処理事項	通信日付印	検収	整理簿登載	身元確認
	※　・　・	※	※	※

税務署受付印

令和　年　月　日提出 税務署長 殿	提出者	住所（居所）又は所在地	電話（　　－　　－　　）	整理番号
				調書の提出区分（新規=1、追加=2、訂正=3、無効=4）／提出媒体／本店一括　有・無
		個人番号又は法人番号(注)	↓個人番号の記載に当たっては、左端を空白にし、ここから記載してください。	作成担当者
		フリガナ 氏名又は名称		作成税理士署名押印　税理士番号（　　）　㊞　電話（　　－　　－　　）
		フリガナ 代表者氏名印	㊞	

区分	件数	（摘要）
国外送金分	件	
国外からの送金等の受領分		
計		

○平成28年1月1日以後提出用

○　提出媒体欄には、コードを記載してください。（電子=14、FD=15、MO=16、CD=17、DVD=18、書面=30、その他=99）
（注）　平成27年12月分以前の合計表を作成する場合には、「個人番号又は法人番号」欄に何も記載しないでください。

（用紙　日本産業規格　A4）

第5　国外財産調書制度

1　概要

本制度は、国外財産に係る所得や相続財産の申告漏れが近年増加傾向にあること等を踏まえ、内国税の適正な課税及び徴収に資するため、一定額（5,000万円）を超える国外財産を保有する個人に対し、その保有する国外財産調書（それら財産の種類、数量及び価額その他必要な事項を記載した調書）の提出を求めるものです（送法5）。そして、国外財産調書の提出を担保する観点から、過少申告加算税・無申告加算税の加減（送法6）及び質問検査権（送法7②）、さらには罰則規定（送法9以下）についても整備されることとされました。

本措置により、ストックの面からも当局による国外財産の把握ができることになります。

この措置は、富裕層に対する課税強化の一環ということができますが、これも諸外国と同様の流れと理解することができます。

国外財産調書制度の創設

○ 国外財産に係る所得や相続財産の申告漏れについては、近年増加傾向にあり、国外財産に関する課税の適正化は喫緊の課題。
○ 国外財産の把握体制が十分でない中、内国税の適正な課税及び徴収に資するため、一定額を超える国外財産を保有する個人（居住者）に対し、その保有する国外財産に係る調書の提出を求める制度を創設する。

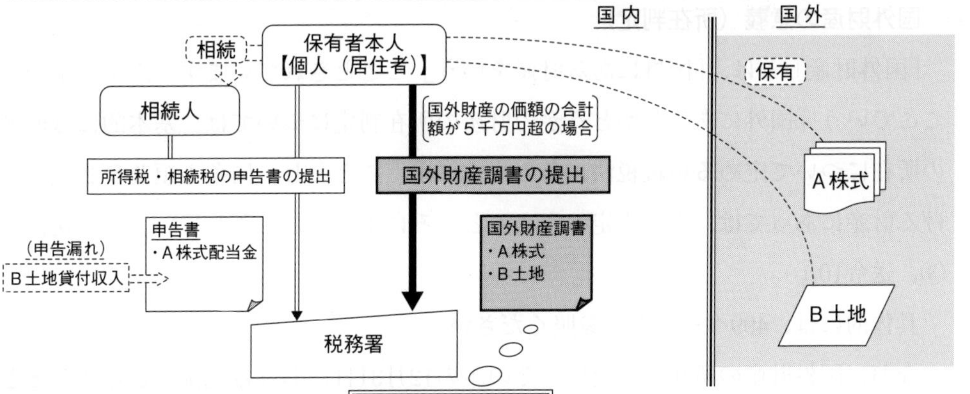

加算税の特例

○ 国外財産に関する所得等の申告漏れが発覚した場合において、
① 国外財産調書に国外財産の記載がある部分については、過少（無）申告加算税を５％軽減する。（所得税・相続税）【優遇措置】
② 国外財産調書の不提出・記載不備に係る部分については、過少（無）申告加算税を５％加重する。（所得税）【加重措置】
（注）故意の調書不提出・虚偽記載についての罰則（１年以下の懲役又は50万円以下の罰金）を整備する（併せて情状免除規定を設ける）。

（注）施行時期：平成26年１月１日以後に提出すべき国外財産調書について適用。罰則については、平成27年１月１日以後に提出すべき国外財産調書について適用。

（出典：財務省資料）

2　国外財産調書の提出

居住者は、その年の12月31日において、その価額の合計額が5,000万円を超える国外財産を有する場合には、その財産の種類、数量及び価額その他必要な事項を記載した調書（「国外財産調書」）を、翌年の３月15日までに、所轄税務署長に提出しなければならないこととされていましたが、令和５年分より、翌年６月30日までと改正されました（送法５①）。

⑴　適用対象者

国外財産調書の提出が必要となる者は、その年の12月31日において、その価額の合計額が5,000万円を超える国外財産を有する「非永住者以外の居住者」とされます。ここでいう「居住者」及び「非永住者」は、所得税法に定める居住者及び非永住者をいいます（送法５①）。また、居住者であるか否かの判定は、12月31日の現況によることとされます（国外通５－２）。

なお、上記の提出期限までの間に、国外財産調書を提出しないで死亡し、又は出国をしたときは、国外財産調書の提出を要しないこととされています（送法５①）。

㈲　上記の「出国」は、「居住者については、国税通則法第117条第２項（納税管理人）の規定による納税管理人の届出をしないで国内に住所及び居所を有しないこととなること」をいいます（所法２①四十二）。

⑵　国外財産の意義（所在判定）

「国外財産」とは、「国外にある財産をいう」こととされています（送法２十四）。ここでいう「国外にある」かどうかの財産の所在判定については、基本的には財産の所在について定める相続税法10条の規定によることとし、同条１項及び２項に掲げる財産にあっては、当該規定の定めるところによることとされています（送法５③、送令10①）。

具体的には、499ページをご参照ください。

なお、国外財産の所在の判定は、その年の12月31日における現況によることとされています（送令10③）。

㈲　財産の所在判定については、財産の所有に関する制度である「国外財産調書」においても、現行、財産を相続等により取得した場合に課される相続税の「財産の所在」を定める相続税法10条（特に制限納税義務者の場合に財産の所在が重要になります）の規定を基に定めることとされたものです。

また、相続税法10条１項及び２項に掲げる財産以外の財産で次に掲げるものは、同法の財産の種類に応じた所在の定めを踏まえ明確化され、それぞれ次の場所により判定することとされています（送令10⑥、送規12③）。

財産の種類	所在の判定
預託金又は委託証拠金その他の保証金（「預託金等」）	その預託金等の受入れをした営業所又は事務所の所在
抵当証券又はオプションを表示する証券若しくは証書（これらの有価証券とみなされる権利を含みます）	これらの有価証券の発行者の本店又は主たる事務所の所在
組合契約、匿名組合契約その他これらに類する契約に基づく出資	これらの契約に基づいて事業を行う主たる事務所、事業所その他これらに準ずるものの所在
信託に関する権利（集団投資信託又は法人課税信託を除きます）	その信託の引受けをした営業所、事務所その他これらに準ずるものの所在
未決済信用取引等及び未決済デリバティブ取引に係る権利	これらの取引に係る契約の相手方である金融商品取引業者等の営業所、事務所その他これらに類するものの所在
その他の財産	その財産を有する者の住所（住所を有しない者にあっては、居所）の所在

⑶　国外財産の価額（評価方法）

①　時価と見積価額

国外財産の「価額」については、その年の12月31日におけるイ．「時価」又はロ．時価に準ずるものとして「見積価額」により評価することとされています（送法５①～③、送令10④、送規12④）。

上でいう時価とは、その年の12月31日における財産の現況に応じ、不特定多数の当事者間で自由な取引が行われる場合に通常成立すると認められる価額をいい、その価額は、専門家による鑑定評価額、金融商品取引所等の公表する同日の最終価格（同日の最終価格がない場合には、同日前の最終価格のうち同日に最も近い日の価額）などをいうとされます。

また、見積価額とは、その年の12月31日における財産の現況に応じ、その財産の取得価額や売買実例価額などを基に、合理的な方法により算定した価額をいうこととされます（国外通５－９）。

②　為替換算

国外財産の価額についての「邦貨換算」については、その年の12月31日における「外国為替の売買相場」により行うこととされています（送法５③、送令10⑤）。

具体的には、次のように行います（国外通５－14）。

イ	国外財産の邦貨換算は、国外財産調書の提出義務者の取引金融機関（その財産が預金等で、取引金融機関が特定されている場合は、その取引金融機関）が公表するその年の12月31日における最終の為替相場によることとされます。ただし、その年の12月31日に当該相場がない場合には、同日前の当該相場のうち、同日に最も近い日の当該相場によるものとします。
ロ	イの「為替相場」は、邦貨換算を行う場合の外国為替の売買相場のうち、その外貨に係る、いわゆる対顧客直物電信買相場又はこれに準ずる相場をいうこととされます。

③　相続等において未分割の国外財産

国外財産調書を提出するときに、相続又は包括遺贈により取得した国外財産の全部又は一部が共同相続人又は包括受遺者によってまだ分割されていない場合には、民法の規定による相続分又は包括遺贈の割合に従ってその国外財産を取得したものとして、その価額を計算することとされています（送令10⑥）。

(4)　国外財産調書の記載要領（記載事項）

国外財産調書の記載事項は、次の事項とされています（送法５①③、送令10⑦、送規12①）。

イ	適用対象者の氏名及び住所又は居所
ロ	国外財産の種類、数量、価額及び所在その他必要な事項

3　相続国外財産に係る相続直後の国外財産調書等への記載の柔軟化

相続の開始の日の属する年（「相続開始年」）の12月31日においてその有する国外財産に係る国外財産調書については、その相続又は遺贈により取得した国外財産（「相続国外財産」）を記載しないで提出することができることになりました。この場合において、国外財産調書の提出義務については、国外財産の価額の合計額からその相続国外財産の価額の合計額を除外して判定されます（送法５②）。

なお、財産債務調書における相続財産（相続又は遺贈により取得した財産をいいます。以下同じです）についても同様とされます（送法６の２②）。

4　国外財産調書の提出がない場合等の過少申告加算税等の加重措置

⑴　国外財産調書の提出がない場合等の過少申告加算税等の加重措置（以下「加算税の加重措置」といいます）の適用対象に、相続国外財産に対する相続税に関し修正申告等（修正申告書若しくは期限後申告書の提出又は更正若しくは決定をいいます。以下同じです）があった場合が加えられます（送法６③）。

⑵　次のいずれかに該当する場合には、加算税の加重措置は適用しないこととされます（財産債務調書における相続財産についても同様とされます（送法６の３⑤一、二）。

①　その年の12月31日において相続国外財産を有する者（その価額の合計額が提出基準額（5,000万円）を上回る国外財産（相続国外財産を除きます）を有する者を除きます）の責めに帰すべき事由がなく提出期限内に国外財産調書の提出がない場合

②　その年の12月31日において相続国外財産を有する者の責めに帰すべき事由がなく国外財産調書に記載すべき相続国外財産についての記載がない場合（記載不備の場合を含みます）

5　過少申告加算税等の特例の適用の判定の基礎となる国外財産調書等の見直し

相続国外財産に対する相続税に関し修正申告等があった場合の過少申告加算税等の特例の適用の判定の基礎となる国外財産調書について、次に掲げる措置の区分に応じそれぞれ次に定める国外財産調書とされます（送法６②二、６④二）。(次の⑴については、財産債務調書における相続財産についても同様とされます)（送法６の３①)。

⑴　国外財産調書の提出がある場合の過少申告加算税等の軽減措置（「加算税の軽減措置」）　次に掲げる国外財産調書のいずれか

①　被相続人の相続開始年の前年分の国外財産調書

②　相続人の相続開始年の年分の国外財産調書

③　相続人の相続開始年の翌年分の国外財産調書

⑵　加算税の加重措置　上記⑴①から③までに掲げる国外財産調書の全て

㈲１　上記４⑴の場合の加算税の加重措置は、上記⑴③に掲げる国外財産調書の提出義務がない相続人については、適用しないこととされます（送法６⑤）。

２　国外財産調書に記載しないことができる相続国外財産に係る所得税に関し修正申告等があった場合の加算税の加重措置は、相続開始年の年分については、適用しないこととされます（送法６④一）。

6　国外財産調書に記載すべき国外財産に関する書類の提示又は提出がない場合の加算税の軽減措置及び加重措置の特例の創設

国外財産を有する者が、国税庁等の当該職員から国外財産調書に記載すべき国外財産の取得、運用又は処分に係る書類のうち、その者が通常保存し、又は取得することができると認められるもの（その電磁的記録又はその写しを含みます）の提示又は提出を求められた場合において、その提示又は提出を求められた日から60日を超えない範囲内においてその提示又は提出の準備に通常要する日数を勘案して当該職員が指定する日までにその提示又は提出をしなかったとき（その者の責めに帰すべき事由がない場合を除きます）における加算税の軽減措置及び加重措置の適用については、次のとおりとされます（送法6⑦）。

⑴　その国外財産に係る加算税の軽減措置は、適用されません。

⑵　その国外財産に係る加算税の加重措置については、その加算する割合を10%（適用前加算割合：5％）とされます。

㈱　上記⑵については、上記4⑵①又は②に該当する場合には、その加算する割合を5％（適用前加算割合：なし）とされます。

FA5102

整理番号	

提出用

平成二十八年十二月三十一日分以降用

令和　　年12月31日分　　国外財産調書

受付印

国外財産を有する者	住所（又は事業所、事務所、居所など）	
	氏名	
	個人番号	電話番号（自宅・勤務先・携帯）　－　－

国外財産の区分	種類	用途	所在（国名）		数量	（上段は有価証券等の取得価額）価額	備考
						円 円	
合計額						合計表㉕へ	

（摘要）

（　）枚のうち（　）枚目

通信日付印（年月日）	（　・　・　）

また、国外財産調書と併せて、財産区分ごとの価額の合計額を記載する「合計表」を提出することとされています。国外財産調書合計表は、以下のとおりとなっています（国外通５－17）。

FA5003

＿＿＿＿税務署長
＿＿年＿＿月＿＿日

令和　　年12月31日分　国外財産調書合計表

提出用

平成二十八年十二月三十一日分以降用

住所（又は事業所、事務所、居所など）	〒
個人番号	
フリガナ	
氏名	
性別　男　女	
職業	
電話番号（自宅・勤務先・携帯）	－ －
生年月日	
財産債務調書の提出有	○
整理番号	

受付印

財産の区分		価額又は取得価額（百万 千 円）	財産の区分		価額又は取得価額（百万 千 円）
土地	①		未決済デリバティブ取引に係る権利	⑫	
建物	②		取得価額	㋕	
山林	③		貸付金	⑬	
現金	④		未収入金	⑭	
預貯金	⑤		書画骨とう美術工芸品	⑮	
有価証券（特定有価証券を除く） 上場株式	⑥		貴金属類	⑯	
取得価額	㋐		動産（④、⑮、⑯以外）	⑰	
非上場株式	⑦		その他の財産 保険の契約に関する権利	⑱	
取得価額	㋑		株式に関する権利	⑲	
株式以外の有価証券	⑧		預託金等	⑳	
取得価額	㋒		組合等に対する出資	㉑	
特定有価証券※	⑨		信託に関する権利	㉒	
匿名組合契約の出資の持分	⑩		無体財産権	㉓	
取得価額	㋓		その他の財産（上記以外）	㉔	
未決済信用取引等に係る権利	⑪		合計額	㉕	
取得価額	㋔				

※特定有価証券に該当する有価証券は⑨欄に記載し、⑥欄から⑧欄への記載は要しません。

備考（訂正等で再提出する場合はその旨ご記載ください。）

税理士署名

電話番号　　－　　－

整理欄	通信日付印	確認	異動年月日	身元確認
			年 月 日	
	枚数	区分		
	枚	A B C D E F G H I		

(R5.9)

7　国外財産調書提出の担保

(1)　国外財産調書の提出がある場合の過少申告加算税等の特例（優遇措置）

国外財産に係る所得税又は国外財産に対する相続税に関し申告漏れ（過少申告）又は無申告（以下「国外財産に係る事実」といいます。）による修正申告書若しくは期限後申告書の提出又は更正若しくは決定（以下「修正申告等」といいます）があり、過少申告加算税又は無申告加算税の適用がある場合において、提出期限（翌年３月15日までの期限をいいます）内に提出された国外財産調書に、その修正申告等の基因となる国外財産についての記載があるときは、この修正申告等につき課される過少（無）申告加算税の額については、その「国外財産に係る事実」に基づく本税額（加算税の計算の基礎となる本税額）の５％に相当する金額を控除した金額とすることとされています（送法６①）。

この特例の対象となる「国外財産に係る所得税」は、国外財産に関して生ずる次の「所得」に対する所得税とされています（送令11①、送規13四）。

イ	国外財産から生じる利子所得又は配当所得
ロ	国外財産の貸付け又は譲渡による所得
ハ	国外財産が株式を無償又は有利な価額で取得することができる権利等（いわゆるストックオプション等）である場合におけるその権利の行使による株式の取得に係る所得
ニ	国外財産が生命保険契約等に関する権利である場合におけるその生命保険契約等に基づき支払を受ける一時金又は年金に係る所得
ホ	国外財産が特許権、実用新案権、意匠権、商標権、著作権その他これらに類するもの（「特許権等」）である場合におけるその特許権等の使用料に係る所得
ヘ	上記イからホまでの所得のほか、国外財産に基因して生ずるこれらに類する所得

上の表へでいう「国外財産に起因して生ずる所得」については、次のように例示されています（国外通６－１）。

イ	国外財産が所得税法施行令第184条第２項《損害保険契約等に基づく年金に係る雑所得の金額の計算上控除する保険料等》に規定する損害保険契約等に関する権利である場合における当該損害保険契約等に基づき支払を受ける一時金又は年金に係る所得
ロ	国外財産が規則第12条第３項第３号に規定する「民法第667条第１項に規定する組合契約、匿名組合契約その他これらに類する契約に基づく出資」である場合における当該出資に基づく所得
ハ	国外財産が規則第12条第３項第４号に規定する「信託に関する権利」である場合における当該権利に基づく所得

ニ	国外財産が規則第12条第３項第５号に規定する「所得税法第60条の２第２項に規定する未決済信用取引等及び同条第３項に規定する未決済デリバティブ取引に係る権利」である場合における当該未決済信用取引等及び未決済デリバティブ取引の決済等による所得

一方、人的役務の提供に係る対価及び俸給、給料、賃金、歳費、賞与又はこれらの性質を有する給与その他人的役務の提供に対する報酬（株式を無償又は有利な価額で取得することができる権利その他これに類する権利の行使による経済的利益を除きます。）については、送法６条１項に規定する「国外財産に関して生ずる所得で政令で定めるもの」に該当しないため、同項及び同条２項の規定は適用されないこととされます。これは、「国外財産に起因して生ずる所得」に該当しないものとして通達で例示されているものです（国外通６－２）。

(2)　国外財産調書の提出がない場合等の過少申告加算税等の特例（加重措置）

国外財産に係る所得税に関し申告漏れ（過少申告）又は無申告による修正申告等（死亡した者に係るものを除きます）があり、過少申告加算税又は無申告加算税の適用がある場合において、提出期限内に国外財産調書の提出がないとき又は提出された国外財産調書にその修正申告等の基因となる国外財産についての記載がないとき（重要な事項の記載が不十分であると認められるときを含みます）は、この修正申告等につき課される過少（無）申告加算税の額については、その「国外財産に係る事実」に基づく本税額（加算税の計算の基礎となるべき本税額）の５％に相当する金額を加算した金額とすることとされています（送法６③）。

(注)１　ここで注目すべきは、(1)の「優遇措置」と異なり、この「加重措置」においては、「相続税」及び「死亡した者に係る所得税」が適用対象外となっています。これは、「被相続人」による国外財産調書の不提出・未記載について、これを一律に別人格である「相続人」（実際に納税申告をする者）の責任とすることは適当でないと考えられることから、適用対象外とされたものです。

２　上記の「重要な事項の記載が不十分であると認められるとき」については、本特例の適用に当たり申告漏れ等の基因となる国外財産であるかどうかの特定に必要な「国外財産の種類、数量、価額、所在」といった記載事項につき、一部の記載漏れを含む記載誤りがある場合をいうものと考えられます。

(3)　本特例の適用対象となる国外財産調書

上記(1)の「優遇措置」及び(2)の「加重措置」の適用に当たり、調書の提出の有無や、国外財産の記載の有無を判断する対象となる「国外財産調書」については、「所得税」又は「相続税」の別に応じ、それぞれ次のとおりとされています（送法６④）。

イ	国外財産に係る所得税に関する修正申告等である場合：その修正申告等に係る年分の国外財産調書（提出時期で見た場合には、「その年の翌年」に提出すべき国外財産調書）により判断されます。ただし、年の中途においてその修正申告等の基因となる国外財産を譲渡等により有しないこととなった場合には、当該年分の国外財産調書（その年の翌年に提出すべき国外財産調書）では判断できないため、（その年の前年から所有していた財産につき）当該年分の前年分の国外財産調書（その年に提出すべき国外財産調書）により判断することとされています。
ロ	国外財産に対する相続税に関する修正申告等である場合：次の「被相続人」又は「相続人」が提出すべきいずれかの国外財産調書により判断されます。上記⑵（注１）のとおり、「相続税」については、上記⑴の「優遇措置」の場合にのみ適用対象とされていることから、このどちらかの国外財産調書に国外財産の記載があれば、この「優遇措置」の適用対象とされることとなります。 (ｲ)「被相続人」が相続の開始の日の属する年（以下「相続開始年」といいます）に提出すべきであった国外財産調書。ただし、「被相続人」が相続開始年において提出期限までの間に国外財産調書を提出しないで死亡した場合にあっては、相続開始年の前年に提出すべきであった国外財産調書 (ﾛ)「相続人」が相続開始年の翌年に提出すべき国外財産調書

⑷　期限後に提出された調書の取扱い

提出期限後に国外財産調書が提出された場合において、その国外財産に係る所得税又は国外財産に対する相続税についての調査があったことにより更正又は決定があるべきことを予知してされたものでないときは、その国外財産調書は「提出期限内に提出されたもの」とみなして、上記⑴又は⑵の特例を適用することとされています（送法６⑥）。

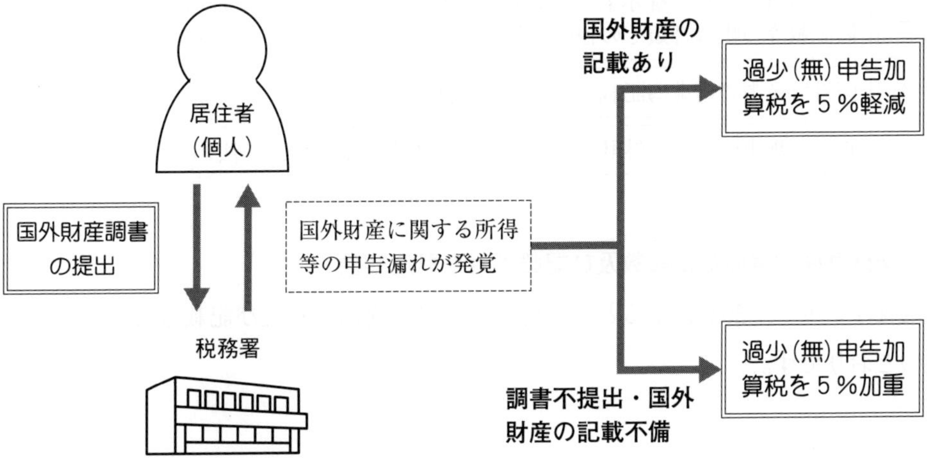

8　国外財産調書の提出に関する調査に係る質問検査権

国税庁、国税局又は税務署の当該職員は、国外財産調書の提出に関する調査について必要があるときは、その国外財産調書を提出する義務がある者（国外財産調書を提出する義務があると認められる者も含まれます）に質問し、その者の国外財産に関する帳簿書類その他の物件を検査し、又はその物件（その写しも含まれます）の提示若しくは提出を求めることができるとともに、その調査において提出された物件を留め置くことができることとされています（送法７②③）。

これは、国税通則法等に規定する支払調書その他の調書の提出者に対する質問検査権（通法74の２①一ロ等）と同様に、この国外財産調書が法令に従い適正に提出されているかどうかを調査するために、質問検査等の権限が当該職員に付与されるものです。なお、この質問検査権は、犯罪捜査のために認められたものと解してはならないこととされています（送法７⑤）。

また、国税庁、国税局又は税務署の当該職員は、上記の質問検査等をする場合には、その身分を示す証明書を携帯し、関係人の請求があったときは、これを提示しなければならないこととされています（送法７④）。

9　故意の国外財産調書の不提出等に対する罰則規定の整備

本制度において、故意に以下に掲げる行為をした者は、１年以下の懲役又は50万円以下の罰金に処することとされています（送法９、10）。ただし、ニについては、情状により刑を免除することができることとされています。

イ	当該職員の質問に対する不答弁若しくは虚偽答弁又は検査の拒否、妨害、若しくは忌避（送法９三）
ロ	当該職員の物件の提示若しくは提出の要求に対する正当な理由のない拒否又は虚偽記載等の帳簿書類その他の物件の提示若しくは提出（送法９四）
ハ	国外財産調書の虚偽記載による提出（送法10①）
ニ	正当な理由のない国外財産調書の提出期限内の不提出（送法10②）

10　国外財産調書の提出枚数及び記載された財産総額

国税庁レポート2023によると、国外財産調書の提出枚数及び記載された財産総額は次のとおりです。

《国外財産調書の提出件数及び記載された財産総額》

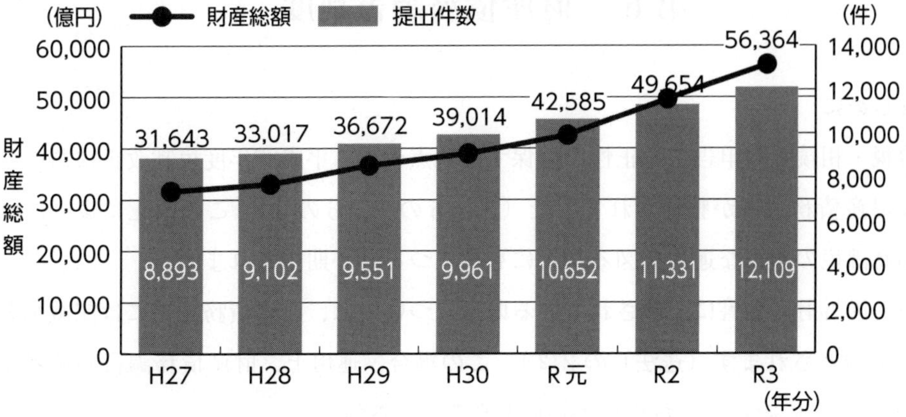

（出典：国税庁資料）

第６　財産債務調書制度

1　はじめに

所得税・相続税の申告の適正性を確保する観点から、平成27年度税制改正において新たに財産債務調書が整備されました（送法６の２、６の３）。この改正により、国外転出時課税の適正な運用を図ることにも役立つことが期待されます。

なお、国外財産調書に記載されている財産については、財産債務調書には記載を要しないものとされます（送法６の２②）。この場合、運用上、財産債務調書の備考に「国外財産調書に記載のとおり」と記載することとされます。

2　提出基準の見直し

⑴　以下の①＋②の要件を満たすこと

①	その年分の所得金額が２千万円超であること
②	その年の12月31日において有する財産の価額の合計額が３億円以上であること、又は、同日において有する国外転出時課税制度の対象資産の価額の合計額が１億円以上であること

⑵　その年の12月31日において有する財産の価額の合計額が10億円以上であること

3　記載事項の見直し

財産債務調書の記載事項について、国外財産調書の記載事項と同じとされました。

・財産については、種類、数量及び価額に所在地も加える

・有価証券等については、銘柄別に記載する

・有価証券等は国外転出時課税に使用できるよう取得価額も記載する

・財産の評価は原則として時価とし、見積価額も認める

4　提出期限

令和５年分より、その年の翌年６月30日とされました（送法６の２①）。

5　過少申告加算税等の特例

国外財産調書と同様、財産債務調書の提出の有無等により、所得税又は相続税に係

る過少申告加算税等を加減算する特例措置を講ずることになりました（送法６の３）。すなわち、財産若しくは債務に係る所得税（「財産債務に係る所得税」）又は財産に対する相続税について修正申告等があった場合の過少申告加算税又は無申告加算税について、軽減措置又は加重措置を講じます。

なお、財産又は債務に関して生じる所得とは、以下のものをいうこととされます（送令12の３①）。

イ	財産から生じる所得税法23条１項に規定する利子所得
ロ	財産から生じる所得税法24条１項に規定する配当所得
ハ	財産の貸付けによる所得
ニ	財産の譲渡による所得
ホ	債務の免除による所得
ヘ	イからホに掲げるもののほか財産又は債務に基因して生ずる所得で政令で定めるもの

⑴　財産債務調書の提出がある場合の過少申告加算税等の軽減措置

財産債務に係る所得税又は財産に対する相続税について修正申告等があった場合において、提出された財産債務調書にその修正申告等の基因となる財産又は債務についての記載があるときは、過少申告加算税又は無申告加算税の額は、通常課されるこれらの加算税額からその過少申告加算税又は無申告加算税の額の計算の基礎となるべき税額（その修正申告等の基因となる財産又は債務に係るものに限ります。②において同じ）の５％に相当する金額を控除した金額とされます（送法６の３①）。

⑵　財産債務調書の提出がある場合の過少申告加算税等の加重措置

財産債務に係る所得税について修正申告等があった場合において、財産債務調書の提出がないとき、又は提出された財産債務調書にその修正申告等の基因となる財産若しくは債務についての記載がないとき（重要なものの記載が不十分と認められるときを含みます）は、過少申告加算税又は無申告加算税の額は、通常課されるこれらの加算税額に、その過少申告加算税又は無申告加算税の額の計算の基礎となるべき税額５％に相当する金額を加算した金額とされます（送法６の３②）。

⑶　**期限後に提出された財産債務調書の取扱い**

提出期限後に財産債務調書が提出された場合において、その提出が、調査があったことにより更正又は決定があるべきことを予知してされたものでないときは、その財産債務調書は期限内に提出されたものとみなす措置について、その提出が調査通知前にされたものである場合に限り適用することとされます（国外財産調書においても同様です）（送法6⑥、6の3③）。

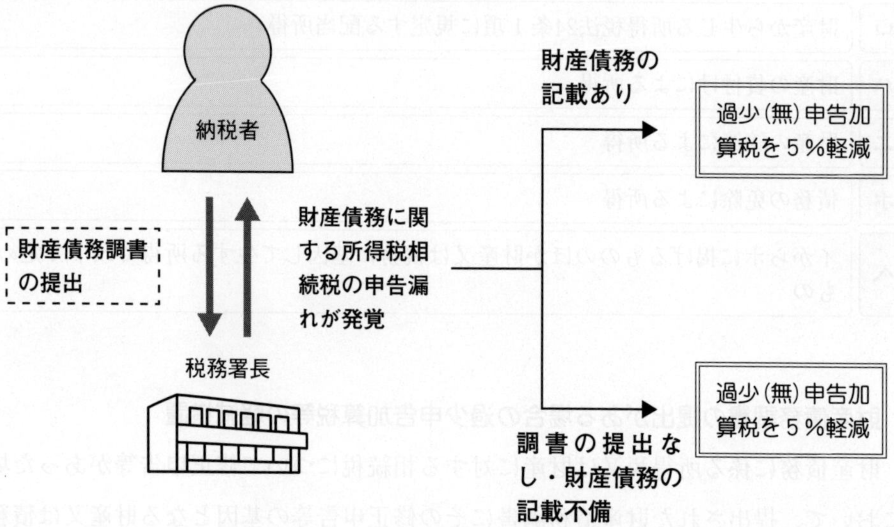

6　財産債務調書の提出に関する調査に係る質問検査権

財産債務調書の提出に関する質問検査権については、国外財産調書と同様の措置が採られています（送法7②③④⑤）。

7　財産債務調書の提出枚数及び記載された財産総額

国税庁レポート2023によると、財産債務調書の提出枚数及び記載された財産総額は次のとおりです。

《財産債務調書の提出件数及び記載された財産総額》

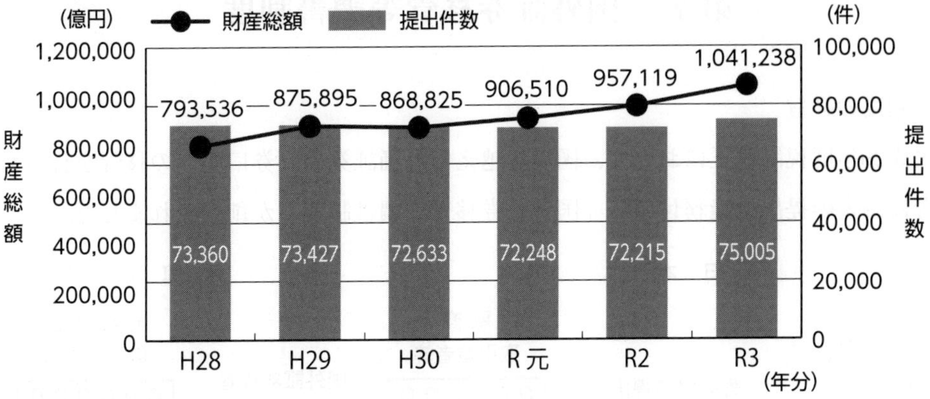

（出典：国税庁資料）

第７　国外証券移管等調書制度

1　制度の趣旨

平成26年度税制改正において、国境を越えて有価証券の証券口座間の移管を行った場合に調書の提出を義務付ける「国外証券移管等調書制度」が創設されました。

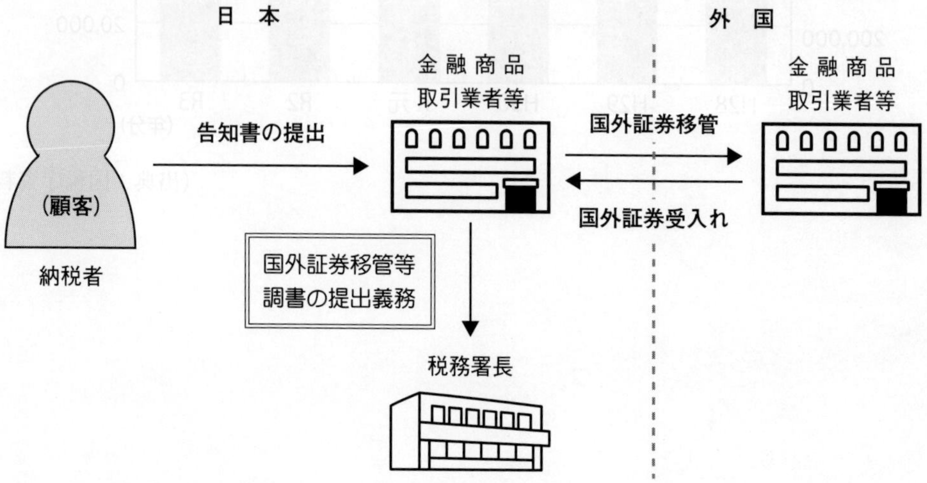

㈱　国外証券移管等調書制度には、当該職員の質問検査権、罰則の規定はありますが、過少申告加算税等の加重・軽減措置はありません。

2　制度の概要

国外証券移管等とは、以下に述べる国外証券移管及び国外証券受入れを合わせたものです。

⑴　国外証券移管	国外証券移管とは、金融商品取引業者等が顧客の依頼に基づいて行う国内証券口座から国外証券口座への有価証券の移管をいいます（送法２十一）。
⑵　国外証券受入れ	国外証券受入れとは、金融商品取引業者等が顧客の依頼に基づいて行う国外証券口座から国内証券口座への有価証券の受入れをいいます（送法２十二）。

3　国外証券移管等をする者の告知書の提出等

金融商品取引業者等の営業所等の長にその有する有価証券の国外証券移管等の依頼をする者は、その者の氏名又は名称及び住所を記載した告知書を、その国外証券移管等の依頼をする際、その金融商品取引業者等の営業所の長に提出しなければなりません（送法４の２①）。

(1) 告知書の提出義務者

国外証券移管をする者及び国外証券受入れの依頼をする者は、原則として、個人・法人、居住者・非居住者、内国法人・外国法人の別を問わず、この告知書の提出義務者となります。

(2) 告知書の記載事項

国外証券移管等をする者は、告知書に次の事項を記載しなければなりません（送法４の２①前段、送規11の３）。

イ	国外証券移管等の依頼をする者の氏名又は名称及び住所
ロ	国外証券移管等の原因となる取引又は行為の内容
ハ	国外証券移管等の依頼をする者が納税代理人の届出をしている場合には、その納税管理人の氏名及び住所
ニ	国外証券移管等の依頼をする者が法人課税信託の受託者である場合には、其の法人課税信託の名称及びその法人課税信託の信託された受託営業所の所在地
ホ	その他参考となるべき事項

４　告知書の提出を受ける金融商品取引業者等による本人確認

告知書の提出をする者は、原則として、その提出の際、その告知書の提出をする金融商品取引業者等の営業所等の長に運転免許証等の確認書類を提示しなければならず、また、告知書の提出を受ける金融商品取引業者等の営業所等の長は、その告知書に記載されている氏名又は名称及び住所をその確認書類により確認しなければなりません（送法４の２①後段、送令９の３①、９の４①）。

なお、金融商品取引業者等の営業所等の長は、この確認をした場合には、その確認に係る告知書に提示を受けた確認書類の名称を記載しておかなければなりません（送令９の４③）。

５　国外証券移管等調書の提出

金融商品取引業者等は、その顧客からの依頼により国外証券移管等をしたときは、その国外証券移管等ごとに、その顧客の氏名又は名称及び住所、その国外証券移管等をした有価証券の種類及び銘柄等の一定の事項を記載した調書（国外証券移管等調書）を、その国外証券移管等を行った金融商品取引業者等の営業所等の所在地の所轄税務署長に提出しなければなりません（送法4の3①）。

提出時期は、国外証券移管等をした日の属する月の翌月末日となります。その際、国外証券移管等調書に合計表を添付することとされます。

(1)　国外証券移管等調書の記載事項

イ	その国外証券移管等をした顧客の氏名又は名称
ロ	その国外証券移管等をした顧客の住所
ハ	その国外証券移管等をした有価証券の種類、銘柄及び数又は額面金額
ニ	その国外証券移管等をした日
ホ	その国外証券移管等に係る告知書に記載されている国外証券移管等の原因となる取引又は行為の内容
ヘ	その国外証券移管等に係る国外証券口座を開設された金融商品取引業者等の営業所、事務所その他これらに類するものの名称
ト	その国外証券口座を開設している者の氏名又は名称
チ	その国外証券移管等に係る相手国名
リ	その国外証券移管等に係る告知書に記載されている納税管理人の氏名及び住所
ヌ	その国外証券移管等に係る告知書に記載されている法人課税信託の名称及び法人課税信託の信託された受託営業所の所在地
ル	その他参考となるべき事項

令和　　年分　国外証券移管等調書

国外証券移管者又は受入者	住所（居所）又は所在地			
	氏名又は名称		個人番号又は法人番号	
国外証券移管等区分	1．国外証券移管・2．国外証券受入れ		国外証券移管等年月日	年　月　日
国外証券移管の相手方の氏名又は名称				
国外の金融商品取引業者等の営業所等の名称				
国外証券移管等に係る相手国名				

国外移管等をした有価証券					
種類	銘柄	株数又は口数	額面金額		
			外貨額	外貨名	円換算額
		株（口）			千　円

移管等の原因となる取引又は行為の内容			
（備考）			
金融商品取引業者等	所在地		
	名称	（電話）	法人番号

整理欄	①	②

○「個人番号又は法人番号」欄に個人番号（12桁）を記載する場合には、右詰で記載します。

373

令和　　年　　月分　国外証券移管等調書合計表

処理事項	通信日付印	検収	整理簿登載
	※　・　・	※	※

税務署受付印

令和　年　月　日提出 税務署長 殿	提出者	所在地	電話（　－　－　）	
		法人番号(注)		
		フリガナ 名称		
		フリガナ 代表者氏名印		

整理番号					
調書の提出区分（新規=1、追加=2、訂正=3、無効=4）		提出媒体		本店一括	有・無
作成担当者					
作成税理士署名押印	税理士番号（　） 電話（　－　－　）				

区分	件数	（摘要）
国外証券移管分	件	
国外証券の受入分		
計		

○　提出媒体欄には、コードを記載してください。（電子＝14、FD＝15、MO＝16、CD＝17、DVD＝18、書面＝30、その他＝99）
（注）　平成27年12月分以前の合計表を作成する場合には、「法人番号」欄に何も記載しないでください。

（用紙　日本産業規格　Ａ４）

○平成28年1月1日以後提出用

(2) 国外証券移管等調書の提出方法の特例

国外送金等調書と同様に、国外証券移管等調書の提出期限の属する年の前々年の1月1日から12月31日までの間に提出すべきであった国外証券移管等調書の枚数が1,000を超える金融商品取引業者等は、国外証券移管等調書の提出に代えて、その国外証券移管等調書に記載すべき事項を、電子情報処理組織（e-Tax）を使用して送信する方法又は当該事項を記録した光ディスク、磁気テープ又は磁気ディスク（「光ディスク等」）を提出する方法のいずれかの方法により税務署長に提出しなければならないとされます（送法４の３②、送令９⑤、送規11⑤）。

6　当該職員の質問検査権

国税庁、国税局又は税務署の当該職員は、国外証券移管等調書の提出に関する調査について必要があるときは、その国外証券移管等調書を提出する義務がある者に質問し、その者の国外証券移管等に関する帳簿書類の提示若しくは提出を求めることができることとされます（送法７①）。

また、国税庁、国税局又は税務署の当該職員は、国外証券移管等調書の提出に関する調査について必要があるときは、当該調査において提出された物件を留め置くことができることとされます（送法７③）。

第13章　デジタル課税の導入

第1　概要

いわゆるデジタル課税については、令和３年10月にOECD／G20の「BEPS包摂的枠組み」（約140の国と地域が参加）で２つの柱による解決策について大筋で合意されました。

このうち、第１の柱（ピラー１）はこれまでの物理的拠点（恒久的施設（PE：Permanent Establishment））を置かずに事業を行う企業に対して、市場国（消費地国）でも一定の課税権を認めることを目指しています。

また、第１の柱の多数国間条約の署名に向けて、OECD／G20の「包摂的枠組み」において作業が最終段階を迎えているとのことです。

一方、第２の柱（ピラー２）では、各国の最低税率を15％以上とすることで、税率引き下げ競争に終止符が打たれることになりました。具体的には、OECD／G20の包摂的枠組みでガイダンスを複数回発出することにより、各国の税制改正が共通化できるように配慮されています。以下に述べるように、日本でも令和５年度税制改正において、「各対象会計年度の国際最低課税額に対する法人税」が導入されました。

今後、租税条約上の最低課税ルールの実施のための多数国間協定の策定・署名を目指しているとされています。

第2　第1の柱（ピラー1）

1　「PEなければ課税なし」の一部修正

第1の柱については、従来の国際課税原則である「PEなければ課税なし」を一部修正して、市場国（消費地国）に一定の額（これを「利益A：Amount A（アマウントA）」といいます）の課税権を認める国際的合意事項を多国間条約（Multinational Tax Convention）という形式にまとめることで合意がされています。これまでのところ、多国間条約を本年3月までに策定し、6月に署名式を行うことが計画されていました。ただし、執筆日現在、多国間条約が策定されたという発表はありません。

2　基礎的なマーケティング・販売活動に係る「利益B」

基礎的なマーケティング・販売活動に対する移転価格税制の簡素化・合理化を図る「利益B（Amount B）」について、令和6年2月に報告書が公表されました。主に途上国向けですが、合意間近と言われています。

《第1の柱（市場国への新たな課税権の配分）》

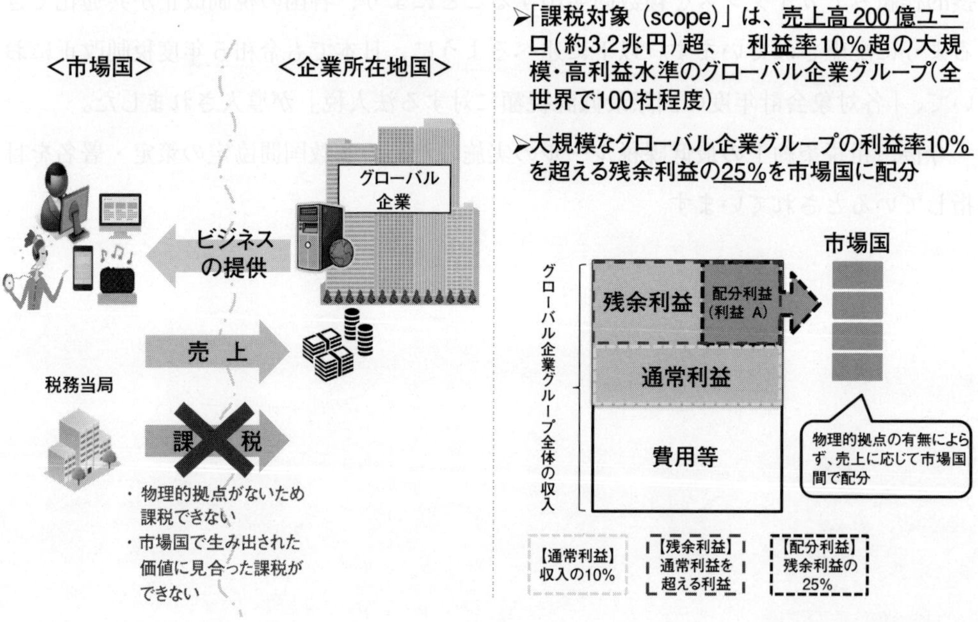

（出典：財務省資料）

第3　第2の柱（ピラー2）

1　各対象会計年度の国際最低課税額に対する法人税の創設

グローバル・ミニマム課税のルールのうち、所得合算ルールに係る法制化として、各対象会計年度の国際最低課税額に対する法人税が創設されました。

この各対象会計年度の国際最低課税額に対する法人税は、グループの全世界での年間総収入金額が7億5,000万ユーロ（約1,200億円）以上の多国籍企業グループを対象にしており、実質ベースの所得除外額を除く所得について国ごとに基準税率15％以上の課税を確保する目的で、子会社等の所在する軽課税国での税負担が基準税率15％に至るまで、日本に所在する親会社等に対して上乗せ（トップアップ）課税を行う制度です。

《図1　グローバル・ミニマム課税の概要》

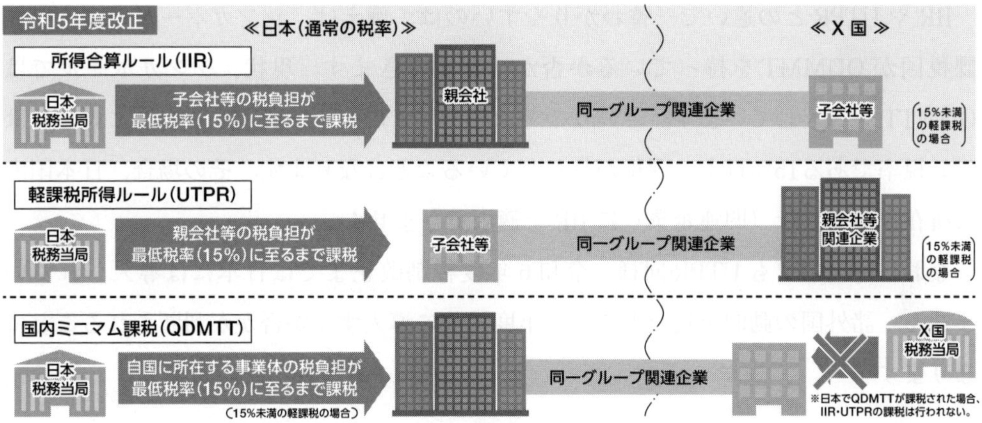

（出典：財務省資料）

以下、所得合算ルール（IIR）、軽課税所得ルール（UTPR）及び国内ミニマム課税（QDMTT）の概要を説明します。

⑴　所得合算ルール（IIR）

所得合算ルール（IIR）とは、日本親会社の外国子会社等について、その外国子会社等の所在する軽課税国での税負担が基準税率の15％に満たない場合（例えば、10％の場合）に、15％に至るまで（この事例の場合は15－10=５％）、日本に所在する親会社等に対して上乗せ（トップアップ）課税を行う制度です。上乗せ税率（トップアップ税率）は５％となります。

日本では、令和５年度税制改正により導入されました。

⑵ 軽課税所得ルール（UTPR）

軽課税所得ルール（UTPR）とは、日本に所在する子会社等に対して、その外国に所在する親会社等の税負担が最低税率（15％）に満たない場合、その日本子会社等に上乗せ税率を課税する制度です。日本では令和６年度税制改正までは導入されておらず、令和７年度以降に導入されるかもしれません。

⑶ 国内ミニマム課税（QDMTT）

国内ミニマム課税（QDMTT）とは、日本国内に所在する同一グループの関連企業等の税負担が15％に満たない場合、最低税率である15％に至るまで課税を行う制度のことです。

IIR や UTPR との違いで一番わかりやすいのは、例えば、シンガポールのような軽課税国が QDMMT を持っているか否かで判断できます。現状、シンガポールでは QDMTT を導入しています。ということは、シンガポールに所在する企業に対しては最低税率である15％以上の課税が行われていることになります。その場合、日本国内に所在する親会社（関連企業）に IIR を適用できません。

なお、QDMTT も UTPR 同様、令和６年度税制改正までは日本には導入されていません。諸外国の動向を見た上で、来年度以降に導入するか否かが判断されることになります。

《図2　各対象会計年度の国際最低課税額に対する法人税のイメージ》

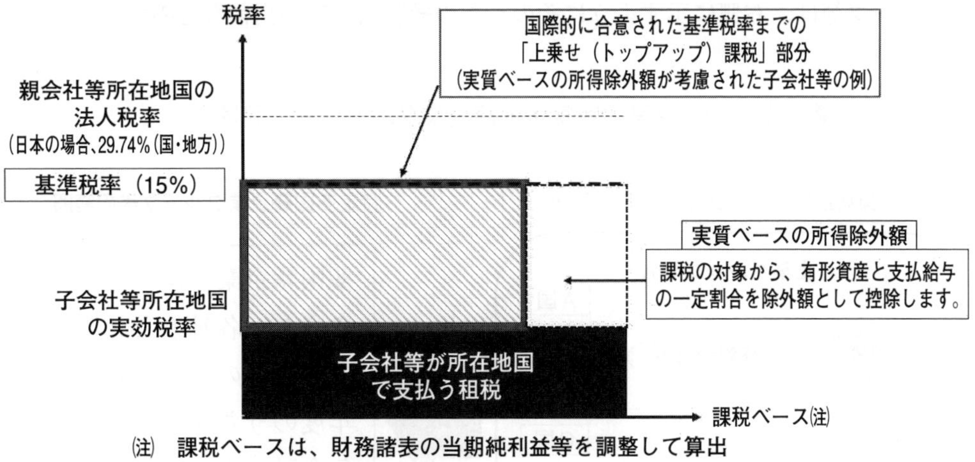

（出典：国税庁資料）

2　基本的内容

⑴　納税者と課税の範囲

特定多国籍企業グループ等に属する内国法人に対して、各対象会計年度の国際最低課税額について、各対象会計年度の国際最低課税額に対する法人税が課されます（法法4①、6の2）。ただし、公共法人についてはその対象とされていません（法法4②）。

⑵　特定多国籍企業グループ等の範囲

特定多国籍企業グループ等とは、多国籍企業グループ等（注1）のうち、各対象会計年度の直前の4対象会計年度のうち2以上の対象会計年度の総収入金額が7億5,000万ユーロ以上であるもの等をいいます（法法82四）。

(注)1　多国籍企業グループ等とは、次のものをいいます（法法82三）。

イ　次の（注2）イの企業グループ等に属する会社等の所在地国（その会社等の恒久的施設等がある場合には、その恒久的施設等の所在地国を含みます。）が2以上ある場合のその企業グループ等その他一定の企業グループ等

ロ　次の（注2）ロの企業グループ等

2　企業グループ等とは、次のものをいいます（法法82二）。

イ　連結等財務諸表に財産及び損益の状況が連結して記載される又は記載されることとなる会社等に係る企業集団のうち、最終親会社に係るもの

ロ　会社等（上記イの企業集団に属する会社等を除きます。）のうち、その会社等の恒久的施設等の所在地国がその会社等の所在地国以外の国又は地域であるもの

まず、以下の図の左側が多国籍企業グループ等のイメージ図であり、特定多国籍企業グループ等は、右側に示すようにそのうちの総収入金額が高額なものです。

《図３　多国籍企業グループ等・特定多国籍企業グループ等の範囲》

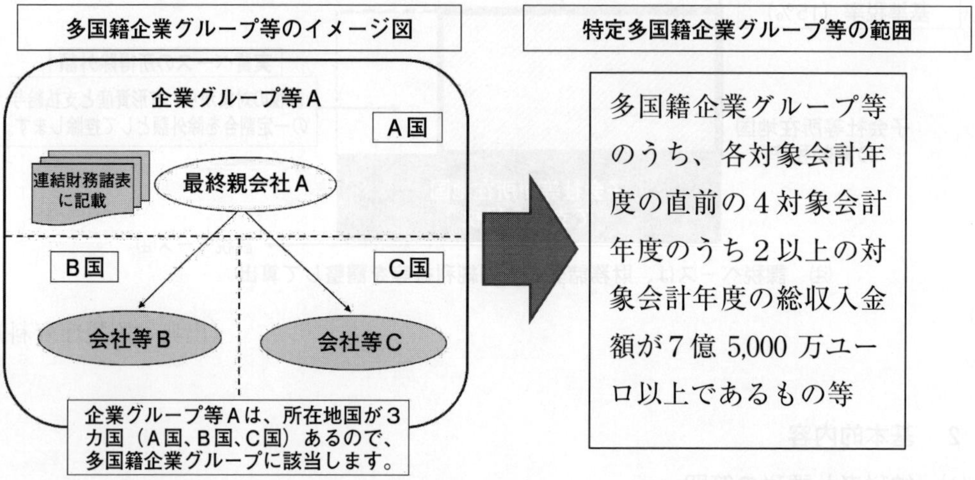

《図４　上記（注１）ロに該当する多国籍企業グループ等のイメージ図》

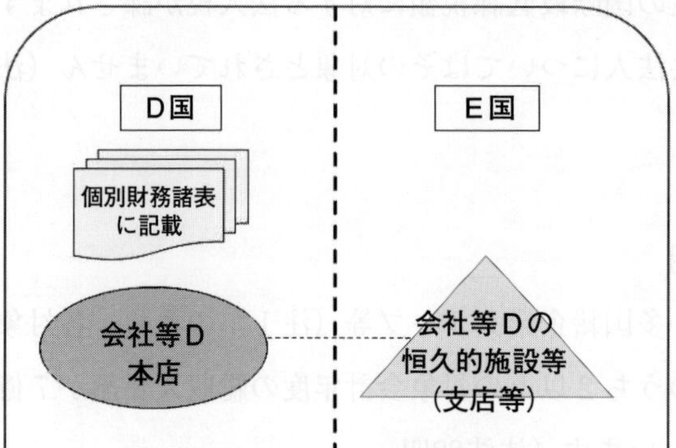

ここでいう「恒久的施設等」とは、会社等の所在地国以外の国又は地域（他方の国）において当該会社等の事業が行われる場合における次の場所をいいます（法法82①六）。
・条約等がある場合、条約等に規定する恒久的施設又はそれに相当する場所
・条約等がない場合、他方の国の租税法において恒久的施設に類する場所等、など。

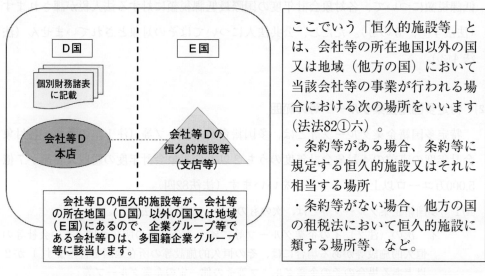

（出典：国税庁資料を一部改訂）

⑶　対象会計年度

対象会計年度とは、多国籍企業グループ等の最終親会社等の連結等財務諸表の作成に係る期間をいいます（法法15の２）。そこで、非常に大雑把に言えば、最終親

会社となる内国法人の多くが3月決算なので、対象会計年度も20XX年4月1日～翌年3月31日となります。

(4) 国際最低課税額の計算

国際最低課税額とは、構成会社等である内国法人が属する特定多国籍企業グループ等のグループ国際最低課税額のうち、その特定多国籍企業グループ等に属する構成会社等（わが国を所在地国とするものを除きます。）又はその特定多国籍企業グループ等に係る共同支配会社等（わが国を所在地国とするものを除きます。）の個別計算所得金額に応じて配賦される会社等別国際最低課税額について、内国法人の所有持分等を勘案して計算した帰属割合を乗じて計算した金額（内国法人が他の構成会社等を通じて間接に有する一定の構成会社等又は共同支配会社等については、その計算した金額からその計算した金額のうち他の構成会社等に帰せられる部分の金額として計算した金額を控除した残額）の合計額をいいます（法法82の2①）。

これを上の多国籍企業グループ等の範囲のイメージ図に基づいて簡単に示すと、次のようになります。

① 上の図3でいう会社等Bと会社等Cが、構成会社等に該当します。

② 会社等Bと会社等Cの個別計算所得金額に応じて配賦された会社等別国際最低課税額を計算します。

③ 内国法人（最終親会社）の会社等Bと会社等Cの所有割合等を勘案して帰属割合を乗じて計算した額をそれぞれ計算し、これを合計します。

(5) グループ国際最低課税額の計算内容

本来は、構成会社等に係るグループ国際最低課税額と共同支配会社等に係るグループ国際最低課税額の合計です（法法82の2①）が、これら2つの計算方法がほとんど同じなので、本稿では構成会社等に係るグループ国際最低課税額のみを説明します。

なお、以下では、構成会社等の状況によって、以下の3つに区分して説明します。

イ	構成会社等の国別実効税率が基準税率（15%）を下回り、かつ、その所在地国に係る国別グループ純所得の金額がある場合
ロ	構成会社等の国別実効税率が基準税率（15%）を上回り、かつ、その所在地国に係る国別グループ純所得の金額がある場合

ハ　国別グループ純所得の金額がない場合

(注)　ここでいう国別実効税率とは、国別グループ純所得の金額を国別調整後対象税額で除して算出した割合を指します（法法82の２②一イ(3)）。

イ　構成会社等の国別実効税率が基準税率（15％）を下回り、かつ、その所在地国に係る国別グループ純所得の金額がある場合（法法82の２②一）

算　式

構成会社等に係るグループ国際最低課税額

＝ ①　当期国別国際最低課税額 ＋ ②　再計算国別国際最低課税額 ＋ ③　未分配所得国際最低課税額 － ④　自国内最低課税額に係る税の額

①　当期国別国際最低課税額

上の図３では、Ｂ国及びＣ国にそれぞれ１社しか構成会社等がありませんでしたが、複数ある場合には、これらをまとめて国別に計算することになります。

まず、当期国別国際最低課税額は、以下のように計算します。

算　式

当期国別国際最低課税額　＝

（ⅰ　国別グループ純所得の金額 － ⅱ　実質ベースの所得除外額）×（ⅲ　基準税率（15％） － ⅳ　国別実効税率）

ⅰ　国別グループ純所得の金額

国別グループ純所得の金額とは、その国又は地域を所在地国とする全ての構成会社等の個別計算所得金額（法法82二十七）の合計額からその国又は地域を所在地国とする全ての構成会社等の個別計算損失金額（法法82二十八）の合計額を差し引いた額をいいます。仮に、図３のようにＢ国に会社等Ｂしかなければ、Ｂ社の純所得の金額を指すことになります。

ⅱ　実質ベースの所得除外額

実質ベースの所得除外額とは、その国又は地域を所在地国とする全ての構成会社等に係る給与等の費用の額×５％に、その国又は地域を所在地国とする全ての構成会社等に係る有形固定資産等の額×５％を加えた金額を指します（法法82の2②一イ(2)）。

なお、令和6年中に開始する対象会計年度においては給与等の費用の額に乗じる割合は9.8%、有形固定資産等の額に乗じる割合は7.8%とし、それぞれ9年間で5%に逓減する経過措置が設けられています（令和5年改正法附則14⑤⑥）。

② 再計算国別国際最低課税額

再計算国別国際最低課税額とは、その対象会計年度開始の日前に開始した各対象会計年度（以下「過去対象会計年度」といいます）の構成会社等の所在地国に係る当期国別国際最低課税額につき再計算を行うことが求められる場合において、当初の当期国別国際最低課税額がその過去対象会計年度終了の日後に生じた一定の事情を勘案して再計算をした当期国別国際最低課税額に満たないときにおけるその満たない金額の合計額をいいます（法法82の2②一ロ）。

③ 未分配所得国際最低課税額

未分配所得国際最低課税額とは、各種投資会社等である構成会社等に係る個別計算所得金額のうち、他の構成会社等に分配されなかった部分に対応する国際最低課税額として計算される一定の金額（法法82の2②一ハ）を指します。そこで、図3でいうB国に所在する会社等Bが事業会社の場合には、これは発生しないことになります。

④ 自国内最低課税額に係る税の額

自国内最低課税額に係る税の額とは、わが国以外の国又は地域の租税に関する法令において、その国又は地域を所在地国とする特定多国籍企業グループ等に属する構成会社等に対して課される税（その国又は地域における国別実効税率に相当する割合が基準税率15%に満たない場合のその満たない部分の割合を基礎として計算される金額を課税標準とするものに限ります。）又はこれに相当する税の額をいいます（法法82三十一）。図3でいうB国が会社等Bに課す税の額がこれに該当し、その税率は15%を下回ることになります。

ロ　構成会社等の国別実効税率が基準税率（15%）を上回り、かつ、その所在地国に係る国別グループ純所得の金額がある場合

算　式

構成会社等に係るグループ国際最低課税額

＝ ② 再計算国別国際最低課税額 ＋ ③ 未分配所得国際最低課税額 － ④ 自国内最低課税額に係る税の額

上の算式を見るとわかるように、構成会社等の国別実効税率が基準税率（15%）を上回る場合には、①当期国別国際最低課税額に該当する金額はないことになります。

ハ　国別グループ純所得の金額がない場合

国別グループ純所得の金額がない場合（つまり、純損失の場合）についても、ロと同じ計算式を適用することとされます（法法82の2②三）。

ただし、その国又は地域を所在地国とする全ての構成会社等の調整後対象租税額の合計額が0を下回る場合、その下回る額から特定国別調整後対象租税額を控除した残額（以下「永久差異調整のための国際最低課税額」といいます）があるときは次のとおり計算することとされています。

算　式

構成会社等に係るグループ国際最低課税額 ＝

② 再計算国別国際最低課税額 ＋ ③ 未分配所得国際最低課税額 ＋ ⑤ 永久再調整のための国際最低課税額 － ④ 自国内最低課税額に係る税の額

(6)　適用免除基準（デミニマス）

特定多国籍企業グループ等に属する構成会社等（各種投資会社等を除きます。）が各対象会計年度において次の要件の全てを満たす場合には、その構成会社等の所在地国における当期国別国際最低課税額は、0とすることを選択できます（法法82の2⑦）。(※)

(イ)　その構成会社等の所在地国におけるその対象会計年度及びその直前の2対象会計年度に係るその特定多国籍企業グループ等の収入金額の平均額として一定の計算をした金額が1,000万ユーロに満たないこと

(ロ)　その構成会社等の所在地国におけるその対象会計年度及びその直前の2対象会計年度に係るその特定多国籍企業グループ等の利益又は損失の額の平均額として一定の計算をした金額が100万ユーロに満たないこと

なお、共同支配会社等に係る適用免除基準（デミニマス）についても、基本的に同様です（法法82の2⑬）。

（※）　無国籍会社等である構成会社等及び共同支配会社等については、この適用免除基準は適用されません。

⑺　適用免除基準（国別報告事項セーフハーバー）

グローバル・ミニマム課税の導入に伴う企業の事務負担に配慮することを目的として、令和6年4月1日から令和8年12月31日までの間に開始する各対象会計年度（令和10年6月30日までに終了するものに限ります。）については、その各対象会計年度に係る国別報告事項（租税特別措置法第66条の4の4第1項に規定する国別報告事項をいい、連結等財務諸表を基礎として作成されたものに限ります。）又はこれに相当するもの（以下「国別報告事項等」といいます。）における記載内容に基づき、次のいずれかの要件を満たす構成会社等（無国籍構成会社等その他一定のものを除きます。）の所在地国における上記ロ⑴から⑶までにより計算される構成会社等に係るグループ国際最低課税額の金額を0とすることを選択できます（令和5年改正法附則14①②）。

⑴　デミニマス要件（次の要件を全て満たすこと）（令和5年改正法附則14①一）

A　国別報告事項等に記載されるその構成会社等の所在地国に係る収入金額に一定の調整を加えた金額が1,000万ユーロ未満であること

B　国別報告事項等に記載されるその構成会社等の所在地国に係る税引前当期利益の額に一定の調整を加えた金額（以下「調整後税引前当期利益の額」といいます）が100万ユーロ未満であること

⑵　簡素な実効税率要件（令和5年改正法附則14①二）

⑶　通常利益要件（令和5年改正法附則14①三）

⑻　課税標準

各対象会計年度の国際最低課税額に対する法人税の課税標準は、各対象会計年度の課税標準国際最低課税額です。各対象会計年度の課税標準国際最低課税額は、上記⑷の国際最低課税額です（法法82の4）。

⑼　税額の計算

各対象会計年度の国際最低課税額に対する法人税の額は、各対象会計年度の課税

標準国際最低課税額に100分の90.7の税率を乗じて計算した金額です（法法82の５）。

⑽　申告及び納付

①　特定多国籍企業グループ等に属する内国法人は、その対象会計年度の課税標準国際最低課税額がない場合を除き、各対象会計年度終了の日の翌日から１年３月以内に、税務署長に対し、その対象会計年度の課税標準国際最低課税額、各対象会計年度の国際最低課税額に対する法人税の額等の事項を記載した申告書（国際最低課税額確定申告書）を提出することとされています（法法２三十一の二、82の６①）。

なお、特定多国籍企業グループ等に属する内国法人が、対象会計年度について、国際最低課税額確定申告書を最初に提出すべき場合（一定の場合に限ります。）には、その対象会計年度終了の日の翌日から１年６月以内に国際最低課税額確定申告書を提出することとされています（法法82の６②）。

②　対象会計年度開始の時における資本金の額又は出資金の額が１億円を超える法人等の特定法人に該当する内国法人は、各事業年度の所得に対する法人税の申告と同様に電子情報処理組織（以下「e-Tax」といいます。）を使用する方法で申告することとされています（法法82の７）。

また、各事業年度の所得に対する法人税と同様に、e-Taxによる申告が困難である場合の特例が設けられています（法法82の８）。

③　上記①の申告書を提出した内国法人は、その申告書の提出期限までに、各対象会計年度の国際最低課税額に対する法人税を国に納付することとされています（法法82の９）。

3　応用的内容

⑴　特定構成会社等がある場合における構成会社等に係るグループ国際最低課税額

その所在地国に特定構成会社等（次の⑷から⑹までのものをいいます。）がある場合における構成会社等に係るグループ国際最低課税額の金額は、特定構成会社等とそれ以外の構成会社等とに区分して、それぞれの特定構成会社等㈱ごとに計算することとされています（法法82の２③）。

⑷　被少数保有構成会社等（次の⑸及び⑹を除きます。）

⑸　被少数保有親構成会社等（次の⑹を除きます。）又は被少数保有子構成会社等（次の⑹を除きます。）

(ハ)　各種投資会社等

(注)　その所在地国に特定構成会社等（上記(ロ)に限ります。）のみで構成される企業集団がある場合にはその企業集団に属する他の特定構成会社等を含むものとし、その所在地国に特定構成会社等（上記(ハ)に限ります。）以外の他の特定構成会社等（上記(ハ)に限ります。）がある場合にはその他の特定構成会社等を含みます。

(注)１　被少数保有構成会社等とは、構成会社等のうち、最終親会社等が直接又は間接に有する所有持分に係る権利に基づき受けることができる金額の合計額がその構成会社等に対する所有持分に係る権利に基づき受けることができる金額の総額のうちに占める割合として、一定の計算をした割合が30％以下であるものをいいます（法法82十九）。

２　被少数保有親構成会社等とは、他の被少数保有構成会社等の支配持分を直接又は間接に有する被少数保有構成会社等で、他の被少数保有構成会社等がその支配持分を直接又は間接に有しないものをいいます（法法82二十）。

３　被少数保有子構成会社等とは、被少数保有親構成会社等がその支配持分を直接又は間接に有する被少数保有構成会社等をいいます（法法82二十一）。

《図５　特定構成会社等がある場合のイメージ(注)》

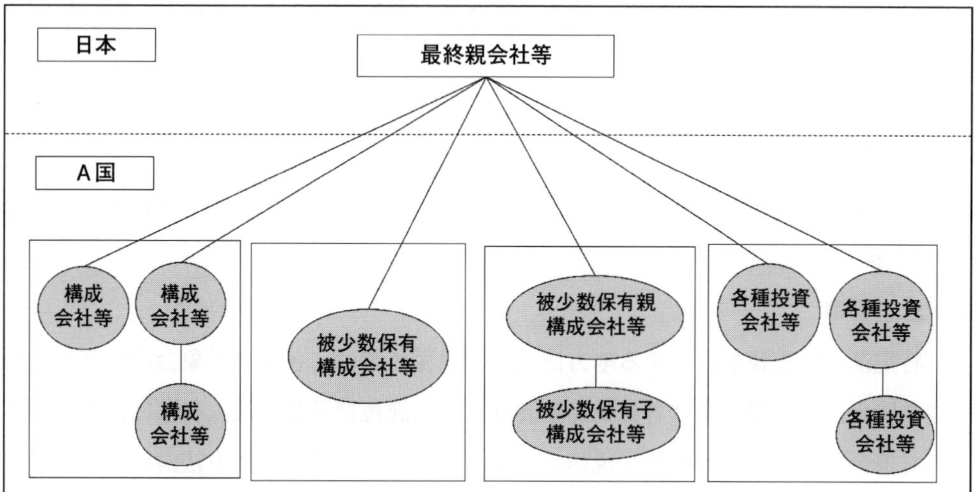

(注)　構成会社等に係るグループ国際最低課税額の計算は、同一の国又は地域ごとに計算するのが原則ですが、特定構成会社等がある場合については、上記のように、更にそれぞれのサブグループに分けて計算します。

(2)　構成会社等が無国籍構成会社等である場合における構成会社等に係るグループ国際最低課税額

構成会社等が無国籍構成会社等である場合における構成会社等に係るグループ国際最低課税額の計算については、その無国籍構成会社等ごとに計算する点や実質ベースの所得除外額の控除が認められない点等を除き、基本的には上記(1)と同様の計算をすることとされています（法法82の２②四〜六）。

4　適用関係

上記の改正は、内国法人の令和６年４月１日以後に開始する対象会計年度の国際最低課税額に対する法人税について適用されています（令和５年改正法附則11）。

5　特定基準法人税額に対する地方法人税の創設

⑴　納税義務者・課税の対象

各対象会計年度の国際最低課税額に対する法人税の対象となっている特定多国籍企業グループ等に属する内国法人は、特定基準法人税額に対する地方法人税の対象になります（地方法４、５②）。

⑵　特定基準法人税額

特定基準法人税額とは、国際最低課税額確定申告書を提出すべき内国法人の各対象会計年度の国際最低課税額に対する法人税の額をいいます。ただし、附帯税の額は除かれます（地方法６②）。

⑶　課税対象会計年度

課税対象会計年度とは、内国法人の各対象年会計年度をいいます（地方法７②）。

⑷　課税標準

特定基準法人税額に対する地方法人税の課税標準は、各課税対象会計年度の課税標準特定法人税額です。各課税対象会計年度の課税標準特定法人税額は、上記⑵の各対象会計年度の国際最低課税額に対する法人税の額です（地方法24の２）。

⑸　税額の計算

特定基準法人税額に対する地方法人税の額は、各課税対象会計年度の課税標準特定法人税額に907分の93の税率を乗じて計算した金額です（地方法24の３）。

⑹　その他

申告及び納付、適用関係については、国際最低課税額に対する法人税と同様です。

6　情報申告制度の創設

⑴　概要

各対象会計年度の国際最低課税額に対する法人税及び地方法人税の制度の対象となる特定多国籍企業グループ等に属する構成会社等の名称、国別実効税率、グループ国際最低課税額等の事項を税務当局に提供する制度として、情報申告制度が創設されました（法法150の３）。

⑵　制度の基本的な内容

イ　特定多国籍企業グループ等報告事項等の提供

特定多国籍企業グループ等報告事項等とは、特定多国籍企業グループ等に属する構成会社等の名称、その構成会社等の所在地国ごとの国別実効税率、その特定多国籍企業グループ等のグループ国際最低課税額、特定の規定の適用を受けようとする旨及び特定の規定の適用を受けることをやめようとする旨等の事項をいいます（法法150の３①一～三）。

特定多国籍企業グループ等に属する構成会社等である内国法人は、その特定多国籍企業グループ等の特定多国籍企業グループ等報告事項等を各対象会計年度終了の日の翌日から１年３月以内に、e-Taxを使用する方法で、所轄税務署長に提供することとされています（法法150の３①）。

なお、特定多国籍企業グループ等に属する構成会社等である内国法人が最初に特定多国籍企業グループ等報告事項等を提供しなければならないこととされる場合（一定の場合に限ります。）には、その対象会計年度終了の日の翌日から１年６月以内に提供することとされています（法法150の３⑥）。

ロ　特定多国籍企業グループ等報告事項等の提供義務者が複数ある場合の特例

特定多国籍企業グループ等報告事項等の提供義務のある内国法人が複数ある場合において、これらの内国法人のいずれか一の法人がこれらの法人を代表して特定多国籍企業グループ等報告事項等を提供する法人に関する情報を所轄税務署長に提供したときは、その代表して提供することとされた法人以外の法人は、特定多国籍企業グループ等報告事項等の提供をする必要はありません（法法150の３②）。

これらを図に示すと、以下の図６のようになります。

《図 6　特定多国籍企業グループ等報告事項等の提供義務者が複数ある場合の特例》

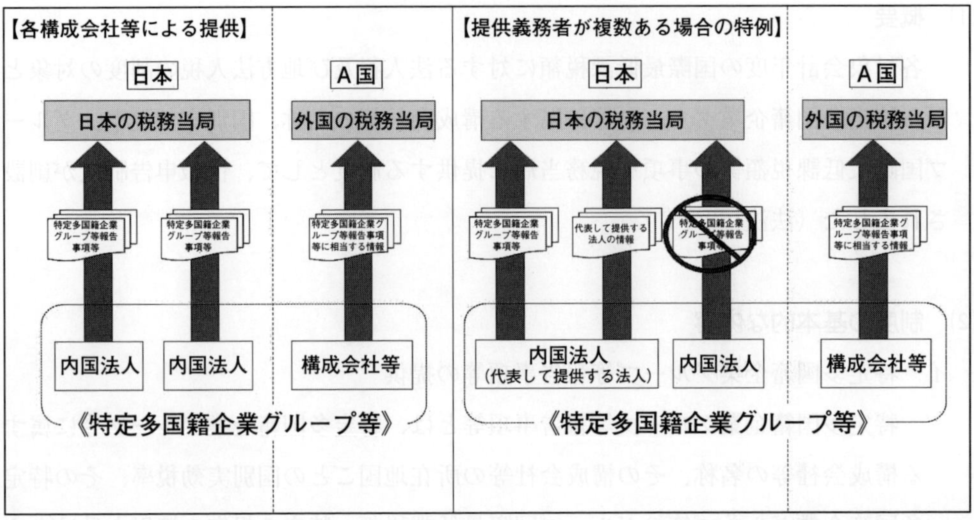

（出典：国税庁資料）

⑶　提供義務の免除

イ　提供義務の免除の概要

特定多国籍企業グループ等の最終親会社等（指定提供会社等（注）を指定した場合には指定提供会社等）の所在地国の税務当局が特定多国籍企業グループ等報告事項等に相当する情報の提供をわが国に対して行うことができると認められる一定の場合には、上記⑵イの内国法人の提供義務が免除されます（法法150の３③）。

㈲　指定提供会社等とは、特定多国籍企業グループ等の最終親会社等以外のいずれか一の構成会社等で、特定多国籍企業グループ等報告事項等に相当する事項をその構成会社等の所在地国の税務当局に提供するものとして最終親会社等が指定したものをいいます。

《図7　内国法人の提供義務の免除》

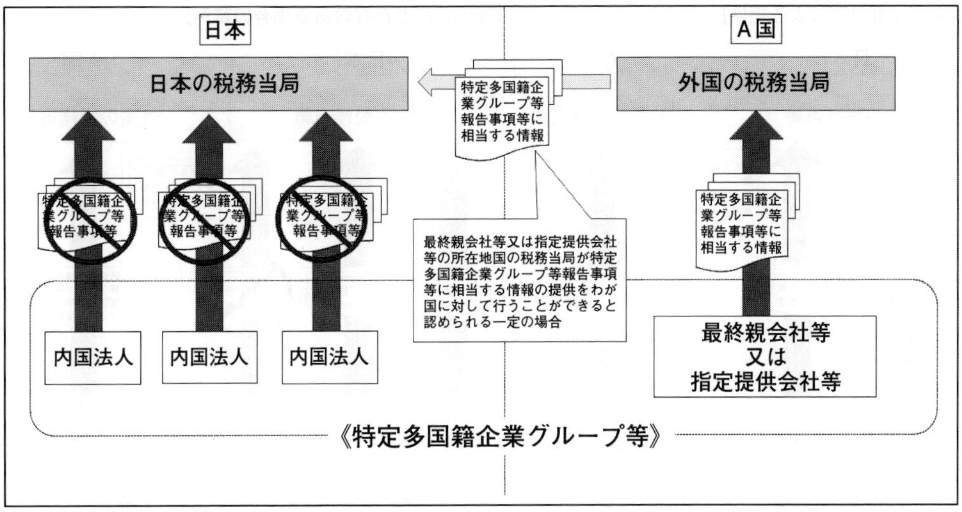

（出典：国税庁資料）

ロ　最終親会社等届出事項の提供

上記イで提供義務が免除された内国法人は、最終親会社等届出事項（注）を、各対象会計年度終了の日の翌日から１年３月以内に、e-Taxを使用する方法で所轄税務署長に提供することとされています（法法150の３④）。

なお、上記⑵イと同様に一定の場合には、対象会計年度終了の日の翌日から１年６月以内に提供することとされています（法法150の３⑥）。

㈱　最終親会社等届出事項とは、最終親会社等に関する一定の事項をいいます。なお、指定提供会社等を指定した場合には、指定提供会社等に関する一定の事項をいいます。

ハ　最終親会社等届出事項の提供義務者が複数ある場合の特例

最終親会社等届出事項の提供義務のある内国法人が複数ある場合において、これらの内国法人のうちいずれか一の法人が、これらの法人を代表して最終親会社等届出事項を提供する法人に関する情報を所轄税務署長に提供したときは、その代表して提供することとされた法人以外の法人は、最終親会社等届出事項を提供する必要はありません（法法150の３⑤）。

《図８　最終親会社等届出事項の提供義務者が複数ある場合の特例》

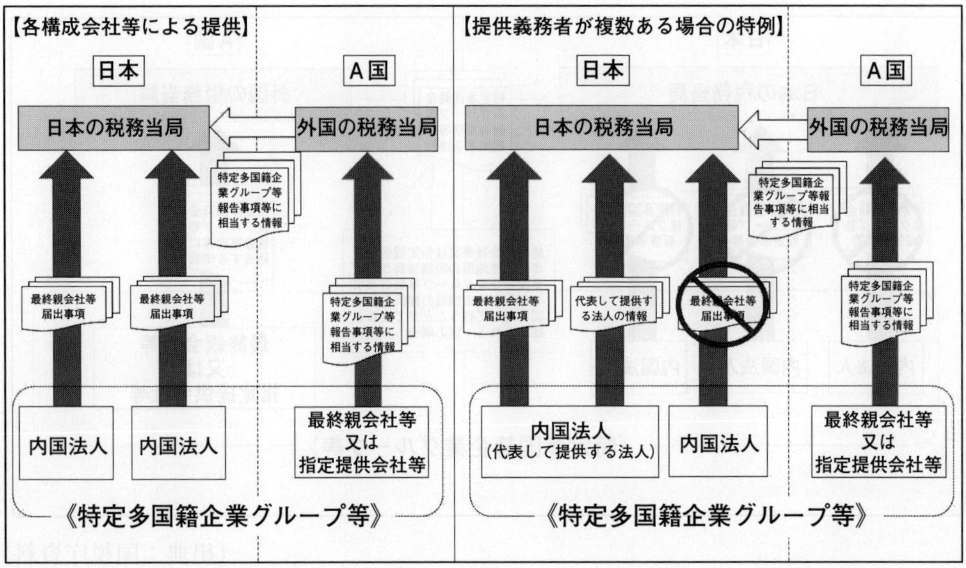

（出典：国税庁資料）

(4)　適用関係

上記の改正は、内国法人の令和６年４月１日以後に開始する対象会計年度に係る特定多国籍企業グループ等報告事項等について適用されています（令和５年改正法附則16①）。

第14章　新しい国際課税問題

第1　令和6年度税制改正

1　各対象会計年度の国際最低課税額に対する法人税等の見直し

各対象会計年度の国際最低課税額に対する法人税等について、次の見直しが行われました。

⑴　構成会社等がその所在地国において一定の要件を満たす自国内最低課税額に係る税を課することとされている場合には、その所在地国に係るグループ国際最低課税額を零とする適用免除基準が設けられました（法法82の2⑥）。これについては、適格国内ミニマム課税（QDMTT）が導入されている国に日本子会社等が所在する場合、所得合算ルール（IIR）が適用されなくなることを意味します。

⑵　無国籍構成会社等が自国内最低課税額に係る税を課されている場合には、グループ国際最低課税額の計算においてその税の額が控除されました（法法82の2②四～六、④四～六）。

⑶　個別計算所得等の金額から除外される一定の所有持分の時価評価損益等について、特定多国籍企業グループ等に係る国又は地域単位の選択により、個別計算所得等の金額に含められました（法令155の24の2）。

⑷　導管会社等に対する所有持分を有することにより適用を受けることができる税額控除の額（一定の要件を満たすものに限ります）について、特定多国籍企業グループ等に係る国又は地域単位の選択により、調整後対象租税額が加算されました（法令155の35⑦）。

⑸　特定多国籍企業グループ等報告事項等の提供制度について、特定多国籍企業グループ等報告事項等を、提供義務者の区分（親会社、子会社など）に応じて必要な事項等に見直されました（法法150の3①）。

この報告事項等の提供制度とは、特定多国籍企業グループ等に属する構成会社等である内国法人が、その特定多国籍企業グループ等に属する構成会社等の名称、その構成会社等の所在地国ごとの国別実効税率、その特定多国籍企業グループ等のグループ国際最低課税額その他必要な事項を、各対象会計年度終了の日の翌日から原則として1年3月以内に、e-Tax により、納税地の所轄税務署長に提供するものです。

(6)　外国税額控除について、次の見直しが行われました。

イ　次に掲げる外国における税について、外国税額控除の対象から除外されました（法令141③四、五）。

①　各対象会計年度の国際最低課税額に対する法人税に相当する税

②　外国を所在地国とする特定多国籍企業グループ等に属する構成会社等に対して課される税（グループ国際最低課税額に相当する金額のうち各対象会計年度の国際最低課税額に対する法人税に相当する税の課税標準とされる金額以外の金額を基礎として計算される金額を課税標準とするものに限られます）又はこれに相当する税

ロ　自国内最低課税額に係る税について、外国税額控除の対象とされました（法令141②五）。

(7)　その他所要の措置が講じられました。

(8)　適用時期

イ　上記(1)から(2)の改正事項は、内国法人の新法人税法施行日以後に開始する対象会計年度の法人税法第82条の2第1項に規定する法人税について適用されます（改正法附則1、10）。

ロ　上記(5)の改正事項は、新法人税法の施行日以後に開始する対象会計年度に係る法人税法第150条第1項に規定する特定多国籍企業グループ等報告事項等に適用されます（改正法附則1、11）。

ハ　上記(3)、(4)、(6)、(7)の改正事項は改正政令附則において定められます。

2　外国子会社合算税制の見直し

(1)　外国子会社合算税制におけるペーパー・カンパニー特例に係る収入割合要件（その事業年度の収入金額の合計額のうちに占める特定子会社から受ける剰余金の配当等その他一定の収入の額の合計額の割合が95%を超えていること）について、外国関係会社の事業年度に係る収入等がない場合には、その事業年度における収入割合要件の判定が不要とされます（法令39の14の3⑥⑧⑨）。

(2)　居住者に係る外国子会社合算税制及び特殊関係株主等である内国法人に係る外国関係法人に係る所得の課税の特例等の関連制度につき、上記(1)と同様の見直しが行われます。

⑶　適用時期

上記の⑴は、令和６年４月１日以降開始事業年度より適用されています。一方、⑵の居住者に係る本税制の改正は、令和７年分以後に適用されます。

３　非居住者に係る暗号資産等取引情報の自動的交換のための報告制度の整備等

令和４年８月に、経済協力開発機構（OECD）において、暗号資産報告枠組み（CARF：Crypto-Asset Reporting Framework）制度の創設について合意されました。その後、同年11月10日、日本を含む48か国は、「暗号資産等報告枠組みの実施に向けた共同声明」を公表し、令和９年までに税務当局間において情報交換することとされました。

平成30年より、日本でも共通報告基準（通称：CRS）の枠組みで非居住者に係る金融口座情報の自動的情報交換が機能していますが、暗号資産についても同じように国際間で情報共有されるということです。これにより、適正かつ公平な課税の実現を図ることが国際的に合意されたことになります。

このような状況下、令和６年度税制改正において、暗号資産取引を行う者は、一定の情報を暗号資産交換業者等に対して提出することが義務付けられることになりました。

⑴　令和８年１月１日以後に報告暗号資産交換業者等との間でその営業所等を通じて暗号資産等取引を行う者は、当該暗号資産等取引を行う際（令和７年12月31日において報告暗号資産交換業者等との間でその営業所等を通じて暗号資産等取引を行っている者にあっては、令和８年12月31日まで）に、その者（その者が特定法人である場合には、当該特定法人及びその実質的支配者等。以下、「特定対象者」といいます）の氏名又は名称、住所又は本店等の所在地、居住地国、居住地国が外国の場合にあっては当該居住地国における納税者番号その他必要な事項を記載した届出書を、当該報告暗号資産交換業者等の営業所等の長に提出しなければなりません（実特法10の９①）。

㈲１　上記の「報告暗号資産交換業者等」とは、暗号資産交換業者、電子決済手段等取引業者（電子決済手段を発行する者を含みます）及び金融商品取引業者のうち一定のものをいいます。

２　上記の「暗号資産等取引」とは、暗号資産等（暗号資産、資金決済に関する法律第２条第５項第４号に掲げる電子決済手段又は一定の電子記録移転有価証券表示権利等をいいます。３において同じです）の売買、暗号資産等と他の暗号資産等との交換若しくはこれらの行為の媒介等又は暗号資産等の移転若しくは受入れに係る契約の締結をいいます。

3　届出書に記載すべき事項は、電磁的方法による提供も可能とされます（下記(2)の異動届出書についても同様です）。

4　報告暗号資産交換業者等の営業所等の長は、届出書に記載されている事項を確認しなければなりません（下記(2)の異動届出書についても同様です）。

(2)　上記(1)の届出書を提出した者は、居住地国等について異動を生じた場合には、異動後の居住地国その他必要な事項を記載した届出書（以下、「異動届出書」といいます）を、異動を生じた日等から３月を経過する日までに、報告暗号資産交換業者等の営業所等の長に提出しなければなりません。当該異動届出書の提出をした後、再び異動を生じた場合についても、同様とされます（実特法10の９②）。

(3)　報告暗号資産交換業者等は、上記(1)の届出書又は異動届出書（以下、「届出書等」といいます）に記載された事項のうち居住地国等と異なることを示す一定の情報を取得した場合には、その取得の日から３月を経過する日までに、当該届出書等を提出した者に対し異動届出書の提出の要求をし、その提出がなかったときは、当該情報に基づき住所等所在地国と認められる国又は地域の特定をしなければなりません。当該要求又は特定後に再びそのような情報を取得した場合についても、同様とされます（実特法10の９④）。

(4)　報告暗号資産交換業者等は、その年の12月31日において、当該報告暗号資産交換業者等の営業所等を通じて暗号資産等取引を行った者（外国金融商品取引所において上場されている法人等を除きます）が報告対象契約を締結している場合には、特定対象者の氏名又は名称、住所又は本店等の所在地、居住地国等及び居住地国等が外国の場合にあっては当該居住地国等における納税者番号、暗号資産等の売買等に係る暗号資産等の種類ごとに、暗号資産等の名称並びに暗号資産等の売買の対価の額の合計額、総数量及び件数その他必要な事項（以下、「報告事項」といいます）を、その年の翌年４月30日までに、電子情報処理組織を使用する方法（e-Tax）又は光ディスク等の記録用の媒体を提出する方法により、当該報告暗号資産交換業者等の本店等の所在地の所轄税務署長に提供しなければなりません（実特法10の10①）。

(注)　上記の「報告対象契約」とは、暗号資産等取引に係る契約のうち次に掲げる者のいずれかが締結しているものをいいます。

イ　租税条約等の相手国等のうち一定の国又は地域（ロにおいて「報告対象国」といいます）を居住地国等とする者（ロにおいて「報告対象者」といいます）

ロ　報告対象国以外の国又は地域を居住地国等とする特定法人で、その実質的支配者が報告対象者であるもの

⑸　報告暗号資産交換業者等は、特定対象者の居住地国等に関する事項その他必要な事項に関する記録を作成し、保存しなければならないとされます（実特法10の12①）。

⑹　届出書等の不提出若しくは虚偽記載又は報告事項の不提供若しくは虚偽記載等に対する罰則を設けるほか、報告制度の実効性を確保するための所要の措置が講じられます（実特法13④五）。

⑺　外国居住者等に係る暗号資産等取引情報の自動的な提供のための報告制度が整備されます。

⑻　その他所要の措置が講じられます。

なお、本改正は、下記３に示すように、令和８年１月１日より施行されることとなります。国によって税制改正の時期が異なるものの、令和９年頃には、従来のCRSによる金融口座情報と同じように各国からの情報が国税当局にもたらされることになると考えられます。具体的には、下のイメージ図のとおりです。

⑼　上記の改正は、令和８年１月１日から施行されます（改正法附則１六ロ）。

《非居住者に係る暗号資産等取引情報の自動的交換のための報告制度（イメージ図）》

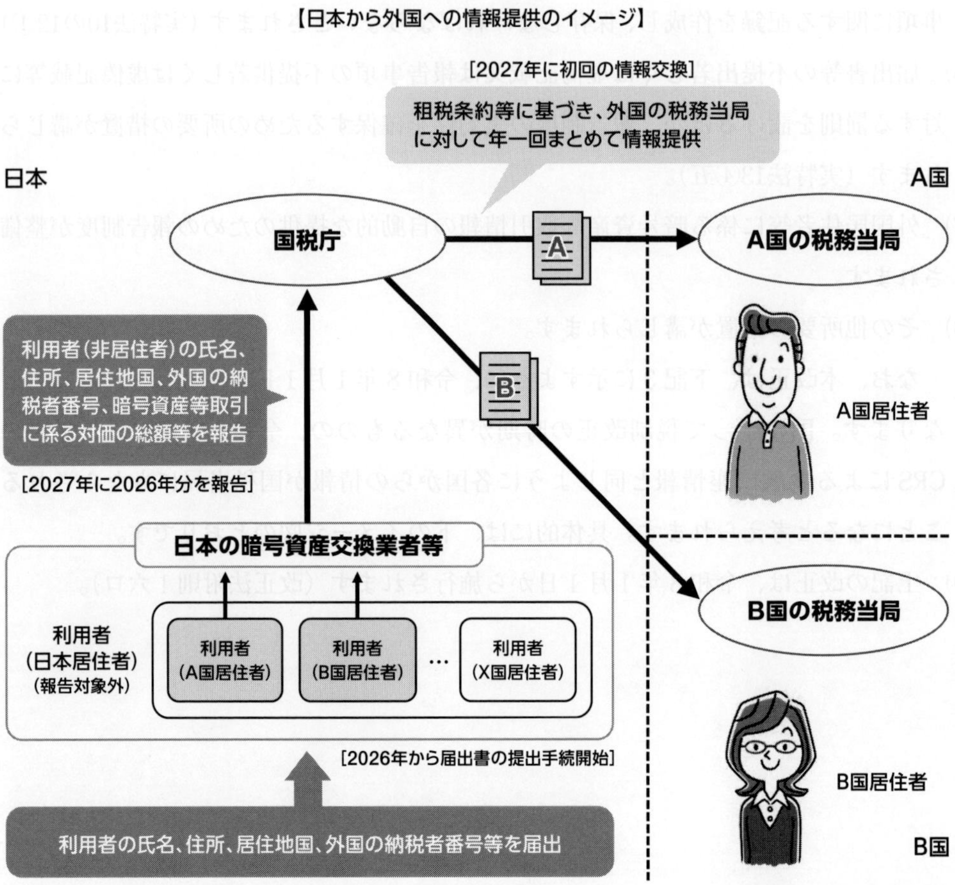

（出典：財務省資料）

4　非居住者に係る金融口座情報の自動的交換のための報告制度等の見直し

平成27年度税制改正において、金融機関等が非居住者に係る金融口座情報を税務当局に報告し、これを各国の税務当局間で互いに提供するという「共通報告基準（CRS）」に従って、国内法が整備されました。日本では、平成30年より、CRSを活用した金融口座情報の自動的情報交換が行われていますが、次のように改正されました。

⑴　報告金融機関等について、次の見直しが行われます。

イ　報告金融機関等の範囲に、電子決済手段等取引業者及び特定電子決済手段等を発行する者が加えられます。

㈱　上記の「特定電子決済手段等」とは、次に掲げるものをいいます。

①　資金決済に関する法律第２条第５項第１号から第３号までに掲げる電子決済手段

② 物品等の購入等の代価の弁済のために使用することができる財産的価値（一定の通貨建資産に限るものとし、電子決済手段、有価証券及び前払式支払手段等を除きます）であって、電子情報処理組織を用いて移転することができるもの

ロ　報告金融機関等に係る収入割合要件について、投資法人等に係る収入割合の計算の基礎となる有価証券等に対する投資に係る収入金額の範囲に暗号資産等に対する投資に係る収入金額を加えるほか、所要の措置が講じられます。

⑵　特定取引の範囲に、次に掲げる取引が加えられます。

イ　特定電子決済手段等（上記⑴イ注①に掲げるものに限ります）の管理に係る契約の締結

ロ　特定電子決済手段等（上記⑴イ注②に掲げるものに限ります）の発行による為替取引に係る契約の締結

㈱１　特定取引から除外される取引の範囲に、報告金融機関等との間でその営業所等を通じて上記イ及びロに掲げる取引を行う者の有する当該取引に係る特定電子決済手段等のうち、その合計額の90日移動平均値が100万円を超えることがないと認められる一定の要件を満たすものである場合における当該取引を加えます。

２　報告金融機関等は、当該報告金融機関等の営業所等を通じて上記イ及びロの特定取引を行った者の有する当該特定取引に係る特定電子決済手段等の合計額の90日移動平均値が、その年中のいずれの日においても100万円を超えなかった場合には、当該特定取引に係る契約に関する報告事項については、当該報告金融機関等の本店等の所在地の所轄税務署長に提供することを要しません。

ハ　暗号資産、電子決済手段又は電子記録移転有価証券表示権利等の預託に係る契約の締結

㈱　報告金融機関等は、令和７年12月31日以前に当該報告金融機関等との間でその営業所等を通じて上記イからハまでの特定取引を行った者で同日において当該特定取引に係る契約を締結しているものに係る特定対象者につき、既存特定取引に係る特定手続と同様の手続を実施しなければなりません。

⑶　社債、株式等の振替に関する法律の改正に伴い、特定取引から除外される取引の範囲に、振替特別法人出資に係る特別口座の開設に係る契約の締結が加えられます。

⑷　特定法人から除外される法人に係る収入割合要件について、法人に係る収入割合の計算の基礎となる投資関連所得の範囲に暗号資産等（暗号資産等デリバティブ取引を含みます）に係る所得を加えるほか、所要の措置が講じられます。

⑸　我が国及び租税条約の相手国等の双方の居住者に該当する者について、当該租税条約上の双方居住者の振分けルールにかかわらず、我が国及び当該相手国等の双方を居住地国として取り扱われます（実特法６）。

⑹　新規特定取引等に係る特定手続について、次の見直しが行われます。

イ　報告金融機関等は、令和８年１月１日以後に当該報告金融機関等との間でその営業所等を通じて特定取引を行う者が届出書を提出しなかった場合には、特定対象者につき、既存特定取引に係る特定手続と同様の手続を実施しなければなりません。

ロ　報告金融機関等は、特定対象者に関する事項の変更等があることを知った一定の場合には、当該特定対象者の一定の情報を取得するための措置を講じなければならないこととされます。

(7)　報告金融機関等による報告事項の提供について、次の見直しが行われます。

イ　報告対象外となる者の範囲に、外国金融商品取引所において上場されている法人等と一定の関係がある組合等が加えられます。

ロ　報告事項の範囲に、次に掲げる事項が加えられます。

①　特定取引を行う者の署名等がなされたものであることその他の一定の要件の全てを満たす新規届出書等が提出されているか否かの別

②　特定取引に係る契約が報告金融機関等と複数の者との間で締結されているものであるか否かの別等

③　特定法人とその実質的支配者との関係

④　特定取引に係る契約を締結している者と当該特定取引に係る報告金融機関等（一定の組合契約に係る組合等に係るものに限ります）との関係

⑤　特定取引の種類

⑥　新規特定取引又は既存特定取引の別

(8)　その他所要の措置が講じられます。

なお、本改正について、以下のCRSのイメージ図にある「日本の金融機関」を「電子決済手段等取引業者及び特定電子決済手段等を発行する者」と置き換えるとわかりやすいと思われます。

本制度は、令和８年１月１日から施行されます（改正法附則１六ロ）。

《非居住者に係る金融口座情報の自動的交換のための報告制度（イメージ）》

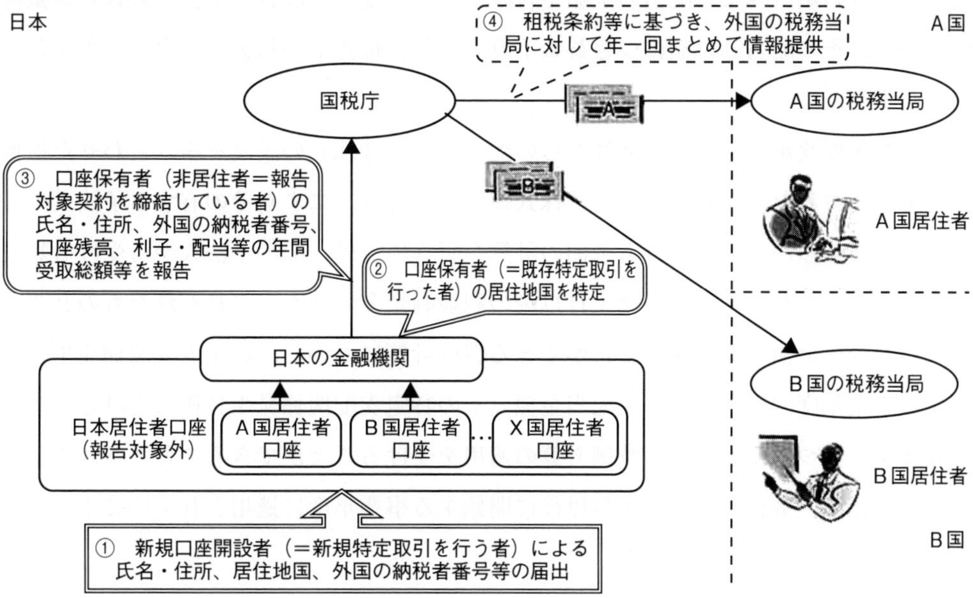

（財務省資料を一部改変）

5　過大支払利子税制の見直し

対象純支払利子等に係る課税の特例（「過大支払利子税制」）の適用により損金不算入とされた金額（「超過利子額」）の損金算入制度について、急激に金利環境が変化したことによる本税制における影響を緩和するため、令和4年4月1日から令和7年3月31日までの間に開始した事業年度に係る超過利子額の繰越期間を10年（原則：7年）に延長することとされます（措法66の5の3④）。

この改正は、令和6年4月1日以後に開始する事業年度に適用されています（改正法附則1）。

6　子会社株式簿価減額特例の見直し

従前より、親法人が子法人の株式等を取得した後、その取得前に子法人が蓄積した留保利益相当部分を配当として非課税で受けるとともに、その配当により時価が下落した子法人の株式等を譲渡することにより、経済実態を伴わない税務上の損失を創出させることが可能であることが問題視されていました。

令和2年度税制改正において、このような経済実態を伴わない税務上の損失の計上を防止するために、いわゆる子会社株式簿価減額特例（以下「本特例」といいます）

が創設されました。具体的には、親会社が一定の支配関係にある外国子会社等から一定の配当等の額（みなし配当の金額を含みます）を受ける場合、子会社の株式の帳簿価額から、その配当等の額につき益金不算入とし、税務上の損失の計上を防止することとしました。

令和６年度改正により、子会社からの配当と子会社株式の譲渡を組み合わせた租税回避を防止するための措置（子会社株式簿価減額特例）によりその有する子法人の株式等の帳簿価額から引き下げる金額の計算を行う場合に、その子法人から受ける対象配当金額のうち特定支配関係発生日以後の利益剰余金の額から支払われたものと認められる部分の金額を除外することができる特例計算について、特定支配関係発生日の属する事業年度内に受けた対象配当金額（その特定支配関係発生日後に受けるものに限ります）についても、その特例計算の適用を受けることができることとされました。

この改正は、令和６年４月１日以後に開始する事業年度に適用されています。

第２　徴収共助・国際的徴収回避行為への対応

１　概要

税務行政執行共助条約（平成23年11月署名、平成25年10月発効）（第４章第７「税務行政執行共助条約」を参照）を踏まえ、徴収共助、送達共助等に関する規定についての国内担保法を整備する観点から、租税条約実施特例法等において次の６までの措置が講じられました。

その後、令和３年度税制改正により、８の措置が適用されています。

２　趣旨

税務行政執行共助条約は、わが国にとって租税に関する初めての多国間条約です。同条約の目的は、締約国間で租税に関する様々な行政支援（情報交換、徴収共助、送達共助など）を相互に行うことを通じ、国際的な脱税及び租税回避行為に適切に対処していくことにあります。

情報交換	締約国間において、租税に関する情報を相互に交換することをいいます。
徴収共助	相互主義の下、ある国の税務当局が他国の税務当局からの要請に基づき、その他国の租税債権をその国のために、その他国の納税者から又は納税者の財産から徴収することをいいます。
送達共助	租税に関する文書の名宛人が他の締約国にいる場合、他の締約国にその文書の送達を依頼し、他の締約国がこれを行うことをいいます。

㈱　上のうち、情報交換については、第12章第２「情報交換に関する国内法の整備」で述べたように、国内法の整備は一通り済んでいます。したがって、本項は、徴収共助及び送達共助についての国内法の規定を説明することになります。

３　外国租税債権の優先権の否定に関する規定の整備

租税条約等の相手国等から徴収共助の要請があった外国租税債権を徴収する場合には、国税徴収法における国税の優先権に関する規定を適用しないこととされます。また、当該外国租税債権の徴収手続が民事執行手続又は倒産手続と競合した場合には、当該外国租税債権に優先配当されないよう所要の措置を講じることとされます（実施特例法11④）。

4　徴収共助等を実施しない事由の整備

租税条約等の相手国等から徴収共助又は保全共助の要請があったときは、当該要請が当該租税条約等の規定に基づかない要請である場合、当該相手国等において納税者の権利救済の機会が適切に確保されていない場合等の事由に該当する場合には、当該要請に係る共助を実施しないこととされます（実施特例法11①）。

5　徴収共助等の実施のための手続等の整備

(1)　租税条約等の相手国等から徴収共助等の要請があった場合の手続等の整備

租税条約等の規定に基づき当該租税条約等の相手国等から租税債権等（「共助対象外国租税」）の徴収共助又は財産の保全共助の要請があった場合、共助対象者の住所、居所、本店、支店、事務所等又はその財産の所在地を管轄する国税局長は、一定の場合を除く他、その要請に係る共助の実施の決定をすることとされます（実施特例法11①）。

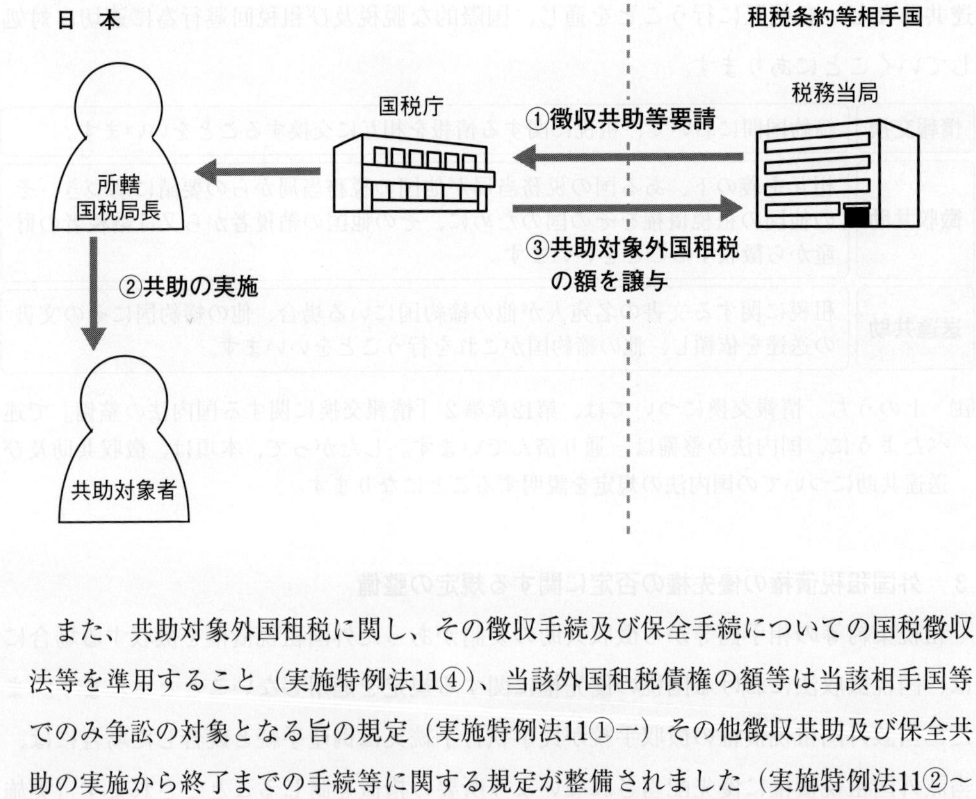

また、共助対象外国租税に関し、その徴収手続及び保全手続についての国税徴収法等を準用すること（実施特例法11④）、当該外国租税債権の額等は当該相手国等でのみ争訟の対象となる旨の規定（実施特例法11①一）その他徴収共助及び保全共助の実施から終了までの手続等に関する規定が整備されました（実施特例法11②～⑦）。

さらに、徴収共助又は保全共助における滞納処分免脱犯（実施特例法13①：２年以下の懲役又は150万円以下の罰金）、検査忌避犯（実施特例法13④：６月以下の懲役又は50万円以下の罰金）及び税務職員の守秘義務違反（通則法126：２年以下の懲役又は100万円以下の罰金）等に係る罰則規定の整備を行いました。

⑵　租税条約等の相手国等への要請による徴収のための規定等の整備

わが国が租税条約等の規定に基づき当該租税条約等の相手国等に租税債権（共助対象国税）の徴収共助又は保全共助の要請をした場合、当該要請をした国税の徴収権の消滅時効の中断等の特例、当該要請をした国税の徴収の時期の特例及び当該要請をした国税について当該相手国等から送金を受けた場合の充当に関する規定の整備を行いました（実施特例法11の２）。

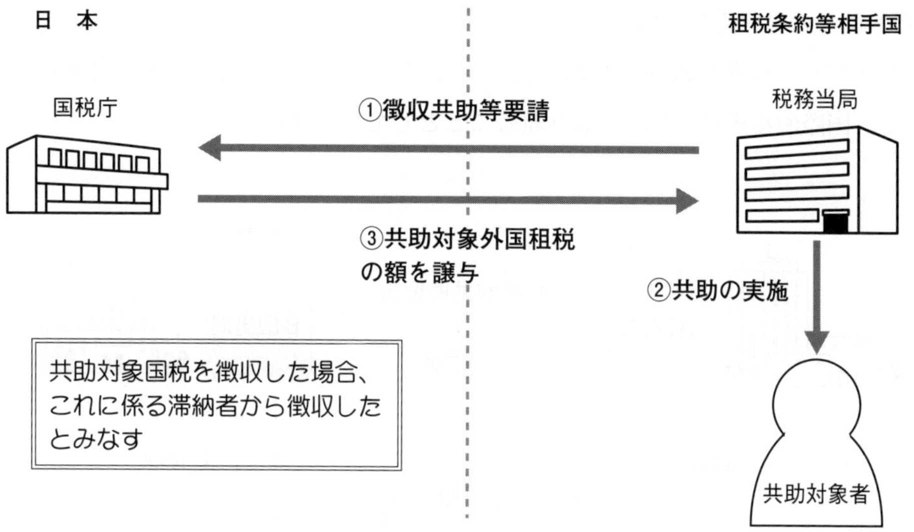

また、徴収共助等の要請が可能となることを踏まえ、国内における国税の徴収に関する手続について、所要の規定の整備を行いました（通則法46⑥、63⑤、徴収法153①）。

6　送達共助の実施のための手続等の整備

⑴　租税条約等の相手国等から送達共助の要請があった場合の送達手続の整備

租税条約等の規定に基づき当該租税条約等の相手国等から租税に関する文書の送達共助の要請があった場合には、国税通則法における書類の送達に関する規定に準じて送達を行うこととされます（実施特例法11の３①）。

⑵　租税条約等の相手国等への要請による送達をする場合等の送達手続の整備

国税に関する法律に基づいて税務署長等が発する書類の送達を受けるべき者の住

所等が租税条約等の相手国等にある場合には、国税通則法の規定による書類の送達のほか、当該相手国等の権限ある当局に嘱託して送達を行うことができることとされます（実施特例法11の３②）。

7　徴収共助制度の活用

国税庁は、『国税庁レポート　2023』において次のように記載しています。

租税を徴収するための権限は国外で行使することができないという制約があります。このため、租税条約において、国外への財産移転による国際的な徴収回避に適切に対応することを目的として、各国の税務当局が協力して互いに相手国の租税を徴収する「徴収共助」の枠組みを設けています。

国税庁では、税務行政執行共助条約(※)などに基づく徴収共助の制度を積極的に活用して、国際的な租税の徴収に取り組むこととしています。

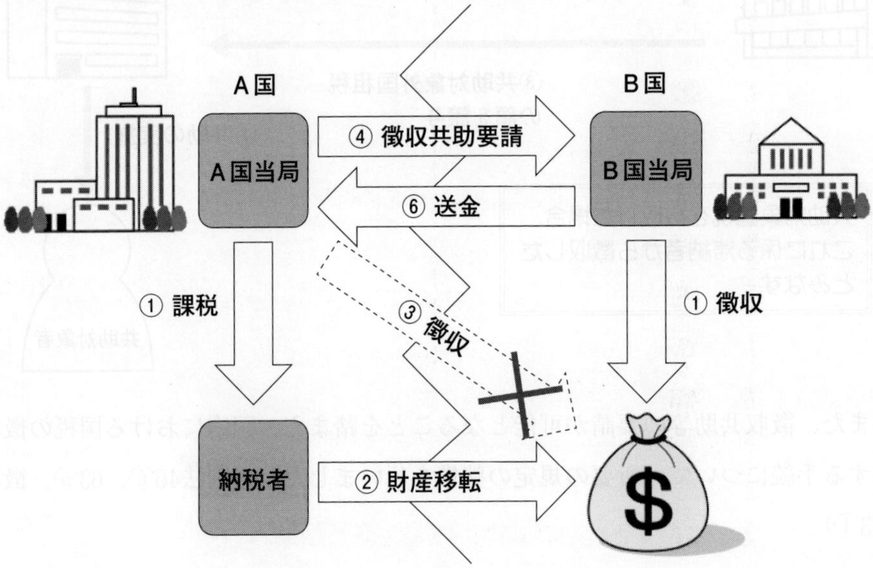

（※）　租税に関する情報の交換、徴収、文書の送達を相互に支援することを定めた多国間条約であり、我が国を含め142の国・地域において発効しています（令和６（2024）年６月１日現在）。

8　令和３年度税制改正での国際的徴収回避行為への対応

(1)　滞納処分免脱罪の対象範囲の拡充

滞納処分免税罪の対象に、徴収共助による徴収を免れる目的で国外財産の隠ぺい等をした者を加えることとしました（徴収法187）。

⑵　第二次納税義務者の範囲の拡充

徴収共助を要請した滞納国税につき、滞納処分や徴収共助をしてもなお徴収不足となる場合に、その不足が、国外財産の無償譲渡等（法定納期限の１年前の日以後に行われたものに限ります）に基因するときは、その譲受人等に対し、第二次納税義務を賦課できることとすることとされます（徴収法39）。

９　適用時期

上の８⑴については令和４年１月１日以後にした行為について適用し、８⑵については令和４年１月１日以後に滞納となった国税について適用されています（令３改正法附則１五ニ）。

参考資料

1 我が国の租税条約ネットワーク

我が国の租税条約ネットワーク

財 務 省

《86 条約等、155 か国・地域適用／2024 年６月１日現在》（注１）（注２）

欧州（46）

アイスランド、アイルランド、イギリス、イタリア、エストニア、オーストリア、オランダ、クロアチア、スイス、スウェーデン、スペイン、スロバキア、スロベニア、セルビア、チェコ、デンマーク、ドイツ、ノルウェー、ハンガリー、フィンランド、フランス、ブルガリア、ベルギー、ポルトガル、ポーランド、ラトビア、リトアニア、ルクセンブルク、ルーマニア、ガーンジー（※）、ジャージー（※）、マン島（※）、ﾘﾋﾃﾝｼｭﾀｲﾝ（※）

（執行共助条約のみ）

アルバニア、アンドラ、北マケドニア、キプロス、ギリシャ、グリーンランド、サンマリノ、ジブラルタル、フェロー諸島、ﾎﾞｽﾆｱ･ﾍﾙﾂｪｺﾞﾋﾞﾅ、マルタ、モナコ、モンテネグロ

ロシア・ＮＩＳ諸国（12）

ｱｾﾞﾙﾊﾞｲｼﾞｬﾝ、アルメニア、ウクライナ、ｳｽﾞﾍﾞｷｽﾀﾝ、カザフスタン、キルギス、ジョージア、タジキスタン、トルクメニスタン、ベラルーシ、モルドバ、ロシア

北米・中南米（35）

アメリカ、ウルグアイ、エクアドル、カナダ、コロンビア、ジャマイカ、チリ、ブラジル、ペルー、メキシコ、ケイマン諸島（※）、英領ﾊﾞｰｼﾞﾝ諸島（※）、パナマ（※）、バハマ（※）、バミューダ（※）

（執行共助条約のみ）

アルゼンチン、アルバ、アンギラ、ｱﾝﾃｨｸﾞｱ・ﾊﾞｰﾌﾞｰﾀﾞ、エルサルバドル、キュラソー、グアテマラ、グレナダ、コスタリカ、ｾﾝﾄｸﾘｽﾄﾌｧｰ・ﾈｰﾋﾞｽ、ｾﾝﾄﾋﾞﾝｾﾝﾄ及びｸﾞﾚﾅﾃﾞｨｰﾝ諸島、セントマーティン、セントルシア、ターコス・カイコス諸島、ドミニカ共和国、ドミニカ国、パラグアイ、バルバトス、ベリーズ、モンセラット

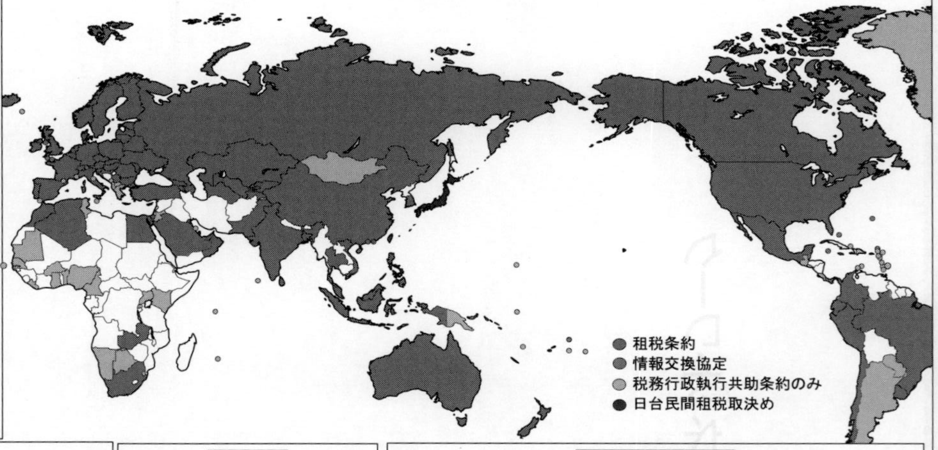

アフリカ（23）

アルジェリア、エジプト、ザンビア、南アフリカ、モロッコ

（執行共助条約のみ）

ウガンダ、ｴｽﾜﾃｨﾆ、ガーナ、ｶｰﾎﾞﾍﾞﾙﾃﾞ、カメルーン、ケニア、ｾｰｼｪﾙ、セネガル、ﾁｭﾆｼﾞｱ、ﾅｲｼﾞｪﾘｱ、ナミビア、ﾌﾞﾙｷﾅﾌｧｿ、ベナン、ボツワナ、ﾓｰﾘｼｬｽ、ﾓｰﾘﾀﾆｱ、リベリア、ルワンダ

中東（10）

アラブ首長国連邦、イスラエル、オマーン、カタール、クウェート、ｻｳｼﾞｱﾗﾋﾞｱ、トルコ

（執行共助条約のみ）

バーレーン、ヨルダン、レバノン

アジア・大洋州（29）

インド、インドネシア、ｵｰｽﾄﾗﾘｱ、韓国、シンガポール、スリランカ、タイ、中国、ﾆｭｰｼﾞｰﾗﾝﾄﾞ、パキスタン、ﾊﾞﾝｸﾞﾗﾃﾞｼｭ、フィジー、フィリピン、ブルネイ、ベトナム、香港、マレーシア、サモア（※）、マカオ（※）、台湾（注３）

（執行共助条約のみ）

クック諸島、ナウル、ニウエ、ﾆｭｰｶﾚﾄﾞﾆｱ、バヌアツ、ﾊﾟﾌﾟｱﾆｭｰｷﾞﾆｱ、ﾏｰｼｬﾙ諸島、モルディブ、モンゴル

（注１）税務行政執行共助条約が多数国間条約であること、及び、旧ソ連・旧チェコスロバキアとの条約が複数国へ承継されていることから、条約等の数と国・地域数が一致しない。

（注２）条約等の数及び国・地域数の内訳は以下のとおり。

・租税条約（二重課税の除去並びに脱税及び租税回避の防止を主たる内容とする条約）：73 本、80 か国・地域

・情報交換協定（租税に関する情報交換を主たる内容とする条約）：11 本、11 か国・地域（図中、（※）で表示）

・税務行政執行共助条約：締約国は我が国を除いて 124 か国（図中、国名に下線）。適用拡張により 142 か国・地域に適用（図中、適用拡張地域名に点線）。このうち我が国と二国間条約を締結していない国・地域は 63 か国・地域。

・日台民間租税取決め：１本、１地域

（注３）台湾については、公益財団法人交流協会（日本側）と亜東関係協会（台湾側）との間の民間租税取決め及びその内容を日本国内で実施するための法令によって、全体として租税条約に相当する枠組みを構築（現在、両協会は、公益財団法人日本台湾交流協会（日本側）及び台湾日本関係協会（台湾側）にそれぞれ改称されている。）。

〔索　　引〕

〔あ〕

〔い〕

〔う〕

〔え〕

〔お〕

〔か〕

〔き〕

〔く〕

〔け〕

〔こ〕

〔さ〕

〔し〕

〔ね〕

〔の〕

〔は〕

〔ひ〕

〔ふ〕

〔る〕

〔れ〕

〔ろ〕

〔わ〕

【著者紹介】

望月文夫（もちづき ふみお）

1957年神奈川県生まれ。神奈川県立外語短期大学付属高等学校卒業、明治大学法学部卒業、明治大学大学院経営学研究科博士後期課程修了、博士（経営学）。
国税庁、上武大学教授などを経て、現在、青山学院大学大学院会計プロフェッション研究科特任教授、税理士（松岡・大江税理士法人）、企業税務研究部会研究協力委員など。主要著書等に『日米移転価格税制の制度と適用―無形資産取引を中心に―』(大蔵財務協会。第17回租税資料館賞受賞)、『国際税務基本500語辞典』、『令和5年版タックス・ヘイブン税制の実務と申告』（大蔵財務協会)、『2020年版詳解国際税務』(清文社、共著)、『Q&A移転価格税制―制度・事前確認・相互協議―』（税務経理協会、共著)、『法人税申告の実務全書（平成23年度版～令和４年度版)』（日本実業出版社、分担執筆）など多数。

本書についてお気づきの点などあれば、ご自由に下記からご意見・ご質問をお寄せください。
http://www.facebook.com/MochizukiFumio

令和６年版
図解　国際税務

令和６年７月２日　初版印刷
令和６年７月23日　初版発行

著者　望　月　文　夫

（一財）大蔵財務協会 理事長
発行者　木　村　幸　俊

発行所　一般財団法人　大蔵財務協会
〔郵便番号　130-8585〕
東京都墨田区東駒形１丁目14番１号
（販　売　部）TEL03（3829）4141・FAX03（3829）4001
（出版編集部）TEL03（3829）4142・FAX03（3829）4005
https://www.zaikyo.or.jp

乱丁、落丁の場合は、お取替えいたします。　印刷・㈱恵友社
ISBN978-4-7547-3229-5